ULRIKE PROKOP

Die Illusion vom Großen Paar
Band 1:

Weibliche Lebensentwürfe im deutschen Bildungsbürgertum 1750–1770

FISCHER TASCHENBUCH VERLAG

FISCHER WISSENSCHAFT

Originalausgabe
Veröffentlicht im Fischer Taschenbuch Verlag GmbH,
Frankfurt am Main, Dezember 1991

Umschlaggestaltung: Buchholz/Hinsch/Hensinger
Gesamtherstellung: Wagner GmbH, Nördlingen
Printed in Germany
ISBN 3-596-27397-8

Inhalt

Vorwort 7

VORSPIEL
SELBSTBEHAUPTUNG, EINSAMKEIT UND TRAUM –
DER IDENTITÄTSKONFLIKT DER CORNELIA GOETHE

Krankheit als Protest 13
Das Geheime Tagebuch in Briefen 23
Schönheit und Leidenschaft – Fetische im System einer kollektiven Pathologie 28
Der biographische Aspekt: Weiblichkeit als Maske 38
Die Krise der Adoleszenz 60

DIE ZEIT KULTURELLER VERÄNDERUNGEN

I. Das Produktionsprivileg der Männer 73
Szenen des Geschlechterkonflikts 80
Mutter-Imago und soziale Hierarchie 99

II. Weiblicher Lebensentwurf der älteren Generation: das imaginäre Paar mit Jesus – Susanna von Klettenberg . 106
Radikale Subjektivität 106
Lebenspraxis: Biographie einer Abweichlerin 115
Die irdische Liebe 119
Die Quellen zur Biographie 125
Die himmlische Liebe 131
Der androgyne Gott 150
Die Gruppe 155
Die naturmystische Position 175
Susannas Tod 189

III. Weiblicher Lebensentwurf der älteren Generation: das Paar Mutter und Sohn – Catharina Elisabeth Goethe 200
Tagesleben und Phantasieleben 200
Widersprüche 213

»Die Mutter des Dichters« – Lebensgeschichte als Konstruktion 257
Die Beziehung, aus der Bettinas Bericht entstand 262
Die Erinnerungen der Catharina Elisabeth Goethe 274
Die Mutter-Sohn-Beziehung in der Sicht des Sohnes . . . 290
Schritte der Selbst-Mythisierung 319
Geschichte einer Liebe – und was dahinter liegt 330
Kultur-Konsum um 1790 370

DIE ILLUSION VOM GROSSEN PAAR
UND DIE ZERSTÖRUNG DER WEIBLICHEN KULTUR

Anmerkungen 405
Zu den Abbildungen 444

Vorwort

Ich möchte mich bei allen bedanken, die am Zustandekommen dieses Buches beteiligt waren; zuerst bei den Frauen, die in den Jahren 1980–1986 in Arbeitskreisen und Seminaren am Fachbereich Gesellschaftswissenschaften der J. W. Goethe-Universität Frankfurt mit mir gearbeitet haben. Ausgehend von unseren gegenwärtigen Konflikten – am Ende des Zeitalters der Intimität und am Ende des Fetischs vom Großen Paar – haben uns die Geschichten der Frauen interessiert, die am Ausgang des 18. Jahrhunderts in diese Epoche eingetreten sind. Das Zeitalter der Intimität ist zugleich die Epoche einer mythischen Feminität. Das Glücksversprechen in der Gestalt der Geliebten und Mutter, das Tabu der Aggression, die geheimen Strategien der verdeckten weiblichen Macht, die Opfer-Frau und die ausgegrenzten weiblichen Bösen, die Häßliche und die Tückische, traten uns wie auf einer Bühne entgegen. Unsere Arbeit, das glaube ich für alle Beteiligten sagen zu dürfen, war Selbstverständigung (über bis heute geltende Verhältnisse) *und* historische Forschung. Wir haben versucht, den Texten – den Briefen, Romanen und Autobiographien – Leben zu verleihen, den Figuren Körper zu geben, die so gesprochen haben könnten. Wie drückte sich weiblicher Lebenswille, wie drückte sich Opposition um 1770 aus, in jener entscheidenden Phase, in der die Modelle für das kommende Jahrhundert gebildet wurden?

Das 18. Jahrhundert ist noch vom Optimismus der bürgerlichen Tugend und Unschuld bestimmt. Und unsere *personae dramatis* – Catharina Elisabeth Goethe, Susanna von Klettenberg, Cornelia Goethe – vermochten sich um so weniger auf sich als Frauen, auf ihre Interessen, Rechte, Lüste zu besinnen, als ihre Väter, Brüder und Geliebten den Fortschritt gepachtet hatten. Jeder Einspruch von Frauen hatte im 18. Jahrhundert traditionelle Wurzeln und wirkte zurückgeblieben gegenüber jener großartigen Rhetorik der Selbstentwürfe, die von Männern vorgetragen wurden. Der grandios-narzißtische Entwurf, der im Leben wie in der Literatur für den bürgerlichen Aufbruch bestimmend ist, verführte die Frauen, ihre Perspektivlosigkeit in der Realität jedoch, die Gewalt der Verhältnisse, zwang sie nieder. Die Feier und Selbstfeier des bürgerlichen Subjekts, der große Einzelne, der die Masse überragt und alle anderen zur Gefolgschaft degradiert, der Genie-Kult und schließlich die Anbetung der Macht in der Figur Napoleons – das gehört in die Linie bürgerlicher Lebensentwürfe, die das Subjekt nicht als leidend und empfindend, sondern als verfügend und unterwerfend etablierten. Machtphantasien haben uns in der Diskussion lange Zeit beschäftigt; auch die eigenen. Die Diskussion in unseren Interpretations-Seminaren hat Texte lebendig werden lassen und die Linien bis zur Gegenwart gezogen, Perspektiven zusammengetragen, wie sie in einsamer Beschäftigung mit dem Text kaum zustande kommen. Den Hintergrund bildete jedoch nicht ein abstrakt wissenschaftliches Interesse, sondern die Auseinandersetzung um weibliche Identität heute.

Die Psychoanalyse war ein wesentliches Mittel, »den Körper« zu den Texten zu finden, die Konflikte zu rekonstruieren, die den Beteiligten damals nicht bewußt werden konnten. Das bedeutet keineswegs, moderne Probleme in die Vergangenheit zurückzuprojizieren. Wohl aber gilt es aufzuzeigen, welche Typen der Persönlichkeit eine Kultur hervorbringt – eine Kultur wie die des 18. Jahrhunderts, die alles auf »Moral« stellt, das heißt auf »Innenleitung«, die aber zugleich äußere Gewalt verinnerlicht. Der freie Wille und das Gesetz – aber das Gesetz fällt, zumal in der deutschen Tradition, mit der gesellschaftlichen Macht und dem positiven Recht zusammen. So degeneriert der freie Wille zur freien Anpassung. Die psychoanalytische Textinterpretation kann den Verdrängungsschub, die »Sprachzerstörung« aufweisen, welche mit diesem Kulturmodell verknüpft ist. Das individuelle Triebschicksal von Frauen und Männern – das den Frauen moralischen Masochismus nahelegt, bei den Männern aggressiv sadistische Impulse gegen Frauen hervorbringt – verbindet sich mit der Kulturformel, die dem Mann »Größe« – einsame Größe – und Genie zuschreibt und der Frau die Teilhabe – als »Teil« seiner Größe – verspricht. Bei der Frau hat das zur Voraussetzung, daß sie sich zum Spiegel der Größenphantasie ihres Geliebten macht und daß sie den Wunsch nach realer Verfügung als Mutter mit ihrem Kind lebt.

Frauen und Männer waren nie so, wie die Kulturformel das wollte. Aber das, was anders war, mußte umbenannt werden. Was gefährlich anders war, mußte unbewußt werden. Mit der Anbetung der Männer ebenso wie mit der Mutterschaft haben die geheimen Lüste der Frauen schon damals ihr Tarnspiel getrieben; ein musterhaftes Beispiel ist hier Catharina Elisabeth Goethe. Wer aber das Unmögliche wollte – nämlich die Kulturformel ändern –, war um 1770 zur Einsamkeit verurteilt. Die Frau im Paar und der Mann im Männerbund engagiert – das war das Zeichen der neuen Geschlechterordnung. Die Idealisierung der Frau und ihre Entmachtung in der Realität waren unauflöslich verknüpft.

Die Psychoanalyse lieferte einen wesentlichen Beitrag zur Aufschließung der historischen Quellen; vorausgesetzt war die Revision des Freudschen Anti-Feminismus und der Verzicht auf jede einfache Übertragung psychoanalytischer Formeln – der kritischen Interpretation und Kulturtheorie, wie sie Alfred Lorenzer vorgelegt hat, folgend. Neben dem Lorenzerschen Ansatz waren die ethnopsychoanalytischen Untersuchungen von Maya Nadig für mich von großer Bedeutung. Maya Nadig hat lange Zeit teilnehmend und forschend in indianischen Dorfgemeinden gelebt. In unseren Gesprächen wurde die Bedeutung der Arbeit der Geschlechtergruppe und die komplizierte Organisation von »öffentlich-männlich« und »öffentlich-weiblich« für die Identität der Frauen in der vorbürgerlichen Welt deutlich. Ich entdeckte zahlreiche Übereinstimmungen mit der Lebenspraxis und Kultur der Frauen im handwerklich-bäuerlichen Europa, was zur Revision einer meiner Vorannahmen führte. Ich war davon ausgegangen, die Idee der Liebe als Teil weiblicher Emanzipation zu begreifen. Heute bin ich nicht mehr dieser Auffassung. Die Idee der Liebe ist im ausgehenden 18. Jahrhundert ein männlicher Entwurf, der dazu dient, das männliche Größen-Ich zu komplettieren. Liebe heißt, daß die Frau der Spiegel des Mannes sein soll, daß sie ihn »anbeten« soll. Dazu muß sie perfekt sein, schön, begehrt und begehrenswert. Für Frauen diente diese Männer-Phantasie dazu, sich von sich selbst ein Bild zu machen. Es ist die Anweisung zur weiblichen Zeichenproduktion im Medium der Körperlichkeit. Diese »Liebende«, die da als konfliktfreies und ehefreudiges Modell vorgestellt und gepriesen wurde, war ein Muster, nach dem Frauen sich stilisierten, aber um den Preis realen Machtverlusts und realer Verarmung an Beziehungen zu anderen Erwachsenen jenseits der Familiengrenzen.

Bei der Analyse von Brieftexten, auch wenn sie so hervorragend ediert sind wie die Briefe der Cornelia Goethe, ist es an manchen Stellen aufschlußreich, die Handschrift anzusehen. Für den Mikro-Film der Handschriften der Cornelia Goethe danke ich Herrn Dr. Debes, dem Leiter der Handschriftenabteilung der Universitätsbibliothek Leipzig. Prof. Perels und Dr. Behrens bin ich für wesentliche Hinweise dankbar. Herr Behrens kam mir mit seinem Wissen zum Goethe-Kreis und zu Fragen der Übersetzung freundlich zu Hilfe. Die Bibliothek des Freien Deutschen Hochstifts war eine unersetzliche Arbeitsgrundlage – nicht nur wegen der großartigen Quellensammlung, sondern auch weil Frau Hopp noch zu den abgelegensten Fragen eine Informationsquelle zu nennen wußte. Frau Schormann vom Freien Deutschen Hochstift war mir bei der Bilder-Suche behilflich. Ich danke ihr und Frau Edelmann dafür, daß sie auf meine Wünsche geduldig eingingen. Schließlich möchte ich Heide und Marion Scheu meinen Dank sagen, vor allem Marion, die ein Manuskript zu Papier brachte, das ziemlich wild aussah, und die mich mit ihrer Neugierde aufforderte, weiter zu schreiben.

Frankfurt am Main, im November 1990 Ulrike Prokop

Vorspiel
Selbstbehauptung, Einsamkeit und Traum – der Identitätskonflikt der Cornelia Goethe

Cornelia Goethe heiratete mit 23 Jahren, für die damalige Zeit recht spät, den Juristen Johann Georg Schlosser. Wie Cornelia entstammte Schlosser einer angesehenen Frankfurter Familie. Mit dem um zehn Jahre jüngeren Advokaten Johann Wolfgang Goethe teilte er im Jahr 1771 die Kanzlei und die Ideen des Sturm und Drang. Gemeinsam mit Herder, Merck und dem jungen Goethe gab er 1772 die *Frankfurter Gelehrten Anzeigen* heraus.
In *Dichtung und Wahrheit* findet sich die folgende Charakterisierung Schlossers:

> »Dieser junge, edle, den besten Willen hegende Mann, der sich einer vollkommenen Reinigung der Sitten befließ, hätte durch eine gewisse trockene Strenge die Menschen leicht von sich entfernt, wenn nicht eine schöne und seltene literarische Bildung, seine Sprachkenntnisse, seine Fertigkeit, sich schriftlich sowohl in Prosa als in Versen auszudrücken, jedermann angezogen und das Leben mit ihm erleichtert hätte.«[1]
> »Ernst, Strenge und vielleicht Eigensinn. Er war gewissermaßen das Gegentheil von mir.«[2]

Im Herbst 1772 verlobte sich Johann Georg Schlosser mit Cornelia. Die Briefe Schlossers an seinen Freund Lavater zeigen, daß er glücklich war, Cornelia gewonnen zu haben (wenn auch die vielen Grenzen und Zäune, von denen dabei die Rede ist, aufmerksame Leserinnen und Leser skeptisch stimmen mögen). Schlosser an Lavater am 13. September 1772:

> »Ich habe ein Mädchen gefunden, das mich liebt, und das ich liebe wie mein Leben ... Ich fühle, daß das Glück des Menschen im Begränzen besteht, und wenn mein Mädchen einmal ganz mein ist, dann hoffe ich erst ganz den Zaun um meine Wünsche, Hoffnungen und Begierden zu ziehen, in welchen ich zufrieden leben und meiner Familie und meinen Neben-Menschen wahrhafftig nützlich seyn kann.«[3]

Von Cornelias Seite fehlen aus der Brautzeit alle Dokumente. Ob sie verliebt war, wie gut sie Schlosser kannte, was sich die beiden mitzuteilen hatten, ist unbekannt. Die Aussagen Johann Wolfgangs zu dieser Eheschließung sind oberflächlich gesehen widersprüchlich. Er schreibt im Oktober 1772 an Lotte Buff: »Unsere beyden Verliebten sind auf dem Gipfel der Glückseeligkeit.« In *Dichtung und Wahrheit* gibt er jedoch den folgenden Kommentar:

> »Wir [Cornelia und Johann Wolfgang, U. P.] waren nach meiner Rückkunft von der Akademie, unzertrennlich geblieben, im innersten Vertrauen hatten wir Gedanken, Empfindungen und Grillen, die Eindrücke alles Zufälligen in Gemeinschaft. Als ich nach Wetzlar ging, schien ihr die Einsamkeit unerträglich; mein Freund Schlosser, der Guten weder unbekannt noch zuwider, trat in meine Stelle. Leider verwandelte sich bei ihm die Brüderlichkeit in eine entschiedene, und bei seinem strengen gewissenhaften Wesen, vielleicht erste Leidenschaft. Hier fand sich, wie man zu sagen pflegt, eine sehr gütliche erwünschte Partie, welche sie, nachdem sie verschiedene bedeutende Anträge, aber von unbedeutenden Männern, von solchen, die sie verabscheute, standhaft ausgeschlagen hatte, endlich anzunehmen sich, ich darf wohl sagen, bereden ließ.«[4]

Die Tatsache, daß der Bruder sich an anderer Stelle offen zu seiner Eifersucht auf die Schwester bekennt, wird im allgemeinen als ein Argument gegen sein kritisches Zeugnis verwandt, daß sie sich bereden ließ. Jedoch taucht dahinter verschwommen die folgende Situation auf: Als Johann Georg Schlosser um sie warb, war Cornelia 22 Jahre, schon 22 – seit sechzehn heiratsfähig und gesellschaftlich eine Erwachsene, dabei im elterlichen Haus und in der Öffentlichkeit gleichermaßen streng beobachtet und reglementiert. Bei ihrer Entscheidung für die Ehe stand sie unter einem Druck, den sie sich wohl um so weniger eingestehen konnte, als sie sich ohne jede andere Möglichkeit sah, dieser demütigenden Situation als unverheiratete Tochter zu entkommen. Ob sie vor der Heirat mehr als Achtung für Schlosser empfand, muß offenbleiben. Wir können uns gut vorstellen, daß die stolze Cornelia weder sich selbst noch anderen zugegeben hätte, daß sie einem verhältnismäßig Unbekannten in die Ehe folgte, wie es der Sitte der Zeit entsprach. Sie verließ die heimische Enge – vielleicht hoffnungsvoll. Zum Abschied schenkte sie ihrem Lehrer Philipp Seidel ein Petschaft, auf dem ein offener Käfig zu sehen ist, aus dem der Vogel herausfliegt; Unterschrift: »La liberté fait mon bonheur.«
Die Hochzeit fand am 1. September 1773 statt, nachdem es Johann Georg Schlosser gelungen war, die Anstellung zu bekommen, die er sich wünschte und die zugleich die Heirat möglich machte: Er wurde als ordentliches Mitglied, als Hof- und Kirchenrat, in das Hofratskolle-

Cornelia Goethe, gezeichnet von Joh. W. Goethe.
Auf einem Korrekturbogen der
ersten Ausgabe des »Götz von Berlichingen«

gium des Markgrafen von Baden berufen und war damit hochangesehenes und fest besoldetes Mitglied der Regierung der Markgrafschaft Baden. Das Paar zog unmittelbar nach der Hochzeit in die Landeshauptstadt Karlsruhe, damals eine reine Hof- und Beamtenstadt (sie zählte 3000 Einwohner). Im Juni 1774 wurde Schlosser auf eigenen Wunsch Oberamtmann der Markgrafschaft Hochberg. »Unzweifelhaft hat ihn vor allem die Aussicht gelockt, in einem großen und völlig isolierten Oberamte als eine Art selbständiger Regent, der seine Ideen dort freier durchzuführen imstande sei, aufzutreten.«[5] Man zog also in den einsamen Landort Emmendingen, zwischen Straßburg und Colmar gelegen.

Unmittelbar nach der Eheschließung, schon in Karlsruhe, wird Cornelia krank. Sie leidet an Gliederschmerzen und verfällt zunehmend in Apathie. Am 28. Oktober 1774 bekommt sie ihr erstes Kind, eine Tochter. Nach dieser Geburt liegt sie bis zum Sommer 1776 kraftlos, traurig zu Bett. Eine kurze Besserung – sie wird erneut schwanger. In schwerer Depression stirbt sie im Kindbett, vier Wochen nach der Geburt der zweiten Tochter am 8. Juni 1777. Sie ist 26 Jahre alt, sie war dreieinhalb Jahre verheiratet.

Aus der Zeit der Ehejahre sind nur fünf Briefe Cornelias erhalten.[6] Die Briefe nach Weimar hat Goethe verbrannt, auch die Briefe Cornelias an die Mutter, ebenso wie viele andere Dokumente einer ihn bedrückenden Vergangenheit. Die Briefe, die noch vorliegen, sind keine intimen Schreiben. Charlotte von Stein und Auguste Gräfin Stolberg etwa hatten Cornelia nie gesehen. Sie schrieben ihr auf Wunsch und an Stelle des Bruders. Ein vertrauter Briefwechsel mit Menschen, die sich nur aus Erzählungen oder aus Briefen kannten, war zu dieser Zeit jedoch nichts Ungewöhnliches.

Was verraten die fünf Briefe über Cornelias Situation? Auffallend ist der Abbruch der Kommunikation; das Thema aller Briefe: Einsamkeit, die nicht mehr aufzuheben ist. Der erste Brief an Caroline Herder, geschrieben unmittelbar nach der Eheschließung im Dezember 1773, enthält den gern zitierten Satz:

> »Dass Sie glücklich sind beste Freundin fühle ich an mir selbst – alle meine Hoffnungen, alle meine Wünsche sind so nicht nur erfüllt – sondern weit – weit übertroffen – wen Gott lieb hat dem geb er so einen Mann –«.

Aber auch hier heißt es schon:

> »Leben Sie wohl liebste Caroline, grüsen Sie Ihren Herder von mir und meinem Mann recht herzlich – denken Sie

manchmal an uns – und seyn Sie versichert dass ich liebe ohne zu schreiben.«

Immer wieder hören wir, daß sie liebt, ohne zu schreiben, daß sie nicht mehr schreiben kann. Aus Emmendingen an Friederike Hesse im Juni 1774:

»Unsre ganze Haushaltung ist noch auf dem Wasser, wir hoffen dass das Schiff morgen ankommen wird – mir ist um nichts bang als um meinen Flügel und um den Laocoons Kopf – Ich binn jetzt so zerstreut und in so vielen unangenehmen Geschäfften verwikelt dass es fast Sünde ist wenn ich schreibe – haben Sie noch ein wenig Geduld beste Schwester, ich hoffe mit der Zeit soll alles gut gehn –«

Dafür, daß Cornelias Depression mit ihrer weiblichen Rolle zu tun hatte, sprechen verschiedene Anzeichen: Sie erkrankt unmittelbar nach der Eheschließung. Die Symptome sind Gliederschmerzen, Müdigkeit, Melancholie. Der Zustand wird durch die Geburt verschärft. Daß seiner Frau das Interesse am Haushalt fehlte, beklagte Schlosser heftig. Die Geburt beantwortet Cornelia mit einer ihr selbst unverständlichen vollständigen Verweigerung. Das Kind muß sie »ganz fremden Leuten überlassen«. Sie schreibt an Kestner, den Ehemann der Charlotte Buff, das Vorbild für den Albert aus *Die Leiden des jungen Werther*, am 6. Januar 1776:

»Ich habe eine grose Sünde auf dem Herzen bester Kestner – Ihren lieben Brief so lang unbeantwortet zu lassen, das ist abscheulich – Ich wäre mit nichts zu entschuldigen wenn ich nicht seit zwey Jahr keinem Menschen in der Welt geschrieben hätte – so lang währt meine Krankheit und eine Art von Melancholie die eine natürliche Folge davon ist – Ihre liebe aktive Lotte wird sich hierüber nicht wundern, weil sie sich leicht vorstellen kann was das heisst als Frau und Mutter zwey Jahre lang im Bette zu liegen ohne im Stand zu seyn sich selbst nur einen Strumpf anzuziehen – [...]
Es fehlt mir hier hauptsächlich an einer Freundin die mich aufzumuntern wüsste, und die meine Gedanken von dem elenden kränklichen Körper weg, auf andre Gegenstände zöge – Es ist sehr schlimm dass ich mich selbst mit nichts beschäftigen kann, weder mit Handarbeit, noch mit lesen, noch mit

Klavierspielen – auch das Schreiben fallt mir sehr beschwehrlich wie Sie sehen –
Mein Mädgen würde mir sehr viel Freude machen wenn ich mich mit ihm abgeben könnte, aber so muss ichs ganz fremden Leuten überlassen, welches nicht wenig zum Druck meines Gemüths beyträgt.«

Cornelia ist mit ihrem Körper im Krieg, dem »elenden kränklichen Körper«. Sie schreibt an Frau von Stein am 20. Oktober 1776:

»Ihre Silhouette wird jetzt mit weit mehr Aufmerksamkeit studiert wie sonst – aber um Gottes Willen wie kann Zimmermann eine Gleichheit zwischen uns beyden finden.«

Die Idee der Schönheit, ein zentrales Thema bei Cornelia, die sich selbst beschämend häßlich findet, wird uns im weiteren Verlauf noch beschäftigen. Damit hängt das Motiv zusammen: Sehen und gesehen werden. Es taucht hier in direktem Zusammenhang mit einem Anfall von körperlichen Schmerzen auf; sicher nicht zufällig in den Briefen an Charlotte von Stein, die geliebte Freundin des Bruders, die in den Augen Cornelias Schöne und »Glückselige«. Im Oktober 1776 berichtet Cornelia Charlotte von Stein die folgende Szene:

»Es ist mir diesen Sommer eine Fatalität begegnet die ich gar nicht vergessen kann – ich war ganz gesund – und just bey Lavaters u. des jungen Zimmermanns Ankunft überfällt mich ein entsezlicher Paroxismus von Gliederschmerzen an dem ich aber selbst Schuld war weil ich mich erkältet, ermüdet, und der feuchten Lufft ausgesezt hatte –
Gleich den Tag darauf durch ein einziges Bad kam ich völlig wieder zurecht, und seitdem spür ich nicht das mindste davon – Urtheilen Sie nun selbst ob mir das nicht höchst empfindlich seyn musste, dass mich der junge Mensch in dem critischen Augenblick sah – und nur in dem Augenblick.«

Schon in dieser Szene wird deutlich: Wie die Schmerzen kommen und gehen, das hängt offensichtlich von Situationen ab. Als der Bruder sie besucht, steht die Kranke auf und fühlt sich stark genug, ihn auf Spaziergängen zu begleiten.
Die Ehe war unglücklich. »Ihr ekelt vor meiner Liebe«, schreibt Schlosser an seinen Bruder. Und in einem Gespräch mit Eckermann im März 1831 kommentiert Johann Wolfgang Goethe:

Johann Georg Schlosser
gebohren 1739.
Becker. im Febr. 1788
C. M. Beck f.

»Der Gedanke, sich einem Manne hinzugeben, war ihr widerwärtig, und man mag denken, daß aus dieser Eigenheit in der Ehe manche unangenehme Stunde hervorging. Frauen, die eine gleiche Abneigung haben oder ihre Männer nicht lieben, werden empfinden, was dieses sagen will. Ich konnte daher meine Schwester auch nie als verheiratet denken, vielmehr wäre sie als Äbtissin in einem Kloster recht eigentlich an ihrem Platze gewesen.«[7]

Daß Georg Schlosser Cornelia so bald als möglich erneut zur Mutter machte, zeigt, daß er mit großer Selbstverständlichkeit seine Rechte und Pflichten wahrnahm. Immerhin war Cornelia nach der ersten Geburt fast gestorben. Aber Schlosser fürchtete sich nicht. Im Mai 1777 schrieb er an seinen Freund Merck:

»Ein Bub wär mir herzlich lieb, ich wollt wunderliches Zeug mit ihm machen, um doch im Alter einen Freund zu haben.«[8]

Was zu dieser Zeit in Cornelia vorging, läßt sich nur ahnen. Am 20. Mai 1776 schreibt Johann Wolfgang an Frau von Stein:

»Hier einen Brief von meiner Schwester. Sie fühlen, wie er mir das Herz zerreißt. Ich hab' schon ein paar von ihr unterschlagen, um Sie nicht zu quälen. Ich bitte Sie flehentlich, nehmen Sie sich ihrer an, schreiben Sie ihr einmal, peinigen Sie mich, daß ich ihr was schicke!«

Der letzte Brief Cornelias, die Antwort an Auguste von Stolberg, ist zugleich der traurigste. Er verrät vollkommene Resignation, das Fehlen allen selbsterhaltenden Zorns.

»Emedingen den 10. Dec. 1776
Ganz unverzeihlich ist's, bestes Gustgen, daß ich Ihnen noch nie geantwortet habe, ich will mich auch gar nicht entschuldigen, denn was sollte was könnte ich sagen. Ihre häuslich Glückseeligkeit ahnde ich und wünschte als Schwester unter Ihnen aufgenommen zu seyn, das ist der eine von den Wünschen, der nie erfüllt werden wird, denn unsere gegenseitige Entfernung ist so gros, dass ich nicht einmal hoffen darf, Sie jemals in diesem Leben zu sehen.
Wir sind hier ganz allein, auf 30–40 Meilen weit ist kein Mensch zu finden; – meines Manns Geschäffte erlauben ihm

nur sehr wenige Zeit bey mir zuzubringen, und da schleiche ich denn ziemlich langsam durch die Welt, mit einem Körper der nirgend hin als ins Grab taugt.
Der Winter ist mir immer unangenehm und beschwehrlich, hier macht die schöne Natur unsre einzige Freude aus, und wenn die schläft schläft alles.
Leben Sie wohl, bestes Gustchen, ich umarme Sie im Geist, kann Ihnen aber nichts mehr sagen weil ich zu entfernt von Ihnen binn.
Cornelia«

Die biographische Goethe-Forschung konnte diese dunkle Geschichte nicht einfach übergehen. Starb des Dichters Schwester an Depression, an Verzweiflung über ihre Lebenssituation als Frau? Ist sie an Vereinsamung zugrundegegangen? Und wie stimmt das zum idealisierten Bild der Familie Goethe? Heinrich Düntzer (1852), Georg Witkowski (1903) und Ernst Beutler (1960) haben das Leben Cornelias dargestellt. Ihre Arbeiten geraten unterschwellig zu einer Serie von Vorwürfen gegen eine Lebensunfähige. Neben der These vom Schicksal – »Haben die Himmlischen der Schwester nur ein kurzes, still verfließendes Dasein von sechsundzwanzig Jahren zugemessen«[9] – steht die Vermutung von der ererbten Gemütskrankheit.
Bei Beutler ist es »die Konstitution«. Nicht von ungefähr endet bei ihm das Cornelia-Kapitel mit einer Apotheose der Leiche des Genius Goethe:

»Bei allem Wissen um psychosomatische Wechselwirkungen ist von Cornelia zu sagen, ihre Seele war krank, weil ihre Konstitution krank war, nicht umgekehrt.
Eckermann hat den Zweiten Teil seiner ›Gespräche mit Goethe‹ geschlossen, indem er erzählt, wie er am Tag nach Goethes Tod vor den Leichnam tritt. ›Sein treuer Diener Friedrich schloß mir das Zimmer auf, wo man ihn hingelegt hatte [...] Die mächtige Stirn schien noch Gedanken zu hegen. Der Körper lag nackend in ein weißes Bettuch gehüllet. Friedrich schlug das Tuch auseinander, und ich staunte über die göttliche Pracht dieser Glieder. Ein vollkommener Mensch lag in großer Schönheit vor mir, und das Entzücken, das ich darüber empfand, ließ mich auf Augenblicke vergessen, daß der unsterbliche Geist eine solche Hülle verlassen.‹ –

> Ein und dieselbe Urne birgt beides – die weißen und die schwarzen Lose.«[10]

Und Witkowski kommt zu dem Schluß:

> »Cornelia war unglücklich, weil ihr klarer Geist das Mangelnde in ihrem eigenen Wesen und den Abstand von ihrer Umgebung allzu klar erkannte und weil sie in den Jahren des Leidens die Fähigkeit verlor, das bescheidene Maß von Glück, daß ihr zu Teil geworden war, zu würdigen.
> Aber erst dann umhüllte sie das Dunkel der Schwermut, als ihr Lebenslicht im Verlöschen war. Wollen wir ihr Andenken in uns festhalten, so bewahren wir lieber das Bild jener letzten Frankfurter Jahre, in denen sie als tapfere und freudige Genossin neben dem Bruder stand, an seinem Streben, an seinen Leiden und Freuden den innigsten Anteil nahm.«[11]

Neben dem Glauben an Schicksal und ererbten Wahnsinn gibt es eine weitere Vermutung, warum Cornelia an der Ehe gestorben sei. Gothein vertritt die Auffassung, daß sie die Liebe zu ihrem Bruder nicht habe überwinden können.[12]
Daß Johann Wolfgang seine Schwester sozusagen für den ehelichen Normalzustand verdorben habe, das fand auch der Ehemann Schlosser. 1776 veröffentliche er eine Parabel, die klar auf seine eigene Situation zielte. Sie heißt *Eine Ehestandsszene:*

> »Ich hatte ein Schaaf, das lag in meinem Schoos, trank von meinem Becher, aß mein Brod, und wandelte mit mir auf der Weide. Es kannte keinen Trank als meinen, keine Speise als meine; gieng nicht schneller als ich, und war glücklich bei mir. Da kam ein Mann und lehrte es fliegen. Es trank Aetherluft, speiste Morgenthau, und flatterte um die Sonne.
> Ich size seitdem allein und weine. [...] Da oben schwebt's und sieht Engel lieben, und keinen Engel, der's liebt; sieht herab, einen Menschen, der's liebt, und ekelt vor seiner Liebe.«[13]

Der Mann, der das Schaf fliegen lehrte, gemeint ist der Dichter, der die Schwester zu einer Phantastin gemacht hat, ja, mehr als das, zu einer Frau, die sich der Realität des Lebens und dem Ehemann gleichermaßen verweigert.
In diesem Sinn argumentiert auch die psychoanalytische Deutung, die ausschließlich die inzestuöse Bindung Cornelias an den Bruder zum schicksalhaften Verhängnis erklärt. So Otto Rank 1914:

»Daß sie nach Liebe dürstete, aber vor jeder körperlichen Berührung zurückschreckte. Wir kennen ein solches Verhalten als die typische Sexualablehnung und wissen, daß es als Reaktion auf eine vorzeitig geweckte und in der Kindheit betätigte Sinnlichkeit auftritt, die unter dem Druck hoher moralischer Anforderungen bald einer intensiven Verdrängung verfällt. So verstehen wir, daß ihre 1773 [...] geschlossene Ehe mit Schlosser, in der sie nach der zweiten Entbindung starb (3½ Jahre später), eine unglückliche sein mußte.«[14]

Gleichermaßen Eissler (1963):

»Eine große Tragödie, die still und unaufhaltsam ihren Lauf nahm. Er [Schlosser, U. P.] mußte einen unmenschlichen Preis bezahlen, denn er liebte eine Frau, die einem Dichter-Bruder verfallen war.«[15]

Wurde Cornelia also von ihrem Bruder zu unerfüllbaren Sehnsüchten verführt, wie die Psychoanalytiker folgern? Oder war sie die an Leib und Seele Kranke, die konstitutionell Schwache, wie ihre Biographen meinen? Hatte das Schicksal sie zu einer so absonderlichen Person gemacht, daß sie sich in keinerlei Lebensbedingungen hatte fügen können?

Das Geheime Tagebuch in Briefen

Vor dem Hintergrund einer tödlich verlaufenden Rebellion gegen die Weiblichkeit erhält das *Tagebuch in Briefen* eine besondere Bedeutung. Denn das einzige Thema dieser Briefe ist Cornelias Auseinandersetzung mit ihrem Schicksal als Frau.

Vom 16. Oktober 1768 bis zum 16. August 1769 führt Cornelia mit ihrer Freundin Katharina Fabricius eine geheime Korrespondenz. Die Initiative geht von Cornelia aus. Cornelia an Katharina am 16. Oktober 1768:

»Sonntagmorgen um 8 Uhr

Meine liebe Freundin
Ich habe große Lust zu schreiben. Alle sind in der Kirche, so daß ich keine Störung zu fürchten habe, denn: niemand soll von diesem Brief wissen. Schon seit langem denke ich an einen geheimen Briefwechsel, um Ihnen alles zu berichten, was hier

vorgeht; aber um aufrichtig zu sein: ich habe mich immer geschämt, Sie mit belanglosen Geschichten zu langweilen, die es nicht wert sind, gelesen zu werden, und die nur für diejenigen von Interesse sind, die sie unmittelbar angehen. Aber schließlich habe ich meine Bedenken überwunden, und zwar als ich die Geschichte des Sir Charles Grandison las [einen Roman Richardsons, Cornelias Lieblingsbuch (U. P.)]. Alles würde ich darum geben, um in einigen Jahren, wenn auch nur ein wenig, der Miss Byron [der Briefe schreibenden Heldin des Romans, U. P.] zu gleichen. Sie nachahmen? Ich Närrin – Kann ich das?«

Cornelia schickt ihre Briefe über die Schwester Katharinas, die in Frankfurt bei Verwandten lebt und die auch die Antworten übermittelt. Sie umgeht so die Kontrolle durch ihren Vater. Aber auch vor dem Bruder hält sie ihr Schreiben geheim. Die Briefsendungen Cornelias werden päckchenweise abgeschickt, sie umfassen also fortlaufende Berichte über mehrere Tage, manchmal Wochen. Sieben Briefsendungen hat Katharina auf diesem heimlichen Wege empfangen. Die Antworten liegen nicht vor. Wir wissen über Katharina Fabricius nur, daß sie Cornelia im Sommer 1767 während eines Besuchs in Frankfurt kennenlernte, daß sie wie diese 18 Jahre alt und die Tochter des Fürstlich Leinischen Rates und Syndikus in Worms war. Vor dem »geheimen Briefwechsel« gab es bereits sieben Briefe Cornelias an Katharina, die den offiziellen Weg gingen (vom 1. Oktober 1767 bis zum Juli 1768), und einen weiteren (Täuschungsmanöver?) im Februar 1769.
Die Briefe an Katharina sind die einzigen Dokumente, die uns Einblick in die innere Welt Cornelias geben. Alles, was sie geschrieben hat, ihre Briefe an die Mutter, an ihn selbst (bis auf eine Erzählung, die sie ihm als 16jährige nach Leipzig schickte), hat Johann Wolfgang vernichtet.
Die hier als »Tagebuch für Katharina« bezeichneten Schreiben sind vor allem eine ausführliche Selbstdarstellung. Alle Briefe sind französisch geschrieben.[16] Das Französische, das Cornelias Ausdrucksmöglichkeit beschränkt, weil sie die fremde Sprache nicht in aller Differenziertheit beherrscht, erleichtert es ihr, von der Unmittelbarkeit ihres Erlebens – sozusagen durch Übersetzung – ein Stück weit zurückzutreten. Das Tagebuch in seiner Gesamtheit zeigt, daß es Cornelia nicht darum ging, Ereignisse, Stimmungen, Erleben einfach zu spiegeln. Die Eltern, ihre häusliche Situation als Tochter werden mit keinem Wort erwähnt. Der Alltag des Familienlebens tritt nur als Grenze in Erscheinung, die die Zeit zum Schreiben bestimmt. Da heißt es zum Beispiel: »Ich muß mich

anziehen«, »Ich werde mich jetzt frisieren«, »Ich kann nicht weiter schreiben, man erwartet mich«, »Ich kann nicht so lange schreiben, wie ich möchte«. Auch von der Beziehung zu ihrem Bruder schweigt Cornelia. Es gibt nur eine einzige szenische Beschreibung, in der Johann Wolfgang auftritt – und da begegnen sich die Geschwister in Gesellschaft, beinahe wie Fremde.

Cornelia bezieht sich in ihrem geheimen Briefwechsel nur zweimal auf Antworten Katharinas, in beiden Fällen mit Vorwürfen. Sie reagiert auf die Freundin nur, wenn sie den Widerspruch nicht mehr für sich behalten kann. Cornelia geht es nicht um einen Dialog. Sie will Katharina eine Geschichte erzählen, *ihre* Geschichte, und zwar in geschlossener Form, als Literatur.[17] Es ist ein Tagebuch, das zu schreiben Cornelia sich vornimmt, und zugleich ein Briefroman, in Anlehnung an ihr Vorbild Richardson. Der Stoff des ›Romans‹ ist ihr eigenes Leben; Thema sind die Fragen, die sie unmittelbar bedrängen: Wie wird ihre Zukunft sein? Selbstverwirklichung, Liebe, Glück oder Resignation, eine illusionslose Vernunftehe, ein glückliches Dahinvegetieren? Ihre Zukunft als Frau hängt ganz davon ab, ob die Liebe gelingt. Cornelia findet sich häßlich, ihre Phantasmen eines gelingenden weiblichen Lebens setzen Schönheit voraus. Mit dem Versuch, sich als Autorin zu bestimmen, nimmt sie in aller Vorsicht eine zweite Position ein: Das Schreiben ist der Versuch einer Selbstversicherung außerhalb des »weiblichen Schicksals«.

Wir können die Ausgrenzung des Tagebuchs als geheimes Schreiben ebensosehr als rebellische Strategie, die Kontrolle zu umgehen, wie als Abgrenzung vom alltäglichen Briefeschreiben sehen: einen Roman anzufangen, ohne es sich selbst ganz einzugestehen, in der Zwischenform des Briefeschreibens an Katharina. Katharina wird nicht eingeweiht. Sie ist weniger ein wirkliches Gegenüber als die Folie für Cornelias Selbstdarstellung. Weil es Katharina wirklich gibt, braucht sich Cornelia auch nicht zu entscheiden: schreibt sie nun einen Roman oder einfach Briefe.

Die schöne Lisette, die Brüder Olderogge, Herr G., alle Personen, die auftreten, sind reale Menschen. Zugleich ist es eine Kunstwelt, in der nur erscheint, wer ein Thema repräsentiert.

Die Handlung

1. Briefsendung vom 16. bis 22. Oktober 1768 (8 Briefe):

Cornelia ist verliebt in den Engländer Harry Lupton, der in Kürze die Stadt verlassen wird. Er weiß nichts von ihrer Liebe. Sie will ihn heimlich malen lassen, um für immer sein Bild zu besitzen. So heftig ihre Gefühle sind, so wenig wird sie sie zeigen. Sie schämt sich. Cornelias Kindheitsfreundin Lisette ist von strahlender Schönheit. Lisettes Familie ist verarmt, jedoch ist sie einem reichen und nicht mehr jungen Witwer, Herrn B., so gut wie versprochen. Zum Hofball in Darmstadt erscheint Lisette in herausfordernder Garderobe und feiert Triumphe auf offener Szene. Der nächste Ball – Rokoko im historischen Kostüm: Lisette als Römerin, ihr langes Haar mit Diamanten besetzt, ihre Schärpe silbern, ihr Rock purpurrote Seide. Sie bringt die höfische Gesellschaft aus der Fassung: Leidenschaft statt Galanterie. Die bürgerliche Schönheit triumphiert über die sozialen Grenzen.

2. Briefsendung vom 25. Oktober bis 2. November 1768 (13 Briefe):

Cornelia hat einen Maler bestochen, Harry während eines Konzertes zu malen, das sie arrangieren will. Der Plan mißlingt, das Konzert kommt nicht zustande. Studienfreunde des Bruders, die Brüder Olderogge, kommen zu Besuch. Cornelia wünscht sie kennenzulernen und fürchtet zugleich die Situation. Sie geht aus, um ihnen nicht zu begegnen, fühlt sich jedoch so elend, daß sie nach Hause zurückkehrt. Der Abend findet statt. Anwesend sind der Bruder, ein Bekannter (im Stil der Zeit »Cousin« genannt), die Gäste und Cornelia: die Formeln des galanten Spiels laufen ab. Nach heftigem Sträuben und einiger Verwirrung fügt sich Cornelia in ihre Rolle. Die Besucher jedoch reisen ab, ohne sich zu verabschieden. Auch Harry verläßt die Stadt ohne Abschied. Cornelia ist enttäuscht, verzweifelt. Sie bemerkt – ohne es jedoch auszusprechen –, daß ihre Hoffnungen Phantasien sind, denen in der Realität nichts entspricht.

3. Briefsendung vom 13. bis 17. Dezember 1768 (8 Briefe) und:

4. Briefsendung vom 23. Dezember bis 31. Januar 1768–69 (5 Briefe):

Cornelia versucht, ihre Gefühle abzutöten. Sie wird sich verheiraten, ohne Liebe. Sie wird niemals glücklich sein. Gleichgültigkeit will sie erreichen. Daß es die Leidenschaft gibt, daran hält sie fest; um diese zu beschreiben, schreibt sie weiter. Ihr Alter ego Lisette gewinnt die Liebe des reichen und schönen Herrn Dorval. Es wird zunehmend deutlich, wie sehr Cornelia ihr Erleben in literarische Modelle faßt. Minutiös schildert sie die Leidenschaft zwischen Lisette und Dorval, führt das Spiel der Annäherungen vor mit all den Zeichen, daß der Liebende ganz und gar von der Geliebten abhängt, daß er nichts fordert, aber alles gibt, daß er auf alle Gewalt verzichtet. Cornelia hat ebenfalls einen Verehrer,

Herrn G., genannt »Le Miséricordieux«, der Barmherzige. Herr G. gehört zu ihrer Schande und Demütigung.

5. Briefsendung vom 11. Februar bis 11. März 1769 (4 Briefe):

Ist die Wirklichkeit der anderen der Roman, den Cornelia über sie verfaßt? Ist Lisette wirklich die große Liebende oder wie Marie, die dem toten Bräutigam keine Träne nachweint, eine Herzlose? Ist ihre Liebe nur Stilisierung? Wird ihr Liebhaber sie im Stich lassen, um seinen eigenen Interessen zu folgen? Verheimlicht die Briefpartnerin Katharina ihre wahren Gefühle? Herrschen Empfindungen (bürgerliche Ideale) oder Interessen (die verschwiegenen Realitäten der Ökonomie)? Cornelia schildert zunehmend Empfindungen von Irrealität.

6. und 7. Briefsendung vom 16. April bis 16. August 1769 (10 Briefe):

Cornelia konstruiert eine Intrige, die höchst unglaubwürdig ist: Die schöne und allmächtige Lisette soll aus Eifersucht auf Cornelia die Verbindung zu Herrn G. mit allen bösen Mitteln des weiblichen Arsenals hintertrieben haben. Cornelia bricht mit Lisette »auf eine Weise, die nicht wiedergutzumachen ist«. Nicht nur Lisette ist aus dem Wege geräumt, auch Herr G. hat Frankfurt für immer verlassen. Aber es ist keine befreiende Trennung. Zwar verläßt Cornelia den Kampfplatz ihrer Selbsterzählung als moralische Siegerin – die idealisierte Weiblichkeit ist schlecht von Charakter, die Liebe des Herrn G. hat einen tragischen Schleier erhalten, die Berichtende selbst findet sich in der Rolle der Entsagenden, als Objekt finsterer Machenschaften wieder. Die Geschichte ist also zu Ende gebracht. Daneben aber steht unvermittelt ein Gefühl der Leere. Das Schreiben bricht ab. Das Scheitern wird überdeckt durch eine Liebeserklärung an die Freundin, der Cornelia nicht mehr schreiben wird.
Cornelias Tagebuch setzt ein als Versuch, Selbstbewußtsein zu gewinnen als Liebende und Schreibende. Zum Schluß, also ein Jahr später, hat sie alle Hoffnung aufgegeben: Das Leben ist sinnlos. Ich kann das Banale nicht mit Worten schmücken, worüber also schreiben? Ich werde immer häßlicher; mein Geist zählt nicht. Ich werde heiraten – ungeliebt. Ich will nicht mehr lieben. Es gibt kein Geheimnis mehr, das zu veröffentlichen oder zu verbergen sich lohnte. Die kühnen Träume sind aus. Nicht ich lebe, sondern das Leben stößt mir zu.
Wie sind dieses Verstummen Cornelias und die Wendung der Aggression nach innen, die tödliche Melancholie, zu erklären? Betrachten wir zunächst die soziale Realität, die sich in den Briefen niederschlägt.

Schönheit und Leidenschaft – Fetische im System einer kollektiven Pathologie

Die neunzehnjährige Cornelia schreibt an ihre Freundin Katharina Fabricius am 5. Mai 1769:

> »Es ist klar, daß ich nicht immer unverheiratet bleiben kann. Eine solche Absicht wäre lächerlich. Obwohl ich seit langem die romanhaften Vorstellungen über die Ehe aufgegeben habe, konnte ich doch niemals die schöne Vorstellung von der Liebe in der Ehe auslöschen. Nur die Liebe kann nach meiner Meinung eine solche Verbindung glücklich machen. Aber wie kann ich auf diesen Fall hoffen, ich, ein Mädchen ohne allen Reiz, der Zärtlichkeit erwecken könnte. Werde ich einen Mann heiraten, den ich nicht liebe? Diese Vorstellung entsetzt mich, und doch wird mir schließlich nichts anderes übrig bleiben, denn wo soll ich einen liebenswerten Mann finden, der an mich dächte.«

Vergegenwärtigen wir uns den geschichtlichen Augenblick, in dem Cornelia verzweifelt ihre Chancen, Geliebte und Ehefrau zugleich zu sein, erwägt, so wird deutlich, daß es sich um ein geschichtlich neues Thema handelt. Für ihre Mutter stand die Verbindung von Liebe und Ehe noch nicht zur Debatte. Ehen wurden zwischen Familien, d. h. von Vätern geschlossen, nicht von Liebenden. 17 Jahre alt war Cornelias Mutter Catharina, als sie die Frau des Kaiserlichen Rats Johann Kaspar Goethe wurde. Er war 38 Jahre alt. Von einer Liebesgeschichte zwischen den beiden ist nichts bekannt, und nichts spricht dafür. Die gesellschaftliche Verbindung war ideal. Die Heirat war sozial vorteilhaft für beide Familien. Die Brautleute waren sich nicht zuwider, und das genügte. Die Familie war wesentlich, nicht der Einzelne. Wenn das folgende Beispiel auch der Welt der französischen Aristokratie entstammt, so verdeutlicht es doch die Position der Frau in diesen Heiratskontrakten, in der Welt des Adels wie in der des Bürgertums. Der Herzog von Saint-Simon möchte die Tochter des Herzogs von Beauvillier heiraten:

> »Meine Mutter übergab mir eine genaue Aufstellung meines Besitzes und meiner Schulden, meiner Ämter, Einkünfte, sowie der Prozesse, in die ich verwickelt war; [...] Beauvillier bestellte mich auf acht Uhr abends in das Kabinett seiner Gemahlin; der Herzog empfing mich allein. Ich erklärte ihm,

> weshalb ich zu ihm gekommen [...] Nachdem ich ihm meine Bitte unterbreitet und ihn von der Ernsthaftigkeit meiner Absicht überzeugt hatte, legte ich ihm jene Aufstellung über meinen Vermögensstand und meine laufenden Geschäfte vor und bat ihn, er möge, wenn es ihm irgend möglich sei, dem noch etwas hinzufügen, damit seine Tochter mit mir glücklich werden könne, weitere Bedingungen hätte ich nicht zu stellen. [...] Der Herzog hatte mich, während ich sprach, unverwandt angesehen. Er dankte mir nun für meine Bewerbung, meinen Freimut und mein Vertrauen. Er bat mich, ihm etwas Zeit zu lassen, um die Sache gemeinsam mit Mme de Beauvillier zu beraten. Dann unterrichtete er mich über seine Familienverhältnisse. Er sagte mir, die älteste seiner 8 Töchter würde gerade 15 Jahre alt, die zweite wäre so sehr verkrüppelt, daß man sie keineswegs verheiraten könne, und die nächste zähle noch keine 13 Jahre, alle anderen seien noch Kinder. [...] Was das Vermögen betreffe, so besitze er nur wenig und wisse nicht, ob mir das zusage, doch wolle er in dieser Hinsicht, versicherte er mir, alles für mich tun, was in seinen Kräften stehe. Ich antwortete ihm, es sei doch aus meinen Ausführungen deutlich hervorgegangen, daß ich nicht wegen des Vermögens zu ihm käme, nicht einmal seiner Tochter wegen, die ich ja nie gesehen hätte; daß vielmehr er es sei, der mich bezaubere, den ich heiraten wolle, ihn und Mme de Beauvillier. ›Aber‹, erwiderte er mir, ›wenn meine Tochter nun durchaus Nonne werden will?‹ – ›Dann‹, gab ich zur Antwort, ›bitte ich Sie um die Dritte‹.«[18]

Was an diesem Zitat besonders auffällt, ist die ›Liebe‹ zwischen den beiden Vertragspartnern – eine Zuneigung, die auch der zukünftigen Ehefrau eine Schutzzone der Achtung durch den Ehemann garantierte. In dieser Welt galt die Liebesheirat als ein triebhaft-unbeherrschtes Verhalten, das als Verrat an den Pflichten gegenüber der Familie interpretiert wurde. Frauen kamen in dieser Welt nur als der stumme Gegenstand des Kontrakts vor. Innerhalb der Geschwisterreihe waren sie austauschbar. Die aristokratische Lebensführung nahm auf diese innere Fremdheit der Ehegatten in besonderer Weise Rücksicht. Liebe wurde nicht erwartet, die Lebensführung verlief getrennt, die Aufgabe der Eheleute bestand darin, Kinder zu zeugen und zu gebären. Es gab keine

weiteren Mutterpflichten für die Frau (dafür sorgten Ammen), sondern Repräsentationspflichten, die nur partiell mit dem Ehegatten gemeinsam zu erfüllen waren. Das Bürgertum trennte ebenfalls – trotz der größeren Intimität des Zusammenlebens im bürgerlichen Haushalt – die Lebenssphären von Mann und Frau. Eine »unverwechselbare Beziehung« der Ehepartner wurde nicht erwartet. Bei der Ehe sprach man von Pflichten, nicht von Neigung. Auch hier galt der Vorrang der Familie vor dem Einzelnen, war die Frau Gegenstand der Verhandlung.
Cornelia ist dagegen bereits den neuen Ideen der Freiheit und der sich selbst findenden und erlebenden Individualität verbunden. Die Idee der Liebe ist Teil der bürgerlichen Bewegung, die die Selbstbestimmung des Einzelnen gegen die Macht der Tradition stellt. »Ich! Der ich mir alles bin, da ich alles nur durch mich kenne! So ruft jeder, der sich fühlt, und macht große Schritte durch dieses Leben«, so der Bruder zur Feier Shakespeares im Jahre 1771.[19] Nicht mehr die soziale Stellung, der Rang, die Familienzugehörigkeit sollen bestimmen, wer der Einzelne ist, sondern wie er sich mitzuteilen, sich darzustellen weiß, was ihn im Unterschied zu anderen als Besonderheit auszeichnet. Das Innere, die Seele, die Empfindung zählen. Die Begegnung der übereinstimmenden Einzelnen, das Sichfinden durch die offen mitgeteilte Innenwelt – das ist Freundschaft, das ist Liebe. Subjekte sollen sich verbinden, nicht Familien. Es ist in der zweiten Hälfte des 18. Jahrhunderts eine schmale Gruppe, die hier für die Menschheit spricht, die sich mit der Menschheit gleichsetzt. Es sind die gebildeten Kinder des wohlhabenden Bürgertums. Das Thema ist stets die Darstellung des »inneren Lebens«, der Besonderheit des Einzelnen. »Wahre Vereinigung, eigentliche Liebe findet nur unter Lebendigen statt, die an Macht sich gleich und also durchaus füreinander Lebendige, von keiner Seite gegeneinander Tote sind«, formuliert der junge Hegel überschwenglich die Bedingung der wechselseitigen Anerkennung.[20]
Warum haben die Ideen der Subjektivität und der Liebe nicht zu der Forderung nach einer realen Gleichstellung der Frauen geführt? Was die Ökonomie angeht, so sind die Verhältnisse klar. Die Kapitalakkumulation liegt in den Händen der Männer. Sie findet zudem weiterhin über die archaische Form der Blutsverwandtschaft, die Familie mit der Legitimität des Erben, statt. Damit ist die Kontrolle der weiblichen Sexualität notwendig verbunden.[21] Wenn die Frage der Gleichheit der Geschlechter mit der Aufklärung dennoch zum Thema wird, dann geschieht das nicht aufgrund von Widersprüchen zwischen Geschlechterrollen und Erfordernissen der ökonomischen Struktur, sondern allein aus Gründen der Logik des kulturellen Systems. Aus der inneren Logik der bürgerlich-revolutionären Formel »Freiheit und Gleichheit aller

Goethe-Portrat von J. D. Bager. 1777

Menschen«, kein Mensch darf Mittel zu Zwecken sein, die außer ihm liegen, muß den Frauen, da sie ja Menschen sind, der freie Wille zugebilligt werden, und er muß ihnen zugleich abgesprochen werden, um den praktischen Ausschluß von der Selbstverfügung und die lebenslange Vormundschaft durch den Mann zu begründen. Es beginnt die bürgerliche Gedankenakrobatik, die Frau zugleich als Mensch und als Nicht-Mensch zu definieren – ein Versuch, der zu immer erneuten Paradoxien führen wird. In dieser Debatte werden gegen Ende des 18. Jahrhunderts Deutungen und Rechtfertigungen für den Ausschluß der Frauen aus den Bürgerrechten formuliert und zugleich die Strukturbestimmungen der Weiblichkeit entwickelt, die dem Schein der Freiheit bei realer Unfreiheit entsprechen.
Der Kodex der verinnerlichten Weiblichkeit wird – über die »notwendige Unterdrückung« hinaus – ganz von den Interessen und Pathologien der männlichen Subjektivität bestimmt:[22] Egoismus der Selbsterhaltung, heroisches Leben einer erträumten Republik, Liebe – nie ein Ganzes, immer ein Widerspruch. Das Ich-Bewußtsein des Bürgers ist Leiden an der Zerrissenheit; sein Triumph findet in der Einsamkeit statt.

> »Fremdes, nie umsegeltes Land! – Sei, wie du willst namenloses Jenseits – bleibt mir nur dieses mein Selbst getreu – Sei, wie du willst, wenn ich nur mich selbst mit hinübernehme. – Außendinge sind nur der Anstrich des Manns – *Ich* bin mein Himmel und meine Hölle.«[23]

Die Außenwelt grenzt sich von der Innenwelt ab. Sie wird als Summe der äußeren Verhältnisse immer fremder und übermächtiger erlebt, wie es bei einem ständisch gebundenen Menschen gar nicht vorstellbar wäre. Die Gestaltung dieser Außenwelt liegt außerhalb der Kräfte des einzelnen Ich. Zwischen Freiheitswillen und Abhängigkeitsgefühlen hin- und hergerissen, in der Männerwelt durch Kampf sich behauptend, sucht dieses Ich das Vergessen, die Lösung der Spannungen, die Erholung von der Überforderung. Einer solchen Regression und einem solchen Sich-Vergessen steht die Sexualität von ihrem Wesen her nahe. Das ideale Bild der Frau wird ganz nach der Bedürftigkeit dieses überforderten männlichen Ich gebildet. Sie muß den Gegenpol zur Zone des Kampfes um Identität darstellen. Von einer Generation zur anderen wird die argumentierende und wissende Frau zum Schreckbild, die Unmündige und Unschuldige zum Idol.[24]
Bis zum Ausgang des 18. Jahrhunderts sind die drei Bedingungen etabliert, die die Aneignung der Vernunft und die Entfaltung einer selbst-

bewußten Individualität bei den Frauen behindern und statt dessen zu einer kollektiven Regression der Weiblichkeit überleiten. Die erste ist die systematische Beschränkung der weiblichen Bildung, der Ausschluß von der Aneignung des kollektiven Wissensstandes. Das bleibt natürlich prekär, denn die Ausgrenzung der Frau aus der Kultur darf in den herrschenden Klassen nicht dazu führen, daß sie »zur Magd« wird, sozusagen gänzlich stumm und blöd. Sie muß so viel Bildung erhalten, daß sie verstehende Zuhörerin sein (Schein der Gleichheit) und die Rolle der verständig Einführenden in der Erziehung der Kinder übernehmen kann (was jetzt eine funktionale Notwendigkeit wird). Dieses Verbot, zu wissen (wie es die Aristokratie des frühen 18. Jahrhunderts nicht kannte), reicht für sich allein nicht aus; es wird abgestützt durch die Diskriminierung der weiblichen Intellektualität schlechthin. Das zweite Element ist die Aussperrung der Frauen aus den Zonen der Identitätsfindung in sozialen Zusammenhängen. (Beispiele solcher Öffentlichkeiten für Frauen bilden der aristokratische Salon der frühen Aufklärung und die kurze Periode des Romantischen Salons.) Die Abschottung der Lebenswelten der Geschlechter wird total. Das dritte Moment betrifft die Neudefinition der weiblichen Rolle, in der *alle* Elemente in der Beziehung zum Mann auf das eine und ausschließliche Thema der sexuellen Polarität und deren Derivate gebracht werden. Scham, Zurückhaltung, Anmut sind Verhaltens- und Erlebnisweisen, die in Permanenz gefordert werden. Die Frau darf niemals mehr vergessen, daß sie Frau ist – sexuelles Objekt.

Als Cornelia schreibt, sind die drei Formeln zur Herstellung des ›Geschlechterfriedens‹ – die so etwas wie Bedingungen des erfolgreichen Funktionierens objektiver Ungleichheit bei subjektiver Behaglichkeit darstellen – noch nicht zu starren Rollen und Traditionen geworden. Sie werden vielmehr gerade erst erfunden. Wo später Erziehungsmuster und Weiblichkeitsbilder so fest gefügt sind, daß sie wie der Ausdruck von Natur erscheinen, gibt es hier noch die Suche nach Definitionen, das Entstehen von Deutungen. Wir erfahren in Cornelias Berichten auch etwas über die Mechanismen, über welche die ›Systemerfordernisse‹ zu subjektiven Motiven und praktischen Lebenshaltungen werden. Kehren wir also zur Erlebniswelt Cornelias in den Jahren 1768 und 1769 zurück.

Cornelia kann sich nicht mehr einfach in die Ehe geben lassen; dagegen steht der Anspruch auf Selbstverwirklichung. Sie muß selbst wählen, wenn sie sich nicht als unwürdiges Objekt eines Tauschhandels sehen soll, ein Gedanke, der ihrer Mutter vor zwanzig Jahren nie in den Sinn gekommen wäre. Aber sie darf sich nicht in den Falschen verlieben. Sie schreibt an Katharina:

> »Fräulein B. hat ihren Liebhaber verloren. [...] Der arme T. Als er hier wegging, war er arm wie eine Kirchenmaus. Fast ohne Geld ging er auf die Reise nach Hamburg und suchte bei den Kaufleuten eine Anstellung. Er fand keine. Ohne Freunde, ohne Geld, in seiner Verzweiflung versuchte er es beim Militär. Das wäre ihm auch gelungen, wenn er besser Deutsch gekonnt hätte. Er ist nämlich besonders groß. Aber der Offizier fand, daß man ihn im Krieg für einen Franzosen halten würde. Stellen Sie sich den armen Mann in seiner Lage vor. Ohne alle Aussichten. Er wurde Leiter einer Schauspielertruppe und ist jetzt in Braunschweig, hat kaum zu leben und verdient sein Brot unter den elendesten Umständen. Was sagen Sie, ist das nicht merkwürdig? Ein warnendes Beispiel für uns alle!«[25]

Höchst realistisch bemerkt sie etwas später: »Ehen ohne Geld führen immer ins Unglück.«

> »an Katharina:
> Aus Ihrem Brief ersehe ich, daß es in Worms nicht anders zugeht als bei uns in Frankfurt. Hier lebt ein Paar, das aus Liebe geheiratet hat, schon seit 15 Jahren im Elend. Sie können ihre große Familie kaum erhalten, obwohl der Vater der Frau einer der reichsten Männer der Stadt ist. Dieses Beispiel zeigt ebenso wie die Geschichte, die Sie mir berichten, daß wir auf der Hut sein müssen, wenn wir Freundschaft schließen. Lieber zuviel Vorsicht als zuviel Offenheit, bevor wir unser Gegenüber von Grund auf kennen.«[26]

Von Grund auf kennen? Das heißt hier, den Vermögensstand kennen. Verlangt ist das Allerunwahrscheinlichste: Die Liebe und die soziale Überlebensfrage müssen zusammenkommen. Aber obwohl Cornelia solch »vernünftige« Erwägungen anstellt, kann sie nicht mehr zurück. Die Idee vom Glück und die Selbstachtung vertragen sich schlecht mit der Vernunftehe. Ist der Vorrang der Familie vor dem Einzelnen einmal aufgelöst, wird es unerträglich, ohne Liebe zu heiraten. Was zuvor Pflicht und Tugend war – die Neigung dem höheren Ganzen, der Familie zu opfern –, erscheint jetzt als Ausdruck von Kompromiß und Schwäche, ist eine Demütigung. Die Idee der Liebe macht das Leben für die Frau nicht einfacher. Sie muß heiraten, sie braucht eine standesgemäße Versorgung, sie muß ihren sozialen Ort als Ehefrau einnehmen. Aber alle diese Zwänge darf es für die Reinheit der Empfindung nicht geben. Es entsteht eine Spaltung – die lebenspraktischen Interessen bleiben, es wird ihnen aber die Legitimation entzogen. Wenn sich nicht alles himmlisch fügt, dann bleibt nur bittere Resignation und Selbstverachtung. Schließlich irgendeinen nehmen? Sich dem Zwang der Verhältnisse beugen? Und sich dessen bewußt bleiben? Oder Selbstbetrug: Es spricht nichts Äußeres dagegen, daß es Liebe sein könnte, nennen wir es so. Ein Fluchtweg ist nicht in Sicht, im protestantischen Bürgertum nicht einmal das Kloster oder das Damenstift für adlige Töchter.

Wenn alle Macht über das eigene Leben fehlt, wird die eine Spanne Zeit – die Zeit der Liebeswahlen – zum Ort phantasierter weiblicher Freiheit. Reale Selbstverfügung (Arbeit und Besitz) wie die Entwicklung der Individualität (Bildung, Wissen, freier Umgang mit anderen) sind für die bürgerliche Frau nicht vorhanden oder werden systematisch beschränkt, aber als »Objekt der Begierde«, als erotisches Subjekt hat sie Macht, ist die Wechselseitigkeit hergestellt. Wenn sie schön ist und unverheiratet, dann scheint sie ihr Leben selbst in der Hand zu haben. Auf dieser Phantasielinie bewegt sich Cornelia, wenn sie an Katharina am 5. Mai 1769 schreibt:

> »Fräulein Lisette betrat den Ballsaal und eroberte 40 Herzen auf einen Schlag. Man stritt sich um das Vorrecht, ihr nahe zu sein, und nach einiger Zeit war fast nichts mehr zu hören als Klagen und Seufzer. Ein sehr hübscher junger Mann nahm seinen Freund beiseite und flüsterte ihm ins Ohr: Ich bin verloren, vollkommen verloren! Seit einer Viertelstunde erblicke ich sie, die ich besitzen möchte. Wenn ich diese Seligkeit mit meinem Leben erkaufen könnte, so würde ich mich für den glücklichsten aller Menschen halten. Was sagst du zu meiner Wahl? Sieh sie nur an. Sie tanzt mit dem Grafen von Nesselroth. Welche Anmut, welch göttliche Schönheit. Wer kann sie sehen, ohne sie zu lieben? – Aber du antwortest nicht, du wendest dich ab – Tränen – erkläre dich. [...] Unglücklicher, rief der andere aus, so sind wir Rivalen. Ich liebe Lisette, seit ich sie das erste Mal sah. Nichts kann mich von meiner Leidenschaft erlösen, und wenn sie mich nicht erhört, so wird der Tod ... Nach diesen Worten entfernten sie sich von dem Platz, wo meine Kusine Antoinette das ganze Gespräch gehört hatte, ohne daß die beiden es in ihrer Raserei und tollen Begeisterung bemerkt hätten.«

Die Schöne kann mit Verweigerungen spielen, bevorzugen, strafen, quälen – wenn auch nur für kurze Zeit und mit festgesetztem Schluß: Heirat. Ist sie vollkommen schön, stehen alle zur Wahl, und ist die Heirat wirklich die ihre. Sie hat gewählt. Ein Spiel der Phantasie, Träume von der Umkehr der Verhältnisse, Träume von Machtlosen, in denen es viel mehr um Macht geht als um die sinnliche Lust am Mann. Die Formeln für eine solche Betrachtung der Welt lieferte die Literatur. So beginnt Cornelia ihren geheimen Briefwechsel nicht von ungefähr mit der Beschwörung der Romanfiguren Richardsons. Die Literatur als Vorbild, als Anweisung, wie zu leben sei. Wenn »es möglich gewesen wäre, ihre [Cornelias, U. P.] Individualität darzustellen: allein es ließ sich dazu keine andere Form denken als die der Richardsonschen Romane«.[27]
Was haben die Frauen in diesen Büchern gefunden, die uns heute unzugänglich sind, die wir nur mit starken Ermüdungserscheinungen durchstehen? Wir dürfen wohl vermuten, daß sie sich anderes herauslasen als die tugendhaften Botschaften. Aus diesen Geschichten nährte sich die Imagination, was die Frau sei: Gegenstand aller männlichen Sehnsüchte, Ziel des Denkens, gewährende Göttin, Hauptfigur. Und allein auf diesem sicheren Hintergrund der Phantasie vom unendlichen Interesse des Mannes an der Frau entfaltet sich das literarische Spiel von weiblichen Verweigerungen, Bedenken und Vereinigungen in Gestalt der Überwältigung. Foucault hat ohne Zweifel recht, wenn er das Tugendthema als ein erotisches Spiel entschlüsselt, das Spiel mit der Rollenverteilung Jäger und Gejagte.[28] Und die Gejagte will nichts anderes als den Jäger. Die Tugend ist nur deshalb interessant, weil sie die Jagd provoziert. Aber das darf von der Leserin nur gefühlt, nicht eingestanden werden. Die Texte sind hochambivalent: Die Heldin führt die Tugend als Glaubenssatz vor, aber die Leserin erlebt die Verstrickung der Reinen in die sexuelle Bedrohung. Das latente Thema ist die sexuelle Vereinigung. Ein nicht weniger tabuiertes weiteres Thema aus der Perspektive der Frau ist, wie die Leidenschaft das Mannes in die Bereitschaft zur Ehe zu transformieren sei. Warum immer von der Leidenschaft die Rede ist, verstehen wir wohl: Leidenschaft ist die Formel, die strategischen Interessen, »die Nützlichkeit des Anderen«, aus dem Bewußtsein zu schaffen. Und sie ist gleichzeitig der Freiheitstraum eines utopischen Geschlechterverhältnisses; das Bild des Feuers, das die Egoismen, Konventionen und Machtverhältnisse verzehrt. Für die Frau verschiebt sich das ganze Thema der Autonomie auf ihre Körperlichkeit. Sie muß sich selbst ins Spiel bringen, und das heißt ihren Körper, ihre Anziehungskraft, ihre Sexualität, damit sich der Richtige in sie verliebt und zur Heirat bereit erklärt. Dieser Vorgang muß unbewußt ab-

laufen, wenn sich die Frau nicht als eine erleben will, die sich anbietet, die sich zum Köder macht, sich prostituiert. Notwendig hat die Frau ein strategisches Interesse (Heirat und Versorgung), und notwendig darf sie davon im Beziehungsspiel nichts wissen, wenn sie sich selbst nicht verachten soll. »Über die ›wahren Motive‹ ist keine Verständigung möglich; das dazu passende Körperverhalten ist Ohnmacht.«[29] Das Spiel zwischen den Geschlechtern wird doppeldeutig. Hören wir, was Lisette der Cornelia berichtet, oder vielmehr, wie Cornelia sie versteht, denn Cornelia schreibt Katharina, wie Lisette, die triumphierende Schöne, ihr Glück macht:

»Was soll ich [Lisette] Ihnen sagen, meine Liebe, [...] ich fühlte wohl, daß ich ihn liebte. [...] ich sah ihn öfter, ohne daß er gewagt hätte, von seiner Liebe zu sprechen. Ich entdeckte tausend schöne Eigenschaften an ihm. So verging ein ganzer Monat. Es kam die Zeit der Weinlese. Wir waren bei Herrn B., dem Witwer, er gab ein großes Fest in seinem Garten. Wir tanzten, und ich bemerkte, wie sich der Eindruck vertieft hatte, den ich auf sein Herz machte. Ich hatte mich zu sehr erhitzt, fühlte mich schwach und verließ die Gesellschaft. Ein offenes Zimmer bot mir eine ruhige Zuflucht, ich warf mich auf ein Sofa. Kaum war ich dort, suchte man mich im ganzen Haus. Schließlich trat er ein ... [Punkte im Text]. An diesem Ort, meine Liebe, eröffnete er mir seine Leidenschaft und sagte alles, was die wahre Liebe zu sagen eingibt. Ich war verwirrt [...] Er sah, daß er mir nicht gleichgültig war. Nach einer langen Unterredung kehrten wir zur Gesellschaft zurück. Seit dieser Zeit sind wir einander verbunden und er teilte seine Absichten meiner Mutter und Herrn B. mit [...] Er ließ keinen Tag vorübergehen, ohne mich zu besuchen. Wir sind in allem übereingekommen: In einem Jahr wird die Hochzeit sein, dann nimmt er mich mit, nach Paris, nach London, nach Amsterdam, und von da in seine Heimat. Ach, meine Liebe, so gehen alle meine Wünsche in Erfüllung. Ich werde die Welt sehen, ich werde glücklich sein, und nichts werde ich vermissen – außer Ihnen, die ich verlassen muß.«[30]

Die Erzählung ist offenkundig doppelbödig. Man könnte die zwei Ebenen nennen: Die unschuldige Lisette verliebt sich, und die kluge Lisette wahrt ihre Interessen. Sie wird vorgeführt als Ahnungslose und als Beobachterin zugleich: »Ich bemerkte, wie ich immer mehr sein Herz gewann.« Sie scheint ganz passiv und schafft dennoch die Situation für die Eroberung: abgelegen und in der Gesellschaft; schonungsbedürftig und auf einem Sofa hingestreckt. Sie bietet sich als Objekt an, ohne es doch im passiven Sinn zu sein. Sie ermöglicht das Suchen und Finden, das Jagen und Erobern. Diese Dimension wird von Cornelia vollständig ausgeblendet. Sie bleibt ihr unbewußt. Lisette tauscht Herrn B., reich, aber alt, Witwer, gegen den jungen Herrn Dorval, noch reicher und schön. Cornelias Kommentar: »Lisette wird glücklich sein, und sie verdient es.« Der prekäre Handel wird verdeckt durch Cornelias Phantasie von der Leidenschaft. Die Liebe muß wie der Blitz sein, um die Behauptung der Unschuld aufrechterhalten zu können. Damit das Spiel funktionieren kann, muß der Mann zuerst lieben. So kann die Frau die unschuldige Beute sein. Lisette in Cornelias Bericht:

> »Dorval tritt ein, erblickt mich, verharrt regungslos, macht mir eine Verbeugung und verläßt den Raum. Wir glaubten, daß ihn ein Schmerz befallen habe.«

Aus Dorval, dem gelangweilten Reisenden, der sich mit der Idee einer finanziell vielversprechenden Heirat trägt, wird mit einem Schlage der andere, der leidenschaftliche Mann. Fortan ist Lisette ebensowohl Subjekt wie Objekt der Situation.
Der Gegensatz zwischen wechselseitiger Anerkennung ohne strategische Interessen (Liebe) und der Realität (sozialer Aufstieg und Überleben durch Ehe), der Gegensatz zwischen Citoyen und Bourgeois, zwischen dem Staatsbürger der freien Republik und dem egoistischen Geschäftsmann, findet seine Entsprechung in der Seele der Frau. Spaltung des Ich, Selbsttäuschung, Verleugnung sind unvermeidlich. Sie gehören zur Struktur.

Der biographische Aspekt: Weiblichkeit als Maske

Wenn wir auch verstehn, daß die Schönheit zum Fetisch in den Geschlechterbeziehungen wird, so bleibt doch eine Besonderheit unverständlich: Die Idee der vollkommenen Schönheit ist bei Cornelia die Folie, vor der sich ihre eigene »Häßlichkeit«, ihre vollständige Selbstentwertung abspielt. Einsprüche sind nicht zugelassen. Ganz offensichtlich hat ihr Katharina widersprochen und Cornelia an die Vorzüge erinnert, die sie, die Freundin, bei ihr sieht. Cornelias Antwort ist auffallend heftig, eine Zurechtweisung:

»Ich habe gerade Ihren liebenswürdigen Brief erhalten, aber ich werde nicht darauf antworten. Solche Antworten überlasse ich meinem Sekretär oder, um es anders zu sagen, einem Brief, der den Regeln der Höflichkeit folgt (nicht der Stimme des Herzens). Ich bitte Sie um eines: Machen Sie mich nicht durch ein Lob erröten, das ich in keiner Hinsicht verdiene. Wären es nicht Sie, meine Freundin, könnte ich Ihre Worte nur als Satire auffassen; aber ich weiß, es ist die Güte Ihres Herzens, die von Ihnen verlangt, mich so zu sehen. Aber mein Spiegel täuscht mich nicht, wenn er mir sagt, daß ich zusehends häßlicher werde. Das sind keine Redensarten, meine Liebe. Ich spreche aufrichtig zu Ihnen, und ich sage Ihnen auch, daß ich manchmal ganz schmerzerfüllt bin, und daß ich alles darum geben würde, schön zu sein.«[31]

In *Dichtung und Wahrheit* wird Cornelia so beschrieben:

»Ein schöner Körperbau begünstigte sie; nicht so die Gesichtszüge, welche, obgleich Güte, Verstand, Theilnahme deutlich genug ausdrückend, doch einer gewissen Regelmäßigkeit und Anmuth ermangelten.
Dazu kam noch, daß eine besonders hohe stark gewölbte Stirn durch die leidige Mode, die Haare aus dem Gesicht zu streichen und zu zwängen, einen gewissen unangenehmen Eindruck machte, wenn sie gleich für die sittlichen und geistigen Eigenschaften das beste Zeugnis gab. Ich kann mir denken, daß wenn sie, wie es die neuere Zeit eingeführt hat, den oberen Theil ihres Gesichtes mit Locken umwölken, ihre Schläfe und Wangen mit gleichen Ringeln hätte bekleiden können, sie vor dem Spiegel sich angenehmer würde gefunden haben, ohne Besorgniß, andern zu mißfallen wie sich selbst. Rechne man hiezu noch das Unheil, daß ihre Haut selten rein war, ein Uebel, das sich durch ein dämonisches Mißgeschick schon von Jugend auf gewöhnlich an Festtagen einzufinden pflegte, an Tagen von Concerten, Bällen und sonstigen Einladungen.
[...]
Ein fester nicht leicht bezwinglicher Charakter, eine theilnehmende, Theilnahme bedürfende Seele, vorzügliche Geistesbildung, schöne Kenntnisse, so wie Talente; einige Sprachen,

eine gewandte Feder, so daß, wäre sie von außen begünstigt worden, sie unter den gesuchtesten Frauen ihrer Zeit würde gegolten haben.« [...]

»Die Züge ihres Gesichts, weder bedeutend noch schön, sprachen von einem Wesen, das weder mit sich einig war, noch werden konnte. Ihre Augen waren nicht die schönsten, die ich jemals sah, aber die tiefsten, hinter denen man am meisten erwartete, und wenn sie irgend eine Neigung, eine Liebe ausdrückten, einen Glanz hatten ohne Gleichen; und doch war dieser Ausdruck eigentlich nicht zärtlich, wie der, der aus dem Herzen kommt und zugleich etwas Sehnsüchtiges und Verlangendes mit sich führt; dieser Ausdruck kam aus der Seele, er war voll und reich, er schien nur geben zu wollen, nicht des Empfangens zu bedürfen.

Kann ein Frauenzimmer für den Mangel von Schönheit entschädigt werden, so war sie es reichlich durch das unbegrenzte Vertrauen, die Achtung und Liebe, welche sämmtliche Freundinnen zu ihr trugen; sie mochten älter oder jünger seyn, alle hegten die gleichen Empfindungen.«[32]

Wie ich mir Cornelia nach dieser Beschreibung vorstelle: Sie wirkte auf Männer nicht anziehend, sie war nicht häßlich, sondern in männlicher Gesellschaft erstarrt. Sie konnte sich Frauen anders zeigen als Männern. Wenn es um Männer ging, wenn sie sich öffentlich zeigen sollte, dann gab es widerstreitende Elemente, so daß »ihre Haut [...] an Festtagen, an Tagen von Konzerten, Bällen und sonstigen Einladungen« nicht rein war. Eine typisch weibliche Haltung, »das Zärtliche, das Empfangende«, scheint dem Bruder bei ihr zu fehlen. Und: »Die Züge ihres Gesichts sprachen von einem Wesen, das weder mit sich einig war noch werden konnte.« Obwohl Cornelia sich scheinbar nichts sehnlicher wünscht als »weiblich«, schön zu sein, gibt es etwas, das sich sperrt. Das Sich-nicht-zeigen-Können ist auch zu verstehen als ein unbewußtes Sich-nicht-zeigen-Wollen. Cornelia schildert Katharina, wie sie von einem interessanten Mann überrascht wird. Sie beschreibt hier eine Szene, wie sie in zahlreichen Bildern der Zeit festgehalten ist als Auftakt einer Verführung: ein schöner Mann, eine Frau in nachlässiger Toilette, mit Schleifen und Bändern, die noch kaum geschlossen sind. Eine Traumszene wird wahr:

»Kaum den Händen des Friseurs entkommen, erhebe ich mich, um mich anzuziehen. Als ich ganz entkleidet bin, höre

> ich, wie ein Wagen vor der Tür hält. [...] Ein lautes Klopfen und [...] ich zitterte, die Aufregung, ich machte alles falsch, so daß ich gerade mein Kleid schloß, da traten sie schon ein. Ein junger Mann, schön wie der Tag, riß mich aus meiner vollständigen Verwirrung, um mich in eine noch größere zu stürzen. Ich bot ein Bild der lächerlichsten Hilflosigkeit, da ich nicht wußte, ob ich eine albernere Figur machen würde, wenn ich ginge, als wenn ich bliebe. Endlich entschloß ich mich zu gehen, was ich derart ungeschickt tat, daß es ein Jammer war, mir dabei zuzusehen. Draußen, in der Kälte, gewann ich meine Kräfte wieder, und als ich mich im Spiegel sah, war ich totenblaß. Nebenbei muß ich Ihnen sagen, daß mir nichts besser steht – als wenn eine Erregung mich erblassen oder erröten macht.«[33]

Immer wird der Augenblick verpaßt, hat sie im Rückblick auf die Situation »nicht richtig« reagiert. Sie wartet nicht ab, macht sich gleich auf die Flucht, zerstört die Situation und befragt dann den Spiegel. Der Spiegel spricht zu ihr statt der Männer. Er gehört zu ihrem Inventar, zu ihrem Medium der Kontrolle. Ein Grund für dieses Thema der Scham liegt darin, daß Cornelia bewußt wird, daß sie sich anbietet, daß sie auf den Richtigen wartet, der sie heiraten soll, daß sie sich ihm präsentieren will. Anstatt daß das Begehren des Mannes *sie* als Objekt nimmt, erwartet sie, hoffend und wissend, was eintreten soll: Leidenschaft, und fürchtet gleichzeitig »das Normale«, daß eben nichts geschieht. Erinnern wir uns jedoch, daß in den triumphalen Szenen mit Lisette immer auch das andere Thema anwesend war: Die Schönheit macht die Leidenschaft, und die Leidenschaft öffnet das Herz und bricht die Konvention. Was verbirgt sich hinter dieser Phantasie? Was geschieht, wenn die Regeln gebrochen werden? Was wird dann möglich? Cornelias Briefe an Katharina geben uns keine direkte Auskunft. Wir sind gezwungen, zwischen den Zeilen zu lesen, denn der ursprüngliche Wunsch ist nur noch verschlüsselt anwesend.

Was wäre Dorval ohne die Schönheit Lisettes? Ein konventioneller Mann, der mit einer jungen Frau sich unterhält. Ein gelassener Mann, der eine Vernunftehe eingeht. Ein Verschlossener, der sein Herz nicht zeigt. Nur die Höflichkeit würde zwischen den beiden spielen. In Cornelias Phantasie macht die Leidenschaft Männer zu Menschen, zu solchen, die das ritualisierte Spiel nicht weiterspielen können. Cornelia an Katharina:

»Endlich unterbrach der alte Landgraf das Schweigen der Bewunderung und forderte den Prinzen Georg auf, die Dame [Lisette, U.P.] zum Menuett zu bitten. Dieser ging mit unsicherem Schritt auf sie zu, aber als er all ihre Reize aus der Nähe sah, wurde er von einer unwiderstehlichen Zuneigung ergriffen und verlor völlig die Fassung, soweit sie ihm noch geblieben war. Fräulein Lisette war vom Ausdruck, von der Miene des Prinzen entzückt und noch mehr von seiner Schönheit. Sie sah die Wirkung, die ihre Reize auf sein Herz hatten, und in einer wechselseitigen Übereinstimmung empfand auch sie zärtliche Freundschaft für ihn, die allein der Tod enden kann. Der Landgraf erkannte die Verwirrung der beiden jungen Leute und schickte einen anderen Prinzen. Aber da bemerkte der erste seinen Fehler, ergriff rasch die Dame bei der Hand und befahl den Musikern ein Menuett.«[34]

Der von der Schönheit getroffene Mann verliert die Kraft, das galante Spiel zu spielen. Er ist nicht mehr zur Inszenierung in der Lage. Er verrät sein Geheimnis, kann sich nicht beherrschen und nichts verbergen. Wir können dieser Aussage eine doppeldeutige Funktion zusprechen: die Frau siegt über den Mann – und zugleich die Hierarchie der Geschlechter spielt keine Rolle mehr. Der Mann vergißt, die Frau ›als Frau‹ zu behandeln.
Daß Cornelia sich schämt, sich den Männern als Frau zu zeigen, hat noch mit anderen verbotenen Wünschen zu tun. »Meine Leidenschaften treiben mich immer zum äußersten. Mein Glück ist, daß jene Zustände nach kurzer Zeit vorübergehen; sonst könnte ich es nicht ertragen.« Ihre Reaktionen: Flucht, Erröten, Erbleichen, keinen Ton mehr hervorbringen, lassen uns ahnen, daß sie fürchtet, die Kontrolle zu verlieren. Orgiastische Wünsche, Begehren sind eine Schande für eine Frau. Cornelia: »Gab es jemals einen unschuldigeren Wunsch als den, sein Bild immer betrachten zu dürfen?« Ihre extremen und ekstatischen Gefühle sind den wirklichen Beziehungen unangemessen. Sie haben keinen Ort, kein Gegenüber.
Cornelias Verliebtheit in Harry gehört zu den »Als-ob-Szenen«, ein Bericht mit falschem Zungenschlag. Es gibt heftige Gefühle, aber sie scheinen nur mit dünnem Faden mit dem Objekt ihrer Zuneigung verbunden zu sein. Sie gelten weniger dem Geliebten als der eigenen Tat. Wahrhaftig, ein unweiblicher Wunsch, sein Bild zu besitzen, eine männliche Tat, eine Inszenierung zu machen, deren Objekt (unbe-

wußt) der Mann ist. Deshalb spricht Cornelia von ihrem »bestraften Hochmut«, als ihr Plan mißlingt:

> »Samstag morgen um zehn Uhr, 22. Oktober 1768 [...] diese Nacht hatte ich einen Traum, der mich beunruhigt. Ich hörte eine Stimme: Du wirst ihn nicht wiedersehen! – Ach, was soll ich tun? Der Bote ist zurück [das Konzert mit Harry, der während des Spiels gemalt werden soll, findet nicht statt, U. P.]; ich Unglückliche – alles ist aus. Mein Hochmut ist jetzt bestraft – es mußte so sein – ich habe allen Grund so zu denken – haben Sie Mitleid mit mir – ich bin in einem bejammernswerten Zustand – ich kann nicht weiterschreiben – verzeihen Sie meine Verrücktheiten – schreiben Sie mir nur einige Zeilen, daß Sie mich [das ›nicht‹ hat Cornelia vermutlich vergessen, U. P.] verurteilen – [...] G. C.«

Betrachten wir die Beziehungen, in denen Männer und Frauen im Tagebuch erscheinen, so handelt es sich um Beziehungen der Macht: Die vollkommen schöne Frau ist die Frau, die die Männer fesselt, bindet, hat. Und zwar ohne sich Gewalt anzutun, einfach durch ihr Dasein. Cornelia hat diese Macht nicht. Weil sie sich häßlich findet, kann sie zwar neidisch und untergründig aggressiv auf die mächtigen Frauen sehen, aber sie ist zugleich geschützt vor der Rivalität und der damit einhergehenden unerträglichen Angst. Es ist auffallend, daß es bei Cornelia immer nur böse, herzlose, verführende Frauen gibt. Niemals nimmt ein Mann diese Attribute an. Was die Sexualität, die Begierden angeht – die Männer sind bei Cornelia untergründig die Objekte der Frauen. Männer haben zwar die Freiheit der Wahl, werden aber von den schönen und mächtigen Frauen in deren Netzen gefangen. Alle Aktivität liegt bei den schönen Frauen. Wenn Cornelia sagt: »Es muß unendlich glücklich machen, einem solchen Mann zu gefallen«, so heißt das, einen solchen Mann als Demonstrationsobjekt meiner weiblichen Macht zu besitzen. Männer sind ihr Beweis der weiblichen Vollständigkeit. Aber zugleich muß das Phantasie bleiben, darf für sie selbst nicht wahr werden.

Männer repräsentieren die verlorene eigene Macht, ein Stück Utopie, zugleich sind sie leere Zeichen. Hinter der Phantasie von Leidenschaft und vollkommener Schönheit verbirgt sich Widersprüchliches: das Frausein vergessen können, die männliche Inszenierung durchbrechen, selbst das Spiel bestimmen, sich im Territorium des anderen Geschlechts frei bewegen. Die Utopie ist untrennbar mit der Machtphan-

tasie verknüpft (das Spiel beherrschen, Männer abhängig machen). In beiden Varianten, in der Phantasie von der Macht über Männer wie in der von der Gleichheit unter Gleichen, liegt eine Überschreitung der Weiblichkeit, Rache für eine Verletzung.
Jedenfalls ist in diesem Zusammenhang klar: Die Fetischisierung der Schönheit ist nicht gleichzusetzen mit einer positiven Wertung der Weiblichkeit. Vielmehr verdeckt sie die Verachtung des weiblichen Daseins. Einfach Frau sein heißt für Cornelia, nur die Brosamen bekommen, aber vom Eigentlichen, das sich in der Männerwelt abspielt, ausgesperrt bleiben.

Zu den Voraussetzungen einer erfolgreich angepaßten Weiblichkeit stehen Cornelias Erfahrungen als Kind und Jugendliche in starker Spannung. Wir werden dem im folgenden nachgehen.
Von den Kindern, die Catharina Elisabeth Goethe geboren hat, überlebten nur zwei die Kindheit: Johann Wolfgang, der Erstgeborene, und Cornelia, die 15 Monate jünger war als ihr Bruder (geb. 1750). Der Ausbildung der beiden Kinder wandte sich der Vater mit aller Energie zu. Der Geist der Aufklärung und des bürgerlichen Selbstbewußtseins gegen den aristokratischen Geburtsvorrang waren für Johann Caspar bestimmend. Der Impuls des sozialen Aufstiegs spiegelt sich in den Generationen der Familie Goethe. Der Großvater Goethe, ein nach Frankfurt eingewanderter Schneider, beschloß sein Leben als Besitzer eines Vermögens, das ihn zu den 400 wohlhabenden Familien der Freien Reichsstadt Frankfurt zählen ließ. Neben seinem Fleiß und geschäftlichen Talent war es die soziale Geschicklichkeit, die ihn nach oben brachte: zwei äußerst vorteilhafte Heiraten machten ihn schließlich zum vermögenden Mann. Sein Sohn Johann Caspar, promovierter Jurist, setzte den Aufstieg der Familie fort. Seine Heirat mit einer Textor schuf die Verbindung zu den »alten Familien« der Stadt. Beruflich war Johann Caspar desinteressiert; er lebte von seinem Erbe. Er widmete sich ausschließlich der Ausbildung der Kinder und seiner Rolle als Hausvater. Bildung gehörte durchaus zu diesem Motiv des sozialen Aufstiegs. Sie war sowohl Bedingung der weiteren Karriere nach oben, die der Sohn Johann Wolfgang vollziehen sollte, als auch Ausdruck einer fordernden Haltung gegenüber dem Geburtsadel.
Johann Caspars Impuls zur Bildung hatte etwas Überschießendes. So ist es wohl zu verstehen, daß er wenig Unterschied zwischen Tochter und Sohn machte. Nur mit einiger Mühe entzog sich die Ehefrau. »Mein Vater lehrt die Schwester im selben Zimmer Italienisch, wo ich den Celarius auswendig zu lernen hatte«[35], berichtet Johann Wolfgang. Wie der Bruder lernte Cornelia vor allem die Sprachen: Italienisch,

Französisch, Englisch, ein wenig Latein, Geschichte, Religion, und zusätzlich erhielt sie eine musikalische Ausbildung im Singen und Klavierspielen. Neben dem Vater unterrichteten Hauslehrer. Wenn wir die Darstellung in *Dichtung und Wahrheit* betrachten, so fällt der Zug von Starrheit bis zur Pedanterie auf, der die Pädagogik wie das Wesen des Vaters charakterisierte. Es gab bei dem alten Goethe eine Neigung zur Ordnung bis zum Zwanghaften. »Er hatte alles nur durch unsäglichen Fleiß, Anhaltsamkeit und Wiederholung erworben« – so der Sohn über den Vater.

Es war nicht die kulturelle Eingebundenheit einer über Generationen reichen und am Wissen teilhabenden Familie. Der Vater selbst war unsicher, nicht schöpferisch, in seinen liebenswertesten Seiten ein skurriler Autodidakt (wie der Versuch zeigt, im Großen Hirschgraben Seidenraupen zu züchten), zugleich aber ein Mann mit starrsinnigen Zügen, die vielleicht seine soziale Unsicherheit kompensieren sollten. Die Kinder litten unter der Strenge und wurden immer rebellischer. Es entstand jene Fraktionierung, die für die bürgerliche Familie charakteristisch werden sollte. Goethe schreibt in *Dichtung und Wahrheit*:

> »Ein zwar liebevoller und wohlgesinnter, aber ernster Vater, der, weil er innerlich ein sehr zartes Gemüt hegte, äußerlich mit unglaublicher Konsequenz eine eherne Strenge vorbildete, damit er zu dem Zwecke gelangen möchte, seinen Kindern die beste Erziehung zu geben, sein wohlbegründetes Haus zu erbauen, zu ordnen und zu erhalten; dagegen eine Mutter, fast noch ein Kind, welche erst mit und in ihren beiden Ältesten zum Bewußtsein heranwuchs; diese drei, wie sie die Welt mit gesundem Blicke gewahr wurden; lebensfähig und nach gegenwärtigem Genuß verlangend. Ein solcher in der Familie schwebender Widerstreit vermehrte sich mit den Jahren. Der Vater verfolgte seine Absichten unerschüttert und ununterbrochen; Mutter und Kinder konnten ihre Gefühle, ihre Anordnungen, ihre Wünsche nicht aufgeben.«[36]

Zwar wurde dem Sohn schon sehr früh mehr Bewegungsfreiheit zugebilligt als der Tochter, jedoch wurde dadurch das enge Bündnis der Geschwister nicht behindert. Sie hielten zusammen, nicht der Bruder verbot ihr die Freiheit, sondern der »Tyrann«.

> »Da aber die Stunden der Eingezogenheit und Mühe sehr lang und weit waren gegen die Augenblicke der Erholung, des Vergnügens, besonders für meine Schwester, die das Haus nie-

> mals auf so lange Zeit als ich verlassen konnte, so ward ihr Bedürfnis, sich mit mir zu unterhalten, noch durch die Sehnsucht geschärft, mit der sie mich in die Ferne begleitete.
> Und so wie in den ersten Jahren Spiel und Lernen, Wachstum und Bildung den Geschwistern völlig gemein war, so daß sie sich wohl für Zwillinge halten konnten, so blieb auch unter ihnen diese Gemeinschaft, dieses Vertrauen bei Entwickelung physischer und moralischer Kräfte.«[37]

Die »Zwillinge« lebten in einer eigenen Welt. Schon bald, wie wir vermuten müssen, ohne die Mutter, der sich die Kinder, vor allem die Tochter, entfremdeten. Cornelia und ihr Bruder suchten Modelle für eine andere Wirklichkeit, und diese andere Welt war eine der Phantasie, war imaginär, bestand aus Dramen, Romanen, Gedichten. Zunächst Teil ihres Bildungsprogramms, machten sich die Texte selbständig und wurden zum Ausdruck von zunächst unmerklicher Abweichung, schließlich von Opposition. Klopstock, Lessing, später die geliebten Romane Richardsons erzählten von Menschen, die ein Schicksal hatten, von bedeutungsvollem Leben. In der Opposition der Geschwister entwickelte sich das begeisterte Verständnis für die Literatur, die sie in Gegensatz zum starren Regelsystem von Autorität und Tradition stellten. Die literarischen Figuren waren zugleich ein Teil des Spiels zwischen Bruder und Schwester und gewannen daraus ihre emotionale und subversive Wirksamkeit. Literatur war Gemeinsamkeitssymbol – zunächst noch gemeinsam mit der Mutter.

> »Aus der Ferne machte jedoch der Name Klopstock auch schon auf uns eine große Wirkung [...] eine verdrießliche Epoche [...] eröffnete sich für meinen Vater, als Klopstocks Messias Verse, die ihm keine Verse schienen, ein Gegenstand der öffentlichen Bewunderung wurden. Er selbst hatte sich wohl gehütet, dieses Werk anzuschaffen; aber unser Hausfreund Rath Schneider, schwärzte es ein und steckte es der Mutter und den Kindern zu.
> Auf diesen geschäftstätigen Mann, welcher wenig las, hatte der Messias gleich bei seiner Erscheinung einen mächtigen Eindruck gemacht. [...] Das Exemplar, das er jährlich nur eine Woche brauchte, war uns für die übrige Zeit gewidmet. Die Mutter hielt es heimlich, und wir Geschwister bemächtigten uns desselben, wann wir konnten, um in Freistunden, in

Cornelia und Johann Wolfgang.
Aus dem Seekatzschen Familienbild von 1762

irgend einem Winkel verborgen, die auffallendsten Stellen auswendig zu lernen, und besonders die zartesten und heftigsten so geschwind als möglich ins Gedächtnis zu fassen.
Porcias Traum rezitierten wir um die Wette, und in das wilde verzweifelnde Gespräch zwischen Satan und Adramelech, welcher ins rote Meer gestürzt worden, hatten wir uns geteilt. Erste Rolle, als die gewaltsamste, war auf mein Teil gekommen, die andere, um ein wenig kläglicher, nahm meine Schwester. Die wechselseitigen, zwar gräßlichen, aber doch wohlklingenden Verwünschungen flossen nur so vom Munde, und wir ergriffen jede Gelegenheit, uns mit diesen höllischen Redensarten zu begrüßen.
Es war ein Samstagabend im Winter – der Vater ließ sich immer bei Licht rasieren, um sonntags früh zur Kirche sich bequemlich anziehen zu können – wir saßen auf einem Schemel hinter dem Ofen und murmelten, während der Barbier einseifte, unsere herkömmlichen Flüche ziemlich leise. Nun hatte aber Adramelech den Satan mit eisernen Händen zu fassen, meine Schwester packte mich gewaltig an, und rezitierte, zwar leise genug, aber doch mit steigender Leidenschaft: ›Hilf mir! Ich flehe dich an, ich bete, wenn du es forderst, Ungeheuer dich an! Verworfner, schwarzer Verbrecher, Hilf mir! ich leide die Pein des rächenden ewigen Todes! [...] Vormals konnt'ich mit heißem, mit grimmigem Hasse dich hassen! Jetzt vermag ich's nicht mehr! Auch dies ist stechender Jammer!‹
Bisher war alles leidlich gegangen; aber laut, mit fürchterlicher Stimme rief sie die folgenden Worte: ›O wie bin ich zermalmt! ...‹
Der gute Chirurgus erschrak und goß dem Vater das Seifenbecken in die Brust.«[38]

Wie das Zitat zeigt, spielte die Literatur eine für uns schwer nachvollziehbare Rolle im Alltagsleben des wohlhabenden Bürgertums. Der »geschäftsthätige Mann«, der sich für den *Messias* begeistert, für eine ungewöhnliche, neue Art des Schreibens, und Mutter und Kinder, die ihren Widerstand gegen die alltägliche Tyrannei durch den Herrn des Hauses über die Literatur organisieren, die das Gefühl haben, dieses neue, regelbrechende Schreiben spreche genau für sie. Die Kinder ler-

nen den *Messias* auswendig. Durch die Literatur verbünden sie sich mit der Macht des Geistes, die bedeutender ist als die reale Macht des Vaters. Zugleich sehen wir das Verhältnis von Bruder und Schwester. Er spielt den Satan, sie »die um ein wenig kläglichere Rolle«. Das scheint jedoch Cornelias Temperament zu jener Zeit, als sie etwa 12 Jahre alt war, wenig angefochten zu haben. Sie packt den Bruder mit kräftigem Griff, vergißt die Autorität im Raum und läßt sich vom Text, von der Sache, von der Situation fortreißen, um dem Text gemäß »mit fürchterlicher Stimme« ihre Verse zu rufen. Aus dem Verlauf von Cornelias Geschichte läßt sich erkennen, wie aus diesem wilden Mädchen allmählich eine Verschlossene, eine Mutlose wird.
Aber es gibt Ungleichheit von Anfang an. Cornelias Außenraum ist beschränkt. Sie wird früh zu einer verstehend Zuhörenden, von einer Erlebenden zu einer Beurteilenden. Das Leben der Phantasie und das Leben in der Rede, im Zuhören, im Erzählen haben mehr Gewicht als die Realität. Die Arbeitsteilung zwischen den Geschwistern teilt ihr eine weibliche Rolle zu. Er ist der Regelbrecher und sie die begeistert Anteilnehmende. Aber ihre Liebe ist Realität, und zusammen bilden sie ein Paar, das beides enthält.
Die Ungleichheit nimmt freilich zu. Mit 16 Jahren verläßt Johann Wolfgang Frankfurt, um in Leipzig Jura zu studieren. Beide Geschwister befinden sich in offener Rebellion gegen den Vater:

»Die heimliche Freude eines Gefangenen, wenn er seine Ketten ablöst und die Kerkergitter bald durchgefeilt hat, kann nicht größer sein als meine war, indem ich die Tage schwinden und den Oktober (die Abreise) herannahen sah.«

Johann Wolfgang fühlt nicht die geringste Neigung zu juristischen Studien, sein ganzes Interesse gilt »allein den Sprachen, den Altertümern, der Geschichte und allem, was daraus hervorquillt«. Der Vater bleibt unerbittlich: Der Sohn soll werden, was er selbst ist, Rechtsgelehrter.

»Nun hielt ich den Entschluß, daß ich, gegen seine Gesinnungen und Willen, eine eigene Studien- und Lebensweise ergreifen wollte [...] für Notwehr.«

Die einzige, die Johann Wolfgang in seine geheimen Absichten, den Vater zu hintergehen, einweiht, ist die Schwester.

»So sehr ich auch gegen jedermann von diesen meinen Vorsätzen ein Geheimnis machte, so konnte ich sie doch meiner Schwester nicht verbergen, die, nachdem sie anfangs darüber sehr erschrocken war, sich zuletzt beruhigte, als ich ihr versprach, sie nachzuholen, damit sie sich meines erworbenen glänzenden Zustandes mit mir erfreuen und an meinem Wohlergehen teilnehmen könnte.«[39]

Was verbirgt sich hinter diesem Versprechen? Und was hat es wohl für Cornelia bedeutet? Ob sie daran geglaubt hat? Von seiner Seite zeigt es zugleich Liebe und Schuldgefühl. Noch war er nicht so »männlich«, daß er nicht empfunden hätte, wie grausam es war, daß er gehen durfte und sie bleiben mußte. Aber welcher Privilegierte rechnet sich nicht schließlich das Vorrecht, das ihm zufällt, als Verdienst an. Im Augenblick des Abschieds, der zugleich die Trennung der Geschlechter bedeutet, steht noch einmal das Bündnis der Geschwister vor uns, das Versprechen der Solidarität.
Vom Oktober 1765 bis Ende August 1768 blieb Johann Wolfgang in Leipzig. Seiner Schwester schrieb er im ersten Vierteljahr sieben Briefe, dann nur noch im Oktober 1766, im Mai, August und Oktober 1767. Aus diesen Briefen läßt sich auf Cornelias Mitteilungen schließen. Wenigstens von seiner Seite erhalten wir einen Einblick in die Beziehung der Geschwister. Der für unsere Fragen – woher Cornelias Abweichung vom »Normalen«? was ist der im Tagebuch nicht mehr sichtbare Wunsch? – wichtige Aspekt ist die eigentümliche Widersprüchlichkeit der Rollen, in denen sie vom Bruder angesprochen wird. Die Schwester ist ernstzunehmende Partnerin im Dialog, gleichzeitig ist sie Mädchen, vor dem er in verschiedenen Rollen posiert. Zudem hat er ihr offensichtlich versprochen, ihr beizubringen, was er lernt. Der Goethe aus dem Jahr 1811 kann nur noch mit Kopfschütteln jener Verwirrung der Geschlechterordnung gedenken, als er versuchte, seine Schwester am Wissen teilnehmen zu lassen, »als ob sie ein Mann sei«. Wir sehen hier, wie die Rollen nun definitiv zwischen Vernunft und Gefühl polarisiert sind.

»Beim Durchlesen jener Briefe, die von Leipzig aus an meine Schwester geschrieben waren, konnte mir unter anderem auch diese Bemerkung nicht entgehen, daß ich mich sogleich bei dem ersten akademischen Unterricht für sehr klug und weise gehalten, indem ich mich, sobald ich etwas gelernt, dem Professor substituierte und daher auch auf der Stelle didaktisch ward. Mir war es lustig genug zu sehen, wie ich dasjenige, was Gellert uns im Collegium überliefert oder gerathen, sogleich wieder gegen meine Schwester gewendet, ohne einzusehen, daß sowohl im Leben als im Lesen etwas dem Jüngling gemäß seyn könne, ohne sich für ein Frauenzimmer zu schicken.«[40]

Die Briefe des sechzehn- und siebzehnjährigen Johann Wolfgang handeln von der neugewonnenen Freiheit, von guten Mittagessen, von sittsamen Familien und Leipziger Mädchen, von neuen Stücken, von Reinecke Fuchs und anderen poetischen Versuchen, von Grammatik, Orthographie und Stil. Sie handeln vor allem davon, daß man sich vom französischen Vorbild befreien und »natürlich« schreiben soll.[41] Cornelia ihrerseits kritisiert, schickt eigene Entwürfe, will Bücher lesen, die er für ein Mädchen ungeeignet findet:

»Das Trauergespiel ist von Voltairen und heißt Mahomet ou le Fanatisme. Nein Schwester, spiele nicht mit, es ist unschicklich [...] Nichts vom Decameron, Papst hin, Papst her.« [1765][42]
»Der Pitaval [eine berühmte Prozeßsammlung] ist nichts für dich. Es sind nichts als Tatsachenberichte, ohne moralische Erwägungen, ohne jegliches Gefühl. Du wirst dich ohne Zweifel langweilen.« [1766][43]

Immer wieder kommt er auf die Leidenschaft der Schwester für die Romane zu sprechen, in der er ein sentimentales Sich-Verlieren sieht:

»Du willst nichts als Romane. Also lies sie. Ich wasche meine Hände in Unschuld. Gegen Clarissa habe ich nichts einzuwenden.« [1760][44]

Cornelia hat ihm offensichtlich widersprochen. Sie will den *Pitaval* lesen. Sie erhält die folgende Antwort:

»Gerechter Himmel, wie gelehrt bist du geworden! Ich werde es kaum noch wagen, Dir in Zukunft weitere Ratschläge für Deine Lektüre zu geben, denn Du weißt ja mehr als ich. Du nennst mir da einen Boccalini, von dem ich niemals gehört habe, und du fällst Urteile in einem wahrhaft kritischen Ton. Trotzdem muß ich Dir sagen: Du behauptest, daß der Pitaval über die Wirklichkeit aufklärt. Gut, das gebe ich zu, aber diese Aufklärung ist nicht für Dich, sondern für einen Mann, der über diese Gegenstände und diese Vorkommnisse nachdenkt, der davon etwas hat.« [1766][45]

Eine kleine Erzählung, die Cornelia im Stil Rousseaus verfaßt hat, der einzige ihrer Briefe an ihn, der uns erhalten ist, verleitet den Bruder gar zu folgendem Ausruf:

»Ich bin hingerissen von Deinem Brief, von Deiner Art zu schreiben, von Deiner Auffassungsweise. Das ist nicht mehr das kleine Mädchen, die Cornelia, die meine Schwester, meine Schülerin war; das ist ein reifer Geist, eine Riccoboni, eine Schriftstellerin, von der ich meinerseits lernen kann.« [1767][46]

Dennoch kann all das nicht über die Fremdheit hinwegtäuschen, die zwischen den Geschwistern entsteht und die schließlich im Verstummen des Bruders offenkundig wird. (An die Stelle Cornelias tritt der Studienfreund Behrisch als Adressat leidenschaftlicher Zuneigung und offener Bekenntnisse.) Im Privatleben läßt sich die gesellschaftliche Einschränkung für die Frau nicht aufheben. Sie ist nicht mehr seine Vertraute, kann es nicht sein aufgrund der Differenz sowohl des Wissens als der Lebenssituation. Die Schwester bleibt zurück. Er treibt sich um, macht Erfahrungen, verändert sich, relativiert die Vergangenheit; ihr bleibt nur die Phantasie von der anderen Realität, der Welt der Erlebnisse und der erregenden Themen und Gefühle.
Der Triumph des befreiten Sohnes, der aus Johann Wolfgangs erstem Brief an die Schwester spricht, bezeichnet einen Unterschied ums Ganze:

»d 12 Octbr 1765
Liebes Schwestergen
Und ich hätte fast Lust auszurufen: Was würdest du sagen Schwestergen; wenn du mich in meiner jetzigen Stube sehen solltest? Du würdest astonishd ausrufen: So ordentlich! so ordentlich Bruder! – da ! – thue die Augen auf, und sieh! – Hier steht mein Bett! da meine Bücher! dort ein Tisch aufgeputzt wie deine Toilette nimmermehr seyn kann.«

Die Briefe an Cornelia sind von einem strukturellen Widerspruch durchzogen. Die Schwester wird einerseits als Vernunftswesen, als Gleiche unter Gleichen in der Republik der Argumente angesprochen. Gleichzeitig, soweit sie als Frau angesprochen wird, werden Verbote geäußert und Grenzen gezogen. Das Argument, daß sie mit dem »männlichen Wissen« ja schließlich nichts anfangen könne, spiegelt nichts anderes als den unaufhebbaren Gegensatz zwischen der Entfaltungsbedürftigkeit der weiblichen Individualität und der vorgeschriebenen Geschlechtsrolle der Frau. Das ist nicht nur eine Beschränkung des Wissens, sondern auch eine Störung der Motivation, sich Wissen anzueignen. Cornelias Beschäftigung mit Gegenständen der Kultur, ihre Hingabe an den Gegenstand, wird durch Gewalt, durch äußeren Druck auf das Motiv zurückgebogen: Sich bilden, um zu gefallen. Die Bildung bleibt aufs Haus beschränkt, wird auf niedrigem Niveau gehalten, im Fortschreiten abgebrochen. Die Welterfahrung wird eingeengt, keine Freizügigkeit, keine äußeren Eindrücke und Erfahrungen. Als der Bruder sie verläßt, ist sie von jeder sachbezogenen Kommunikation abgeschnitten. Die Unvereinbarkeit der beiden Prinzipien – Individualität versus Geschlechtsrolle – spiegelt sich in aller Schärfe im letzten Brief, den Johann Wolfgang an Cornelia aus Leipzig geschrieben hat.

»Gewiß Schwester, du verdienst einen recht langen Brief. Ich habe heute frühe alles durchgelesen, was du mir dieses Jahr über geschrieben hast, und finde, daß ich Ursache habe sehr beschämt zu seyn. Ich will auch die heutigen Vorlesungen versäumen, und mich mit dir unterhalten, obgleich Gellert dieses Amt heute mit verrichten wird. Zuförderst muß ich von deinen Ausarbeitungen reden, von denen ich bißher, auf eine etwas unhöfliche Weise sehr stille geschwiegen habe. Ich muß dich nothwendig loben, und glaube daß du viel Gutes dencken und schreiben würdest, wenn deine Einbildungs Kraft, deine Art eine Geschichte zu betrachten und deine Erzählungs Art in eine andre, aber doch nicht sehr veränderte Richtung gebracht würden. Ich kann mich hierüber nicht deutlicher erklären, ohne äuserst weitläufig zu werden, habe Geduld biß ich zu euch komme, da will ich dir hierinn wie in verschiednen andern Wissenschaften Unterricht geben, die ich nur für dich, und wenige Mädgen gesammelt habe. Dieses nur kann ich dir einstweilen sagen; ich finde daß deine Ideen über die meisten Gegenstände noch sehr brouillirt sind. Du hast zwar feine Empfindungen, wie jedes Frauenzimmer das dir ähnlich ist, aber sie sind zu leicht gefühlt und zu wenig überlegt. Ferner sagst du manchmal Dinge, die ich mit aller meiner Mädgenkänntniß nicht debrouilliren kann, wie sie ein Mädgen sagen kann. Ferner mercke ich daß verschiedne Lecktüren deinen Geschmack in verschiednen Dingen mercklich verdorben haben, der denn wie der meisten Frauenzimmer Geschmack bigarrirt wie ein Harlekinskleid ist, deßwegen wollte ich dich bitten, das Jahr über das wir noch von einander seyn werden, so wenig als möglich zu lesen, viel zu schreiben; allein nichts als Briefe, und das wenn es seyn könnte, wahre Briefe an mich, die Sprachen immer fort zu treiben und die Haushaltung, wie nicht weniger die Kochkunst zu studiren, auch dich zum Zeitvertreibe auf dem Claviere wohl zu üben, denn dieses sind alles Dinge, die ein Mädgen, die meine Schülerinn werden soll nohtwendig besitzen muß |:die Sprachen ausgenommen, die du als einen besonderen Vorzug besitzest:| Ferner verlange ich daß du dich im Tanzen perfecktionirst, die gewöhnlichen Kartenspiele lernst, und den Putz mit Geschmack wohl verstehest. Diese letzten Erforderniße werden dir von einem so strengen Moralisten wie ich bin, äuserst seltsam vorkommen zumal da mir alle dreye fehlen, allein sey ohne Sorgen, und lerne sie nur, den Gebrauch und den Nutzen davon sollst du schon erfahren; doch dieses muß ich dir nur gleich sagen, ich verlange nicht nur daß du, |:besonders die beyden ersten:|, im geringsten nicht lieben, sondern vielmehr fliehen sollst, demohngeachtet aber mußt du sie wohl wissen. Wirst du nun dieses alles nach meiner Vorschrift getahn haben, wenn ich nach Hause komme; so garantire ich meinen Kopf, du sollst in einem kleinen Jahre das vernünftigste, artigste, angenehmste, liebenswürdigste Mädgen, nicht nur in Franckfurt, sondern im ganzen Reiche seyn.« [1767][47]

Es wird deutlich, daß sich das Bild der Frau bei Johann Wolfgang verändert. Der Einfluß Rousseaus, der Kult der »natürlichen Weiblichkeit« wird auch an anderer Stelle desselben Briefes auffallend deutlich: Frauen sollen nicht nur nicht in die männliche Sphäre des Denkens eindringen, sie sollen nun überhaupt nicht mehr viel lesen. Das ist Johann Wolfgangs neue Erkenntnis, die er offensichtlich selber noch nicht so recht zu begründen in der Lage ist, weswegen er sich besonders hochmütig gebärdet, um seiner Schwester das Fragen auszutreiben.[48]
Betrachten wir die Rollen, die Johann Wolfgang seiner Schwester gegenüber in seinen Briefen einnimmt: Er genießt es, seine bevorzugte Stellung auszumalen (immer wieder heißt es: »Du hast Zeit, Du kannst schreiben«). Er provoziert also ein Stück neidvoller Bewunderung, betont die Differenz der Geschlechter, jedoch spielt sich das alles in einem Ton ab, der die zugrundeliegende Arroganz mildert. Es ist sozusagen ein experimentierender Ton, mit dem ein kleiner Junge sich vor den

bewundernden Blicken der Mutter als Mann aufspielt. Er betont in diesen Passagen also die Differenz der Geschlechter nicht nur in hierarchischer Hinsicht, sondern es ist unverkennbar auch ein Stück erotisches Spiel. So nennt er sie »mon petit bon, bon«, oder er beginnt einen Brief »Oui petit, tu a raison«, oder:

> An Cornelie Goethe.
> [Leipzig, August 1767.]
> Pour ma sœur.
> Oui pipi tu as raison. J'ai peché en t'appellant bonbon. Quoique je puisse encore me defendre un peu, j'aime a me rendre, pour m'epargner le tems. Pipi sera donc un nom plus favorable, et plus juste. Eh bien donc pipi, puisque pipi y a, parlons serieusement. J'aime tes remarques sur ma lettre, je te vois tres profonde dans la grammaire, et je suis ravi de t'entendre juger si bien de regles du grotesque et de la caricature ...« [1767][49]

Die zweite Position, die er ihr gegenüber einnimmt, ist die des Lehrers. Wir können hier wohl auch ein Stück Wiedergutmachung erblicken; das unverdiente Vorrecht des männlichen Geschlechtes, weggehen zu dürfen, will er halbwegs ausgleichen. In der Rolle des Lehrers ist Johann Wolfgang ausgesprochen bevormundend. Auch hier betont er die Geschlechterdifferenz, verweist die Schwester auf das, was sie als Frau denken und sagen und wissen darf. Bisweilen spielt er auch die Rolle des Vaters, mit dem er um die Erziehung der Schwester rivalisiert. Immer wieder heißt es: »Daß der liebe Vater Deine kleinen Stücke, die Du mir schicken willst, nicht eher zu sehen bekomme, bis sie abgeschrieben und bereit sind, an mich abzugehen.« Die dritte Position schließlich, die er ihr gegenüber einnimmt, ist die des vertrauten Freundes. Es gibt in den Briefen eben auch diese dritte Ebene der Gleichheit, in der die Geschlechterdifferenz keine Rolle spielt. Diese Ebene ist die der wechselseitigen Kritik, der offenen Mitteilung, des vernünftigen Urteils der Schwester, an dem ihm gelegen ist. Als Beispiel für diese dritte Form des Dialogs mag die folgende Stelle gelten:

> »Du bist begierig etwas von meinen Trauerspielen zu wissen, und darauf muß ich dir sagen, daß ich bißher auf nichts als auf die Plane gedacht weil ich die Ausführung für meine noch zu schwache Schultern unmöglich fühle. Mein Belsazer ist zu Ende, aber ich muß von ihm sagen was ich von allen meinen Riesen Arbeiten sagen muß, die ich als ein ohnmächtiger Zwerg unternommen habe. Der Plan vom Tronfolger Pharaos

hat viel tragisches, und die Erschlagung der Erstgeburt in Egypten durch den Engel ist das Süjet. Ich würde dir ihn schikken wenn er so leserlich geschrieben wäre daß du ihn dechiffriren oder Horn ihn abschreiben könnte. Ich schicke dir dafür etliche andere Producktionen, die ich aber nicht gerne wollte publick werden lassen, du kannst sie guten Freunden zeigen; nur niemanden eine Abschrift davon gegeben. Die Elegie ist auf den Tod von Behrischens Bruder. Mykon hat eine gute Anlage, könnte aber besser ausgefürt seyn.« [1767][50]

Schließen wir von den Briefen Johann Wolfgangs auf die Elemente, die sie in der Beziehung zu ihrem Bruder als Modell einer glücklichen Beziehung zwischen Mann und Frau erlebt hat, so wird verständlich, daß Cornelia mit dem etablierten Rollenspiel zwischen den Geschlechtern notwendig in Konflikt geraten mußte. Kein Mann kann ihr den Bruder ersetzen. Nicht nur, wie es die psychoanalytische Deutung behauptet, weil sie inzestuös an den Bruder fixiert ist, sondern weil die geltenden Regeln zwischen Mann und Frau gegenüber ihrer Erfahrung eine bornierte Beschränktheit darstellen. Sicherlich hat die dreiundzwanzigjährige Cornelia die Werbung Johann Georg Schlossers auch deshalb angenommen, weil er der Freund des Bruders war, sie also noch am ehesten hoffen durfte, in ihm wiederzufinden, was das Glück der Vergangenheit war. Schlosser jedoch konnte sich Frauen nicht anders denn als gute Mädchen, als Mütter oder als ein wenig beschränkte Schülerinnen vorstellen. Liebe hatte bei ihm ausschließlich die Färbung von Verehren, Beschützen und Bevormunden.[51]
Aber wir greifen vor. Kehren wir in das Jahr 1767 zurück. Im letzten Brief hat der Bruder Cornelia in aller Ausführlichkeit erläutert, daß sie nicht einfach seine Kumpanin sein kann, sondern daß sie als Frau siegen muß. Um ihm gleich zu sein, muß sie als Frau so erfolgreich sein wie er als Mann: »Das vernünftigste, artigste, angenehmste, liebenswürdigste Mädchen, nicht nur in Frankfurt, sondern im ganzen Reiche.« Er will ihr beibringen, wie sie den Männern gefällt, verweist sie auf die weibliche Rolle. Für Cornelias weitere Entwicklung ist es sicher noch wesentlicher, daß sich der Bruder nach diesem Schreiben im Oktober 1767 fast ein Jahr lang in Schweigen hüllt. (In dieser Zeit schreibt er ausschließlich an seinen Freund Behrisch.) Das Schweigen des vertrauten, geliebten Bruders nach jenem letzten Brief ist selbst eine Mitteilung. Das Bündnis, das einmal Lebens-, Phantasie-, Produktionsgemeinschaft war, besteht nicht mehr. Sie muß das Frausein lernen, einen anderen finden, denn mit ihm gibt es ja keine Zukunft.

Die Aufforderung, Frau zu sein, führt für Cornelia in Konflikte, weil es sich zugleich um Verbote handelt. Was es nicht mehr geben kann: das subversive Bündnis mit dem Bruder, die »natürliche Solidarität«, die Kinderbande. Was es nicht mehr geben kann: die Hingabe an das Wissen, die Eroberung der geistigen Welt, »als ob sie ein Mann sei«. Ihr ist nun ein Feld der Lebenspraxis zugewiesen, das dieses Wissen zur Dekoration der Weiblichkeit herabsetzt. Was es nicht mehr geben kann: das eingespielte Spiel zwischen dem Erzählenden und der Zuhörenden als Liebesaustausch, die Illusion der ewigen Liebe zwischen Bruder und Schwester. All das ist unbrauchbar, unnütz, muß relativiert, abgestreift werden. Aber dieses Auslöschen eines vergangenen Glücks, das Sicheinfügen in die Rolle, geht nicht auf einen Schlag. Cornelia wehrt sich so gut sie kann. Als der Bruder Ende August 1768 nach Hause zurückkehrt, findet er die folgende Situation vor:

> »Meine Schwester gesellte sich gleich zu mir, und wie vorläufig aus ihren Briefen, so konnte ich nunmehr umständlicher und genauer die Verhältnisse und die Lage der Familie vernehmen. Mein Vater hatte nach meiner Abreise seine ganze didaktische Liebhaberei der Schwester zugewendet, und ihr bei einem völlig geschlossenen, durch den Frieden gesicherten und selbst von Mietleuten geräumten Hause fast alle Mittel abgeschnitten, sich auswärts einigermaßen umzutun und zu erholen. Das Französische, Italienische, Englische mußte sie abwechselnd treiben und bearbeiten, wobei er sie zu einem großen Teil des Tags sich an dem Klaviere zu üben nötigte. [...]
> Meine Schwester war und blieb ein indefinibles Wesen, das sonderbarste Gemisch von Strenge und Weichheit, von Eigensinn und Nachgiebigkeit, welche Eigenschaften bald vereint, bald durch Willen und Neigung vereinzelt wirkten. So hatte sie auf eine Weise, die mir fürchterlich erschien, ihre Härte gegen den Vater gewendet, dem sie nicht verzieh, daß er ihr diese drei Jahre lang so manche unschuldige Freude verhindert oder vergällt, und von dessen guten und trefflichen Eigenschaften sie auch ganz und gar keine anerkennen wollte. Sie tat alles, was er befahl und anordnete, aber auf die unlieblichste Weise von der Welt. Sie tat es in hergebrachter Ordnung, aber auch nichts drüber und nichts drunter. Aus Liebe oder Gefälligkeit bequemte sie sich zu nichts, so daß dies eins

der ersten Dinge war, über die sich die Mutter in einem geheimen Gespräch mit mir beklagte.«[52]

Das ist also die Situation, in der Cornelia das geheime Tagebuch beginnt. Johann Wolfgang kommt Anfang September zurück. Der letzte, ›offizielle‹ Brief an Katharina ist Ende Juli geschrieben, Mitte Oktober setzt die geheime Korrespondenz ein. Folgen wir *Dichtung und Wahrheit,* so stellt sich das Bündnis der Geschwister nach der Rückkehr wieder her, zwischen dem Bruder, der verstört aus Leipzig zurückkehrt, als »Kränkling, der mehr an der Seele als am Körper zu leiden schien« und der dafür vom Vater verachtet wird, und der rebellischen Schwester:

»Ihre Sorge für meine Pflege und Unterhaltung verschlang alle ihre Zeit; ihre Gespielinnen, die von ihr beherrscht wurden, ohne daß sie daran dachte, mußten gleichfalls allerlei aussinnen, um mir gefällig und trostreich zu sein. Sie war erfinderisch, mich zu erheitern und entwickelte sogar einige Keime von possenhaftem Humor, den ich an ihr nie gekannt hatte, und der ihr sehr gut ließ. Es entspann sich bald unter uns eine Koterie-Sprache, wodurch wir vor allen Menschen reden konnten, ohne daß sie uns verstanden, und sie bediente sich dieses Rotwelsches öfters mit vieler Keckheit in Gegenwart der Eltern.«[53]

Die Erinnerung in *Dichtung und Wahrheit* erweckt den Eindruck, als sei nichts geschehen, als sei ihr Bündnis das alte. Cornelias Tagebuch zeigt uns jedoch, daß das nicht wahr ist. Gerade vor dem Bruder – so müssen wir annehmen – verbirgt sie den heimlichen Wunsch, selbständig zu sein, männliche Vorrechte in Anspruch zu nehmen, eine Schreibende, eine Autorin zu werden. Er hat sie auf das Frausein verwiesen, sie in diese Qual geschickt, hat von ihr verlangt, was alle von ihr verlangen. Für ihre rebellischen Neigungen findet sie bei ihm keinerlei Verständnis mehr. Das zeigt uns die Szene, in der Cornelia ihn in ihrem Tagebuch auftreten läßt. Sie spielt Ende Oktober, zehn Tage nach Beginn des Tagebuches. Cornelia beschreibt den Besuch von Studienfreunden Johann Wolfgangs aus Leipzig, der Brüder Olderogge. Für das Selbstverständnis Cornelias ist dieser Besuch von weitreichender Bedeutung. Anhand dieser Szenen, die sich im Lauf einer Woche abspielen, schildert sie den unaufhebbaren Gegensatz zwischen ihren Wünschen, als Person wahrgenommen und anerkannt zu werden, und den Ritualen der Männergesellschaft. So heftig, so schmerzlich

Cornelia Goethe,
gezeichnet von J. L. E. Morgenstern um 1772

wie in diesen Szenen wird sie nie mehr schreiben, vielleicht auch nicht empfinden. Der gesamte Vorgang hat nicht nur den Stellenwert einer Realerzählung, er ist zugleich als die Darstellung des Traumas zu verstehen. Symbolisiert wird die Gesamtsituation, in der sie sich befindet, eine Szene steht hier für viele. (Das ist beim Lesen mitzubedenken; anders ist die Katastrophe, die auf den Besuch folgt, nicht zu verstehen.)

Die Krise der Adoleszenz

Es ist zunächst das Thema, das wir schon kennen: sich zeigen, gehen oder bleiben? Sie läuft davon und kehrt nach Hause zurück, weil sie plötzlich fürchtet, auf der Straße das Bewußtsein zu verlieren. Wie sie selbst sagt: »Ich möchte – aber nein – Ich möchte nichts.«

»Mittwoch, den 26. Oktober 1768, um 6 Uhr abends.
Meine liebste Freundin [...] [der Bruder hat ihr den Besuch von zwei Freunden angekündigt] Stellen Sie sich vor, meine Liebe, morgen kommen sie uns besuchen. Ich möchte sie sehen, aber ich schäme mich, mich zu zeigen. Das ist eine meiner großen Schwächen, das muß ich gestehen. Sie kennen meine Gedanken, und Sie verzeihen mir, wenn ich bei der Vorstellung erröte, vor so ausgezeichneten Männern zu erscheinen – ich, eine so demütigende Erscheinung, so wenig wert, gesehen zu werden. Es ist ein unschuldiger Wunsch, zu gefallen, ich wünsche nichts mehr – ach, meine Liebe, wenn Sie meine Tränen sehen könnten – nein, nein, ich werde nicht weinen, es ist nur – es ist nichts.«

Donnerstag, 10 Uhr morgens
»Wenn ich Ihnen den Zustand meiner Seele beschreiben könnte, wäre ich froh, wenigstens würde ich besser verstehen, was in mir vorgeht. Tausend kränkende Gedanken, tausend halb gedachte Wünsche, die im gleichen Augenblick zurückgewiesen werden. Ich möchte – aber nein – ich möchte nichts – Fast beneide ich Sie, meine Liebe, um die Ruhe, die Sie haben, die Sie mit sich zufrieden sind: während ich – ich kann nicht weiterschreiben –«

2 Uhr mittags
»Was soll ich tun? Ich habe mich angezogen, um wegzugehen, aber mir fehlt der Mut. Ich muß gehen; es ist mir unmöglich, sie zu treffen. Sehen Sie diese Verrückte, wie ihr Herz klopft. Zwanzig Mal bin ich die Treppe heruntergelaufen und jedesmal führten meine Schritte in mein Zimmer zurück. Mein Bruder fragte mich, ob ich heute ausgehe und ich habe ja gesagt. Also gibt es kein Zurück [...] Adieu, ich gehe zum letzten Mal. Mut, keine Miene verzogen. Bin ich nicht einfach lächerlich?«

Um 5 Uhr
»Da bin ich wieder. Es ging mir schlecht. Ich fürchtete jeden Augenblick eine Ohnmacht. Ich ziehe mich aus. [...] Ich habe mich entschuldigt und gesagt, daß es mir schlecht geht. Mein Bruder erschrak, als er mich so totenblaß fand. Ich kann nicht nach unten gehen. Was soll ich sagen? Ich höre die Stimme meines Cousins: Sie muß kommen – er kommt, ach, meine Liebe, retten Sie mich.«

Abends schreibt Cornelia an Katharina:

um 7 Uhr
»Ich war dort – närrisches Mädchen, was hattest du zu fürchten? Ich bin jetzt so froh – hören Sie, ich berichte Ihnen alles. Als mein Cousin in mein Zimmer trat, war ich nahe daran, das Bewußtsein zu verlieren. Er sah das: ›Ach, mein Fräulein‹, rief er aus, ›ich sehe Sie wieder, und in einem solchen Zustand – Sie erbleichen – mein Gott, was haben Sie? – Ich wollte Sie holen. Die Herren möchten Sie kennenlernen. Die beiden sind sehr liebenswert. Ihre Schwäche wird vorübergehen.‹ – ›Lassen Sie mich, mein Herr, ich kann nicht. Sie sehen, daß ich mich nicht wohl fühle. Was sollen die Herren sagen, wenn sie mich so sehen?‹ – ›Was Sie sagen werden, meine Liebe, – ah, nun, daß meine Cousine ein Engel ist‹ – ›Ich bitte Sie, mein Herr‹ – ›Und ich bitte Sie, mein Fräulein! Was fürchten Sie? Kommen Sie, kommen Sie!‹. Er nahm meine Hand und zog mich mit sich fort.
Er öffnet die Tür zum Salon: – ›Meine Herren, meine Cousine.‹ Zittern Sie nicht für mich, meine Liebe? Mehr tot als

lebendig trat ich ein. – Sie erheben sich – Ich weiß nicht, wo ich bin und automatenhaft wende ich mich zu dem älteren Olderogge. Er nimmt meine Hand, küßt sie und macht mir einige Komplimente, die ich nicht einmal höre. Der jüngere kommt herbei. Ich drehe mich zu ihm um. Ich verneige mich, sehe ihn an und bin fassungslos, denn er gleicht meinem geliebten Engländer. Mein Bruder bemerkt meine Verwirrung. Um mir beizustehen, bittet er die Herren, sich zu setzen. Das gibt mir die Sprache wieder. Ich sage, daß es mir leid tut, sie unterbrochen zu haben, sie möchten mir das Vergnügen machen, ihre Plätze wieder einzunehmen. Wir setzten uns. Der Jüngere setzt sich rechts neben mich, mein Bruder zur Linken, der Ältere gegenüber und schließlich mein Cousin mir gegenüber. Ich bin dem Kerzenlicht zu nahe. Ich schäme mich, nehme deshalb meinen Stuhl und ziehe ihn vom Tisch weg und setze mich in den Schatten. Mein Cousin ruft aus: – ›Meine Liebe, warum berauben Sie uns Ihres Anblicks? Warum lassen Sie uns Ihr hübsches Gesicht nicht sehen? Ich bitte Sie, kommen Sie näher!‹ – ›Es ist meine Gewohnheit, mich vom Licht fortzusetzen‹, antworte ich und habe in diesem Augenblick mehr Grund als sonst im Schatten zu verharren, denn ich werde bei diesem Vorfall über und über rot, kann überhaupt niemanden mehr erkennen. – ›Sie sollen in allem Ihren Willen haben, meine Liebe, aber sagen Sie mir, wie geht es Ihnen seit dem letzten Winter? Sie sind größer geworden und schöner. Meine Herren, was sagen Sie, habe ich Sie getäuscht, als ich Ihnen erklärte, daß meine Cousine ein bewundernswürdiges Mädchen ist?‹
Meine Liebe, ich bin am Ende meiner Kraft. Die beiden Männer sehen mich mit einem zustimmenden Lächeln an, sie verneigen sich – was sollten sie sagen? Ich fasse Mut: – ›Meine Herren‹, sage ich, ›Sie ersehen aus dieser Äußerung, daß mein Cousin heute zu Scherzen aufgelegt ist, er scherzt, und ich bitte Sie alles, was er sagt, in diesem Sinn zu verstehen.‹«

Versuchen wir, uns der Sache zu nähern. Die zitternde Cornelia, den Kopf voll widersprechender Phantasmen, läßt sich weniger hinzubitten als daß sie hervorgezerrt wird in die Gesellschaft von vier Richtern –

vier junge Männer mit allen Qualitäten, die in ihren Augen das volle Recht des Urteils bedeuten. Sie sträubt sich, da steht sie schon vor ihnen. Wie ein Automat fühlt sie sich. Aber was sie uns an Dialog mitteilt, macht ihre Angst verständlich, steht sie doch Konversationsautomaten gegenüber. Sie nennen sie »Engel«, küssen ihr die Hand und plazieren sie. Ein Ritual läuft ab. Wir sehen Cornelia außer Kontrolle, erbleichend, errötend, der Ohnmacht nahe, eine, die nichts mehr hört und das Licht nicht mehr ertragen kann. Sie weist ihre weibliche Rolle zurück. Alle ihre Abwehrhaltungen, das Abweisen von Komplimenten, die Konvention sind, alle diese Artigkeiten, die sie ablehnt, lassen sich zugleich als Versuch verstehen, einen einzigen, *ihr* geltenden Ton, eine Nähe zu finden, die es nicht gibt. Zwischen Mann und Frau gibt es nur das galante Spiel. Sie ist der Anlaß für ein Gesellschaftsspiel, ihr wohlbekannt, aber sie weigert sich, mitzuspielen, benimmt sich wie eine, die das Spiel verderben will. Den Übergang bildet eine Art Zwischenspiel, die Beziehung zwischen Bruder und Schwester. So geht es weiter:

»›Meine liebe Cousine, ich habe Ihnen noch gar nicht von dem Vergnügen gesprochen, hier bei meiner Rückkehr, einen so liebenswerten Cousin [gemeint ist J. W. Goethe, U. P.] zu finden. Ich kenne ihn nun erst seit einer Stunde und habe doch schon tausend schöne Eigenschaften gefunden. Man muß Sie zu einem Bruder beglückwünschen, der es so sehr verdient, daß man ihn liebt.‹ – ›Ich bin erfreut, mein Herr, daß Sie sehen, wieviel Grund ich hatte, die Abwesenheit eines so lieben Bruders zu bedauern. Diese drei Jahre waren mir sehr lang, und immer habe ich gewünscht, daß er wiederkommt.‹ – Meine Schwester, meine Schwester, und jetzt, da ich hier bin, will niemand mich sehen. Es ist, als wäre ich nicht da. – ›Keine Vorwürfe, mein Bruder, Sie wissen selbst, daß dies nicht mein Fehler ist. Sie sind immer beschäftigt und ich wage es nicht, Sie so oft zu stören, als ich möchte.‹ – ›Aber, meine liebe Cousine, was macht die Musik? Sie waren schon letzten Winter ganz ausgezeichnet, wie werden Sie erst jetzt spielen? Darf ich Sie bitten, uns Ihre Fortschritte hören zu lassen? Ich bin sicher, die Herren werden begeistert sein.‹
Ich muß gestehen, meine Liebe, daß ich mich von Augenblick zu Augenblick wohler fühlte. Das Entsetzen war vorüber und ich begann meine Geistesgegenwart wiederzugewinnen.«

Es ist die einzige Stelle, in der Cornelia ihre Beziehung zum Bruder beschreibt. Es ist eine wechselseitige Klage über Einsamkeit. Cornelia verweist auf die Fremdheit zwischen ihnen, auf die Rollen von Mann und Frau. Ein Mann ist beschäftigt und eine Frau darf ihn nicht stören. Sie zeigt ihn als Mann in diesem Männerspiel, in das er seine Schwester führt, das er wie selbstverständlich von ihr verlangt. Im folgenden sehen wir Cornelia, wie sie sich beruhigt, ihren Platz als Frau einnimmt und schließlich von einem galanten Spiel berichtet, das ihre weibliche Rolle vollständig macht. Doch auch hier wieder dieses Unbehagen einer »Als ob«-Szene:

»Ich erhob mich, und als sie sahen, daß ich zu meinem Klavier ging, bildeten sie einen Kreis um mich. Der junge Olderogge stellte sich so, daß er mich beim Spiel nach Belieben betrachten konnte. Ich überraschte ihn einige Male. Ich wurde unkonzentriert, ohne zu wissen, warum. Ich errötete – warum sah er mich auch so an? – trotzdem spielte ich das Konzert recht gut [...] Mein Cousin führte mich zu meinem Stuhl zurück [...] Ich bat ihn, wieder Platz zu nehmen. Sie wissen, er saß mir gegenüber. – ›Ich sehe, zu welchem Ende das führt‹, rief er aus, ›Sie wünschen, daß ich meinen Platz freigebe.‹ ›Sie, mein Herr,‹ sagte er zu dem jungen Olderogge gewandt, ›sind es, den sie erwählt hat. Ich bin wirklich entzückt, meine Herren, daß Sie nicht hier bleiben; nicht das kleinste Plätzchen bliebe mir im Herzen meiner Cousine, denn ich bin sicher, Sie würden mich vollkommen verdrängen.‹ Ach meine Liebe, wie mein Herz schlug, ich wußte nichts zu sagen. Der junge Olderogge litt für mich. Ich sah es in seinem Gesicht. Er sah mich schüchtern an, als fürchte er, mich beleidigt zu haben. Ich konnte mir das Vergnügen, ihn zu betrachten, nicht versagen. Ich glaubte, meinen lieben Harry wiederzusehen. Ich weiß nicht, was ich noch dachte. Um dem Gespräch eine andere Wendung zu geben, sprach mein Bruder von Leipzig, von der angenehmen Zeit dort, und er begann sich über unsere Stadt zu beklagen, wie wenig Geschmack man hat, über unsere stumpfsinnigen Bürger und schließlich verstieg er sich dazu, die Frankfurter Frauen als unerträglich zu bezeichnen.
›Was für ein Unterschied: Die Sächsinnen und die Mädchen von hier!‹ rief er. Ich unterbrach ihn, wandte mich zu meinen

Nachbarn und sagte: ›Diese Vorwürfe muß ich mir jeden Tag anhören. So sagen Sie mir doch, der Sie vielleicht weniger voreingenommen sind, ist es denn wirklich wahr, daß die Damen aus Sachsen allen anderen überlegen sind?‹ – ›Ich versichere Ihnen, mein Fräulein, daß ich in der kurzen Zeit hier mehr vollkommene Schönheiten gesehen habe als in Sachsen, aber ich wage Ihnen zu sagen, was Ihren Bruder so sehr für diese einnimmt, das ist eine besondere Anmut, ein besonderer Liebreiz.‹ – ›Genau das –‹, unterbrach ihn mein Bruder, ›diese Anmut, diese Art sich zu geben, fehlen hier. Die Mädchen hier sind schöner, da stimme ich zu, aber was soll mir diese Schönheit, wenn sie nicht von jenem Liebreiz begleitet ist, der eben mehr bezaubert als die Schönheit.‹
Himmel, es schlägt 10 Uhr. Ich muß jetzt schlafen. Ich hab nicht zu Abend gegessen, um Ihnen alles schreiben zu können, Ich hätte Ihnen die Unterhaltung gern zu Ende erzählt, aber soviel Zeit habe ich nicht. Es ist unmöglich. Ich werde also nichts mehr hinzufügen, außer, daß sie sehr zufrieden weggingen, besonders der jüngere Olderogge, der sich sehr höflich von mir verabschiedete. Er nahm meine Hand und küßte sie, drückte sie mehrmals, fast dachte ich, er wollte sie nicht mehr hergeben. Es muß unendlich glücklich machen, einem solchen Mann zu gefallen. Aber wozu sage ich das – Auf Wiedersehen meine Gute, ich gehe schlafen.«

Die gesamte Szene macht klar, die geschlossene Männergesellschaft (der Bruder inbegriffen) hat für die Frau nur einen Platz: als reizvolles Objekt. Als Medium der angenehmen Regression, als sublimierte Sexualität ist sie anwesend. Was die Männer untereinander interessiert, ist nicht für die Frau bestimmt. Wenn Cornelia das sexuelle Spiel nicht spielen kann, so bleibt nichts. Was zeigen sie ihr? Was darf sie von sich zeigen? Sie haben in Leipzig zusammen studiert, sich wohl anderes mitzuteilen gehabt, aber der Frau treten sie wie Idioten gegenüber. Papageien plappern; sie beherrschen die Situation und werfen sich die Bälle zu. Nur »als Frau« darf Cornelia Teil der Inszenierung werden, und das heißt als eine, die vor der Tür der ernsthaften Gedanken steht. Sie ist ausgeschlossen von den wirklichen Beziehungen, der wahrhaftigen Mitteilung. Ihre Geheimnisse behalten sie für sich.
Betrachten wir die Szene als die symbolische Darstellung eines Ge-

samtprozesses, so sehen wir Cornelia zunächst in einer diffusen, wilden Rebellion. Diese Rebellion ist von Angst begleitet. Sie ist körperlich. Ihr fehlen alle Worte, Begriffe und Deutungen. Auf der sexuellen Ebene fühlt sie sich als Objekt. Zugleich möchte sie in die Männerwelt eindringen, darin vorkommen, dazugehören. Cornelia läßt sich ihre Rebellion ›abkaufen‹. Sie nimmt das »einzige Angebot« an, es gibt keine Alternative. Wie ein Mann mitspielen, das darf sie nicht. Aber als Geliebte wird er ihr alles zu Füßen legen, ist sie Hauptfigur und mächtiger, als je eine Partnerin des Dialogs sein kann. Cornelia nimmt die weibliche Rolle an. Artig argumentiert sie über die Reize der Damen aus Sachsen, beschwört die Erinnerung an Harry, tut so, als ob sie eine Affäre hätte. Erinnern wir uns, daß für Cornelia das Versprechen bei diesem Handel heißt: Werde vollkommene Frau, und du kannst unter Männern sein wie ihresgleichen. Erwecke die Leidenschaft, und dann wird er dir geben, was du dir selbst nicht holen kannst. Die Rebellion, die Aktivität, die Aggression werden verdrängt. Die Erinnerung daran, daß sie selber Subjekt sein wollte, neugierig, klug und verständig, wird ausgelöscht. Diese und die folgenden Szenen sind als symbolischer Ausdruck eines grundlegenden Verhältnisses zu verstehen, als Darstellung des Traumas. Die Brüder Olderogge kehren nicht wieder. Sie reisen in die Ferne, ohne Abschied, wie die Phantasiegestalt Harry. Das bedeutet, Cornelia hat sich in die weibliche Position begeben, und sie ist als Frau vernichtet worden. Sie hat aufgegeben, was sie noch hatte, und nichts dafür bekommen. Ihr neues Thema ist nun die Abtötung des Wunsches, die Zerstörung des Gefühls. An Katharina:

> Samstag morgen um 10
> »Mein Herz ist ganz gefühllos. – Keine Träne, kein Seufzer – welchen Grund sollte ich auch haben? Keinen – alle meine Versuche sind fehlgeschlagen. Im übrigen, meine liebe Freundin, gab es denn einen unschuldigeren Wunsch, als den, sein Bild immer anzuschauen? Es hat mich immer so glücklich gemacht, ihn anzusehen, und das wird es nicht mehr geben. – Aber das macht nichts. – Sie sehen meine ganze Gleichgültigkeit – ich betrachte mich im Spiegel. Ich trage einen roten Schleier, den ich umgelegt habe, ohne es zu bemerken. Ich bin sehr schön. – Ja, das paßt sehr gut zu meiner Haut. Wenn ich lachen wollte, könnte ich lachen – aber ich rede wirr; ich bin heute guter Laune – guten Abend, meine Liebe – ich werde eine Etüde spielen, damit diese Zustände vorübergehen –«

Die Brüder reisen ab, ohne daß Cornelia sie wiedersehen wird.

Mittwoch, d. 2. Nov. 8 Uhr morgens
»Sie fahren – was soll ich tun? Wenn Sie meine Qualen sehen könnten. Es ist mehr als ich ertragen kann – alles, was ich hoffe, alles, was ich wünsche, trifft nicht ein – Welche Zukunft wartet auf mich? [...] Mein Bruder geht, um ihnen Adieu zu sagen – welcher Gedanke steigt in mir auf – nein, nein – Adieu
G. C.«

Das Thema des Traumas ist, daß alle Hoffnung nur Einbildung war. Tränen und Seufzer sind lächerlich, denn da war ja nichts. Ihre Tränen könnten nur dem gelten, was keine Gestalt mehr hat, den verlorenen Teilen ihrer eigenen Person. Die aber sind unauffindbar, in der Wendung zur Weiblichkeit untergegangen. Nur Bruchstücke tauchen noch auf: Sie findet sich schön (ein einziges Mal), sie könnte lachen, aber es sind nur noch Assoziationen, die nicht mehr zusammengefügt werden können. Der einzige Weg, den diese Kultur zur Selbstverwirklichung bietet, der Weg über den Mann, ist abgeschnitten. Weder Menschen noch Ideen helfen ihr zu sich, zur Rebellion zurückzufinden. Daß sich diese Männer wie Automaten betragen, daß *sie* die Reisenden sind, daß sie sich frei bewegen dürfen, daß sie kalt sind – keine Klage, ein tabuiertes Thema. Statt der Rebellion: Selbstabtötung. Im nächsten Brief steht Cornelia sozusagen neu zusammengefügt vor uns. In heiterem Ton teilt sie ihre Selbstzerstörung mit:

Sonntag, d. 13. November
»Die Leidenschaft behindert die Vernunft [...] – Ich führe seit einiger Zeit ein sehr ruhiges Leben, eintönig, erwarten Sie von mir nicht viel Unterhaltung oder Interessantes. Ich habe mir auch vorgenommen, mich niemals mehr bis zum äußersten hinreißen zu lassen. Sei es in der Freude, sei es in der Trauer. Sie werden sehen, ob ich diesen Plan durchhalte. [...] – Übrigens, was sagen Sie, meine Liebe, ich habe für immer auf die Liebe verzichtet. Lachen Sie nicht, ich spreche im Ernst. Ich habe an dieser Leidenschaft zu sehr gelitten, um dieser Tollheit nicht von ganzem Herzen Adieu zu sagen. Es gab eine Zeit, da ich, von romanhaften Vorstellungen erfüllt, glaubte, daß eine Ehe ohne wechselseitige Liebe niemals glücklich sein könnte. Von diesem Unsinn bin ich abgekommen. Welcher Auffassung sind Sie, meine Gute?«

Diese Selbstabtötung nimmt Cornelia sich nicht nur vor, sondern sie geschieht ihr real, wie der Fortgang des Tagebuches zeigt. Nach dem Scheitern der Weiblichkeit gibt es kein Spielfeld mehr für die Wünsche. Von der Erlebenden, Wünschenden, Hoffenden wird Cornelia zunächst zur Beobachtenden. Das Lebensgefühl wird irreal und schwermütig:

»Heute ist der Tag, an dem ich mein 18. Lebensjahr vollende. Die Zeit ist vergangen wie ein Traum, und die Zukunft wird ebenso vergehen, mit dem einen Unterschied, daß ich Unglück erwarte, das ich noch nicht kenne.«

In den weiteren Briefen ist Cornelia sozusagen »das Herz gebrochen«. Sie erscheint selbst nicht mehr als Begehrende. Sie beschreibt andere, stellvertretend. Vollkommene Schönheit ist eine Tarnungsphantasie, ein paradoxer Wunsch: Frau bleiben und gleichzeitig wie ein Mann unter Männern sein. Nicht Frau sein, ohne daß es jemand merkt? Gewiß, denn wir haben eine Gesellschaft vor uns, in der der Gedanke, daß eine Frau verlangt, was dem Mann zusteht, undenkbar ist.

Die zentralen Szenen, Lisette in Darmstadt, Lisettes Liebe, die Bilder des Frankfurter gebildeten Publikums, die traumatische Olderogge-Szene sind wahre Choreographien (die nach einer Bühne verlangen). Der Text ist eine Sammlung von Splittern und Spiegelscherben. Wir suchen vergebens den Kern eines Ich, das sich behauptet. Das Ich nimmt Masken an, Schreibweisen, die unvermittelt nebeneinander stehen: die Freundin, die artige Tochter, das neidische Mädchen, die scharfe Beobachterin und die, die ratlos beschreibt, was in ihr vorgeht, die Liebende und die Entsagende. Cornelia flüchtet in Rollen des Erzählens. Ihr Thema: die Häßliche und der Roman von der Leidenschaft. Die Katastrophe der Wünsche in der Adoleszenz ist in den Polaritäten Cornelia/Lisette, Resignation/Leidenschaft, Leben/Literatur scharf gefaßt. Jedoch distanziert sich Cornelia vom Affekt. Heftige Aggressionen bestimmen die 7. Briefsendung. Cornelia vertieft sich in die Beschreibung, wie die vornehme Frankfurter Gesellschaft um ein Haar bei Offenbach ertrinkt. Sie zeichnet die Familie im Gewittersturm: idiotische Männer, chaotische Frauen, vergessene Kinder. Der Beinahe-Untergang ist nicht ohne Witz. Wie soll man sie anders verschwinden lassen als bei einem mißglückten Familienausflug am Sonntag, diese Bürger, bei denen alles Lüge ist, die Liebe und die Freiheit, die Einzigartigkeit der Person und das heroische Leben? Jedoch gibt sich Cornelia unschuldig – ein zufälliges Geschehen, von dem sie berichtet.

Cornelias Zentrum ist stumme Verneinung. Alle ihre Rollen sind künstlich. Deshalb endet das Tagebuch in der Verwirrung der vielen Stimmen des Weiblichen. Im verborgenen Haß geht der Bericht unter. In diesem Zersplittern drückt sich ihre Wahrheit aus. Es ist Cornelia nicht möglich, konventionell zu schreiben, sich ein ganzes Ich zu leihen, es vorzutäuschen. Ihr gelingt die Spaltung von Literatur und Leben nicht.

Die Zeit kultureller Veränderungen

I. Das Produktionsprivileg der Männer

Wenn wir das ausgehende 18. Jahrhundert betrachten, die Zeit, in der die Einzigartigkeit und Unaustauschbarkeit des Einzelnen sowie seine Verantwortung, seine Macht über das eigene Leben, zum Wert, zum Maßstab für das Selbstbewußtsein werden, dann ist die Frage zu stellen: Welche Gestalt nimmt diese Ausbildung der Subjektivität für die Frauen an?
Die Neuorientierung gegenüber einem religiös-ständischen Weltbild dringt seit Beginn des 18. Jahrhunderts auf vielfältige Weise in das bürgerliche Leben ein. Man geht nun davon aus, daß die menschliche Persönlichkeit sich mit Willen und Bewußtsein selbst bestimmt. Es ist ein Gedanke, der lange vorbereitet ist. Er kommt aus der Reformation, aus der Verantwortung des Protestanten vor seinem Gott. Jetzt wird niemand mehr neu geboren, in Beichte und Absolution wieder rein. Das menschliche Leben ist eine einzige Kette von der Geburt bis zum Tod. Gott wird abstrakt, synonym mit dem Sittengesetz, vor dem sich der Gläubige in einer letzten Abrechnung zu rechtfertigen hat. Selbstkontrolle, Erziehung und Selbsterziehung werden die ständigen Themen der bürgerlichen Emanzipation. Sich der Sünde enthalten, sich selbst beobachten, das Innere kontrollieren – schließlich wird jener Gott zur ironischen Formel. Was bleibt, ist das Ich, die Biographie. Rousseau schreibt im ersten Abschnitt seiner Autobiographie (1768) und bringt hier die kulturellen Tendenzen auf den Begriff:

> »Mag die Posaune des Jüngsten Gerichts wann immer erschallen, ich werde mit diesem Buch in der Hand mich vor den obersten Richter stellen. Ich werde laut sagen: ›Sieh, so handelte ich, so dachte ich, so war ich!‹«[1]

Jene Entwicklung zum selbstbewußten Ich korrespondiert der Herausbildung komplexer gesellschaftlicher Verhältnisse. Der absolutistische Zentralstaat mit stehendem Heer, Verrechtlichungsprozessen und der Errichtung von Verwaltungsapparaten eröffnet dem Bürgertum Berufsaufgaben, die die Distanz zum Adel verringern, die Kritikfähigkeit entwickeln und – die Herrenrechte um so spürbarer werden lassen.
Es sind nicht nur die Erfahrungen des strategisch planerischen Handelns als Beamter oder Kaufmann, es ist ebensosehr der Einfluß der Naturwissenschaften und der Sozial- und Rechtsphilosophie, die das

bürgerliche Selbstbewußtsein schaffen: die Utopien des frühen Bürgertums – Toleranz statt Glaubenskrieg, produktive Arbeit statt Verschwendung, Frieden und Handel statt Krieg und Raub, die Ansehung der Person nach ihrer Leistung statt nach Herkunft und Stand, die Entfaltung der Empfindungsfähigkeit. Was die Entwicklung der Ideen angeht – insbesondere in Deutschland –, so haben wir es in der Zeit von 1750 bis 1790 mit einer kulturellen Revolution zu tun. Ihr korrespondiert die Lesewut, die alle modernen emanzipatorischen Bewegungen begleitet. Sie ist ein Anzeichen der Suche nach neuen Orientierungen, nach Experimenten der Phantasie. Das Medium der bürgerlichen Emanzipation in Deutschland ist die Literatur.[2]

Aus den Dokumenten der Zeit spricht die Unruhe, die Aufbruchstimmung. Wißbegierde und unbestimmte Wünsche bewegen die Männer und Frauen. Ihr Bild ist der Wanderer. Der Reisende ohne Ziel ist zugleich ein Stück Realität. Der fünfundzwanzigjährige Herder bricht alle Brücken ab. Das *Journal meiner Reise im Jahre 1769* beginnt so:

> »Den 23. Mai reiste ich aus Riga ab und den 25. 5. ging ich in See, um, ich weiß nicht wohin, zu gehen. Ich gefiel mir nicht als Gesellschafter, weder in dem Kreise da ich war, noch in der Ausschließung, die ich mir gegeben hatte. Ich gefiel mir nicht als Schullehrer; die Sphäre war für mich zu eng, zu fremd, unpassend, und ich für meine Sphäre zu weit, zu fremd, zu beschäftigt. Ich gefiel mir nicht als Bürger, da meine häusliche Lebensart Einschränkungen, wenig wesentliche Nutzbarkeiten und eine faule, oft ekle Ruhe hatte ...«[3]

Die unruhige Jugend um 1770 findet sich in Gruppen zusammen, die sich für Literatur begeistern. Anders ausgedrückt: Für die Einzelnen geht es darum, eine Gruppierung, Freundschaft zu finden, die mehr als privat ist, die auf eine Idee gerichtet ist – in Deutschland vor allem auf das Ideal der entfalteten schöpferischen Person. Selbstdarstellung und Selbstentdeckung des Subjekts bilden den Gegenstand der Gruppenbeziehungen, die von Ideen ihren Glanz empfangen: Liebe, Begeisterung, gegenseitige Bewunderung – und Projekte für die Verbesserung der Verhältnisse. In der ironisch distanzierten Formulierung des ernüchterten Goethe, in *Dichtung und Wahrheit*, 1806, als alles das Vergangenheit ist:

> »Es verbreitete sich der Humanismus [...] Gefängnisse wurden gebessert, Verbrechen entschuldigt, Strafen gelindert, die Legitimation erleichtert, Scheidungen und Mißheiraten be-

Johann Heinrich Wilhelm Tischbein
»Einer den andern gemahlt«. 1782

> fördert, und einer unserer vorzüglichen Sachwalter erwarb sich den höchsten Ruhm, als er einem Scharfrichterssohne den Eingang in das Collegium der Ärzte zu erfechten wußte. Vergebens widersetzten sich Gilden und Körperschaften; Ein Damm nach dem anderen ward durchbrochen.«[4]

Im Zentrum des Interesses des gebildeten Publikums stehen jedoch in Deutschland um 1770 nicht die politischen Fragen, sondern die literarische Produktion und die Diskussion von Moral und Ästhetik. Da Schauspiele, Romane, Gedichte als unmittelbare und verpflichtende Lebensanweisung verstanden werden, ist hier das Forum der Selbstverständigung über das richtige Handeln und Empfinden.[5]
Nur langsam entwickelt sich bis in die sechziger Jahre die deutsche literarische Produktion. Plötzlich entstehen in rascher Folge die großen Entwürfe – Herder, Goethe, Lenz, Klinger, Schiller. Die Werke, die ihren Ruhm begründen, werden zwischen 1772 und 1782 geschrieben und von einem aufnahmebereiten Publikum augenblicklich als bedeutend, als für das eigene Leben der Leserinnen und Leser wesentlich aufgefaßt. Alle diese Autoren sind berühmt, bevor sie 25 Jahre alt sind.
Es fällt eine merkwürdige Widersprüchlichkeit auf: Die jungen Männer um 1770 lehnen sich auf gegen ihre Väter, sie lehnen sich auf gegen die feudale Ordnung – aber da, wo es um die Frauen geht, sind sie nicht nur traditionell wie ihre Väter, sondern sie übertreffen diese. Sie sind aggressiv, abwehrend, wenn es sich um die Selbständigkeitsbestrebungen der Frauen handelt. Auf die Eigenständigkeit der Frau, auf eine Verkehrung des Verhältnisses (die Frau will das Zentrum sein), selbst auf die schlichte Gleichheit (sie will selbst urteilen und argumentiert mit ihm) reagieren diese jungen Männer mit wütender Ablehnung. Dieser Aspekt zeigt sich etwa in dem folgenden Bericht, den Herder – zu jener Zeit Goethes Freund und bewundertes Vorbild – seiner Braut, der dreiundzwanzigjährigen Caroline Flachsland, von seinem Besuch im Schloß von Karlsruhe gibt.
Herder, 26 Jahre alt, ein junger Intellektueller mit unsicherer Zukunft, verdankt seinen Aufstieg ausschließlich seinem Talent. Herder hatte weder Familie noch Vermögen als sicheren Hintergrund. Von der Gunst der Fürsten hing seine soziale Existenz ab. Und wie erlebt er die Markgräfin und den Markgrafen von Baden?

> »An Caroline erster September 1770
> Ich ward zu Hofe gerufen, und da mit einer Unterscheidung, mit Komplimenten und Anstaunungen empfangen, die ich

mir in der Gemüthsfaßung, in der ich dahinging, gewiß nicht träumte. Der Markgraf, mit dem ich die erste Viertheilstunde sprach, ohne ihn zu kennen, sucht mich Mittag und Abend auf eine sehr gute Art recht auf mit seiner Unterhaltung, und da Er der erste Fürst ist, den ich, ganz ohne Fürstenmine, kenne, so fallen unsre langen Gespräche meistens auf Dinge, die zur Einrichtung und Freiheit des Menschlichen Geschlechts gehören, und über die ich mich so frei ausdrücke, als ob ich mit keinem Fürsten spräche.

Die Markgräfin hat mir bei der ersten Vorstellung frappante Komplimente gemacht, auch mich nachher den ersten Tag sehr unterscheidend begegnet, das Gespräch an mich gerichtet, u. s. w. weil ich aber durchaus mit ihrer Gelehrsamkeit keine Sympathie fühle, und also natürlicher Weise, statt ihr lautpraßelnden Weihrauch zu streuen, immer, wie ganz aus einer andern Welt rede, so hat das Widersprüche und bei einer Dame, wie sie, eine gewiße Kälte geben müssen, die mir recht lieb ist, und die ihr wenigstens zeigen kann, daß die ganze Welt nicht schmeichlen wolle, wie so viele Französische und Deutsche Narren um sie. Ueberhaupt, da ich für keiner Kreatur in der Welt mehr Abscheu habe, als für einem gelehrten Frauenzimmer, und wäre sie der erhabenste Geist, so würden wir uns wohl nie recht begegnen: so sehr ichs gestehe, daß sie ausnehmende Känntniße, Talente, Fähigkeiten, Geschäftigkeit, und rechte Studien habe.«[6]

Wie wir sehen, läßt sich Herder auch durch die Gunst einer Markgräfin nicht bestechen. Er verabscheut »gelehrte Frauenzimmer«. Seine Ambivalenz gegenüber der Aristokratie, so könnte man sagen, polarisiert sich geschlechtsspezifisch. Seinen Wunsch, anerkannt zu werden, verwirklicht er mit dem Menschen-Fürstenbruder. Sein plebejischer Impuls zum Aufruhr richtet sich gegen die Markgräfin.

Die Frauen stellen von Anfang an (etwa seit 1750) den größten Teil des Lesepublikums im Bereich der nicht-gelehrten Literatur.[7] Welche Frauen? Natürlich zunächst Töchter und Ehefrauen des wohlhabenden gebildeten Bürgertums, Frauen aus Familien von Gelehrten, Beamten, Rentiers. Es wäre aber falsch, sich das Publikum als scharf abgegrenzte Gruppe vorzustellen. Die Höfe beschäftigen bürgerliche Fürstenerzieher und schmücken sich nach französischem Vorbild mit bekannten Intellektuellen. Was uns mehr überrascht, ist die Ausstrahlung der Literatur »nach unten«. Jedoch nur auf den ersten Blick, denn soziale Bewegungen setzen in den Menschen Kräfte frei, die sie befähigen, weit über das Maß des Normalen hinaus dieses Neue zu ergreifen. Die Frauen lesen Bücher, für die sie nicht ausgebildet sind, und dieses Moment eines neuen Lebens strahlt aus, weit über die Klassengrenze hinaus. Wir denken an Autoren aus armen Familien, wie Klinger. Wir denken an Klingers Schwester, die schöne Anna, die sich nichts mehr gewünscht hätte, als ein Mann zu sein, um frei zu sein und zu lernen.[8] Es ist gewiß kein Zufall, wenn Goethe in *Dichtung und Wahrheit* von Gretchen, die im Wirtshaus bedient, die arm ist, berichtet:

> »Sie beneidete, nach ihrem Ausdruck, alle diejenigen, die von den Sachen dieser Welt unterrichtet seyen und wüßten, wie dieses und jenes zugehe und was es zu bedeuten habe. Sie wünschte sich ein Knabe zu seyn, und wußte mit vieler Freundlichkeit anzuerkennen, daß sie mir schon manche Belehrung schuldig geworden. ›Wenn ich ein Knabe wäre‹, sagte sie, ›so wollten wir auf Universitäten zusammen etwas Rechtes lernen‹. Das Gespräch ward in der Art fortgesetzt; sie setzte sich bestimmt vor Unterricht im Französischen zu nehmen.«[9]

Betrachten wir die jungen Frauen in diesem Kreis der Unruhigen des »Sturm und Drang«, so finden wir sie wesentlich in zwei Rollen: als Braut und als Schwester. Sie sind Anwesende, Zuhörende, Anteilnehmende. Doch sehen wir diese Generation von Frauen (die etwa um 1750 Geborenen) schweigen – gerade im engeren Umkreis der literarischen Bewegung. Die Schwestern der Genies des »Sturm und Drang« bilden eine stumme Generation. Selbst wenn die jungen Frauen um 1770 gebildet sind, manchmal gebildeter als ihre Mütter, gelingt es ihnen nicht, sich zu artikulieren. Einem explosiven Selbstbewußtsein der jungen Männer steht Passivität und Depression der gleichaltrigen jungen Frauen gegenüber – jedenfalls soweit die jungen Frauen am Wissen orientiert sind, die innere Welt mit ihren Brüdern teilen, jedenfalls in dieser Schicht, aus der die männlichen Genies und Kreativen hervorgehen. Ich bin sicher, daß eine systematische Analyse eine auffallend hohe Zahl depressiver, bis zum frühen Tod depressiver junger Frauen in der sozialen Gruppe der Intelligenz aufweisen würde.[10] Allein im direkten Umkreis der Frankfurter und Darmstädter Zirkel fällt das hohe Ausmaß an psychischem Leiden bei den jungen Frauen ins Auge.[11] Cornelia Goethes Schicksal ist keine Ausnahme. Die Tochter des Arztes und bekannten Autors Zimmermann – er verfaßte das Werk *Über die Ein-*

samkeit – starb mit 22 Jahren an Melancholie, die in Apathie und Erschöpfungszustände übergegangen war. Ebenso Klingers Freundin Albertine von der Grün – sie litt an »Auszehrung«, wahrscheinlich Magersucht. Das Fräulein von Roussillon, die Freundin der Caroline Flachsland, der späteren Frau Herders, starb »an Schwäche« mit 26 Jahren. Die ganze Gruppe der Darmstädter jungen Frauen war »phantastisch überspannt«, wie immer wieder beschrieben wird. Caroline Flachslands jüngere Schwester, Mätresse des Landgrafen von Hessen Darmstadt und Mutter eines Kindes aus dieser Verbindung, irrte mit Verfolgungswahn, als Nichtseßhafte über die Landstraßen. An Verfolgungsphantasien litt die junge Frau Mercks. Als tief unglücklich und gezwungen, ein verfehltes Leben zu führen, betrachteten sich auch die beiden Töchter der Frau von La Roche, die diese in Vernunftehen gezwungen hatte: Maximiliane Brentano, die Mutter Bettinas, und ihre Schwester Louise. Ein dem Schicksal Cornelia Goethes vergleichbares Leid traf Agnes Klinger. Auch sie idealisierte den Bruder und die Zeit, da sie am Freundeskreis um die Herausgeber der Zeitschrift *Frankfurter Gelehrte Anzeigen* teilhatte; sie fand niemals eine dieser Erfahrung ebenbürtige Lebensform.

Ich glaube nicht, daß das Ausmaß an psychischen und körperlichen Leiden bei den Frauen dieser Gruppe ein Zufall ist. Vielmehr vermute ich, daß sie in eine besonders widersprüchliche Lebenssituation geraten sind. Wenn wir eine Darstellung des Konflikts und Leidens in den Veröffentlichungen von Frauen dieser Zeit suchen, dann werden wir enttäuscht. Die Versuche, die Wahrheit der traumatisierenden Erfahrungen der Frauen dieser Generation in Romanen oder Erzählungen zu formulieren, scheiterten. Es wurden einige, von Anpassung und Vermeidungsritualen geprägte Romane zu Beginn der achtziger Jahre verfaßt.[12]

Aber auch das Scheitern der Schreib-Versuche von Frauen, die dazu ansetzten, im »Öffnen des Herzens« die Wahrheit zu sagen, verdient Aufmerksamkeit. Das Unvermögen ihre Erfahrungen auszudrücken, schloß sie von vornherein aus den geistigen Bewegungen der Zeit aus. Die Quelle der literarischen Produktion im Zeitalter der bürgerlichen Revolution bildet die »wahre Erfahrung« des Autors. Ihr Kern ist das autobiographische Schreiben. Warum gibt es keine Parallele zum *Werther* aus der weiblichen Erfahrung?

Die Frauen, die zu dieser Zeit versuchen, ihre Wahrheit zu formulieren, scheitern qualvoll. Ihr Roman wird eingeholt und überrollt von ihrer realen unbearbeitbaren Verzweiflung. An die Stelle des Schreibens tritt die Depression, so bei Cornelia Goethe, Albertine von der Grün, Charlotte von Kalb. Die innere Stimmung jener Frauen mögen zwei Äußerungen illustrieren. Cornelia Goethe schreibt 1769 an ihre Freundin:

> »Was hindert Sie zu schreiben, werden Sie fragen. Der wahre Grund ist, daß ich nichts zu sagen habe. Die Eintönigkeit meines Lebens, die Gleichförmigkeit meines seelischen Daseins, die stumpfe Ruhe meines Herzens. Ich kann Ihnen nicht mehr sagen.«[13]

Frau von Kalb schreibt ein Leben lang an ihrem einzigen Roman, einem autobiographischen Text, den sie als Fünfundzwanzigjährige beginnt. Erst ein Jahr vor ihrem Tod betrachtet die Achtzigjährige ihr Werk als beendet. Sie urteilt selbst über sich: »Ich kann eigentlich nicht schreiben. Alles ist zerstückt [...] Ich kann nichts ausarbeiten. Es geht mir [...] das Ganze zu fassen ab.«[14] Diese Verzweiflung läßt sich nicht auf das Problem der Begabung und des handwerklichen Unvermögens der schreibenden Frauen zurückführen. Zu fabulieren ist diese Generation später durchaus in der Lage, wie etwa die Arbeiten von Karoline von Wolzogen zeigen. Es ist vielmehr das Verstummen dieser Frauen-Generation auffallend da, wo sie über sich sprechen will und sollte. Ich möchte den Konflikt, die Hemmung der Selbstverwirklichung dieser jungen Frauen 1770 bis 1780 so formulieren: Es besteht der Impuls, sich selbst zu begreifen, das eigene Ich zum Ausdruck zu bringen, und doch liegt darauf offensichtlich ein Tabu. Suchen wir nach den Ursachen dieser Stummheit, dieser Depression, die gerade *die* Frauen ergreift, die in dieser Zeit des Neuen und des gesellschaftlichen Umbruchs von sich sprechen wollen.

Szenen des Geschlechterkonflikts

Ich möchte im folgenden einige Szenen betrachten, die mir in Hinsicht auf die Aggression, die in dieser Generation von Jugendlichen die Beziehung zwischen den Geschlechtern bestimmt, charakteristisch erscheinen. Diese Szenen sind Erinnerungen. Die Appellationsräthin Marie Körner und ihre Schwester Dorothea erinnern sich im Jahr 1806 in einem Gespräch an ihre Jugend, an das Jahr 1767. Damals arbeitete ihr Vater als Kupferstecher in Leipzig. Einer seiner Lieblingsschüler war der Student Johann Wolfgang Goethe, der soeben, 16 Jahre alt, zum Studium nach Leipzig gekommen war. Jetzt – zur Zeit des Berichts der beiden Frauen – ist Dorothea unverheiratet, eine begabte Kupferstecherin wie ihr Vater. Marie hat den literaturbegeisterten Gottfried

Körner geheiratet. Der Herausgeber der Erinnerungen, Max Morris berichtet:

»den Schwestern blieb jene Studienzeit gar wohl erinnerlich; denn sie waren beinahe erwachsen. Das Gedächtnis der älteren bewahrte manche kleinen Züge ...«
»Stocks Verhältnisse waren sehr beschränkt. Eine geräumige Bodenkammer in dem großen Breitkopf'schen Hause zum Silbernen Bären diente ihm, seiner Frau und den beiden Töchtern als Arbeits- und Empfangszimmer, in welchem auch der Schüler Platz fand. Während Stock und Goethe je an einem Fenster über ihren Platten schwitzten, saßen die Töchter an dem dritten Fenster mit weiblicher Arbeit beschäftigt oder sie besprachen mit der Mutter die Küche. Das Gespräch ging ohne Unterbrechung fort; denn schon damals zeigte Goethe eine große ›Lust am Discuriren.‹ Eines Tages sagte Stock: Goethe, meine Töchter wachsen heran, was meinst du, worin soll ich die Mädchen unterrichten lassen? – In nichts anderem, erwiderte Goethe, als in der Wirtschaft. Laß sie gute Köchinnen werden, das wird für ihre künftigen Männer das beste sein. Der Vater befolgte diesen Rath, und nicht ohne Empfindlichkeit versicherte mich die ältere Schwester, daß sie dies Goethen immer nachgetragen habe, und daß sie infolge dieses Rathes ihre ganze Ausbildung mit der größten Mühe sich selbst habe erwerben müssen.«[15]

Diese Erinnerung ist für uns aufschlußreich, weil die Kränkung noch nach 40 Jahren in der Erzählung spürbar ist. Was uns in der Szene sofort auffällt, ist die Polarität Männer – Frauen. Mit einem fremden Sechzehnjährigen macht der Vater gemeinsame Sache und verhandelt über seine Töchter, als seien sie nicht anwesend. Wir sehen Mutter und Töchter in ihrer Raumecke, während die beiden Kupferstecher sich ihrer Großartigkeit versichern – aber mehr als das, der Vater hält sich an den Rat, so empfindet es jedenfalls die Tochter. Die Kränkung ist wohl, daß der Vater diesem Fremden, der fast noch ein Kind ist, jedenfalls noch kein Erwachsener, das Recht des Urteils einräumt, das er den Töchtern vorenthält. Und der fremde Knabe zögert keinen Augenblick. Er genießt es, von anderer Gattung zu sein als »die Weiber«. Dieser Männer-Bund auf Kosten anderer (Kinder, Frauen) steht den beiden Schwestern deshalb so deutlich in Szenen vor Augen, weil es nicht ein einmaliger Vorfall ist. Wie die weiteren Erzählungen der Schwestern zeigen, handelt es sich um ein wiederkehrendes Muster. Wir verstehen daher die Wut, die es der Erzählerin Marie Körner unmöglich macht, über jene Szenen zu lachen. Gerade daß sie komisch sind, enthält die Beschämung, denn sie sind komisch auf Kosten der Mädchen.

Es geht hier und in den folgenden Berichten um eine Deckerinnerung und Familien-Mythe. Deckerinnerung, das bedeutet: Erinnerung, die, in Szenen gefaßt, die Wahrheit einer wichtigen Erfahrung des Subjekts enthält. Jene Ereignisse waren jedenfalls noch für die erwachsenen Frauen so bedeutsam, daß im Erzählen der Affekt von Kränkung und Abwehr, durch die Verwandlung in den anekdotenhaften Witz hindurch, sichtbar bleibt.

Ich habe mich bei der Interpretation von folgenden Überlegungen leiten lassen: Es ist wesentlich, sich klarzumachen, daß bei einer Deckerinnerung den Betroffenen selbst (in diesem Fall den Erzählerinnen) der volle Sinn der Erinnerungen unkenntlich ist. Es ist den Betroffenen z. B. nicht möglich, zu einem inneren Abschluß, zu einer endgültigen Deutung der eigenen Position in jenem Vorgang, von dem berichtet wird, zu kommen. Es gelingt entweder nicht, zu dem angemessenen Affekt (Zorn, Trauer) zu finden, oder es gelingt nicht, den Vorfall selbst wirklich zu rekonstruieren. Rekonstruieren heißt hier, die traumatische Szene selbst erinnern. Im vorliegenden Fall ist der Berichtenden der Sinn der Situation verlorengegangen. Nur im Gelächter und in der Intensität des Erzählens deutet sich die Wahrheit an. Auf der Suche nach der dunkel geahnten, aber unerreichbaren Wahrheit können solche Szenen immer wieder »wie neu« erzählt werden. In ihnen ist der Augenblick einer Spaltung oder Traumatisierung festgehalten. Das Erzählte muß entschlüsselt werden. Der Weg dazu verläuft für uns über die verstehende Vergegenwärtigung der Szenen. Wesentlich sind dabei Irritationen – Erwartungen, die wir haben und die in den Situationen nicht eingelöst werden. Diese müssen daraufhin geprüft werden, ob sie durch die historische Differenz oder durch die psychologische Struktur der Berichtenden bestimmt werden. Ergeben solche Irritationen ein Netz, eine immer wiederkehrende Struktur, so sind wir veranlaßt, diese besonders wichtig zu nehmen. Vergegenwärtigen wir uns also die Rollen und Situationen, als wollten wir sie auf der Bühne aufführen. Wie sie zu spielen sind – den Zugang zur Situation, um die es geht –, finden wir über die Analyse der Reaktionen, mit denen wir auf die Beschreibung antworten. In den vorliegenden Geschichten spüren wir bald das Changieren zwischen Witz und unterdrückter Wut heraus – nicht nur über die Sprachanalyse, sondern vor allem durch die Betrach-

tung unserer eigenen Lesereaktion.[16] Die Reflexion unseres Empfindens leitet uns zur Aufdeckung der verborgenen Struktur.
Es geht um Deckerinnerungen und eine Familienmythe, und das heißt, das »ursprüngliche Erlebnis« ist aus seinem lebensgeschichtlichen Zusammenhang zwar nicht gänzlich gelöst, aber herausgefiltert und angereichert mit Zutaten späterer Empfindungen. Die Panoramen vermischen sich. Früheres wird mit Späterem verbunden, in spätere Lebenserfahrungen eingefügt. So ist es kein Zufall, daß Max Morris, dieser subtile Kenner der Lebenssituation des jungen Goethe, sich über das Alter der Mädchen täuscht und sie »beinahe erwachsen« nennt, sie also für fast gleichaltrig mit dem 16jährigen Goethe hält. In Wirklichkeit war Dorothea damals neun Jahre alt und Maria, die sonst immer Minna genannt wird, war damals gerade sieben. Der Irrtum von Morris hat seine guten Gründe: Es geht eben nicht um eine isolierte Abbildung eines umschriebenen Ereignisses, sondern um szenische Figuren, hinter denen sich Serien gleichartiger Szenen verbergen, eine Erlebnisstruktur. Als Familienmythen haben solche erzählten Szenen eine große Bedeutung für die Familienmitglieder. Sie bilden konfliktverschleiernde, versöhnliche Traditionen, denn sie geben die Deutung von Ereignissen vor und machen es schwer, abweichende Erfahrungen zum Ausdruck zu bringen. Sie liefern Modelle für Konfliktlösungen wie die Verleugnung im Witz. Sie stiften Kontinuität, denn sie wiederholen und bestätigen die Rollen, und sie bekräftigen das Verbot, aus der Rolle auszubrechen. In ihrer lebenslänglichen Wiederholung bilden solche Erzählungen Elemente der Selbstdefinition des Einzelnen wie der Gruppe.
Marie Körner berichtet aus dem Jahr 1767[17]:

Szene 1:

> »Am meisten verdarb es der lustige Bruder Studio [J. W. Goethe, U. P.] mit uns Kindern dadurch, daß er weit lieber mit dem Windhund des Vaters, – es war ein niedliches Thierchen und hieß Joli –, als mit uns spielte und ihm allerhand Unarten gestattete und es verzog, während er gegen uns den gestrengen Erzieher spielte. Für Joli brachte er immer etwas zu naschen mit, wenn wir aber mit verdrießlichen Blicken dies bemerkten, wurden wir bedeutet, das Zuckerwerk verderbe die Zähne und gebrannte Mandeln und Nüsse die Stimme. Goethe und der Vater trieben ihren Mutwillen so weit, daß sie an dem Weihnachtsabend ein Christbäumchen für Joli, mit allerhand Süßigkeiten behangen, aufstellten, ihm ein rotwollnes

vermutlich Johann Wolfgang Goethe
um 1765 (nicht signiert)

Camisol anzogen und ihn auf zwei Beinen zu dem Tischchen, das für ihn reichlich besetzt war, führten, während wir mit einem Päckchen brauner Pfefferkuchen, welche mein Herr Pathe aus Nürnberg geschickt hatte, uns begnügen mußten. Joli war ein so unverständiges, ja ich darf sagen, so unchristliches Geschöpf, daß er für die von uns unter unserem Tischchen aufgeputzte Krippe nicht den geringsten Respekt hatte, alles beschnoperte und mit einem Haps das zuckerne Christkindchen aus der Krippe riß und aufknabberte, worüber Herr Goethe und der Vater laut auflachten, während wir in Thränen zerflossen. Ein Glück nur, daß Mutter Maria, der heilige Joseph und Ochs und Eselein von Holz waren; so blieben sie verschont.«

Szene 2:

»Einer tragikomischen Scene muß ich noch gedenken, fuhr die Freundin fort: Unser Unterricht war auf sehr wenige Gegenstaende beschraenkt. Um 11 Uhr Vormittags fand sich ein eingetrockneter Leipziger Magister, welcher in der Druckerei von Breitkopf mit Correcturen beschaeftigt wurde, bei uns ein, der sich durch seine schwarze Kleidung und weiße Halskrause das Ansehen eines Theologen geben wollte. Er unterrichtete uns im Lesen, Schreiben und Rechnen und erhielt für die Stunde einen guten Groschen. Was seinem Anzuge im eigentlichen Sinne die Krone aufsetzte, war seine von haarfeinem Draht geflochtene, in vielen Locken herabwallende Perruecke. Beim Eintreten rief er uns schon von der Thuere her entgegen: Ihr Kinder, das Gebet! Wir sagten nun unisono einen Vers aus einem Gesangbuchliede her, worauf eine Stunde in der Bibel gelesen wurde ... Wir waren allesammt auf eine einzige Stube angewiesen, und so geschah es oefter, daß Goethe waehrend unserer Lection eintrat und sich an den Arbeitstisch des Vaters setzte. Einmal traf es sich nun, daß wir eben mitten aus einem, ihm fuer junge Maedchen unpassend erscheinenden Kapitel des Buches Esther laut vorlesen mußten. Ein Weilchen hatte Goethe ruhig zugehoert; mit einem Male sprang er vom Arbeitstische des Vaters auf, riß mir die Bibel aus der Hand und rief dem Herrn Magister mit ganz furioser

Stimme zu: Herr, wie koennen Sie die jungen Maedchen solche H. ... Geschichten lesen lassen! Unser Magister zitterte und bebte; denn Goethe setzte seine Strafpredigt noch immer heftiger fort, bis die Mutter dazwischentrat und ihn zu besaenftigen suchte. Der Magister stotterte etwas von: Alles sei Gottes Wort, heraus, worauf ihn Goethe bedeutete: Pruefet alles, aber nur was gut und sittlich ist, behaltet! Dann schlug er das neue Testament auf, blaetterte ein Weilchen darin, bis er, was er suchte, gefunden hatte. Hier Dorchen, sagte er zu meiner Schwester, das lies uns vor: das ist die Bergpredigt, da hoeren wir alle mit zu. Da Dorchen stotterte und vor Angst nicht lesen konnte, nahm ihr Goethe die Bibel aus der Hand, las uns das ganze Kapitel laut vor und fuegte ganz erbauliche Bemerkungen hinzu, wie wir sie von unserm Magister niemals gehoert hatten. Dieser faßte nun auch wieder Muth und fragte bescheidentlich: der Herr sind wohl studiosus theologiae; werden mit Gottes Huelfe ein frommer Arbeiter im Weinberge des Herrn und ein getreuer Hirte der Herde werden. – Zuverlaessig, – fuegte der Vater scherzend hinzu – wird er sein Faeßchen in den Keller und sein Schaefchen ins Trockne bringen; an frommen Beichtkindern wird's ihm nicht fehlen. – So schloß die Lektion ganz heiter; alle lachten ueber den Witz des Vaters, und wir eigentlich, ohne zu wissen warum.«

Zunächst fällt das Übereinstimmende der Berichte auf: Auch in diesen beiden Szenen sehen wir die Geschlechter in Fraktionen geteilt; merkwürdig das Selbstbewußtsein des sechzehnjährigen Johann Wolfgang; nicht das Alter zählt, sondern wer Mann ist und wer Frau. Sehen wir durch das absurd Komische hindurch, so spielt sich hier ein Kampf ab, in dem die Mädchen von vornherein die Verliererinnen sind. Sie sind die Gedemütigten. (Die Männer in der 1. Szene, die alles haben, während die Mädchen vom Neid verzehrt werden.) Vor allem kommt die Beschämung und Demütigung dadurch zustande, daß die Herren der Situation bestimmen, was die Regel ist: streng gegen die Mädchen, auf Ordnung bedacht (Zucker verdirbt die Zähne) und hemmungslos kindisch zugleich. So zeigen sie, daß sie tun, was sie wollen.

Die Szenen mit dem Hund Joli und dem Magister stehen für Situationen, die für die Mädchen unkalkulierbar gemacht worden sind, da sie von Willkür bestimmt sind. Wie soll der Widerspruch gelöst werden: fromm und brav ist gleichbedeutend mit dumm und zurückgeblieben;

aber anders zu sein ist den Mädchen verboten. Dafür sorgt in ihrer Erinnerung der pädagogische Wachhund, der Knabe.
Wir können uns den Vater gut vorstellen, der von seinem verwöhnten reichen Schüler an all das erinnert wird, was ihn die Familie an Verzicht auf das ungebundene Leben kostete, die drückenden Pflichten der Verantwortung. Wir können uns vorstellen, daß das Verhalten des Vaters gar nicht den Mädchen gilt, sondern eine Botschaft an die Mutter ist, die ja auch im Raum ist. Jedenfalls, der Knabe scheint es zu genießen, als Mann zu agieren, gleichrangig mit dem erwachsenen Vater, und er lebt die Abgrenzung vom anderen, beschränkten Geschlecht aus.
Der Vater regrediert zum Knaben, zu einem, der den Sechzehnjährigen um Rat fragt, der mit ihm ganz einig wird: Was der Kleine tut, ist wohlgetan, er wird ihn (den gezähmten Vater) rächen. Der hat keine Angst vor den Frauen, vor allem nicht vor ihren Tränen. Eine merkwürdige Umkehrung: Der Knabe übernimmt den Platz, den der Vater für ihn geräumt hat (Szene 2). Er macht den Erzieher. Er belehrt den Lehrer unter dem Beifallssturm des abgedankten Vaters. Der Knabe sieht sich veranlaßt, auch die Bibel zu reinigen. Es soll keine Modelle und Phantasien geben, die die weibliche Formbarkeit in Frage stellen – wie es das Buch Esther tut. Wir könnten sagen, daß Johann Wolfgang in diesen Szenen Wunsch- und Strafphantasien des Vaters agiert. Hoffnungsvoll sagt der domestizierte Ältere vom Jüngeren: »Wird er sein Fäßchen in den Keller und sein Schäfchen ins Trockene bringen. An frommen Beichtkindern wirds ihm auch nicht fehlen.« Das heißt, der wird alles haben, und er soll es haben, stellvertretend für mich – mein Sohn.

Was bedeutet die Szene aus der Perspektive der Mädchen? Die Mädchen sprechen nicht, es wird über sie gesprochen. Gegen den Dressurakt, den der Sechzehnjährige mit Dorchen vollführt, die auf Kommando die Bergpredigt lesen soll, bleiben ihr nur Tränen, Schluchzen und Verwirrung. Zum Schluß ist sie die Beschämte, über die hinweggegangen werden muß, da sie sich als unfähig und sprachlos erweist – er schlägt das Buch auf und liest weiter. Schon in der vorangegangenen Szene mit dem Hund Joli wird eine Situation, die den Mädchen gehörte, zerstört: Statt *ihrer* spielen die Männer Weihnachten, statt mit *ihnen* mit einem Hund, statt gläubig zu verehren, wie es den Mädchen beigebracht wird, verhöhnen die Männer die Krippe. Anders ausgedrückt, sie leugnen den symbolischen Charakter des Krippenspiels. Es sind keine heiligen Dinge, sondern alberne Puppen, die ein Hund fressen kann. Nur Idiotinnen verbinden mit Holzpuppen und Zuckerjesulein verehrende Gefühle. Aber hat man nicht eben das von ihnen verlangt?

Wohl auch der Vater, der jetzt unbegreiflich verwandelt erscheint, nicht Vater, sondern frecher Knabe. Sind die Männer erhaben über den frommen und beschränkten Kinderglauben – wenn es ihnen paßt, wird er auf eine Belanglosigkeit reduziert –, so spielt sich doch der Sechzehnjährige als strenger Erzieher auf, wenn die Mädchen »H. . .geschichten« aus der Bibel lesen. Da heißt es im Buch Esther: »Und am siebenten Tage als der König guter Dinge war vom Wein, befahl er [. . .] den sieben Kämmerern, daß sie die Königin Vasthi mit ihrer königlichen Krone holen sollten vor den König, um dem Volk und den Fürsten ihre Schönheit zu zeigen; denn sie war schön. Aber die Königin Vasthi wollte nicht kommen [. . .] Da wurde der König sehr zornig und sein Grimm entbrannte in ihm. Und der König sprach zu den Weisen, die sich auf die Gesetze verstanden [. . .] Was soll man nach dem Gesetz mit der Königin Vasthi tun [. . .] Da sprach Memuchan vor dem König und Fürsten: Die Königin Vasthi hat sich nicht allein an dem König verfehlt, sondern auch an allen Fürsten und an allen Völkern [. . .] Denn es wird diese Tat der Königin allen Frauen bekannt werden, so daß sie ihre Männer verachten und sagen: Der König Ahasveros gebot der Königin Vasthi vor ihn zu kommen; aber sie wollte nicht [. . .] Dann werden die Fürstinnen in Persien und Medien auch so sagen zu allen Fürsten des Königs, wenn sie von dieser Tat der Königin hören; und es wird Verachtung und Zorn genug geben.«[18]

Was bietet ihnen der Knabe statt des Buches Esther? Und statt ihrer eigenen Situation mit dem Magister? *Er* liest statt *ihrer*, und anstelle der interessanten Geschichten von weiblicher Macht und Rache müssen sie sich mit dem Thema der Sanftmut befassen.

Wir beobachten die Vernarrtheit des Vaters in diesen fremden Jungen, mit dem der Vater die Macht über die Mädchen teilt. Ihn zieht er vor, also eine narzißtische Zurücksetzung, und mehr als das: Ausschließung vom wahren Spiel, vom großen Vergnügen, vom Hunde-Spiel und vom Gelächter der Eingeweihten. Nur aus der Perspektive eines Dritten wird sichtbar, was die Mädchen nicht sehen können: daß ihre Schmerzen den Reiz des Spiels der Männer ausmachen. Sie glauben nur, sie seien ausgeschlossen. Sie gehören dazu, in der Rolle von Opfern und von begehrlichen Abhängigen. Ohne diese macht das alles keinen Spaß. Die Mutter könnte jene Dritte sein. Aber sie ist ambivalent. Marie Körner erzählt:

Szene 3:

»Unsrer guten Mutter machte diese Bekanntschaft [J. W. Goethe, U. P.] mancherlei Sorge und Verdruß. Wenn der Vater in später Nachmittagsstunde noch fleißig bei der Arbeit saß, trieb ihn der junge Freund an, frühzeitig Feierabend zu machen und beschwichtigte die Einwendungen der Mutter damit, daß die Arbeit mit der feinen Radirnadel im Zwielicht die Augen zu sehr angreife, zumal er dabei durch das Glas sehe. Wenn nun auch die Mutter erwiderte, durch das Glas zu sehen, greife die Augen nicht so sehr an, als in das Glas und manchesmal zu tief sehen, so ließ doch der muntere Student nicht los und entführte uns den Vater zu Schönkopf's oder nach Auerbach's Keller.«[19]

Szene 4:

»Diese Bekanntschaft hat unsrer guten Mutter manche Thränen gekostet. Wenn aber am andern Morgen Mosje Goethe, – denn vornehme junge Herrn wurden ›Mosje‹ titulirt – sich wieder bei uns einfand und ihn die Mutter tüchtig ausschalt, daß er den Vater in solche ausbündige Studentengesellschaft führe, in welche ein verheiratheter Mann, der für Frau und Kinder zu sorgen habe, gar nicht gehöre, dann wußte er durch allerhand Späße sie wieder freundlich zu stimmen, sodaß sie ihn den Frankfurter Strubbelpeter nannte und ihn zwang, sich das Haar auskämmen zu lassen, welches so voller Federn sei, als ob Spatzen darin genistet hätten. Nur auf wiederholtes Gebot der Mutter brachten wir Schwestern unsere Kämme, und es währte lange Zeit, bis die Frisur wieder in Ordnung gebracht war.

Goethe hatte das schönste braune Haar; er trug es ungepudert im Nacken gebunden, aber nicht wie der alte Fritz als steifen Zopf, sondern so, daß es in dichtem Gelock frei herabwallte. Wenn ich – erzählte Frau Körner – in späteren Jahren Goethe hieran erinnerte, wollte er es nie zugeben, sondern versicherte, es hätte sich die Mutter ein besonderes Vergnügen daraus gemacht, ihn zu kämmen, sodaß sie sein wohlfrisirtes Haar erst in Unordnung gebracht, um ihn dann recht empfindlich durchzuhecheln.«[20]

Die Mutter, wie sie uns in den Berichten der Töchter entgegentritt, spielt eine zwiespältige Rolle. So haben ihre beiden Mädchen sie jedenfalls erlebt: als verwirrend und unverständlich. Die Handlung des

Kämmens vereint Lust und Bestrafung, und sogar die Tränen der Mutter sind zweideutig. Im ersten Teil des Berichts erscheint die Mutter als Verliererin zusammen mit ihren Töchtern. Es wird von Sorge und Verdruß gesprochen. Die Mutter mag einwenden, was sie will, sie wird mit den Kindern zurückgelassen. Wie selbstverständlich findet das Vergnügen der Männer ohne die Mutter statt. In der Erzählung der Töchter formuliert sie keine Bedürfnisse und Wünsche. Das macht die Szene, trotz des Vertrauens, das wir den Erzählerinnen entgegenbringen, hohl, und der einleitende Satz: »Unserer guten Mutter machte diese Bekanntschaft mancherlei Sorge und Verdruß«, die Wiederholung »hat unserer guten Mutter manche Tränen gekostet« bereitet Unbehagen, wie die ganze Figur der Verzichtenden. Ehe wir uns versehen, sind wir mit der Anteilnahme bei den munteren Kerlen, die sich von einem ewig auf Pflicht, Familie und Ordnung bestehenden Frauenzimmer nicht hindern lassen. Zwar ist die Mutter durchaus in der Lage, dem jungen Herrn zu parieren. Er provoziert sie: Auerbachs Keller für die Männergesundheit. Aber trotz ihrer auffallenden Schlagfertigkeit setzt sie sich nicht durch. Was will sie wirklich? Die Töchter, die berichten, sprechen von ihrer Sorge um die Erhaltung der Familie. Die Mutter erscheint in der Erzählung als die sorgende, wehrende, die traurige Vernunft des Familienbudgets vertretende Figur. Die Verliererinnengruppe der klagenden Frauen scheint auf den ersten Blick eine wenig einladende Orientierung für die Töchter. Aber vielleicht liegt hier das Thema, das sich die Mädchen verbergen – daß sie fürchten, daß auch die Mutter sie verlassen möchte, um dort zu sein, wo das Leben stattfindet, bei den Männern. Diesem Eindruck entspricht die vierte Szene.

Nur hier finden wir einen aktiven Part der Mädchen – eine Verweigerung: »Nur auf wiederholtes Gebot der Mutter brachten wir Schwestern unsere Kämme.« In dieser Szene bezichtigt die Erzählerin die Mutter einer Handlung, die einem Verrat gleichkommt. Der Sinn des Vorgangs ist leicht zu erkennen. Es verrät sich sexuelle Verliebtheit der Mutter. Daß diese verdeckt ist in quasi mütterlicher Sorge (dem kleinen Goethe das Haar kämmen) kann die Töchter um so weniger beruhigen, als mit *ihren* Kämmen und an ihrer Stelle ihr Verfolger gekämmt wird. Und so zärtlich und lustig gekämmt unter einem Vorwand »von Federn im Haar«, – daß diese Haare des Kamms nicht bedurften, kann den scharfblickenden Eifersüchtigen so wenig entgangen sein wie dem Gewinner. Goethe als Erwachsener weiß es noch, »daß sie sein wohlfrisiertes Haar erst in Unordnung gebracht, um ihn dann recht empfindlich durchzuhecheln«, aber *sie* wissen es nicht mehr. Nur der Widerwille, die Kämme zu bringen, wird erinnert. Daß die Mutter dem schönen fremden Jungen so wenig widersteht wie der Vater (daß dieser Junge

Vater und Mutter verwandelt, in ein erotisches Fluidum taucht), daß hier die Männlichkeit zum Idol und zum Objekt der Begierde wird, das ist das verleugnete Trauma – von Vater und Mutter verlassen.

In den dargestellten Szenen kann von ödipaler Verliebtheit des Vaters in die Töchter keine Rede sein. Vielmehr sind sie Manövriermasse, mittels derer er um seinen Schüler, den »Bruder«, den Mann der Zukunft wirbt. Ihm überläßt er sie. Die Mutter ist undurchsichtig. Im Vordergrund die weinende Familienmutter, im Hintergrund schemenhaft die sexuelle Frau und die Frau, die eingreifen könnte, wenn sie wollte, die die Männer spielen läßt. Von dieser Macht gibt sie den Mädchen jedoch nichts ab. Es ist ihr Geheimnis, liebkosend zu strafen. Viel deutlicher wird, wie gefährlich ihre Begehrlichkeit für die Töchter ist – auch für die Mutter ist der Knabe mit der Lust verbunden. Vielleicht könnte sie auf die Töchter verzichten, sie vergessen, vielleicht fortgehen? Eine halbe Solidarität (die der zurückgelassenen, klagenden Frauen) ist besser als Schutzlosigkeit, als nichts. Es wundert nicht, daß das Bild der Mutter von den Töchtern entschlossen zur opfernden Hausfrau desexualisiert wird. Die »sinnliche Mutter« würde die Töchter verlassen, vergessen – so die Phantasie – und mit dem Knaben davongehen. Nur die verlassene, die »Opfermutter« – also der schlechtere Teil – bleibt bei den Töchtern. So lernen die Mädchen, daß sie Frauen sind und was Frausein bedeutet: Es gibt den verläßlichen Teil der Mutter, der zugleich der ärmliche Teil ist; in diesem ist die Mutter mit ihren Töchtern eins. Und es gibt den großartigen Teil der Mutter, ihren Witz, ihre Lust, ihren Freiheitsdurst; er ist dem Männlichen, hier konkret dem Knaben zugewandt. Dieser repräsentiert für beide Geschlechter das Bild von Glück, Vollkommenheit und narzißtischer Integrität. Die Frauen untereinander können sich nicht geben, was für das Selbstbewußtsein lebensnotwendig ist: Idealisierung.

Was als Ergebnis dieser Situation bleibt, ist die Identifizierung mit der Mutter in ihrem zuverlässigen, aber traurigen Teil, als Verzichtende, nicht als Begehrende. Nur so darf die Mutter wahrgenommen werden. Der Vater ist unerreichbar. Um so mehr wird die Mutter gebraucht und muß ihr Bild von widersprechenden Erfahrungen abgetrennt werden. In der Rivalität, wer das bedeutende Phantasieobjekt der Eltern ist – oder einfach gesagt, wer mit Begeisterung geliebt wird –, waren die Mädchen dem Knaben unterlegen. Das ist der Sinn ihrer Erinnerung.

Die fünf Szenen enthalten das Modell einer systematischen Beeinträchtigung, ja der Subjektzerstörung. Auf der psychischen Ebene korrespondiert den patriarchalischen Strukturen eine narzißtische Traumatisierung der Mädchen.[21] Die Widersprüchlichkeit der weiblichen

Subjektbildung, wie sie in diesen Szenen deutlich wird, läßt sich so zusammenfassen:
Aktivität wird gewaltsam in Passivität verwandelt: Der Knabe greift nach seinen Launen in Situationen ein. Er bestimmt, was geschieht. Er handelt stellvertretend für die Mädchen oder befiehlt ihnen. Die Eltern helfen ihren Töchtern nicht. Orientierungen, die einen inneren Besitz der Mädchen, ein Stück Identität ausmachen, werden von den Männern wertlos gemacht (der lächerliche Kinder- und Frauenglaube, an die Krippe z. B.). Das bedeutet eine Schädigung des Selbstbewußtseins und des Vertrauens in die eigene Sicht der Welt und damit eine Hemmung der aktiven Bewältigung nach dem *eigenen* Maßstab. Statt »Innenorientierung« (das Recht auf den eigenen Irrtum eingeschlossen) wird situative Anpassung verlangt und hergestellt. Die Mädchen werden durch systematische Verwirrung, Beschämung und Ausgrenzung aus der Gleichrangigkeit als Objekte männlicher Launen verfügbar gemacht. Kulturelle Traditionen werden vom Wissen weiblicher Sexualität und Macht gereinigt, und der Zugang zu diesen Traditionen wird vom männlichen Vormund kontrolliert. Die symbolische Repräsentanz weiblicher Aktivität auf der Ebene der kulturellen Überlieferung wird entstellt.[22]
Wir sahen die Dominanz des Knaben, die Macht, die er hatte und an die sich die Schwestern erinnern. Als idealisiertes Objekt von Mutter und Vater hatte er von Anfang an den Vorrang, was für die Mädchen bedeutete, daß es ihnen sehr schwerfallen würde, ein positives Bild vom eigenen Geschlecht zu gewinnen. Es liegt nahe – wenn wir diese Szenen hier einmal exemplarisch nehmen –, daß die Mädchen dazu gedrängt werden, an der Größe des bewunderten anderen Geschlechts durch Identifikation teilzuhaben. Sich in der Phantasie zum Teil des geliebten Bruders, später des Freundes und Ehemannes zu machen ist der Ausweg aus der Demütigung, der ihnen nahegelegt wird. Was sie selbst wollen könnten, erlebt dann das geliebte Objekt stellvertretend für sie. Das Streben nach Autonomie wird verschoben und als eigener Wunsch unkenntlich, aus dem Bewußtsein gedrängt. Wie eine Narbe davon bleibt die selbstlose Anteilnahme an der Freiheit und dem Glück des Ersatzobjektes – Bruder, Geliebter, Sohn. Der übermäßige Altruismus, die bis zur Selbstverleugnung gehende Bewunderung dieses Objekts verrät uns, daß wir es mit einem Symptom, dem Ergebnis eines Verdrängungsprozesses zu tun haben. Selbstverleugnung und narzißtische Identifikation sind an die Stelle der aktiven Auseinandersetzung getreten.
Betrachten wir kurz das Schicksal der beiden Schwestern Minna und Dorothea Stock, den Erzählerinnen der Szenen zu Leipzig. Eigenartig

wiederholt sich bei Minna einiges von der Struktur der Catharina Elisabeth Goethe. Nun, eine Generation später: wieder geht es um Eltern, vor allem eine Mutter, die das Männlich-Schöpferische verehrt. Den völlig mittellosen jungen Schiller retten Gottfried und Minna Körner vor demütigender Armut; zwei Jahre lebt er bei ihnen. Minnas erstes Kind ist eine Tochter, Emma Sophie. Schiller schreibt tröstend: »Der Sohn wird zu seiner Zeit auch nicht ausbleiben.« Ihr Sohn, der Zweitgeborene, ist für Minna Körner immer der erste, so daß die frühesten aufgeschriebenen Worte ihrer kleinen Tochter, in das Erinnerungsbuch ihrer Mutter gemalt, lauten: »Ich bin Freund mit Karl.« Der Sohn ist frühreif, überaus produktiv, er beginnt mit 13 Jahren dramatische Entwürfe zu verfassen. Er ist männlich und kampfesmutig. Er, der »Dichter-Held Theodor Körner«, fällt mit 22 Jahren in den Freiheitskriegen gegen die Franzosen. Mit der Schwester hat sich wie im Hause Goethe ein »Zwillingsverhältnis«, eine überaus enge Bindung, eingestellt. Zu vermuten ist, daß Emma Sophie in der Identifikation mit dem Bruder ihre Zurücksetzung überwand; daß der Sohn seinerseits die Unterwerfung unter den Ehrgeiz und die leidenschaftlichen Erwartungen, die Vater und Mutter, jeder auf seine Weise hegten, durch Zuwendung zur Schwester verarbeitete. Statt nur Objekt von Vater und Mutter zu sein, hatte er selbst ein Objekt. Der Preis, den die Mädchen in einem solchen Bündnis zahlen, ist hoch. Sie delegieren ihre Aktivität. Als Karl Theodor stirbt, kann die Schwester nicht mehr leben:

> »Dem Bruder zunächst in den Tod folgte die Schwester, welche außerstande, die ihrem Herzen durch den Verlust ihres Lieblings geschlagene Wunde zu verschmerzen, schon am 15. März 1815 ins Grab sank.«[23]

So hat Minna ihre beiden Kinder verloren. Ihre Schwester Dora Stock, von ihrer ersten Liebe enttäuscht, geht den Weg der Gestaltung ihrer inneren Welt durch eigene, künstlerische Aktivität – als Porträt-Malerin. Bevor wir uns der weiblichen Selbstfindung im 18. Jahrhundert genauer zuwenden, möchte ich noch einige Elemente bezeichnen, die für das Selbstbewußtsein der jungen Männer des »Sturm und Drang« charakteristisch sind.

Gewiß ist unser Beispiel eine ganz individuelle, persönliche Erfahrung, eben die Lebensgeschichte von Dorothea Stock und ihrer Schwester Minna, die Geschichte von der Begegnung der beiden Mädchen mit einem sehr besonderen Jugendlichen, dem Studenten Goethe. Doch ist es erlaubt, in doppelter Hinsicht zu verallgemeinern: im Hinblick auf die Struktur des Geschlechterverhältnisses und im Hinblick auf die so-

ziale Gruppe der Intelligenz. Da ist zunächst die Struktur, die sich über Jahrhunderte bis heute erhalten hat. Die Familie Stock in Leipzig zeigt Charakteristiken der Moderne. Ihre Lebensführung ist bezeichnend für die Familien der Künstler, der freien Berufe, der Beamten, der Träger der Modernisierung: Die Familie lebt vom Geldeinkommen des Vaters. Es gibt zwar noch den großen gemeinsamen Raum für die Familie, und es kommen noch Schüler ins Haus, aber die Familie trägt schon Züge der abgegrenzten Kleinfamilie. Die Hausarbeit der Frauen spielt sich im Innenbezirk der Familie ab. Die Bewegungsfreiheit des Mannes ist größer. Die Frauenarbeit ist nicht gleichrangig – anders etwa als in den Bauern- und Handwerkerfamilien. Wir beobachten Verhaltensmuster, die bis heute zur Kleinfamilie gehören. Im Rahmen der Familie ist den Männern Ungebundenheit, Eigenwille, Rücksichtslosigkeit bis hin zur Regression gestattet.
Als zweites wichtiges Phänomen fällt an den Szenen in der Familie ein Verhalten auf, das in dieser Form nur für die Jugend 1730 bis 1780 bestimmend ist. Ich meine jenen pädagogischen Furor, der schon den sechzehnjährigen Goethe auszeichnet. Ein aggressives männliches Selbstbewußtsein sucht sich einen Ausweg in der »Mädchenerziehung«, tarnt sich darin, beschäftigt sich damit, »wie man aus Frauen etwas machen könnte«. Dabei spielt sich ein anderer Prozeß ab, als wir ihn gewöhnlich mit dem Begriff der Mädchenbildung verbinden. Um Bildung geht es dabei nur nebenbei, vielmehr um Jugendliche und junge Männer, die ihre Rolle gegenüber dem anderen Geschlecht suchen. Sie wollen Mädchen bilden, aber sie mögen keine gebildeten Frauen. Wir würden in die Irre gehen, sähen wir hier die Aufklärung am Werk.
Was bei den erwachsenen Männern in verhüllteren und dem Selbstbild akzeptablen Formen auftritt, erschien unter den Kindern und Jugendlichen zu Leipzig noch in der ganzen Triebhaftigkeit. Herder freilich hat in dem folgenden Brief (1770) an seine Braut Caroline Schwierigkeiten mit seiner Aggression, die offensichtlich die Frauen herabsetzt; aber er kann einfach nicht anders, als wieder mit einer Drohung enden:

> »Sie haben Recht, daß ich auf das gelehrte Frauenzimmer vielleicht zu sehr erbittert bin; aber ich kann nicht dafür: es ist Abscheu der Natur. Eigentliche Gelehrsamkeit ist dem Charakter eines Menschen, eines Mannes schon so unnatürlich, daß wir ihr nur aus Noth uns unterziehen müßen, und dabei doch schon immer verlieren; in dem Leben, in der Seele, in dem Munde eines Frauenzimmers aber, die noch die Einzigen wahren Menschlichen Geschöpfe, auf dem Politischen und

Exercierplatz unsrer Welt sind, ist diese Unnatur so tausendmal fühlbarer, daß ich immer sehr fürs Arabische Spruchwort bin ›eine Henne, die da krähet, und ein Weib, das gelehrt ist, sind üble Vorboten: man schneide beiden den Hals ab!‹«[24]

So dreht sich der Brief immer weiter im Kreis. Herder hat ganz bestimmte Vorstellungen, wie eine »weibliche Frau« die Bücher aufzunehmen habe. Er fährt fort:

»Aber will ich damit, böse Auslegerin meiner Worte! sagen, daß ein Frauenzimmer sich nicht auch durch die Lecture bilden, Geist und Herz verschönern müße? Will ich sagen, daß ein Klopstock ihre Toilette, und eine Zähre über Klopstock geweint, ein schönes Auge entehre? So wenig, daß ich glaube, das Weibliche Geschlecht sei das einzige richtende Publikum über eine Reihe von Materien des Geschmacks und der Empfindung, und daß jede Mannsperson, die kein Pedant seyn will, im Kreise der Frauenzimmer muß gelernt haben, gewiße Bücher zu lesen. Ich sage gewiße Bücher: denn alle Sachen, alle Materien, alle Wißenschaften sind nie für die Weiber, und über viele können sie in ihrem Leben nicht anders als schiefe Urtheile fällen – allein desto beßer für sie, daß diese nicht für sie sind.«[25]

Unverhohlen wird hier nach einem Vormund für die Frau gerufen. Über Materien müssen sie sich sagen lassen, ob sie »für die Weiber« sind oder nicht. Statt Gelehrsamkeit wünscht sich Herder, selbst Autor, eine ganz bestimmte Weise der Rezeption bei seinem weiblichen Publikum. Die Tränen in den Augen sind die Tränen der Anbetung, der Verehrung des Werkes und zugleich des Autors. Er will sich in seiner Vollkommenheit Symbole zu schaffen, eine ästhetische Welt hervorbringen, in den bewundernden Blicken der Frauen spiegeln, die zugleich anerkennen, daß sie die Vollkommenheit wohl zu empfinden, niemals aber zu erzeugen vermöchten.[26]
Die Analyse der Szenen hat gezeigt, wie das Verhältnis zwischen Knaben und Mädchen durch männliche Dominanz und Aggression zwischen den Heranwachsenden bestimmt war. Zugleich wurde deutlich, wie der Knabe die Mädchen auf ihren Platz verweist: indem er den Erzieher spielt. Offensichtlich handelt es sich nicht um Bildung, sondern um einen Vorgang der Bemächtigung. Das Bedürfnis nach Kontrolle und In-Besitz-Nehmen ist als Bildung getarnt. Von diesem Sich-

Einmischen in das innere Leben der Mädchen sprechen alle Briefe des jungen Goethe an die ein Jahr jüngere Schwester Cornelia in Frankfurt. Die Schwester soll ganz sein Geschöpf werden, aber nicht nur sie. Er schreibt aus Leipzig:

> »Mittlerweile hofmeistre ich hier an meinen Mädgen, und mache allerhand Versuche, manchmal geräts, manchmal nicht. Die Mdll. Breitkopf habe ich fast ganz aufgegeben. Sie hat zuviel gelesen, und da ist Hopfen und Malz verloren. Lache nicht über diese närrisch scheinende Philosophie, die Sätze, die so paradox scheinen sind die herrlichsten Wahrheiten, und die Verderbniß der heutigen Welt liegt nur darin, daß man sie nicht achtet. Sie gründen sich auf die verehrungswürdigste Wahrheit: Plus que les mœurs se raffinent, plus les hommes se depravent. Kannst du, wie ich wohl glaube, diese Dinge nicht ganz einsehen, so nimm sie als Wahrheiten an, die dir einmal aufgeklärt werden sollen, ich werde mich darüber mit dir in keinen Briefwechsel einlassen, es sind Dinge, die sich schwer schreiben.« [1766][27]

An anderer Stelle schließt er nach langen Ermahnungen in komischer Naivität, was die Schwester tun, was sie lesen und insbesondere, was sie nicht lesen soll:

> »Gerechter Himmel, wie gelehrt bist du geworden! Ich werde es kaum noch wagen, dir in Zukunft weitere Ratschläge für deine Lektüre zu geben, denn du weißt ja mehr als ich: Du nennst mir da einen Boccalini, von dem ich niemals gehört habe, und du fällst Urteile in einem wahrhaft kritischen Ton. Trotzdem muß ich dir sagen: Du behauptest, daß der Pitaval [eine Sammlung von historischen Rechtsfällen, U. P.] über die Wirklichkeit aufklärt. Gut, das gebe ich zu, aber diese Aufklärung ist nicht für dich, sondern für einen Mann, der über diese Gegenstände und diese Vorkommnisse nachdenkt, der etwas davon hat.« [1766][28]

Mir geht es hier um die Verdeutlichung der unbewußten Phantasie des jungen Goethe über das Verhältnis zwischen Mann und Frau. Halten wir die aggressive Inbesitznahme, die sich in dem Brief spiegelt, mit den Leipziger Szenen zusammen. Es geht vor allem um phantasierte Macht. Er, der Knabe, hat in jenen Familien-Szenen eine

Situation geschaffen, in der er der unerreichbare Gegenstand der Bewunderung durch die Mädchen ist. Ihre Blicke, die ihm doch nicht zu folgen vermögen – das ist das eine Ziel. Er ist anders, eben das muß immer erneut inszeniert und bewiesen werden. Und dann gibt es das andere Motiv: Die Beziehung zu den Mädchen läßt sich auch charakterisieren als Eifersucht ohne Liebe. Dem Magister mußte er sie auf der Stelle wegnehmen und sich als Herrn der Situation etablieren. Die demütige Reaktion des beschränkten Theologen – »er zitterte und bebte« – konnte ihn kaum beruhigen. Keine »H. . .geschichten«! Huren, das sind vor allem selbständige Mädchen, Mädchen, die Männer sammeln, solche, deren man nicht sicher ist. Darum aber geht es. Er ist erfüllt von der Phantasie, Frauen zu besitzen, dadurch, daß er ihren Geist beherrscht. Sie müssen alles durch ihn haben, durch ihn sein – gänzlich sein Geschöpf.

Die Mädchen sind in dieser Phantasie dazu bestimmt, formbar zu sein. Nicht nur der Magister ist hier Rivale, auch jedes Buch, das sie nicht lesen, wie er es will, und weil er es will. Die gelehrte Frau wird nicht deshalb gehaßt, weil sie Wissen hat, sondern weil sie ein *eigenwilliges* Wissen hat. Sie ist in dieser Phantasie dann schon besetzt von etwas Fremdem, Anderem. Auch Bücher sind letztlich Rivalen, alle müßte er selbst geschrieben haben.

Kurt Eissler interpretiert Goethes Dichten als phantastische Usurpation der weiblichen Macht des Gebärens und verweist auf die zahlreichen Metaphern, in denen dieser den schöpferischen Prozeß als Geburtsvorgang beschreibt.[29] Frauen besitzen wollen durch den Geist, sie zu einem Teil von sich selbst machen, das Weibliche sich aneignen – so mächtig wie die Mutter sein (hervorbringend).

Um das »Sich-selbst-Gebären« kreisen die Phantasien der Zeit – nicht nur die des jungen Goethe. Man kann sie wohl als ein wesentliches Element des inneren Erlebens dieser Jugendlichen auffassen, denen er die mächtigsten Worte und Bilder verleiht. Das geschah vor allem in den Metaphern des Titanischen und der Figur des Prometheus (1772 bis 1776). Über die Entstehung der Hymne *Prometheus* (1774) gibt es einen Bericht in *Dichtung und Wahrheit,* der Licht auf den Zusammenhang von schöpferischem Impuls und Weiblichkeitsphantasie wirft. Prometheus, die Figur, mit der sich der Autor identifiziert, schafft Menschen, ohne der Frau zu bedürfen:

> »Die alte mythologische Figur des Prometheus fiel mir auf, der, abgesondert von den Göttern, von seiner Werkstätte aus eine Welt bevölkerte ... Meine Sachen, die so viel Beifall gefunden hatten, waren Kinder der Einsamkeit [...] Die Fabel

Nyctimene wird in eine Nachteule verwandelt.

Ovid, Metamorphosen

des Prometheus ward in mir lebendig. Das alte Titanengewand schnitt ich mir nach meinem Wuchse zu, und fing, ohne weiter nachgedacht zu haben, ein Stück zu schreiben an, worin das Mißverhältnis dargestellt ist, in welches Prometheus zu Zeus und den neuen Göttern gerät, indem er auf eigne Hand Menschen bildet, sie durch Gunst der Minerva belebt, und eine dritte Dynastie stiftet.«[30]

Mutter-Imago und soziale Hierarchie

Es ist an dieser Stelle nur kurz auf das Vorbild Herders und des jungen Goethe hinzuweisen: auf Rousseau. Es wird sichtbar, daß es sich bei unserem Thema – der Phantasie von der Bildung der Frau – und auch bei dem tieferen Impuls – Herrschaft über den Geist der Frauen – um eine Grundfigur bürgerlich patriarchalischer Subjektivität handelt. Auch Rousseau beschäftigte sich in Gedanken ausführlich mit seinen Leserinnen, und er fand sich in einem vergleichbaren Zwiespalt: Er phantasierte eine »unschuldige«, das heißt in unserem Argumentationsgang nicht von fremden Gedanken berührte Frau. Dennoch schreibt er seinen Roman – für Frauen. In *Nouvelle Heloïse* geht es um ein Thema, das sich mit unserer Frage berührt – die Liebe zwischen St. Preux, dem Hauslehrer, und seiner vornehmen Schülerin, der Aristokratin Julie.[31] Die Bemächtigung durch Herrschaft des Mannes über den Geist der Frau erhebt Rousseau im *Emile* zum Erziehungsprogramm. Doch sollten wir uns nicht täuschen lassen, auch hier geht es um die Phantasie über das Geschlechterverhältnis, nicht um Schulprogramme. Wer ist abhängig? Wer ist »er selbst«? Wer dominiert, die Frau oder der Mann? Diese Generation der großen Traditionsbildner der bürgerlichen Gesellschaft ist besessen von der Frage nach der Dominanz. Das ist die große Furcht: Der Mann ist das Opfer der Frau. Es handelt sich um eine kollektive Imagination bei diesen Autoren und vermutlich auch bei ihrem Publikum:

»Die Frauen herrschen nicht, weil die Männer es wollen, sondern weil es die Natur so will: Sie herrschten schon bevor sie zu herrschen schienen. Derselbe Herkules, der den fünfzig Töchtern des Thespios Gewalt anzutun glaubte, mußte bei Omphale spinnen; und der starke Samson war nicht so stark wie Dalila.«[32]

So heißt es bei Rousseau, auf den sich der junge Goethe bezieht, wenn er, wie wir gesehen haben, an seine Schwester schreibt: »[...] die Mdll. Breitkopf hat zu viel gelesen [...] plus que les mœurs se raffinent, plus les hommes se depravent.« Die Angst vor der Frau wird durch Akte der Dominanz bewältigt. Zu solchen Akten gehört der »Erziehungsimpuls«, der gegenüber den Schwestern offen die Züge der Dressur trägt, der aber besonders geeignet ist, Aggression als Altruismus erscheinen zu lassen. Es geht darum, Nähe zu den gleichaltrigen Mädchen herzustellen und zugleich die eigene Macht zu sichern.

Die Reaktion auf die Furcht vor der machtvollen Imago der Frau nimmt die Gestalt kaum verhüllter Aggression und eines ausgeprägten Kontrollbedürfnisses an. Die Idealisierung der Frau, die gleichzeitig ausgebildet wird, ist psychologisch gesehen eine Gegenbesetzung zur Aggression. Erst dadurch wird das Ideal zum Vorurteil im Sinne der Hemmung und des Denkverbots: Die Frauen repräsentieren die Ganzheit, die ungestörte Lebenskraft; die Frauen können lebendig und gut sein, sie können Bedürfnisse erkennen und befriedigen, und sie leiden nicht unter der Krankheit, unentwegt alles begründen und rechtfertigen zu müssen; sie sind das Gegenbild zur Krankheit der einsamen Reflexion, die die Triebfedern des Lebens zerstört. Dieses Ideal läßt viele Deutungen zu.[33] Selbst Begreifen und Verändern der Geschlechterbeziehungen wäre von hier aus möglich, wie die Utopie der Frühromantik zeigt. Es sind nicht diese Gedanken »an sich«, die eine Emanzipation unmöglich machen; es ist ihre Funktion im Dienst der Verdrängung. Bei der unbewußten Angstphantasie geht es um Nähe und Distanz, um die Thematik der Abgrenzung und der Abhängigkeit. Wir erkennen im Hintergrund die Verleugnung des Traumas, nicht aus sich selbst heraus zu sein, sondern geschaffen, abhängig, abgeleitet, ein Zweites; Kind einer Mutter, deren Imago übermächtig ist.

Für die Bedeutung einer machtvollen Mutter-Imago finden wir im äußeren Verhalten und im Lebensweg der jungen Autoren einen Anhaltspunkt in der Tatsache, daß sie alle, Rousseau, Herder, Goethe, Schiller, für ihre Entwicklung höchst bedeutsame Verbindungen mit Frauen eingehen, die nach dem Vorbild einer Mutter-Sohn Beziehung strukturiert sind. Das ist um so auffallender, als alle diese Autoren aus ihrem Ideal der Weiblichkeit jene Züge entfernt haben, die an die machtvolle und schützende Mutterfigur erinnern.[34]

Skizzieren wir diese Beziehungen. Sie sind verknüpft mit der weiblichen Macht in den Salons und an den Höfen des Rokoko. Hier finden wir die Frauen, die sich den jungen Talenten zuwenden, und die für diese ein Zufluchtsort und eine Hilfe beim Aufstieg sind. Sie sind aber auch die Frauen, die verlassen (und vergessen) werden müssen, damit

man vorankommt. Sie sind verheiratet, älter und erfahren, und sie gehören zur Gesellschaft, in die die aufsteigenden Söhne des Bürgertums mit dem Recht der brillanten Begabung eintreten wollen. Rousseau, Herder und Schiller kommen »von unten«. Alle drei gehen soziale Risiken ein. Sie sind alle drei Ausreißer, Ausbrecher oder Flüchtlinge ohne Geld.
Der dem Lehrherrn entflohene Rousseau findet die liebenswürdige Mme. de Warens, die den fünfzehnjährigen Herumtreiber in ihr Haus nimmt:

> »›Ach, mein Kind‹, sagte sie zu mir in einem Ton, der mich erbeben ließ, ›Sie sind noch so jung und streifen schon durch das Land; das ist wirklich schade‹ [...]«[35]
> »Vom ersten Tag an stellte sich die süßeste Vertraulichkeit ein, wie es zwischen uns bis zum Ende ihres Lebens geblieben ist. Ich hieß ›Kleiner‹, sie ›Mama‹; und stets blieben wir ›Kleiner‹ und ›Mama‹, selbst als die Zahl der Jahre den Unterschied zwischen uns fast verwischt hatte [...] Sie war für mich die zärtlichste der Mütter, die nie ihr Vergnügen, sondern stets mein Wohl suchte und wenn bei meiner Zuneigung für sie Sinne ins Spiel kamen, so veränderten sie nicht die Natur dieses Gefühls, sondern liehen ihm nur einen höheren Reiz und machten mich vor Entzücken trunken, eine so junge und hübsche Mama zu haben.«[36]

Auf Mme. de Warens folgen andere Frauen, die Rousseau schützen und ihn zu ihrem Gefolge zählen oder zählen wollen. Rousseau nennt diese Verhältnisse beim Namen: Es sind Mutter-Übertragungen. Entscheidend für diese Namensgebung ist weniger die Tabuierung der Sexualität in den Beziehungen als die Thematik der Dominanz. Diese Frauen sind machtvoll. Sie entlasten von Verantwortung, und sie beschenken ihren erwählten Freund mit unschätzbaren sozialen Kontakten, mit Ratschlägen und auch mit Geld. Dies ist der soziale Ort des Wechselspiels zwischen lustvoller Abhängigkeit sowie Flucht und Verleugnung dieser Abhängigkeit.
Der Einfluß der weiblichen Macht in der Zone der Öffentlichkeit ist das historisch Vergehende. In der Aristokratie finden sich gegen Ende des 18. Jahrhunderts Verhaltensweisen, die als distanzierte Erfüllung der Pflichten beschrieben werden können. Die Ehe des Adels ist pflichtgemäß und leidenschaftslos. Dabei entsteht oft ein freundschaftliches Verhältnis der Ehegatten, die zusammen Kinder haben und im übrigen

getrennt leben. Die Liebe oder die Leidenschaft suchen die, die dazu fähig sind, bei anderen Verheirateten ihrer Gesellschaftsklasse. Für die Frau ist es eine Freiheit auf Widerruf. Da wird ein eifersüchtiger Ehemann durch das öffentliche Gelächter in Schach gehalten. Also leben die Frauen allein, während die Gatten in militärischen und anderen Männer- oder Liebesunternehmungen unterwegs sind. Die Frauen führen ihr Haus. Sie sind das Zentrum des Salons, in dem wohl nie der Ehemann empfangen wird.

In Deutschland spielt sich das alles vergleichbar, aber in kleinerem Rahmen ab. Gillies, der Herausgeber von Herders *Journal meiner Reise im Jahre 1769*, urteilt über den 24jährigen Herder:

»In seinem Inneren war tiefe Unruhe, denn er war einer recht vornehmen Dame verbunden, einer Madame Busch, die verheiratet war. Sie war älter als er. Täglich sonnte er sich in ihrer Gesellschaft. Er war – ob nun bewußt oder unbewußt – in sie verliebt. Er wußte nicht wie er aus den komplizierten Verhältnissen herauskommen sollte. Schließlich kam er zu der Überzeugung, daß Riga für ihn nicht der geeignete Ort sei [...].«[37]

Herder selbst beschreibt das Verhältnis in einer Erklärung an Caroline, der einiges hinterbracht worden ist:

»[Es war] eine vortreffliche, aber äußerst übel verheirathete Dame zwischen dreissig und vierzig Jahren, deren Freund und Täglicher Umgang ich nebst einem andern ehrlichen Kerl war, vor dem wir Nichts geheimes im Herzen hatten. Zwei runde Jahre bin ich in ihrem Hause, vor Mittage, Mittag wo ich täglich speisete, nach Mittage, und Abend bis in die Nacht gewesen: einerlei Uebel unsrer Augen machte uns bekannt, und da ich von Tage zu Tag ihren lebhaften Geist, ihr gutes Herz, und ihren sehr festausgebildeten Charakter immer mehr kennen lernte; so haben wir täglich, als Freunde, gelebt, deren es nicht viele in der Welt und in R[iga] wohl außer uns gar nicht gab. Da waren wir täglich zusammen, um zu plaudern, und zu lesen und uns zu zanken, und uns zu trösten, und zu tändeln, uns zu liebkosen und – nichts mehr! Ein Gedanke weiter hätte unsre Freundschaft beleidigt! [...] Die ganze Stadt wußte unsre Freundschaft, weil ich alle Gesellschaften, die mich so häufig suchten, aufopferte: und selten bin ich zu meiner Predigt gefahren, wo sie mich nicht im Wagen begleitete [...] –

Wohl! ich habe ein Band von ihr, das ich ihr noch an meinem Abschiedstage, zum Andenken, von ihrem schönen Fuße raubte und ihr dafür Abbts Buch vom Verdienst gab, was ich von ihm selbst bekommen [...]«[38]

Die Verbindung des jungen Schiller zu Frau von Kalb zeigt ähnliche Strukturen[39], ebenso wie das Verhältnis von Goethe zu Frau von Stein.[40] Wir erkennen in diesen Beispielen die Verstärkung der Mutter-Imago in diesen sozial überlegenen Frauen, von denen die jungen Männer träumen, weil sie nach oben wollen, und vor denen sie doch auch fliehen. Infantile Phantasien werden durch die soziale Abhängigkeit von der »mächtigen Frau« wiederbelebt, ebenso die infantile Abwehr. Es ist charakteristisch, daß alle oder wenigstens fast alle diese Verhältnisse durch die Flucht der Männer, ohne wirkliche Auseinandersetzung, ihr Ende finden. Eine solche »Flucht«, die überstürzte Abreise Schillers aus Mannheim (1785) nach dem Bruch mit Charlotte von Kalb, kommentiert Burschell:

»[...] wenn die Worte von der inneren Revolution von der unnennbaren Bedrängnis meines Herzens, die er nach Leipzig schrieb, überhaupt einen Sinn haben, so können sie nur bedeuten, daß er sich in ein Verhältnis verstrickt sah, das ihm gefährlich zu werden drohte. Der Mannheimer Horizont sagte er, [und er meinte Ch. v. Kalb, U. P.] lag drückend auf ihm, wie das Bewußtsein eines Mordes.«[41]

Ob die Frauen sich sexuell verweigern, ist nicht entscheidend. Vor allem der Machtaspekt ist für die Männer wesentlich. Unter der Herrschaft des unbewußten Konflikts geht es um die Umkehrung der Rollen. Sie werden Frauen heiraten, die sich selbst als »Mädchen«, als Unschuld definieren. Für ihr Leben und als Ideal suchen sie die Kind-Frau. Die ahnungslose Jungfrau wird der einzige Gegenstand der Liebesgeschichte. Und es wird sichtbar, daß die Mutter-Imago des Weiblichen nicht ausschließlich mit den Erfahrungen der leiblichen Mutter verbunden ist. Im Verhältnis zur Aristokratin wird die Grenze des Selbst durch die reale Abhängigkeit fließend, durch das: »sie hat ihn gemacht« oder »sie macht ihn«. (Er ist ihr Pferdchen im Salon, wie es Rousseau bei Mme. Epinay empfand.) Zur gleichen Zeit entsteht eine neue Form der Mutter-Imago, nämlich im gefühlsbetonten Innenraum der bürgerlichen Familie. Die beiden Prozesse gehen zeitlich ineinander über. Beide gehören zu der »Affektmodellierung« männlicher Subjektivität in dieser Zeit des Umbruchs um 1770.

Wir haben hier nur auf den Aspekt der Phantasmagorie der Männer geachtet. Was in den Frauen vorging, was sie von den jungen Begabten erhofften, ob sie überhaupt »mütterliche« Gefühle für sie hegten, beschäftigt uns später. In der Überlieferung werden diese Frauen im allgemeinen verachtet. Man schlägt sich ganz auf die Seite der jungen Genies. Diese Verhältnisse von der Seite der Frauen her genau zu untersuchen, ist aufschlußreich und eine Sache der Gerechtigkeit. Wesentliche Momente ihrer inneren Welt begegnen uns bei ausgesprochen bürgerlichen Frauen, vor allem die Imagination des Dichters als des vollkommenen idealen Menschen. Insbesondere in Deutschland gibt es eine größere Nähe zwischen den Lebenswelten der Frauen beider Klassen. Doch bleibt der gravierende Unterschied bestehen: Die bürgerliche Frau ist »Teil des Hauses«. Ihre Beziehung zur Öffentlichkeit ist, im Vergleich zur Aristokratin, beschränkt und die Anwesenheit des Hausherrn und die soziale Kontrolle markieren unüberschreitbare Grenzen.
Betrachten wir unsere Ergebnisse, so fällt auf, daß wir ein Verhältnis vor uns haben, bei dem die sozialen Definitionen und die inneren Bilder des Weiblichen für beide Geschlechter dieser Jugend um 1770 extrem problematisch sind. Die jungen Frauen mit ihrer Neigung zum Leiden und zur Depression sind wortlos, aber offensichtlich bereit und willens, die Männer so zu bewundern, wie diese es wollen. Doch kann das deren Aggression nicht besänftigen: Die inneren Bilder der Männer von der Frau werden weniger von der Folgsamkeit der Geliebten und Schwester als von der Imago weiblicher Macht bestimmt.
Doch wie ist die Situation der Frauen der vorausgegangenen Generation? Welches Verhältnis hatte die Generation der »Mütter« zur weiblichen Macht? Welche Rolle spielte für sie das Männliche? Was haben sie den heranwachsenden Töchtern und Söhnen überliefert? In welcher Welt lebten sie? Wie sahen ihre Entwürfe und ihre Konflikte aus? Sicher ist, daß sie ihre Kinder mit ihren Träumen erfüllten und formten. Ohne die besondere Situation in der Kindheit und frühen Jugend wäre weder die Produktivität der Söhne noch die Depression der Töchter in der Adoleszenz verständlich. Ohne die Kenntnis der Erlebnisstruktur der einen erschließt sich uns nicht die Erlebnisstruktur der anderen, nächsten Generation.
Ich versuche im folgenden zwei weibliche Lebensentwürfe nachzuzeichnen, die mir für die Identität der älteren Generation charakteristisch erscheinen: Susanna von Klettenbergs (1723–1774), der »Braut Christi«, und Catharina Elisabeth Goethes (1731–1808) mit ihrem Selbstverständnis als »Mutter des Genius«. Schon bei ihnen nehmen wir Spuren der Veränderung wahr, die sich gesamtgesellschaftlich abspielt. Das wichtigste Zeichen ist die Suche nach dem Bedeutenden im

Leben. Auch diese Generation der um 1730 Geborenen steht schon ganz unter den Auswirkungen zweier Prozesse, welche die weibliche Selbsterfahrung modifizieren. Es sind dies der Zerfall der Frauengemeinschaft jenseits und diesseits der Grenzen des Hauses und das Verschwinden einer weiblichen Kultur im öffentlichen Raum. Als Möglichkeit der Selbstentfaltung bleibt den Frauen schon Mitte des 18. Jahrhunderts lediglich die Teilhabe am männlichen Selbstverständnis, an der männlichen Symbolordnung. Aber noch kann diese Generation versuchen, sich zu behaupten und in phantasierten Machtträumen zur Geltung zu bringen. Noch finden sie Methoden, Bedeutungen zu erzeugen, auch da, wo der Raum für die Taten eng begrenzt ist.

II. Weiblicher Lebensentwurf der älteren Generation: das imaginäre Paar mit Jesus – Susanna von Klettenberg

»zur erfüllung des Raums
21ten Meist Schlafflos – bitte um gerne und Freudig zu leyden – unßere Truebsahlen sind ja nicht nur zufaellige beschwerde des wegs wie Hize oder Staub welche die Reiße erschweren – sie sind ein wind in die Seegel der bey dem unvermeydlichen brausen, der Wellen, das Schiff in den Haven treibt – Schiffbruch ist hier nicht zu fuerchten. Das Verwesen des Leibs der Suende, ist unvermeydlich – Getrost – gelitten – es foerdert die entstehung des Neuen Menschen.«
Tagebuchnotiz der Susanna von Klettenberg
vom 21. Juni 1774

Radikale Subjektivität

Was sie dachte, legte sie vor allem in Briefen dar – von ihrer Korrespondenz sind jedoch nur Bruchteile erhalten. Zusammen mit ihren Liedern und ihrer Schrift über die Freundschaft vermitteln sie uns in Ausschnitten das Bild einer ungewöhnlichen Person.[1] Susanna von Klettenberg durchmaß das Feld des oppositionellen Denkens ihrer Zeit, und das war im Deutschland des 18. Jahrhunderts die radikale Theologie. Sie hat sich mit ihrer Frömmigkeit nicht aus der Gesellschaft heraus –, sondern in sie hineinbegeben. (In Deutschland leistete die protestantische Frömmigkeitsbewegung, was im aufgeklärten Frankreich von Rousseau formuliert wurde: die Beschreibung des Stroms der Empfindung, des Lebens der Seele, des Irrationalen. Zugleich war der radikale Pietismus – dieser Richtung wandte sich Susanna zu – bei aller Frömmigkeit eine Organisation sozialer Unruhe.) Bis in ihr letztes Lebensjahr – sie wurde nur 51 Jahre alt und starb im Jahr 1774 – blieb sie eine unruhig Suchende. Sie bewegte sich stets in den entscheidenden sozialen Zusammenhängen.
Als kirchentreues Mitglied der protestantischen Gemeinde hatte sie mit 24 Jahren ihren eigenständigen Weg 1747 begonnen. Wir finden sie um 1765 beim radikalen Flügel des Pietismus, bei den Herrnhutern; Ende 1769 beginnt sie mit alchemistischen Experimenten und wendet sich der Naturmystik zu. In den Jahren 1772 bis 1774 sehen wir sie mit Lavater, Schlosser und dem 23jährigen Goethe im Frankfurter »Sturm und Drang«, doch auch in diesem Kreis blieb sie sie selbst. Vor allem ihre Fragestellung blieb die ihr eigene, nicht nur in ihrer Theologie,

sondern auch in ihrer Sicht auf das Problem, das sie lebensgeschichtlich und theoretisch beschäftigte: die Aufgaben und das Wesen der Frau. Susanna Katharina von Klettenberg, protestantische Mystikerin, bewandert in Theologie und Alchemie: Imagination, die einen sozialen Ort hat. Denn das ist das Besondere, daß sie, weil sie sich im Feld der Religion bewegt, nicht ganz in das Private abgedrängt ist. Sie gewinnt für ihr inneres Leben einen Vermittlungsrahmen, einen gesellschaftlich vorgegebenen Vermittlungsrahmen, über den sie sich definieren kann. Sie findet eine sozial anerkannte Alternative zur ehelichen Lebensführung. Gleichzeitig weist sie das bürgerliche Frauenleben zurück. Betrachten wir einen Brief, den sie mit 51 Jahren (1774) an den berühmten Theologen Lavater geschrieben hat, dessen Werk *Aussichten in die Ewigkeit* sie gelesen hatte. Sie schreibt anonym. Lavater ist von ihrem Brief so fasziniert, daß er keine Ruhe gibt, bis er sie ausfindig gemacht hat.

> »Teurer Lavater! Ich lege den dritten Teil ihrer Aussichten in die Ewigkeit weg; und ergreife auf der Stelle die Feder: Um Ihnen die Freude – die nicht zu schildernde Wonne zu bezeugen, welche meine Seele bei Durchlesung des 17., 18. und 19. Briefes durchdrang.
> Ich kenne, schätze und lese mit Nutzen und Vergnügen Ihre Schriften – aber ich bete Ihnen nicht an und sage beileibe nicht zu allem ja und Amen – in den Aussichten in die Ewigkeit sind viele Dinge, die ich nicht brauchen kann – die sind nicht für mich geschrieben, aber obbenannte Briefe sind für mich geschrieben. Was Sie darin sagen, habe ich oft und viel in sanfter Einsamkeit und ungestörter Stille mehr gefühlt als gedacht. Ich bin ein Frauenzimmer, die Gabe des Denkens und des richtigen bestimmten Ausdrucks ist ohne Widerspruch dem männlichen Geschlecht eigen – wir aber sind desto empfindsamer. Sie nennen mir, was ich gefühlt, indem ich Ihnen das bezeuge, so teile ich Ihnen vielleicht etwas von meinen Empfindungen mit, die eben mit dem Gedanken nicht alle Zeit verpaart gehen. Wenn ein gefühlvolles Herz Lavaters Predigten liest, so schmilzt es, ich wette Lavater hat selbst nicht soviel dabei empfunden ...«
> »Meinen Namen, den neuen, werden Sie in der Stadt Gottes hören, der, den ich jetzo führe, kann Ihnen sehr gleichgültig sein – ich bin von Herzen dero ergebene Freundin.«[2]

An diesem Brief ist mehreres interessant. Er zeigt, daß Susanna von Klettenberg von Anfang an unter dem Druck steht, sich als Frau zu legitimieren und auszuweisen, weil sie in die männliche Domäne des Wortes eindringt. Aber wir sehen sie diese Frage des Vorrangs der Männer sehr hintergründig lösen, wenn sie sagt: »Die Gabe des Denkens und des bestimmten Ausdrucks ist ohne Widerspruch dem männlichen Geschlecht eigen. Wir aber sind desto empfindsamer.« Wie der Fortgang des Briefes zeigt, ist es eben diese Empfindsamkeit, die die Wahrheit erfaßt. Susanna entwickelt die These, daß Männer die Macht haben, Zeichen zu produzieren, die sie selbst nicht verstehen. »Wirklich begreifen« – das heißt verstehen *und* empfinden – faßt sie als einen komplizierten Vorgang, bei dem die Frauen einen Vorsprung haben: »Sie nennen mir, was ich gefühlt...« Und »ich wette, Lavater hat selbst nicht soviel empfunden [...] er hätte sonst nicht reden können«. Darum ist der Austausch zwischen den beiden notwendig: »Indem ich Ihnen bezeuge (was ich gefühlt), so teile ich Ihnen vielleicht etwas von den Empfindungen mit, die eben mit dem Gedanken nicht alle Zeit verpaart gehen.« Denken und Empfinden, Kopf und Herz sind auseinandergerissen. Susanna von Klettenberg setzt sich im Feld der Theologie mit dem zeichenhaften Intellektualismus auseinander, und sie spricht von der Differenz in den Wahrnehmungsformen und Erfahrungsweisen von Männern und Frauen. Die Gläubigen, die Empfindsamen und die Frauen sind eine Einheit. Das Erleben des Göttlichen ist für sie Erfahrung der Glückseligkeit. Darin unterscheidet sie sich klar von den rigiden Strömungen des Protestantismus, die das Sündenerlebnis und das Schuldgefühl für zentral erklären. Es ist deutlich, daß hier die dogmatische Theologie überschritten wird hin zum triumphierenden Ich-Bewußtsein. Dieses wird hier Gott, Gnade, Kraft genannt; aber dieser Gott ist wirklich nur im Erleben, im Subjekt selbst, das sich artikuliert, das dieses Erleben beschreibt. Susanna von Klettenberg argumentiert in der fortgeschrittensten Denkposition, die im bürgerlichen Deutschland möglich ist. Kraft der Religion integriert sich Susanna in den einzigen erreichbaren Gruppenzusammenhang, der die Schranken der Familie zu überwinden ermöglicht. Und sie bewegt sich in einer Theologie, die an der Grenze zur Säkularisierung steht, in der zugleich wesentliche Debatten vorbereitet werden:

- das Verhältnis Welt – Natur in der Naturmystik;
- das Verhältnis von Empfindung, Gefühl und Ratio;
- das göttliche Gesetz – ein Kanon von Vorschriften oder letztlich Prinzip des Lebens (das als ästhetische Schönheit ebenso sichtbar ist wie als Gesetz der Natur, die wissenschaftlich erforscht werden kann).

Susanna von Klettenberg um 1760

Susannas Argumentation in dieser Debatte lautet:

- das Erleben von Mann und Frau und die Weltauslegung der beiden Geschlechter sind unterschiedlich. Die Polarität von Wort (Mann) und Empfindung (Frau) ist auf eine Ergänzung angelegt.
- Die männliche Subjektivität neigt zum Rationalismus, zur leeren Begrifflichkeit.
- Kontemplation und Versenkung führen zu einer Reintegration von Wissen und Gefühl – Herz und Kopf.
- Kontemplation bedeutet Versenkung in Szenen, in Bilder und Geschichten – vom Leben Jesu. Das Bild ist der Gegenpol zur leeren Begrifflichkeit.

Gegen Ende ihres Lebens überwindet Susanna jede Orthodoxie. Sie erklärt sich als jenseits aller dogmatischen Bekenntnisse. Die Grundstrukturen und Grunderfahrungen des Göttlichen sind nach ihrer Auffassung in allen religiösen Bekenntnissen zu finden. Wenige Monate vor ihrem Tod schreibt sie an ihren Freund Karl von Moser (1774):

> »[...] ich habe mich sehr geändert. wie, und in was, das wird ein kurzer Umgang bald lehren – schreiben läßt es sich schwer – ich bin ein Christlicher Frey-Geist. alles Formenwesen, alles gemodelte, ist verschwunden – meine Brüder-schafft sind alle Menschen, und das gnaue Band der Freundschafft in dem (den außgenommen an den ich schreibe) wenige oder vielleicht im eigentlichen Sinn gar keine stehen, sehe ich als wohlthat an die mit dem weßen der religion keine Conection hat und meine besten Freunde sind gar Un Christen. in einem Pabistischen Lande, hier oder in Constantinopel, zu leben; wäre mir, in so fern man mir meine Freyheit ließe sehr gleich, – Gott im Fleisch geoffenbart würde mir überall gleich nahe seyn – und weiter brauche ich nichts.«[3]

Susanna hat den kirchlichen Dogmatismus hinter sich gelassen. Alle Religionen sind nur Erscheinungen. Was zählt, ist das gläubige Leben, das sich unter diesem »Formenwesen« verbirgt. Wir vernehmen in diesem Brief den Ton der Revolution – den Gedanken der Toleranz, der Brüderlichkeit und der Menschlichkeit. Doch Susanna spricht auch von der Einsamkeit. Die alten Ordnungen sind zerfallen, die Menschen sind allein. »Meine Brüderschaft sind alle Menschen«, aber »Freunde im eigentlichen Sinn gar keine«. Freunde im eigentlichen Sinn heißt: vertraut, von gleicher Art und Denkweise. Freundschaft ist für Susanna nicht durch Stand und Überzeugung gegeben, sondern nur in lebendiger Übereinstimmung. »Meine besten Freunde sind sogar Unchristen«, aber sie ist sich nicht ganz sicher, ob sie Freunde hat oder ob sie dazu verurteilt ist, allein zu sein. Jedenfalls denkt sie ganz im Geiste der neuen bürgerlichen Subjektivität. Es soll die Person zählen, sie ist die Kraft, die lebendige Quelle. Das Streben nach Vollkommenheit bedeutet Vermittlung von Empfindungen und Moral, von Trieb und Gesetz. Susannas Gedanken über Freundschaft:

> »So unendlich verschieden die Neigungen und Denkungs Arten der Menschen sind, so ist es doch unläugbar, daß unter der unzehlbaren Menge und bey einer allgemeinen Verschiedenheit doch insbesondere hier und da Menschen gefunden werden, in deren Geistern eine gewisse Übereinstimmung, eine Aehnlichkeit (Homogeneum) lieget. Es ist dieses, samt anderen Beschaffenheiten unseres Geistes ein Geheimnüs von dessen Würklichkeit wir überzeugt sind, ohne die Art und Weise wie es ist, beschreiben zu können. So viel wissen wir, daß keine Kunst und keine Macht diese geistige Harmonie zuwege bringen kann.«[4]

Innere Übereinstimmung ist die Ursache aller Freundschaften, und noch einmal:

> »Die natürliche Zuneigung (so muß ich den inneren Hang zweyer Übereinstimmender Seelen nennen, weil ich kein eigentlicher Wort kenne) erstrecket sich nicht über die Feinde, ja nicht einmahl über alle diese Menschen, die uns nichts zu leid gethan, sondern beziehen sich ganz allein auf diese Seelen, in denen sie den Grund der Aehnlichkeit (das Homogeneum) findet.«[5]

In diesen Sätzen erscheinen wesentliche Elemente des Selbstbewußtseins der Susanna von Klettenberg. Sie erlebt sich nicht als Gläubige im Kollektiv der Christenheit. Die Religionsgemeinschaft ist ihr etwas Äußerliches, Zufälliges, das letztlich nicht zählt. Susanna sieht sich ganz auf sich gestellt. Sie wird nicht gestützt von großen Lebenszusammenhängen, Gruppen, nicht von der heimatlichen Stadt, nicht vom Stand, nicht von der Religion. Susanna verkörpert die moderne bürgerliche Individualität. Die alten Bindungen an die »natürlichen Kollektive« – Familie, Stand, Kirche – sind zerfallen. Deshalb spricht sie von der Freundschaft. Das aber ist ein allgemeines Merkmal der Zeit – die Freundschaft erfährt eine fast fetischistische Überhöhung. Es gibt keine natürlichen Bindungen mehr. Einsame, Einzelne tun sich zusammen und bilden eine Gemeinschaft. Was kann der Gehalt dieser Gemeinschaft sein? Es ist etwas, das nicht in gemeinsamer Lebenspraxis, im gemeinsamen Handeln gründet. Was zählt und die Freundschaft ausmacht, ist allein die innere Übereinstimmung im Erleben.[6] Je radikaler und bewußter sich die Individualität als einzigartig bestimmt und erfährt, um so schwieriger wird die wechselseitige Anerkennung. Freundschaft im Zeitalter des extremen Subjektivismus, unter den Bedingungen fehlender gemeinsamer Lebenstätigkeit (und der Selbstverständlichkeiten, welche eine solche Gemeinschaft jenseits von Sprechen, Sich-zu-erkennen-Geben, Sich-Darstellen herstellt), wird zunehmend idealer und unerreichbar. Solche Freundschaftssehnsucht, die der Einsamkeit entstammt, führt wieder in die Einsamkeit zurück. Diese Einsamkeit hat ihre Entsprechung in der Entfremdung Susannas von beiden kulturellen Zusammenhängen: von denen der Frauen wie denen der Männer. Geistige Auseinandersetzungen führt Susanna ausschließlich mit Männern. Es gelingt ihr, die bedeutendsten protestantischen Autoren der Zeit zu interessieren: von Olenschlager, von Moser, Steinhofer, Lavater, Goethe. Doch aus ihren Briefen wird auch ersichtlich, daß die Anerkennung in diesem Diskurs an Rituale gebunden ist, die etwas Zweideutiges an sich haben. Es sind Rituale, in denen die Frau versichern muß, daß sie nicht rivalisiert; erst dann kann sie in den Diskurs eintreten. Immer muß die Besonderheit, daß eine Frau überhaupt spricht, zunächst mit einem Unterwerfungsangebot ausgeglichen werden.

1763, mit 40 Jahren, beginnt Susanna einen Brief an den ihr unbekannten Diakon Friedrich Trescho in Mohrungen, dessen Sterbebibel sie beeindruckt hat, mit folgenden Bemerkungen: »ich bin kein gelehrtes Frauenzimmer. An diesem Namen mache ich keinen Anspruch. Ich gehöre aber unter die Zahl derer, die sich gerne mit anderen Pilgrimmen auf dem Wege zur Seligkeit anfassen und gemeinschaftlich stärken mögen. Des gibt mir mein Gewissen mit lauter Stimme Zeugnis ...«[7] Und an anderer Stelle heißt es:

> »verzeihen Sie, daß ich zu kritisieren anfange. Das ist freilich über meine Sphäre. Ist es aber dem Könige [Jesus] zu geringe, wenn auch seine Unmündige sagen, wie ihnen zu Mute sei, wo man seiner vergißt?«[8]

Weil sie im Machtkontext steht, wird Susannas Rede über die Gelehrsamkeit zweideutig. Sie verleugnet die Aggressivität der Männer, den Machtkampf, den sie betreiben. Sie zieht sich ins Frauenreservat zurück

– daß sie männliche Denkart nicht als erstrebenswert ansieht ist wahr; aber auch, daß sie nicht frei sein kann wie ein Mann. Der Kampf um Gleichheit ist unbewußt, durchzieht aber ihre Schreibweise und bestimmt die Rollen, die sie schreibend ausfüllt. Unbewußt, aus Angst? um der Demütigung zu entkommen? Dieser Wunsch ist gestaltlos, hat keine Legitimation.

In *Dichtung und Wahrheit* schreibt Goethe:

> »Und wenn sie [Susanna] mir viele Vorzüge zugestand, so war es keineswegs demütigend für sie: denn erstlich gedachte sie nicht mit einer Mannsperson zu wetteifern, und zweitens glaubte sie in Absicht auf religiöse Bildung sehr viel vor mir voraus zu haben.«[9]

Es fiel ihm auf, daß es zwischen ihnen auch um Gleichheit ging, und natürlich mußte er noch nach 30 Jahren recht behalten. Sie »glaubte« ihm viel voraus zu haben – hatte ihm also nichts voraus? Der Kampf um die »Sprecherposition« wurde mit Unerbittlichkeit geführt.

Dabei war Susanna in der Sache unbeugsam. Übereinstimmung war für sie etwas Spontanes, ein Geschenk. Wo keine Übereinstimmung war, nahm sie dies hin ohne jede Absicht, Annäherung herbeizuführen, die in ihren Augen doch immer künstlich geblieben wäre. Sie nahm die menschlichen Individualitäten auf ihre Weise ebenso naturwissenschaftlich wahr wie später Goethe, als Wesen mit eigener Gesetzmäßigkeit, die ihren eigenen Wegen folgen müssen. Die Differenz zu ihrem eigenen Weg machte sie ihrem Gegenüber deutlich klar. Goethe berichtet, wie sie ihm die religiösen Floskeln verwies, die er ihr zuliebe glaubte verwenden zu sollen.[10]

Verweilen wir noch einen Augenblick bei der Rolle, die sie sich gegeben hat. Susanna sucht die Auseinandersetzung mit bedeutenden Autoren der protestantischen Theologie. Sie läßt den Männern sozusagen den ersten Schritt: die Texte zu verfassen, zu denen sie Kommentare liefert. Doch zugleich überschreiten ihre Briefe die Bindung an die Texte. Sie schlagen um in Mitteilungen *ihrer* Erfahrungen. Der Ablauf ist immer der gleiche: Susanna tritt auf als Leserin – kritisch, selbständig (wie in jenem ersten Brief an Lavater); im Fortgang des Schreibens wird sie die, die sich zeigt, von sich erzählt, von ihrem Glauben und wie sie lebt, und in einem dritten Schritt antwortet sie den Männern, die nun ihrerseits ihre Glaubenszweifel oder Bedrängnisse vor ihr ausbreiten, aus der Position der Heilerin oder der christlichen Sybille. Sie verwandelt sich also von der Leserin in die seelische Beraterin oder Trösterin.

Damit erreicht sie in den Beziehungen eine Position jenseits der männlichen Dominanz. Wie selbstverständlich erwartet sie keine volle Gegenseitigkeit, keine Hilfe von ihren Gesprächspartnern. Das wird am deutlichsten in ihrem Umgang mit Lavater. Sie ist seine Anregerin und Trösterin. Sie tröstet ihn in seiner selbstquälerischen Seelenangst, und sie tröstet ihn, weil er sich krank fühlt. Von ihrer eigenen körperlichen Schwäche kein Wort. So wenig wie ihre Freundin Catharina Elisabeth Goethe erträgt es Susanna, sich selbst als bedürftig zu zeigen. Ihre Krankheit zum Tode ist, daß sie immer bleicher und stiller in ihrem Sessel sitzt. Johann Wolfgang Goethe, rückblickend:

> »Ich hätte wohl bemerken können, daß von Zeit zu Zeit ihre Gesundheit abnahm, allein ich verhehlte mir's, und durfte dies um so eher, als ihre Heiterkeit mit der Krankheit zunahm.«[11]

So bestimmt denn die Machtfrage zwischen den Geschlechtern die Beziehungen bis in die Einzelheiten hinein. Der letzte Grund dieses stolzen Schweigens ist das Wissen, daß *sie* hier im Übermaß geben muß, um im Spiel zu bleiben. Sie etabliert sich als Deuterin von seelischen Befindlichkeiten und alltäglichen Konflikten und kann deshalb aus der autonomen Position der Deutenden und Klärenden sprechen. Der Preis besteht darin, daß sie sich selbst verdunkelt. Wie Catharina Elisabeth Goethe ist sie in ihren Briefen die Gebende. Sie scheint keine Bedürfnisse zu haben – um nicht in die Rolle der Abhängigen und Kleinen zu geraten, was genau auf ein Trauma verweist, auf Mißachtung und soziale Abhängigkeit.[12] Gegenseitigkeit sucht sie nur in der Imagination: bei ihrem inneren Spiegel Jesus. Von ihm sagt Susanna:

> »Mein Heyland hat mich so gewöhnt und verwöhnt daß mir alles was mir gut und Nützlich ist durch verschloßene Thüren in das Haus und vor die Füße komt, und ich scheine bei meiner hiesigen Situation, wohl recht unter die Graß Pflänzlein der lezten Zeit zu gehören die nicht von und durch Menschen gepflegt werden.«[13]

Jesus ist also der Grund, der es ihr erlaubt, auf alle Zugehörigkeit zu verzichten. Sie sagt: Ob in Frankfurt oder in Konstantinopel, Gott im Fleisch geoffenbart würde mir überall gleich nahe sein. Susanna sucht ihre Identität in einem imaginären Paar mit Jesus. Dieses Paar mit Jesus, die »Braut Christi«, steht bei Susanna für das Bedürfnis, selbstverfügende Individualität zu sein und sich zugleich zu spiegeln in der Anerkennung eines Gegenübers, das diese Subjektivität bestätigt.

Lebenspraxis: Biographie einer Abweichlerin

Bürger-Laufbahnen

Susanna verbrachte ihr Leben – bis auf kleine Reisen in die nähere Umgebung – in der Stadt Frankfurt. Sie wurde hier geboren, im Jahre 1723 im Hause Klettenberg, dem Haus zum Grünen Frosch. Sie starb in diesem Haus im Jahr 1774, dem Jahr, in dem der Anbruch einer neuen Zeit mit der Veröffentlichung der *Leiden des jungen Werthers* dokumentiert wurde. Die neue Zeit, das bedeutete das Ende einer Weltorientierung, für die das Jenseits so real war wie das tägliche Leben. Die deutschen Pietisten und vor allem ihr radikaler und mystischer Flügel, zu dem auch Susanna zählte, lassen sich wohl als die letzte große Bewegung verstehen, die Weltordnung und Lebensführung ganz auf den Glauben stellen wollte.[14]

Susannas Lebenswelt war das Frankfurter Patriziat, ein verbürgerlichter Adel – ein feudalisiertes Bürgertum. Der Adel der Klettenberg war nicht alt. Der Name stammte aus dem 17. Jahrhundert. Der Aufstieg der Voreltern verlief in den beiden charakteristischen Bahnen: berufliche Qualifikation der Männer und geschickte Heiraten.

Ursprünglich stammte die Familie aus Penitz bei Meißen. Die Ahnen hatten dort den Übergang vom Soldaten zum Juristen vollzogen. Sie waren Amtmänner geworden. Im Jahre 1593 kam einer von ihnen, Erasmus Seifart, nach Frankfurt, nachdem er zu Leipzig, Wittenberg und Basel die Rechte studiert hatte. Erasmus heiratete eine Frankfurter Bürgertochter; er erwarb durch diese Ehe das Bürgerrecht und betrieb mit Erfolg seine Advokatur. Seine Laufbahn krönte er mit seiner zweiten Heirat mit einer Tochter aus dem Hause Baur von Eysseneck. Der alte Erasmus nannte sich zwar Seifert von Wildeck, aber sein Adel war äußerst zweifelhaft wie seine Geschäfte; er verwaltete die beschlagnahmten Kirchengüter, paktierte mit den Schweden und fiel dennoch auf die Füße. Als sich das Kriegsglück wendete, hatte er sich bereits in zweiter Ehe mit dem einflußreichen Geschlecht der Baur von Eysseneck versippt. Politisch und finanziell geschickt brachte er es bis zum Bürgermeister.

Sein Sohn kaufte sich das Landgut Rhoda im Rheinland, das einst dem Geschlecht derer von Praunheim und Klettenberg gehört hatte. Dieser Sohn, die zweite Generation der Seifart in Frankfurt, hieß nun Erasmus von Klettenberg und Wildeck auf Rhoda, und Kaiser Leopold I. bestätigte seinen Adel. Auch er heiratete zweimal, und jede der Ehen trug zur Festigung seiner Stellung durch Erweiterung der Verwandtschaftsnetze bei. Von nun an gehörten sie zu den Familien, mit denen man rechnen mußte. Erasmus war der Urgroßvater Susannas, promovierter Jurist wie alle Seifart-Klettenberg, mit Ausnahme von Susannas Vater. Dieser, der 1692 geborene Remigius, brach mit der Tradition und wurde Mediziner.[15]

Das Selbstbewußtsein der Männer einer solchen Familie war in ökonomischem Erfolg, öffentlichem Ansehen und beruflichem Können begründet. Die Frauen waren das Mittel, endgültig in die höheren Schichten aufzusteigen. Die Heirat machte aus Emporkömmlingen, Neureichen oder Fremden festintegrierte Mitglieder der herrschenden städtischen Familien.

Der Vater Remigius von Klettenberg (1692–1764) war ein Mann der Aufklärung: Er dachte klassifizierend, ordnend. Er verfügte über akademische Bildung, eine große Bibliothek und weitgespannte Interessen. Da er keinen Sohn hatte, sprach er mit seiner ältesten Tochter, als sei sie ein Knabe. Susanna wuchs in beiden Kulturen auf – in der Männer- und in der Frauenkultur. Die Entfremdung zwischen Mutter und Vater im Hause Klettenberg war symptomatisch für die Fremdheit zwischen Frauen und Männern in der Welt des Bürgertums. Er igelte sich in der Gelehrsamkeit ein, sie in der Religion.

Susanna war die Tochter einer Mutter, die die Ehe mit kritischen Augen sah. Die Mutter hatte spät geheiratet, mit 34 Jahren. Von ihr wird berichtet, daß sie die Ablehnung der Heirat durch ihre Tochter nur zu gut verstand: »Meine Mutter hatte von Jugend auf eine ähnliche Gesinnung, nur war sie bei ihr nicht zur Reife gediehen ... Sie freute sich, durch mich ihre stillen Wünsche erfüllt zu sehen.«[16], heißt es in Goethes *Bekenntnissen einer schönen Seele* – wir werden noch davon hören, wie Goethe dort Susannas Lebensgeschichte darstellte.

Die Mutter Margareta stammte aus einem der nach Frankfurt geflüchteten Geschlechter der Reformierten – der reichen Familie de Neufville. Remigius von Klettenberg hatte drei Töchter und alle drei hatten rebellische Züge. Die zwei Jahre jüngere Schwester Mariane blieb wie Susanna unverheiratet und lebte mit ihr im Haus bis zu ihrem Tode 1768. Maria Magdalena, die Jüngste, heiratete mit 32 Jahren; die Ehe war nicht glücklich. Sie starb nach drei Jahren an den Folgen ihrer zweiten Geburt.

In der Familiengeschichte der Klettenberg spiegelt sich die Gedankenwelt der Zeit in ihren bedeutenden Facetten. Sie lassen sich in dieser Familie mit drei Themen bezeichnen. Das erste lautet: Aufstieg durch Wissen – der Vater; das zweite lautet: Verfolgung, Martyrium und Erhöhung – diesen Aspekt repräsentiert die Mutter; das dritte heißt: die Alchemie, die Macht und die Abenteuer – das war der Großonkel

Hector von Klettenberg, der Autor der *Alchymia Denudata*, der 1730 als Goldmacher wegen Betrugs enthauptet wurde.

Das 18. Jahrhundert hatte im gehobenen Bürgertum zu einer neuartigen Entfremdung der Geschlechter geführt. Der akademisch gebildete Mann des Bürgertums wurde an Lateinschulen erzogen und in klassifikatorischer Gelehrsamkeit geübt. Die kollektiven Lebensordnungen von Stand und Verwandtschaft hatten sich in dieser Schicht schon lange zu wenig verbindlichen Regeln des Umgangs verflüchtigt, die nichts mehr von der Gewalt der Kontrolle und auch nichts mehr von der Geborgenheit vermittelten, die die traditionellen Gruppen- und Familien-Zusammenhänge, die Bruderschaften und Zünfte gekennzeichnet hatten. Der einzelne Mann, Familienvater, regierte sein Haus, das ganz von seinem Geschäftssinn abhing. Die Identität des bürgerlichen Mannes war im 18. Jahrhundert geprägt von seinen persönlichen Fähigkeiten und beruflichen Leistungen; an die Stelle seines Selbstverständnisses als Mitglied einer Generationenkette und als Teil der durch Geburt bestimmten Lebensordnung trat nun ein Selbstverständnis als vertragschließendes, sich ökonomisch und geistig verwirklichendes Individuum.[17] Die Frauen des Bürgertums aber verloren nun jene Macht, die sie in der alten Ordnung besessen hatten. Aus Produzentinnen der Kultur wurden sie zu Konsumentinnen, zu Leserinnen und Zuschauerinnen einer männlich bestimmten Kultur. Im 18. Jahrhundert war die Frau im reichen Bürgertum ohne Macht. Die Entwürfe und Selbstentwürfe spiegelten die Frau nicht länger als mächtige Figur, die sie in der Vergangenheit gewesen war, selbst wenn sie gehaßt und verteufelt wurde.[18] Die bürgerlichen Frauen wünschten sich Anerkennung und Macht und konnten diese in dem einzigen sozialen Feld, das ihnen nach dem Zerfall der Frauenkollektive belassen war: in der Familie, nicht finden. Die Frauenverachtung ist hier strukturell vorgegeben, solange es nicht gelingt, Realmacht und symbolische Repräsentanz dieser Macht zu gewinnen. Wirkliche Anerkennung kann nur unter solchen bestehen, die gleich stark sind. Also suchten sie Anerkennung auf rein symbolischer Ebene. Ihr Thema wurde Glaube, Freundschaft, Liebe zunächst durchaus nicht zum Ehemann, daran dachten sie zuletzt. Die Frauen des 18. Jahrhunderts haben um Macht gekämpft, so wie jedes Subjekt darum kämpft, Anerkennung zu gewinnen und Bedürfnisse zur Geltung zu bringen. Die Frauen der gehobenen Klassen suchten Macht in den Freiräumen, die ihnen geblieben waren. Das war die heimliche Familienkoalition mit den Kindern, oft die Verliebtheit der Mutter in ihren Lieblingssohn, und dann war da die Religion. Von der Religion erhofften sie den Ausgleich für die Kränkung, die das Leben ihnen zufügte. Dazu gab es vielfältige Möglichkeiten. Flucht nach innen, Ablehnung der Sexualität, spirituelle Erfahrung, Gemeinschaft mit anderen – nicht zuletzt die Schönheit. Die Erhebung in den Räumen der Kirchen, die Begleitung ihrer Träume durch die Musik, die Phantasie eines Gottes, der sie ganz versteht: immer mehr wird Jesus im Verlauf des 18. Jahrhunderts vom strengen Gott zum liebenden Gott. Die Religion wird für die Frauen zum Fluchtpunkt des Anspruchs auf Geliebtwerden, auf Einzigartigkeit; die Liebe zum Kind und die Liebe zu Gott erfüllten sich im einsamen Spiel der Gedanken und Gefühle. Sich mit dem geliebten Gegenstand der Gedanken zu beschäftigen, machte ihr inneres Leben aus. Sie vollzogen die Spaltung in ein Tagesleben und in ein Phantasieleben voll von Träumen geheimer Großartigkeit. Catharina Goethe, sieben Jahre jünger als Susanna, auch sie eine Religiöse dieser Art, hat diese Spaltung sehr anschaulich beschrieben. Bettina Brentano überliefert von ihr folgende Worte:

> »– Sie sagte mir, daß sie sich in ihrem ganzen Leben nicht mit der ordinären Tagsweise habe begnügen können, daß ihre starke Natur auch wichtige und tüchtige Begebenheiten habe verdauhen wollen und daß ihr dieß auch in vollem Maaße begegnet sey; sie sey nicht allein um ihres Sohns willen da, sondern auch ihr Sohn um ihrentwillen, und wenn sie daß so gegeneinander halte, so wisse sie wohl, was sie zu denken habe, wenn sie die Ereigniße in den Zeitungen lese.«[19]

So war die weibliche Frömmigkeit doppeldeutig: Flucht und Protest. Nur im Glauben, nur auf dem Feld der Theologie ist in diesem historischen Augenblick so etwas wie eine Gleichrangigkeit im geistigen Umgang von Mann und Frau möglich. Nur auf diesem Feld ist die Frau nicht in der Rolle der ewigen Schülerin, nur hier kann sie nach dem ihr eigenen Ausdruck suchen. Diese Suche nimmt die Gestalt der Selbstversenkung über das Medium der Bibelauslegung und der Vergegenwärtigung des göttlichen Lebens an. Vor diesem Hintergrund der inneren Durcharbeitung der religiösen Bilder kann Susanna von der Position der Gleichheit aus zu ihren Briefpartnern sprechen und als Frau ihren Leib anerkennen – als Natur, die auferstehen wird. An Lavater schreibt sie im Juni 1774:

> »Ich sterbe nicht wann ich entschlaffe, so wird mein schlechter Coerper *Rectificirt* – Aber meine Seele ist inzwischen nicht blos – behuete Gott! Da schaurt jede Seele vor – schon bey Leibes Leben hat der Herr sie gesalbet und in meine Huette den Geist gegeben – den Schoepffenden Geist, der dorten die

erste *materie* bewegte – dadurch auß dem verweßlichen Fleisch etwas außgezogen (vielleicht in denen Seeligen stunden der Kranckheiten) das die Seele bedeckt die bey Verlust ihres Coerpers bekleidet seyn muß oder aeußerst Elend ist – So weiß ich Nun – O Danck sey seiner Liebe daß wenn das Laimen Hauß meiner Huette zerfaelt – auß seinen Ruinen gleich die *materialien* zu dem Neuen Bau genomen werden, der so gleich und Ewig in denen Lichtesgegenden besteht.«[20]

Die irdische Liebe

Den Ausgangspunkt der Wendung der Susanna von Klettenberg zum Religiösen können wir genau datieren: Es ist das Jahr 1747. Diese Wendung ist Susannas Antwort auf eine Bedrohung ihrer Identität, auf eine Krise. Die Zwanzigjährige hatte sich verlobt mit Dr. Johann Ohlenschlager, einem erfolgreichen Juristen, einem Mann ihrer Neigung. Es war mehr im Spiel als Familieninteressen und vernünftige Voraussicht. Es geschah während einer Abendgesellschaft im Hause des Stadtschultheissen Textor – Goethes Großvater – im Jahre 1742. Es wurde um Pfänder, um Küsse gespielt. Der junge Ohlenschlager schenkte einer Dame Lindheimer zuviel Aufmerksamkeit, deren Ehemann empörte sich und griff zum Degen. Der Vorfall führte zu einer gerichtlichen Untersuchung. Daher haben wir auch Susannas Aussage in den Polizeiakten; es sei ihr

> »unvermutet eine Perücke an den Kopf geflogen ... Darauf sei sie aufgesprungen und habe Herrn Hofrat Ohlenschlager in bloßem Kopf, Leutnant Lindheimer aber mit bloßem Degen stehen sehen, welchem letzteren Herr Hauptmann Hofmann hinterrücks die Arme gehalten, dessenungeachtet aber habe Herr Leutnant Lindheimer immer weiter nach ihm zugestoßen; weil sich aber die ganze Kompanie dazwischenlegte, konnte er nicht weiter treffen. Nachgehends sei sie mit dem Kopf und Hand blessierten Herrn Hofrat Ohlenschlager aus der Stube gegangen ...«[21]

Susanna führte den Verwundeten nach draußen, verband ihn, schickte nach dem Arzt.
In den *Bekenntnissen einer schönen Seele* heißt es (die Icherzählerin ist Susanna):

»Nun führte mich die Hausfrau in ihr Schlafzimmer; sie mußte mich ganz auskleiden, und ich darf nicht verschweigen, daß ich, da man sein Blut von meinem Körper abwusch, zum ersten Mal zufällig im Spiegel gewahr wurde, daß ich mich auch ohne Hülle für schön halten durfte. Ich konnte keines meiner Kleidungsstücke wieder anziehen, und da die Personen im Hause alle kleiner oder stärker waren als ich, so kam ich in einer seltsamen Verkleidung zum größten Erstaunen meiner Eltern nach Hause.«[22]

Goethe beschreibt hier die sinnliche Sehnsucht Susannas, die zugleich ihre Selbstwahrnehmung verändert. Das Blut steht im Zusammenhang dieser Verwandlung. Es wird später für Susanna eine Konnotation zur Blutmystik des Religiösen erhalten: der Beweis der wirklichen Menschheit Gottes und seiner Liebe. Es bedeutet hier noch anderes: die Wirklichkeit des eigenen und des anderen Körpers, den Gegensatz zum Vergeistigten, Beweis einer naturhaften Realität.
Welche Spanne hat Susanna durchmessen von der Braut, die von allen beneidet und glücklich gepriesen wurde, zur Philosophin und Mystikerin, außerhalb der Familienbindung, in Opposition zum weiblichen Schicksal der Zeit?
Die Geschichte ihrer Verlobung mit Ohlenschlager ist rasch erzählt. Er begehrte sie, aber er ertrug ihre Eigenständigkeit nicht. Er wünschte sie elegant und geistreich in Gesellschaft zu sehen, im Gesellschaftsleben des Frankfurter Rokoko bei all den Konzerten, Gartenfesten, Mainpartien. Susanna verweigerte die Heirat, um ihrer inneren Stimme zu folgen. Kontemplation, Wissenschaft, das vertrug sich weder mit den Pflichten der Braut noch der Ehefrau. In der Verlobungszeit entdeckte sie die Gefahr, sich in Gesellschaft »aufzulösen«, ihre Identität zu verlieren. Noch die fünfzigjährige Susanna schreibt in einem Brief an Karl von Moser, daß sie in einer »kalten, zahlreichen Gesellschaft« ihre Empfindungen nicht ordnen kann.[23] Die Zwanzigjährige, das können wir wohl annehmen, ist noch mehr durch die soziale Definition als schöne junge Frau bedroht; sie wird »zerstreut«. Sie kann ihren Selbstentwurf nicht behaupten, wenn sie nur als hübsches Objekt gesehen wird.
Daniel Ohlenschlager wurde in der Frankfurter Gesellschaft mit jenem Spitznamen gerufen, unter dem er auch in den *Bekenntnissen einer schönen Seele* auftaucht: Narzissus. Man nannte ihn so wegen seiner schönen Gestalt und einer gewissen Selbstgefälligkeit. Der Bräutigam betrachtete Susanna als seinen Besitz. Er zeigte sie gern – auch ihren Geist. Dazu heißt es in den *Bekenntnissen*:

»Er machte es wie alle Männer, spottete über gelehrte Frauen und bildete unaufhörlich an mir. Über alle Gegenstände, die Rechtsgelehrsamkeit ausgenommen pflegte er mit mir zu sprechen, und indem er mir Schriften von allerlei Art beständig zubrachte, wiederholte er oft die bedenkliche Lehre: Daß ein Frauenzimmer sein Wissen heimlicher halten müsse, als der Calvinist seinen Glauben im katholischen Lande; und indem ich wirklich auf eine ganz natürliche Weise vor der Welt mich nicht klüger und unterrichteter als sonst zu zeigen pflegte, war er der erste, der gelegentlich der Eitelkeit nicht widerstehen konnte, von meinem Vorzügen zu sprechen.«[24]

Susannas Körper und Geist, das wird in vielen Episoden der *Bekenntnisse* deutlich, werden von ihrem »Eigentümer« vorgeführt. Es war ungewöhnlich, daß eine junge Frau mit dieser Rolle nicht zufrieden war, die ihr doch den Schein der Bedeutung verlieh, die ihr Verwöhnung und Schmeichelei einbrachte. Und auch Susanna fühlte die Verführung, nichts mehr zu wollen als gesellschaftliche Geltung um den Preis, Teile ihres Wesens aufzugeben. Aber sie fühlte auch, daß die Anerkennung, die sie fand, Teile ihrer Person ausschloß, die sie nicht zeigen durfte. Sie verweigert die Rolle der anmutigen Mitspielerin, und Ohlenschlager verläßt sie. Varnhagen von Ense berichtet das Frankfurter Gerücht, der Verlobte habe ihr die Treue gebrochen und daraufhin habe sie die Verlobung gelöst.[25] Es kann dies, sofern es zutrifft, aber nur der äußere Anlaß gewesen sein. Die Wahrheit war, daß Susanna erkannte, daß sie mehr wollte: Sie wollte eine Liebe, die sie nicht erniedrigte, indem sie sie zum Teil des Lebensplanes eines anderen machte – um den Preis *ihres* Lebensentwurfes, *ihrer* Selbstverwirklichung. Goethe beschreibt ihre Liebesprobe für Ohlenschlager:

»Da ich endlich nach tausendfältigem Streit nach immer wiederholter Betrachtung scharfe Blicke auf das Band warf, das mich an ihn, Narzissen, festhielt, entdeckte ich, daß es nur schwach war, daß es sich zerreißen lasse. Ich erkannte auf einmal, daß es nur eine Glasglocke sei, die mich in den luftleeren Raum sperrte; nur noch soviel Kraft, sie entzweizuschlagen, und du bist gerettet: Gedacht gewagt. Ich zog die Maske ab und handelte jedesmal, wie mirs ums Herz war. Narzissen hatte ich immer zärtlich lieb; aber das Termometer, das vorher im heißen Wasser gestanden, hing nun an der natürlichen Luft; es konnte nicht höher steigen, als die Atmosphäre warm war. Unglücklicherweise erkältete sie sich sehr. Narziß fing an, sich zurückzuziehen und fremd zu tun. Das stand ihm frei; aber mein Termometer fiel, so wie er sich zurückzog.«[26]

Die Auflösung der Verlobung können wir als Versuch verstehen, eine andere Liebe zu erlangen als die, die einem hübschen Spielzeug zuteil wird. Und was würde bleiben, wenn die erste Verliebtheit des Ehemannes vorbei war? Susanna besteht auf ihrem Recht auf ein abgegrenztes eigenes Leben, sie verweigert sich dem unbegrenzten Zugriff. Die Auflösung der Verlobung können wir wohl als Ausdruck einer heftigen Adoleszenzkrise auffassen. Die Tochter wendet sich gegen die Erwartungen und gegen die Normen ihrer Umwelt:

»Der Vater benahm sich ganz seiner Denkart gemäß. Er sprach weniges, aber öfter mit mir über die Sache [die Auflösung der Verlobung, U.P.] und seine Gründe waren verständig, und als *seine* Gründe unwiderleglich; nur das tiefe Gefühl meines Rechts gab mir Stärke, gegen ihn zu disputieren. Aber bald veränderten sich diese Scenen; ich mußte an sein Herz Anspruch machen. Gedrängt von seinem Verstande, brach ich in die affectvollsten Vorstellungen aus. Ich ließ meiner Zunge und meinen Thränen freien Lauf. Ich zeigte ihm wie sehr ich Narcissen liebte, und welchen Zwang ich mir seit zwei Jahren angethan hatte, wie gewiß ich sei, daß ich recht handle, daß ich bereit sei, diese Gewißheit mit dem Verlust des geliebten Bräutigams und anscheinenden Glücks, ja, wenn es nötig wäre, mit Hab' und Gut zu versiegeln; daß ich lieber mein Vaterland, Eltern und Freunde verlassen und mein Brot in der Fremde verdienen, als gegen meine Einsichten handeln wolle. Er verbarg seine Rührung, schwieg einige Zeit stille und erklärte sich endlich öffentlich für mich.[27]

Die Tochter kämpft und sie gewinnt den Vater. Das ist etwas Besonderes, etwas, das sonst fast nie gelingt. Weitere Angebote, sich zu verheiraten, schlägt Susanna aus. Nach dem Tod der Eltern und der jüngeren Schwester lebt sie schließlich ohne Familie im Hause der Klettenberg.

Wir werden in jener Umstimmung des Vaters auf etwas aufmerksam, das wir häufig bei Frauen finden, die wir in jener Zeit im weitesten Sinn dem Kreis der Abweichlerinnen zurechnen können: die besondere Bindung Vater-Tochter. Diese Bindung äußert sich vor allem darin, daß die Väter ihre Töchter am Wissen teilnehmen lassen, sie in die männliche Sphäre hinüberziehen. Zu diesem Modell gehören auf der anderen Seite Mütter, die das Alltägliche, den Haushalt und eine andersgeartete Tradition als die Wissenschaft repräsentieren. Diese weibliche Tradition erscheint im allgemeinen als zweitrangig. Zitieren wir noch einmal exemplarisch für viele aus der Bildungsgeschichte der Susanna von Klettenberg:

»Von meiner Mutter hörte ich die biblischen Geschichten gern an; der Vater unterhielt mich mit Gegenständen der Natur. Er besaß ein artiges Cabinet. Davon brachte er gelegentlich eine Schublade nach der anderen herunter, zeigte mir die Dinge und erklärte sie mir nach der Wahrheit. Getrocknete Pflanzen und Insekten und manche Arten von anatomischen Präparaten, Menschenhaut, Knochen, Mumien und dergleichen kamen auf das Krankenbett der Kleinen; Vögel und Thiere, die er auf der Jagd erlegte, wurden mir vorgezeigt, ehe sie nach der Küche gingen; und damit doch auch der Fürst der Welt eine Stimme in dieser Versammlung behielte, erzählte mir die Tante Liebesgeschichten und Feenmärchen [...]
Oft erzählte ich dem Vater wieder, was ich von ihm gelernt hatte. Ich nahm nicht leicht eine Arzenei, ohne zu fragen: wo wachsen die Dinge, aus denen sie gemacht ist? wie sehen sie aus? wie heißen sie? Als ich weiter heranwuchs, las ich, der Himmel weiß was, alles durcheinander; aber die römische Octavia behielt vor allen den Preis. Die Verfolgungen der ersten Christen in einen Roman gekleidet, erregten bei mir das lebhafteste Interesse.
Nun fing die Mutter an, über das stete Lesen zu schmählen; der Vater nahm ihr zu Liebe mir einen Tag die Bücher aus der Hand und gab sie mir den andern wieder. Sie war klug genug zu bemerken, daß hier nichts auszurichten war, und drang nur darauf, daß auch die Bibel eben so fleißig gelesen wurde. Auch dazu ließ ich mich nicht treiben, und ich las die heiligen Bücher mit vielen Antheil. Dabei war meine Mutter immer sorgfältig, daß keine verführerischen Bücher in meine Hände kamen und ich selbst würde jede schändliche Schrift aus der

Hand geworfen haben; denn meine Prinzen und Prinzessinnen waren alle tugendhaft, und ich wußte übrigens von der natürlichen Geschichte des menschlichen Geschlechts mehr, als ich merken ließ, und hatte es meistens aus der Bibel gelernt. Bedenkliche Stellen hielt ich mit Worten und Dingen, die mir vor Augen kamen, zusammen, und brachte bei meiner Wißbegierde und Combinationsgabe die Wahrheit glücklich heraus. Hätte ich von Hexen gehört, so hätte ich auch mit der Hexerei bekannt werden müssen.
Meiner Mutter und dieser Wißbegierde hatte ich es zu danken, daß ich bei dem heftigen Hang zu Büchern doch kochen lernte; aber dabei war etwas zu sehen: Ein Huhn, ein Ferkel aufzuschneiden, war für mich ein Fest. Dem Vater brachte ich die Eingeweide, und er redete mit mir darüber, wie mit einem jungen Studenten, und pflegte mich oft mit inniger Freude seinen mißrathenen Sohn zu nennen.«[28]

Wir sehen, wie hier die kulturellen Welten der beiden Geschlechter konfrontiert werden: die Bibel, die Liebes-, Prinzen- und Feenmärchen einerseits und das Wissen, die Gelehrsamkeit, das Klassifizieren der Natur, die aber nur als Totes erforscht werden kann, andererseits. Diesen Welten steht das Mädchen gegenüber, unentschlossen, mit der Lust, zu erkennen, zu schauen, mit der Begierde, in die Dinge einzudringen, und zugleich darauf aus, mehr zu finden als Ordnungssysteme der Welt. Sie ist eben »ein *mißratener* Sohn«. Aber auch in der Welt der Mutter kann diese Heranwachsende nicht bleiben. Sie ist nicht in der Lage, deren Leben zu führen. Sie will mehr sein als Teil in der Kette der weiblichen Tradition, namenlos, die biblischen und mythischen Geschichten forterzählend, vollziehend lebend, nicht gestaltend.
Die Rebellion des Subjekts braucht einen Namen, eine Legitimation, nicht nur nach außen, sondern vor allem nach innen. Die Kraft, nein zu sagen und sich zu verteidigen, nannte die Zwanzigjährige »Jesus«. Zunächst fand sie sich wohl ganz naiv im Glauben, der Gott der orthodoxen Theologen sei auch der ihre. Aber ihre Versenkung in Jesus war das Medium der Abwendung von der geltenden Ordnung, das Medium, durch welches die tiefen Wünsche Gestalt annehmen konnten. Die Krise der Adoleszenz endet mit der Bereitschaft, das Risiko einer abweichenden Biographie auf sich zu nehmen.
1747 heiratete Ohlenschlager eine andere Frankfurterin, Susanna Orth. Vorher hatte er sich noch einmal an seine Verlobte gewandt:

»Als er auf das Erwünscheste befördert wurde, ließ er mir seine Hand nochmals antragen, freilich mit der Bedingung, daß ich als Gattin eines Mannes, der ein Haus machen müßte, meine Gesinnungen würde zu ändern haben. Ich dankte höflich und eilte mit Herz und Sinn von dieser Geschichte weg, wie man sich aus dem Schauspielhause heraus sehnt, wenn der Vorhang gefallen ist.«[29]

Susanna war nun ein kirchentreues Mitglied der protestantischen Gemeinde, und der Kirchenoberste Fresenius zählte sie zu seinen eifrigen Gläubigen, zu den »Erweckten«. Das war 1747.

Die Quellen zur Biographie

Die erhaltenen Briefe, Aufsätze und Lieder sind nur wenige, die Briefe an den Prediger Trescho in den Jahren 1765, die Briefe an die Herrnhuter Brüder Neißer und Lorez 1768, ein Schreiben an Karl von Moser, die Briefe an Lavater aus dem letzten Jahr 1774 – nur ein Ausschnitt aus Susannas ausgedehnter Korrespondenz. Vor allem fehlen die Briefe an den württembergischen Theologen Steinhofer, der für Susannas innere Entwicklung zur Mystikerin von großer Bedeutung war. Vielleicht hat sie mit dem Naturmystiker Oetinger in Verbindung gestanden, vielleicht mit Nikolaus von Zinzendorf.[30]
Susanna schrieb mehrere Aufsätze, die verloren sind, die sie an Freundinnen und Freunde sandte und die im kleinen Kreis vorgelesen wurden. Johann Georg Schlosser berichtet:

»Ihre kleinen, oft wunderbaren Aufsätze teilte sie immer nur im Vertrauen mit, wie ihr denn überhaupt jede Ostentation zuwider war. Gegen diejenigen, so sie vertrauen konnte, war sie mitteilend. Die größeren Kreise machten sie stumm.«[31]

Man hütete Susannas Briefe, so wie Auguste Friedrike von Isenburg-Büdingen es tat:

»Im Nachhausefahren las ich die Postbriefe und unter denselben einen Brief der Klettenbergerin, der mir vorkam, als sei er aus einer höheren Sphäre, als in der wir uns befinden, geschrieben.«[32]

Wenn wir Susanna als Briefschreiberin charakterisieren wollen, dann erscheint die Rolle, die sie einnimmt, als die einer selbstbewußten Kritikerin, so wie in jenem ersten Brief an Lavater, einer Leserin, die dem Autor berichtet, was sie mit seinen Worten macht. Sie tadelt, sie regt an. Sie legt ihre Glaubensvorstellungen dar. Jedoch hat Susanna kein Werk hinterlassen. Sie hat nicht ernsthaft versucht, Schriftstellerin zu sein. Die Wirkung, die sie ausübte, war schon zu ihren Lebzeiten auf ihr Leben und auf die Fama ihres Lebens gegründet, auf die unmittelbare Wirkung ihrer Persönlichkeit. Ihre Briefe, Lieder, Aufsätze traten zu der Faszination hinzu, die von ihrem Wesen ausging. Wenn wir also versuchen, ein Bild von Susanna zu gewinnen, so müssen wir dieses Bild aus den vielen Perspektiven, unter denen sie von anderen beschrieben worden ist, zusammensetzen und diese Sichtweisen mit dem zusammenhalten, was von ihr selbst mitgeteilt wird.
Die sie gekannt haben, heben die Klarheit ihres Geistes und die Bestimmtheit ihres Charakters hervor. Der Theologe Lavater bemerkt in seinem Tagebuch 1774:

»Wovon sie sprach, sprach sie mit ausnehmendem Verstand, und einer Bestimmtheit, die nur der erfahrene geübte Selbstdenker erreichen kann. (Sie hat unvergleichliche Einsichten in die Chimie, in die Natur der Farben. So frei, so edel, so erhaben, so tief konnte ich kaum einen Menschen glauben.«)[33]

Goethe bemerkt in *Dichtung und Wahrheit*:

»Ihre liebste, ja vielleicht einzige Unterhaltung waren die sittlichen Erfahrungen, die der Mensch, der sich beobachtet, an sich selbst machen kann, woran sich denn die religiösen Gesinnungen anschlossen; die auf eine sehr anmutige, ja geniale Weise bei ihr als natürlich und übernatürlich in Betracht kamen.«[34]

Und noch eine Stimme der Zeit: Johann Georg Schlosser berichtet seinem Schwiegersohn 1799:

»Du fragst, lieber Sohn, nach der Klettenberg. Ich habe sie oft gesprochen. Es war das Gefühl der Satisfaction, mit dem man von ihr ging. Dem Lobe war sie nicht zugänglich. Sie war aber sehr erfreut und noch mehr möchte man sagen gerührt, wenn sie eine Übereinstimmung wahrnahm.«[35]

Susanna hatte ihre Zeitgenossen fasziniert, ihr geheimnisvolles Wesen wurde noch einmal in den Blick gerückt von ihrem ersten Biographen, Johann Wolfgang Goethe. Im Jahr 1770 hatte er Susanna täglich besucht. Susanna war über 40 Jahre alt, auf dem Höhepunkt ihrer Entwicklung. Goethe war 20. Er war schwer krank aus Leipzig vom Studium zurückgekehrt, krank und erfolglos. Der Vater war von ihm enttäuscht und verbarg es nicht. Zu jener Zeit wandte sich Johann Wolfgang vom Weltbild seines Vaters ab – er suchte etwas Neues. Der spöttische Ton, die rationalistische Zergliederung der Welt durch die Aufklärung, der nüchterne Ton und das beschränkte geistige Leben im protestantischen Bürgertum stießen ihn ab und führten ihn in die Gesellschaft Susannas. Sie lebte damals allein im großen Haus der Klettenberg. Sie war von schwankender Gesundheit, die Schwindsucht hatte sie mehrere Male dem Tode nahegebracht. Sie verließ ihr Zimmer selten, doch war sie von einer unbändigen Neugier und der Suche nach Wahrheit bewegt. Sie hatte sich schon einige Jahre mit der Alchemie beschäftigt, als der junge Mann, der Sohn ihrer Freundin, sie aufsuchte, um unter ihrer Anleitung seinen ersten Protest gegen das Zeitalter des Rationalismus und seine Hinwendung zu den Geheimnissen der Magie und den Erkenntnis- und Erlebnisformen der Mystik zu begründen. Das Arbeitsbündnis und die Weltauffassung, die sich dabei herausbildeten, in Goethes Autobiographie *Dichtung und Wahrheit* vorsichtig ironisch dargestellt, war für ihn in Wahrheit von tiefer und fortwirkender Bedeutung.[36] Außer in *Dichtung und Wahrheit* finden wir eine Beschreibung Susannas im sechsten Buch von *Wilhelm Meisters Lehrjahre*, in der Erzählung, die den Titel trägt: *Bekenntnisse einer schönen Seele*. Nach Erscheinen schrieb Catharina Elisabeth nach Weimar (am 9. Juli 1807). Sie zitiert einen Psalm aus dem Alten Testament, Psalm 1 – Vers 3. Er lautet: »Auch seine Blätter verwelken nicht.« Sie fährt fort:

> »Das ist der lieben Klettenbergerin wohl nicht im Traume eingefallen, daß nach so langer Zeit ihr Andenken noch grünen, noch blühen und Segen den nachkommenden Geschlechtern bringen würde. Du lieber Sohn! warst von der Vorsehung bestimmt – zur Erhaltung und Verbreiterung dieser unverwelklichen Blätter – Gottes Segen und tausend Dank davor! Und da aus dieser Geschichte deutlich erhellt, daß kein gutes Samenkorn verlorengeht, sondern seine Frucht bringt seinerzeit, so laßt uns Gutes tun und nicht müde werden, die Ernte wird mit vollen Scheuern belohnen.«[37]

Daß Catharina Elisabeth von Blättern gesprochen hatte, die nicht verlorengehen, wurde vielleicht zu wörtlich aufgefaßt. Ob es Aufzeichnungen Susannas gab, die Goethe besaß, ob er in den Jahren ihrer täglichen Begegnungen 1768 bis 1771 aufschrieb, was sie ihm erzählte oder ob er aus seiner Erinnerung schrieb – diese Frage bewegte schon die Zeitgenossen. Es war die Frage, ob er ein wahres Bild Susannas in den *Bekenntnissen* überlieferte. Je nachdem, wie die Kritiker Goethe und dem *Wilhelm Meister* gegenüberstanden, fiel die Reaktion aus. Der Roman galt den frommen Protestanten um 1807 als unsittlich, und die Darstellung der Susanna, die von den Gottesfürchtigen als eine der ihrigen in Anspruch genommen wurde, sahen sie geradezu als Blasphemie an. Ihr Zorn nahm recht absonderliche Formen an, wie uns der Biograph Dechent mitteilt:

> »Graf Friedrich Leopold von Stolberg verbrannte den Roman feierlich in Gegenwart seiner Freunde, wie er einst als Jüngling mit seinen Freunden vom Hainbund am Bilde Wielands ein Autodafé im heiligen Zorne vollzogen hatte; das sechste Buch aber hatte er zuvor herausgenommen, um es besonders binden zu lassen. Ganz ebenso ging Goethes eigener Schwager, Johann Georg Schlosser,vor, indem auch er das sechste Buch herausschnitt und den Rest in den Ofen warf. Noch nach Jahren äußerte er seinen Verdruß in drastischer Weise darüber, daß Goethe dieser reinen Seele einen solchen Platz angewiesen habe.«[38]

Dokumente, eine Art Lebensbeichte Susannas haben sich nicht gefunden. Die ersten biographischen Arbeiten, die Untersuchungen der protestantischen Religionshistoriker Lappenberg (1845) und Dechent (1895) verfolgen vor allem die Absicht, die historische Genauigkeit der Goetheschen Darstellung in den *Bekenntnissen* zu prüfen. Nach den historischen Aktenvergleichen entspricht die Beschreibung von Kindheit, Jugend, religiöser Entwicklung dem realen Verlauf von Susannas Leben. Realistisch beschrieben ist auch die geistige Welt, die Kultur, in der sich ihre Entwicklung abspielte. Bei näherer Betrachtung erweist sich die Darstellung Goethes als ein fast naturwissenschaftliches Studium des Bildungsganges dieser Person, die auch ihm ein faszinierendes Rätsel war. Er schrieb 1795 an Schiller:

> »Ich bekomme Lust, das religiöse Buch meines Romans auszuarbeiten, und da das Ganze auf den edelsten Täuschungen und auf der zartesten Verwechselung des Subjektiven und

> Objektiven beruht, so gehörte mehr Stimmung und Sammlung dazu als vielleicht zu einem anderen Teile. Und doch wäre, wie Sie seiner Zeit sehen werden, eine solche Darstellung unmöglich gewesen, wenn ich nicht früher die Studien nach der Natur dazu gesammelt hätte.«[39]

Der Autor des *Wilhelm Meister* sieht Susanna kritisch. Der Vorwurf lautet, sie habe die Polarität zwischen Sinnlichkeit und moralischer Ordnung aufgehoben, indem sie die Sinnlichkeit in eine Metapher des Moralischen verwandelte – nicht Vermittlung, sondern Illusion, Verleugnung, aber eine Illusion, der innere Konsequenz nicht abgesprochen werden kann. In der Bemerkung Schiller gegenüber wird die Schreibstrategie klar, der Goethe bei seiner Darstellung Susannas folgt: »Die edelste Täuschung, die Verwechslung des Subjektiven und des Objektiven.« Was er darstellen will, ist die Entstehung von Spiritualität, die schließlich alles assimiliert, indem sie es vergeistigt. Doch soll uns an dieser Stelle die Perspektive, unter der Goethe bewußt die Lebensweise Susannas als Teil seines Arguments konstruiert, nicht weiter beschäftigen.[40]

Wesentlich ist, daß wir uns auf den Satz beziehen können:

> »Und doch wäre eine solche Darstellung unmöglich gewesen, wenn ich nicht früher die Studien nach der Natur dazu gesammelt hätte.«

Betrachten wir Goethes Mitteilungen als adäquate Beschreibung, die uns Details mitteilen, welche aus den nachgelassenen Dokumenten Susannas ihren Stellenwert erhalten; Mitteilungen, die teilweise protokollarischen Charakter haben, denn Goethe will die Wahrheit dieses Lebensentwurfs darstellen.

Ein wesentliches Element der geistigen Entwicklung Susannas fehlt indes in den *Bekenntnissen einer schönen Seele* – die Beschäftigung mit der Naturmystik und Alchemie, von der in *Dichtung und Wahrheit* allerdings die Rede ist. Es ist offensichtlich ein Element der Freundin, das er in die *Bekenntnisse* schwer integrieren kann und das er auch für seine eigene Vergangenheit nur ungern einräumt. Nicht viel anders steht es mit den naturmystischen Elementen. Schon Hermann Dechent ist aufgefallen, daß Goethe diesem Zug Susannas in einer anderen Figur in *Wilhelm Meister* Gestalt verliehen hat – in der entrückten Seherin Makarie.

Exlibris der Susanna Katharina von Klettenberg

Das Wesentliche ihrer Biographie ist die Kraft, nein zu sagen und herauszufinden, was zu ihrem Wesen gehört und was nicht. Diese Kraft nennt Susanna Christus. Der erste Schritt ihrer Entwicklung in der Adoleszenz ist, sich zu verweigern und die Selbständigkeit zu behaupten. Betrachten wir das Leben, das sie geführt hat, ihre Briefe, ihre Aktivitäten, ihre Forschungen und Experimente, so sehen wir sie die Vorrechte der Männer in Anspruch nehmen. Der Begriff, den sie sich selbst davon macht, trägt Züge der Entfremdung. Ihre eigene Kraft erlebt sie als göttliche Mitteilung. Ihre Verweigerung der weiblichen Unterordnung erscheint in der Anbetung Gottes. Der Kampf um die Eigenständigkeit erscheint als Frömmigkeit.
Was war das für eine Welt, von der sich Susanna von Klettenberg abwandte? Es war eine Lebensordnung, die der Ehefrau des gehobenen Bürgertums zwar Arbeiten und lebensgefährliche Geburten auferlegte, die ihr jedoch reale Macht und die Anerkennung verweigerte. Wie sollte ein Mann eine Frau lieben, der er sich auf allen Ebenen überlegen glaubte? Geistig galt sie ihm als zurückgeblieben, im Aberglauben befangen oder zumindest ungebildet; die Sexualität war abgewertet. Die Arbeit der Frau im Haus war gewiß nützlich, doch allein *seine* Arbeit bestimmte über den Status und das Einkommen der Familie. Unersetzbar war die Ehefrau nur als Mutter legitimer Kinder. Im Zeitalter des Rokoko lag die Verachtung der Ehefrau in der Natur der Dinge und bildete die Kehrseite der erotischen Gesellschaftsspiele. Susanna heiratete nicht, weil sie ihre Selbstverwirklichung niemals im ehelichen Leben hätte finden können. Obwohl sie ihre Ablehnung der Ehe auch mit ihrer Neigung zu einem stillen Leben in Gott rechtfertigte, so war damit doch niemals ein Rückzug aus dem Leben gemeint. Ein Blick auf Susannas Entwicklung zeigt, daß Innerlichkeit nur einen Teil ihres Wesens ausmacht, der andere Teil ist das Bedürfnis nach aktiver Mitgestaltung. Sie will Mitspielerin sein. Susanna von Klettenberg ist eine Frau, die versucht, auf allen drei Ebenen Selbstverwirklichung zu erlangen: im Sinnlichen und in der Liebe; im Geistigen, im Versuch, die eigene Position in der Welt zu begreifen und in der Kooperation mit anderen: in der einzigen existierenden Form einer Öffentlichkeit, in der Praxisgemeinschaft religiöser Gruppen.
Welche Rolle sollte sie sich geben als Zwanzigjährige, sie, die nicht Ehefrau und Tochter sein wollte, aber nicht wie ein Mann leben durfte? Wie findet eine Frau – mit einem hohen Gespür für die sozialen Demütigungen, die ihr zugemutet werden – einen sozialen Raum, in dem sie diese Demütigungen teils verleugnet, teils verhindert, teils überwindet? Ein

Modell fand sie in ihrer eigenen Familie. Susannas Vorfahrin Maria Juliane Baur von Eysseneck lebte als Witwe von 1670 bis 1695 im alten Saalhof von Frankfurt, gemeinsam mit Eleonore von Merlau. Das Fräulein von Merlau hatte den Hofdienst aufgegeben und ihr Verlöbnis mit einem Edelmann gelöst. Sie zog zu Maria Juliane und wandte sich wie ihre Freundin dem religiösen Leben zu. In der *Kirchengeschichte von Frankfurt am Main* heißt es dazu: »Man wird durch vieles im inneren und äußeren Lebensgang [der Eleonore von Merlau] an Fräulein von Klettenberg erinnert, die hundert Jahre später eine ähnliche Haltung in Frankfurt einnahm.«[41]

Auffallend ist in der Tat die Analogie im Lebensgang der beiden Frauen: »Einen großen Einfluß in dieser bedenklichen [dem kirchlichen orthodoxen Protestantismus entgegenarbeitenden, U.P.] Richtung übte ein adliges Fräulein, Eleonore von Merlau, die in Frankfurt am 25. April 1644 geboren war. Nach dem frühen Tode ihrer Mutter kam sie an den Hof einer Herzogin von Schleswig-Holstein-Sonderburg, gab aber diese Stellung 1675 wieder auf, weil sie überzeugt war, daß sich der Hofdienst mit ihrer Lebensrichtung nicht vertrage, wie sie denn auch aus ähnlichen Gründen ein Verlöbnis mit einem jungen Edelmann auflöste.«[42]

Ebenso wie später Susanna von Klettenberg sehen wir Eleonore von Merlau bei jenen, die, wie die *Kirchengeschichte* es nennt, »Absonderungsgelüste« haben. Eleonore maßte sich priesterliche Rechte an. Sie wollte lehren und auslegen, und sie schloß sich den mystischen Traditionen an. Auch sie überschritt die Rolle, die selbst ihr, der adligen Frau, Grenzen zog: »Sie wohnte mit der ihr gleichfalls befreundeten Witwe Maria Juliane Baur von Eyßeneck in dem altehrwürdigen Saalhof, der in jener Zeit einer Ganerbschaft gehörte, bis ihn 1697 die Gebrüder Bernus kauften. Die Merlau gab sich aber nicht mit den Spenerschen Versammlungen zufrieden, sondern hielt eigene Konventikel in ihrer Wohnung ab, wodurch sie viel Anstoß erregte. Teils kamen Sonntags nach der Kirche einige Studenten zu ihr, um sich mit ihr über die Predigt zu unterhalten; teils fanden sich Freunde bei ihr zu erbaulichen Gesprächen zusammen. Sie sammelte auch Mädchen, darunter Töchter des Seniors selbst um sich, denen sie Sprüche aufgab; einige unterwies sie sogar in der griechischen Sprache.«[43]

Die Erneuerungsbewegung der Pietisten, wie sie 100 Jahre vor Susanna um 1640 von Frankfurt ausgegangen war, bezeichnet Versammlungen in Privathäusern zum Zweck gemeinsamer Bibellektüre, zum Gebet, zum Austausch frommer Gedanken.[44] Die Amtskirche befand sich im Zwiespalt – von Anfang an gab es »Absonderungsgelüste«. Die Autorität der geistlichen Führung geriet ins Wanken. Und kaum hatte der

Senior Spener (in seiner Frankfurter Amtszeit 1666–1686) ein Treffen eingeführt, schon machten sich Frauen an die Grenzüberschreitung.[45] Sie beanspruchten das Recht der Bibelauslegung. Die Bedeutung dieses Vorgangs können wir nur ermessen, wenn wir bedenken, wie sehr das Leben der Menschen nach Reformation und Gegenreformation in geistiger Hinsicht streng reglementiert und kontrolliert war.[46]

In Frankfurt – wie überall – kooperierten die politische und die geistliche Macht. Die Amtskirche kontrollierte nicht nur die Schulen (die in Frankfurt alle in lutherischer Hand waren), auch mißliebige Schriften wurden im Zweifelsfall durch Zensur aus dem Verkehr gezogen. Der Lebenswandel wurde mit puritanischer Strenge beobachtet. Uneheliche Schwangerschaften waren von den Arbeitgebern und Familienvorständen der Kirchenbehörde zu melden und mit der Schande öffentlicher Kirchenbuße belegt. Die geistige Enge mag ein Fall belegen, der hier für viele steht: »1736 ging der Rat scharf gegen einen Sachsenhäuser Gärtner namens Clemenz Ohlenschlager vor, der sehr harte gotteslästerliche Reden ausgestoßen hatte. Er wurde am 30. September durch die Wache in die Sachsenhäuser Kirche geführt und mußte dann vor dem Altar zwischen zwei wachhabenden Soldaten stehen. Nach der Predigt wurde ein Formular verlesen, das der Büßende stehend anhören mußte. Er hatte darauf nicht allein mit einem deutlichen Ja, sondern auch mit demütigen Gebärden und Kniebeugen zu antworten. Ohlenschlager wurde außerdem zu lebenslanger Haft verurteilt.«[47]

Solche rigiden Kontrollen trafen vor allem das einfache Volk. Doch stand die Amtskirche auch beim gehobenen Bürgertum in verbissenem Kampf gegen die Unbotmäßigkeiten. Sie fühlte sich bedroht von Freigeisterei, Katholiken, Reformierten und Gleichgültigen, von Materialisten, Mystikern und Freimaurern.[48]

In dieser Welt stellten die Versammlungen der Frommen Ansätze einer eigenständigen Öffentlichkeit dar. Allein die Tatsache solcher Treffen ohne Vertreter der Amtskirche erregte Anstoß, berührte die neuralgischen Punkte der Gesellschaft.

Der radikale Pietismus ist bei aller Frömmigkeit eine Organisation sozialer Unruhe. In kleinen Zirkeln versammeln sich die Gläubigen. Die Laien, auch Frauen sprechen in den Versammlungen und beschreiben ihre Erfahrungen mit Gottes Wort, ihren Sündenkampf und ihr Jesuserleben. Die Seelen sind nur durch die Intensität ihres Glaubenserlebens und durch die Fähigkeit, sich mitzuteilen, bestimmt. Frauen und Männer sind hier gleicher als an irgendeinem anderen gesellschaftlichen Ort. Schon 1737 war man in Frankfurt gegen die Versammlung von Gläubigen in Privathäusern vorgegangen. Die Klage der Amtskirche führt als Argument an: »Dabei würden sogar Frauen reden.«[49] In dieser

Bewegung verkehren auch die Handwerker auf gleichem Fuß mit dem Adel. Und es treffen sich hier auch Adel und gehobenes Bürgertum in dem Bedürfnis, eine über die Familie hinausgehende Gemeinschaft und so etwas wie einen Lebenssinn zu finden. Die stärksten Gruppen waren die Handwerker und die Frauen. Zu den Versammlungen der radikal pietistischen Erweckten, die den Herrnhutischen Brüdern nahestanden und die in Frankfurt im Sommer 1766 etwa 350 Personen umfaßten, gehörten vor allem Schuhmacher, Glaser, Schneidergesellen und die Frauen verschiedener Schichten. Geleitet wurde die Versammlung, die im Hause des Gastwirts Petsch stattfand, von dem Knopfmacher Christian Friedrich Lucas. Es gab in Frankfurt vier verschiedene Gruppen mit eigenen Versammlungsorten und der üblichen Frankfurter Rivalität. Als die Herrnhuter eine Vereinigung der Gruppen zu einer einheitlichen Gemeinde wünschten, schickten sie von Herrnhut den Schumacher Schick zu Susanna von Klettenberg. Dieser gewann sie für die Einigungsidee und äußerte über sie: »Sie ist eine solide Person.«[50]

Die Menschen, die sich hier zusammenfinden, haben unterschiedliche Wünsche. Die Frauen suchen Öffentlichkeit. Die Handwerker tragen einen alten Traum von Gottes irdischer Gerechtigkeit, von der Brüderschaft nach dem Modell der Zünfte, weiter, die sich nun gerade durch die Manufakturen endgültig aufzulösen beginnen. Das Leben in Frankfurt ist hart für jeden, der nicht zu den Reichen gehört. Es ist ein System von Verboten, alten Rechten, räuberischer Aneignung von oben, Steuerbetrug durch den Rat, Kriegskontribution; es herrschen scharfe Kontrolle des Wohlverhaltens durch Arbeitsherren, Nachbarn, Pfarrer. Aber was treibt den Adel, die Stolberg, den Grafen von Zinzendorf? Begnügen wir uns hier damit, daß in dieser Gruppe eine Aufgabe gesucht wird, die im politischen Raum der entstehenden zentralen Ordnungen jedenfalls *so* nicht gefunden werden kann, nicht so phantastisch, so individualistisch, so mächtig im Sinne eines alten Bildes: das Volk durch die Wüste führen. Und die Bürger? Es ist wohl die Suche nach einer tätigen Gemeinschaft, nach einem innerlichen Leben, die einen Teil dieser Schicht zu den Pietisten führt.

Von Frankfurt war der Pietismus ausgegangen, und die oppositionellen Strömungen blieben stark. Die Amtszeit Speners war die Zeit, da um Frankfurt, etwa in Büdingen und Idstein, die furchtbaren Verfolgungen von Zauberei und Hexerei tobten.[51] Die Stadt Frankfurt war dagegen ein verhältnismäßig liberales Pflaster. Es kam nicht zu Verurteilungen in Hexenprozessen. Die freie Reichsstadt operierte seit 1525 zwischen den Konfessionen. Man war zwar protestantisch in Patriziat und Zünften und machte den anderen Konfessionen das Leben schwer, doch mußte man mit dem kaiserlichen Katholizismus einen modus vivendi

finden. Von den Kaiserkrönungen hingen Einfluß und Geschäfte der Stadt ab, von der Reichsunmittelbarkeit, der Untertänigkeit unter den Kaiser die Unabhängigkeit von den begehrlichen Landesherren. Das hat zu einer Mäßigung des religiösen Fanatismus beigetragen. Manche der adligen Herrschaften in der Umgebung gewährten den Ketzern Arbeitsmöglichkeiten. Doch mit einem Wechsel vom Vater zum Sohn konnte das Klima umschlagen. Das Isenburgerland bei Frankfurt war unter dem großmütigen Grafen Kasimir von Büdingen zur Zufluchtsstätte geworden. Er erklärte 1712: »Daß niemand sich etwas besorgen sollte, der sich etwa zu einer anderen Religion bekennt oder entweder aus Gewissensskrupel oder aus Überzeugung sich zu gar keiner äußeren Religion hielte ...«[52] Hier sammelten sich im 18. Jahrhundert Pietisten, Separatisten, Exulanten, Chiliasten und was es sonst noch an Sonderrichtungen gab. Sie wanderten hierher, wo sie frei leben konnten. Ein besonderes Zentrum der Vertriebenen bildete die Ronneburg, die ihnen zum Aufenthalt eingeräumt war; hier sammelte sich auch armes Volk und Abenteurer. Sie lebten in großer Armut, wie aus dem folgenden Zitat sichtbar wird: »Die Armen auf der Ronneburg nahmen die Brotspenden der Gräfin Zinzendorf zwar gerne, wollten aber nicht in die Bet- und Singstunden kommen und schon gar nicht nach der Ordnung leben. Es kam zu Unruhen und der Graf von Isenburg-Wächtersbach untersagte der Gräfin den Aufenthalt auf der Ronneburg. Mit einem kranken Kinde mußte sie am 11. Oktober 1736 die Burg verlassen. Sie begab sich nach Frankfurt.«[53]
Der Einfluß der Frauen in den Kreisen der Frommen war schon zu Speners Zeit bedeutend gewesen. Das zeigt Speners ausgedehnter Briefwechsel mit Frankfurter Frauen.[54]
In der vorindustriellen Gesellschaft findet sich der Ansatz zur Bewußtwerdung der Frauen, zur Formulierung und zur Organisation *ihrer* Bedürfnisse vor allem in den religiösen Bewegungen. Zentrale Epochen dieser Auseinandersetzungen bilden das frühe Christentum, im Mittelalter die weibliche Frömmigkeitsbewegung bis hin zu den Ketzerbewegungen, dann der Pietismus.[55] Die religiösen Reformbewegungen zeigen die folgenden sozialen Strukturen: Sie lösen die Klassenbindungen wenigstens zum Teil auf; sie schränken die Familie zugunsten der religiösen Gemeinschaft ein; sie setzen das ideengeleitete (gottesfürchtige) Leben, die Verbindung der Seele mit dem Göttlichen, an die erste Stelle der menschlichen Ziele. Immer geht es in diesen Bewegungen um eine geistige Erneuerung und zugleich um lebenspraktische Änderung. Im großen und ganzen repräsentieren sie eine dem patriarchalischen Familienmodell feindliche Organisationsform: das Verlangen nach einem »apostolischen Leben«. Im 18. Jahrhundert sind es die Herrnhuter, die

Inspirierten, die radikalen Pietisten, die Mystiker und Böhmischen Brüder. Sie alle richten sich auf Erlebnisweisen und Lebensformen jenseits des Erwerbssinns und der Alltagsvernunft. Die Menschen, die sich diesen Gruppierungen anschließen, ziehen durchs Land; viele wandern aus, missionieren oder sie gründen gemeinsame Siedlungen. Alle diese unkonventionellen Lebensformen gewähren den Frauen größere Teilhabe. Die Frauen sind wichtig, ihre Arbeit, ihre Kreativität.[56] Doch mit der Institutionalisierung von Reformbewegung, Ketzerbewegung oder alternativer Siedlung wird der Einfluß der Frauen zurückgedrängt. Warum es nicht gelungen ist, in diesen massenhaften Aufbrüchen von Frauen in den religiösen Bewegungen zu weiterreichenden Lebensformen und Forderungen zu kommen, ist unzureichend untersucht.[57]
Die Religion blieb ein Feld weiblichen Protestverhaltens und dennoch war die Rolle der Frau in den religiösen Bewegungen immer prekär. Es kam nicht zu Frauenorganisationen außerhalb der von den Männern dominierten Hierarchien.[58]
In der Kirche und bei den Ketzern und Bürgergemeinden geht es um die gleichen Probleme: Dürfen die Frauen das Wort ergreifen? Die Frauen radikalisieren die Fragen der Laienrechte. »Die Gräfin von Foix hat 1207 in Anwesenheit zahlreicher weltlicher und geistlicher Großer das Wort ergriffen in dem Disput, den Waldenser und Katharer auf der einen, Dominikaner und die Bischöfe von Toulouse und Couseran auf der anderen Seite führten. Ein Mönch hat sie angeherrscht: ›Geht hinweg zu Euren Spinnrocken, Herrin, es kommt Euch nicht zu, in dieser Versammlung zu sprechen‹.«[59]
Wenn die Frauen in der Gemeinde offen sprechen dürfen, die heiligen Texte selbst auslegen können, die Sakramente selbst spenden, dann wird offenkundig, daß sie der Vormundschaft des Mannes nicht mehr bedürfen, mehr noch, daß sie ihr zu Unrecht unterworfen sind. Dann fällt auch das Denksystem von der besonderen Sündhaftigkeit der Frauen in sich zusammen. Und dann können sich Frauen mit ihresgleichen als den Redenden identifizieren, als den Starken und Klugen, also ein Bild von sich selbst gewinnen, das sowohl mit der Tradition als auch mit der gesellschaftlichen Macht und mit Experimenten eigener Lebensformen verknüpft ist. Eben dieses Risiko hat die frauenfeindlichen Reaktionen in den religiös-sozialen Bewegungen verschärft.
Kehren wir zu Susanna zurück. Ihre geistige Entwicklung spiegelt sich in ihrer Bibliothek.[60] Nach ihrem Tode wurde ein Bücherverzeichnis angefertigt. In dieser Liste finden sich zwölf vollständige oder teilweise Bibelübersetzungen mit verschiedenen Auslegungen und Kommentaren, vierundachtzig Titel erbaulicher Betrachtungen, vierzehn philosophische Bücher, dreizehn Bände schöngeistiger Literatur. Die religiö-

sen Schriften überwiegen. Sie enthalten bekannte Namen der protestantischen Theologie und Mystik: Arndt, Zinzendorf, Lavater, Tauler, Arnold, Spener, Ötinger. Von 1747, der Zeit ihrer religiösen Wendung, bis 1774 bleibt Susanna von Klettenberg eine unruhig Suchende; ihre zunehmende Radikalisierung ist unübersehbar; der Weg führt weg vom Kirchenglauben. Ich möchte versuchen, den Radikalisierungsprozeß der Susanna von Klettenberg zu verstehen, auch das zu verstehen, was fremd und abschreckend wirkt.

Im Jahre 1756, mit 33 Jahren, hatte Susanna eine Vision vom Christus am Kreuz. Es ist dies das Jahr ihrer Trennung von Karl von Moser. Susanna liebte den Verheirateten, und sie erfuhr in dieser Beziehung die Entzweiung mit sich selbst: den Wunsch zum Ehebruch und Todeswünsche gegen andere. Wie aus ihrem Brief an Moser im Jahre 1774 hervorgeht, hat Susanna die Beziehung im Jahr 1756 in Heftigkeit abgebrochen:[61]

> »An Karl von Moser. 1774.
> am 21 Jan: geht ab, wenn
> er dazu erlautbnues bekomt
>
> An einem stillen Empfindungsvollen Abend, wo der Mond – jupiter und die Praechtige venus, in Nahmenloser Majèstet am Firmament funklen und mir *Jehova!* mit starcker stimme, in mein schmelzendes Herz ruffen, ueberleße ich ein mahl wieder Ihre beyde lezte Brieffe, mein Theurster Freund – in dem vom 9ten januar werden mir zwey sachen so wichtig daß mich duenckt: ich koente nichts Beßeres thun als meine Gedancken und Empfindungen gleich zu Papier bringen; weitlaeuffig wird es werden, weitlaeuffig muß es werden.«

Nach dieser Eröffnung schildert Susanna, wie sie dazu kam, nach acht Jahren Schweigen die Initiative zu ergreifen und an den verlorenen Freund zu schreiben:

> »Zu Ende verfloßnen May, oder anfangs Juni bin ich in Meiner Tante Garten, in einer kalten, zahlreichen Gesellschafft, unter vielen Dingen erwaehnt ein anwesender ganz naturelement – des Herrn President von M[oser]. Den Nahmen hatte ich in denen 8 Jahren offt gehoert – Nun aber schlaegt er mir wie ein wetter Strahl aufs Herz – ich konte nicht gleich klar kriegen was die Empfindung sagen wolte und fande nicht vor Ratsam pensive zu werden, ich verwiese also alles zur ruhe bis

ich in meine stille kaeme – so bald ich zu Hauß bin nehme ich mir Weill und Muße so still und ruhig als moeglich das noch immer anhaltende gefühl meines Herzens aus einander zu sezen und es zu fragen: warum es Unruhig klopffte – es brauchte nicht Viel untersuchung – gar deutlich und mit Zeichen einer tieffen Wehmut – sagte ich mir: ist es Moeglich? daß eine Verbindung wie unßere war, ein Uebergang – eine Nichts bedeutende afectenwallung solte gewesen seyn, die am Ende zerflatterte, und die wir beyden Vergeßen koennen und sollen *nein o nein*!«

Wir sehen, daß der Brief eine Vorgeschichte hat, die Initiative, als Frau die Freundschaft wieder aufzunehmen. Und Karl von Moser hat offensichtlich abwehrend auf ihren ersten Brief reagiert, denn Susanna sucht ihn zu beruhigen – hat er Furcht vor dem Gerede? Hat er Furcht vor der Erinnerung an ihre Beziehung?

»Aber Freund! ja, das gestehe ich Ihnen – Eine antwort vermuthete ich nicht, und von dieser Seite war mir die sache ein wenig demuethigend und daher kam auch der gezwungene Style – Aber es Muste geschrieben seyn – ich konte nicht zurueck. Dieses Bester Freund ist die Geschichte von dem seltensten Weg der Vorsehung der in Meinem Lebensgang vorkomt – dem deß Auge mich sahe da ich noch unbereitet war, bleibt er anheimgestelt und zur steten unmittelbaren fuehrung uebergeben. Alle meine Bedencklichkeiten hat ER ueberwunden – ich gehe Seinen weg, ER legitimire ihn. Nur wuensche ich mein Theurster daß die Furcht weg waere von der Sie mir Schreiben – Sie finden den Wunsch vieleicht sonderbar ich meyne aber doch er seye gut. Auß dem Andencken des Vergangenen entstuende solche, schreiben Sie – Werther Freund. wann wir von dem Vergangenen reden, und unß Tief beugen – vor Suender erkennen – so muß ich hier ein mahl vor alle mahl doch erinnern: daß das in dem Sinn zu verstehen ist wie Paulus sich vor den groesten unter allen Suender bekennet und dabey doch sagt nach der Gerechtigkeit die das gesez erfordere seye er unstraefflich in seinem Wandel gewesen. So koennen wir doch auch sagen. in allem dem was that – handlung heist – in dem was Menschen beurtheilen und richten *duerffen* trette ich getrost auf und sage allen Sterblichen und einem jeden individualiter in das Gesicht wir sind *unsträfflich* – und den Splitterrichter der mit falschen Brillen und durch Vergroeßerungs Glaeßer siehet fordere ich kuehn auff es in aehnlichen Faellen beßer zu machen. Bin ich zu Stolz? Das werden Sie der au fond die Sache so gut weiß wie ich, nicht sagen. was den Herrn betrifft was seinen Augen taugt, oder nicht; darueber wollen wir unß nicht Schmeichlen, aber auch nicht *Fuerchten* – bey Ihm ist gut sich beugen, das Gold wird Rein durch Seine Schmelzer Glut – und Gold ist doch unßere Freundschafft und bleibt es in der Hoelle zum Troz. Es braucht keine Glaß Glocke die wuerde mich sehr géniren – mein Porcelan Pueppgen muß Staub und lufft vertragen koennen. eins weiß ich, und das bereue ich – auß guter Meynung, aber mit Unverstand, bin ich ehemalen im abstauben zu unvorsichtig gewesen – und wenig fehlt, ja wenn es eine hoehere Hand nicht verhindert, so haette ich alles zerbrochen – keine Complimenten Freund auf diesem punct. wenn es scheint als ob der Eyffer vor des Herrn Hauß uns freße, so Eyffert man gewoehnlich vor sein eigen Ich. –«[62]

Hier werden Susannas Selbstbewußtsein und ihre Sprechweise sehr deutlich. Sie will die Wahrheit der Beziehung erfahren, ohne »Glasglocke«. Wie aus dem Brief hervorgeht, bereut sie ihre Heftigkeit. In ihrer Beziehung war auch die andere Seite des Glaubens sichtbar geworden: das Gesetz und das Verbot. Die Wendung zum Glauben war wie ein Schlüssel gewesen, der Susanna aus der Beschränktheit des Lebenskreises der bürgerlichen Frau zur Teilnahme an der kollektiven Entdeckung des Selbst geführt hatte. Jesus sollte ihre Wünsche legitimieren, ja ihnen Worte verleihen. Gleichzeitig aber bedeutete Jesus das Gesetz. Dieses Gesetz ist der Reflexion und dem menschlichen Wollen entzogen.
Im Kampf gegen die Leidenschaften schrieb Susanna um 1754 den Aufsatz »Von der Kinder Gottes unanständiger Tändelei mit Freunden«. Es ist ein Kapitel aus der Schrift über die Freundschaft, einer Aufsatzsammlung, die sie gemeinsam mit ihrer Schwester Mariane und von Moser verfaßte. Der Konflikt, den sie zu jener Zeit durchlebte, wird in ihrer Erörterung kenntlich:

»Alle Kreaturen, die wir lieben, müssen wir nur in dem Schöpfer lieben; gewiß eine schwere Kunst. [...] Die Liebe zu

Gott muß aber bei aller Schwachheit dennoch unseren Willen [das bedeutet hier: Wunsch, Trieb, U.P.] wie ein starker Damm einen Strom einschließen, vor dessen gewaltsamen Ausbrüchen man durch diese Mittel die nahen Felder zu verwahren suchet. Sobald wir etwas Irdisches und zumalen Freunde mit einer unerlaubten Anhänglichkeit lieben, sobald ist dieser Damm zerrissen, unser Wille schweift aus, und wie ein durchgebrochener Strom alles mit in seinem lauf hinreißt, so bemächtiged sich in solchem Fall, da wir mit einer abgöttischen Liebe einen Freund dem Schöpfer vorziehen, unser Wille sich aller Kräfte unserer Seele und ziehet sie dahin, wo er sich hinneigt.«[63]

Es ist die Erlebnisweise und die Bildersprache Werthers. Aber die Lösung ist eine andere. Sie führt zurück in die Ordnung und tabuiert die Wünsche. Auch die Sprache ändert sich. In der Formulierung der Verbote beschwört Susanna noch einmal all die barocken Gestalten der Seelenwelt auf:

»Ob diese gern gehörte Betrügerin [die Phantasie] zwar alle guten Eigenschaften unserer über das Ziel geliebten Freunde mit einem falschen Glittergold überziehet, so hat sie es doch am besondersten mit der in sich so besonders edlen Zärtlichkeit zu tun. Bei dieser schlägt sie ihr Gezelt auf und gaukelt und verbildet sie so, daß solche ihre ganze Natur verändert [...] und zu Tändelwerk wird.«[64]

Wie sollen Zärtlichkeit und Tändelei unterschieden werden? Der Unterschied, den Susanna markiert, ist künstlich. Sie verbietet sich die Wünsche mit gewalttätigen Argumenten:

»Lasset uns die Maienblumen nicht versäumen. Lasset uns Kränze tragen von jungen Rosen, ehe sie welk werden. Dies ist die Sprache der Wollust, wodurch die fleischlich-sinnlichen Menschen die Gaben und zugleich ihre Seele verderben.«[65]

Es gab für Susanna keine Lösung ihrer Liebesgeschichte, wie wir sie uns vielleicht wünschen würden. Ihre Kraft der Verneinung der Zumutungen eines bürgerlichen weiblichen Lebens gründete sich darauf, daß sie dem von ihr für wahr gehaltenen Prinzip gehorchte. So wandte sie sich von Moser mit dem Affekt des Entsetzens ab. Die Leidenschaft bedroht die Identität; der Körper muß sterben, um die Selbstachtung zu retten.

Goethe hat in den *Bekenntnissen einer schönen Seele* Susanna von Klettenberg die Vollkommenheit der moralischen Ganzheit zugeschrieben – zum Unwillen Schillers, der nicht sah, wie eine solche Integrität mit der Religion vereinbar sein sollte. Ganzheit heißt: prinzipiengeleitet, aber nicht starr. In diesem Sinn läßt Goethe Susanna sagen:

> »Nichts erscheint mir in Gestalt eines Gesetzes es ist ein Trieb, der mich leitet und mich immer recht führet; ich folge mit Freiheit meinem Gewissen und weiß so wenig von Einschränkung als von Reue.«[66]

War die Entscheidung gegen die Liebe Unterwerfung oder Selbstbehauptung? Es ist an dieser Stelle auf die Tatsache zurückzukommen, daß in der patriarchalischen Kultur des Rokoko die männliche Macht der Frau die Sinnlichkeit nur zugesteht, damit sie dem Mann gefalle. In dieser Welt kann die Frau nur als Strategin, als kalte Spielerin, die ihren Körper selbst vermarktet, agieren. Eine »liebende Frau« ist eine beschränkte Frau, ein Opfer. So gerät die Subjektivität der Frau, die Verweigerung als Spielobjekt, notwendig in die Nähe der Askese. Und: Man kann nicht alles haben, sich auf das Prinzip berufen und es über Bord werfen, wenn es stört. Das Prinzip des Glaubens bedeutet ja, daß die Ordnung, die Regel, bindet. Aber ausschlaggebend ist, daß die Liebe in dieser Zeit immer in Abhängigkeit führt – als Hausfrau oder als Maitresse. Der Konflikt ist gesellschaftlich vorgegeben. Er ist für die einzelne Frau nicht lösbar. Ich zögere zu sagen, daß Susanna sich gebeugt oder, psychoanalytisch ausgedrückt, daß sie sich mit dem Aggressor identifiziert habe. Dagegen spricht die weitere Radikalisierung ihres Denkens, die von der Idee der Toleranz und einer bemerkenswerten Lässigkeit bestimmt war.

So heißt es in *Dichtung und Wahrheit*:

> Wenn ich mich [...] als einen Heiden gab, war ihr dieses nicht zuwider, vielmehr versicherte sie mir, daß ich ihr so lieber sei als früher, da ich mich der christlichen Terminologie bedient, deren Anwendung mir nie recht habe glücken wollen; ja, es war schon hergebracht, wenn ich ihr Missionsberichte vorlas, welche zu hören ihr immer angenehm war, daß ich mich der Völker gegen die Missionarien annehmen, und ihren früheren Zustand dem neuen vorziehen durfte. Sie blieb immer freund-

lich und sanft, und schien meiner und meines Heils wegen nicht in der mindesten Sorge zu sein.«[67]

Susanna kann auf Feindbilder verzichten. Nur das imaginäre Gegenüber Jesus stabilisiert die Identität, nur hier ist die volle Anerkennung erreicht. Susanna muß daran festhalten, daß es diesen Gott gibt, daß diese Empfindungen, die ihre Vergegenständlichung im religiösen Bild finden, nicht aus ihr entspringen, nicht von ihr hervorgebracht werden, sondern ihr gegeben werden, daß sie göttlichen Ursprungs sind – daß es ein Gegenüber gibt. Das Beunruhigende bleibt. Darum darf sie Jesus nie vergessen.

»Löse mich von allen Banden
ach wie viele drücken mich
Mach des Feindes Rat zuschanden
Feßle Dir mein ganzes Ich
.. Nichts in Eigenheit besitzen
Nirgends ruhen als in Dir
Will mich fremde Glut erhitzen
Halte Deinen Fluch mir für.«[68]

Als Daniel Ohlenschlager versuchte, aus Susanna sein Objekt, seinen Besitz zu machen, zog sie sich vom Geschlechterkampf um Macht und Anerkennung zurück und entwarf sich die Liebe Gottes. Als sie in der Beziehung zu Karl von Moser sich ihrer Einsamkeit bewußt wurde, schuf sie sich in Jesus die ideale Entsprechung, den idealen Geliebten. Anders als Catharina Elisabeth Goethe, anders als ihre Mutter Margareta spaltet sie nicht in Tagesleben und Phantasiewelt; sie behält die Verfügung über ihren Körper. Aber die Welt, in der sie lebt, gestattet ihr nur die Verweigerung. Da ihre Ansprüche auf Anerkennung, Wechselseitigkeit und Gleichheit so ausgeprägt sind, daß sie die Ohnmacht der Frau nicht erträgt, kann sie in dieser Ordnung keine Ehe führen, kann sie nicht mit einem Mann leben. In ihrer Liebe zu Christus ist sie nun allein mit sich selbst. Der Vorrang der Imagination vor der Praxis, vor dem Leben in der Wirklichkeit, ist Susanna auferlegt. Es gibt keinen Ausweg. Ihre Gefühlswelt hat etwas vom kalten Feuer, vom bengalischen Licht. Die Bedeutung und die Gefahr der Imagination sind ihr bewußt; sie schreibt:

»[...] daß die Imagination unß zur Quelle des Verderbens wird – ich weiß es aus Erfahrung – wann Nun die Imagination mit Bildern solcher Dinge angefüllt wird, die uns reelle Seelig-

Exlibris der Susanna von Klettenberg

keit schaffen – sollte sie da nicht auch unßere Heiligung befördern?«[69]

Das Christusbild der Susanna von Klettenberg ist eine Phantasie über die Verschmelzung in der göttlichen Liebe. Es ist ein liebender Gott, dessen Wahrheit sich in dem Entzücken beweist, das die Versenkung in der Seele der Gläubigen hervorruft. Das Christusbild ist immer Körper, der durch Identifikation gefühlt wird.

»Ich bin mit Ihm ans Kreuz gehenkt,
Ich bin in Seinen Tod versenkt,
Ich steh in Seinem Blute;
Denn alles, was Er hat getan,
Das nehm ich mich ganz feste an;
Es kommt mir all zugute.
Sein Tod
Und Not,
Seine Bloeße,
Schlaeg und Stoeße,
Seine Wunden
Sind, als wann ichs selbst empfunden.«[70]

Sie, die sich nicht unterwerfen will, kann in der Phantasie – in der Rolle Jesu – die Passivität erträumen. In ihrer Identifikation mit dem göttlichen Leiden ist die Passivität von jeder Entwürdigung befreit. Es sind Träume von Hingabe ohne Demütigung.

»Sind als wann ich's selbst empfunden« – das ist nicht nur eine Redensart. Es sind Körperszenen, die von Susanna beschrieben werden; und immer ist das Thema die Begegnung und das Erkennen, ein in die Grandiosität erhobenes Gefühl des Aufgehoben- und Verstandenseins:

»Ach, ziehe mich mit Seilen holder Liebe
Weit ueber Zeit und Welt und Tod und Grabe hin!
Ein Strahl von Salems Licht befluegele die Triebe
Des mir durch Deinen Geist geschenkten Himmelssinn.
Ein Blick von jener Pforten,
Ein Lispeln derer Worten,
Die unaussprechlich sind,
Begleite mich an alle End und Orten,
Bis Dich mein Geist entzueckt
im Thron der Gottheit findt.«[71]

Wie dieses Gedicht zeigt, spielen dogmatische Fragen keine Rolle, es bedarf auch keiner Vermittlung durch den Priester oder ein Ritual. Da sind nur das einsame Ich und sein göttlicher Spiegel. Mit dieser Wendung um das Jahr 1757 gerät Susanna an die Grenze des Kirchenglaubens. Vor allem ist festzuhalten, daß dieser Gott nur lebendig ist im Erleben des Subjekts. Der Aussagegehalt der Theologie tritt zurück zugunsten des Erlebnisgehalts, und zwar so sehr, daß schließlich das Erleben selbst mit dem Inhalt – Gott – zusammenfällt. Dieses Erleben ist wesentlich Körpererleben. Der Körper gilt ihr als Medium, sich in den göttlichen Körper zu versenken. Sie vergewissert sich dabei ihres Körpers, und Gott wird so zum sinnlich erlebten inneren Bild. Das ist eine riskante Wendung: Die Versenkung in Christus ist das Medium, den eigenen Körper zu spüren und seine Sinnlichkeit zu vergegenwärtigen:

»Seitdem ich, Jesus, Dich erblicket,
Seitdem Du mir Dein Herz entdeckt,
Seit Du mich an die Brust gedruecket,
So ist ein Durst nach Dir erweckt,
Der sich mit gar nichts anders stillet,
Der sich stets im Genuß vermehrt,
Und der, wird er nicht ganz erfuellet,
Sich oft beinah in Pein verkehrt!«[72]

Wie aus zahlreichen Hinweisen in Susannas Texten hervorgeht, sah sie Christus verklärt am Kreuz:

»Das Wasser, das am Kreuz herausgeflossen,
Hat mir Dein Geist ins Innerste gegossen;
Das quillt, bis es ins glaesern : in jenes Meere dringt,
Wo man das Lied von meinem Lamme singt.

Du holdes Lamm, Du Ursprung aller Wonne,
Du Lebensfuerst, Du aller Geister Sonne!
Ich habe Dich schon lange mein genennt
Und doch die Kraft des Bluts nicht recht erkennt.

Nun hast Du selbst mir seinen Wert entdecket!
Ich hab entzueckt die Sueßigkeit geschmecket,
Die, Fels des Heils, aus Deinen Wunden quillt
Und meinen Durst erreget und auch stillt.«[73]

Susanna von Klettenberg.
Selbstbildnis in Nonnentracht

Es geht in diesen Strophen um einen Gedanken, den Susanna von Klettenberg bis zu ihrem Tod immer weiter radikalisiert: den Unterschied zwischen Wissen (»Ich habe dich schon lange mein genannt/ Und doch die Kraft des Bluts nicht recht erkannt/«) und sinnlichem Glauben: Schmecken, Verlangen und Entzücken. Damit rückt Susanna in die Nähe jener, die bald darauf Gott als die große Phantasmagorie des vollendeten Menschen erkannten:

»An Lavater 4. August 1774
Das Andencken – des schoensten unter den Menschen – des besten unter den Soehnen – die Ewig unaußloeschliche eindruecke seines Holden Umgangs – so hinuebersezen – sich so aufschwingen – daß die erwartung einer zukunft – die all das genoßene – wie ein Traum-bild machet – unßer ganzes Herz erfuelle das sind lebenskraefte einer Neuen welt – die Aber doch nach meinem Favorit Gedancke ganz gewis Phisisch auf unß wuercken mueßen – weill sie eindruecke in unßerer einbildungskraft nicht außloeschen – sondern – ich kan nicht sagen erhoehen dann wir bekomen kein ander bild – sag du es – genug mir ist es unendlich sanft Niemand nach dem Fleisch zu kennen.«

In modernen Begriffen haben wir hier eine Form der Meditation vor uns, eine Anleitung zur Vermittlung von Glaubenssätzen und Körpergefühlen. In der Meditation erfolgt eine kontrollierte Regression, das Aufsteigen vergangener Körpererfahrung. Der Glaube wird zu einem Weg der Vergegenwärtigung und Verfügung über das eigene Empfinden. Das bedeutet, daß Susanna ihre Identität in einem imaginären Paar begründet. Sie erschafft sich selbst in Jesus.
Es ist das nicht Susannas biographisches privates Problem. Im Gegenteil, es ist die Kraft ihrer Persönlichkeit, die den Konflikt ausleben muß, weil sie stark ist. Ihr sind alle Kollektive verschlossen: die Kirchengemeinde, die Freundschaft, die Liebe zum Mann. Sie erfährt diese Lebensformen aus der Perspektive der radikalen Selbstverwirklichung als Schranken. Sie kann nicht glauben, was sie nicht selbst erschafft; die Freundschaft gerät an die Grenzen der Fremdheit und des Nicht-Verstehens; die Liebe will aus ihr einen Teil im Lebensplan eines anderen machen. Der Anspruch auf Selbstbestimmung und Vollkommenheit schließt reale Beziehungen aus, weil diese alle ein Moment von Fremdbestimmung haben.
Wir können sagen, daß sich in dieser Haltung eine Traumatisierung

spiegelt. Susanna hat die Fremdbestimmtheit der Frauen, die Erfahrung der weiblichen Abhängigkeit als unbewußtes Angstbild in sich (und die Verachtung der Frau, die ein Dasein im Schatten zu führen hat, die verachtet wird, weil sie machtlos ist, die auch dann verachtet wird, wenn sie vom Mann angebetet wird). Die Überwindung dieses Konflikts besteht darin, daß sie sich zum alles erzeugenden Ich macht. Die Phantasie versenkt sich in den Körper Christi, nicht in die Vorstellung eines realen Geliebten. Die Liebesleidenschaft gibt dem Geliebten, was Susanna von Klettenberg ihrem inneren Bild Christus geben will. Es ist eine schwierige Verflechtung. Sollen wir sagen: Flucht vor der Wirklichkeit? Oder sollen wir sagen: Das ist der Weg der klugen Jungfrau, die zwar bereit wäre zu lieben, aber nicht in dieser Weltordnung? Braut Jesu, das heißt, sich einer Imagination der Vollkommenheit hingeben, die in der Wirklichkeit unerreichbar bleibt.[74]

»So lasse mich dann auch die Stadt des Herrn sehen,
Soviel als mir davon in Deinem Worte liegt.
O koennte ich das Wort in seiner Kraft verstehen!
So haette ich genug, so waer mein Wunsch vergnuegt.

Jerusalem, wann werd ich deine Tore grueßen
Und jauchzend mit der Schar ins Haus des Herren gehn,
Ins Allerheiligste, wo wir im Licht genießen,
Was wir hier nur verdeckt gleich als im Spiegel sehn.«

Mit dieser Begründung ihrer Identität hat sich Susanna dem Zugriff der äußeren Realität auf ihre Selbständigkeit entzogen. Allerdings ist diese Identität höchst artifiziell. Sie steht sozusagen auf dem Kopf, denn sie ist selbsterzeugt. Es ist ein furchtbarer Gedanke, sich in einer Welt selbsterzeugter Bedeutung zu bewegen, sich im Raum der eigenen Erfindung aufzuhalten. Es bedeutet nichts anderes als die restlose Einsamkeit mit der Verdopplung im göttlichen Spiegel.
Das tiefste Geheimnis Susannas ist abgründige Einsamkeit in einer Imagination, in der nichts mehr da ist als die Erfahrung eines grandiosen kosmischen Daseins. Die Eismeere und der Sternenhimmel sind die kongenialen Bilder solcher Empfindungen. Diese Entrücktheit ins Menschenleere, die Abkehr von der äußeren Welt in eine phantastische Allmacht sind Wahn und Wahrheit zugleich – Wahn, weil die Grenzen überschritten werden, die den Menschen zum Handeln mit anderen in der Realität bestimmen; Wahrheit, weil das Unfaßliche des Gegensatzes von Menschensinn und einer gegen alles einzelne gleichgültigen Ordnung der Dinge nur als Grenze der Vernunft, also als Anschauung

ins Bewußtsein aufgenommen werden kann. Die Einsamkeit – diese Dimension von Susannas Erfahrung faßte Goethe in das Bild vom Wesen der Seherin Makarie. (Er nahm dabei Vorstellungen von Swedenborg auf, den Susanna zum Gegenstand ihrer Kontemplation gemacht hatte.) Was diese Stelle mitteilt, ist die Verschiebung des Zentrums in der Verschmelzung mit dem Göttlichen. Es geht nicht um Philosophie, sondern um Psychologie:

> »Makarie befindet sich zu unserem Sonnensystem in einem Verhältnis, welches man auszusprechen kaum wagen darf. Im Geiste, der Seele, die Einbildungskraft hegt, schaut sie es nicht nur, sondern sie macht gleichsam einen Teil desselben; sie sieht sich in jenen himmlischen Kreisen mit forgezogen, aber auf ganz eigene Art; sie wandelt seit ihrer Kindheit um die Sonne, und zwar in einer Spirale, sich immer mehr vom Mittelpunkt entfernend und nach den äußeren Regionen hinkreisen. – Oft sah sie zwei Sonnen, eine innere nämlich und eine außen am Himmel, zwei Monde, wovon der äußere in seiner Größe bei allen Phasen sich gleich blieb, der innere sich immer mehr und mehr verminderte. [...] Aus ihren Angaben ließ sich schließen, daß sie längst über die Bahn des Mars hinaus der Bahn des Jupiter sich nähere. Offenbar hatte sie eine Zeit lang diesen Planeten, es wäre schwer zu sagen in welcher Entfernung, mit Staunen in seiner ungeheuren Herrlichkeit betrachtet und das Spiel seiner Monde um ihn her geschaut, hernach aber ihn auf die wunderseltsamste Weise als abnehmenden Mond gesehen, und zwar umgewendet, wie uns der wachsende Mond erscheint. Daraus wurde geschlossen, daß sie ihn von der Seite sehe und wirklich im Begriff sei, über dessen Bahn hinauszuschreiten und in dem unendlichen Raum dem Saturn entgegenzustreben.«[75]

In Susannas Gedichten finden wir die Euphorie der Erfüllung als Vorstellung einer Begegnung und eines Erkennens, das Bild von dem göttlichen Bräutigam und seiner Braut. Die Sexualisierung des Glaubens ist unübersehbar, doch schafft sich Susanna ein Gegengewicht gegen die Gefahr der Regression in sexuelle Phantasien durch ihre Dichtung. Sie beginnt, in diesen Zirkel zwischen Ich und Gott, die ununterscheidbar werden, ein Drittes einzufügen: den Ausdruck, die Sublimierung in der künstlichen Formgebung.

Susanna ist so sehr moderne bürgerliche Subjektivität, daß sie keine andere Wahrheit annehmen kann als die ihrer eigenen Erfahrung. Aber es bleibt die Doppeldeutigkeit: Die eigene Kraft erscheint als die Kraft Gottes. Der Umgang mit sich selbst und den eigenen Wünschen nimmt die Gestalt des Dialogs mit Jesus an. Die Sehnsucht nach sinnlicher Lust sucht sich ihren Weg in Phantasien. Susanna hat sich in diesem Gott entfremdet. Doch ist es nicht der religiöse Masochismus, der für das 19. Jahrhundert und seine Frömmigkeit so charakteristisch ist. Trotz der Wundenmetaphorik steht im Zentrum von Susannas Gotteserleben nicht die Thematik des Opfers, sondern die Euphorie der Erfüllung, deren sinnlicher Hintergrund nicht verschwiegen wird.

Der androgyne Gott

In das Erinnerungsbuch einer Freundin schrieb Susanna 1747 folgendes Gedicht:

> »Dem Leibe nach getrennt,
> Dem Herzen nach verbunden,
> In einem Element,
> In Jesus Blut und Wunden;
> Das ist der schöne Ort,
> Wo wir beisammen sein,
> Da schließe uns der Geist
> Mit Muttertreue ein.
>
> *Catharina Susanna de Klettenberg*«[76]

Das Gedicht zeigt Susanna mit den Vorstellungen der Herrnhuter vertraut. Daß Gott auch das Weibliche einschließt, war ein Gedanke, der von ihnen in Liedern und Gedichten immer wieder vorgebracht wurde. Sie faßten den Heiligen Geist als weibliches Prinzip auf. Dieser Aspekt wurde auch theologisch formuliert, jedoch nicht in Texten, sondern charakteristischerweise in Liedern, wie hier bei Susanna oder bei Zinzendorf. Mißbilligend bemerkt die *Kirchengeschichte Hessens*:

> »[Ihre] Lehre von der Dreieinigkeit entstellte die Aussage des Glaubensbekenntnisses. Gottvater, das männliche, und der heilige Geist, das weibliche, hätten in ewiger Zeugung dem

> Sohn das Leben geschenkt. Jesus, der Sohn, habe die Menschheit als seine Braut geschaffen. Um die abgefallene Menschheit zu erlösen, mußte er sich vom heiligen Geiste neu schaffen lassen als Mensch [. . .] Da die Gemeinde als Braut weiblich gedacht war, erschienen auch die Menschenseelen weiblich und die Gemeinschaft im Glauben als die Hochzeit der Seelen mit dem Himmelsbräutigam.«[77]

Doch gehen die Lieder über eine so geordnete theologische Vorstellung noch hinaus. Die Versenkung in das Erleben Gottes und die Beschreibung jenes Erlebens durch die Gläubigen ließen auch jene Körperbilder aufsteigen, die zu der Imago des Weiblich-Mütterlichen führen und die aus der patriarchalen Religion ausgesperrt sind. Die Vorstellung, beim Öffnen der Seitenwunde sei die neue Gemeinde, die Braut, in Erscheinung getreten (geboren worden), ist eher eine Hilfskonstruktion, um dem Bedürfnis Ausdruck zu verleihen, diesen Männer-Gott zu einer androgynen Gestalt zu machen. Es gibt aber nicht nur das mütterliche Moment, es sind auch erotische Motive im Spiel. Die Bilder, die sich alle auf den Körper Christi am Kreuz beziehen, auf Wunden, Blut und Schmerzen und den Triumph darin, gelten der etablierten Kirche in ihrer ekstatischen Sinnlichkeit als ungehörig. Hahnstein bezeichnet die Lyrik Susannas schlicht als peinlich.[78] Man liebte es, wie bei Zinzendorf, die peinlichen Stellen zu übergehen, um mit leichter Hand eine fromme Seele und gebildete Persönlichkeit in den Zug der Kulturgeschichte einzuholen und stillzustellen. Der Psychoanalytiker und Zürcher Theologe Oskar Pfister kam in seiner Analyse 1924 (*Die Frömmigkeit des Grafen Zinzendorf*) auch keinen Schritt weiter als bis zu der Erkenntnis, daß Menschen, die nicht der Sexualhygiene des protestantischen Pfarrhauses teilhaftig werden, nur ungesunde Gedanken entwickeln können. Pfister schreibt: »Die von der natürlichen Verwendung ausgeschlossenen sexuellen Begierden tobten sich . . . mit orgastischer Intensität im Reich der religiösen Fantastik aus.«[79] Verräterisch spricht Pfister im Vorwort von der »zensurierten wohlanständigen Religiosität«, die auch dann noch zu schätzen ist, wenn immer wieder verdächtige Triebregungen aus ihr hervorscheinen. »Dürfen wir die Blume verachten, weil sie mit Hilfe des Düngers oder Jauche erblühte?«[80]
Doch der Rausch gehört zur mystischen Religiosität, und dieser ist dem Heiligen wohl näher als die Amtskirche, die sich in ihrem männlichen Gotteshimmel bequem eingerichtet hat. Die Erfahrungen des Göttlichen und der Körper-Lust werden synonym. Im Rausch werden auch

die Geschlechter getauscht – so in einem Text Zinzendorfs, dessen Werke sich in Susannas Bibliothek zahlreich fanden. Zinzendorf sieht sich hier als Frau, die von Jesus umarmt wird:

> »Wenn die (Leibes-)Hütte wird zurechte gemacht seyn, und wird auch in dieselbe Creuz-Lufthaftigkeit verwandelt seyn, daß nichts irdisches, nicht das geringste von dem groben Duft und von der schweren Luft mehr wird übrig seyn, sondern alles zu lauter Wunden-Aether geworden seyn wird, es wird alles, auch die ganze Hütte verwandelt seyn in einen solchen Creuz-Luft-Leib, ähnlich dem verklärten, und dem mit Wunden marquierten, und dazu noch mit dem Seiten-Höhlgen ausgezierten Leibe, dem ähnlich zu werden nicht in seiner Marter-Gestalt, nicht in seiner Ehe-Gestalt, nicht in seiner Dignität, in *seiner Bräutigams*-Gestalt; *sondern in der Braut-Gestalt, in der Jungfrauen-Gestalt, in der Magd-Gestalt, in der er mich umarmen, an seine Wunden drükken und ewig behalten kan*: wenn das wird so weit seyn, wenn die Hütte wird so weit bereitet seyn, da will ich wieder in sie hinein fahren, da wird meine Seele wieder hineinziehen, und drinnen wohnen, und da wird sie auch das sehen, das hören, conversiren, ohne die geringste Ausnahme mit dem Leibe theilen, was sie bis dahin alles genossen hat. Indessen küssen uns die blassen Lippen viel tausendmal aufs Herz.«[81]

Oskar Pfister erkennt richtig, was so offenkundig ist, daß es schon die Zeitgenossen sahen, da ja die Zinzendorfschen Lieder es offen formulieren: »So peinlich es uns Leser berühren mag, Zinzendorf schildert mit aufdringlicher Beredsamkeit das ›Seitenhöhlchen‹ als weibliches Genitale, und zwar einerseits als Geburtsorgan, andererseits als Ort der maximalen Befriedigung.«[82] Es ist nicht nur die Gleichsetzung der Gotteserfahrung mit dem Liebesakt, die Pfister als unmoralische Abweichung empfindet, obwohl die mystische Tradition diese Gleichsetzung immer kannte. Es ist vor allem dies: Bei Christus, der Zentralgestalt der Versenkung, tauchen zunehmend weibliche und mütterliche Züge auf. Die Phantasie ist aber weniger verkürzt, als Pfister das wahrnimmt, der immer nur an den Koitus denken kann.

> »Ihr geschwister! wir sind dazu geschaffen, in seinem Arm zu schlaffen. Wenn ma's hätte eher bedacht, ehe er noch die geöffnete Seite gehabt, da hätte man doch schon können sagen:

ich will in seinem Arm schlaffen, ich will um ihn herum seyn, ich will an seiner Seite seyn; da wäre ohngefähr ein Hohes-Lied herausgekommen, wie wir eins in der Bibel haben: die schönsten Flekgen wären freylich die Weissagungen aufs künftige gewesen, die so manchmal mit untergelauffen; aber eigentlich hätten wir's doch nicht zu nennen gewusst. Jetzt aber, nachdem der ganze Leichnam des Heilands consumirt [...], so können wir nicht an seinen Arm denken, drinnen zu schlaffen, oder es muss uns allemal das Seitenhöhlgen mit einfallen; denn wir können nicht in seinem Arm schlafen ohne das Seitenhöhlgen zu berühren, ohne an dem Seitenhöhlgen zu seyn, zu liegen und zu rühren: wir können uns auch nicht concipiren draussen zu seyn; denn weils in der heiligen Schrift eine enge Thür genennet wird, durch die wir zum Leben eingehen müssen, und unsere alte Theologi das auch so verstanden haben: durch deine aufgespaltne Seit mein' arme Seele heimgeleit; so können wir'n uns nicht anders concipiren, als hinein zu gehen, um inwendig zu Haus zu seyn; nicht nur an ihm zu liegen, sondern in ihm daheim zu seyn. Und so wie die leibliche Creatur in seiner Allgegenwart lebet und schwebet, also lieget eben die geistliche Creatur, die erlösete, die gefreyete, die ehemals zur Braut auserwehlete und wieder retablirte Creatur in seinem Seitenhöhlgen in dem ganzen verdienst seiner Wunden, in dem Centro aller seiner Wunden und seines Bluts, dahin alles zusammen geschossen, von da es auf den Erdboden zur Salbung und Heiligung und Weyhe der verfluchten Erde heraus gestürtzt ist. Da geht denn alles Sehnen und Verlangen hinein, Leib und Seel fahrt da hinein!
So lange man in dem Gange geht, so lange einem so ist, so Braut-Herzig, so Brust-Blat-Jünger-mäßiglich, so Marie-Magdalenelich, auf Mensch-Sohnszeichen zitterlich, so lange hats keine Noth vor der geringsten Trokkenheit.«[83]

Es geht um orgiastische Bilder von der Rückkehr in den Mutterleib. Diese Phantasie steht, wie Ferenczi gezeigt hat, in direkter Beziehung zum Erleben des Orgasmus. Zugleich erscheint in der Lyrik deutlich ein Übergang vom leidenden Körper zur ersehnten Landschaft, die dieser Körper auch ist, in dem die Gemeinschaft der Seelen der Gläubigen sich niederläßt. Ganz sinnlich sind es Bilder der Rückkehr in den Leib Gottes, der als Höhle aufgefaßt wird. Besonders auffallend sind die imaginären Größenverhältnisse. In den Phantasien sind die Gläubigen klein, ja winzig, gegenüber diesem Körper, der die Welt ist – eine warme, feuchte Welt mit Phantasien über Wasser und Blut, die zugleich unheimlich, die Ekelschranke hervorrufend und verlockend ist. Dieser Christus ist Mann und Frau. Das männliche Geschlecht ist verhüllt und tabu. Das Thema der Phantasien sind die Wunden und Wundmale, die Seitenwunde. Es sind weniger orgiastische als Höhlenbilder, geschützte Orte, in denen die Gläubigen, »die Kleinen« sitzen.

Man kann wohl sagen, daß diese Bilder der mütterlichen und der tiefen Körperbedürfnisse dem erstarrten Protestantismus und dem christlichen Dogma Wege einer neuen Erlebniswelt und Kraft der Symbolbildung eröffneten. Interessant ist, daß diese sinnliche Erfahrung, die Susanna von Klettenberg und Zinzendorf mit anderen unterdrückten Traditionen des religiösen Erlebens, mit Ketzern und Wiedertäufern teilte, in der Überlieferung auf eine Weise erinnert wird, die fast komisch ist. Diese Sängerinnen und Sänger des Religiösen, die die »große Mutter« Gottheit neu entdeckten – nicht in der Gestalt einer gezähmten Maria, sondern im Göttlichen selbst –, dienen nun als Exempel für die Fortentwicklung der deutschen Sprache. Als sei diese Sprache nicht der Ausdruck und das Medium der gelebten Konflikte, als sei die Sprache vom Inhalt zu trennen.

Trotz der Züge von Emanzipation in diesen oppositionellen religiösen Gemeinschaften ist festzuhalten, daß es nicht zu einer Radikalisierung solcher Tendenzen oder gar zur offenen Formulierung von Gleichheitsvorstellungen kommt. Wohl gewinnen die Frauen an Macht und trägt das Bild Gottes weibliche Züge, doch bleibt es ein nicht eindeutiges, letztlich in dieser Kultur nicht bewußtseinsfähiges Moment.[84]

Im Juni 1774 schreibt Susanna an Lavater[85]:

> »so eben bekam einen Unvermutheten besuch von einem alten bekannten der vor 15 Jahren nach Herrnhut in die Gemeine gienge – ein Mezger – der unter den rohen Leute von seiner Profeßion sich immer durch ein sehr sanfftes weßen auszeichnete – ich habe mich seiner gefreuet Er liebt Jesum – das war unser Communications punct – in Nebensachen giengen wir nicht ein. erzehlte auf mein forschen manches von denen Missionen der Gemeinde in den kalten und Heißen Ländern – der poste den sie an dem biß Her so unbekanten Südpol unter denen Esquiumos gefaßt ist doch etwas sonder-bares.«

Etwa um 1757 beginnt sie die innere Verwandtschaft ihrer religiösen Erlebnisse und ihrer Glaubenshaltung mit den Vorstellungen des Grafen von Zinzendorf zu bemerken. Dietrich Meyer beschreibt die Wesensmerkmale brüderlicher Frömmigkeit wie folgt: »Die Mitte dieser Frömmigkeit ist die Persönliche Gemeinschaft mit dem gekreuzigten Christus, der in der täglichen Gebets- und Lebensgemeinschaft als real gegenwärtig erfahren wird. Die Brüdergemeine [...] verknüpft die in der Taufe geschehene neue Geburt des Menschen mit einem Prozeß des steten Sicheinlebens und Sicheingewöhnens in Art, Schicksal und Wesen Jesu [...] »Das besondere der Brüdergemeine ist darin zu sehen, daß sie die Christusgemeinschaft nie nur individuell, sondern vor allem als Bruderschaft und Teilhabe der ganzen Gemeine am Leib Christi erfahren hat und erfährt.«[86]

Auch der Hallische Pietismus hatte das Erweckungserlebnis durch Versenkung in Schuldgefühl und Selbstentwertung zu erreichen gesucht und gelangt zu einem euphorischen Erlösungsgefühl, das um die Phantasie kreist, aus dem Nichts zur unverdienten Teilhabe am Göttlichen erhoben zu werden. Auch hier stellen die Gläubigen das Erleben ins Zentrum und suchen die Wahrheit dieser Erfahrung jenseits von Ritus und Dogma aus der Erlebnisqualität zu begründen. Mit der Sünden- und Schuldthematik des Hallischen Pietismus konnte sich Susanna nicht identifizieren. Aber das war nicht alles. Weshalb hat sie sich den Herrnhutern zugewandt? In den *Bekenntnissen einer schönen Seele* heißt es über Susannas Auseinandersetzung:

> »Mir war es ernst mit meiner Seeligkeit. Bescheiden vertraute ich fremdem Ansehen; ich ergab mich völlig dem Hallischen

> Bekehrungssystem und mein ganzes Wesen wollte auf keinem Wege hineinpassen. Nach diesem Lehrplan muß die Veränderung des Herzens mit einem tiefen Schrecken über die Sünde anfangen; das Herz muß in dieser Not bald mehr, bald weniger die verschuldete Strafe erkennen und den Vorgeschmack der Hölle kosten, der die Lust der Sünde verbittert. Endlich muß man eine sehr merkwürdige Versicherung der Gnade fühlen, die aber im Fortgange sich oft versteckt und mit Ernst wieder gesucht werden muß. Das alles traf bei mir weder nahe noch ferne zu. Wenn ich Gott aufrichtig suchte, so ließ er sich finden und hielt mir von vergangenen Dingen nichts vor. Ich sah hintenach wohl ein, wo ich unwürdig gewesen, und wußte auch, wo ich es noch war; aber die Erkenntnis meiner Gebrechen war ohne alle Angst. Nicht einen Augenblick ist mir eine Furcht vor der Hölle angekommen, ja die Idee eines bösen Geistes und eines Straf- und Quäl-Ortes nach dem Tode konnte keineswegs in dem Kreise meiner Ideen Platz finden.«[87]

Hier wird die geistliche Motivation Susannas anschaulich beschrieben. Aber geschah ihre Annäherung an die Herrnhuter nicht auch aus Hunger nach Gemeinschaft, nach der Überwindung der Einsamkeit, als Versuch, aus der Abgeschlossenheit im mystischen Paar mit Jesus herauszufinden zu einer Gruppe, die nicht nur die geistlichen Erfahrungen, sondern auch die Wendung gegen die bestehende Ordnung teilte? Die Geschichte der Herrnhuter verdeutlicht die Dynamik alternativer Lebensentwürfe im 18. Jahrhundert.

Im Unterschied zu anderen Gruppen trafen sich die Herrnhuter nicht nur zum Gebet, sondern sie schufen sich eine gemeinsame Lebensorganisation, die einem Kloster oder Stift zu vergleichen wäre. Sie lebten in gemeinsamen Siedlungen von Ackerbau, Handwerk und ihren Schulen. Der Höhepunkt der Siedlungsbewegung lag in der Zeit von 1738 bis 1750, die bedeutendsten Einrichtungen standen bei Frankfurt: Marienborn und Herrnhaag mit über tausend Mitgliedern.[88]

Das 18. Jahrhundert wurde von vielen Menschen als Zeit des Untergangs erlebt. In ganz Deutschland gab es religiöse Gruppierungen, die den Anbruch des Reiches Gottes erwarteten. Wunderglauben, Visionen, magische Vorstellungen gewannen Zulauf. Das soziale Elend, die Verarmung der Bauernschaft und die Übervölkerung des städtischen Handwerks lenkten die Hoffnung auf das Jenseits, die ewige Gerechtigkeit.

Auf diese Bevölkerungsgruppen übte die Herrnhutische Gemeinde um Zinzendorf starke Anziehung aus. Der Graf Nikolaus Ludwig von Zinzendorf (1700–1760) hatte auf seinen Ländereien die Ansiedlung mährischer Glaubensflüchtlinge zugelassen.
Ob die Tradition wirklich über die Hussiten in die Bauernkriege zurückreicht, ist umstritten, weil in der Geschichtsschreibung der Böhmischen Brüder-Unität ein Riß von fast einem Jahrhundert klafft.[89] Neben der religiösen Tradition verweist Manfred Schlosser in seiner Studie *Genossenschaften im 18. Jahrhundert* auf das soziale Motiv für die Gruppenbildung: »Es waren Kleinbauern, Häusler, Ausgedingler, sowie einzelne Handwerker. [...] Erst später sind tatsächlich einige Nachfahren der Mährischen Brüder nach Herrnhut gekommen.«[90] Jedenfalls wurden diese Bauern vom Grafen von Zinzendorf als freie Schutzuntertanen seiner Gutsherrschaft anerkannt und von Dienstbarkeit und Leibeigenschaft für alle Zeiten freigesprochen. Zugleich konstituierte sich die Gemeinde als religiöse Lebensgemeinschaft. Die Gemeindeorganisation war in Herrnhut, in Marienborn und Herrnhaag die gleiche. Die Verbindung der Seelen mit dem Göttlichen war das oberste Ziel. Durch Glaubensintensität sollte sich der Einzelne auszeichnen, nicht durch Besitz. Die Frauen durften das Wort ergreifen, Ämter übernehmen, den »Chören« vorstehen. Die Leitung blieb jedoch patriarchalisch nach dem Vorbild der Bibel. Die sogenannten Chöre waren Frauen- bzw. Männergemeinschaften, aber auch Gemeinschaften nach Altersgruppen, die ein Haus zusammen bewohnten und eine gemeinsame Kasse führten. Die Chöre waren zunächst für die »ledigen Brüder und Schwestern« gedacht; sie sicherten deren Lebensunterhalt. Im Alter bestand berechtigte Aussicht, von der Gemeinde versorgt zu werden. Das Verharren im Stande des Ledigseins war akzeptiert. Wer nicht gewillt oder nicht in der Lage war, eine Familie zu gründen, konnte hier anders leben. Für die ledigen Schwestern ergab sich zudem die Möglichkeit, ohne die finanzielle Abhängigkeit von oft unwilligen Verwandten ein selbstbestimmtes Leben führen zu können – und sie waren nicht gezwungen, aus »Versorgungsgründen« eine Ehe einzugehen.[91] Die ganze Lebensauffassung stand im Gegensatz zu dem sich gesellschaftlich herausbildenden Besitzindividualismus. Die Gemeinden führten mit ihrer kollektiven Lebensführung und der sozialen Solidarität sowie einer besseren Stellung der Frau eine gesellschaftliche Alternative vor.
In der politischen, ökonomischen und religiösen Situation des 18. Jahrhunderts erforderten solche alternativen Niederlassungen größte Geschicklichkeit – in Geschäften, Diplomatie, Organisation. Ohne Nikolaus von Zinzendorf und Erdmuthe Dorothea von Reuß, seine Gattin,

Nicolaus Ludewig
Graff von Zinzendorff und Pottendorff
Bischoff der Mährischen oder Herrn=
huthischen Brüder gemeine ſſ.
gestochen von Haas, in Hamburg. 1750.

war die Bewegung nicht zu denken. Es waren Kenntnisse und Verbindungen nötig, die nur Mitglieder der Oberschicht haben konnten. (Von Anfang an bildete diese Tatsache eine Belastung für die demokratische Entwicklung der Gruppe.) Wie die Lage war, zeigt sich daran, daß die Gegnerschaft der böhmischen Krone, der lutherischen Geistlichkeit und des Adels so stark wurde, daß der Graf von Zinzendorf von der Landesregierung aus Kursachsen verbannt wurde. Das war 1736. 1738 mietete Zinzendorf vom Grafen von Isenburg-Meerholz das Schloß Marienborn und machte es zum Mittelpunkt der Brüdergemeine. 1738 begann der Bau der Siedlung Herrnhaag. Bei dem Gesuch an den Landesherrn um Aufnahme erklärte die Brüdervertretung:

> »Die Leute würden sich mehrenteils durch Etablierung einer Wollen- und Linnenfabrik, mit Arbeiten in Stahl, Eisen und Leder und mit andern dem Lande zuträglichen Hantierungen zu nähren suchen, und Niemand im Gewerbe Abbruch tun, sich der landesherrlichen Obrigkeit, wie andere freien Landsassen, unterwerfen, sie verlangten dagegen ein freies Religions-Exerzitium ...« Aufgrund dieser Bedingungen wurden sie aufgenommen, die »Einrichtung ihres Gottesdienstes und ihrer Kirchen-Disziplin erlaubt, mit dem Vorbehalt, daß vor Berufung eines Pfarrers die landesherrliche Zustimmung einzuholen sei.«[92]

Wie stark das Bedürfnis nach einem alternativen Leben war, erkennen wir daran, daß fünf Jahre später hier tausend Menschen lebten. Eher mißbilligend charakterisiert die *Kirchengeschichte Hessens* das Zusammenströmen von Unzufriedenen:

> »In Herrnhaag wohnten Leute aus aller Herren Länder, aus Sachsen und Württemberg, aus Frankreich und England, aus Holland und Livland. Adelige und Bettler hatten Aufnahme gefunden. Freiherrn von Bibra, von Wattewil, von Marschall, von Seidlitz wohnten in Herrnhaag. Unglückliche und Glücksritter, reiche Witwen, unversorgte Mädchen, Erweckte und Heuchler: alle hatten sich eingefunden. Die seltensten und seltsamsten Besucher kamen in die neue, aufblühende Stadt, um zu lernen und zu spionieren.«[93]

Wie die Berichte über Herrnhaag und die Ronneburg belegen, bildete die große Gruppe von Unzufriedenen aus den verschiedenen Lagern

der Gesellschaft den Kern der Mitgliedschaft: Arme, Deklassierte, Unzufriedene, alle die in Opposition zum absolutistischen Staat, zur Amtskirche, zur Familienordnung standen – sozial gesehen ein Potential an Protest und Wut. Von dieser Dimension des sozialen Konflikts – bei den Armen von Traumatisierung durch Verfolgung, Hunger und extremer Lebensunsicherheit – ist auszugehen.
Einen Einblick in die soziale Zusammensetzung der sympathisierenden Gruppen in Frankfurt geben uns die Berufe derer, die 1737 zur strengen Befragung durch die lutherische Geistlichkeit vorgeladen wurden. In der *Kirchengeschichte von Frankfurt am Main* lesen wir:

> »Unter den Vorgeladenen befand sich unter anderem der Lehrer des Armen-, Waisen- und Arbeitshauses, Magister Sigwart, der sich vorher durch Fernhaltung vom Abendmahl, sowie durch ein gegen die Geistlichen gerichtetes satirisches Gedicht [wohlgemeintes Hochzeitslamento] in dem er sich über die [lieblosen und karrieristischen, U.P.] Eheschließungen der Pfarrer aussprach, großen Anstoß gegeben hatte. [...] Ferner erschien auch ein Doktor Juris Joh. Nik. Rücker, der noch entschiedener als Sigwart auftrat. Die übrigen Glieder des Kreises gehörten dem Handwerkerstande an; besonders finden sich unter ihnen viele Schuhmacher. Auch ein Reformierter, der Perückenmacher Biefer war vorgeladen, da er in seinem Hause Versammlungen abgehalten hatte.«[94]

Ohne formell mit der Amtskirche zu brechen, lief die Gestaltung des Gemeindelebens in Herrnhaag auf eine Spaltung der Kirche hinaus. Nicht nur bei den Herrnhutern gab es zu jener Zeit Gotteserlebnisse, Visionen, Inspirationen, auch im Gebiet von Frankfurt etwa bei dem Sattler Eberhard Ludwig Gruber oder dem Schuhmacher Andreas Schick und anderen. Die unterschiedlichen Bekenntnisse hatten manches gemeinsam: Einerseits trieb der Individualismus, den die Selbstbeobachtung und Innerlichkeit der Frommen hervorbrachte, zu einer Abgrenzung des Einzelnen von den anderen, zu seiner ganz eigenen Verbindung mit Gott. Andererseits entwickelten sich Formen gegenseitiger Hilfe unter Überwindung der Familienbande. Diese sozialen Gemeinschaften mit ihren kollektiven Lebensformen, mit dem Gottesrausch und dem Verschmelzungserlebnis in den Gruppen, die dem Spirituellen den Vorrang vor dem Diesseitigen, der Gruppe den Vorrang vor der Familie, der Solidarität und dem Lebendigsein in Christus den Vorrang vor dem Besitz einräumten, stellten eine Bedrohung der Amtskirche dar. In Frankfurt wurde die offizielle Gründung einer Herrnhutischen Gemeinde mit Gewalt unterbunden. Der Hauptfeind war der »Senior Fresenius«, der Leiter der lutherischen Geistlichkeit. Er war der Beichtvater Susanna von Klettenbergs und Catharina Elisabeth Goethes. Hermann Dechent berichtet:

> »Es kam bald zu heftigen Streitigkeiten, in denen Fresenius sehr leidenschaftlich wurde, als er entdeckte, daß seine besten und anhänglichsten Zuhörer sich sämtlich auf die Seite der Gemeinde neigten. Susanna sieht darin eine gesegnete Demütigung für den sonst von ihr hochgeschätzten Mann, dessen menschliche Schwächen ihrem scharfen Blicke nicht entgangen waren, wie auch eine Bemerkung gegen Lavater über ihn beweist, die für alle ernsten Seelsorger recht beachtenswert ist: ›Sobald er Beifall erhielt, weg war der Geist und Segen!‹ [...] Nicht nur daß eine Pfarrfrau, Frau Griesbach, sich beteiligte, auch ein lutherischer Kandidat, Daniel Andreas Claus hielt sich zu dieser heimlichen Herrnhutischen Gemeinde, trotz mancher Schwierigkeiten, die ihm Seitens seiner kirchlichen Oberbehörde bereitet wurden. Ihm verdanken wir eingehende Mitteilungen über diese Herrnhutischen Privaterbauungen, welche dem Senior Fresenius schweren Kummer bereiteten, auf die Claus aber auch als Greis noch ohne Reue zurückblickte, wiewohl er inzwischen längst lutherischer Geistlicher geworden war. Es kam so weit, daß der widerstrebende Kandidat nicht mehr öffentlich predigen durfte und deshalb die Stadt verließ um seinen Gesinnungsgenossen Steinhofer im Württembergischen aufzusuchen. Schwerer war es, den übrigen Gliedern jenes Kreises entgegenzutreten, da sie meist in unabhängigen Verhältnissen lebten. Wir fügen hier die Namen der wichtigsten Teilnehmer an jenem Konventikel bei: Legationsrat Moritz und dessen Frau, Frau Rath Goethe, Doktor med. Senckenberg, [...] Rebekka Petsch, nachmalige Frau Pfarrer Claus und Hausgenossin von Susanna von Klettenberg, Herr von Moser, Doktor med. Metz ...«[95]

Es gelang der Amtskirche, die offizielle Gründung einer Herrnhutischen Gemeinde in der Stadt Frankfurt mit Drohungen und Gewalt zu verhindern. Zugleich suchte man nach Möglichkeiten, Marienborn und

Herrnhaag den Boden zu entziehen. Das gelang auch. Der Tod des Grafen Ernst Casimir war auch das Ende von Herrnhaag und Marienborn. Der Sohn und Nachfolger war gegen Zinzendorf eingenommen.

Persönliche Zufälligkeiten spielen eine Rolle. Sie zeigen zugleich die Aussichtslosigkeit des Unternehmens. Die Existenz-Bedingungen der Alternativ-Siedlung lassen sich nicht kontrollieren. Heinrich Steitz schreibt in der *Geschichte der Evangelischen Kirche in Hessen und Nassau*:

> »Die Beziehungen des Büdinger Grafenhauses zum dänischen Königshof hatten einst günstig auf Zinzendorfs Niederlassung im Isenburgischen eingewirkt. In Dänemark war ein Umschwung eingetreten: Zinzendorf war in Ungnade gefallen! 1749 übernahm Gustav Friedrich nach dem Tode seines Vaters Ernst Casimir in Büdingen die Regierung. Der junge Graf, dänischer Oberst und Kammerherr, hatte nicht die Gabe, eigene Meinungen sich zu bilden. Es wird nicht abwegig sein anzunehmen, daß die neue Einstellung gegen Zinzendorf in Kopenhagen auch den Büdinger Grafen beeinflußte.
>
> Ernst Casimir bewunderte den neu aufblühenden Ort Herrnhaag. Er hatte oft seine Gäste dahin geführt. Gustav Friedrich war wohl nicht frei von Neid, als er die neue Residenz in seiner Nachbarschaft beobachtete. Zinzendorf konnte auch wie ein Graf residieren. Zinzendorf breitete gräflichen Glanz aus. Bei den Festen der Brüder erstrahlte Herrnhaag im Lichterglanz. Weithin leuchtete die Grafenresidenz auf dem Herrnhaag. Nur eine halbe Stunde vom alten Schloß in Büdingen entfernt war ein neuer Mittelpunkt entstanden, der dazu geistige Bedeutung angenommen hatte.«[96]

Im Jahr 1750 wurde die Siedlungserlaubnis für Herrnhaag aufgehoben. Der Erlaß vom 12. Februar 1750 lautete:

> »So ordnen, wollen und befehlen wir euch kraft unserer landesherrlichen Hoheit und Botmäßigkeit gnädig doch ernstlich, aus unserem Lande und gesamten Grafschaft ruhig und euren Ehren unbeschadet abzuziehen, als wozu wir euch die Reichskonstitutionsmäßige Frist von 3 Jahren hiermit zu dem Ende ansetzen, damit ihr euch inzwischen nach eurer Gelegenheit einen anderen Aufenthalt ausmachen könnt.«

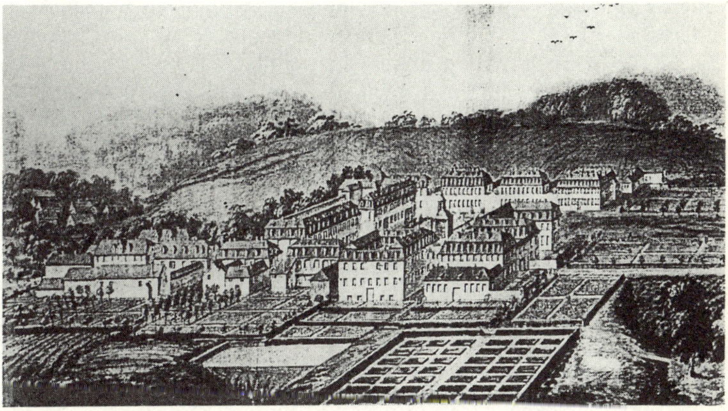

Der Brüdergemein-Ort Herrnhaag in der Wetterau, um 1750

Zinzendorf fügte sich und bat in einem Schreiben vom 12. April 1750 an den Regierungsrat Bauer: »Lassen Sie mich die Emigration still, demütig, ruhig und selig besorgen.« Am 12. Februar 1750 wanderten 90 ledige Brüder nach Pennsylvanien. Gegen Ende des Jahres waren bereits annähernd 500 Herrnhuter ausgewandert. Die französischen Brüder hatten sich nach Neuwied begeben, die andern nach Sachsen, Holland, England und Amerika. Mit Ablauf der dreijährigen Frist war die Auswanderung vollzogen. Ungefähr 1000 Herrnhuter waren aus der Wetterau ausgezogen. Am 18. Juli 1753 wurde der geräumte Ort Herrnhaag einem Regierungskommissar des Büdinger Grafenhauses übergeben.[97]
Interessant ist der Grund für die Ausweisung. Er bestätigt noch einmal die sozialpolitische Brisanz dieser eigenständigen Lebensorganisation. Es ging nämlich um die Frage der landesherrlichen Kontroll- und Polizeigewalt und um die kirchliche Kontrolle. Die Herrnhuter wählten ihre Pfarrer, und diese repräsentierten zugleich geistliche und weltliche Gewalt. Sie vollzogen Amtshandlungen, ohne vom Landesherrn bestätigt und von der Kirche eingesetzt zu sein. In der Klageschrift heißt es:

> »Fremde kamen nach Herrnhaag, ohne daß die Polizei etwas davon erfuhr. Anfragen der Regierung wegen derartiger Unregelmäßigkeiten erfuhren keine rechte Beantwortung, weil am Ende aller Befragungen die abschließende Antwort stand: ›Der Heiland will es!‹«[98]

Der nachmalige Pfarrer Claus, der als junger Theologe wegen seiner Abweichung zu seinem Vorgesetzten Fresenius zitiert wurde, erinnert sich als alter Mann: »Seine Zumutungen empörten meinen zur republikanischen Freiheit gereizten Geist und mein Herz.«[99] Aber die Herrnhuter als Gruppe reagierten auf die Zumutungen und die Gewalt, die ihnen angetan wurde, nicht mit republikanischer Empörung, sondern eigenartig passiv, mit Unterwerfung und Flucht nach innen. Es ist so, als ob die anderen, die sie unterdrückten, ihre Botschaft besser verstanden hätten als sie selbst. Eine Chance wird vertan. Die bedeutenden Ansätze zu kollektiver Solidarität gehen in Bigotterie und Missionierungsdrang unter. Warum unterwarfen sie sich? Warum gelang es nicht, ein Gottesbild zu entwerfen, das den Wunsch nach Gerechtigkeit zum Ausdruck brachte? Am Ende steht eine Religiosität von erbaulicher Harmlosigkeit.
Betrachten wir noch einmal die innere Geschichte der Herrnhutischen Gruppe. Der äußere Druck und die Ungerechtigkeit, die ihnen entgegenschlägt, bleiben nicht ohne Folgen für die Entwicklung der religiösen Gemeinschaft. Die Gemeinde neigt zu Feindbildern, Abschottun-

gen, unduldsam elitärem Selbstbewußtsein. Das Bedürfnis nach Schutz und Sicherheit befördert den autoritären Führungsstil, dem sich allerdings Zinzendorf selbst immer wieder entzieht. Aber es gibt Schwierigkeiten mit der Autorität, dem Verhältnis von Führung und Gruppe. Der Autoritarismus war natürlich nicht der Anlaß für die Verfolgung. Die Kritik von außen machte sich vor allem an den religiösen Praktiken fest, den Liedern, Gesangsformen, Sprachformen und an der Praxis unverhüllter Zärtlichkeit der Gläubigen untereinander, die sich auf Jesus berief. All dies wurde von der Amtskirche scharf beobachtet, angegriffen und aufgebauscht.[100]
Der Ton der Polemik und die Gewalttätigkeiten sind für die Verfolgung von Minderheiten charakteristisch. Fresenius kämpfte in Frankfurt, indem er den Herrnhutverdächtigen alle Möglichkeiten verlegte, einen Beruf auszuüben. Die Verdächtigen wurden vor die Kirchenbehörde geladen:

> »Die Erweckten waren eingeschüchtert. Zum Teil fehlte ihnen die Kenntnis der Gesetze, zum Teil schwand ihnen der Mut, vor dem Konsistorium und der Kommission zu bekennen. Die Kommission berief sich allein auf ihre Macht und stellte nun die Fragen, die – sei es beantwortet oder unbeantwortet – den Vernommenen zum Verhängnis werden mußten.«[101]

Es ist deutlich zu beobachten, daß die emanzipatorischen Tendenzen in dieser Gruppe dem fortgesetzten sozialen Druck nicht standgehalten haben. Zwei Komplexe bilden sich heraus – und sie sind für Gruppenprozesse, die den dominanten gesellschaftlichen Tendenzen zuwiderlaufen, charakteristisch:
- die Verdrängung des sozialpolitischen Konflikts und damit sozialpsychologisch die Problematik der Aggression.
- die Verdrängung der Autonomiewünsche und damit verbunden die Problematik der Sexualität.

Was machte die Gruppe unfähig, sich in »republikanischer Empörung« der Legitimität der eigenen Entwürfe gegen die Gesellschaft zu versichern? Offenkundig setzte sich in der Gruppe eine Tendenz zur Regression durch. Diese Regression bedeutete die Zerstörung einer realitätstüchtigen Alternative zur gegebenen kulturellen und politischen Ordnung. Die Gruppe wird hilflos, weil es im Verlauf der Regression zu einer Sexualisierung der Religion kommt, die immer direkter auf orgiastische Phantasien bezogen wird. Meiner Auffassung nach wurde die Auflösung demütig hingenommen, weil der Gruppenprozeß selbst

Ängste und Schuldgefühle auslöste. Die religiöse Praxis der Jahre 1740 bis 1749 ist bis heute nicht wirklich dargestellt worden. In dieser sogenannten »Sichtungszeit« kam es offensichtlich zu sexuellen Triebdurchbrüchen, die als religiöses Verschmelzungserlebnis verstanden wurden.[102]

In Wirklichkeit war das Problem nicht »sexuelle Triebhaftigkeit«. Die Tendenz zur Regression war die Folge der Ängste in einer feindlichen Welt. Die Regression vollzog sich in Schritten. Wir wollen dies genauer betrachten, denn wir finden hier einen Hinweis, warum die religiösen Gemeinschaften zum Rückzug aus der Wirklichkeit – und damit zur politischen Selbstentmündigung – neigen:

1. Der Konflikt mit der sozialen Ordnung, die Unzufriedenheit und die Suche nach Alternativen werden mit christlich-urkommunistischer Brüderlichkeitstechnik interpretiert bzw. legitimiert.

2. Christus legitimiert den Protest, und *seine Auserwählten* können die Weltordnung angreifen. Das »Auserwähltsein« schützt vor der Angst, macht Mut, aber gerade hier liegt der Ansatzpunkt für die Neurotisierung. Die Auserwählten sind die Reinen. So verknüpft sich die Angstbindung mit dem christlichen Askese-Gedanken. Die Angst vor den gewalttätigen Feinden in der Wirklichkeit wird unsichtbar, wenn die Auserwählten nur mit ihrem inneren Feind beschäftigt sind – der Unreinheit, der Sünde in ihnen selbst. Plötzlich kehrt die verleugnete Angst als unendliches Schuldgefühl zurück, jeder ist sündig, und der Zirkel von Selbstbeobachtung, Selbst-Liebe, Selbst-Haß beginnt die Menschen zu absorbieren. Das Ich bedient sich der religiösen Motive des Askese-Gedankens, um Angst und Wut zu verleugnen.

3. Betrachten wir die Gruppe um Zinzendorf, so sehen wir diesen Mechanismus der Angstbewältigung am Werk. Es kam noch etwas hinzu: die Wiederherstellung der Eltern-Kind-Beziehung. »Mama« und »Papa« heißen Erdmuthe und Nikolaus von Zinzendorf für die Gemeinde; »Mutter« heißt die andere zentrale Frau der Gruppe, die energische Anna Nitschmann, die zweite Ehefrau Zinzendorfs.[103] Hierin verbarg sich zunächst nichts anderes als die Sehnsucht von Heimatlosen und sozial Hilflosen nach Geborgenheit und einem angesehenen Platz in der Ordnung. Aber zugleich bedeutet das: Unter dem Druck der Wirklichkeit wurde aus der Brüder-und Schwesterngemeinde eine Kindergemeinde. Auch hier erkennen wir die Mechanismen der Abwehr: »kleine und unschuldige Kinder« wollten sie sein, die gar nicht verstehen, warum die Kirche und die Welt sie haßt – und an diesem Haß war kein Mangel.

4. Das Kind-Schema, das Elternbild, wurde zum Modell für das Verhältnis zwischen Christus und der gläubigen Seele. Das Bild der sanften

Kindlichkeit kontrastiert dem äußeren Druck und der Ungerechtigkeit, die ihnen entgegenschlagen. Die Abkehr von der Außenwelt, die Wiederkehr des Verdrängten (der Aggression gegen Machthaber und bürgerliche Weltordnung) als individuelles Angst- und Schuldgefühl und der Schritt von der Weltbetrachtung zur Selbstbeobachtung leiten zu einer Sexualisierung des Erlebens. Die eigene Sünde ist die Unsittlichkeit. Der Körper wird zum Gegenstand der Betrachtung. Es kommt zu einem Wechselspiel zwischen sexuellen Phantasien und Selbstzucht und zur Verschiebung der sexuellen Wünsche auf die Imagination des Umgangs zwischen Seele und Jesus. Die inneren Ängste hindern die Gruppe, den Freiheitsgewinn in der Gruppe wirklich für sich zu realisieren. So wurde ihr Gott zwar der liebende Gott – Jesus der Freund –, aber dem korrespondierte eine zunehmende Kontrollwut, die sich in Herrnhut in der Etablierung eines Bekenntnis- und Beobachtungssystems zur wechselseitigen Überwachung der Gruppenmitglieder untereinander äußerte. Alles unterlag der Kontrolle, der Beobachtung, der Kritik. Zärtlichkeit mit Jesus und in der religiösen Praxis wurde vom Umgang der Menschen untereinander und von der Einschätzung der individuellen Triebwünsche zunehmend scharf abgegrenzt.

> »Die Zahl der Aufseher und Helfer nahm laufend zu. Die Helferkonferenz mit den Ältesten an der Spitze wurde die leitende Behörde für die inneren und äußeren Angelegenheiten. [...] In den Konferenzen der Helfer und Ermahner wurde über ›Fehltritte‹ einzelner Mitglieder verhandelt, die dann ausgesprochenen Ermahnungen wurden als seelsorgerische Hilfe für den Betreffenden verstanden: ›Wenn jemand fehlet, so soll er sichs vor keine Schande achten, deswegen vorgefordert, ermahnet und bestrafet zu werden. Solches soll er in Liebe und Demut annehmen ...‹ Der Tadel sollte den Helfern und Ermahnern vorbehalten bleiben.«[105]

5. Betrachten wir die Situation der Gruppe, so verstehen wir die Dynamik, die schließlich die demokratischen Momente zerstörte. Als erstes Moment sehen wir eine zunehmende Irrealität im Erleben der Gruppenmitglieder:
- Zinzendorf regelte die Beziehungen zur Außenwelt;
- nach innen setzte eine Hierarchisierung des Alltags ein (fortgeschrittene Seelen bewachen die schwachen Seelen), also ebenfalls eine Tendenz zur Infantilisierung;
- das Gleichgewicht zwischen sozialen Erfahrungen und dem Verstehen dieser Erfahrung, d. h. der Prozeß kollektiven Lernens, wird un-

terbrochen zugunsten einer Einfügung in die vorgegebene Ordnung der Gruppe und zugunsten einer Ersatzbefriedigung, die an die Stelle der Selbstverwirklichung im Sinne der Vermittlung zwischen Wünschen und Außenwelt tritt. Diese Ersatzbefriedigung wurde in Herrnhaag »das religiöse Erlebnis«.

– Das religiöse Erlebnis war der Rauschzustand, nach welchem es die Gruppenmitglieder nun unentwegt verlangte – ein Verschmelzungserlebnis, das wenigstens einen Augenblick schuldfreien Glücks bescherte. So die Beschreibung eines ›Brüderfestes am 21. Mai 1748‹: »Christel [der Sohn Zinzendorfs, U. P.] bildet den Mittelpunkt des ganzen Festes; er leitet es ein durch Gebet ›mit einem besonderen Seitenhöhlchens-Gefühl. Das Seitenhöhlchen fing schon an zu wittern, daß es nicht zu beschreiben ist!‹ Nachdem der jugendliche Älteste darauf in der Frühstunde die Gemeinde auf den mystischen Zusammenhang des Brüderchors mit dem Seitenhöhlchen hingewiesen hatte, erreichte das Fest in der Vormittagsversammlung seinen Höhepunkt. Schon als Christel mit seinen 30 Chorarbeitern in weißen Talaren den Saal betrat, war es manchen, ›als käme das Lämmlein selbst in den Saal hinein‹. Und als Christel statt längerer Rede sich damit begnügte, darauf hinzuweisen, ›daß das Seitenhöhlchen unser Chor leibhaftig umarmen werde‹, weil er nicht mehr sagen könne, ›denn es sei ihm zu höhlchenanbetend und zerfließend vor seiner Nähe‹, da machten diese wenigen Worte einen solchen Eindruck, daß bei der nachfolgenden Einsegnung einzelne so in Ekstase gerieten, daß sie nicht mehr allein aufstehen konnten. Das ganze Fest war mehr ein Feiern ohne Worte, ein hingenommenes, seliges Weinen und Wimmern.«[106]

Das religiöse Erlebnis wurde nicht wie in der Mystik einsam, streng, kontemplativ aufgesucht, sondern es wurde in kollektiven Ritualen produziert, etwa in den Litaneigesängen wie dem folgenden Wechselgesang:

A »Deine willige Passion
B Deine Bluttaufe
A Dein Schweiß im Bußkampfe
B Ihr Ritzen von der Dornenkron,
A Blasse Lippen,
B Speicheltriefender Mund,
A Bespiene Wangen,
B Gebrochene Augen,
A Blutiger Schaum vom Rücken,
B Zerschwitzte Haare,
A Offne Arme,

Das anbeten vor dem HERRN. I *Prosternation devant le Seigneur.*

PEDILAVIUM. das Fusswaschen der Schwestern.

B.B. *Einige Diaconißen, die eben so viel Schwestern die Füße wäsche*

B O ihr heiligen fünf Wunden,
A Lehre uns die Leidsamkeit!
B Zünde hin durch Gottes Erdboden!
A Dünst uns über Leib und Seel!
B Zeichnet uns an den Stirnen!
A Küßt uns aufs Herz!
B Daß du niemand anspeien müssest!
A Daß uns der Vater nicht anspeien dürfe!
B Seht uns zu den Augen heraus!
A Wasch uns unsere Füße!
B Trocknet sie!
A Nehmt uns!
B Machts wie Elias! Wir wollen das Kind sein (2. Kön 4,34).«[107]

Die Funktion der Sprache ist hier bemerkenswert. Sie ist das vereinigende Moment der Gruppe – das Medium eines gemeinsamen Phantasierens. Während alle realen Paare – Liebe und Freundschaft – überwacht und verfolgt wurden, begaben sie sich in die kollektive Verschmelzung und zugleich in die große Einsamkeit, denn jeder war nun soviel wie der andere in Christus. Diese Form repressiver Kollektivität versöhnt nicht die Individuen mit ihrer Gemeinschaft, sondern sie verleugnet die Individuen. Das autoritäre Kollektiv konstituiert sich über den Führer – und hier verfloß die Idee Jesus mit dem Führer Zinzendorf. Wir können vermuten, daß die Gruppe von einem kollektiven Wahn nicht mehr weit entfernt war, als Zinzendorf unter dem bedrohlichen Druck der Amtskirche folgenden Brief an die Schwestern und Brüder verfaßte, den sogenannten »Strafbrief Zinzendorfs an die Gemeinde«, der einen Eindruck von dem hilflosen Rückzug vermittelt. Mit diesem Strafbrief wurde die Periode der orgiastischen Religiosität abgeschlossen. An deren Stelle traten nun autoritäre Vermeidungsvorschriften. Sie machen noch einmal sichtbar, worum es im Gruppenprozeß ging. Die erotische Poesie, die sich auf den Körper Christi bezieht, wird nun als gefährlich verboten. Spontane Zusammenschlüsse innerhalb der Gemeinde werden untersagt. An die Stelle der beängstigenden Rede, die die tabuierte Sinnlichkeit immer erneut zum Thema machte, tritt die Aufforderung, sich konventionell zu benehmen. Der soziale Konflikt mit der Außenwelt wird ausgeblendet. So heißt es dort:

»Meine Geschwister. Nach der mir von dem Lämmlein an Euch gegebenen Macht zu bessern gebiete ich Euch im Namen Jesu Christi:

1. daß niemand mehr ein Diminutivum brauchen soll, das

kein Diminutivum in der Deutschen Bibel hat. Niemand soll mehr sagen oder schreiben: Schätzel, Seitenhöhlchen, Närrchen, Bräutel; am allerwenigstens aber soll man solche Diminutiva in ein Verbum verwandeln und sagen: schätzeln usf.«[108]

oder:

»*17*. Ein lediger Bruder, der überführt werden kann, daß er die Heilige Seite des Heilands auf die Art, wie es unsre Gegner beschrieben, oder nach einem mir selbst bekannt gewordenen Exempel betrachtet und darüber, es werde auch noch so unschuldig erklärt, gesprochen hat, der soll darum ein Jahr vom Abendmahl ausgeschlossen werden [...] Überhaupt ist die Lehre vom Seitenhöhlchen schon überjahrt und gehört in die Sakristei zurück, bis auf ein andermal.«[109]

Nicht nur die Sinnlichkeit der Sprache über Gott – überhaupt alle Rede über Sexualität soll unterbleiben:

»*3*. Wer in Chören, es sei männlichen oder weiblichen Geschlechts, mit jemandem einen fleischlichen oder fleischlich klingenden Diskurs führt, es sei historisch, relatorisch [erzählend], beichtweise oder wie man's erklären will, der soll sogleich aus der Gemeine oder wenigstens aus seinem sämtlichen Chor exoziert [entfernt], und wenn er oder ein anderer den, dem er's erzählt, überführen kann, daß er dazu gelacht, geredet oder den Diskurs auch nur angehört, der soll, wenn er ein Amt hat, das Amt verlieren, und wenn er keins hat, so soll er vom Heiligen Abendmahl ausgeschlossen sein, und wenn er noch nicht zum Abendmahl geht, dem Gemein-Gericht zur Bestrafung übergeben werden.«[110]

Hierher gehören auch die Verbote der theatralischen Spiele der Gruppe mit den verführerischen Engelskleidern[111]:

»*10*. Alle aus guter Meinung eingeführten oder gemachten extraordinären Anstalten in Kleidern und anderen an sich ganz unsündlichen Niedlichkeiten sollen eine Zeit lang von Jahren und Tagen gänzlich kassiert sein, die weißen Talare beim Heiligen Abendmahl und der Taufe ausgenommen, welche in der Lutherischen und Englischen Kirche ohnehin rezipiert und in der Heiligen Schrift, Neues Testament geehrt sind; die auch in den allerersten Christenzeiten so rezipiert gewesen. Ob aber dergleichen von ganzen Gemeinden geschehen solle, wie ehemals in Albis [weißen Kleidern], und allenfalls von welchen, das soll erst auf dem Synodo geprüft werden. An sich wäre es schön und lieblich. Wir sind nur noch ein gar zu gemischt Volk.«

Verfängliche Situationen und sinnlicher Umgang werden nun als solche benannt und verboten[112]:

»*11.* Wenn ein lediger Bruder, unter waserlei Praetext [unter welchen Vorzeichen] es sei, in einem Spezialumgang mit einer Schwester – Ledigen, Verheirateten oder Verwittibten – attrapiert [angetroffen] wird, der soll sowohl als die Schwester, die sich mit ihm eingelassen, ein ganzes Jahr vom Heiligen Abendmahl suspendiert werden. Hingegen soll in Konferenzen, öffentlichen Gelegenheiten, Hausumständen und ungefähren Begegnungen nichts affektiert [hochgespielt] werden, außer wenn es im Finstern und Einsamen geschieht, da muß es notwendig eine jedesmalige Untersuchung passieren.
19. Wer eine Schwester außer Amts- und Landessitte, noch mehr, wer auch einen Bruder frech küßt oder einige Gebärden auch unter Brüdern macht, wie sie leichtsinnige Menschen auch machen, item: wer einige dergleichen Worte redet, er deute sie wie er wolle, der soll für sein gegebens Ärgernis ein Jahr oder doch ein Vierteljahr vom Heiligen Abendmahl bleiben. Das versteht sich von Leuten, die jemals Weltmenschen gewesen und in der Gemeinde sind. Fremde Nationalbrüder und unschuldige Kinder sollen zensuriert und nach Befinden gehandelt werden.
20. Wer beim Friedens- und Abendkuß küßt, daß es schmatzt, und die respektable Gemeinart entweder nicht kann oder nicht will lernen, der soll nach zweimaliger Erinnerung vom Küssen wegbleiben. Und wenn's ein allgemeines Übel ist, so soll der Friedens- und Abendkuß gar suspendiert werden.«

Eine Lösung für die Problematik der Gruppe – die Flucht in die Regression – war es natürlich nicht, daß an die Stelle der phantastischen orgiastischen Dynamik nun die rigide Kontrolle trat. Die Aufsicht wird verstärkt; spontane Zusammenschlüsse werden untersagt[113]:

»*8.* Alle Privatsozietäten, die ohne Vorwissen der General-Arbeiter gemacht sind, sollen schlechterdings aufgehoben sein.

9. Alle Privatliturgien, die ohne Vorwissen der jedesmaligen Gemeindekonferenz in Chören angestellt sind, sollen in actu (während der Abhandlung) von den Gemeindeältesten können besucht und auseinander geboten werden.«

Die abstützende Identifikation mit Zinzendorf als dem Vater wird abgebaut, ohne daß eine vernünftigere Ordnung eingesetzt würde[114]:

»*23.* Es ist aus Pennsylvanien eine scharfe Erinnerung wegen des Vater-Namens an mich gekommen, ob nun wohl dieser Name bei mir keinen geistlichen Sinn hat, weil ich ihn eigentlich nur den gnädigen Herrn aus der Gemeinde zu bringen toleriert und er mithin nichts als einen Oekonomischen und Familien-Vater designiert. Weil gleichwohl die Familie zu groß wird und viel hundert ja tausend sind, die mich weder so ansehen können noch von mir als Korrelata [wechselseitige Entsprechungen] dieses Namens angesehen werden, so finde ich für gut, daß dieser Name zugleich cessiere. Ich finde dazu keine bequemere Gelegenheit als die gegenwärtige... Es bleibt also die Abrede unter uns, meine Frau nach wie vor die Mama, die Anna [Nitschmann] nach wie vor die Mutter, mich aber, zur Vermeidung aller Logomachie [Streit um Worte] und scheinbarer Kontradiktion mit des Heilandes Worten, nicht mehr Papa zu nennen, sondern zu abermaliger Vermeidung aller Standes-Distinktionen und außerdem unfehlbarer Propalierung [Verbreitung] meines Namens, den ich schlechterdings supprimiert wissen will, in der Mährischen Kirche und auf dem Synodo den Ordinarius und in vita communi [im Alltagsleben] den Subsenior zu heißen.«

Es kann nicht bezweifelt werden, daß sich Zinzendorf hier seinen Feinden und Verfolgern unterworfen hat, mit großer Wahrscheinlichkeit nicht aus Taktik, sondern weil die Spannungen und Dynamiken zur inneren Anerkennung der Vorwürfe der Gegner führten. Der Schluß des Briefes zeigt die Position, von der aus Zinzendorf im Jahre 1749 spricht – eine autoritäre Entscheidung, die er aus der Ferne mitteilt, die Forderung nach bedingungslosem Gehorsam[115]:

»Her zu mir, wer dem Herrn angehört, und wer ungehorsam ist, der wird sein Urteil tragen, er sei wer er wolle!

London, den 10. Februar 1749 Euer Bruder Ludwig

2. S. Wenn ihr mir nicht folgt, so will ich nicht nur mein Amt gänzlich niederlegen bei allen Gemeinen und aus denselben zu seiner Zeit einen neuen Auszug nach Jesu Herzen machen, sondern ich will auch zum voraus versichern, daß des Heilands Ältesten-Amt auch cessieren wird. Ich weiß, wohinter ich stehe, und kann mir nicht helfen.«

Zinzendorf zog das Resümee: Das Ideal der Gemeinde war zerbrochen, die Gemeinde selbst war zerfallen. Am Ende steht die Resignation:

»Wir sind ein Volk, das aus Jesu Seite geboren ist, das ist unser geistlicher Stoff, wir bestehen aber äußerlich aus bekehrten Welt-Menschen, mährischen Bauern, reichen und armen Standespersonen, Aventuriers, groben Sündern, Atheisten, Sozinianern, Arianern, Hussiten, Waldensern und haben bis dato noch alles beisammen lassen müssen und beileibe noch nicht ausgelesen. Weil nun ein Mensch ein Mensch bleibt, wenn er gleich ein begnadigter Mensch wird, so kann und will sich's nicht schicken, eine ungezähmte Freiheit für's Fleisch – es sei nun destinato consilio (gemeinschaftlich beschlossen) oder aus Unverstand des wahren Wortes: Wenn zwei einerlei tun, so ist's darum nicht einerlei – durch eine Hintertür einzulassen.«[116]

Als sich Susanna der Brüdergemeine zuwandte, hatte diese die entscheidende Epoche – jene Phase, in der das Selbstverständnis der Gruppe geprägt wurde – schon hinter sich. Zinzendorf starb 1760. Im Jahr 1750 waren die Siedlungen in der Wetterau durch landesherrliches Edikt aufgehoben worden, die Bewegung war in die Neue Welt gezogen. Nun missionierten sie bei den Eskimos und in Pennsylvanien und gründeten dort neue Siedlungen. Der orthodoxe Protestantismus und die öffentliche Ordnung der deutschen Kleinstaaten war die Beunruhigung los.

Im Jahr 1766, im August, besuchte Susanna Marienborn. Sie war jetzt frei, denn ihr Vater war im Juli des Jahres gestorben. Über das, was sie dort vorfand, schwieg sie. Sie schrieb Lavater nur: »Die Herrnhutische Gemeinde gewinnt dabei, wenn du sie nicht siehst.«[117]

Wir sehen im Denken wie in den persönlichen Lebensentscheidungen der Susanna von Klettenberg grundsätzliche Schwierigkeiten, die der Entfaltung des weiblichen Selbstbewußtseins hemmend entgegenwirken. Die Alternativen, die im 18. Jahrhundert noch als Denk- und Handlungsmöglichkeiten aufscheinen, werden aus der kulturellen Entwicklung ausgegrenzt. Es sind dies

1. kollektive Lebensführung,

2. Emanzipation der Frau, Selbstbewußtsein der Frau auch im öffentlichen Leben anstatt der Idealisierung des Männlichen durch die Frauen,

3. ein Konzept von Moral und Lebensordnung, welches das Prinzip der gegenseitigen Hilfe und des dialogischen Verstehens ins Zentrum stellt.

Die naturmystische Position in der Spannung zwischen idealistischer Entwertung der Natur und dem mechanistischen Naturkonzept des Materialismus

In den letzten Jahren ihres Lebens wandte sich Susanna von Klettenberg naturmystischen Schriften und der Alchimie zu. 1769 vertiefte sie sich mit dem jungen Goethe in Wellings Studium des Opus Mago Cabbalisticum. Goethe schreibt über den Gang ihrer Bemühungen[118],

> »Meine Freundin, welche eltern- und geschwisterlos in einem großen wohlgelegnen Hause wohnte, hatte schon früher angefangen, sich einen kleinen Windofen, Kolben und Retorten von mäßiger Größe anzuschaffen, und operirte, nach Wellingischen Fingerzeigen und nach bedeutenden Winken des Arztes und Meisters, besonders auf Eisen, in welchem die heilsamsten Kräfte verborgen seyn sollten, wenn man es aufzuschließen wisse; und weil in allen uns bekannten Schriften das Luftsalz, welches herbeigezogen werden mußte, eine große Rolle spielte, so wurden zu diesen Operationen Alkalien erfordert, welche, indem sie an der Luft zerfließen, sich mit jenen überirdischen Dingen verbinden und zuletzt ein geheimnißvolles treffliches Mittelsalz per se hervorbringen sollten.«

Was jene Versuche für Susanna bedeutet haben, können wir nur aus allgemeinen Verhältnissen der Zeit erschließen, denn außer den Mitteilungen Goethes gibt es keine Dokumente. Es war Susanna, die den jungen Goethe für ihre Studien interessierte. Die Suche nach Erkenntnis war auch hier zugleich die Suche nach Gemeinschaft[119]:

> »Sie hatte schon insgeheim *Wellings* Opus mago-cabbalisticum studirt, wobei sie jedoch, weil der Autor das Licht, was er mittheilt, sogleich wieder selbst verfinstert und aufhebt, sich nach einem Freunde umsah, der ihr in diesem Wechsel von Licht und Finsterniß Gesellschaft leistete. Es bedurfte nur einer geringen Anregung, um auch mir diese Krankheit zu inoculiren. Ich schaffte das Werk an, das, wie alle Schriften dieser Art, seinen Stammbaum in gerader Linie bis zur neuplatonischen Schule verfolgen konnte. Meine vorzüglichste Bemühung an diesem Buche war, die dunklen Hinweisungen, wo der Verfasser von einer Stelle auf die andere deutet, und dadurch das, was er verbirgt, zu enthüllen verspricht, aufs genaueste zu bemerken und am Rande die Seitenzahlen solcher sich einander aufklären sollenden Stellen zu bezeichnen. Aber auch so blieb das Buch noch dunkel und unverständlich genug; außer daß man sich zuletzt in eine gewisse Terminologie hineinstudirte, und indem man mit derselben nach eignem Belieben gebahrte, etwas wo nicht zu verstehen, doch wenigstens zu sagen glaubte. Gedachtes Werk erwähnt seiner Vorgänger mit vielen Ehren, und wir wurden daher angeregt, jene Quellen selbst aufzusuchen. Wir wendeten uns nun an die Werke des *Theophrastus Paracelsus* und *Basilius Valentinus;* nicht weniger an *Helmont, Starkey* und andere, deren mehr oder weniger auf Natur und Einbildung beruhende Lehren und Vorschriften wir einzusehen und zu befolgen suchten. Mir wollte besonders die Aurea Catena Homeri gefallen, wodurch die Natur, wenn auch vielleicht auf phantastische Weise, in einer schönen Verknüpfung dargestellt wird ...«

Die Bücher, von denen hier die Rede ist, zählen zur »hermetischen Tradition«. Ihre Autoren berufen sich auf ein Wissen, das von den alten Ägyptern über die Griechen bis zum hellenistischen Rom von Eingeweihten überliefert worden sein soll. Es sind spätantike Texte, die die Neuplatoniker der italienischen Renaissance wiederentdeckt hatten.

Hans Christian Zimmermann schreibt dazu: »Der eben erfundene Buchdruck erlaubt eine weite Verbreitung des Corpus Hermeticum, auf lateinisch seit 1471, im griechischen Urtext seit 1554. Die Gelehrten ganz Europas begeistern sich ein Jahrhundert lang für die aktuell gewordene hermetisch-pythagoreische Weisheit: Reuchlin, Kopernikus, Giordano Bruno, Kepler. Sie verspricht ein begründeteres Weltbild, eine philosophischere Religion, eine humanere Ethik einzuleiten, als aus dem Mittelalter überliefert worden war. Aber in den Stürmen der Gegenreformation ist für diese ›prisca theologia‹ schon kein Platz mehr. Ihre Anhänger werden verfolgt – wie Bruno – oder ziehen sich von der Öffentlichkeit in Geheimbünde und Sekten zurück – wie die Pansophen, die Rosenkreuzer, die Weigelianer.«[120] Das naturphilosophische Denken der hermetischen Tradition wurde im 18. Jahrhundert durch Jakob Böhme und Paracelsus bestimmt.
Was solche Gedanken mit der Aufklärung gemein hatten, war vor allem das Prinzip des Eklektizismus, die Ablehnung der Kirchendogmen und der dogmatischen Philosophie. »Nehmt die Wahrheit wo ihr sie findet.« Die Wahrheit wird nicht mehr durch eine Institution garantiert. So sucht denn auch Susanna das Wesen der Religion jenseits der einzelnen Religionen. Neben dem Eklektizismus, der Abwendung von den geistlichen Autoritäten, war es vor allem das Analogiedenken der Naturmystik, das im 18. Jahrhundert faszinierte. Hier deutete sich eine Versöhnung zwischen Offenbarungsglauben und Naturwissenschaft an.[121] Die Analogie beruht auf der Vorstellung, daß die Beobachtung der Natur zugleich eine Erforschung des göttlichen Wesens ist. Der Grundgedanke, der Mystik, Alchimie und hermetischen Medizin im 18. Jahrhunderts verband, war die Annahme einer großen Ganzheit und Einheit alles Existierenden. Erkenntnis beruhte auf der Erkenntnis »der Ähnlichkeit«. Die Verwandtschaft der Dinge zu begreifen ist die Voraussetzung dafür, mit ihnen umgehen zu können.
»Ähnlichkeit« verweist auf die Tradition eines ökologischen Denkens, die im Zuge der experimentierenden Naturwissenschaften zum Verstummen gebracht wurde. Michel Foucault beginnt seine Darstellung »Die vier Ähnlichkeiten«[122] mit der »Convenientia«. Mit diesem Wort wird die Verwandtschaft von Dingen bezeichnet, die durch den gemeinsamen Lebens-Ort hergestellt wird. Nachbarschaft ist »keine äußerliche Beziehung zwischen den Dingen, sondern Zeichen einer zumindest dunklen Verwandtschaft [...] Ähnlichkeit des Ortes, des Platzes, an den die Natur zwei Dinge gestellt hat, folglich Ähnlichkeit der Eigenheiten. [...] In der weiten Syntax der Welt gleichen sich die verschiedenen Wesen einander an, die Pflanze kommuniziert mit dem Tier, die Erde mit dem Meer, der Mensch mit seiner ganzen Umgebung.

Die Ähnlichkeit erlegt Nachbarschaften auf, die ihrerseits Ähnlichkeiten garantieren.«[123] Giambattista della Porta schreibt in *Magia Naturalis, oder Haus-, Kunst- und Wunderbuch* 1680: »So sehen wir, daß gleichsam ein großes Seil gezogen ist herunter biß in die Tieffe, durch welches alles zusammengeknüpffet, und gleichsam zu einem Stücke wird, also wann die höchste Krafft ihre Stralen scheinen lässt, die selben auch bis herunter reichen: Gleich wie, wann ein ausgespannter Strich an einem Ort geruehret wird, derselbe ganß durch erzittert, und auch das Übrige sich beweget. Und dieses Band nun kan man wol mit an einander hangenden Ringen und einer Kette vergleichen ...«[124]

Die zweite Form der Ähnlichkeit ist die »Emulatio«. Die Emulatio bezeichnet die Spiegelung der Dinge, die einander gleichen. »In ihr antworten die in der Welt verstreuten Dinge aufeinander. Von fern ist das Gesicht Nacheiferer des Himmels, und ebenso wie der Intellekt des Menschen unvollkommen die Weisheit Gottes reflektiert, reflektieren die beiden Augen mit ihrer begrenzten Helligkeit das große Licht, das am Himmel Sonne und Mond verbreiten ...« »Welche sind die ersten Widerspiegelungen, die den Raum durchlaufen? Wo ist die Realität, wo ist das wiedergegebene Bild? Oft ist es unmöglich das zu sagen, denn die Nachahmung ist eine Art natürlicher Zwillingshaftigkeit der Dinge. Paracelsus vergleicht diese grundlegende Reduplizierung der Welt mit dem Bild von Zwillingen ›die sich vollständig ähneln, ohne daß jemand sagen könnte, welcher von beiden dem Anderen seine Ähnlichkeit gegeben hat.‹«[125] Wir können diese Ähnlichkeit als die Welt der ästhetischen Zeichen auffassen. Sie verweisen auf innere Verwandtschaft. Die Emulatio bezieht sich aber auch auf das Erkennen. Es kann nur das in Verbindung treten (auch im Sinne des Erkennens), was innerlich verwandt ist.

Die dritte Form der Ähnlichkeit ist die Analogie. In ihr überlagern sich Convenientia und Emulatio. Die Analogie umfaßt auch die subtilen und verborgenen Ähnlichkeiten. Das wichtigste Thema der Analogien ist der Mensch, der in Relation zum gesamten Kosmos gesehen wird. »Der Körper des Menschen ist immer die mögliche Hälfte eines universalen Atlas.« »Sein Gesicht ist für seinen Körper das, was das Gesicht des Himmels für den Äther ist; sein Puls schlägt in seinen Adern, wie die Sterne nach den ihnen eigenen Wegen ihren Lauf nehmen; die sieben Öffnungen bilden in seinem Gesicht, was die sieben Planeten am Himmel sind.«[126]

Die vierte Form der Ähnlichkeit wird durch das Spiel der »Sympathien« hergestellt. Sympathie könnte man mit Lebensenergie übersetzen. Sie ruft die Bewegung der Dinge in der Welt hervor und bewirkt die Annäherung der entferntesten Dinge. »Sie ist Ursprung der Mobili-

tät, zieht die Schweren zur Schwere des Bodens, die Leichten zum gewichtlosen Äther. Sie treibt die Wurzeln ins Wasser und läßt die Sonnenbahn von der Sonnenblume nachvollziehen. Sie ruft innere Bewegungen hervor.«[127] Die Sympathie verändert die Dinge, aber in der Richtung des Identischen, »sodaß, wenn ihre Kraft nicht ausgeglichen würde, die Welt sich auf einen Punkt reduzierte, auf eine homogene Masse, auf die finstere Gestalt des Gleichen«.[128] Diesem symbiotischen Prinzip steht die Abgrenzung gegenüber, die Antipathie. Das Zusammenspiel beider erhält die Identität. Die Antipathie ist die Zwillingsgestalt der Sympathie. Sie verhindert die Assimilierung. Foucault zitiert Girolamo Cardanos *Offenbarung der Natur:* »Die erdgewechs [...] das sie hassen und lieben [...] ist gnügsam offenbar. Man sagt, daß der Ölbaum un die räben das kolraut hassen, dazu schleucht die kürbß den Ölbaum.« Und Foucault fügt an: »Da sie durch die Hitze der Sonne und die Feuchtigkeit der Erde wachsen, muß jeder Baum, der dicht und undurchdringlich ist, für den Anderen [...] verderblich sein. So werden sich durch die Zeit diese Wesen der Welt hassen ...«[129]
Neben der Medizin und der Mystik war die Alchimie das Anwendungsgebiet des Offenbarungsglaubens. Die alchimistischen Studien Susannas waren um 1765 weniger seltsam, als sie uns heute erscheinen. Die genaue Beschreibung von Dingen und Verhältnissen war ja die Voraussetzung, die unsichtbaren Ähnlichkeiten zu erkennen. Genaue Beobachtung ist notwendig, weil alle Gräser, Pflanzen, Bäume usw., »die aus dem Inneren der Erde kommen, ebenso viele Bücher und magische Zeichen sind«. Paracelsus verlangt das Studium der Welt mit den folgenden Worten:

> »Dan alles was got erschaffen hat dem menschen zu gutem und als sein eigentumb in seine hent geben, wil er nit das es verborgen bleib. und ob ers gleich verborgen, so hat ers doch nicht unbezeichnet gelassen mit auswendigen sichtlichen zeichen, das dan ein sondere praedestination gewesen. zu gleicher weis als einer, der ein schaz eingrebt, in auch nicht unbezeichnet laßt mit auswendigen zeichen, damit er in selbs wider finden könne.«[130]

Wir sehen, es gibt von diesem Wissen her drei Linien: zur naturwissenschaftlichen Beobachtung; zur ästhetischen Betrachtung und zur mystischen Kontemplation. Die Bemerkung Goethes:

> »Mir wollte besonders die Aurea Catena Homeri gefallen, wodurch die Natur, wenn auch vielleicht auf phantastische Weise, in einer schönen Verknüpfung dargestellt wird«

weist den Weg, den sein Denken einschlug. Die Natur wird zur Metapher. Bei ihm stehen die Metaphern jedoch ausschließlich im Kontext der Selbstauslegung menschlicher Subjektivität. Für Susanna werden sie zum Anlaß der Kontemplation über die Offenbarung des Göttlichen und der Liebe. Es gibt hier eine differente Praxisaufforderung. Sie heißt bei Goethe Selbstverwirklichung; sie heißt bei Susanna, die Mitteilung Gottes zu verstehen, den Prozeß zu verstehen, dessen Teil sie ist. Die eigene Lebensführung wird als Teil einer allgemeinen Ordnung begriffen.

Die Wirkung der hermetischen Weltauffassung auf die Gebildeten des 18. Jahrhunderts wird nur verständlich, wenn wir berücksichtigen, daß die Abgrenzung gegen die eben erst entstehenden Naturwissenschaften noch fließend war. Hans Christian Zimmermann berichtet, daß die beiden Naturwissenschaftler Georg Forster (1754–1794), der große Reisende, und Samuel Thomas Sömmering (1755–1830) noch 1779 gemeinsam um Aufnahme in die Zirkel der Kasseler Rosenkreuzer nachsuchten. Sie erhofften sich Aufschluß über die Natur. Noch 1784 schreibt Sömmering: »Zu meinem Erstaunen las ich in Teplitz einen Band Buffon (Einleitung zur Mineralogie) und glaubte, die Aurea Catena zu lesen.«[131] Noch 10 Jahre nach den Experimenten der Susanna von Klettenberg vertrug sich modernste Naturwissenschaft mit der Untersuchung naturmystischer Schriften.

Newton hatte in der Gravitationstheorie die Materie als ein Verhältnis von antagonistischen Kräften erfaßt. Leibniz hatte mit dem Prinzip der Philosophia eclectica zum Ansehen der naturmystischen Auffassung beigetragen. Wenn Newton den fallenden Apfel und die Gezeiten des Meeres auf *ein* Gesetz zurückführte, so konnte es scheinen, als bediene er sich der gleichen Analogie.[132] Den Wendepunkt dieses scheinbaren Nebeneinanders von Naturwissenschaft und Naturmystik und im hohen Ansehen der Hermetik kann man etwa 1785 ansetzen. Die erkenntniskritischen Schriften Kants, die Kanonisierung der naturwissenschaftlichen Methode und die politische Machtgier des Geheimbundes der Rosenkreuzer trugen gleichermaßen zu ihrer Disqualifizierung bei.[133] Als Susanna und Johann Wolfgang um 1770 die Geheimnisse von Mikrokosmos und Makrokosmos zu ergründen suchten, war eine solche Entwicklung noch nicht abzusehen. Wie aber kam Susanna zur Hermetik und Alchimie?

Goethe nennt den Arzt Dr. Metz, den Hausarzt und Freund Susannas, den wir auch an ihrem Totenbett finden, der auch der Hausarzt der Familie Goethe ist, als den Initiator jenes Interesses: »Der Arzt, ein unerklärlicher, schlau blickender, freundlich sprechender, übrigens abstruser Mann...«[134] Die Lebensgeschichte des Dr. Metz wirft ein Licht auf die andere Seite der Naturmystik, auf die Grauzone der Goldmacher und Wunderheiler. Christian Zimmermann schreibt in seiner Darstellung zu Goethes Verhältnis zur Naturmystik: »Die indirekte Aufwertung, die die mystischen Analogien und Korrespondenzen in der Periode der Hoch- und Spätaufklärung durch das wachsende Prestige eines *Newton*, eines *Leibniz*, schließlich auch eines *Spinoza* im Urteil der gelehrten Welt erfahren hatten, führte in der Breite des Tagesgesprächs zu neuen Statthaltern und zu neuen Interessenten der ›Geheimnisse‹. Es ist ja auch die Zeit *Mesmers* und *Cagliostros*, die nun anbricht. Auch sie hatten – jeder auf seine Weise – die Naturmystik entdeckt. Besonders stark in Deutschland ging mit der leibnizischen Saat auch manches Unkraut auf. In Zirkeln und Logen wuchs die Begier der von der Kirchentheologie enttäuschten Gebildeten nach umfassenden Aufschlüssen über Makrokosmos und Mikrokosmos und zugleich damit auch ihre Verführbarkeit durch Scharlatane und Ideologen. Mit solchen Trivialströmungen der dynamischen Denkweise hatten sich die ernsthaften und qualifizierten Geister in den Jahren der Spätaufklärung also den Kuchen des ›alten Wahren‹ zu teilen. Sie mochten dieses Treiben zunächst allerdings um so eher tolerieren, als die Betrüger ihre Anhänger mit wissenschaftlichen Arbeiten zu beschäftigen vorgaben.«[135]

Dr. Metz war der Sohn eines glücklosen Goldmachers. Als Kind hatte er den jungen Theologen Oetinger kennengelernt, der bei dem Vater Friedrich Metz Quartiergast in Tübingen war. Über den Goldmacher Metz schreibt Oetinger nach Hause:

> »Herr Metz wird innerhalb 2 monat eine arzney fertig haben, davon ihn Herr B. versichert, daß es ihm nicht nur 400 bis 800 florin eintragen könne, wenn er an einem Hof eine Prob machen wolle. Es ist wider hitzige Krankheiten und luem veneraem. Auf das Goldmachen will er derzeit noch nicht schreiten biß er wider besser durch andere Proben zu Kräften gekommen. »Um hermetischer Arcana willen lieh Oetinger seinem Hauswirt 200 Gulden auf nimmer wiedersehen.«[136]

Der wißbegierige Oetinger lieh seinem Hauswirt 200 Gulden, um in die Geheimnisse eingeweiht zu werden. Schließlich ging der alte Metz bankrott. Sein Sohn schaffte dennoch das Medizinerexamen und praktizierte in Offenbach, mit großem Erfolg.[137]

Wahrscheinlich war Susannas Interesse für die Naturmystik und Alchimie schon älter. Ihr Großonkel Hector von Klettenberg war 1720 als Alchimist in Leipzig enthauptet worden. Er war 1684 in Frankfurt geboren worden. Auch er war eine eigenwillige Figur: »Seine schöne Gestalt und Wohlredenheit verschafften ihm vielen Einfluß über seine Umgebungen.« Doch er war von hitzigem Temperament und tötete einen nahen Verwandten, Herrn von Staalburg, im Streit. Das war in Frankfurt im Jahr 1709, wo Klettenberg dafür zum Tode durch Enthaupten verurteilt wurde – er entkam und soll einige Zeit in Rußland unter Peter dem Großen gelebt haben, kehrte aber nach kurzer Zeit nach Deutschland zurück, wo er als Goldmacher auftrat. 1713 verfaßte er ein Buch mit dem Titel *Alchymia denudata oder die entlarvte Alchimie,* worin er darlegte, daß die Geheimnisse nur denen offenbar werden, die ein heiligmäßiges Leben führen. Klettenberg überzeugte den Herzog Wilhelm Ernst zu Sachsen-Weimar von seiner Kunstfertigkeit, aus Steinen Gold und Silber zu destillieren, er kassierte reichlich Vorschuß und wurde nach einem Jahr erfolglosen Experimentierens ausgewiesen. Danach riskierte er mehr. Der Biograph Lappenberg berichtet das weitere Schicksal:

»Die Bahn einfacher metallurgischer Geheimnisse verlassend, nahm er den Stein der Weisen für sich in Anspruch. Er soll in dieser Zeit oder früher das Herz einer Frau bestrickt haben, deren Ehemann mit ihrer Beihülfe im Besitze der wahren Goldtinctur zu sein wähnte. Dieses Weib beredete er zur Flucht und Entwendung der Tincturen und des alchymistischen Apparates, mit denen er sich nach Dresden begab. Es gelang ihm hier, den König August von Polen so sehr für sich einzunehmen, daß ihn derselbe, um ihm freien Zutritt zu seiner Person zu verschaffen, zum Kammerherrn ernannte, auch einen Contract mit ihm abschließen ließ, wornach dieser ihm binnen vierzehn Monaten eine Universaltinctur versprach, welche die unreifen Metalle in edles Gold tingiren, und binnen zwei Monaten eine Tinctur, welche die menschliche Natur bis ins späteste Alter vor allen Krankheiten conservire, auch dem Könige alle von Gott ihm beigelegten Wissenschaften in der Metallurgie oder sonst treulich zu offenbaren. Klettenberg dagegen ward unmittelbar unter den König gestellt, erhielt Exemtion von aller Jurisdiction, und 1000 Thaler für jeden der obengedachten vierzehn Monate, ein Haus neben dem Schlosse zu Dresden, 3000 Thaler zur Einrichtung, einen Jagddistrict u. a. Alles dieses erschien dennoch ein geringer Preis für die vielen Millionen, welche dem Könige verheißen wurden, Klettenberg bemühte sich nun die Vorarbeiten möglichst hinzuziehen, was ihm auch gelang, bis endlich der König im September 1718 allen diesen Arbeiten ein Ziel steckte, und, damit jener der angeordneten Untersuchung sich nicht durch die Flucht entziehen möge, ihn auf die Festung Königstein setzen ließ. Mit großer Kühnheit machte er Versuche zu entfliehen, welche jedoch mißlangen. Der Schöppenstuhl zu Leipzig sprach ein Todesurtheil und am 20. Februar 1720 ward er enthauptet.«[138]

Susannas Lust an der Betrachtung der Natur hatte sich jedoch frühzeitig von solchen Phantasmen wie dem Goldmachen gelöst, ebenso vom Wunderglauben. Nicht zufällig wandte sie sich dem Naturmystiker Oetinger zu. In ihrer Bibliothek standen dessen Werke vollzählig. Darin bezeugt sich die Intention ihres Denkens. Oetinger kämpfte gegen den »idealistischen Wahn, Natur sei nur ein Fabrikat unserer Erkenntnis-Apparatur«.[139] Andererseits lehnte er den mechanischen Materialismus als Entwürdigung der Natur ab. Bei Susanna kehrte diese Debatte in der Diskussion um den Gottesbeweis wieder. Sie schreibt an Lavater:

»Der *Weise* der unter dem Namen *Deist* keinen in der Menschheit offenbarten Gott haben will und der Schulgelehrte, der es beweist, daß Gott ist Mensch geworden, sind mir geistige Mißgeburten. Ich kann sie nicht brauchen.«[140]

Eine Natur ohne Gott ist für Susanna tote Natur. Ob der Deist Gott leugnet oder nicht, ist ihr bedeutungslos. Denn dessen Gott widerspricht dem, worum es in *ihrem* Gottesbegriff gerade geht: Ein Gott, der neben der Welt steht, die ein blind-mechanisches Getriebe ist, wäre ja die Entwertung der Welt. Die Vollkommenheit des Lebendigen ist Gott. Bei Oetinger wird der Natur ein Vervollkommnungsstreben unterstellt. In allen Geschöpfen ist Geist, denn alle stammen vom göttlichen Lichtprinzip ab. Der Geist sehnt sich mit eingeborenem Verlangen nach seinem Ursprung zum vollkommenen Licht. Aber der Geist ist mit dem Leib verbunden. Diese Einheit ist der Kern von Susannas Pietismus – und der Verbindung von Mystik und Alchimie. Alle Prozesse der Alchimie dienten der Befreiung des Göttlichen, der geistigen Essenz, der Seele der Welt. Mystische Versenkung und die Herstellung der Essenzen, in denen die göttliche Kraft kristallisiert würde, die magische Chemie, gehen auf das gleiche Ziel. Niemand hatte die leibliche Wirklichkeit Gottes so klar formuliert wie Oetinger. Das Göttliche steckt in der Wirklichkeit der Kreatur. In der *Lehrtafel der Prinzessin Antonia* schreibt Oetinger:

»In Jesu Christo aber soll die Fülle der Gottheit somatikos, leibhaft, erscheinen in Ewigkeit. *Daher ist Leibhaftwerden ihre Vollkommenheit* und keine Unvollkommenheit; daher wird sie bald als ein Geist, bald als eine blühende Tinctur, bald als eine alles erfüllende, eindringende Kraft beschrieben... Geist, Leben und Herrlichkeit sind beständig beisammen, jedes hat des andern Eigenschaften.«[43] »Keine Seele, kein Geist kann ohne Leib erscheinen, *keine geistliche kann ohne Leib vollkommen werden.* Alles was geistlich ist, ist dabei auch leiblich; darum will Gott im Fleisch offenbar sein, und leiblich soll alle Fülle Gottes in Christo wohnen. Ein purer Geist ist roh und blos. Hinweg die Platonischen und Leibnizischen Phantasmata, daß allein die Geister onta (Wesen) seien, Leiber seien nur phainomena (Erscheinungen), keine Wesen.«[141]

Wie später Schelling sieht Oetinger die Überwindung des Gegensatzes Körper/Geist in einer Theologie der Leiblichkeit. Materie wird nicht zu Geist, aber sie ist das »Vehiculum« von Geist. So heißt es in *Die güldene Zeit:*

»Es ist eine Pest der Ideen, die Natur außer der Gegenwart Gottes anzusehen. Es ist in allen Menschen ein unwiderstrebliches Mitwissen oder Gefühl der unsichtbaren Kräfte, welche die sichtbare Natur animiren. Es ist auch ein geheimes Ja und Amen in uns von der Gegenwart der Weisheit in uns und außer uns. Diß geheime Mitwissen treibt uns, die Schönheiten der Natur als Copieen der ursprünglichen Gerechtigkeit anzusehen.«[142]

Ernst Benz kommentiert das in seiner Betrachtung »Die Naturtheologie Friedrich Christoph Oetingers«:

»Aber auch der Materialismus, der die Materie des letzten Funkens von Geist beraubt, ist ein Versuch des Teufels, das christliche Verständnis von der Gegenwart Gottes in den Gestalten, dem Wachstum und der Schönheit der Natur zu zerstören. So schreibt er [Oetinger] in seiner Auseinandersetzung mit dem Physiker Baglivius: ›Satan macht durch Materialismus die geliebten Pferde scheu und führt sie von dem eigentlichen Verstand heiliger Schrift ab. Materialismus wird misbraucht: man weiß nicht, was man sagt.‹ Immerhin sind ihm die Materialisten nicht so weit vom Geheimnis der Inkarnation entfernt wie die Idealisten.«[143]

Die Lehre Oetingers ist Eschatologie, das heißt, die Welt läuft auf ein Ende zu. An diesem Ende wird sich Gott ganz in der Schöpfung zeigen, ja, die göttliche Natur befindet sich selbst in einem Prozeß der Selbstoffenbarung auf dem Wege ihrer Verleiblichung in der Heilsgeschichte. Die wirkliche Erkenntnis wird erst am Ende der Zeit hervortreten. Dann wird das Wesen der Welt erkannt werden. Gotteserkenntnis und Naturerkenntnis, Theologie und Physik werden vereint sein, Erkenntnis der Welt und das Verstehen der Welt wird eins sein:

»Am Ende der Tage wird die Natur-Lehre eins seyn mit den Geheimnissen von Wasser, Blut und Geist, im Grund der wahren Religion, wann die Berge den Frieden verkündigen und die Hügel die Gerechtigkeit.«[144]

Oetingers Gedanken mußten Susanna als Bestätigung ihrer eigenen Erfahrung erscheinen, denn das Kernstück von Susannas Erfahrung war die Sinnlichkeit des Glaubens. Das Leibliche ist für sie mit dem Spirituellen verbunden. Glauben ist für sie körperliches Erleben von Nähe und Liebe. Sie erklärt Lavater 1774: »kein Glaube wo nicht sinnliche Erfahrung zum Grund liegt – Ist fühlen nicht sinnlich? Sind nicht vielmehr alle Sinne Gefühl?«[145] Die Begriffe Gott und Leben sind synonym. Im Menschen macht sich das Göttliche als Lebensgefühl bemerkbar. Sie schreibt:

»[Glauben ist] ein Gefühl, das wir benutzen können, das Kräfte darreicht zu beten – zu beten – aber um nichts zu beten als um das von dem wir nicht durch Schlüsse sondern durch Empfindung so gewiß wissen, daß wir es bekommen können, wie ein Sohn weiß, daß er um Brot bitten und keinen Stein empfangen wird. Ein Gefühl, das Kräfte darreicht, zu tun – daß man mit Lust tun kann, im Notfall auch Berge versetzen, Schwierigkeiten heben kann. Es ist ein Gefühl, dadurch man glauben macht, weil man selbst glaubt, fühlen, weil man selbst fühlt.«[146]

Über ihre Vision schreibt sie an Lavater 1774[147]:

»Manches mag wunderbar klingen, ich rede Erfahrungen, und will sie nicht in Schulwörtern ausdrücken, die mir so uneigentlich dünken. Auf die Erfahrung lasse ich es ankommen. Möchtest du lieber Bruder bald schmecken, wie wohl es einem Herzen ist, das sich als den größten Sünder erkennet und gerade in diesen Jammerstunden sagen kann: Wie meine Wunde blutet, wie sie brennet, ich sterbe nicht an diesem Schaden. Ich habe ein aurum potabile empfangen, einen unverweslichen Tropfen genossen, der bildet alles um, der gestaltet mich so wie mein Haupt zur rechten der Majestät gestaltet ist.«

Weil Gott, Leben und Natur für sie zusammengehören, verachtet sie eine Religion, in der Gott nicht mehr das Moment des Qualitativen, Lebendigen hat, sondern sich zu einer mathematischen Formel verflüchtigt. Für sie ist Gott das Leben in der Welt – physisch –, nicht der Anreger der Welt außerhalb des Lebens: Die Qualität Gottes kann nur durch das Göttliche im Menschen erfaßt werden – durch heilige Begeisterung. Alfred Schmidt verweist in der Studie *Goethes herrlich leuchtende Natur* auf die fortwirkende Bedeutung der Naturmystik für den Goetheschen Entwurf der Natur, welcher das instrumentelle Verhältnis zur Natur zu relativieren vermag: »Neben Giordano Bruno, Paracelsus und Van Helmont sind Autoren heterodox-reformatorischer Schriften wie Sebastian Franck zu nennen, auch Oetinger und Gottfried Arnold. Ihre Ideen tragen, oft nur auf vermittelte Weise, zum ›pantheistischen‹ Lebensgefühl des jungen Goethe bei. [...]«[148]
»In seiner Farbenlehre erinnert Goethe sich anerkennend ›der Alten ionischen Schule, welche mit so großer Bedeutsamkeit immer wiederholte, nur von Gleichem werde Gleiches erkannt‹; Ferner der Mystik von Plotin bis Boehme, deren Einsicht sein bekannter Vierzeiler wiedergibt:

Wär nicht das Auge sonnenhaft
Wie könnten wir das Licht erblicken?
Lebt nicht in uns des Gottes eigene Kraft
Wie könnt uns Göttliches entzücken?

Andere Gedichtzeilen Goethes, die etwa besagen, daß ›der Kern der Natur des Menschen im Herzen‹ und auch im ›Inneren‹ ein ›Universum‹ sei, verweisen auf die nämliche Absicht. Sie tasten – auf dem Boden sinnlicher Anschauungen verbleibend – nach einer geheimen, Erkenntnis verbürgenden Affinität von Subjekt und Objekt.«[149]
Zweifellos war die Abwehr der rationalistischen Weltsicht, die Suche

Bildnis der Susanna von Klettenberg

nach dem alchimistischen Geheimnis in Verbindung mit pietistischer Erlebnisinnigkeit und Sinnlichkeit für Susanna von Klettenberg Suche nach einem Weltbild, das ihre Lebenserfahrung auf den Begriff bringen konnte. Wir können auch sagen, es war die Suche nach einer untergegangenen weiblichen Tradition, einer weiblichen Kultur.

Sicherlich lassen sich die hermetischen und naturmystischen Strömungen als eine Denkweise verstehen, die sich mit der weiblichen Kultur berührt. Doch gab es im 18. Jahrhundert außer Mme. de Guyon keine Frauen in führenden Positionen. Oetinger, Arndt, Tauler, Swedenborg und andere finden sich in der Bibliothek der Susanna von Klettenberg. Die Überlieferung geschieht durch Männer. Freilich ist das naturmystische Denken dem magischen Denken und den Kenntnissen der Zauberinnen und Kräuterfrauen nahe, und nicht zufällig liegen bedeutende geistige Leistungen von Frauen auf dem Gebiet der Mystik: Hildegard von Bingen, Theresa von Avila. Doch auch Mystik und Alchimie hatten sich professionalisiert. So sind denn die Frauen im 18. Jahrhundert auch auf diesem Gebiet von den Theologen und Ärzten als Autoren verdrängt.

Ich glaube nicht, daß es die Hybris magischer Macht, die imaginäre Unterwerfung der Natur war, die Susanna von Klettenberg in diese Richtung geführt hat. Es war die andere Seite der Magie, die diese mit der weiblichen Kultur verbindet – Erkennen nicht durch die Herstellung von Vorgängen im Experiment, sondern durch Wahrnehmen der Verknüpfungen und Analogien, die von dem sinnlichen Dasein der Dinge herrühren, von ihrer Erscheinung (Farbe, Form, Geruch) und die diese Erscheinungen als symbolische Sprache der geheimen großen Ordnung Gottes fassen. Es geht um die Überwindung des mechanischen Materialismus und des idealistischen Größenwahns des Kopfes. Es geht um die Kritik an der Degradierung der Natur zur in sich sinnlosen Materie. Es deutet sich ein Bewußtsein des Zusammenhangs von Naturgeschichte und Menschengeschichte an. Das wird hier eins, weil sich Gott in der Wirklichkeit der Welt, im Prozeß der Geschichte zeigt. Damit ist die Vorstellung einer Versöhnung von Mensch, Kreatur und Dingen benannt.

In diesen Vorstellungen, die noch weiter auszudifferenzieren wären bis hin zum Polaritätsdenken und zu den Schöpfungsmythen nach dem Vorbild der Vereinigung der Geschlechter, liegt ein gegen Denken und Praxis in der patriarchalen Zivilisation oppositionelles Moment. Ich zögere nicht, es als ein antipatriarchalisches Moment zu bezeichnen, eine Gegenorientierung, die den zentralen Elementen der weiblichen Kultur nahesteht. Ich bezeichne diese hier nur umrißhaft. Die weibliche Identität orientiert sich an Teilhabe statt an Abgrenzung, an expres-

sivem statt an instrumentellem Handeln, an Verstehen statt an Urteilen nach abstrakten Prinzipien. (Auf die Ambivalenzen der weiblichen Identität gehe ich an dieser Stelle nicht ein.) In der Naturphilosophie, die von Oetinger über Schelling, Baader in die Romantik hinüberreicht, sind wie bei Susanna von Klettenberg die Dinge der Natur in sich sinnhaft. Sie teilen etwas mit. Die Natur ist nicht nur Material, sondern immer auch Zeichen einer höheren Ordnung, die der Mensch verehren soll – um sich selbst als Teil freiwillig zu beschränken.
Für die Beurteilung des alchimistischen Interesses der Susanna von Klettenberg scheint mir vor allem ein Satz, der ihr von Goethe zugeschrieben wird, aufschlußreich: »Wenn es Hexen gegeben hätte, hätte ich auch mit der Hexerei bekannt werden müssen.« Susanna war keine Hexe. Es gab ja dafür keine Tradition mehr. Das Hexenhafte hatte sich gesittet in die Theologie zurückgezogen. Die letzten Reste weiblicher Macht und Geschlechterkultur waren längst überrannt. Dennoch empfindet Goethe richtig das Subversive.
Worauf konnte eine Abweichlerin wie Susanna von Klettenberg zurückgreifen? Wir finden sie in der von Männern bestimmten Opposition, als Teil der unterdrückten und vergessenen Tradition. Aber nicht einmal in dieser unterdrückten Tradition gibt es Modelle einer »weiblichen Ordnung«, das heißt die deutlich kenntlichen Symbole für die »moralische Ökonomie« der Frau. Ihre Opposition nennt Susanna von Klettenberg Jesus – und sie zahlt auch den Preis, den diese Kultur für die weibliche Abweichung verlangt. Sie ist einsam, »eine christliche Sybille«, ein Wesen von anderer Art, zentriert um die verleugneten Aspekte: Rezeptivität, Wachstum und Gemeinschaft. Diese Aspekte werden in der Naturmystik zwar angedeutet, aber der Zusammenhang mit der Unterdrückung des Weiblichen bleibt auch hier ausgeblendet, wenn von der Unterdrückung der Natur die Rede ist.

Susannas Tod

Susannas Tod ist zweimal beschrieben worden, von Frauen, die um die Sterbende waren, von Dorothea Griesebach und Catharina Elisabeth Goethe. Susanna starb nicht im Kreis von Verwandten, auch nicht mit dem Beistand eines Priesters oder Arztes. Sie starb, wie es einer alten Tradition entsprach, im Kreis der Frauen, die ihr im Leben verbunden waren. Für diese Frauen, die sich um Susanna versammelten, war der Tod mehr als Schmerz und ewiger Abschied. Die Furcht vor der Hölle und den ewigen Qualen der Verdammnis war Bestandteil ihres Glaubens. Doch hatte sich das Bild, das sie sich von Gott machten, bei denen, die hier zusammenkamen, verändert. Den furchtbaren Gott, der ganz nach der Idee der väterlichen Strenge und Gewalt entworfen war, hatten sie in ihren Herzen zu überwinden gesucht durch das Bild eines liebenden Gottes, mit dem der Tod sie vereinen würde. Es war Susanna, die diesen Glauben zum Ausdruck gebracht hatte – gegen die düsteren Stimmungen der Frömmigkeit, die den Menschen, seinen Körper, alle Lust als verdorben ansahen, so daß Angst vor den Strafen im Jenseits nur durch ständige Bußübungen und quälerische Selbstbetrachtung besänftigt werden konnte. Im Tod bewies sich nun die Wahrheit und Stärke des Glaubens, daß Gott ein Geliebter sei und der Tod nur der Weg, auf immer zu ihm zu finden. Catharina Elisabeth Goethe schrieb an die Freunde nach Zürich:

»Frankfurt, d. 26 Xbr. 74.

Meine theuern Freünde!

Ihr wollt den ganzen Umfang von der Krankheit u. dem Tode unserer Fräülein Kltbrg [Klettenberg] wissen? Ein schmerzlicher Auftrag! Dies kann ich euch versichern. Mein Gemüth ist so ganz in Traurigkeit verlohren, daß ich mir nicht zu rathen noch zu helfen weiß. Ich weiß, ich werde sie wieder sehen; aber izt, izt fehlt sie mir! Meine Rathgeberin, in deren Schooß ich alles ausschütten konnte, ist in die Herrlichkeit eingegangen, wovon sie so oft mit Entzüken sprach. Ihr seyd noch hier, ich bin noch hier – aber es wird ein Tag kommen, dann wird sie auferstehn! Dann werden wir auferstehen, u. uns freüen mit unaussprechlich herrlicher Freude! Amen.

Am 7 Xbr. waren wir sehr vergnügt beisammen, ich habe sie lange nicht so munter gesehen, nicht der kleinste Gedanke von Krankheit fiel mir ein. Um 8 Uhr gingen wir von einander. In der Nacht bekam sie einen heftigen Frost, hernach Hize. Am 8ten erfuhr ich nichts davon, am 9 früh ließ sie mir sagen, sie wäre krank; wie ich zu ihr komme, fand ich sie ganz leidentlich, sie selbst glaubte, es werde nichts zu sagen haben; den 10. wurde sie schlimmer, aber in der Nacht wurde es dem Anschein nach wieder besser, ich verließ sie nicht. Als am 11. der Medicus in die Stube kam, lief ich voller Freude ihm entgegen – ›sie ist besser!‹ sagte ich. ›Das gebe Gott, sagte Er, aber wir sind noch nicht über den Berg.‹ Am 12ten, sobald ich früh Morgens zu ihr kam, sagte Sie: ›Gute Nacht, Räthin, ich sterbe!‹ Vor Weinen konnte ich kein Wort reden. Sie winkte, ich sollte näher kommen, drückte mir die Hand u. sagte: ›wandle vor ihm u. sey fromm!‹ – sahe mich mit unaussprechlich heiterm Gesichte an, u. war sehr ruhig u. vergnügt.

Nachmittag kamen einige christliche Freunde zu ihr. Wir fragten: ›ob sie leiden könnte, wenn wir einige christliche Verse sängen?‹ ›O ja‹ sagte sie. Wir sangen: Komm! ist die Stimme deiner Braut u. Sie verlangte das Lied: Die Seele Christi heilige mich. Ein Freund fragte sie: ›Wie ihr beym Anblick des Todes zu Muthe sey?‹ ›Ich bin so voll Seligkeit, daß die arme Hülle es nicht aushält, sie muß davon zerbrechen, sagte sie.‹ Ich sagte aus einem Lied: Hier ist nichts als die Todgestalt u. den Stachel hat er verlohren! Hallelujah.

Des Abends, da die andern Freunde weg waren, u. ich allein bei ihr saß, sagte sie: ›Der Doctor!‹ Ich bildete mir ein, sie meine den Medicus, u sagte: ›Er ist weggegangen.‹ ›Nein‹, sagte sie u. deutete auf mich. ›Meinen Doctor meinen Sie?‹ [J. W. Goethe] Sie nikte mit dem Kopfe. ›Ach, sagte ich, der glaubt so wenig, daß Sie sterben, daß er mir aufgetragen hat, Ihnen zu sagen, wie er morgen mit dem Prinzen von Weimar nach Mainz reisen werde – dreymal hab ich schon angefangen, ihn auf Ihren Tod vorzubereiten, es ist aber alles vergebens. Sie stirbt nicht! sagt er immer, das kann nicht seyn, Sie stirbt nicht.‹ Sie lachte. ›Sag ihm Adieu, ich hab ihn sehr lieb gehabt.‹ ›Ach meine Beste, sagte ich, Sie gehen izt in die Ewigkeit, auf die Sie sich schon so oft im Geist gefreut haben – ich gönne Ihnen Ihre Ruhe u. Seligkeit von Herzen – aber ich bleibe noch zurück. Wenn die Seligvollendeten noch an Ihre zurückgebliebenen Freünde denken – o so denke an Deine treue Räthinn.‹ Sie gab mir ein Zeichen mit dem Kopf, daß sie es thun wolle. Ich blieb die Nacht bei ihr. Thee, den sie in ihren gesunden Tagen am liebsten trank, war auch in diesen lezten noch ihre beste Erfrischung; überhaupt war diese Nacht sehr erträglich. Sie hatte keine grossen Schmerzen, u. wenn man die Freundlichkeit in ihrem Gesichte sah, konnte man nicht glauben, daß sie so krank, u. ihrem Ende so nahe sey. Mein lieber Sohn, Lavater! hat ihren freundlichen Blick gesehen, u. kann sich einen Begriff davon machen. Morgens, als am 13 kamen die Freundinnen wieder, wir sezten uns ums Bette herum, bis auf die Lezte bei unserer lieben Freundinn auszuhalten. Sie sahe uns an, u. lächelte. ›Habt euch unter einander lieb‹ – war ihr lezter liebevoller Befehl. Wie sie das Singen überaus liebte, sangen wir etliche Verse aus dem Lied: Christi Blut u. Gerechtigkeit ɔc.

Um sie nicht zu ermüden, redeten wir nicht viel, dann u. wann einen schiklichen Spruch, oder aus schönen Liedern einen schönen Vers. Um 8 Uhr kam der Medicus, D. Metz, ein rechtschaffener Mann, u. einer ihrer besten Freunde, der sein Vermögen darum gegeben hätte, sie beym Leben zu erhalten; ich sagte zu ihm: ›Lieber Hr D. ist es dann gewiß, daß unsere Freundinn stirbt? Haben Sie gar nichts mehr, Ihr zu helfen?‹ ›Frau Räthinn, sagte er mit seiner gewohnten Ernsthaftigkeit: da Elias sollte gen Himmel fahren, kamen die Prophetenkinder zu Elias u. sprachen: Weissest du auch, daß der Herr wird deinen Herrn heute von deinen Haüptern nehmen. Er aber sprach: Ich weiß es wohl, schweiget nur stille.‹ – Hierauf ging er ans Bett, u. nahm einen solchen christlichen Abschied, der uns allen durch die Seele ging; doch versprach er Nachmittag wieder zu kommen, nicht als Arzt, weil seine Kunst am Ende war, sondern als Freund. Um 11 Uhr kam der Chirurgus, u. wollte nach der Ader sehen, die Fraulein hielte das für unnöthig, bath ihn aber, ihr zu sagen, ob ihre Augen nicht gebrochen wären? Der gute Mann, dem das in seinem Leben vielleicht nicht vorgekommen, wußte nicht, was er sagen sollte. Nach einigem Besinnen sagte er: ›Die Augen sind noch helle, aber der Puls geht schwach.‹ Die Frl. schüttelte den Kopf, und lachte. Um ½12 Uhr sagte sie, ›nun ists besser, ich habe keine Schmerzen mehr –‹ rükte sich im Bette zurecht, u. sagte mit halbgebrochener Stimme: ›*Gute Nacht!*‹ Darauf lag sie stille, redte nichts mehr, der Othem wurde kürzer, blieb manchmal aus, kam wieder, um 12 Uhr nahm endlich der erlöste Geist von seinem Körper Abschied.

Meine Seele sterbe des Todes dieser Gerechten!! – Einige Minuten blieben wir ganz stille. Eine Freundinn, die vom Schmerz weniger betaübt war, als die andern, that ein herrliches Gebeth, dankte Gott für alle, der seligen Frl. von Klettenberg erwiesne Wohlthaten an Seele u. Leib, munterte uns auf immer mehr dem Ziele nachzujagen, immer mehr auf Jesum, den Anfänger und Vollender des Glaubens zu sehen, u. Fleiß anzuwenden, daß unser Keiner dahinten bleibe. Noch muß ich sagen, daß das 17 Kap. Johannis, u. die Sprüche: Wer an mich glaubt, der wird den Tod nicht sehen ewiglich! – Ich bin die Auferstehung u. das Leben – u. dgl. ihr ganz besonders lieb waren …

Den 16. wurde sie zur Erde bestattet.

Ich seh im Geiste Gottes Sohn
Holdselig ihr entgegen eilen,
um seinen höchst glorreichen Thron
mit ihr als seiner Braut zu theilen.
Willkomm, Willkomm, Willkomm – erklingt,
das durch den ganzen Himmel dringt.
Von den verklärten Geistersphären
da wird sie ihren Namen hören –
und was sie hier im Herrn gekannt,
beut ihr frohlokend Mund und Hand.

Hier habt ihr, liebe Freunde, die ganze traurige Geschichte. Gönnt mir einen Plaz in Eurem freundschaftlichen Herzen, u. seyd versichert, daß ich bis ins Grab u. noch darüber hinaus seyn werde,

Eure treue Freundin

E. Goethe.«[150]

Von Susannas vorbildlichem Tod erzählte man. Es war wie ein Beweis: »Der Herr helfe uns, ihr Ende anzuschauen!« sagten sie, und: »Meine sehr nassen Augen hindern mich gottlob nicht, ihr nachzublicken. Sie ruhet und weidet ohne alle Furcht.«

Susanna von Klettenberg bezeichnet den Weg einer weiblichen Tradition und eines weiblichen Entwurfs, der eigenartig zwischen der Vergangenheit und einer nicht eingelösten Zukunft steht. Sie stellt sich in einem Gemälde von ihrer Hand als Nonne dar. Warum dieses katholische Gewand? Es ist eine Phantasiegestalt des eigenen Selbst als Braut Gottes und als Mitglied einer Gemeinschaft, die (wie immer sie historisch wirklich gewesen sein mag) Frauen von Pflichten und vom Gehorsam in der Familie freimachte.

Das Bild und die Kontroverse, die es auslöste[151], verrät etwas vom Wesen der Susanna von Klettenberg. Eine Protestantin, die sich als Nonne darstellt – ein Gegensatz. Auch gegen die Aufklärung wendet sich das Nonnenbild – gegen das Modell, das die heraufkommende bürgerliche Gesellschaft als einzig legitime menschliche Daseinsweise vorsah: die Welt der Familie und der Geld heckenden Realitätstüchtigkeit.
Das Bild der Nonne ist nur eine Hülle, nur eine Form, die Susanna von Klettenberg dem Wunsch verleiht, *anders* zu leben. Für dieses »anders« gibt es im späten 18. Jahrhundert weder Tradition noch Handlungsspielraum in der Wirklichkeit. Die Größe der Susanna von Klettenberg kommt vor allem in ihrer Ratlosigkeit zum Ausdruck. Ich verstehe sie als eine Frau, die versucht, weibliche Erfahrung zu formulieren, ein Versuch, der ihr als solcher nie bewußt wird, da hierfür alle Begriffe fehlen. Die Kraft, nein zu sagen, nennt Susanna von Klettenberg »Jesus« – nicht ich, die Frau, Susanna. Ihrer Ratlosigkeit und ihrer Weigerung verleiht sie deutlichen Ausdruck in der Antwort, die sie als Fünfundvierzigjährige auf den wohl letzten der zahlreichen Vorschläge gibt, sich doch zu verheiraten, »damit sie nicht allein sei«. Sie erklärt:

> » – daß ich auch nach Grönland gehen wolte, wenn Er (Jesus) mich hinhaben wolte und so ist es mir noch, was sind die Eiß Meere, was ist der beschneite Pol bei Jesus, Er, der nicht nur ein Gott der Berge sondern auch ein Gott der Gründe ist, ER würde mich auch da zu schützen wissen, wenn *ER mich hinhaben will.* Aber dieses *Wort* recht zu erkennen und zu wissen, was ER *will,* das ist die question.«[152]

Es ist deutlich, daß Susanna von Klettenberg in Jesus das Medium *ihrer* Bedürfnisse sucht und zugleich, sowohl in der Phantasie der Frauengemeinschaft des Klosters als im Bild Gottes, auf der Suche nach dem weiblichen Selbst, nach einem weiblichen Lebensentwurf ist. Susanna hatte intuitiv die Entfremdungen erfaßt, die ihrer Selbstverwirklichung im Wege standen; sie verweigerte sich der Rolle eines erotischen Spielzeugs der Männer ebenso wie dem Angebot, als »kluge Frau« ausgestellt zu werden. Doch für diese Verweigerung, die zunächst als Affekte, als Splitter von Verweigerung da ist, gibt es keinen kulturellen Sinn. Es gibt kein Bild von weiblicher Autonomie, keine Vorstellungen von ihren Bedingungen. Und in der Tradition ist nichts davon zu finden.
Das Auffallende ist, daß Susanna, wenn wir sie im historischen Kontext sehen, von großer Einsamkeit umgeben ist. Da ist nichts vorher, auch nichts nachher. Ihre Gedanken werden nicht weitergedacht, ihre Irrtü-

mer nicht berichtigt, ihre in unverständliche, irreführende Formen gekleideten Erfahrungen nicht in den Strom einer Tradition eingebunden, die damit etwas anzufangen wüßte.

Auch sie selbst konnte auf nichts zurückgreifen. Die Traditionslinie der Frauen ist sichtbar unterbrochen. Die Kultur, auf die sich Susanna von Klettenberg bezieht, ist eine männliche Kultur – nur im Protest kann Susanna die Schatten der untergegangenen weiblichen Kultur beschwörend suchen. Gewiß unterhält sie enge Beziehungen zu Frauen. Schon die Mutter hatte zu Formen der Verweigerung ein positives Verhältnis. Auch Susannas Schwestern sind wie sie selbst dem Spirituellen zugewandt, fromm. Mit der jüngeren Schwester, die unverheiratet bleibt, lebt Susanna bis zu deren Tod in ihrem Elternhaus. Wir sehen sie im Kreis der pietistischen Frauen. Diese Frauengemeinschaft freilich zeigt sich uns in eigentümlicher »Unbewußtheit«: im unreflektiert-selbstverständlichen gemeinsamen Vollzug der Lebensordnung um Geburt, Tod, um Gebet und Krankheit, um die »weiblichen Arbeiten«, die Handarbeit und das Haushalten. Es sind lebenspraktische Gemeinschaftsformen, kulturell organisierte Verhaltensweisen und Abläufe, in denen Frauen miteinander umgehen. Aus dieser Lebensordnung hatte sich Susanna innerlich zurückgezogen, als sie sich der traditionellen Frauenrolle verweigerte. Ihr Rückzug hatte auch damit zu tun, daß diese Frauengemeinschaft reduziert war auf eine Verteidigung der Alltagsregeln, der Lebensformen, die von einer Kultur vorgegeben werden, auf die die Frauen zunehmend weniger einwirken können. Zwar gab es um Susanna von Klettenberg eine Gemeinschaft von Frauen. Sie bildeten sozusagen den Rückhalt für sie. Aber Susannas Suche nach Identität, nach Überwindung der Schranken, nach geistiger Klarheit fand ausschließlich mit Männern statt.

Die Rollen, die Susanna im Verhältnis zum Mann einnimmt, lassen sich in ihren Briefen erkennen. Alle diese Rollen sind durchzogen von einer ambivalenten Haltung zur Weiblichkeit. Was ich mit ambivalenter Haltung der Frauen zu Frauen meine, möchte ich an zwei Beispielen andeuten: Catharina Elisabeth Goethe schreibt an die Herzogin Johanna Amalia nach Weimar, an die Gönnerin des Sohnes und entscheidende Persönlichkeit des Hofes:

> »Franckfurth, den 4ten Jenner 1779
>
> Theureste Fürstin! [...] Ich habe in meinem Leben manches gute genoßen, manches Jahr vergnügt zurückgelegt, aber vor dem 1778 müßen die vorigen alle die Segel streichen – Wahr ists, ich habe große und edle Seelen gekandt, eine Klettenbergern zum Exempel, aber – – – die war doch sozusagen Fleisch

von meinem Fleisch und Bein von meinem Bein, mit einem Wort meines gleichen – Aber groß Eine *Amalia* kennen zu lehrnen!! Gott! Gott! Das ist kein gepappel, oder geschwätzt, oder erdachte Empfindsamkeiten, sondern so wahres gefühl, daß mir die Tränen anfangen zu laufen, daß ich etwas aufhören muß, denn das weinen ist mir verbotten. Gnädigste und Beste Fürstin! Laßen sie Dero gnade ferner über mich und alles was mir angehört walten ...«[153]

Warum schreibt sie das? Weshalb dieses Übermaß, fast schon Verrat an der eigenen Geschichte? Nicht, wie man glauben könnte, aus Hochachtung vor dem Adel. Sie hätte der Adressatin wohl andere Komplimente machen können. Nein, angesichts dieser »Über-Mutter«, als die sie Anna Amalia für ihren Götter-Sohn einsetzen möchte, bringt sie dieses Opfer. Alles, was ihr bedeutend war, schenkt sie weg und macht es kaputt, um ihrem Sohn alles zu geben. Die gleiche Bereitschaft, die Frauengemeinschaft zu distanzieren, finden wir bei Meta Klopstock, die in aller Unschuld ganz selbstverständlich ihren Schwestern schreibt:

»– In solchen Tagen, wie heute, fehlt Ihr mir nicht, denn mein Klopstock ersetzt mir Mutter, Schwestern und Freundinnen. Fühlt nur eine jede Euren Werth (Ihr habt Ursache dazu) und denkt dann, was Klopstock ist. – Ist Dein Mann und Kinder wohl? Grüße sie. Es ist mir lieb, daß sie sich mich noch so vorstellen können, und sehr süß, daß sie meinen Namen dem Echo zuriefen. Was macht Mama? Grüße sie aufs zärtlichste.«[154]

Dabei zeigen die Briefe Metas überdeutlich, daß die drei Schwestern die Instanz sind, ohne die Meta gar nicht leben könnte. Diese Ambivalenz der Frauen untereinander trägt unverkennbar die Züge eines immer bereitliegenden Verrats der Frauen aneinander, sobald die für ihre Identität entscheidenden männlichen Figuren – wir werden darüber noch mehr entdecken – ins Spiel kommen. Und so ist es auch kein Zufall, daß Susanna von Klettenberg ihre alchimistischen Experimente und Lektüren nicht mit der Tochter aus dem Hause Goethe betreibt, sondern mit dem Sohn. Diese Frauengemeinschaft war keine Identität verleihende Verbindung. In der Tiefe ihres Herzens verachteten diese Frauen andere Frauen. Auch für Susanna sind in ihrem geistigen Leben nur Männer von Bedeutung. Die männliche Anerkennung ist es, um die es ihr geht. Freilich stehen die Frauen um ihr Bett in der Nacht, in der sie stirbt, doch diese Sitte ist nur noch ein Abglanz, eine Erinnerung an die Frauenkollektive der alten Gesellschaft, einer Vergangenheit, in der die Frauen mehr miteinander gemein hatten als den Trost am Ende des Lebens. Daß die weibliche Identität sich nur noch im Rahmen der Familie, nur noch über den Mann ihrer selbst versichern konnte – das war der historische Prozeß, den die Frauen des 18. Jahrhunderts erlitten, ohne daß er ihnen zu Bewußtsein kam.

Susanna war 1774 – sie starb im November – von heftiger Aktivität. Aus den Briefen aus dem letzten Lebensjahr spricht nicht Harmonie, sondern Unruhe. Das letzte Gedicht Susannas lautet:

An die Spindel.

[...]
Komm, Spindel, komm, die Feder soll dir weichen,
Mach, Schreibtisch, mir nicht ferner Müh;
Was sollen mir noch der Gedanken Zeichen?
Geschwinder denk ich ohne sie.

Komm, Spindel, komm, ich kann nicht müßig sitzen,
Das Nichtsthun ist mir Qual und Tod,
Sollt ich mit feiner Arbeit mich erhitzen?
Das machte mir die Augen rot.

Doch Bücher, ja, die hätt' ich bald vergessen,
Sehr wichtig dem, der sie für nötig hält,
Die Mäuse wollten meine fressen,
Da hab ich sie in' Schrank gestellt.

Komm, Spindel, komm, froh soll die Hand dich lenken,
Du läßt mir Kopf und Herze frei;
Empfindungsvoll kann ich da fühlend denken,
Das andre ist doch Narretei.[155]

Mit der Spindel wählt Susanna ein weibliches Symbol. Man könnte sagen, *das* Symbol. Am Ende eines Lebens, das von Versenkung und der Liebe zum Wissen bestimmt war, wird dieses Wissen von ihr in Gegensatz zur Spindel gestellt. Das Schreiben, die Kunst der Bilderstickerei, das Bücherwissen – sie werden zurückgewiesen zugunsten eines Denkens »ohne Worte«, für das es noch keinen Begriff gibt, von dem Susanna von Klettenberg aber eine Vorstellung hatte: »fühlend denken«.

Wer vermöchte sich aber dem Gefühl zu entziehen, daß hier ein Scheitern, eine endgültige Flucht nach innen, in Stummheit, Einsamkeit und in den Wahn mit sich selbst angekündigt wird? Susanna rettet die Bücher zwar noch vor den Mäusen; doch war alles falsch, nicht die Wahrheit, unbrauchbar, nicht das, was sie suchte. An die Stelle des zurückgewiesenen Wortes einer männlichen Kultur tritt die Selbst-Auslöschung. Susanna wird keine Spuren hinterlassen, auch von ihren eigenen Worten distanziert sie sich – flüchtige Gebilde, ein Nichts angesichts des Fadens, dem Sinnbild des ewigen Lebens, in dem alles Individuelle vergeht, aller Sinn und aller Wille zum unsichtbaren Augenblick wird.

Ihr Rückgriff auf ein Symbol weiblicher Kultur ist resignativ. Er beschwört keine Frauengemeinschaft, sondern ist Rückzug ins Archaische. Was bleibt, ist zwar ein »freies Herz«, ein »freier Kopf«. Sie ist bereit – der Ort, das Gefäß – für etwas, das sich ereignen muß und doch nicht ereignen kann; es ist ein Herz, das nichts von innen nach außen gibt und das nichts mehr aufnimmt. Das Gedicht beschwört die Träumerin am Fenster des Turmes, die alles hat, die frei ist, um den Preis, daß sie alles nach innen genommen hat, daß sie sich alles selbst gibt. Diese »Spinnende« ist allein, und sie redet mit sich selbst. Sie spricht davon, wie sie denken wird, wenn sie denken wird. Sie – und vor allem ihre Nachfahrinnen des 19. Jahrhunderts – werden diesen Raum mit ihren Empfindungen bevölkern.

Unruhe und Suche bestimmen den Lebensgang und das Denken der Susanna von Klettenberg. Der Kirchenhistoriker Dechent schreibt mit etwas ratloser Bewunderung:

»Zuerst hatte sie im kirchlichen Gottesdienste ihre geistliche Speise gesucht; bald waren häusliche Erbauungen hinzugetreten; dann bildeten die Konventikel für sie die Hauptsache, und schließlich verzichtete sie auf alle menschliche Gemeinschaft und suchte im Banne des äußersten Subjektivismus ihre Befriedigung nur noch im persönlichen Umgang mit dem Erlöser, der ihr nach wie vor die Hauptsache am Christentum blieb. Für ihre Stimmung am Lebensabend ist ein Bücherzeichen, das sie sich machen ließ, maßgebend. Man sieht ein Kind das Seifenblasen aufsteigen läßt und dabei einer Anzahl von Büchern den Rücken zukehrt. Über der Zeichnung steht das Wort EVANESCIT, d. h. es verschwindet. Daneben liegt ein Bibelbuch aufgeschlagen, in dem man die Stelle des Predigers Salomo Vers 2: ›Es ist alles ganz eitel‹ in hebräischer Schrift liest.«[156]

»Es verschwindet« – damit sind die Seifenblasen des Kindes gemeint; schillernd und leicht wie diese sind die Begriffe und Gedanken von den Dingen und von Gott. Sie können das nicht fassen, was ausgesagt werden sollte, was ausgesagt werden müßte. Es gibt keine Vorbilder, keine Begriffe; am Ende ihres Lebens steht EVANESCIT, die Flüchtigkeit der Begriffe, und zugleich meinte Susanne damit die Vergänglichkeit und Hinfälligkeit alles Irdischen. Sie war davon überzeugt, das eigentliche Leben werde erst beginnen. Die Wirklichkeit der Welt ließ sie unbefriedigt, machte aus ihr eine Erwartende. Die Leerstelle ihrer Utopie nannte sie Jesus.

III. Weiblicher Lebensentwurf der älteren Generation: das Paar Mutter und Sohn – Catharina Elisabeth Goethe

Tagesleben und Phantasieleben

Betrachten wir Catharina Elisabeth Goethe, so sehen wir die höchste Idealisierung des Schöpferischen, zugleich die Hemmung eigener Produktion bei hoher Begabung und auch eine Lösung, wie sie zu ihrer Zeit noch möglich war, ohne in unlösbare Konflikte zu geraten: die Spaltung in ein »Tagesleben« und ein »Phantasieleben«. Das Tagesleben kann übersetzt werden: bürgerliche Hausfrau. Das Phantasieleben kann übersetzt werden: Teilhabe an imaginärer Grandiosität – ihre imaginären Bündnispartner heißen Gott, der Kaiser, der Sohn.

Wenn ich sage »ohne in tiefe Konflikte zu geraten«, so will ich damit nicht sagen, daß der Preis nicht hoch war. Dieser Preis bestand in der Einschränkung der Persönlichkeit, in der Ausgrenzung von Fähigkeiten. Jedoch anders als ihre Tochter fand Catharina noch eine kulturelle und gesellschaftliche Lebensordnung vor, die es ihr gestattete, sich ohne tödliche Kränkung ihres Selbstbewußtseins mit ihrer Ehe abzufinden. Es wurde nicht mehr von ihr erwartet – und auch sie selbst brauchte nicht mehr von sich zu fordern –, als daß sie ihre Aufgaben erfüllte. In der Liebesbeziehung zu ihrem Ehepartner sich selbst zu finden, wie es die Sehnsucht und die Ideologie der zukünftigen Generationen sein würde – das war von Catharina nicht verlangt. Natürlich litt sie an der Fremdheit. Doch war es ein Schicksal, dem niemand besondere Bedeutung beimaß, ein Schicksal, das nicht kritisch betrachtet wurde. Wenn sie daran litt, war sie aufgefordert, sich den anderen Beziehungen zuzuwenden, keine Worte zu machen und ihr Leid christlich zu deuten, als Weg der Vorsehung. Realität und Imagination waren für Catharina Elisabeth deutlich unterschieden. Realität, damit meine ich die Tageswirklichkeit, ihre Aufgaben als Hausfrau, die »Pflichten der Ehe«, Mutterschaft, ihre Rolle als Gastgeberin, immer in der Funktion der »Frau des Hauses«; dazu gehört für die Zwanzig-, Dreißig- und Vierzigjährige der tägliche Gehorsam und der tägliche Hauskampf mit Johann Caspar.

Die engere Familie bestand aus folgenden Personen[1]:

Johann Caspar Goethe	vermählt mit	Catharina Elisabeth Textor
get. 31. Juli 1710	20. August	get. 13. Februar 1731
† 27. März 1782	1748	† 13. September 1808

1. Johann Wolfgang	geb.	28. August 1749
	†	22. März 1832
2. Cornelia Friderike Christine	get.	8. Dezember 1750
	†	8. Juni 1777
	vermählt 1. November 1773 mit Johann Georg Schlosser	
	geb.	9. Dezember 1739
	†	17. Oktober 1799
3. Hermann Jakob	get.	27. November 1752
	beerd.	13. Januar 1759
4. Catharina Elisabeth	get.	9. September 1754
	beerd.	22. Januar 1756
5. totgeborenes Kind	1. April 1756	
6. Johanna Maria	get.	29. März 1757
	beerd.	11. August 1759
7. Georg Adolf	get.	15. Juni 1760
	beerd.	18. Februar 1761

Wie aus den Daten sichtbar wird, lebten nur sehr kurze Zeit vier Kinder im Haushalt. Aus dem Haushaltsbuch geht hervor, daß Catharina die Kinder nicht stillte, sondern daß sie eine Amme hatte.[2] Die Kosten für das Wochenbett waren jedesmal hoch. Zu vermuten ist, daß die Geburten nicht leicht waren. Als sie ihr letztes Kind geboren hat, im Juni 1760, war Catharina Elisabeth 29 Jahre alt. 1756 starb ein Kind, eins kam im selben Jahr tot zur Welt. Zwei Kinder starben 1759, darunter Hermann Jakob, das dritte Kind mit sieben Jahren. 1761 starb der letztgeborene Sohn. Er war jünger als ein Jahr. Was dies für Catharina bedeutet hat, wissen wir nicht. Sie hat die Kinder im späteren Leben niemals erwähnt, was nicht bedeuten muß, daß sie nicht trauerte und sich bedroht und gekränkt gefühlt hätte. Es gehört zu Catharinas Verarbeitungsweisen, Schmerzen, die nicht aufzuheben waren, wenn möglich aus dem Bewußtsein zu drängen.

Über die ersten dreizehn Jahre in Catharinas Ehe ist am wenigsten bekannt. Es gibt keinerlei Briefe oder Berichte von ihrer Hand. Sie schwieg bis auf wenige Sätze, die Bettina Brentano an Johann Wolfgang Goethe überlieferte: »Er [der Vater] war ein schöner Mann, sie heiratete ihn ohne bestimmte Neigung, sie wußte ihn auf mancherlei Weise zum Vorteil der Kinder zu lenken.«[3]

Die einzige Quelle zu jenen Jahren sind das Haushaltsbuch und *Dichtung und Wahrheit.* Die Eintragungen im Haushaltsbuch zeigen Johann Caspar als sorgsamen Hausherrn, der seiner Frau zu gegebenem Anlaß Schmuck schenkte, beispielsweise zu Kindstaufen und zum Friedensschluß nach dem Siebenjährigen Krieg. Catharinas schöne Kleider bilden einen bemerkenswerten Posten in den jährlichen Ausgaben.[4] Das Haushaltsbuch wurde von Johann Caspar Goethe geführt. (Es wurde am 1. Januar 1753 eröffnet und schließt mit Einträgen vom 10. September 1779 ab. Vom Beginn bis zum Jahre 1770 sind die Eintragungen lateinisch, von da an bis zum Schluß überwiegend deutsch.[5]) Catharina taucht im Haushaltsbuch mit dem Namen Consor, Coniux auf, immer mit dem Beiwort Delecta oder Suavissima. Der Ton war achtungsvoll, aber es ist daran zu erinnern, daß es sich um den üblichen Sprachgebrauch handelt. Nach allem, was wir wissen, hat zwischen Johann Caspar und Catharina niemals eine vertraute Nähe bestanden. Schon früh findet sie in der Religion den Lebensbereich, der ihr mehr gibt als Familienbeziehungen und der sie gleichzeitig in ihrer Innerlichkeit bestärkt und ihr eine Form des Protests ermöglicht (die sie mit Susanna von Klettenberg und der Brüdergemeine der Herrnhuter zusammenführt). Es ist eine Religiosität, deren Eigenart in jenem frommen Lied sichtbar wird, das Catharina sich zum Trost vorsagte, als Susanna von Klettenberg gestorben war:

»Ich seh im Geiste Gottes Sohn
Holdselig ihr entgegen eilen,
um seinen höchst glorreichen Thron
mit ihr als seiner Braut zu theilen.
Willkomm, Willkomm, Willkomm – erklingt,
das durch den ganzen Himmel dringt.
Von den verklärten Geistersphären
da wird sie ihren Namen hören –
und was sie hier im Herrn gekannt,
beut ihr frolokend Mund und Hand.«[6]

Die Religion, der Glaube ist – unabhängig von der Dominanz des Ehemannes – eine kulturelle Ordnung, die die Gläubige ins Zentrum stellt, in ihrer Jesusbeziehung. Sie ist hier also mehr als die Konsumentin von Lektüre und Musik. In Kunst und Wissenschaft empfand sich Catharina als ewige Schülerin, die sich lebenslang über die entgangenen Bildungsmöglichkeiten ihrer Kindheit und Jugend beklagte, die zugleich von Johann Caspar nichts lernen wollte (mit dem Grund werden wir

Die Familie Goethe im Schäferkostüm

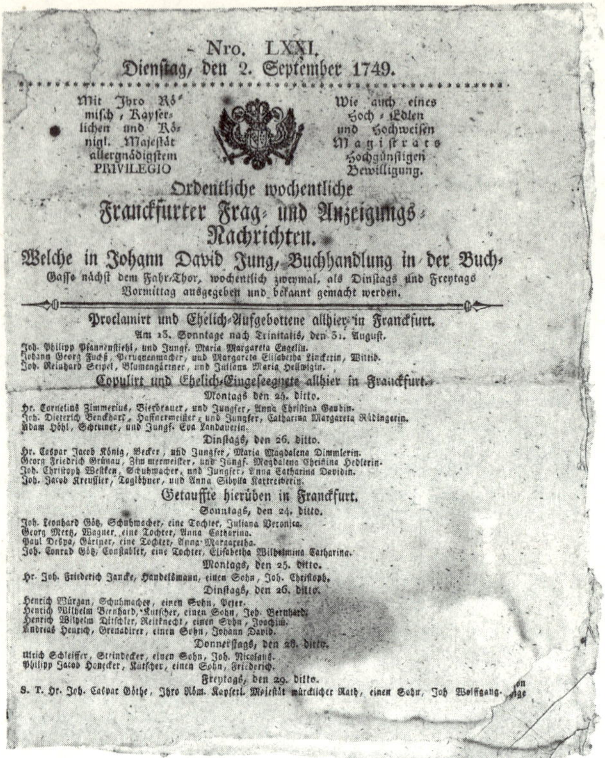

Nro. LXXI.
Dienstag, den 2. September 1749.

Mit Ihro Römisch-Kayserlichen und Königl. Majestät allergnädigstem PRIVILEGIO

Wie auch eines Hoch-Edlen und Hochweisen Magistrats Hochgünstigen Bewilligung.

Ordentliche wochentliche
Franckfurter Frag- und Anzeigungs-Nachrichten.

Welche in Johann David Jung, Buchhandlung in der Buch-Gasse nächst dem Fahr-Thor, wochentlich zweymal, als Dinstags und Freytags Vormittag ausgegeben und bekannt gemacht werden.

Proclamirt und Ehelich-Aufgebottene allhier in Franckfurt.

Am 13. Sonntage nach Trinitatis, den 31. August.

Joh. Philipp Pfannenstiehl, und Jungf. Maria Margareta Engelin.
Johann Georg Fuchß, Peruquenmacher, und Margareta Elisabetha Linckerin, Wittib.
Joh. Reinhard Seipel, Blumengärtner, und Juliana Maria Hellwigin.

Copulirt und Ehelich-Eingeseegnete allhier in Franckfurt.

Montags den 25. ditto.

Hr. Cornelius Zimmerius, Bierbrauer, und Jungfer, Anna Christina Gaubin.
Joh. Dieterich Benckhart, Haffnermeister, und Jungfer, Catharina Margareta Rüdingerin.
Adam Höhl, Schreiner, und Jungf. Eva Landauerin.

Dinstags, den 26. ditto.

Hr. Caspar Jacob König, Becker, und Jungfer, Maria Magdalena Dimmlerin.
Georg Friedrich Grünau, Zimmermeister, und Jungf. Magdalena Christina Hedlerin.
Joh. Christoph Westken, Schuhmacher, und Jungfer, Anna Catharina Davidin.
Joh. Jacob Kreussler, Taglöhner, und Anna Sibylla Kattreiberin.

Getauffte hierüben in Franckfurt.

Sonntags, den 24. ditto.

Joh. Leonhard Götz, Schuhmacher, eine Tochter, Juliana Veronica.
Georg Mertz, Wagner, eine Tochter, Anna Catharina.
Paul Debpa, Gärtner, eine Tochter, Anna Margaretha.
Joh. Conrad Götz, Constabler, eine Tochter, Elisabetha Wilhelmina Catharina.

Montags, den 25. ditto.

Hr. Joh. Friederich Jancke, Handelsmann, einen Sohn, Joh. Christoph.

Dinstags, den 26. ditto.

Henrich Würzan, Schuhmacher, einen Sohn, Peter.
Henrich Wilhelm Bernhard, Kutscher, einen Sohn, Joh. Bernhard.
Henrich Wilhelm Ditschler, Reitknecht, einen Sohn, Joachim.
Andreas Heurich, Grenadirer, einen Sohn, Johann David.

Donnerstags, den 28. ditto.

Ulrich Schleiffer, Steindecker, einen Sohn, Joh. Nicolaus.
Philipp Jacob Honecker, Kutscher, einen Sohn, Friederich.

Freytags, den 29. ditto.

S. T. Hr. Joh. Caspar Göthe, Ihro Röm. Kayserl. Majestät würcklicher Rath, einen Sohn, Joh Wolfgang. ...on ...ge

Johann Wolfgang Goethes Geburtsanzeige in den Ordentlichen wöchentlichen Franckfurter Frag- und Anzeigungs-Nachrichten, 2. September 1749

uns noch genauer beschäftigen). Bis 1774 blieb die Religion zentral für sie. Nach dem Tod der Susanna von Klettenberg (1774) zog sie sich von den religiösen Zirkeln zurück, die Religion wurde ihr immer mehr Lebensphilosophie. Sie war damals 43 Jahre alt. Sie fand schließlich einen neuen Kreis im Bereich des Theaters. Sie engagierte sich hier vor allem in den Jahren 1780 bis 1788.

Mit beiden Feldern ihrer Aktivität und Interessen eng verknüpft war die Beziehung zu ihrem Sohn. Ihre Selbstdefinition als erwachsene Frau gab sie sich nicht als Ehefrau, auch nicht als Religiöse, sondern als Mutter – Mutter des Dichters. Die Bedeutung, die diese Selbstdefinition für sie hat, nimmt in den verschiedenen Phasen ihres Lebens eine unterschiedliche Färbung an – doch ist dieser Entwurf durchgehend zentral. »Die Mutter des Dichters« – die Nachwelt wird daraus die Idealgestalt der allseits mütterlichen Hausfrau bilden.[6a] Wir werden uns ausführlich damit beschäftigen. Doch wohin uns die Schlüsse unserer Untersuchung auch führen werden, das Bild ihrer Jugendzeit stellt uns andere Züge vor Augen.

Als junges Mädchen wird Catharina beschrieben als »die Schwester Prinzeß« mit einer Liebe zu Büchern und schönen Kleidern. In *Dichtung und Wahrheit* erscheint sie in interessantem Gegensatz zu ihrer Schwester Johanna Maria:

»Die an einen Materialienhändler Melber verheiratete zweite Tochter war unter den Geschwistern die Lebhafteste [...] Wenn meine Mutter in jüngern Jahren sich in reinlicher Kleidung, bei einer zierlichen weiblichen Arbeit, oder im Lesen eines Buches gefiel, so fuhr jene in der Nachbarschaft umher, um sich dort versäumter Kinder anzunehmen, sie zu warten, zu kämmen und herumzutragen, wie sie es denn auch mit mir eine gute Weile so getrieben [...] Auch in ihrem Hause war um sie her alles bewegt, lebenslustig und munter, und wir Kinder sind ihr manche frohe Stunde schuldig geworden.«[7]

Anna Maria ist anders als Catharina, um die es still ist und die, so der angedeutete Vorwurf, einen Teil ihres Lebens in Gedanken, in Büchern, im Theater, in Tagträumen verbrachte. Von Jugend an zog sie sich täglich für einige Stunden zurück. Im Alltäglichen des Haushalts mochte sie nur zeitweilig aufgehen und nur, wenn sie dazu gezwungen war, so zu den Zeiten der dringenden Hausarbeiten im Mai und Juni, die ihr durch Buttermachen und große Wäsche den Rückzug beschränkten. Doch war ihr das unerträglich, und sie haßte diese Monate. Im Alter fand sie für dieses Bedürfnis ein Bild. Sie verteidigt ihren Rückzug, der ihrer Umgebung merkwürdig erschien, mit den folgenden Worten gegenüber Christiane von Goethe[8]:

»[...]
Zu dem Heiligen Johannis kam einmahl ein Frembter der viel vom Johannis gehört hatte, Er stellte sich den Mann vor wie Er studirte unter Manusprickten saß verdieft in großen Betrachtungen u. s. w. Er besuchte ihn, und zu seinem großen Erstaunen spielte der große Mann mit einem Rebhun das ihm aus der Hand aß – und Tausend Spaß trieb. Er mit dem zahmen Thirgen. Johannes sahe dem Frembden seine Verwunderung an thate aber als merckte Er nichts – im Diskurs sagte Johannes sie haben da einen Bogen laßen sie ihn den gantzen Tag gespant – behüte sagte der Frembte das thut kein Bogenschütz der Bogen erschlaft, mit der Menschlichen Seele ists eben so, abgespant muß sie werden, sonst erschlaft sie auch sagte Johannes. Nun bin ich freylich kein Johannes aber eine Seele habe ich die wenn sie mir gleich keine Offenbahrung dictir – doch den Tag über im kleinen sich anstrengt und gerechnet daß sie einen körper 76 Jahr alt bewohnt absolut abgespant werden muß – davon ist die Rede nicht wenn ich unter guten Freunden bin, da lache ich die jüngsten aus – auch ist nicht Rede vom Schauspiel da villeicht keine 6 sind die das Lebendige Gefühl vor das schöne haben wie ich, und die sich so köstlich ammusiren. Die Rede ist wenn ich gantz allein zu Hauße bin, und jetzt schon um ½5 uhr ein Licht habe – da wird das Rebhun geholt – da bin ich aber auch so erpicht drauf, daß keine Seele mehr zu mir darf. Geheimniß ist die Sache nicht den alle meine Freunde kennen das was ich Rebhun nenne – aber das würden Sie nicht begreifen, daß eine Frau wie ich ihre Einsamen Stunden damit hinbringen könte – ihre Seelen die den gantzen Tag abgespant sind, das mann sehr an ihrer Unterhaltung merckt – haben demnach von abspannen keinen Begrief. Wenn es also bey Euch 5 Uhr ist; so denckt an diejenige die ist u bleibt

Eure treue Mutter Goethe.«

Sie verweist hier auf ihr Alter, und sie ist alt, als sie vom Rebhuhn erzählt. Aber es war immer so. Was bedeutet der Rückzug aus der Realität? Und warum wurde diese Seite an ihr nicht wahrgenommen? So zeigt uns etwa das folgende Zitat ein charakteristisches Mißverständnis, das hier stellvertretend für eine ganze biographische Richtung steht. In seinem Kommentar zu einem Brief an die Schwiegertochter Christiane nach Weimar übersieht Heinemann den merkwürdigen Widerspruch, daß Catharina Elisabeth die junge Frau gerade darum lobt, weil diese hat, was ihr, wie sie selbst sagt, fehlt: »Arbeitsam, sorgsam, wirtschaftlich« füllt Christiane Kammer und Speicher. Sie selbst aber: »so was ist nun gerade *mein* Kasus nicht«. Sie möchte lesen, Klavier spielen und Spitzen machen. Anders gesagt, ihre Bedürfnisse richten sich nicht in dieser Weise auf die häuslichen Geschäfte. Wie aber der Biograph diese Mitteilungen interpretiert, das stellt die Sache auf den Kopf[9]:

»Goethes Mutter war eine wackere, echt deutsche Hausfrau, ist sie ja das Urbild der Elisabeth im Götz und der Mutter Hermanns. Darum wurde sie von der gleichen trefflichen Eigenschaft Christianens sehr angenehm berührt. Nicht müde wird sie, ihren wirtschaftlichen Sinn zu preisen: ›Während wir ein wahres Schlaraffenleben führen,‹ so heißt es in einem Briefe vom Jahre 1797, ›sind Sie, meine Liebe, arbeitsam, sorgsam, wirtschaftlich, damit, wenn der Hätschelhans zurückkommt, er Kammer und Speicher angefüllt von allem Guten vorfinden wird. Nehmen Sie auch davor meinen besten Dank – denn ein wirtschaftlich Weib ist das edelste Geschenk für einen Biedermann, da das Gegenteil alles zerrüttet und Unglück und Jammer über die ganze Familie breitet; bleiben Sie bei den Ihnen beiwohnenden edlen Grundsätzen, und Gott und Menschen werden Wohlgefallen an Ihnen haben.‹ ›Sie haben so viele Geschäfte liebes Weibchen – so was ist nun gerade mein Kasus nicht – daher sind die Monate Mai und Juni meine fatalsten im ganzen Jahr – da wird vor das ganze Jahr Butter eingemacht – da kommt vor das ganze Jahr Holz – da koche ich meine Molken – da wird die große Wäsche besorgt u. d. g. Die Frau Rat kommt da aus ihrem Gerick und Geschick – kann nicht ordentlich lesen – Klavier spielen – Spitzen klöppeln – und ist seelenfroh, wenn alles wieder den alten Gang geht.‹«

Die Verkehrung ins Gegenteil verdankt sich zweifellos dem Bedürfnis des Biographen, eine Idylle zu zeichnen: heitere Diesseitigkeit und Catharina als lebender Beweis für das Ehemodell des 19. Jahrhunderts. Es wird der Beweis gesucht, daß die Trennung der weiblichen von der männlichen Sphäre Erfolg und Glück verbürgt – wenn die Frau nur will und nicht verbotenen Träumen nachhängt. Aber eben das tat Catharina Elisabeth offensichtlich. Doch kann sich Heinemann nicht auf Goethes Darstellung der Mutter berufen? Schon dieser entwarf das Bild von der mütterlichen »Frohnatur«. Freilich kommt dem Biographen dabei einiges in die Quere. Ludwig Geiger, der Herausgeber von Goethes Briefen an die Mutter, schreibt[10]:

»Auch Goethe, der Frau Rat berühmter Sohn, hat ein wirkliches Lebensbild seiner Mutter nicht gezeichnet. So anmutig, liebenswürdig und liebevoll auch manche einzelne Stellen in ›Dichtung und Wahrheit‹ sind; eine Charakteristik der herrlichen Frau sucht man darin vergebens. Was ferner in den Werken Goethes über sie vorkommt – Stellen, bei denen sie selbst nicht direkt erwähnt ist, aber ziemlich sicher als Urbild der poetischen Figuren gedient hat – gibt immer nur eine Seite oder einen Teil ihres Wesens. So zeigt z. B. die Olympia in ›Erwin und Elmire‹ nur das behäbige Aussehen, das fröhliche Walten im Hause, das Schelten der älteren Frau auf die neumodische Zeit, ihr Behagen am Alten. Die Hausfrau in Götz von Berlichingen, bei der, wie man allgemein annimmt, Goethes Mutter als Modell gedient hat, schildert nur ihre Kunst des Märchenerzählens und ihr tüchtiges Walten im Hause und endlich zeigt die Mutter in ›Hermann und Dorothea‹ ihre nicht leichte Stellung dem etwas pedantischen Gatten gegenüber, die innige Liebe zu ihrem Sohne, ihre Sehnsucht, ihn verheiratet und glücklich zu sehen, die anmutige und etwas resolute Art, ihm eine Gattin zu verschaffen.«

Wie unbehaglich die Schweigsamkeit Goethes für die Lobpreisung der Mütterlichkeit ist, verrät Geigers »Aber« im nachfolgenden Absatz[11]:

»Aber Goethe dachte daran, ihr eine große Schilderung zu widmen, hat aber dies, wie so viele Pläne, die ihm in ähnlich starker Weise am Herzen lagen, unterlassen. Erst in seinem Nachlaß fand sich ein Heft ›Aristeia der Mutter‹, von dessen Existenz man allerdings schon früher wußte. Hier steht unter dem angegebenen Titel ein großer Abschnitt, aus dem folgende Sätze wert sind, einem weiteren Kreise mitgeteilt zu werden.«

Und dann teilt der Herausgeber Goethes merkwürdig gewundene Erklärung mit, warum er seine Mutter niemals dargestellt habe[12]:

> »Wie bedeutend das Leben eines Menschen sei, kann ein jeder nur an ihm selbst empfinden und zwar in dem Augenblick, wenn er auf sich selbst zurückgewiesen das Vergangene zu betrachten und das Künftige zu ahnen genöthigt ist. Alle späteren Versuche, solche Zustände darzustellen, bringen jedoch jenes Gefühl nicht wieder zurück. Deßhalb sind die Briefe so viel werth, weil sie das Unmittelbare des Daseins aufbewahren und der Roman in Briefen war eine glückliche Erfindung.
>
> Ganz vergebens wäre es daher, obgleich hier am Ort, wenn ich von den Eigenschaften und Eigenheiten meiner Mutter spre-

chen wollte, und doch ist es merkwürdig, wie in ihr das allgemeine Muttergefühl gegen einen Sohn, gegen ihren Erstgebornen sich in eigenthümlicher Weise hervorthat und zu welcher Gestalt ein solcher Charakter gerade in der Hälfte des vorigen Jahrhunderts sich ausbildete. Jedoch ist mir ein Mittel zur Hand, welches, wenn ich es zu ergreifen wage, nicht allgemein gebilligt werden dürfte.

Man hat getadelt und vielleicht mit Recht, daß die sogenannten Bekenntnisse einer schönen Seele den Hergang der Abenteuer Wilhelm Meisters unterbrechen und doch mag man sie nachher nicht gerne vermissen. Schließen sie sich nicht unmittelbar an, bringen sie einen fremden Ton in die Stimmung, so wird man doch wieder versöhnt, weil durch diese Unregelmäßigkeit immer etwas gewonnen ward.

Und so stell' ich auch hier wunderbare Auszüge aus einer Hauschronik zusammen, wie sie von einer jungen Familienfreundin aufgefaßt im liebenden Herzen verwahrt und endlich in Schriften niedergelegt wurden.«

Die »Hauschronik einer jungen Familienfreundin« war der Bericht von Bettina Brentano über die Erzählungen von Catharina Elisabeth, jener Bericht, den Johann Wolfgang Goethe unverändert dem Verleger zusandte mit der Bemerkung: Falls er es für sinnvoll erachte, möge er diese »Aristeia der Mutter« doch gesondert geheftet dem 15. Buch von *Dichtung und Wahrheit* beilegen. Die »Große Schilderung« bricht, wie man sieht, schon im Ansatz folgenlos ab.

In der Autobiographie des Dichters erscheint die Mutter eigenartig zeitlos, alterslos.[13] Kein einziges Porträt beschreibt sie, nicht ihr Äußeres, nicht ihr inneres Wesen. Ganz anders der Vater und Cornelia, die Schwester. Hier werden Konflikte, Abgrenzungen im Verlauf beschrieben. Hier werden Entschuldigungen gesucht für manches unverständliche Verhalten – des Vaters Pedanterie und Einfühlungslosigkeit, seine Starrheit, Cornelias Einsamkeit und Bitterkeit –, solche Präzision suchen wir im Bild der Catharina Elisabeth vergebens. Sie erscheint in wenigen Situationen, ohne daß ihr Inneres nachvollziehbar würde. Sie wirklich zu erfassen war dem Sohn offensichtlich durch ein inneres Verbot unmöglich.

Es gibt also Gründe, gerade bei ihm bewußte und unbewußte Strategien zu vermuten, und es ist auffallend, wie lange dieser Kronzeuge unangefochten bleibt. Offensichtlich beeinflußte Goethe das Bild, das sich die

Welt von seiner Mutter machte, bewußt. Aber vielleicht sah er sie selbst tatsächlich so – als Familienmutter ohne weitergehende Bedürfnisse. (Er hatte vielfache Gründe, sie so zu wünschen – ihre Leiden, Konflikte, ungelebten Möglichkeiten hätten ihn gezwungen, sich mit ihr zu beschäftigen. Eben das war es ganz offenkundig, was er von Jugend an zu vermeiden suchte.) Dieser Sohn schuf sich im Schreiben seine Geschichte selbst. Das gelebte Leben wurde diesem Selbstentwurf assimiliert. Was unbrauchbar war, wurde ausgesondert. Was einmal bewältigt war im Schreiben, war abgetan. Diese Freiheit zur Selbsterneuerung feierte der Dichter durch die periodische Vernichtung seiner Korrespondenz. Seine geschriebene Identität war wichtiger als die Faktizität. Zweimal, 1779 und 1792, wurden die Dokumente der Vergangenheit verbrannt; kleinere Autodafés vorher und nachher sind überliefert. So fehlen von Catharina Elisabeth alle Briefe aus der Studienzeit des Sohnes (1762 bis 1768), das heißt aus der Zeit der Familienkonflikte sowie aus der Zeit vor dem Ruhm, aus der Zeit der Unsicherheiten und der schwierigsten Lebensphase Catharina Elisabeths. 1797 vernichtete er die Briefe der Mutter nach Weimar aus den Jahren 1780 bis 1792 »aus entschiedener Abneigung von Publikation des stillen Gangs freundschaftlicher Mitteilung«[14].

Goethe zog 1792 eine Zäsur in den Briefen seiner Mutter. Von da an sind ihre Briefe kontinuierlich erhalten – vom Dezember 1792 bis zum Tod Catharina Elisabeths im August 1808. Allerdings: In diesen letzten 16 Jahren hat Catharina eine ganz spezifische Rolle eingenommen, die der Familienmutter, Großmutter, Urgroßmutter. Von den 230 Briefen dieser Epoche sind fast alle an den Sohn und nach Weimar gerichtet. In den letzten 16 Jahren schrieb Catharina nur 22 Briefe an andere Menschen, zahlreiche davon an die Enkelkinder Louise und Julie, die Töchter Cornelias. Die einzige Person, die in dieser Zeit intensiv und bedeutsam in das Leben Catharina Elisabeths eintrat und die nicht zur Familie gehörte, war Bettina Brentano.

Ernst Beutler kommentierte die Auswahl Goethes und die Zäsur 1792 mit dem Satz: »Das Glück von Weimar also, das Glück von Rom, davon sollte die Nachwelt erfahren.«[15] Warum die Vernichtung der Briefe 1780 bis 1792? Vielleicht, weil kritische Phasen nicht dokumentiert werden sollten. So ist die Zeit der Bedrückung durch die Krankheit Johann Caspars ausgeblendet. Er starb 1786. Die Briefe, die Catharina Elisabeth in dieser Zeit an die Herzogin Anna Amalia nach Weimar schrieb, sprechen alle von der Einsamkeit.[16] Schon 1775 war der Sohn aus Frankfurt fortgegangen. Es gab in Frankfurt keinen Kreis, in dem Catharina Elisabeth nach dem Tod der Susanna von Klettenberg ihre Interessen mit anderen teilen konnte. 1775 bis 1780 sehnt sie sich da-

Bildnis einer jungen Frau um 1750,
wahrscheinlich Catharina E. Goethe

nach, Weimar zu besuchen – ein Wunsch, der nie in Erfüllung ging. In diesen Jahren beklagte sie die Einsamkeit. Nach dem Tod des Gatten, nach der Trennung von den Kindern war nun zu akzeptieren, daß ein Lebensabschnitt vergangen war: ihr Leben als Frau und Mutter, und es ging um das Sich-Abfinden mit dem, was der Preis war. Der größte Verzicht, den ihr das Leben auferlegt hatte, war der auf Leidenschaft und der Verzicht, selbst im Zentrum zu stehen, selbst das zu bekommen, was sie – wie sie in einer Art Mutterschaftskult behauptete – nie gewollt oder gebraucht habe; sich verwirklichen zu dürfen, selbst die zu sein, von der alles erwartet wird.

Kehren wir noch einmal zum Modell der Biographen zurück – das Motto lautet: Diesseitigkeit, zufrieden in ihrer Weiblichkeit, zufrieden durch bewußtes Annehmen des weiblichen Schicksals, Frohnatur[17]. Was hier als Natur erscheint, verdankt sich nicht zuletzt dem Goetheschen literarischen Modell der Weiblichkeit und der Hausmutter, das auf Catharina Elisabeth projiziert wurde. Freilich scheinen viele Äußerungen Catharinas dem Bild von der »deutschen Mutter« recht zu geben. Aber, so unser Einwand, es sind Äußerungen aus einem bestimmten Lebensabschnitt, und wir wollen darüber hinaus zu verstehen suchen, welchen Stellenwert Äußerungen wie die folgenden haben: Selbsttäuschung? Verleugnung? Wahrheit? So scheint es etwa in ihrem Glückwunschbrief an ihre Enkelin Louise für die Dreiundsechzigjährige nichts zu geben außer den Pflichten gegen die Familie und dem Glück in der Ehe. Selbst dem Krieg kann Catharina die Rolle des Ehestifters einräumen[18]:

»den 24ten Mertz 1794

Liebe Louise!

Siehst du nun wie Gott gute Kinder schon hir belohnt – ist deine Heyrath nicht beynahe ein Wunderwerck – und daß sich alles so schicken muß, daß deine Lieben Eltern und Geschwister nun mit dir gehen – das würde doch nicht so leicht gegangen seyn, wäre kein Krieg ins Land gekommen – mercke dir das auf dein gantzes Leben – Der Gott der dem Abraham aus Steinen Kinder erwecken kan, kan auch alles was wir mit unsern blöden Augen vor Unglück ansehen zu unserm besten wenden. Nun Liebe Louise du einzige die mir von einer theuren und ewig geliebten Tochter übriggeblieben ist – Gott segne dich! Sey die treue Gefährtin deines zukünftigen braven Mannes – mache Ihm das Leben so froh und glücklich als nur in deinem Vermögen steht – Sey eine gute Gattin und deutsche Haußfrau; so wird deine innre Ruhe, den Frieden deiner Seele nichts stöhren können – Behalte auch in der weiteren Entfernung deine Großmutter lieb – mein Segen begleite dich wo du bist – und ich bin immer

deine treue Großmutter Goethe.«

Das ist es also, was Catharina als Tradition an ihre Enkelin weitergibt: Mache *ihn* glücklich, dann bist du glücklich. In den schriftlichen Zeugnissen Catharinas suchen wir vergeblich nach Opposition, jedenfalls im Sinn von bewußter Haltung, kritischem Verstand. Um so auffälliger sind die Diskrepanzen zwischen den Empfehlungen, die sie wie hier gibt, wie eine Frau glücklich leben könne, auch die Diskrepanz zwischen ihrem Selbstbild und dem, was in ihrer Lebenspraxis sichtbar wird – Elemente, die durchaus nicht in jenes Muster passen.

Widersprüche

Catharina Elisabeth Goethe zählt neben Meta Klopstock, neben Bettina Brentano und Rahel Varnhagen in der romantischen Generation zu den bedeutendsten deutschen Briefschreiberinnen des 18. Jahrhunderts. Kunstvolle Unmittelbarkeit, ein eigenwilliger Stil, eine schöpferische Sprachlust zeichnen ihr Schreiben aus. Sie hat 500 Druckseiten Briefe hinterlassen – obwohl große Teile verloren sind. Erste erhaltene Briefe stammen aus dem Jahr 1774. Damals ist sie bereits über 40 Jahre alt. Kein Brief an die Tochter ist überliefert, die Korrespondenz mit dem Sohn fehlt, bis auf zwei Ausnahmen, vollständig, soweit sie vor ihrem 62. Lebensjahr geführt worden ist. So sind ganze Teile ihrer Briefe verloren. Jedoch können wir feststellen: Wir haben eine Frau vor uns, die sehr viel schreibt und die eine begabte Schreiberin ist. Liest man ihre Briefe an Lavater, an die Herzogin Anna Amalia nach Weimar oder die Briefe an die Schauspieler Großmann und Unzelmann, an die Schwiegertochter, an die Enkel und natürlich die Briefe an den Sohn – es sind jeweils perfekte Rollen, die Catharina als Schreibende einnimmt. Ihre Briefe sind Inszenierungen. Mit großer Vollkommenheit trifft sie den richtigen Ton. Nach ihren Briefen zu schließen, muß ihre Unterhaltungsgabe nicht weniger bewunderungswürdig gewesen sein als ihre Schreib- und Erzählkunst. Wie sie es versteht, der Herzogin Amalia die besten Wünsche für den Thronerben auszudrücken, wie sie mit der sozialen Distanz spielt, sie zugleich überbrückt, indem sie in eine persönliche Beziehung eintritt, aber ohne tölpelhaft den Rangunterschied zu vergessen, diese Gratwanderung ist bestechend gelungen:

> »den I^{ten} Mertz 1783
>
> Durchlauchdigste Fürstin!
>
> Ich bin ja wohl eine recht glückliche und beneidungswürdige Frau! In dem Andencken, in der Gnade Einer *Amalia* zu stehn! Einer Fürstin die in allem betrachtet, würcklich Fürstin ist – *Die* der Welt gezeigt hat, daß Sie Regiren kan – *Die* die große Kunst versteht alle Hertzen anzuziehn – *Die* Liebe und Freude um Sich her verbreitet – *Die* – Mit einem Wort zum Seegen vor die Menschen gebohren wurde. Ja Große und Vortreffliche Frau! Ich schwöre bey allem was heilig ist, daß, die Fortdauer von Höchst Dero Gnade und Güte, mir mehr werth ist, als der Beyfall einer gantzen Welt. Theureste Fürstin! Erhalten Sie mir diesen Unaussprechlich großen Schatz! der nun einmahl zu einem Wesentlichen theil von mir gehört, ohne den meine Exsißtentz so wenig ein gantzes wäre, als der Leib ohne Seele. Unser Theurer Erbprintz befindet Sich also wohl – Gott sey Taußend Danck davor gesagt! nach Dero Beschreibung, gibt das ja einen zweyten Reinhold – und da ich zuverläßig weiß, daß Er die beste Erziehung nach Leib und Seele bekommen wird; so kan auch der Wachsthum an beyden nicht fehlen – und alles Volck soll sagen Amen.«[19]

Sie eröffnet den Brief überschwenglich, fast devot gegen die Herzogin, und doch ist das bürgerliche Selbstbewußtsein unverkennbar – die Verdienste »durch Erziehung an Leib und Seele« und die göttliche Ordnung, die alle umgreift. Dieses bürgerliche Selbstbewußtsein tritt erst recht im Fortgang des Briefes hervor. Hier feiert sie auch andere Geburten als die eines Erbprinzen: die Werke der Dichter. Und mit leichter Heiterkeit vermerkt sie die lange Unterbrechung der literarischen Produktion ihres Sohnes, während Wieland stetig, wenn auch sozusagen gnadenlos regelmäßig produziert »die neun Mädger (die Musen) mögen lachen oder sauer sehen«[19a]:

> »Wieland und meinem Sohn würde ich es ewig nicht verzeihen, wenn Sie bey dieser frohen Begebenheit Ihren Pegasus nicht weidlich tummeltten, und mich verlangt recht hertzlich, Ihre Gebuhrten zu sehen. Freylich komt es mir vor als ob mein Sohn, sich in etwas mit den Musen Brouliert hätte – doch

alte Liebe Rostet nicht – sie werden auf seinen Ruf, schon bald wieder bey der Hand seyn. Mit Wieland – ja das ist gantz was anders, Das ist ein gar beständiger Liebhaber – die 9 Mädger mögen lachen oder sauer sehen – Er schickt sich in alle Ihre Launen – und ich weiß von sichrer Hand, daß so was, die Damen überaus gut aufnehmen.«[20]

Der Brief an Anna Amalia schließt mit einer aufschlußreichen Selbstdarstellung der Zweiundfünfzigjährigen. Sie ist seit etwa einem Jahr Witwe, im April 1782 war Johann Caspar gestorben, nach 32 Jahren Ehe:

»Ihro Durchlaucht haben die Gnade Sich zu erkundigen was ich mache – Ich befinde mich Gott sey Danck, gesund, vergnügt, und fröliges Hertzens – suche mir mein bißgen Leben noch so angenehm zu machen als möglich – Doch liebe ich keine Freude, die mit unruhe, wirrwarr und beschwerlichkeit verknüpft ist – Den die Ruhe liebte ich von jeher – und meinem Leichnam thue ich gar gern seine ihm gebührendte Ehre. Morgens besorge ich meine kleine Haußhaltung und übrigen Geschäffte, auch werden da Briefe geschrieben – Eine solche lächerliche Correßpondentz hat nicht leicht jemandt außer mir. Alle Monath raume ich meinen Schreibpult auf – aber ohne lachen kan ich das niehmals thun – Es sieht drinnen aus, wie im Himmel. Alle Rangordnung aufgehoben – Hohe und geringe, Fromme und Zöllner und Sünder, alle auf einem Haufen – Der Brief vom frommen Lavater liegt gantz ohne groll, beym Schauspieler Großmann u. s. w. Nachmittags haben meine Freunde das Recht mich zu besuchen, aber um 4 Uhr muß alles wieder fort – dann kleide ich mich an – fahre entweder ins Schauspiel oder mache Besuche – komme um 9 Uhr nach Hauß – das ist es nun so ungefähr was ich treibe. Doch das beste hätte ich bald vergeßen. Ich wohne in der langen gaßen, die mann vor Leßer erbauen laßen u. s. w. Nehmen Ihro Durchlaucht mit der Beschreibung meines geringhaltigen Lebenswandel vor lieb, und erhalten mir Dero unschätzbare Gnade, diß ist die einzige Bitte von
Ihrer Durchlaucht
unterthängist und treusten Dienern Goethe.«[21]

Wir beobachten Catharina Elisabeth in diesem Brief in drei Umgangsweisen: als Frau, die mit der Mäzenin ihres Sohnes ein gutes Verhältnis herstellt, als »Untertanin«; als Leserin (der Schriften, die am Musenhof Weimar produziert wurden) und als Frau, die zu einer anderen, gleichaltrigen Frau spricht, ganz so, als hätte sie es nicht mit einer Herzogin zu tun. Der »Ton« ihres Briefes verbindet die drei Elemente. Was natürlich wirkt, ist Spiel, diese unterhaltende Brieflektüre hat sie hergestellt, gewiß nicht ohne Nachdenken über das »Wie und Was«. Zugleich hält sich eine einheitliche Sprechweise durch: heitere bürgerliche Naivität »ohne Prätention«, wie sie es selbst an anderer Stelle nennt. Ein Sprachkunstwerk und ein Spiel mit der Rolle. Wir erinnern uns an Catharinas Bericht, vom Tod der Susanna von Klettenberg im Brief an die Zürcher pietistische Gemeinde. Wir sahen dort eine ganz andere Schreibweise – eine rhythmische, gesangliche Sprache, die etwas Erhabenes hat, deren Wurzel die Bibel und die Kirchenlieder sind. Wir werden noch andere Schreibweisen kennenlernen.

Die Sympathie, die Catharina Elisabeth mit Dramatikern und Schauspielern verband, beruhte auf einer Übereinstimmung, nämlich der Lust am Spiel und der Bereitschaft, das Spiel mindestens so ernst zu nehmen wie die Wirklichkeit. »Das wird Effekt machen« – Marie Belli berichtet, daß dieser Satz Catharina vom Sohn als Standardsatz empfohlen wurde, »den man bei der Beurteilung eines jeden Kunstwerks gebrauchen kann«[22]. Aber unter diesem Aspekt betrachtete Catharina nicht nur die Kunstwerke, sondern auch die sozialen Ereignisse – auch hier ging es darum, »Effekte zu machen«. Hier drängt sich als Assoziation das Verhalten des Sohnes auf, der, wie er in seinen Lebenserinnerungen schreibt, nicht genau wußte, warum er eigentlich so gern in Verkleidung in Gesellschaft ging und in *Dichtung und Wahrheit* mehrere solcher Unternehmungen beschreibt. Berühmt wurde sein Einzug in Sesenheim als armer, abgerissener Pfarrerssohn. Ein Motiv solcher Mystifikationen, die uns später noch beschäftigen werden, war ohne Zweifel die Lust am Spiel, das Erzeugen eines Ereignisses, einer erzählbaren Geschichte, die Lust am Abenteuer überraschender Kommunikation. Das Inszenieren des sozialen Lebens war ohne Zweifel auch eines der zentralen Bedürfnisse und ein großes Talent Catharinas. Ihre Lust daran war keineswegs unbewußt oder naiv. Darauf weist eine Bemerkung von Bettina Brentano hin:

> »Manchmal sagte sie [Catharina Elisabeth] mir morgens schon im Voraus, was sie alles am Abend erzählen würde; am anderen Tage ward mir der Bericht abgestattet, was es für einen Effekt gemacht hatte.«[23]

Dem lag eine merkwürdige Zweideutigkeit zugrunde. Sie beherrschte die sozialen Felder und die Umgangsformen bis zur Perfektion und vermochte unvermittelt zu spielen – und erfolgreich zu spielen: Sie bestrickte ihr Publikum. Gleichzeitig verweist dieses Vermögen auf eine tiefe Fremdheit, von der sie ja auch häufig spricht, von ihrer Abgegrenztheit von anderen, eine Abgegrenztheit, die sie Bettina Brentano mehrfach beschrieben hat:

> »Gute-liebe-beste Bettina!
> [...] O! Erfreue mein Herz – und Gemüt und komme bald wieder zu mir. Du bist besser-lieber-größer als die Menschen, die um mich herum krabbeln, denn eigentlich Leben kann man ihr Tun und Lassen nicht nennen – da ist kein Fünkchen, wo man nur ein Schwefelhölzchen anzünden könnte – sie sperren die Mäuler auf bei jedem Gedanken, der nicht im A-B-C-Buch steht – Jetzt lassen wir das und kommen zu etwas, das uns schadlos hält. [...]
> Deine wahre Freundin Elisabetha Goethe«
>
> [19. Mai 1807][24]

Von dieser Spiellust zeugen auch Catharinas Briefe. Die szenische Wahrnehmung des Lebens bildet den Hintergrund für dieses am Sprechen orientierte Schreiben. Sie liebt Dialoge, die sie in ihren Briefen in direkter Rede, also in dramatischer Form, wiederzugeben pflegt. Da heißt es etwa, wenn sie ihr Gespräch mit der Hofrätin Möhn, der zweiten Tochter der Frau von LaRoche, wiedergibt:

> »Ich will die Geschichte dialogisieren, es klingt besser als das ewige Sagte ich Sagte sie. *Frau Aja* (sie selbst) ey, ey, die Mama reist doch auch immer im Lande herum, ich habe gehört, sie will auch nach Weimar – Möhnin – ja es ist so etwas im Werk – Aja – ja über diese Reise hätte ich doch etwas mit Mama zu reden. [...]«[25]

Es ist unverkennbar die Nähe zum Sprechen, was Catharinas Schreiben kennzeichnet, eine enge Verbindung zur Alltagssprache, zu der von ihr gebrauchten Sprache. Geradezu unerschöpflich ist der Reichtum an Lebhaftigkeit und Witz, Lautmalerei, der Gebrauch von Volkssprüchen und Dialektwendungen.
Drei zentrale Behauptungen ziehen sich durch ihre Briefe. Die erste:

Sie schreibe nicht gern; die zweite: Sie suche Ruhe, die dritte: Sie wünsche nichts als ein bescheidenes Hausfrauenleben. Nicht als würde sie die Unwahrheit sagen, doch es handelt sich um Chiffren, deren Bedeutungen erst verstanden werden wollen. Daß sie Ruhe sucht, ist ebenso wahr wie eine Selbsttäuschung, denn unverkennbar ist, sie zittert vor der Langeweile und Leere. Ruhe sucht sie im Sinne des Rückzugs, der Versenkung. Ruhe sucht sie nicht im Haushalt und seiner Regelmäßigkeit, denn der Haushalt »und die Tagesarbeit« sind Unruhe. Daneben gibt es die »Unruhe«, die sie liebt. Wie ihr Kurzporträt für Anna Amalia zeigt, macht sie nicht den Eindruck einer Frau, die sich nach einem ruhigen, abgeschiedenen Alters-Dasein sehnt. Belassen wir es hier zunächst bei einem Stichwort: Die bürgerliche Öffentlichkeit von Theater und Konzert, die kulturelle Produktion interessieren sie in hohem Maße.
Meist changieren ihre Beschwörungen des ruhigen Lebens zwischen Erziehungsappellen und einer nachdrücklichen Aufforderung an sich selbst, wie im folgenden Schreiben an den sechzehnjährigen Fritz von Stein. Diese Selbstcharakterisierung formulierte Catharina, als sie 53 Jahre alt war, am 9. September 1784:

> »Lieber Sohn!
> [...]
> Es ist ein großes Zeichen Ihrer Liebe und Freundschaft, daß Sie eine genaue Beschreibung von meiner Person verlangen, hier schicke ich Ihnen zwei Schattenrisse – freilich ist an dem großen die Nase etwas zu stark, – und der kleine zu jugendlich, mit alledem ist im Ganzen viel Wahres drinnen. Von Person bin ich ziemlich groß und ziemlich korpulent, – habe braune Augen und Haar, – und getraute mir die Mutter von Prinz Hamlet nicht übel vorzustellen. Viele Personen, wozu auch die Fürstin von Dessau gehört, behaupten, es wäre gar nicht zu verkennen, daß Goethe mein Sohn wäre. Ich kann das nun eben nicht finden – doch muß etwas daran seyn, weil es schon so oft ist behauptet worden. Ordnung und Ruhe sind Hauptzüge meines Charakters, – daher thu' ich Alles gleich frisch von der Hand weg – das Unangenehmste immer zuerst, – und verschlucke den Teufel ... ohne ihn erst lange zu bekukken; liegt denn Alles wieder in den alten Falten, – ist Alles Unebene wieder gleich, dann biete ich dem Trotz, der mich in gutem Humor übertreffen wollte. [...]«[26]

Die Themen der »Ruhe« und des »glücklichen Hausfrauenlebens« werden wir später genauer betrachten. Bleiben wir zunächst beim Thema des Schreibens. Zum Schreiben gehört ein ganzer Komplex von Einstellungen und Selbstbildern, die sich alle auf den Umgang mit der bürgerlichen Kultur beziehen. Catharina behauptet von sich, sie sei ein »unverbildetes Naturwesen«, was sie manchmal positiv, aber ebenso oft negativ meint – in dem Sinne, sie sei unwissend. Diese Behauptung spielt für sie eine zentrale Rolle. Und sie muß zunächst überraschen. Catharina korrespondierte mit Künstlerinnen und Künstlern, dem berühmten Zimmermann, Lavater, bekannten Theaterleuten, der Herzogin von Weimar, der klugen Anna Amalia (um den Hals trug sie die goldene Kette, die ihr die Prinzessin Louise von Preußen aus Zuneigung geschenkt hatte) – seit sie 17 Jahre alt war, befand sie sich im Zentrum des geistigen Lebens. Um so mehr muß diese Selbstdefinition als Frau »ohne Bildung« auffallen. Erstaunlich und schwer zu integrieren ist der Widerspruch zwischen Kompetenz und dem Verbergen der Kompetenz. Karl Heinemann schreibt, merklich irritiert:

»Daß Wieland ihr seine Werke zuerst übersandte und auf ihr Urteil großen Wert legte, daß sie in Sachen der Kunst großes Ansehen in Frankfurt besaß, daß sie einen Unzelmann und eine Händel in der Schauspielkunst unterrichtet und selbst besonders die Werke ihres Sohnes mit Begeisterung vortrug, haben wir schon früher erzählt. Wer von ihrer geradezu überraschenden, für jeden Theologen anerkennenswerten Bibelkenntnis sich ein Bild machen will, mag die in der Suphanschen Ausgabe gesammelten Citate aus der heiligen Schrift durchgehen. Selbst Luthers Schriften kennt sie und spricht von seinem herrlichen Trostbriefe an Spalatinus. Ueber ihre große Lesewut macht sie sich selbst oft lustig, aber sie las auch nicht, um zu lesen, sondern um mit dem Lauf der Litteratur vertraut zu bleiben. Daher ihre eifrige durch fast alle Briefe an den Sohn sich hindurchziehende Sorge um den Wielandschen Merkur und später den Janus, auf deren Vollständigkeit sie mit einer oft komischen Mühe fast bis in die letzten Lebensjahre hält; daher die große Freude bei dem Erscheinen dieser Journale, die ihr sowohl neue Dichtungen als auch Beurteilungen der wichtigsten neuesten Erscheinungen brachten. Auch ist sie mit der neuesten Litteratur wohl vertraut. Von vielen citierten Schriften gedenken wir der mit besonderer Freude gelesenen Romane ›Agnes von Lilien‹ von Schillers Schwägerin und ›Gräfin Pauline und Julchen Grünthal‹ von Helene Unger, für deren Uebersendung sie sich bei Christiane hübsch bedankt.«[27]

Unbildung, was soll das heißen bei ihr, die mit Leichtigkeit und mit Berechtigung sich als »gebildet« hätte bezeichnen können? Sie verzichtete darauf. Unverkennbar liegt darin ein Moment von Protest, ja von

Hochmut. Ähnlich rätselhaft wie die Rede von »Unbildung« ist die Distanz zum Schreiben. Von Anfang bis Ende zieht sich die Behauptung durch ihre zahlreichen Briefe: »Das Schreiben ist meine Sache nicht«, ein klarer Kontrast zur Eigenart und Schönheit ihrer Sprache. »Das Schreiben ist meine Sache nicht« – dieser vielfach wiederholte Satz einer Frau, die doch so viel schreibt, verweist darauf, daß sie nicht das schreibt, was sie eigentlich schreiben will oder was sie als Schreiben zu bezeichnen wünscht. Der Widerspruch zwischen offensichtlich lustvollem Vielschreiben und endlosen Beteuerungen des Gegenteils fiel Heinemann auf:

»Ist es nicht Ironie, wenn sie, die Schreibselige, die einmal ausruft: ›Was ist es um das Schreiben für eine herrliche Sache‹, sich tintenscheu nennt und vom schreibfaulen August meint: ›Er hat vielleicht eine Ader von der Großmutter – Schreiben Daumenschrauben ist bei mir einerlei‹«![28]

Um ihre Ambivalenz, um Nähe und Distanz zum Schreiben auszudrücken, greift Catharina immer wieder zu merkwürdigen Vergleichen. So wenn sie Christiane, der Schwiegertochter, schildert, wie sie nach einer Zeit, in der ihr der Schnupftabak verboten war, wieder schnupfen darf. Da heißt es gleich:

> »Ohne ein Prieschen Tabak, waren meine Briefe wie Stroh, wie Frachtbriefe – aber jetzt! Das geht wie geschmiert – das Gleichnis ist nicht sonderlich hübsch, aber es fällt mir gerade kein anderes ein.«[29]

Die Bemerkung ist witzig, aber verrät auch Selbstbeschränkung. Der Vergleich, der ihr einfällt: das Nützliche. Auch wenn es »wie geschmiert geht« – Frachtbriefe. In anderem Zusammenhang fällt ihr zu ihrer Kunst der Mitteilung ein Küchengerät ein, der Bratenwender[30]:

> »Frau Aja! Frau Aja! Wenn du einmahl in Zug komst seys Schwatzen oder Schreiben; so gehts wie ein aufgezogner Bratenwender – Bratenwender? das Gleichnüß ist so übel nicht, man zieht ihn doch nicht auf wenn im Hauß entweder Fast Tag oder Armuth ist – sondern wenn was am Spiß steckt das zum Nutzen und Frommen der Familie genoßen werden soll – Ich glaube also laße ihn noch laufen biß ich Euch von meiner Abend Glückseligkeit einen kleinen Begrief gemacht habe.«

Man weiß nicht recht, soll man die Unbefangenheit bewundern oder verrät sich hier ein Sich-selbst-in-die-Küche-Verbannen, durch Gleichnisse, die sie klein machen. Die zwiespältige Einschätzung ihrer

Fähigkeiten, die hinter der Selbstabwertung ihres Schreibens steht, bleibt jedoch nicht auf sie selbst beschränkt. Keiner ihrer Biographen ist frei von einer höchst ambivalenten Einschätzung, so Geiger[31]:
»Frau Rat ist keine gelehrte, nicht einmal eine unterrichtete Frau. Ihre Handschrift ist weder zierlich, noch regelmäßig, noch bedeutend; ihre Orthographie und Interpunktion ist gänzlich regellos, Kommata sind ihr ziemlich unbekannt, statt dessen Gedankenstriche beliebt, aber sie werden bisweilen an Stellen gesetzt, wohin sie nicht gehören, geradezu den Zusammenhang unterbrechend; vieles muß förmlich erraten werden; der Sinn mancher Stellen tritt erst beim Vorlesen hervor, sobald man durch den Klang des Gelesenen das durch die Schriftzüge sich Ergebende verbessert. Sie schreibt z. B.: ›Tablo, prenumorirt, Troblen, Romur (st. Rumor), Lussus, Tactation, exelentz (st. exzellent), Contiportion (st. Kontribution), Argiev (st. Archiv).‹ Aber sie steht nicht nur mit den Fremdwörtern auf dem Kriegsfuß, sondern schreibt auch deutsche Wörter, ohne sich um die Regeln zu bekümmern, wie sie ihr gerade in die Feder kommen: ›ehlenlange, Geträsche, Verzigt, Schnuppest, Haupitze, einpleuen‹ u. v. a.; ungerechnet, daß sie Doppelkonsonanten an unrechte Stellen setzt, einfache Konsonanten braucht, wenn man Verdoppelung erwartet, daß sie Dehnungs-h und -e ganz nach Belieben einsetzt und ausläßt, und sich überhaupt die größten Willkürlichkeiten erlaubt. Sie kennt ihre Schwäche übrigens ganz gut und entschuldigt sie einmal drollig genug mit den Worten: ›Daß das Bustawiren (Buchstabieren) und Gradeschreiben nicht zu meinen sonstigen Talenten gehört, müßt Ihr verzeihen, der Fehler lag am Schulmeister.‹ Auch ihrer Unwissenheit spottet sie gern; ihren kleinen Enkel lobt sie, daß er ihr in seinen langen schönen Briefen alle möglichen wissenswerten Dinge mitteile und bittet ihn, in derartigen Unterweisungen fortzufahren.«
»Unwissenheit«, die sich »drollig genug« gibt, hinter der Geiger aber mehr vermutet als puren Mangel[32]:
»Aber so wenig ein Brief durch richtige Orthographie interessant und lesenswert wird, so wenig verliert er durch willkürliche und fehlerhafte Zeichen- und Buchstabensetzung. Ja man könnte sagen: in diesem Falle ist der Mangel ein Reiz mehr. Das kernhafte selbständige Wesen dieser Frau, die Summe von Eigentümlichkeiten, die man bei anderen Originalität nennt, tritt auch in dieser Schreibart hervor.«
Bei Heinemann findet sich dieselbe Spannung:
»Diese Gegenständlichkeit und Lebhaftigkeit der Darstellung, die den Leser mit unwiderstehlichem Zauber fesselt, kann nicht geschildert, sie muß beim Lesen selbst genossen werden. Der Besuch bei der Königin Luise, das Aufziehen der preußischen Wachparade, wobei Frau Aja mit

Ausrufungszeichen malt, wie die Parade in die Hauptwache einschwenkt, die glücklichen und unglücklichen Kriegsbegebenheiten in Frankfurt, die Rückkehr der Frankfurter Soldaten, die mit Stöcken bewaffnet Wache halten, da ihnen der Feind die Waffen weggenommen hat, das alles sind wahre Prachtstücke naiver und doch zugleich sprachgewandter Darstellung. Ihr klarer Verstand, ihre schöne Gabe, durch treffende Gleichnisse anschaulicher zu werden, ihr unerschöpflicher Schatz von Witz und Laune zeigen sich fast auf jeder Seite.«[33]

»Prachtstücke naiver und doch zugleich sprachgewandter Darstellung« – aber auch Heinemann kämpft mit dem Vorwurf der Unbildung, indem er die »schöne Kunst« aus der »Natürlichkeit ihres Wesens« zu erklären sucht.

Halten wir fest: Catharina durchlief im Laufe ihres Lebens die entscheidenden geistigen Stationen der bürgerlichen Welt. Sie lernte sie intensiv kennen – als Leserin, als Teilnehmende in den Formen der bürgerlichen Gesellschaft und als Mäzenin. Von der mystisch-pietistischen Religiosität des Klettenberg-Kreises über die literarische Bewegung des »Sturm und Drang« (die erzieherischen Bemühungen des aufgeklärten Ehemannes hinterließen offensichtlich die geringsten Spuren) bis zum Theater in beiden Funktionen, als Ort der Singspiele und französischen Komödie des Rokoko und als »moralische Anstalt« der fortgeschrittenen deutschen Produktion – Catharina war auf dem Stand des deutschen Bildungsbürgertums. Trotz allem gab sie sich als »Ungebildete« selbst die Position einer »anderen«, einer Ausgeschlossenen. Die Ambivalenz ist unübersehbar; sie wird jedoch niemals als Kritik oder Klage vorgebracht; sie wird nur in der Selbstdefinition sichtbar, die zugleich eine Selbstbeschränkung bedeutet. Was liegt dahinter?

Werfen wir einen Blick auf Catharinas Kindheit und Jugend. Ihre Bildungsanstalt war nicht die aufgeklärte Damenbibliothek, wie sie wohlmeinende männliche Erzieher den Frauen zudachten. Ihre Kulturerziehung fand in der Küche und auf öffentlichen Plätzen statt. Ihre Sprache und ihr Erzählen gehören in die »Zwischenwelt«, die Öffentlichkeit des Hauses: Bibel, Märchen, Dienstbotengeschichten. Die Geschichten, die Frauen zu erzählen hatten, bildeten eine von der bürgerlichen Gelehrsamkeit und der Kultur der Aufklärung abgetrennte eigene Tradition.[34] Diese Frauengeneration dachte und fühlte eher wie ihr Gesinde denn wie ihre Ehemänner. Die Geschichten, die in ihre Welt gehörten, waren solche wie die folgende, die Catharina Elisabeth von ihrer Mutter hörte – hundertmal erzählte Phantasien von den magischen Fähigkeiten. Da ist das »Gespenst«, das Catharinas Mutter besuchte, eine Phantasie, die wohl das Gemüt der

Anna Margarete Lindheimer-Textor spiegelt und die Denkwelt ihrer Töchter. Hier ist die Rede von Erscheinungen und Weissagungen; Catharina bedauert, die Gabe des zweiten Gesichts nicht geerbt zu haben, aber

> »diese Traumgabe hat sich auf die andere Schwester fortgeerbt; denn gleich nach dem Tode des Vaters [Textor], da man in Verlegenheit war, das Testament von ihm zu finden, träumte ihr, es sey zwischen zwei Brettgen im Pult des Vaters, die durch ein geheimes Schloß voneinandergingen; man untersuchte den Pult und fand alles richtig [...] Großmutter kam einst nach Mitternacht in die Schlafstube der Töchter und legte sich zu ihnen, weil ihr in ihrer Kammer etwas begegnet war, was sie vor Angst nicht sagen konnte; am andern Morgen erzählte sie, daß etwas im Zimmer geraschelt habe wie Papier: in der Meinung, das Fenster sei offen und die Luft jage die Papiere umher, sei sie aufgestanden, habe aber alles zu gefunden; da sie wieder im Bett lag, rauschte es immer näher und näher heran, ein ängstliches Zusammenknittern von Papier; endlich seufzte es tief auf, und noch einmal dicht an ihrem Angesicht, daß es sie ordentlich anwehte – darauf ist sie vor Angst zu den Kindern gelaufen; kaum hatte sie auserzählt, so ließ sich eine Dame melden, die die Frau eines recht innigen Freundes von ihr gewesen war. Sie war in schwarzer Kleidung: Da sie nun auf die Hausfrau loskam, ein ganz zerknittertes Papier hervorzog, da wandelte sie eine Ohnmacht an, und das Herz schwebte ihr vor Schrecken. Diese erzählte nun, daß ihr Mann plötzlich aufgewacht, seinen herannahenden Tod gespürt habe, er habe daher nach Papier verlangt, der Freundin noch etwas zu schreiben und seine Frau und Kinder ihr zu empfehlen, im Schreiben aber hat ihn der Todeskampf ergriffen, er hatte das Papier gepackt, zerknittert und damit hin und hergefahren auf der Bettdecke, endlich seufzte er zweimal tief auf und war verschieden [...]«[35]

Neben der Erzählwelt der weiblichen Kultur gab es für Catharina eine weitere Quelle der Bildung. Diese war ebenfalls Teil der Volkskultur: das Theater.

Die Stadtarchivarin Elisabeth Mentzel, die unter anderem eine Geschichte des Frankfurter Theaters verfaßte[36], berichtet über die Theaterszene in Frankfurt 1730 bis 1750 als eine wichtige Erfahrung Catharina Elisabeths. Das Theater war, wie aus ihren Redewendungen, Bemerkungen und Erzählungen sichtbar wird, eine der wichtigen Quellen ihrer Phantasie – doch das Theater ihrer Kindheit war noch keine bürgerliche Institution. Neben dem Hanswurst spielten Zauberkomödien, Haupt- und Staatsaktionen eine große Rolle, etwa die Dramatisierung des Todes Karls VII. mit einem großen Feuerwerk oder die Verwendung von Flugmaschinen bei der Geschichte der ägyptischen Zauberin Jorinde.[37] Es waren Wandertruppen, die nach Frankfurt kamen, und zu ihrem Repertoire gehörten Stücke wie *Der Schmarotzer oder die unnöthige Höflichkeit und die lustige Spazier-Fahrt nach dem Sau-Steg*, gemeint ist die Frankfurter Schweinsstiege. Solche Harlekinaden wurden extemporiert. Es gab von solchen Stücken nicht mehr als ein handschriftliches Szenarium.

In Catharinas Jugend gehörten zum Programm der Bühne die Zauberer, die Seiltänzer und selbst die Zirkusreiter. Das Ganze fand in Holzbuden statt, die auf dem Roßmarkt, dem Paradeplatz oder dem Liebfrauenberg aufgeschlagen wurden. Das Theater galt frommen Christen als moralisch bedenklich. Die Meinung, »das Theater sei zu gar nichts gut und würde zu nichts führen« (so Johann Caspar Goethe[38]), war die allgemeine Auffassung in der Bürgerschaft. Die Schauspieler, das fahrende Volk hatten einen schweren Stand. 1748 wurde die Bitte der Schauspieler um Zulassung zum Abendmahl abgewiesen. 1753 wiederholte sich der Vorfall.[39] Elisabeth Mentzel schreibt:

»In den Messen schlugen die Marionettenspieler, die Operisten und Komödianten ihre Bühnen in Bretterbuden auf und stellten dar, was damals den größten Reiz auf das hohe und geringe Publikum ausübte. Als Frau Rat noch ein Kind war, hatten vorwiegend die Marionetten einen außerordentlichen Zuspruch.

Auf dem Platz gegenüber der Konstablerwache standen von Mitte bis Ende der dreißiger Jahre, vielleicht auch noch länger, zwei große Marionettenhütten, in denen mit Puppen ›Die Tragödie vom Erzzauberer Doktor Faust mit seinem lustigen Hanswurst‹, ›die Historie von der heiligen Dorothea‹ und die ›remarquable Haupt-Aktion von der Glücks und Unglücksprobe des Alexander Danielowitz, Fürsten von Mentzikoff, mit Harlekin, einem lustigen Pastetenjungen‹, sowie andere ähnliche Stücke sehr prächtig zur Aufführung gelangten. Außerdem gab man noch Burlesken, Hanswurstiaden und Schattenspiele, alles ›auf das Herrlichste ausgezieret‹ und nach dem Geschmack eines derben, lachlustigen Publikums zurechtgestutzt. Vor allem führte in den Puppentheatern der Hanswurst, eine meist mit einem Uhrwerk versehene Marionette, das tollste Regiment.

In diesen unweit des Vaterhauses gelegenen Bretterbuden ist dem phantasievollen Kind und jungen Mädchen wohl zuerst der Zauber der Bühnenwelt aufgegangen.«[40]
Hier begegnen uns die Quellen der Fabeln und Geschichten.
»Mit dem Freibillet des Vaters hat Elisabeth [...] von etwa 1740 bis 1749 alles gesehen, was in der dramatischen Literatur neu und regelrecht oder volkstümlich und beliebt war. [Sie] hat viele solcher Stücke gesehen, also die Wandlungen der dramatischen Literatur von ihrer Frühzeit an verfolgt. Ihre lebhaftesten Erinnerungen hafteten an den Bühnen des berühmten Hanswurst Franziskus Schuch, der aber auch regelrechte Dramen gab, und an dem Volkstheater von Geraldi und Wallerotti. Beide Bühnenleiter spielten vom Ende der dreißiger bis in die fünfziger Jahre hier und führten Werke auf wie ›Hermann‹ von Elias Schlegel, ›Die asiatische Banise‹ von Anselm von Ziegler, ›Die Hausfranzösin‹ von Frau Gottsched und ›Der politische Kannegießer‹ von Hohlberg. An diese Stücke erinnerte sich Frau Rath deutlich in späteren Jahren.«[41]
Dieses Theater arbeitete mit starken Eindrücken. Das Außerordentliche, Sensationelle und Erstaunliche, das Freche und Obszöne machten den Publikumserfolg. Psychologie der Figuren war da nicht zu zeigen. Die Handlungen waren bekannt. Das Publikum kommentierte laut während der Vorführung. Die Bühne war nur ein Teil des Ereignisses, das als Spiel zwischen Publikum und Akteur vor sich ging. Die Abtrennung von Bühnenkreis und Publikum war durchaus nicht selbstverständlich. Auch überlieferte Dramentexte mußten variiert werden. Die nachlassende Aufmerksamkeit der Zuschauer wurde mit komischen Einlagen wieder entzündet – der Hanswurst mischte seine Frechheit und den Klamauk auch ins Erhabene.
Der Schultheiß Textor, vergnügungsfreudig wie er war, hat nicht nur seinen Kindern diese Lustbarkeit gegönnt, sondern ließ sie – gewiß nicht zur Begeisterung des Schwiegersohns – auch dem Enkel zukommen. Goethe schreibt in *Dichtung und Wahrheit* über seine frühen Theaterbesuche und gibt eine anschauliche Schilderung, wie es damals zuging. Zwar war dieses Theater – 1756 – das französische Theater der Besatzungstruppe, aber es herrschte Zwanglosigkeit, die viel drastischer noch das Theater in der Zeit von Catharinas Kindheit und Jugend kennzeichnete:

> »Was mir meine Besuche auf dem Theater sehr erleichterte, war, daß mir mein Freibillet, als aus den Händen des Schultheißen, den Weg zu allen Plätzen eröffnete [...] Jenen Gebrauch oder Mißbrauch, über den sich Voltaire so sehr be-

schwert, habe ich noch erlebt und mit Augen gesehen: Wenn bei sehr vollem Hause, und etwa zur Zeit von Durchmärschen, angesehene Offiziere nach jenem Ehrenplatz strebten, der aber gewöhnlich schon besetzt war, so stellte man noch einige Reihen Bänke und Stühle ins Proszenium auf die Bühne selbst, und es blieb den Helden und Heldinnen nichts übrig, als in einem sehr mäßigen Raume zwischen den Uniformen und Orden ihre Geheimnisse zu enthüllen. Ich habe die ›Hypermnestra‹ selbst unter solchen Umständen aufführen sehen.«[42]

Catharinas Jugend und frühe Erziehung fielen in die Epoche eines rasanten Wechsels der kulturellen Orientierung. 1750 bis 1770 bildete sich in Deutschland das bürgerliche Publikum, das heißt Nationalkultur als bürgerliche Nationalkultur, als eine Klassenkultur und eine geschlechtsspezifische Kultur heraus.[43] Verbreitung der Bildung bedeutete zugleich Verbreitung der neuartigen Ungleichheit der Bildung – bis in jene Schichten hinein, die in der Vergangenheit in einer einheitlich handwerklich-ständischen Orientierung gelebt hatten. Männer und Frauen hatten in der Vergangenheit verschiedene Aufgaben, verschiedene Welten hatten sie nicht. Das änderte sich im gehobenen Bürgertum.

Catharina erlebte das in der Gestalt ihrer Familienbeziehungen. Im Hause Textor repräsentierte der Vater die Macht der Männer, die patriarchale Dominanz. (Und die Vorstellung, daß er über die Gabe der Weissagung verfüge, bezeugt eine »fromme Scheu«, eine Haltung, die der Enkel in *Dichtung und Wahrheit* beschrieben hat – eine Haltung, die er wohl mit der Mutter teilte.) In ihrem Elternhaus lebten Männer und Frauen nach der hergebrachten Art. Die Lebensbereiche waren getrennt – der Frauenbereich abgegrenzt und untergeordnet. Die Verbindung zur Sphäre des Vaters, des Mannes, war eher formell. Daß Catharina viel und gerne las, fiel auf und trug ihr den Namen »Schwester Prinzeß« ein, das heißt die, die sich über die Frauen erheben will, die mehr will, die etwas Besseres will. Die Welt der Frauen war abgegrenzt und gleichzeitig deklassiert. Catharina Elisabeth war Leserin auf eigene Faust und gehörte zum weiblichen Lesepublikum der ersten Generation. Sie bewegte sich schon in beiden Ordnungen, in der des neuen bürgerlichen Publikums und in der hergebrachten Erzählkultur der Frauen. Vergegenwärtigen wir uns die Lebensordnung im Hause Textor anhand der Beschreibung von Elisabeth Mentzel[44]:

»Die Kinder wurden unbewußt durch den Vater in Schranken gehalten

und betrachteten ihn, namentlich die älteste Tochter, mit einer geradezu andachtsvollen Scheu, als ihnen auch noch zu Gehör kam, der Vater besitze die Gabe der Weissagung und werde durch Träume von eintretenden Geschehnissen in seinem eigenen Leben vorher unterrichtet. Unter solchen Einflüssen wuchs Elisabeth auf dem eben geschilderten Schauplatz mit den jüngeren Geschwistern Johanna Marie (geboren 1734), Anna Maria (geboren 1738) und Anna Christina (geboren 1743) heran. Da die abgeschlossene Wohnung der Eltern keinen regen Verkehr mit Altersgenossinnen zuließ, werden wohl die junge Mutter und die ihr in den Jahren am nächsten stehende Schwester Johanna in der Kindheit die besten Freundinnen gewesen sein. Gerade diese heitere Schwester, spätere Frau Melber, wurde von den anderen Familienangehörigen, ja auch noch von Frau Rat, ganz besonders geliebt.
Das bürgerliche Haus des Stadtschultheißen lag auf der Friedbergergasse. Ein großes Tor mit Zinnen führte nach Goethes Angabe in einen schmalen Gang, an dessen Ende ungleiche Gebäude einen Hof umschlossen.
Die Familie des Stadtschultheißen hätte also nicht nach der Straße zu, sondern hinter dieser gewohnt, was mit verschiedenen Äußerungen der Frau Rat nicht ganz stimmt, jedenfalls aber den Neigungen des die ländliche Zurückgezogenheit liebenden Großvaters entsprach. Denn hinter dem Hause erstreckte sich ein großer, schöner Garten weit hinaus bis an Bleichplätze und an andere Gärten.
Nach Mittag zu grenzte das Grundstück eine Mauer ab, die zu wohlgezogenen Spalier-Pfirsichbäumen ausgenützt worden war, auf der anderen Seite standen unabsehbare Reihen von Johannis- und Stachelbeerbüschen. In einem Teil wurden Gemüse und Küchenkräuter gezogen, der andere diente als Ziergarten. Da sah man in den verschiedenen Jahreszeiten bald einen Tulpen- und Hyazinthen-, bald einen Nelken-, bald einen Rosen- und schließlich im Herbste einen Georginenflor.
Neben den Blumen fand auch das feinere Obst die sorgfältigste Pflege. Überall standen Obstbäume verschiedenster Art, auch die Traube reifte im Garten des Stadtschultheißen; denn die Beete und Rabatten waren mit Rebgeländern eingefaßt. Inmitten des Rasengeländes aber stand ein alter, hoher, weitverbreiteter Maulbeerbaum, unter dem Frau Rat als Kind gespielt hat.
Bei wem Elisabeth Textor die ersten Musikstunden genoß, konnte leider nicht festgestellt werden, doch wird es wohl ein Angehöriger der hiesigen Kirchenkapelle gewesen sein, die bis über die Mitte des 18. Jahrhunderts hinaus in Frankfurt die bedeutendsten Musiklehrer zu ihren Mitgliedern zählte.

Frau Rat war überhaupt von Haus aus eine musikalische Natur, was lange nicht genug betont wird. Die Musik bildete für sie wirklich ein belebendes und erfrischendes Element. Wollte sich später etwas für sie verdüstern, zogen Wolken an ihrem Lebenshimmel auf, ›so schüttelte sie sich ein paarmal‹, setzte sich ans Klavier und spielte. Dann wurden ›die trüben Ideen wieder *couleur de rose*‹.
Doch nicht erst in ihren alten Tagen wurde die Musik ihr Steckenpferd, das sie oft ›gehörig galoppieren ließ‹, nein schon ihre Jugend verschönte die Ausübung und der Genuß der herzerhebenden Kunst.
Da dem Stadtschultheißen ein Freibillett für Konzerte zustand, so mag das junge Mädchen neben den sonntäglichen Kirchenmusiken auch manche musikalischen Aufführungen und Einzeldarbietungen bedeutender Künstler mit Verständnis und Freude angehört haben. –
Daß ein junges Mädchen jener Zeit zuerst in die Strick-, dann in die Nähschule ging, war selbstverständlich; denn da man damals an Näh- und Strickmaschinen noch nicht dachte, so mußte von der Mutter und den Töchtern vieles im Hause selbst angefertigt werden. Hatte man sich aber in den wichtigsten weiblichen Handarbeiten die nötigen Kenntnisse angeeignet, so lernten die Töchter besserer Kreise meist auch noch auf verschiedene Weise sticken, feinere Gewebe stopfen und Spitzen aus Tüll oder ähnlichen Stoffen herstellen, sowie Spitzen klöppeln.
Bei den großen Hauben, die man damals trug, war die Geschicklichkeit in solchen Dingen etwas durchaus Wichtiges für Frauen und Mädchen.
Wie tüchtig Goethes Mutter auch in der Herstellung solcher feineren Handarbeiten war, beweisen ihre noch im hohen Alter selbst ausgeführten Geschenke dieser Art an Verwandte und Bekannte.
Vor allem klöppelte sie gerne Spitzen. Mit welcher Freude arbeitete sie besonders im Winter 1795 solche an einen Teil der Ausstattung für das erwartete Kindchen ihrer Enkelin Louise Nicolovius, geborene Schlosser.
Was für ein Jubel klingt aus dem den überschickten Sachen beigelegten Brief: ›Hier kommt das Machwerk der Urgroßmutter? Tausend gegen eins gewettet bin ich die erste Urgroßmutter, die die Spitzen an ihres Urenkels Kinds Zeug geklöppelt hat – und zwar wie der Augenschein darthut nicht etwann lirum larum sondern ein sehr schönes Brabanter Muster. Was wird das kleine Wesen so schön darinnen sich aus nehmen.‹
All dies hatte die Frau Rat in ihrer Jugend gelernt, und falls sich die Vermutung noch einmal beweisen läßt, höchstwahrscheinlich bei den Demoisellen Gertraude und Susanne Tißon, Töchter eines Gold- und Silberstickers, die vom Ende der dreißiger bis in die Mitte der sechziger

Jahre hier in feineren weiblichen Handarbeiten Unterricht gaben. Auch Cornelia Goethe hat noch bei einer von den beiden Jungfern Tißon sich in irgendeiner Nadelkunst weiter ausgebildet. Wie die Mutter, so leistete ja auch die Tochter im Sticken und in Spitzenarbeiten ganz Ausgezeichnetes.«[44]

Catharinas Lektüre im Hause Textor war etwas, das eher geduldet als gefördert wurde. Sie zog sich zurück und arbeitete nicht mit den anderen Frauen. Rückzug und Protest liegen hier nahe beieinander. Mit Bitterkeit sprach sie von dem Mangel an Wissen, von der geistigen Enge, die nur wenig »durch eine entfernte Verwandte aufgehoben wurde«[45]. Es ist nicht anzunehmen, daß es im Hause Textor eine bedeutende Bibliothek gab. Textor war kein Leser, es waren wohl inbesondere die Volksbücher und Fliegenden Blätter, an denen sich Catharina als Kind und Jugendliche vergnügte, daneben die Ritter- und Feengeschichten, die frommen Legenden und die Bibel. Bis zur Herausbildung einer bürgerlichen Lesekultur vergingen noch Jahre. Die Bücher, die das bürgerliche Lesepublikum begründeten, weil sie ein ganz neues Leseerlebnis – den einsamen Leserausch – hervorriefen, die Romane Richardsons und Rousseaus *Neue Heloïse*, las sie als verheiratete Frau. Die Bildung der Töchter interessierte Textor nicht. Catharina sprach keine Fremdsprache, nicht einmal das in der eleganten Welt unabdingbare Französisch. In die Belehrung des kleinen Enkels August fließt bei Catharina die Erinnerung ein:

> »Ich schäme mich nicht, zu bekennen, daß du mehr von diesen Sachen, die von so großem Nutzen sind, weißt als die Großmutter – wenn ich so gerne schriebe wie du, so könnte ich dir erzählen, wie elend die Kinder zu meiner Zeit erzogen wurden – danke du Gott und deinen lieben Eltern, daß sie dich alles Nützliche und Schöne so gründlich sehen und beurteilen lehren – daß mehrere, die dieses Glück nicht haben, im dreißigsten Jahr noch alles vor Unwissenheit anstaunen, wie die Kuh ein neues Tor.«[46]

Das sind Sätze aus späterer Zeit, im Rückblick. Die Empfindungen ihrer Jugend kennen wir nicht. Wir wissen nur, daß ihr mit 17 Jahren, nach ihrer Heirat, eine Bildungschance (Italienisch, Französisch) eröffnet wird, die sie entschieden ablehnt. Freilich war es ihr »lehrbegieriger« Johann Caspar, der sie nur allzugern erzogen hätte. Er suchte ihr auf alle Art Unterricht anzutragen, auch im Singen und Schreiben. Aber sie entwand sich:

»Daß Frau Rat nicht einmal etwas Französisch gelernt hatte, verrät uns

Johann Caspar Goethe. Geschnittene Silhouette

der Sohn bei dem Berichte vom Königslieutnant, wie er uns auch erzählt hat, daß der Vater durch Unterricht im Italienischen und Anhalten zum Klavierspielen, Singen und fleißigen Schreiben nachzuholen sich bemühte, was an ihr in der Jugend versäumt worden war.«[47]
Die von Catharina oft beschworene mangelnde Ausbildung in ihrer Kindheit ist das eine. Ebenso interessant ist, daß sie da, wo sie hätte lernen können, nichts lernen wollte. Nichts lernen wollte? Es war der Zugriff, dem sie sich verweigerte. Mit ihren heranwachsenden Kindern sehen wir sie in Opposition und als Leserin:

> »Aus der Ferne machte jedoch der Name Klopstock auch schon auf uns eine große Wirkung [...] eine verdrießliche Epoche [...] eröffnete sich für meinen Vater, als Klopstocks Messias Verse, die ihm keine Verse schienen, ein Gegenstand der öffentlichen Bewunderung wurden. Er selbst hatte sich wohl gehütet dieses Werk anzuschaffen; aber unser Hausfreund Rath Schneider schwärzte es ein und steckte es der Mutter und den Kindern zu.«[48]

Warum die Heimlichkeiten? Catharina suchte offensichtlich ein »Wissen«, das ihr Johann Caspar nicht geben konnte. Ihrem Mann konnte sie sich nur als Schülerin unterwerfen, ohne Aussicht, je »erwachsen« zu werden. Catharina verweigerte sich. Sie empfand, daß alles, was sie war, Ausstellungsstück wurde. Ist es erlaubt, so weit zu gehen und ihr das zu unterstellen? Nicht als bewußte Haltung, aber als verleugnetes Motiv trifft es wohl zu. Es bleibt der Widerspruch, daß sie sich weigerte, bei Johann Caspar in die Schule zu gehen. Es wäre eine Schule gewesen, die alles, was ihr inneres Leben betraf, geringschätzte. Was sollte der Lateiner, der Schüler des Casimirianums mit Gespenstergeschichten? Und seine Haltung zum Theater, dem Vergnügen der Unterschichten, war eine äußerst kritische. Alles, was an Vermischung und an Unordnung erinnerte, haßte er. Er hatte sich in Regel und Ordnung geflüchtet, die Kultur war bei ihm ein dünner Firnis, ein Symbol seiner neuen Identität als Mitglied der oberen Klasse. Er repräsentierte also nicht nur »Männer«-Tradition, sondern er war auch starr und ritualisiert.
Die ersten Szenen der Eltern in *Dichtung und Wahrheit* führen uns den Gegensatz zwischen männlicher und weiblicher Welt deutlich vor Augen. Hier stellt er sich als Gegensatz zwischen der Ratio des Vaters und seinen Erziehungsmaximen und den übrigen Bewohnern des Hauses dar. Da heißt es[49]:

»Unversehens brach ein Hagelwetter herein und schlug die neuen Spiegelscheiben der gegen Abend gelegenen Hinterseite des Hauses unter Donner und Blitzen auf das gewaltsamste zusammen, beschädigte die neuen Möbeln, verderbte einige schätzbare Bücher und sonst werte Dinge und war für die Kinder um so fürchterlicher, als das ganz außer sich gesetzte Hausgesinde sie in einen dunklen Gang mit fortriß und dort auf den Knien liegend durch schreckliches Geheul und Geschrei die erzürnte Gottheit zu versöhnen glaubte; indessen der Vater, ganz allein gefaßt, die Fensterflügel aufriß und aushob, wodurch er zwar manche Scheiben rettete, aber auch dem auf die Hagel folgenden Regenguß einen desto offnern Weg bereitete, so daß man sich nach endlicher Erholung auf den Vorsälen und Treppen von flutendem und rinnendem Wasser umgeben sah.«

Wir glauben hier eine gewisse Ironie des Dichters zu vernehmen. Was war nun besser? Als Vernünftiger den Elementen die Stirn zu bieten und das Fenster auszuhängen – dafür die Wasserfluten? Oder das Geheul für die Gottheit und zerbrochene Scheiben? (Die systematische Erziehung der Kinder wird deren Welt ganz von dem Leben der dienenden Klassen lösen. Sie werden eines Tages »Gebildete« sein. Die Welt des Sohnes wird die Interpretationsgemeinschaft der bürgerlichen Kultur. Er wird von Kind an in diese Rolle eingeübt – in die Zukunft als Macher und Teilhaber dieser Kultur. Nach diesem Prinzip nimmt er die Welt wahr, wählt er seine Freunde und weiß er sich darzustellen. Und der Tochter Cornelia wird zunächst derselbe Weg gewiesen. Auch sie wird gebildet, zur Disziplin erzogen, eingeübt. Ihr Weg ist bis zur Adoleszenz dem des Sohnes vergleichbar.) In dieser Familie, in der eine Art Erziehungswahn herrschte und kulturelle Leistungen am höchsten gewertet wurden, nahm Catharina die Haltung der Abwehr ein.

Was mag es für sie bedeutet haben, aus der Geschlechtertrennung, wie sie im Hause Textor galt, nun in die »neue Ordnung« versetzt zu werden, deren Diktat Bildung und Unfreiheit hieß? Johann Caspar mit der Zwanghaftigkeit des Neuangepaßten, ein »Kultur-Träger«, der den Lebensstil der höheren Klasse nachahmte – ihn interessierte die anerkannte und sozial hochgeschätzte Kultur. Diese bestand für ihn nicht nur in Gegenständen wie schönen Möbeln und einem würdigen Haus, sondern auch in der Lebensart und in Fähigkeiten. »Seine Familie« sollte diese Fähigkeiten erwerben. So erfuhr die junge Catharina eine

Deformation ihres Bildungswunsches. Was sie sich gewünscht hatte, empfing sie in der Gestalt der Dressur. Wir verstehen, daß sich die neugierige und interessierte junge Ehefrau den Bildungsbestrebungen entzog. Catharina wandte sich der Religion zu. Das war der Kompromiß. Sie suchte in der Religion ein Feld eigener Lebenspraxis, in dem sie als Gleiche sich mit anderen verständigen und ihre Erfahrungen zum Ausdruck bringen konnte. Daß die Religion diese Funktion für sie erfüllte, erkennen wir daran, daß sie die religiösen Zirkel ihrer Jugend aufgab, sobald sich ihr andere Möglichkeiten boten – schon in den letzten Lebensjahren Johann Caspars und unverkennbar in den zehn Jahren von 1785 bis 1795, als sie als Witwe über sich verfügen konnte. Wir werden diese Wege ihrer Selbstverwirklichung noch ausführlich betrachten. Halten wir hier fest, daß der jungen Frau nur die Religion – deren Doppelcharakter wir ja schon bei Susanna von Klettenberg beobachtet haben – als Feld der Selbstbehauptung zur Verfügung stand. Aber die Religion verschärfte die Unbewußtmachung des Konflikts durch die Spaltung in Illusion und Wirklichkeit. Aber eine andere Gemeinschaft neben der Ehe gab es nicht.

Als Catharina mit 17 Jahren heiratete und in das Haus am Hirschgraben einzog, stand sie von ihrer Erziehung her der geistigen Welt der Mägde ihres Haushaltes näher als der des Johann Caspar – nicht anders erging es der Schwiegermutter Cornelia Schellhorn-Goethe, die in den ersten Jahren der Ehe noch im Haus lebte. Deren erster Mann konnte, wie wir wissen, nicht schreiben und sie selbst wahrscheinlich auch kaum. Schellhorn war Knecht gewesen, der sich hochgearbeitet hatte bis zum Besitzer des Weidenhofs. Das Zögern Johann Caspars, das Haus am Hirschgraben zu Lebzeiten seiner Mutter umzubauen, zeigt Rücksicht auf sie, vielleicht wegen der Unbequemlichkeiten, denkbar wäre jedoch auch, daß der alten Schellhorn das neue vornehme Haus nicht gefallen hätte. Sie wäre fremd gewesen in einer Welt, die nicht mehr die ihre war.

Was es für die siebzehnjährige Catharina bedeutete, plötzlich, von Eltern und Geschwistern getrennt, in einen Haushalt von zwei einsiedlerischen Naturen zu geraten, können wir nur vermuten. Da gab es Cornelia Schellhorn, schon über 80 Jahre alt, und Johann Caspar mit seiner Pedanterie und seinem Mangel an Einfühlungsvermögen. Wahrscheinlich war es so, wie Elisabeth Mentzel schreibt – gerade weil sie die Verhältnisse im Hause Goethe idealisiert, wird auch das Prekäre, das nicht zu übersehen ist, sichtbar[50]:

»Der Übergang aus dem Heim in der Friedbergergasse mit dem schönen, weitgedehnten Garten in das alte, düstere und winkelige Haus auf dem großen Hirschgraben wurde aber eine stille, schwere Prüfung für die blutjunge Frau.

Aus den hinteren Räumen sah man zwar ins Grüne, eine Mauer jedoch schloß das kleine Höfchen ab. Darüber hinaus konnte wohl die Sehnsucht fliegen, doch die Füße nicht klettern, so gern sie's auch manchmal getan hätten.
Da war's ja eigentlich ein Glück, daß sich der junge Ehemann die Aufgabe stellte, in der vielen freien Zeit die Lücken in der Bildung seiner Frau auszugleichen. Da hieß es, gelernt und geübt, auch wenn man häufig gar keine Lust und Kraft dazu hatte. –
Das erste Jahr der Ehe, der frühe Herbst, der lange, harte Winter, das kalte Frühjahr und der Sommer mit häufigem, schlechtem Befinden, das war wohl mit die schwerste Zeit für das sozusagen aus den Kinderschuhen in den ernsten Pflichtenkreis der Ehe gesprungene, unerfahrene Wesen.
Berührte Frau Rat in späteren Jahren diesen Wandel in ihrem jungen Leben, so schlich sich Wehmut in ihre Züge und in ihre Worte. – Sie hatte als jung verheiratete Frau alles, was ihr Herz begehrte, sie war der Mittelpunkt zartester Aufmerksamkeiten, und doch fehlte ihr etwas, litt sie an innerer Vereinsamung und uneingestandener Sehnsucht nach dem Vaterhause.
Es gehörte hingebendes Gottvertrauen und sittliche Kraft dazu, um bei einem von Natur aus feurigen Naturell sich ›fügen und ducken‹ zu lernen. Denn zu Hause bei den Eltern durfte die junge Frau von solchen Stimmungen gewiß nichts merken lassen. Die glaubten sie ja wohl und sicher geborgen und hätten solche schmerzlichen Anwandlungen vielleicht gar nicht verstanden.«
Die Differenz zum Hause Textor ist in mehrfacher Hinsicht einschneidend. Düntzer schreibt[51]:
»Das elterliche Haus von Goethes Mutter lag auf der Friedberger Gasse und schien ehemals eine Burg gewesen zu sein. ›Wenn man herankam‹, also erzählt Goethe, ›sah man nichts als ein großes Tor mit Zinnen, welches zu beiden Seiten an zwei Nachbarhäuser stieß. Trat man hinein, so gelangte man durch einen schmalen Gang endlich in einen ziemlich breiten Hof, umgeben von ungleichen Gebäuden, welche nunmehr alle zu *einer* Wohnung vereinigt waren.‹ Hinter den Gebäuden erstreckte sich in ansehnlicher Länge und Breite ein sehr gut unterhaltener Garten, in welchem der Vater eigenhändig die feinere Obst- und Blumenzucht besorgte, weshalb er besonders die abendlichen Stunden in diesem friedlichen Raume zu verweilen pflegte. Die Gänge waren meist mit Rebengeländer eingefaßt, ein Teil des Gartens den Küchengewächsen, der andere den Blumen gewidmet, welche vom Frühjahr bis zum Herbst in reicher Abwechslung die Beete und Rabatten schmückten.«

Im Verhältnis zum Elternhaus auf der Friedberger Gasse zog die junge Catharina 1748 in ein Haus mit luxuriöser Raumfülle, schon bevor dieses Haus umgebaut wurde. Nach dem Umbau – ab 1755 – verfügte das Haus bei einem Fünf-Zimmer-Grundriß und vier Stockwerken (das Erdgeschoß mit eingerechnet) ohne die ausgebauten Mansarden der Mägde und den Speicher mit Einschluß der Küche über 20 Räume.
Das Haus, das Johann Caspar sich 1735 nach seinen Wünschen umzubauen begann, war geräumig, luftig und heiter. Große Treppen und Vorsäle gaben dem Gebäude einen herrschaftlichen Charakter. Die Tapeten waren so schön, daß der französische Graf Thoranc, der 1759 zur Einquartierung die besten Zimmer des Hauses belegte, es nicht wagte, seine Landkarten an diese Tapeten zu heften. Es war ein weitläufiges Haus, kein in sich verschachteltes »Ding«, in dem die Räume ineinander gingen und die einzelnen Wohn- und Lebensfunktionen so sehr ineinanderliefen, daß sich die »ungeputzten« Mädchen im Hause Textor hinter den Bettvorhängen verstecken mußten, wenn hoher Besuch kam.[52]
Es ist anzunehmen, daß die Entfaltung der Wohnverhältnisse zwar Catharinas Rückzugsneigung entgegenkam. Zugleich aber deutet sich ein Gefühl der Leere und Langeweile an – ökonomisch gesichert, aber vom Leben mit anderen getrennt. Dafür spricht das Vergnügen, das für Mutter und Kinder die Einquartierung des Grafen Thoranc brachte. Mit einer gewissen Dankbarkeit gedenkt der Dichter in der Eröffnung des vierten Buches seiner Erinnerungen der Soldaten:

> »Soviel Unbequemlichkeit uns auch die französische Einquartierung mochte verursacht haben, so waren wir sie doch zu gewohnt geworden, daß wir sie nicht hätten vermissen, daß uns Kindern das Haus nicht hätte tot scheinen sollen.«[53]

Wie sehr die Entwicklung, nicht nur im Hause Goethe, die Richtung auf Abgrenzung und Entflechtung, auf Rückzug ins Individuell-Private nahm, dafür mag auch das Verschwinden der Geremse in den Frankfurter Gassen stehen. Wir kennen das Goethesche Gerems von der Schilderung in *Dichtung und Wahrheit*, wo Goethe erzählt, wie er als Kind das Küchengeschirr auf die Gasse warf:

> »Für uns Kinder, eine jüngere Schwester und mich, war der untere weitläufige Hausflur der liebste Raum, welcher neben der Türe ein großes hölzernes Gitterwerk hatte, wodurch man unmittelbar mit der Straße und der freien Luft in Verbindung kam. Einen solchen Vogelbauer, mit dem viele Häuser verse-

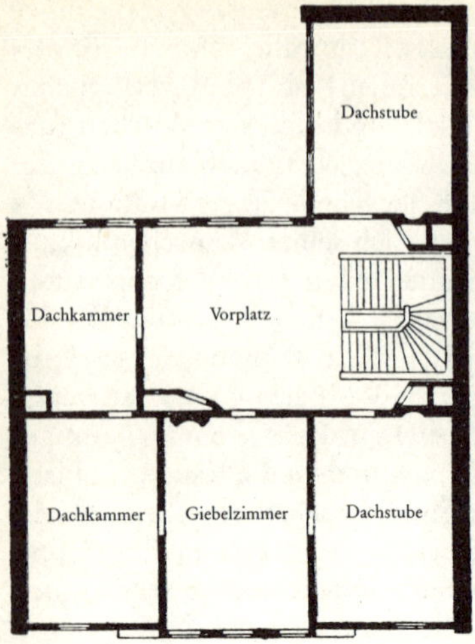

Dachstock

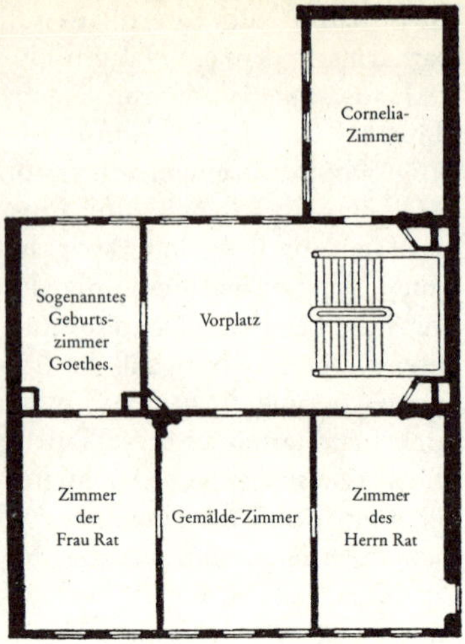

Zweiter Stock

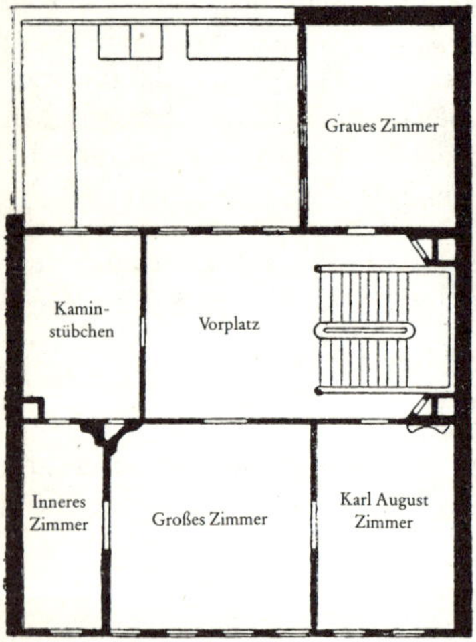

Erster Stock

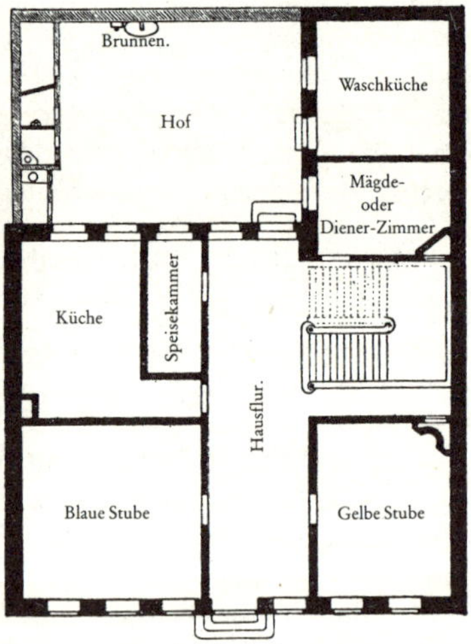

Erdgeschoß

Grundrisse des Goethehauses in Frankfurt a. M.

hen waren, nannte man ein Gerems. Die Frauen saßen darin um zu nähen und zu stricken; die Köchin las ihren Salat; die Nachbarinnen besprachen sich von daher miteinander, und die Straßen gewannen dadurch in der guten Jahreszeit ein südliches Ansehen. Man fühlte sich frei, indem man mit dem Öffentlichen vertraut war.«[54]

Für den Alltag im Hause Goethe ist neben *Dichtung und Wahrheit* das Haushaltsbuch die wichtigste Quelle. Es wurde von Johann Caspar mit der ihm eigenen Akribie geführt. Hier wurden alle Ausgaben verzeichnet – für die Köchin und die beiden Mägde, für die Hebamme bei den sieben Geburten, die Ausgaben für die Kleider, den Umbau des Hauses, die Ausbildung der Kinder, die Begräbnisse: »Wir ersehen, daß die Frau Rat 700 Gulden jährlich Haushaltsgeld für die Köchin erhielt, außer den gelegentlichen Zulagen; das Jahreseinkommen des Kaiserlichen Rates lag bei 2400 Gulden. Die Köchin bezahlte der Vater mit 24 Gulden, die beiden anderen Mägde erhielten 20 und 15 Gulden Lohn, der Diener etwa 30 Gulden.«[55]
Bis zum Jahre 1772 führte Johann Caspar dieses Buch in lateinischer Sprache. Das signalisiert: Es war *seine* Sache. Er kontrollierte den Haushalt bis ins Detail.[56] Der Haushalt war kein eigenständiger weiblicher Arbeitsbereich mehr. Es wird mit dem Geld des Ehemannes gewirtschaftet, und dieser hat das Recht, zu prüfen, wo das Geld geblieben ist. Die Frauen vermögen zu sparen, aber sie tragen nicht zum Geldeinkommen bei. Im Goetheschen Haushalt war diese Kontrolle noch durch die Tatsache verschärft, daß Johann Caspar nicht arbeitete und seine Zeit mit der Haushaltsorganisation ausfüllte. Es gibt eine bekannte Anekdote, von der wir nicht genau wissen, ob sie auf Wahrheit beruht, die Heinemann überliefert:
»Als sie [die Großmutter Cornelia Schellhorn-Goethe, U. P.] im sechsten Jahr der Ehe ihrer Kinder ihr Ende herannahen fühlte, soll sie, da ihr die ängstliche Sparsamkeit ihres Sohnes bekannt war, der Schwiegertochter 200 Dukaten als Notpfennig heimlich übergeben haben. Freilich war Frau Rat eine viel zu gute Hausfrau, als daß sie das Geld nicht sofort dem Gatten zum Aufbewahren gegeben hätte. Das Gerücht, daß sie es bei seinen Lebzeiten nicht wiedergesehen habe, beruht gewiß auf Wahrheit.«[57]
Unter Vormundschaft des Ehegatten vollzogen sich die alltäglichen Pflichten der Hausfrau eines großbürgerlichen Haushalts. Das Kochen war eine Tätigkeit, die die Hausherrin nur in Ausnahmefällen selbst verrichtete. Wohl aber verwahrte sie die Schlüssel zur Speisekammer,

Johann Caspar und Catharina Goethe.
Tuschzeichnung 1774

zu den Vorräten und zum Weinkeller. Goethe beschreibt die Vorratskammer:

> »Die Kinder haben in einem wohl eingerichteten und geordneten Hause eine Empfindung, wie ungefähr Ratten und Mäuse haben mögen, sie sind aufmerksam auf alle Ritzen und Löcher, wo sie zu einem verbotenen Naschwerke gelangen können; sie genießen's mit einer verstohlenen, wollüstigen Furcht, und ich glaube, daß dieses ein großer Teil des kindischen Glücks ist. Wilhelm war vor allen seinen Geschwistern aufmerksam, wenn irgend ein Schlüssel steckenblieb. Je größer die Ehrfurcht war, die er für verschlossene Türen in seinem Herzen herumtrug, an denen er wochen- und monatelang vorbeigehen mußte und in die er nur manchmal, wenn die Mutter das Heiligtum öffnete, um was herauszuholen, einen verstohlenen Blick tun durfte, desto schneller war er, einen Augenblick zu benutzen, den ihn die Nachlässigkeit der Wirtschafterin manchmal treffen ließ.
> Unter allen Türen war, wie man leicht erachten kann, die Türe der Speisekammer diejenige, auf die seine Sinne am schärfsten gerichtet waren. Wenig ahnungsvolle Freuden des Lebens glichen der Empfindung, wenn ihn seine Mutter manchmal hereinrufte, um ihr etwas heraustragen zu helfen, und er dann einige gedörrte Pflaumen entweder ihrer Güte oder seiner List zu danken hatte. Die aufgehäuften Schätze übereinander umfingen seine Einbildungskraft mit ihrer Fülle, und selbst der unangenehme Geruch von so mancherlei Ausdünstungen durcheinander, als da sind: Seife, Licht, Zitronen und mancherlei alte und neue Büchsen, hatte so eine leckere Wirkung auf ihn, daß er niemals versäumte, sooft er in der Nähe war, sich an der eröffneten Atmosphäre auf einige Schritte wenigstens von ferne zu weiden.«[58]

Was hier nur spielerisch zitiert wird, der Keller mit seinen Herrlichkeiten, war ein wichtiges Arbeitsfeld des Haushaltes: Konservierung und Vorratshaltung bedeuteten laufende organisatorische und disponierende Arbeiten. Die Hausfrau überwachte den Einkauf und den Produktions- und Verarbeitungsprozeß im Haushalt, sie besaß die Schlüsselgewalt über den Vorratskeller. Körperliche Arbeit war kaum nötig. Gelegentliches Kochen von Leckerbissen und feine Handarbeit wie

Catharina Elisabeth Goethe.
Silhouette

Klöppeln oder Sticken, Strümpfe stricken und Garn spinnen machten ihre Haupttätigkeit aus.
Die Haushaltsproduktion bleibt noch für die Enkelin der Catharina Elisabeth von der gleichen Struktur. Erst um 1820 bis 1830 summieren sich die Veränderungen zu einem qualitativen Wandel der Haushaltsproduktion.[59] Die Veränderungen zwischen den Frauengenerationen, die wir hier betrachten, den um 1730 Geborenen und den um 1750 Geborenen, können wir nicht unmittelbar auf Veränderungen der Arbeit im Haus zurückführen. Langfristig veränderten sich zwar die Arbeitsprozesse nicht; aber die Hausökonomie insgesamt wurde zweitrangig, weil sich das gesellschaftliche Machtzentrum in die Marktökonomie verlagerte.[60] Im Bereich der Marktökonomie konzentrierten sich Technologie, Wissen und Macht. Dabei war die Haushaltsführung um 1750 bis 1770 noch ein Sektor der Güterproduktion. Catharinas Haushaltsführung in den Jahren 1748 bis 1780, der Zeit, in der sie einem großen Haushalt vorstand, unterschied sich von den Bedingungen heute vor allem durch zweierlei: Da es keinen entfalteten Handel mit Fertigprodukten gab, war der Haushalt eine Produktionsstätte, für die in großen Mengen Halbfertigprodukte eingekauft und dann im Haus verarbeitet wurden. Dem Haushaltsbuch der Familie Goethe entnimmt Margarete Freudenthal ihre Beschreibung: »Betrachten wir zuerst die Art der Warenbeschaffung. Nur Weniges kaufte Frau Rat in einem Laden: Essig, Öl, Tee, Kaffee, Zucker und Gewürze wurden bei den Materialwarenhändlern erstanden und dabei jede Ware bei einem anderen Händler. Sonst gab es nur einige Handwerker, wie den Bäcker, den Metzger und den Schneider, bei denen man einschlägige Waren kaufen konnte. Die Haupteinkaufsmöglichkeit war in Frankfurt die Messe oder der Markt, auf denen Stoffe, Haushaltsgeräte, Geschirr und Bücher eingekauft wurden. [...] Im Herbst wurde im Hause ein Schwein geschlachtet und Gänse und Rindfleisch geräuchert und eingepökelt. Wein aus dem eigenen Garten wurde gekeltert. Obst, Sauerkraut, Bohnen eingemacht. Frau Rat berichtet, als sie von ihren oft drückenden Hausfrauenpflichten spricht, daß in den ›fatalsten‹ Monaten im Frühjahr, in denen sie vor Arbeit ›aus ihrem Geschick und Gerick komme‹ nicht bloß Holz eingekauft, Molken gekocht, die große Wäsche besorgt, sondern auch ›vor das ganze Jahr Butter zentnerweise eingemacht‹ wurde. Herr Rat ließ auf der Mühle zu Niederursel Korn mahlen und das Mehl beim Bäcker für sich verbacken. Er ließ Leinwand besonders für sich weben; ob Leinengarn im Hause gesponnen wurde, geht nicht aus dem Haushaltsbuch hervor, es ist aber – entsprechend den Gewohnheiten anderer Haushaltungen jener Zeit – anzunehmen. Das Tuch zum Kleide wurde vom Tuchscherer erst zurecht gemacht,

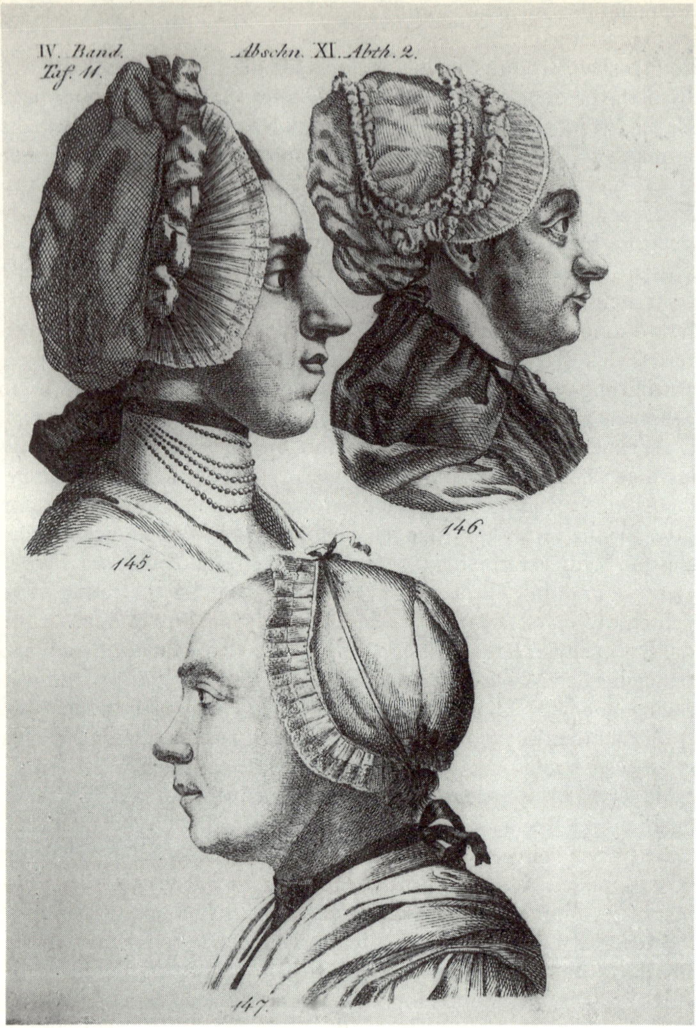

Cornelia Goethe verh. Schlosser, Catharina E. Goethe und Barbara Schulthess.
Aus Lavaters Physiognomie

dann stellte der Diener die Männerkleidung zu Hause her oder sie wurde beim Schneider angefertigt. Für die Frauenkleidung kam die Schneiderin ins Haus. Schuhe wurden im Hause gesohlt und gefleckt. Als Herr Rat sein Haus umbauen ließ, kaufte er das Material dafür ein und ließ es von den Handwerkern verarbeiten.«[61]

Wir sehen also Catharina von Tätigkeit und Leben umgeben. Einsam war sie nicht. Dennoch ist die Betonung, die Margarete Freudenthal auf die Aktivität der Frau im Haushalt von 1730 legt, dann irreführend, wenn daraus auf soziale Verfügungsmacht geschlossen wird – und auf das Selbstbewußtsein der bürgerlichen Frau. Margarete Freudenthal wollte in ihrer Studie zur Geschichte des Haushalts hervorheben, wie produktiv die Frauen in der Haushaltsführung gearbeitet haben. Unterderhand verkehren sich ihr die Begriffe, und sie sieht »Frau Rat Goethe« schalten und walten wie eine Unternehmerin: »Es war ein großer Apparat, gleichsam eine Magazinverwaltung, die Frau Rat zu bewältigen hatte. Sie überwachte den Einkauf und den Produktions- und Verarbeitungsprozeß im Haushalt, d. h. die Umwandlung der produzierten und der in halbfertigem oder fertigem Zustand gekauften Güter in konsumreife Güter, wurde von ihr geleitet. Sie gab Rechenschaft über die Ausgaben, denn sie führte ein Haushaltungsbuch. Mit dieser organisierenden und disponierenden Tätigkeit scheint körperliche Arbeit im Haushalt kaum verbunden gewesen zu sein. Im gelegentlichen Backen und Kochen von Leckerbissen und in der Anfertigung von Handarbeiten erschöpfte sich die eigentliche körperliche Hausarbeit. Die Kunst des Kochens scheint Frau Rat nicht bekannt oder nicht sympathisch gewesen zu sein; als ihre Köchin einmal krank war, mußte sie auswärts essen, da sie ›nichts Ordentliches zu essen hatten‹.«[62]

In dieser Beschreibung verschwindet das Ausmaß der Kontrolle durch den Haushaltsvorstand, der sämtliche Geldausgaben zu bewilligen hatte. (*Dichtung und Wahrheit* enthält Serien von Szenen, die die Kontrolle und Vormacht des Vaters in allen täglichen Angelegenheiten bezeugen.) Wieviel Geld ausgegeben wurde, ob Gäste kamen, welche Lehrer eingestellt wurden, was gelesen und was gegessen wurde, wieviel Papier die Tochter zum Schreiben hatte – die Entscheidung lag bei ihm.[63]

Wie wenig sich Catharina mit dem Haushalt identifizierte, sie, die als Urmutter und deutsche Hausfrau gilt, zeigt sich auch daran, daß sie nach dem Tode Johann Caspars das Haushaltsbuch überaus lückenhaft führte.

Wir sehen Catharina Elisabeth im Haus; es ist Lebensalltag in einer Zwischenposition. Kaum gibt es noch das alte Ineinander im Haus und an den Grenzen zum öffentlichen Raum in der alten Weise – noch aber

sind die täglichen Lebensvorgänge verschränkter, als sie es bereits eine Generation später sein werden. Meist ist die Hausfrau nicht ganz vom Gesinde getrennt, noch gibt es eine gemeinsame Sprache, Verständigung. Noch ist das Haus der Ort von Beziehungen, die regelmäßig über die Familie hinausgreifen. Zu dem Kreis der Hausbewohner, der schon die Familie erweiterte, kamen die ständigen Arbeitskräfte hinzu. Regelmäßig hatte hier eine ganze Gruppe von Menschen zu tun: »Zu den ständig im Haushalt beschäftigten Personen gehörten eine Köchin, zwei Hausmädchen und ein Diener. Darüber hinaus gab es einen Kreis nicht ständig beschäftigter Personen, die aber trotzdem in dauerndem Zusammenhang mit dem Haushalt blieben und in festem Sold standen: Die Waschfrau, die Reinemachefrau, die Näherin, der Schuster, der Schneider, die Schneiderin, der Fleischer, der Polsterer, der Ofensetzer, der Ofenkehrer, der Böttger, der Schmied, der Dachdecker, der Schornsteinfeger, ja, der Barbier und der Zahnarzt wurden zu den dem Haushalt zugehörigen Kräften gezählt.«[64]
In Goethes Schreibtisch fanden sich kleine Protokolle von Gesprächen, darunter das folgende von Catharina Elisabeth (Frau Aja genannt), ihrer Magd und einer jungen Bäuerin, die ihre Waren verkaufen wollte:

»Frau Aja: Herr Jes, Maidel, ihr laufft bey dem Wetter in bloßen Füßen. Werdt ihr nicht krank?
Bäurin: Ja, meine andern sind zerrissen beym Schuflicker. Ich hab nur ein Paar.
Dorthe: Es ist kurios, daß man sich die Füs aufgeht, wenn man schu anhat, und nicht wenn man barfüßig geht.
Frau Aja:, der Bäurin auf die Füß sehend: Wenn ihr die zerreißt, so laß ich euch ein Paar neue machen.
Bäurin: Das wird ihnen Gott vergelten.
Dorthe: Und wenn mer barfüßig geht, so geht mer sie nit auf?
Bäurin: Ihr lauft eure Sohlen ab, wir laufen uns Solen an! Ja so was hat eben unser Herr Gott für die armen Leut erfunden!«[65]

Es ist auffallend, daß die Bürgerin Catharina, ihre Magd und die Bäuerin mit deren Armut mit Selbstverständlichkeit und unter Scherzen umgehen. Die Klassendifferenzen liegen jenseits der individuellen Verantwortlichkeit – es ist Fügung, wer hierher und wer dorthin gehört. Und: Die drei Frauen teilen offensichtlich eine Kultur, deren Wurzel ursprünglich die gemeinsame Arbeit und Lebensordnung war. Solche Gespräche wären bei der Tochter Cornelia schon undenkbar. Dienstboten scheinen ihr Wesen anderer Gattung zu sein, so fremd, daß die Idee, sie könne mit ihnen spotten und scherzen, ziemlich abwegig ist.

Das Verhältnis zu den Dienstboten im Hause Goethe trug noch altertümlich patriarchalische Züge. Es gab trotz der bürgerlichen Lesekultur noch keine völlige Ausgrenzung der Dienstboten aus dem Familienzusammenhang.[66] Catharina Elisabeth erwähnt ihre Mägde häufig in den Briefen, vor allem Elisabeth Hoch, von ihr auch »Iris« oder »die Götterbotin« genannt. Als Catharina das Haus am Hirschgraben aufgab, wurde Elisabeth Hoch eine Art Gesellschafterin, Dienerin und Zofe in einer Person. Achtung und Sympathie drückten sich auch darin aus, daß Catharina Elisabeth ihrer Bediensteten ein Zimmer in ihrer Wohnung einräumte, wovon sie ihrem Sohn schreibt:

> »– ich habe gerade so viel als sich brauche – 3 gar schöne Stuben in einer reihe, eine von 4 Fenster die auch wohl einen Saal vorstellen könte ist so lange mann noch nicht einzuheizen braucht, meine Wohn und Besuch Zimmer – die zweyte von 3 Fenster ist mein Schlafzimmer – die von zwey Fenster haben meine zwey Mägde – ich habe letztere so hübsch eingerichtet daß wann ich die Freude habe, dich bey mir zu sehen – es dein Zimer wird – meine Leute will ich schon hintenaus verstecken –«[67]

Diese Verbindung zwischen Magd und Herrin wirft ein Licht auf das freundliche Wesen Catharinas und auf die Verhaltensmöglichkeiten, die in der alten Ordnung lagen. Zugleich ist auch da die kulturelle Spaltung schon unübersehbar. Unter dem Aspekt der Anerkennung, der Bestätigung von Fähigkeiten konnte Catharina hier wenig empfangen. Sie war die Frau, die den anderen die Arbeit zuwies und die geachtet wurde, weil sie ihre soziale Rolle als bürgerliche Hausfrau im Stil der Zeit erfüllte. Sie kam ihren Fürsorgepflichten gegenüber den Hausarmen nach, sie war redlich und freundlich. Aber all die Menschen, die durch die Haushaltsproduktion mit ihr verbunden waren, bedeuteten für die Verwirklichung ihres Selbstentwurfs nicht mehr allzuviel, vor allem nicht das, worauf es ihr zunehmend ankam. Von ihnen und mit ihnen konnte sie weder lernen noch etwas Eigenes gestalten. Doch zeigt ihre Sprache, wie sie in *dieser* Welt und aus dieser Welt heraus ihre Erfahrung zum Ausdruck zu bringen vermag. Sie ist hier doppelt verwurzelt: im sprachlichen Ausdruck und in der Kunst des Erzählens, in ihren Bildern und im Sprachstrom des »Frankfurter Hausdeutsch«. In dieser Sprachform wurden Kommunikation und Thematik unlöslich mittradiert. Sie bildete eine eigene Ordnung der Dinge. Bleiben wir zunächst bei der Form. Die Sprachuntersuchungen von Elisabeth Merkel sind hier aufschlußreich. Die Spannung zwischen dem »künstlerischen Reiz« der Darstellung und der »äußeren Sprachform« schreibt Elisabeth Merkel teils dem Temperament der Catharina Elisabeth, teils allgemeiner Laxheit im Umgang mit den Regeln zu[68]: »Es ist hier nicht der Ort, die dramatische Lebendigkeit, den künstlerischen Reiz der Sprache dieser köstlichen Blätter zu schildern. Nur auf die äußere Sprachform muß hier noch kurz eingegangen werden. Sie steht in einem wunderlichen Mißverhältnis zu Frau Rats durch so lange Jahre hindurch geübter Gewohnheit des Lesens; ohne davon gebändigt, geglättet, vervollkommnet worden zu sein, ist sie noch in späten Tagen ein beredtes Zeugnis dafür, daß weiland der Schulmeister und selbst der lehrhafte Herr Rat in ihren Bemühungen nur unvollkommenen Erfolg hatten. Vielfach ist es spürbar, daß nicht allein Frau Ajas mangelhafte Schulbildung, sondern auch ihr impulsives Temperament der Rechtschreibung dies köstliche persönliche Gepräge gibt, etwa wenn sie gar parteilich umgeht mit Majuskel und Minuskel und der ›Beste Fürst‹, die ›Herrliche Fürstin‹, der ›Liebe Augst‹ in dem großen B, H und L eine besonders liebevolle Auszeichnung erhalten, oder wenn die Buchstaben nur so übereinanderpurzeln, gleich den munter vorauseilenden, einen Einfall aus dem andern spinnenden Gedanken der lustigen Schreiberin. Die mancherlei mundartlichen Sprechgewohnheiten, die das Schriftbild verrät, und die zahlreichen echt Frankfurter Redewendungen erinnern daran, daß die Mundart im 18. Jahrhundert noch weitgehend die Umgangssprache auch der höchsten Kreise der Bürgerschaft war. Daß Frau Rat aber sich der Forderungen der schriftsprachlichen Norm für die Schreibsprache wohl bewußt war, das beweisen die mannigfachen umgekehrten Schreibungen und vor allem die sehr häufigen Fälle, wo nachträglich mundartliche Formen eilfertig in schriftsprachliche ›verbessert‹ wurden und auf diese Weise wunderliche Zwitterbildungen entstanden. Doch konnte sie ein leidlich ebenmäßiges, fast untadeliges Schriftdeutsch schreiben, wenn sie sich Mühe gab, das bezeugen manche Briefe.«

Auch für Merkel ist »das wunderliche Mißverhältnis« rätselhaft. Aber auch sie mag dies nicht nur auf die »mangelnde Schulung«, das Versagen der Schreibfertigkeit zurückführen. Sie spricht vom »impulsiven Temperament«, um das »köstliche persönliche Gepräge« der Rechtschreibung zu erklären. Wichtiger als diese allgemeinen Entschuldigungen sind zwei Erklärungen, die sich hier andeuten: Das Hereinwirken der mundartlichen Sprachgewohnheiten und ein »wohl bewußtes« Protestverhalten.

Auf die Verflechtung von Catharinas Schreibweise mit der gesproche-

nen Sprache hat auch Ernst Beutler hingewiesen. Er schreibt[69]: »Der Leser wertet leicht die lustige Orthographie höher als den Inhalt. Vor allem, er sieht die Schriftzeichen, wo er doch eine Rede hören sollte. Man lese einmal laut etwa die Briefe an Unzelmann, und man wird wahrnehmen, von welchem großen Atem sie getragen sind. Alle Briefe von Goethes Mutter sind gesprochene Rede, in Wortwahl, in Satzbau, in Rhythmus und Sprachmelodie geprägt durch die Unmittelbarkeit ihres Temperaments. Daher auch die ihr eigentümliche Zeichensetzung. Mit Grammatik hat sie nichts zu tun. Ihre Striche sind Atempausen im Strom der Rede oder Konventionsgesten der Feder.«
Daß Catharina Elisabeth, wie Merkel betont, »sprachlich tief in der alten Zeit steht«, bedeutet nicht nur, daß sie Mundart sprach, auch in ihrem Schriftdeutsch war sie alten Formen verbunden: »Laut und Formengebung eignen Eigentümlichkeiten, wie sie der älteren Schriftsprache ganz allgemein zukommen.« Die Schriftsprache ist noch nicht vereinheitlicht und die Welt, in der sich Catharina im Sprechen wie im Denken und Erleben bewegt, ist nicht »modern« – »Adelung steht in weitaus den meisten Fällen schon auf modernerem Standpunkt.«[70] Elisabeth Merkel hebt Catharina und ihr Schreiben deutlich von der Schriftsprache ihres Onkels Johann Michael von Loen ab; außerdem notiert sie eine gewisse Verstocktheit bei Catharina Elisabeth: »Es ist bekannt, daß Schriftsprache und Mundart sich dort am meisten beeinflussen, wo beide den verhältnismäßig geringsten Abstand voneinander haben, also in den maindeutschen Gegenden. Bedenkt man, daß Frau Aja sich, wie alle ihre Zeitgenossen, beim Sprechen noch weitgehend der Mundart bediente, berücksichtigt man ferner ihre infolge ihrer bescheidenen Schulbildung zeitlebens unzulänglich gebliebene Rechtschreibung und nimmt man schließlich ihre frohe Unbekümmertheit in Fragen der Korrektheit hinzu, so kann es nicht wundernehmen, daß ihr Groß-Frankfurter Hausdeutsch überall das starre, konventionelle Gefüge ihrer rheinischen Schriftsprache durchbricht. Von dem starken mundartlichen Einschlag ist also ein Gutteil als nur biographisch bedingt, als Reflex persönlicher unvollkommener Schreibfertigkeit abzuziehen, will man ein allgemeingültiges Bild vom Grad der mundartlichen Färbung der rheinfränkischen Schriftsprache jener Jahrzehnte erhalten.[71]
Zur Erläuterung fügt Elisabeth Merkel noch hinzu: »[...] wurde schon darauf hingewiesen, daß die äußere Sprachform der Briefe der Frau Rat keineswegs den Ansprüchen genügt, die man zu jener Zeit auch im Bereich der süddeutschen Schriftsprache an die Sprache eines für die Öffentlichkeit bestimmten literarischen Erzeugnisses stellen durfte.«[72]
Im Abstand zu Johann Michael von Loen wird deutlich, daß es nicht

nur um eine regionale Diskrepanz ging, sondern um eine geschlechtsspezifische Differenz. Catharina behielt ihr altertümliches süddeutsches Deutsch und ihre eigenwillige Orthographie tendenziell bis ans Ende ihres Lebens bei. Es bezeugte sich darin ihre Verankerung in der älteren Kultur und gleichzeitig ihre Verweigerung.

Wie sehr ihre Teilhabe an der Volkssprache mehr als bloße Beschränkung auf das Naheliegende, das unbedacht Angewöhnte, nachlässig Festgehaltene oder impulsiv Überschäumende ihres Temperaments war, verrät eine Parteinahme wie in der folgenden Textstelle, die wir hier zusammen mit dem Kommentar Heinemanns betrachten wollen:

»Auch für die deutsche Sprache und Schrift hegt sie große Sorge, wenngleich ihre Vorliebe für die deutschen Lettern etwas Komisches an sich hat. In ihres Sohnes Werken will sie beim Römischen Karneval noch allenfalls die lateinische Schrift durchgehen lassen, ›aber sonst im Übrigen bitte ich dich, bleibe deutsch auch in den Buchstaben ...‹ Soviel auch der Sohn für die lateinischen Lettern spricht, sie bleibt wie in unserer Zeit Fürst Bismarck bei dem einmal gefaßten Hasse. ›Den Schaden‹, den sie der Menschheit tun, will sie sogar handgreiflich dartun.«

Was verbirgt sich hinter dieser merkwürdigen Vorliebe, dem Interesse an der Sprache? Catharina schreibt in einem Brief an den Sohn nach Weimar:

> »Den 12. März 1791
>
> Nun ein Wort über unser Gespräch bey deinem hirseyn über die Lateinischen Lettern – den Schaden den sie der Menschheit thun will ich dir gantz handgreiflich darthun. Sie sind wie ein Lustgarten der Aristokraten gehört wo niemandt als Nobeleße – und Leute mit Stern und Bändern hineindürfen unsere deutsche Buchstaben sind wie der Prater in Winn wo der Kayser Josephs drüber schreiben ließe Vor alle Menschen – wären deine Schrieften mit den fatahlen Aristokraten gedruckt; so allgemein wären sie bey all ihrer Vortreflichkeit nicht geworden – so recht anschaulich ist mir auf neue bey Herrmann und Dorothea geworden – Schneider – Nätherinnen – Mägte alles ließt es – jedes findet etwas das so gantz vor sein Gefühl paßt – genung sie gehen mit der Literatur Zeitung – Doctor Hufnagel u. a. m. pele mele im Prater Spatziren ergötzen sich seegnen den Autor und laßen Ihn Hoch Leben!!! Was hat Hufland übel gethan sein vortrefliches Buch mit den

vor die größte Menschenhälfte unbrauchbar[en] Lettern drucken zu laßen – sollen denn nur Leute von Stand aufgeklärt werden? soll den der geringre von allem guten ausgeschloßen seyn – und das wird er – wenn dieser neumodischen Fratze nicht einhaltgethan wird Von dir mein Lieber Sohn hoffe ich daß ich nie ein solches Menschenfeindliches product zu sehen bekomme.«[73]

Bei dieser Auffassung blieb sie. Zehn Jahre später, am 25. Dezember 1807 schreibt sie an Christiane nach Weimar:

»Auf die Feyertage sind die neuen Wercke meines Sohnes alle aus geliehen – die guten Freunde glauben /: und zwar mit recht :/ daß sie sich die 3 Feyertage nicht beßer unterhalten könten – Seine Eugenie das ist ein Meister-Stück – aber die Großmutter hat auf neue die Lateinischen Lettern und den kleinen Druck zum Adrachmelech gewünscht, Er laße ja nichts mehr so in die Welt ausgehn – halte fest an deutschem Sinn – deutschen Buchstaben den wenn das Ding so fortgeht; so wird in 50 Jahren kein Deusch mehr weder geredet noch geschrieben – und du und Schiller Ihr seid hernach Classische Schrieftsteller – wie Horatz Lifius – Ovid u wie sie alle heißen, denn wo keine Sprache mehr ist, da ist auch kein Volck – was werden alsdann die Profesoren Euch zergliedern – auslegen – und der Jugend einpleuen –«[74]

Die Kultur der Frauen, zugleich die der »Ungebildeten«, war nicht einfach skurrile Sprache, die im Zuge der bürgerlichen Entwicklung deklassiert wurde[75], sie war gleichzeitig Weltauslegung. Maya Nadig hat den Kontrast zwischen bürgerlicher und vorbürgerlicher Kultur der Frau als eine fortschreitende Desymbolisierung aufgefaßt.[76] Die Arbeitsteilung in der vorbürgerlichen Welt ließ der Frau trotz des patriarchalen Gesamtzusammenhangs einen spezifisch weiblichen, in der Arbeit verankerten kulturellen Raum, der die Frauen in positiver Weise symbolisierte. Diese weibliche Gegenmacht gründete in der Arbeit und in dem Beitrag zum sozialen Überleben sowie in der Durchsichtigkeit der für alle geltenden Lebenszusammenhänge. Der Verlust dieses Spielraums bedeutete zugleich eine Destabilisierung weiblicher Identität. In der männlichen Klassenkultur zweitrangig und von der Produktion ausgeschlossen, wurden Frauen dazu veranlaßt, sich immer mehr in den symbolischen Repräsentationen der männlichen Kultur zu interpretieren, und in diese Modelle begannen sie ihre Lebenserfahrung hineinzuphantasieren.

Schon Catharina Elisabeth Goethe lebte nicht mehr in einer häuslichen Praxisordnung, die zugleich kulturelle Lebensgemeinschaft der Frauen gewesen wäre. Ihre kulturellen Interessen – wir haben einiges davon gehört und werden weiteres zumal im Zusammenhang mit dem neuen Theater hören – trennten sie bereits von den Frauen des Haushalts. Zumindest eine Verbindung zur Volkskultur aber bleibt unübersehbar bestehen – in der Eigentümlichkeit ihres Schreibens. Die Verlegenheit ihrer Biographen hatte uns als Grund der für sie so rätselhaften Spannung zwischen Gedankenreichtum und Regelverweigerung beim Schreiben eine eigentümliche Parteinahme enthüllt: die Bindung ihrer Schreibweise ans Sprechen, die Treue zu mundartlichen Sprachgewohnheiten, Lautmalerei und Bildhaftigkeit, ein Gegenstück zur rationalistischen Sprache der Gelehrten und Gebildeten.

Wendet man diese formalen Eigenheiten ins Inhaltliche und ergänzt man das Tableau dieser Bestimmung der Darstellungsweise, so entdeckt man – worauf uns die Lebensunmittelbarkeit ihrer szenischen Schilderungen schon aufmerksam machte – den Erzählcharakter ihrer Mitteilungen. Ihre Briefe vermitteln uns einen direkten Einblick in jenes Vermögen, das ihre Zeitgenossen lebhaft an ihr rühmten, beispielsweise Klinger 1776 in einem Brief an seinen Freund Kayser:

> »Du glaubst nicht, was das für ein Weib ist und was ich an ihr hab. Wie manche Stunde habe ich vertraut bei ihr auf den Stuhl genagelt zugebracht und Märchen gehört.«[77]

Hören wir noch einmal ihren Biographen Heinemann: »Sie spricht mit Stolz von ihrem großen Erzählertalent und ›der lebendigen Darstellung aller Dinge‹, die alle, die sie persönlich kannten, nicht genug an ihr zu rühmen wußten. »Sowie ich in einen Zirkel komme, wird alles heiter und froh, weil ich erzähle. Noch eins gehört dazu, ich mache immer ein freundliches Gesicht, das vergnügt die Leute und kostet kein Geld, sagte der selige Merck.‹ Dieses bewundernswerte, soviel gepriesene Talent der Darstellung ist ihr Leben lang ›ihre brillante Seite geblieben‹. Nicht nur die Kinder lauschten ihr gerne, auch die Erwachsenen gingen mit ihr ›in den Kindersinn‹ und genossen von dem Dichter Klinger und dem Schauspieler Unzelmann an bis zur lobpreisenden Verkünderin dieser Gabe, Bettina, mit Entzücken ihre ›Lust am Fabulieren‹.«[78]

Zeitlebens hat sie erzählend Menschen um sich versammelt. So lesen wir in einem Brief von Catharina an den in Algier weilenden Schönborn:

»Sie erinnern sich doch, daß beinahe drei Jahre verflossen sind, da wir so vergnügt beisammen waren und Weintrauben aßen. Ich dächte, Sie wären lang genug in der Barbarei gewesen, hätten lang genug verschleierte Menschen gesehen. Mein Rat, den Ihnen mein freundschaftliches Herz gibt, ist also der: kommen sie bald wieder zu uns! *Es war für mich jederzeit eine Wollust, große Menschen um und bei mir zu haben*, aber in meiner jetzigen Lage, da meine beiden Kinder, weit, weit von mir entfernt sind, ist's Himmelfreude. Folgen Sie mir, und kommen, je ehener, je besser! es soll Ihnen wohlthun. Was wollen wir einander erzählen! Vor Langeweile dürfen wir uns nicht fürchten; ich besitze *einen Schatz von Anekdoten, Geschichten u. s. w., daß ich mich anheischig mache, acht Tage in einem fort zu plaudern*. Und wenn Sie nun gar anfangen werden – von Seen und Meeren, Städten und Dörfern, Menschen und Mißgeburten, Elephanten und Schlangen – das soll ein Gaudium werden!«[79]

Und Bettina Brentano berichtet:

»Nach Tisch erzählte sie der Gesellschaft ein Märchen, alles hatte sich in feierlichem Stil um sie versammelt. Im Anfang holte sie weit aus, das große Auditorium mochte ihr doch ein wenig bange machen; bald aber tanzten alle rollefähigen Personen in der grotesken Weise aus ihrem großen Gedächtniskasten auf das phantastischste geschmückt ...«[80]
»[...] da hat unterwegs die Mutter recht losgelegt von all Deinen [– Goethes] Geschichten und Lustpartien.«
»Die Mutter kommt oft zu uns, wir machen ihr Maskeraden und Ergötzlichkeiten; sie hat unsere ganze Familie in ihren Schutz genommen, ist frisch und gesund, sie trinkt noch einmal soviel Wein wie vor'm Jahr, geht bei Wind und Wetter ins Theater; singt in ihrem Übermut mir vor: »Zärtliche getreue Seele, deren Schwur kein Schicksal bricht‹.«[81]

Bettina Brentano überliefert auch folgende Erinnerung der Catharina Elisabeth Goethe an ihren Sohn:

»Die Mutter glaubte auch sich einen Anteil an seiner Darstellungsgabe zuschreiben zu dürfen, ›denn einmal‹, sagte sie,

›konnte ich nicht ermüden zu erzählen, so wie er nicht ermüdete zuzuhören; Luft, Feuer, Wasser und Erde stellte ich ihm unter schönen Prinzessinnen vor, und alles, was in der ganzen Natur vorging, dem ergab sich eine Bedeutung, an die ich bald selbst fester glaubte als meine Zuhörer, und da wir uns erst zwischen den Gestirnen Straßen dachten, und daß wir einst Sterne bewohnen würden, und welchen großen Geistern wir da oben begegnen würden, da war kein Mensch so eifrig auf die Stunde des Erzählens mit den Kindern wie ich, ja, ich war im höchsten Grad begierig, unsere kleinen eingebildeten Erzählungen weiterzuführen, und eine Einladung, die mich um einen solchen Abend brachte, war mir immer verdrießlich. Da saß ich, und da verschlang er mich bald mit seinen großen schwarzen Augen, und wenn das Schicksal irgendeines Lieblings nicht recht nach seinem Sinn ging, da sah ich, wie die Zornader an der Stirn schwoll, und wie er die Tränen verbiß. Manchmal griff er ein und sagte, noch eh ich meine Wendung genommen hatte: ›Nicht wahr, Mutter, die Prinzessin heiratet nicht den verdammten Schneider, wenn er auch den Riesen totschlägt‹; wenn ich nun Halt machte und die Katastrophe auf den nächsten Abend verschob, so konnte ich sicher sein, daß er bis dahin alles zurechtgerückt hatte, und so ward mir denn meine Einbildungskraft, wo sie nicht mehr zureichte, häufig durch die seine ersetzt; wenn ich denn am nächsten Abend die Schicksalsfäden nach seiner Angabe weiter lenkte und sagte: ›Du hast's geraten, so ist's gekommen‹, da war er Feuer und Flamme, und man konnte sein Herzchen unter der Halskrause schlagen sehen. Der Großmutter, die im Hinterhause wohnte, und deren Liebling er war, vertraute er nun allemal seine Ansichten, wie es mit der Erzählung wohl noch werde, und von dieser erfuhr ich, wie ich seinen Wünschen gemäß weiter im Text kommen solle, und so war ein geheimes diplomatisches Treiben zwischen uns, das keiner an den andern verriet; so hatte ich die Satisfaktion, zum Genuß und Erstaunen der Zuhörenden, meine Märchen vorzutragen, und der *Wolfgang*, ohne je sich als den Urheber aller merkwürdigen Ereignisse zu bekennen, sah mit glühenden Augen der Erfüllung seiner kühn angelegten Pläne entgegen und begrüßte das Ausmalen derselben mit enthusiastischem Beifall.‹ Diese schönen Abende, durch die sich der Ruhm meiner Erzählungskunst bald verbreitete, so daß endlich alt und jung daran teilnahm, sind mir eine sehr erquickliche Erinnerung.«[82]

Die Geschichte gehört zu jenen Berichten, die Bettina nicht an Goethe weitergegeben, sondern erst nach seinem Tode veröffentlicht hat. Wir könnten hier weniger noch als bei ihren anderen Berichtstücken sicher sein, daß sie verläßlich überliefert sind (ganz abgesehen von den Veränderungen, die die Lebensberichte im Gedächtnis Catharinas selbst angenommen haben). Sollten sich die Vorgänge so nicht abgespielt haben, so wäre die Schilderung um so aufschlußreicher: als Versuch, die Verbindung zwischen den kreativen Vermögen der Mutter und des Sohnes herzustellen.
Nun haben Johann Wolfgang Goethe und die Mutter Catharina die Verbindung im Fabulieren nie bestritten. Um so seltsamer, daß Catharina auch dieser Fähigkeit gegenüber eine ähnliche Ambivalenz an den Tag legte wie gegenüber dem Schreiben: Sie wußte, daß sie es konnte, aber auch, wohin es gehörte: in die unteren Ränge. »Bücher schreiben? Nein, das kann ich nicht, was andere geschrieben zu erzählen – da suche ich meinen Meister!!« Warum tut sie so, als würde sie nur Bücher wiederholen? Warum verleugnet sie ihre Erfindungsgabe? Daß Catharina kein Selbstbewußtsein entwickelte, hatte seine Gründe. Es ging um Territorien: Wissen und Bildung, sagte sie, fehlten ihr. Erzählen war offensichtlich wie durch eine magische Grenze vom Schreiben und vom schöpferischen Vermögen getrennt. Das Erzählen war Sache der Frauen, der Kinder, der Dienstboten, der jungen Mädchen. Das heißt, auch auf dieser Ebene – nicht nur auf der Ebene der Schriftsprache – hält Catharina sich in einem Kreis auf, der gegenüber der literarischen Produktion der bürgerlichen Kultur zweitrangig blieb. Den einen gehörten das Schreiben, die Bücher und das Theater, den anderen die Geschichten von Haus und Küche und Privatheit.
Mit ihrer Heirat verließ Catharina ihr Elternhaus, das in der alten Art den Frauen grundsätzlich das Männerwissen vorenthielt, in dem aber eine Frauenwelt existierte, die für sich war. Sie kam nun in ein Haus, in dem Johann Caspar die moderne Variante des bürgerlichen Patriarchalismus repräsentierte. Nur zu gern hätte er sie »erzogen«. Aber Catharinas Bildungsstreben war eine selbständige Lebensäußerung mit Zügen des Protests. Was sollte sie mit seinem gelehrtem Wissen anfangen? Es gab keine Entwicklung, nichts zu gestalten, mit anderen zu machen, sich zu zeigen und anderen zu beweisen, wer sie ist.

Der Veränderung der gesellschaftlichen Ordnung entsprach es, daß die Frauen des Bürgertums an dem teilhaben wollten, was die Männer hatten und was mit allen Insignien von Macht und Ansehen ausgestattet war. Zumindest den geringen Teil, der ihnen zugänglich war, wollten sie für sich. Als Leserinnen eroberten sie ein Stück Gleichheit – so schien es wenigstens. Aber das einsame Lesen ohne die Möglichkeit der Verständigung mit anderen, ohne Einbeziehen der eigenen Ziele und Lebenswünsche in Auseinandersetzung mit dem, was gelesen wird, brachte sie letztlich nicht weiter. Sie wurden *einsame* Leserinnen – anders als die Männer, die als Gebildete über Schule und Beruf sich als Teil einer Gemeinschaft wußten, die sich in Urteil und Kritik verständigten und die sich zu jener Zeit auch als reale Gemeinschaft konstituierten: Über die Zeitungen kooperierte die bürgerliche Intelligenz und machte ihre Meinung.
Die Frauen waren nicht weniger stumm als die Unterschicht. Dabei handelte es sich vor allem in der Zeit zwischen 1750 und 1800 nicht einfach um »Lesen als Zerstreuung«. Die Bedeutung der Literatur ging weit über die heutige Funktion hinaus; sie war das entscheidende Medium der Selbstverständigung, des Gedankenexperiments, der Suche nach neuen Lebensorientierungen.[83] Bei Catharina Elisabeth wird deutlich, wie sich Befreiung und Rückschritt für die Frauen unmittelbar miteinander verknüpften. Sie erlebte eine doppelte Beeinträchtigung: Was die Frauen ihr vermittelt hatten und was sie konnte, war nichts wert, und in der herrschenden bürgerlichen Kultur wurde sie zur Konsumentin. Für das Familienleben am Hirschgraben ist charakteristisch, daß dort geradezu ein Bildungswahn herrschte. Catharina blieb davon nicht unberührt. Die literarische Produktion war ihr das Höchste.
In Catharina Elisabeths Alltag erkennen wir die Einschränkung der weiblichen Kultur und des weiblichen Lebenszusammenhangs.
1. Sie ist durch innere Orientierung (Lektüre, bürgerliche Geselligkeitsformen) von den Frauen getrennt, die mit ihr und unter ihrer Leitung im Haus arbeiten. An die Stelle der »Volkskultur« im Haushalt ist die Klassenkultur getreten, die dem Machtgefälle das Kulturgefälle hinzufügt.
2. Die Volkskultur mit ihrem hohen Anteil weiblicher Produktivität (Überlieferung durch Erzählen) wird sozial diskriminiert – an der höheren Kultur gestaltend teilzunehmen werden Frauen systematisch gehindert. Die Kulturproduktion wird den bürgerlichen Frauen entzogen. Sie sind Leserinnen, Rezipierende. Daher rührt Catharina Elisabeths Selbstentwertung trotz ihrer Briefe, ihrer Erzählkunst. (Wir werden sehen, wie sich alles auf den Sohn verschiebt, den sie als Teil von sich, als Stellvertreter förderte, vergötterte und bedrängte.)

Wie wir ihren Briefen entnehmen können, war die Form, in der sie Selbstverständigung suchte, nicht theoretisch-abstrakt. Sie stellte keine moraltheologischen oder historischen Erwägungen an. Ihr Medium war die ästhetische Erfahrung. Auch die Religion war ein Teil dieser Erfahrung. Diese Religion bestand vor allem aus szenischen Darstellungen, aus Erzählungen. Die religiösen Erzählungen und die ersten bürgerlichen Romane wurden durchaus vergleichbar rezipiert.[84] In den religiösen Geschichten ebenso wie in den literarischen Geschichten in der Mitte des 18. Jahrhunderts stehen die Spannungen zwischen Wunsch und Verbot, zwischen Selbstentfaltung und Zwang zur Debatte.[85] Aber die Erfahrungsbildung im ästhetischen Bereich ist, nicht anders als im wissenschaftlichen, auf das Zusammenspiel mit anderen angewiesen. Niemand kann allein auf sich gestellt etwas werden. Isolierung war das kulturelle Kernstück der Domestizierung der Frauen, Isolierung nicht unbedingt im Sinne äußerer Einsamkeit, sondern im Sinne der Abschottung von anderen in der Rolle der »Mit-Produzierenden«, und zwar in der Herstellung der Kulturgüter nicht weniger als in deren kritischer Rezeption.

Man kann ihr Schreibverhalten als Versuch deuten, Lebenspraxis – und das heißt hier: weibliche Lebenspraxis – in die Mitteilungsform der allgemeinen Kultur einzuführen. Wie sehr sie darin gescheitert ist, bezeugen ihre wohlwollenden Biographen in den nachfolgenden Jahrhunderten. Ihr Schreiben ist »drollig genug«, ein »Prachtstück naiver Darstellung«, hat ein »köstliches persönliches Gepräge«, bestenfalls Ausdruck ihrer Impulsivität, jedenfalls nichts, worauf sich kulturelle Anerkennung gründen ließe.[86]

Sehr viel präziser trifft Elisabeth Lenk mit ihrer Darstellung der ambivalenten Haltung der Frau zur männlich-bürgerlichen Kultur den Stil der Catharina Elisabeth Goethe: »Und so will ich zum Abschluß von einer Besonderheit der weiblichen Schreibweise reden, die zugleich, wie ich meine, mit dem Paria-Bewußtsein von Frauen zusammenhängt, von ihrem unüberwindlichen Hang zur Karikatur. Mir scheint, daß das Mißgeschick, das so viele schreibende Frauen betroffen hat und noch heute betrifft: Daß sie von der Kritik geschmäht, entwertet oder einfach totgeschwiegen werden, mit diesem Hang zur Karikatur zusammenhängt.«[87]

Die Kultur beschränkte für die Frau die Aneignung der Welt. Ein Beispiel dafür aus dem Jahr 1776: Da schreibt Catharina an Maximilian Klinger, der nach Gießen gegangen ist – ihr Sohn ist zu der Zeit schon ein Jahr in Weimar:

»Nun, lieber Freund, leben Sie wohl, so wohl sichs in Gießen leben läßt. Ich meine immer das wäre vor Euch Dichter eine Kleinigkeit, alle, auch die schlechtesten Orte zu idealisieren, könnt ihr aus nichts etwas machen, so müßt es doch mit dem sey bey uns zugehen, wenn aus Gießen nicht eine Stadt zu machen wäre. Darinn habe ich zum wenigsten eine große Stärke, Jammer Schade, daß ich keine Dramata schreibe, da sollte die Welt ihre blauen Wunder sehn, aber in Prosa müßte es sein, von Versen bin ich keine Liebhaberin, daß hat freilich seine Ursachen der politische Kannengießer hatte den nämlichen Haß gegen die lateinische Sprache. Grüßen Sie Schleiermacher von uns [...] und dann versteht sich das andere von selbst, daß wir Ihn und Sie bei uns sehen, manch Stündchen vergnügt verschwatzen, allerlei schöne Geschichten erzählen«.[88]

Sicher, es ist dies ein Gedankenspiel, um dem jungen Klinger Mut zu machen in Gießen und ihm zu sagen, daß er ein junger Dichter ist, also etwas Bewundernswertes vermag. Das ist die eine Seite. Die andere Seite: Ihr Einfall, »wenn ich Dramata schriebe«, ist nicht zufällig. Es ist die Zeit, da die jungen Männer, die sie mit ihrem Sohn als Freunde kennenlernte, fortgehen. Sie bleibt zurück in einer Lebenssituation ohne Wandel, nun seit 27 Jahren die Frau Johann Caspars. Höhen und Tiefen erleben andere – und sie selbst nur durch Anteilnahme am Leben der anderen. Was wäre, wenn sie selbst die Lebendige wäre, »Dramata« schriebe? Sie wischt den Schatten eines Gedankens weg mit einem Scherz. Sie wird Besuch haben und man wird sich »Geschichten erzählen«.

Auch hier finden wir wieder ihre charakteristische Selbstverkleinerung. Nur daran zu denken, daß sie »Dramata« schreiben könnte, löst eine Serie von Gegenbewegungen aus. Sie würde nicht in Versen schreiben, und daß sie die Prosa vorzieht, ist noch nicht genug, es muß auch sein, daß sie die Prosa vorzieht, weil ihr die Verse unerreichbar sind. Und noch eine Selbstbezichtigung: Sowie der »politische Kannengießer« – das heißt der dumme Bürger, der sich überhebt – nur darum das Latein haßt, weil er es nicht versteht, so ist auch sie nicht berufen, über Verse und Prosa ein Urteil zu fällen, denn schließlich will sie kein »Kannengießer« sein. Sie bleibt bei dem, was sie kann. Die geistige Schleife, die hier gezogen wird, gibt es bei Catharina immer und immer wieder. Sie wird sich nicht blamieren, aus ihrer Sphäre heraustreten und sich der

Gefahr aussetzen, der Unfähigkeit, Zurückgebliebenheit überführt zu werden.
Trotz der Kompromisse, die Ambivalenz bleibt sichtbar. Geradezu empört über soviel Unzufriedenheit schreibt Elisabeth Mentzel: »Frau Rat kann sich im Alter oft über ihre mangelhafte Ausbildung gar nicht beruhigen. Und doch war die Sache im Grunde gar nicht so schlimm, als sie ihr, der bis ans Ende höchst Wißbegierigen erschien [...] Was die Schule an Frau Rat versäumte, was sonst an Lücken in ihrer Bildung blieb, das ist alles vom Theater aufs Reichste ausgeglichen worden. Bot ihr dies doch nicht nur eine Quelle geistiger Freuden, nein, es wurde auch zu einer wahren Schule des Geschmacks und der sittlichen Vertiefung und Vervollkommnung für sie.«[89]
Was Catharina, die über Siebzigjährige im Rückblick bedauert, was sie als versäumt betrachtet, nennt sie selbst Bildung, Wissen, Einführung ins Wissen. Was sie damit meinte, war ihr nicht bewußt, denn das, was sie erstrebte, gestand sie sich nicht ein. Wir werden versuchen, den sprachlosen Wunsch zu zeigen, der in den verschiedenen Lebensabschnitten dieser ungewöhnlichen Frau wie ein Schlüssel zu ihrem Verhalten ist.
Die Konzentration auf die Mutterschaft ist nicht nur aus der Familienstruktur zu verstehen; sie ist auch Teil eines kulturellen Prozesses, der Catharina dazu drängte, ihre Selbstverwirklichung im Bunde mit einem Mann zu suchen. Und es entsprach ihrem Wesen und ihrer Lebensgeschichte, daß dieser Mann der Sohn und insbesondere daß er ein Dichter war.

»Die Mutter des Dichters« – Lebensgeschichte als Konstruktion

Neben den Briefen, die erst später einsetzen, stellen die Berichte Bettina Brentanos die wichtigste Quelle über die Lebensentwürfe der Catharina Elisabeth Goethe dar. Die Beziehung zwischen den beiden Frauen war von besonderer Art. Sie teilten die Phantasie von der Erscheinung des Göttlichen im Dichter. So schrieb Catharina am 28. August 1808 an Bettina Brentano[90]:

> »Liebstes Vermächtnüß meiner Seele
> Das ist einmal ein gar erfreulicher Tag für Uns, denn es ist unseres lieben meines liebsten Sohnes, und deines Bruders Geburtstag ich weiß zwar gar wohl daß du es gar nicht leiden kannst daß ich [ihn] dir als Bruder schenk aber warum? – ist er dir zu alt? – da sey Gott vor, denn ein so kostbarer Stoff wie in

diesem seinem Leib und Seele verwirkt ist der bleibt ewig neu, und ja sogar seine Asche soll einst vor andern das beste Salz haben an die eine Mutter absonderlich am Geburtstag zu denken Bedenken Tragen möcht, aber wir zwei sind nicht Aberglàubig, und für seine Unsterblichkeit schon dergleichen Ängstlichkeit überhoben. Ich vorab hab gewonnen Spiel denn in diesem Jahr zähl ich 76 jahr und hab also den Becher der Mutterfreude bis auf den letzten Tropfen gelehrt; mir kann nicht unklücks-Schicksal aufgeladen mehr werden. – Doch ich muß dir zutrinken, denn mein Lieschen hat mir alleweil den besten Wein heraufgebracht und eine Boutelle Wasser, denn du weißt daß ich ein Wassernympf bin; und zwey Pfyrsich sind daneben, der ein für dich, der ander für mich, ich werd sie beid verzehren in deinen Nahmen, und jezt stoß ich mit dir an, *Er soll Leben*! Dann wollen wir weiter sprechen. Du wirst doch auch wohl heunt an irgend einem plaisirlichen Ort seine Gesundheit Trinken. – Jetzt sag ich dirs, es hat geschmeckt – ja es ist recht einsam in deiner und meiner Vatterstadt! – das hab ich mir heunt überlegt beim Aufwachen; die Sonn hat geschienen aus allen Kräften, und hat mir bald zu heiß eingefeuert, aber sonst auch nichts hat geschienen; Heunt Morgen kommen ein paar – keiner denkt daran daß ich Mutter bin Heunt. – Nun! – dacht ich, was ist das vor ein ärgerlich geschicht daß meine Bettine nicht da ist – denn die hätt mir gewiß den schönsten Strauß heunt gebracht, – so ein recht herrlicher Strauß wie im vorigen Jahr da warst du noch nicht 3 Wochen mein Täglich Brod, und warst doch schon meine beste Bekanntschaft von allen die ich aufzählen kann. – Den Federkiel in die Hand nehmen und mühsam zackern, das ist nicht meine Sach da ich lieber im vollen Waitzen schneiden mag und lieber erzehl als schreib; aber für den heutigen Tag und diese Emfindung in meiner Brust ist Kraut gewachsen dem muß einmal mit einem verdienstlichen Schweiß sein Recht gethan werden. Die Plapper Elstern die Stadtmadamen was verstehen die von unsern goldnen Stunden die wir mit einander verplaudern, die sollen daran kein Theil haben, aber du sollst und must dein Theil genießen sonst könnt mirs Herz bersten. jetzt hab ich schon in der Früh wie meine Stube ganz vom Morgenroth durchschienen war an dich gedacht und da ist die Lieschen an mein Bett gekommen die hat gesagt wie Schad es ist daß du in der Ferne bist an so einem schönem Tag; ich hab ihr aber Bescheid gesagt daß einerlei ist wo du bist wirst du deiner Freundin deiner Mutter die dich gern zu ihrem Sohn zehlt und schon daran gewohnt ist schriftlich wie mündlich es dir zu repetiren an die wirst du denken heut und mit ihr Gott danken daß er sie so gnädig bis ans End in ihrem Antheil an den Himmlischen Freuden einer Mutter geschützt hat. – was kann ich dir noch hinzufügen? — daß ich Gott auch für dich danck als meine Beste Freud hier auf Erden in der mir alles genossene aufs neue lebendig geworden ist; das ist, Erstens – und dann zweitens hab ich dich in mein Herz geschlossen; apart, weil du nicht zum Narrenhaufen gehörst und hast dich zu mir retirirt als weil ich allein einen rechten Verstand von dir hab denn du gehörst zu der Art die mir Seel und Blutsverwandt ist; – die wird aber nicht so leicht gefunden und auch nicht gekannt. so nehme doch meinen Dank daß du deinem Wegweißer der Gott ist gehorsam warst, und hast dich nicht gewehrt bei einer alten Frau, so jung wie du auch bist dein Lager aufzuschlagen; – und erkenne in diesen schwachen Zeilen mein zu volles Herz, das mit Sehnsucht deiner baldigen Antwort entgegen schlägt. Ich kann nichts mehr hervorbringen und verspare alles auf eine baldige köstliche mündliche Unterhaltung. Behalt Lieb deine dich ewig liebende Mutter

Goethe

Frankfurt am acht und zwanzigsten August 1808«

Für wen liegt das Gedeck da? Für Bettina. Wäre Bettina hier, würde sie bei ihr sitzen, und Bettina wäre auch, wie im letzten Jahr, mit einem riesigen Blumenstrauß gekommen. Nun beschreibt Catharina also ein Gastmahl mit unsichtbarem Gast. Von mystischem Erleben ist der ganze Brief durchtränkt. Wäre Bettina da, würden die beiden zeremoniell und geheimnisvoll den Wein trinken, wie in der Kirche beim Abendmahl. Anwesend sind Gott und der Sohn, und gefeiert wird Catharina, die Gott in ihrem Sohn erhöhte: weil Bettina den Dichter liebt, liebt die Mutter Catharina die Bettina, und sie bilden eine Einheit.
Das Mahl ist eine Art mystischer Kommunion. Die Pfirsiche vom Gar-

Bildnis der Bettine von Arnim, geb. Brentano

ten des alten Textor sind das Lockmittel Catharinas in *Dichtung und Wahrheit*, mit dem sie den Knaben zum Wohlverhalten brachte. Und der Wein. Vielleicht war das Gastmahl auch eine für Bettina geschriebene Phantasie. Für uns bedeutet es das gleiche. Sie schreibt den Brief oder tut so, als schreibe sie, während sie am Tisch sitzt. Catharina verweist nicht nur darauf, daß ihr Sohn Geburtstag hat, sondern, daß es der Tag ist, an dem sie ihn geboren hat: Unio mystica. Sie für ihn, er für sie. Für Bettina gehört diese Erlebnisweise schon der romantisch-mystischen Erfahrung an. 1830 wird sie schreiben: »Der Mensch hat einen sinnlichen Leib angenommen, damit er in ihm zur Wahrheit komme; das Irdische ist da, damit sich in ihm das Göttliche manifestiere.«[91] Beide Frauen betrachten die Welt als geheimnisvolles Sinnliches-Übersinnliches, eine Welt voller Bedeutungen, die aber für Catharina, anders als für Bettina, durch ihren Gottesglauben verbürgt waren. Es waren für sie keine poetischen Wahrheiten, sondern religiös gesicherte Erlebnisse.

Wir spüren beim Lesen von Catharinas Brief auch die Einsamkeit. Die Einsamkeit ist unverkennbar, ebenso wie der Anflug von Angst, vergessen zu werden. Darum verbietet sie der Bediensteten Lieschen, zu beklagen, daß Bettina nicht da sei. Lieschen darf nicht aussprechen, was Catharina, wie sie in dem Brief schreibt, doch selbst denkt. »Heute morgen kommen ein paar, keiner denkt daran, daß ich Mutter bin heut' – [...] da ist die Lieschen an mein Bett gekommen, und die hat gesagt, wie schad es ist, daß du in der Ferne bist an einem so schönen Tag; ich hab ihr aber Bescheid gesagt, daß einerlei ist, wo du bist, wirst du deiner Freundin, deiner Mutter, die dich gern zu ihrem Sohn zählt und schon daran gewohnt ist, schriftlich wie mündlich es dir zu repetiren, an die wirst du denken heut.« Warum sagte Lieschen das? Weil sie wußte, was der Tag bedeutete, und daß Catharina Elisabeth wartete? Worauf? Auf den Sohn, auf ein Zeichen von ihm. Die unausgesprochene Hoffnung, die die vertraute Bedienstete wohl fühlte und sich wünschte, daß wenigstens Bettina käme. Catharina überwand die Angst, die Irritation, den Schmerz (war sie es allein, die an sich glaubte?), indem sie der fernen Bettina schrieb. Sie vergewisserte sich ihrer selbst, indem sie einen ihrer schönsten Briefe verfaßte. Sie teilte Bettina und sich selbst mit, daß ihr Leben glücklich und sinnhaft gewesen war, daß sie nicht allein war. Bettina hatte sich »zu mir retiriert, als weil ich allein einen rechten Verstand von dir hab, denn du gehörst zu der Art, die mir seel- und blutsverwandt ist; die wird aber nicht so leicht gefunden und auch nicht gekannt.«[92]

Der Brief unterscheidet sich gravierend von den Briefen an den Sohn oder die Schwiegertochter; hier war sie rollenhaft immer gute Mutter,

Schwiegermutter, Großmutter, so daß keine persönliche Beziehung sichtbar wird. Dabei ist der Ton in den Familienbriefen sehr innig. Aber Catharina gibt dort von ihrem Innern nichts preis. Es ist nicht der Ort. Niemals würde sie so nach Weimar schreiben. Bettina ist auch ein Gegenüber für Gefühle und Gedanken, die viel zu viel Überwältigendes enthalten, als daß sie in die gelebte Beziehung zum Sohn eingehen könnten. Überwältigendes, das heißt: ›bedrohliche Gefühle‹. Lassen wir noch offen, was das genau heißen könnte. Das Gastmahl zu Ehren des geliebten, angebeteten Sohnes zeigt jenen Überschwang, der nur aus der Ferne ertragen werden kann; in der Nähe schafft rollenhafte Strenge die notwendige Sicherheit und Grenze. Mit Bettina kann sie von diesen Gefühlen sprechen – im Schutz der vorbehaltlosen Begeisterung ihrer Zuhörerin kann sie ihre Lebensgeschichte als Ganzheit konstruieren. Dafür dankt sie ihr in diesem Brief: »Daß ich Gott auch für dich dank als meine beste Freud hier auf Erden, in der mir alles Genossene aufs Neue lebendig geworden ist.«

Die Beziehung, aus der Bettinas Bericht entstand

Als Bettina begann, die Frau Rat zu besuchen, schrieb sie an Karoline von Günderrode 1806, wenige Wochen vor dem Tod der Freundin:

> »Ich habe mir statt Deiner die Rätin Goethe zur Freundin gewählt. Es ist freilich was ganz anderes, aber es liegt was im Hintergrunde dabei, was mich selig macht. Die Jugendgeschichte ihres Sohnes fließt wie kühlender Tau von ihren mütterlichen Lippen in mein brennd Herz und hierdurch lern' ich die Jugend anschauen und hierdurch lern' ich, daß seine Jugend allein mich erfüllen sollte, eben deswegen auch mache ich keine Ansprüche mehr auf Dich.«[93]

Bettina war damals 21 Jahre alt. (Sie wurde am 4. April 1785 in Frankfurt nicht weit vom Hirschgraben geboren.) In ihrer Enttäuschung und Auseinandersetzung mit Karoline flüchtete sie sich zu der sechsundsiebzigjährigen Catharina Elisabeth. In jener Zeit war Bettina bereit, sich einer neuen Erfahrung vollständig hinzugeben. Karoline von Günderrode hatte sich das Leben genommen. Unversöhnt waren die beiden auseinandergegangen. In diesem Sommer: Bettinas Besuche bei der Frau Rat, jeden Tag. Einige Zeit zuvor hatte Bettina in Offenbach die Briefe des zweiundzwanzigjährigen Goethe an ihre Großmutter und an ihre Mutter gefunden, Dokumente seiner Neigung zu Maxe LaRoche-

Brentano. Bettina sieht sich als Erbin dieser Liebe, und so läßt sie sich im Jahr 1807 vom alten Wieland, dem Freund der Großmutter LaRoche, bei dem Geheimrat Goethe einführen. Wieland an Goethe:

»Bettina Brentano, Sophiens Schwester, Maximilianens Tochter, Sophie LaRochens Enkelin, wünscht Dich zu sehen, lieber Bruder, und gibt vor, sie fürchte sich vor Dir, und ein Zettelchen, das ich ihr mitgebe, würde ein Talisman sein, der ihr Mut gäbe. Wiewohl ich ziemlich gewiß bin, daß sie nur ihren Spaß mit mir treibt, so muß ich doch tun, was sie haben will, und es soll mich wundern, wenn Dir's nicht ebenso wie mir geht.«[94]

Mit diesen Zeilen wurde Bettina, die Ungestüme, von Goethe am 23. April 1807 empfangen: Sie berichtet von dieser ersten Begegnung[95]:

»Mit diesem Billett ging ich hin, das Haus liegt dem Brunnen gegenüber; wie rauschte mir das Wasser so betäubend – ich kam die einfache Treppe hinauf, in der Mauer stehen Statuen von Gips, sie gebieten Stille. Zum wenigsten ich könnte nicht laut werden auf diesem heiligen Hausflur. Alles ist freundlich und doch feierlich. In den Zimmern ist die höchste Einfachheit zu Hause, ach so einladend! ›Fürchte dich nicht‹, sagten mir die bescheidnen Wände, ›er wird kommen und wird sein, und nicht *mehr* sein wollen wie Du‹, – und da ging die Tür auf, und da stand er feierlich ernst und sah mich unverwandten Blickes an; ich streckte die Hände nach ihm, glaub ich, – bald wußt ich nichts mehr, *Goethe* fing mich rasch auf an sein Herz. ›*Armes Kind, hab ich Sie erschreckt*‹, das waren die ersten Worte, mit denen seine Stimme mir ins Herz drang; er führte mich in sein Zimmer und setzte mich auf den Sofa gegen sich über. Da waren wir beide stumm, endlich unterbrach er das Schweigen: ›Sie haben wohl in der Zeitung gelesen, daß wir einen großen Verlust vor wenig Tagen erlitten haben durch den Tod der *Herzogin Amalie*.‹ ›Ach!‹ sagt ich, ›ich lese die Zeitung nicht.‹ – ›So! – Ich habe geglaubt, alles interessiere Sie, was in Weimar vorgehe.‹ – ›Nein, nichts interessiert mich als nur Sie, und da bin ich viel zu ungeduldig, in der Zeitung zu blättern.‹ – ›Sie sind ein freundliches Kind.‹ – Lange Pause – ich auf das fatale Sofa gebannt, so ängstlich. Sie weiß, daß es mir unmöglich ist, so wohlerzogen da zu sitzen. – Ach Mutter! Kann man sich selbst so überspringen? – Ich sagte plötzlich: ›Hier auf dem Sofa kann ich nicht bleiben‹, und sprang auf. – ›Nun!‹ sagte er, ›machen Sie sich's bequem‹; nun flog ich ihm an den Hals, er zog mich aufs Knie und schloß mich ans Herz. – Still, ganz still war's, alles verging. Ich hatte so lange nicht geschlafen; Jahre waren vergangen in Sehnsucht nach ihm – ich schlief an seiner Brust ein; und da ich aufgewacht war, begann ein neues Leben. Und mehr will ich Ihr diesmal nicht schreiben. Bettine«

Auch Goethe hatte in die Beziehung zu Bettina unausgesprochene Empfindungen und Ziele eingebracht. Solange Catharina Elisabeth lebte, war Bettina ein Band zur Mutter. Bettinas Begeisterung für die Mutter half dieser über ihre Einsamkeit hinweg und entlastete ihn. Er vermochte es auch nicht, die Mutter nach der Vergangenheit zu fragen, gerade weil sie alt war. Er verhielt sich wie immer: distanziert. Und nüchtern, freundlich und praktisch klingen Catharinas Briefe an den Sohn. Nach dem Tod Catharina Elisabeths wurde das Verhältnis Bettinas zu dem Dichter zunehmend schwieriger. Er suchte sich ihr zu entziehen, er ertrug ihre bemächtigende Liebe nicht. Mit Bettina war es nicht möglich, wie mit der Mutter einen nüchternen Ton zu finden. Hinzu kam, Bettina hatte nach dem Tod der Mutter ihre Bedeutung für ihn verloren. So kam es, daß nach einem unangenehmen Auftritt zwischen Christiane Vulpius und Bettina die Beziehung von seiner Seite nicht wieder aufgenommen wurde – allen Bemühungen Bettinas zum Trotz. Aber das war 1812, lange nach Catharinas Tod. Für beide, für Goethe und die Mutter hatte Bettina eine besondere Bedeutung durch die Erinnerung an »Maxe« Brentano, in die der Dichter einmal verliebt gewesen war. Catharina kannte die kleine Bettina von Kind an, wie die Mutter Maximiliane und die Großmutter Sophie von LaRoche. Mit Mißbilligung hatte Catharina Elisabeth die Ehen betrachtet und kommentiert, die Sophie von LaRoche (als Vernunftehen) ihren Töchtern auferlegte. Die Brentano-Kinder aus dem Haus zum Goldenen Knopf fanden sich wohl manchmal bei Catharina ein, denn auch der Bruder Clemens erinnert sich, daß sie versuchte, ihn zu trösten. Er beschreibt das:

»Als ich und meine Betrübnis so herangewachsen, daß die Frau Rat uns nicht mehr Du, sondern Er nannte, sagte sie einstens: ›Wenn ich ihn ansehe, geht es mir schier wie dem General, der sah einmal einen höchst kummervollen Menschen in den Schloßhof hereinschleichen, und als dessen elendes Aussehen sein starkes Herz rührte, zeigte er seinem Diener den Armen und sprach: ›Prügle Er mir den Menschen vom Hofe hier weg, denn der Kerl erbarmt mich.‹ Steht es denn gar so schlecht mit seinen Ländereien? Er sieht ja drein, als sei das Scepter von Juda gewichen und der Herrscher von seinen Lenden. Komme er heute abend mit mir, es soll das schönste Spektakel gezeigt werden, das je in Vaduz aufs Tapet gekommen ist.‹«[96]

Bettina war keine Fremde für Catharina, aber die beiden knüpften 1806 eine ganze neue Beziehung an. Die erneuerte Freundschaft begann im Theater. Bettina berichtet:

»Da ich sie einmal im Theater sah, den Arm mit Braceletten ziemlich hoch schwingen zum Applaudieren, rief ich ihr zu, daß es wohl der Mühe wert sei, solch einen Arm zu schmükken und zu zeigen. Sie nannte mich zwar einen kleinen Schneppertesch, hatte es aber gar nicht übel genommen.«[96a]

Die Szene ist charakteristisch. Bettina macht Catharina hier ein Angebot: sie ist es wert, sich zu schmücken, und Catharina versteht sofort, was damit gemeint ist, welche Anerkennung damit ausgedrückt ist. Sie ist bereit, in dieser Rolle der idealisierten Mutter in die neue Beziehung mit Bettina einzutreten, zugleich als eine, die sich zu schmücken weiß und die wert ist, daß man sie liebt. Die Faszination war beidseitig. Bettina an Goethe:

»Manches, was sie mir sagte, hab' ich mir gleich damals aufgeschrieben, aus keiner anderen Absicht, als weil mich ihr Geist überrascht und dann auch weil es so merkwürdig war, sie unter lauter dürrem Holz der einzig grüne Stamm. Manchmal sagte sie mir morgens schon im voraus, was sie alles am Abend erzählen würde; am anderen Tage ward mir der Bericht abgestattet, was es für einen Effekt gemacht hatte.«[97]

Über Bettinas Neugierde und ihre Hoffnung, von Catharina Wichtiges über den Lebensweg des Dichters zu erfahren, spottete der Bruder Clemens im Jahr 1807:

»Von der Biographie, das verschweige, es gibt ein göttlich Buch [...] Soeben geht Bettine mit ihrem Schreibbuch zum erstenmal zur alten Goethe, sich erzählen zu lassen und aufzuschreiben. Gestern hat die alte ihr gesagt, Maihn Sohn hat Ufträg vom Kaunig nach Wiehn kriegt, un sie sage, er werd aussem Karlsbad hihngehn, ich haben ja Spahwasser nach Weimar geschickt, und wie kann er dann nach Wiehn, wenn das Spahwasser in Weimar ist! Dieses ist die letzte Nachricht in der Biographie.«[97a]

Bald verging kein Tag, an dem Bettina nicht bei Catharina war. Sie schreibt an Goethe am 30. Juli 1808:

»Als ich Dich noch nie gesehen hatte und mich die Sehnsucht zu Deiner Mutter trieb, um alles von Dir zu erforschen – Gott, wie oft hab' ich auf meinem Schemel hinter ihr auf die Brust geschlagen, um meine Ungeduld zu dämpfen. –«
»Morgen reise ich nach Frankfurt, da will ich der Mutter alle Liebe antun und alle Ehre; denn selig ist der Leib, der dich getragen hat«, schließt ein anderer Brief.«[98]

Über ihre Liebe zu Catharina sagt sie:

»O Mutter, ich dank' es Ihr ewig, dass sie mir den Freund in die Welt geboren, – wo sollt' ich ihn sonst finden! Lach' Sie nicht darüber, und denk' Sie doch, daß ich ihn geliebt hab', eh' ich das Geringste von ihm gewußt, und hätt' sie ihn nicht geboren, wo er dann geblieben wär', das ist doch die Frage, die Sie nicht beantworten kann.«[99]

Noch einmal betrieb Catharina Elisabeth mit Bettina, was sie mit ihrem Sohn getan hatte. Sie erzählte, angefeuert durch die Erwartungen ihrer Zuhörerin, und sie strukturierte im Erzählen gemäß den Wünschen ihres Gegenüber. Sie verschmolz mit ihrer Zuhörerin, und so war wahrscheinlich auch ihre Umgangsweise mit ihrem Sohn, wenn sie ihm erzählte.
Bettina nahm unbewußt eine inszenierte Haltung ein. Sie machte sich in der Erzählsituation zum Kind. Sie hockte auf der »Chavell« zu Füßen von Catharina Elisabeth; unverkennbar glich sie dem schwarzäugigen Knaben mit den Locken (und sie war wie ein Stück der literarisch/realen Lebensgeschichte der Catharina Elisabeth – mit den schwarzen Augen der Maxe, die der Lotte im *Werther* zugeschrieben wurden, zugleich lebendig und Literatur.) So also lief das Erinnern ab. Und das bedeutet keineswegs, daß die Erzählung gefälscht war, vielmehr tau-

Jugendbildnis der Bettine Brentano

chen die Erinnerungen auf, die in diesen Kontext gehören. Sie setzt sich ihr Bild im Erzählen zusammen, und sie kann das, weil sie in den Augen der Bettina die Bestätigung und Anerkennung sieht, nach der es sie verlangt.

Es ist naiv anzunehmen, eine Erzählsituation wie die zwischen Bettina und Catharina Elisabeth sei »natürlich«, gehe nahtlos in den Alltag über. Es gab eine Situation, ein Ritual.

In der Studie »Die Mythisierung der Frau Rath durch Bettina Brentano« stellt Hans Hajek die Spiele der beiden zusammen: »›... mach' dass Du kommst, ... jetzt kann ich Dir die schönsten Geschichten von Wolfgang erzählen, und ich glaub', Du hast mich angesteckt, ich mein' immer, das wär' kein rechter Tag, an dem ich nichts von ihm gesprochen hab'.‹ Und die Unterschrift ›Deine Freundin Goethe‹ scheint auch den letzten Unterschied aufheben zu wollen. Aber auch Bettina muß erzählen, selbst wenn sie es gar nicht will: ›... es ist wunderlich zwischen uns beschaffen, wir sind nicht mehr so gesprächig wie sonst, aber doch vergeht kein Tag, ohne daß ich die Mutter seh'. Wie ich von der Reise kam, da musst' ich die Rolle des Erzählens übernehmen, und obschon ich lieber geschwiegen hätte, so war doch ihres Fragens kein Ende und ihrer Begierde mir zuzuhören auch nicht. Es reizt mich unwiderstehlich, wenn sie mit grossen Kinderaugen mich ansieht, in denen der genügendste Genuß funkelt. So löste sich meine Zunge und nach und nach manches vom Herzen, was man sonst nicht leicht wieder ausspricht‹. Sie stellt Fragen über Dinge, die sie schon ›zwanzigmal‹ gehört hat, und da sie wissentlich Verwechslungen und Irrtümer begeht, antwortet Bettina zwangsweise, zuerst nur um zu berichtigen, gerät aber fürs weitere, ohne es zu merken, in Fluß und erzählt schließlich so ausführlich, wie Frau Rath es nur immer wünschen kann.«[100]

Das Thema, über das die beiden sich voreinander darstellen, das sie als Medium ihrer Mitteilung benutzen, war ihre Liebe zu dem Dichter. Aber sie zeigten sich einander auch als in dieser Liebe »Produzierende« – Bettina als die Ungestüme, Wilde, als das Mädchen in Männerkleidern, was der alten Frau sehr wohl gefiel.[101]

> »Da hat den doch die kleine Brentano ihren Willen gehabt, und Goethe gesehen – ich glaube im gegen gesetzten fall wäre sie Toll geworden – denn so was ist mir noch nicht vorgekommen – sie wollte als Knabe sich verkleiden, zu Fuß nach Weimar laufen – vorigen Winter hatte ich ofte eine rechte Angst über das Mägchen – dem Himmel sey Danck daß sie endlich auf eine musterhafte art ihren willen gehabt hat.«

Bettina schreibt:

»Wir führen Krieg, ich und die Mutter, und nun ist's so weit gekommen, dass ich kapitulieren muss; die harte Bedingung ist, dass ich selbst alles erzählen soll, womit ich's verschuldet habe, und was die gute Mutter so heiter und launig ertragen hat; sie hat eine Geschichte daraus zusammengesponnen, die sie mit tausend Plaisier erzählt; sie könnte es also selbst viel besser schreiben.«[102]

Ebenso wie Catharina ist Bettina eine Erzählerin. Auch sie verwendet Geschichten, um ihre Eindrücke sichtbar zu machen. In der folgenden Anekdote drückt Bettina ihre Liebe zu Catharina ebenso aus wie ihre präzise Einschätzung von Catharinas Gier, als Mutter an der Genialität des Sohnes geradezu biologisch teilzuhaben. Bettina schreibt:

»Ich sollte ihr den *Gall* bringen und führte ihr unter seinem Namen den *Tieck* zu; sie warf gleich ihre Kopfbedeckung ab, setzte sich und verlangte, *Gall* solle ihren Schädel untersuchen, ob die großen Eigenschaften ihres Sohnes nicht durch *sie* auf ihn übergegangen sein möchten; *Tieck* war in großer Verlegenheit, denn ich ließ ihm keinen Moment, um der Mutter den Irrtum zu benehmen; sie war gleich in heftigem Streit mit mir und verlangte, ich solle ganz stillschweigen und dem *Gall* nicht auf die Sprünge helfen; da kam *Gall* selbst und nannte sich; die Mutter wußte nicht, zu welchem sie sich bekehren solle, besonders da ich stark gegen den rechten protestierte, jedoch hat er endlich den Sieg davongetragen, indem er ihr eine sehr schöne Abhandlung über die großen Eigenschaften ihres Kopfes hielt; und ich hab Verzeihung erhalten und mußte versprechen, sie nicht wieder zu betrügen.«[103]

Catharina selbst kommt ebenfalls auf diese Situation zu sprechen – aber diszipliniert und ohne ihre geheimen Phantasien zu verraten. Betrachten wir die Szene in der Erzählung aus der Perspektive Catharina Elisabeths; die Sechsundsiebzigjährige schreibt an ihren Sohn 1807[104]:

»Diese Meße war reich an – Profeßsoren!!! Da nun ein großer theil deines Ruhmes und Rufens auf mich zurück fält, und die Menschen sich einbilden ich hätte was zu dem großen Talendt beygetragen; so kommen sie denn um mich zu beschauen – da stelle ich denn mein Licht nicht unter den Scheffel sondern auf

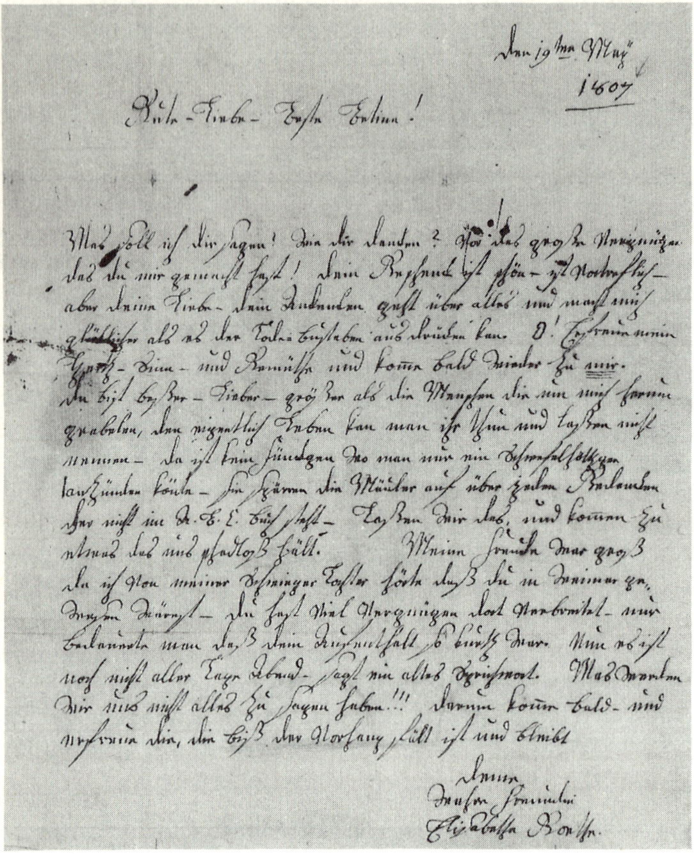

Den 19ten May
1807

Gute - Liebe - Beste Bettine!

Was soll ich dir sagen! wie dir danken? für das große Vergnügen
das du mir gemacht hast! Dein Geschenck ist schön - ist vortreflich -
aber deine Liebe - dein Andencken geht über alles und macht mich
glücklicher als es der todte Buchstaben ausdrücken kan. O! Erfreue mein
Hertz - Sinn - und Gemüthe und komme bald wieder zu mir.
Du bist besser - lieber - größer als die Menschen die um mich herum
grabelen, den eigentlich Leben kan man ihr thun und laßen nicht
nennen - da ist kein Fünckgen wo man nur ein Schwefelhölzgen
anzünden könte - sie sperren die Mäuler auf über jeden Gedancken
der nicht im A. B. C. buch steht - Laßen wir das, und kommen zu
etwas das uns schadloß hält. Meine Freude war groß
da ich von meiner Schwieger Tochter hörte daß du in Weimar ge-
wesen würst - du hast viel Vergnügen dort verbreitet - nur
bedauerte man daß dein Aufenthalt so kurtz war. Nun es ist
noch nicht aller Tage Abend - sagt ein altes Sprichwort. Was werden
wir uns nicht alles zu sagen haben!!! darum komme bald - und
erfreue die, die biß der Vorhang fällt ist und bleibt

Deine
treue Freundin
Elisabetha Goethe.

Catharina Elisabeth Goethe an Bettine,
Brief vom 19. Mai 1807

den Leuchter versichre zwar die Menschen daß ich zu dem was dich zum großen Mann und Tichter gemacht hat nicht das aller mindeste beygetragen hätte /: denn das Lob das mir nicht gebühret nehme ich nie an :/ zudem weiß ich ja gar wohl wem das Lob und der Danck gebührt, denn zu deiner Bildung in Mutterleibe da alles schon im Keim in dich gelegt wurde dazu habe ich warlich nichts gethan – Villeicht ein Gran Hirn mehr oder weniger und du wärstes ein gantz ordinerer Mensch geworden und wo nichts drinnen ist da kan nichts raus kommen – Da erziehe du das können alle Pilantopine in gantz Europia nicht geben – gute brauchbahre Menschen ja das laße ich gelten hir ist aber die Rede vom auserordendtlichen. Da hat nun meine Liebe Frau Aja mit Fug und Recht Gott die Ehre gegeben wie das recht und billig ist, Jetzt zu meinem Licht das auf dem Leuchter steht und denen Profeßern lieblich in die Augen scheint. Meine Gabe die mir Gott gegeben hat ist eine lebendige Darstellung aller Dinge die in mein Wißen einschlagen, großes und kleines, Wahrheit und Mährgen u. s. w. so wie ich in einen Circul komme wird alles heiter und froh weil ich erzähle. Also erzählte ich den Profeßsoren und Sie gingen und gehen vergnügt weg – das ist das gantze Kunstück.«

Es ist zu bemerken, daß beides zutrifft: Catharinas Selbstbild kreiste um ihre Mutterschaft, und Bettinas Darstellung fügt dem hinzu, daß sie Selbstbestätigung suchte – »Den hab ich geboren«, sagte sie mehr als einmal. Die beiden Phantastinnen waren einander durchaus würdig. Entsprechend berichtet Bettina den Fortgang der Geschichte der Schädelvermessung:

»Ein paar Tage später kam eine gar zu schöne Gelegenheit, mich zu rächen. Ich führte ihr einen jungen Mann aus Straßburg zu, der kurz vorher bei Ihnen gewesen war; sie fragte höflich nach seinem Namen; noch eh er sich nennen konnte, sagte ich: ›Der Herr heißt *Schneegans*, hat Ihren Herrn Sohn in Weimar besucht und bringt Ihr viele Grüße von ihm‹. Sie sah mich verächtlich an und fragte: ›Darf ich um Ihren werten Namen bitten?‹ Aber noch ehe er sich legitimieren konnte, hatte ich schon wieder den famösen Namen *Schneegans* ausgesprochen; ganz ergrimmt über mein grobes Verfahren, den fremden Herrn *eine Schneegans* zu schimpfen, bat sie ihn um

Verzeihung, und daß mein Mutwill keine Grenzen habe und manchmal sogar ins Alberne spiele; ich sagte: ›Der Herr heißt aber doch *Schneegans*.‹ ›O schweig‹, rief sie, ›wo kann ein vernünftiger Mensch *Schneegans* heißen!‹ Wie nun der Herr endlich zu Wort kam und bekannte, daß er wirklich die Fatalität habe so zu heißen, da war es sehr ergötzlich, die Entschuldigungen und Beteuerungen von Hochachtung gegenseitig anzuhören; sie amüsierten sich vortrefflich miteinander, als hätten sie sich jahrelang gekannt, und beim Abschied sagte die Mutter mit einem heroischen Anlauf: ›Leben Sie recht wohl, Herr von *Schneegans*, hätte ich doch nimmermehr geglaubt, daß ich's über die Zunge bringen könne!‹ –«[105]

Es waren offensichtlich für beide virtuelle Rollen. Sowohl in ihrer Selbstdarstellung wie in ihrer Literarisierung schufen beide kunstvolle Inszenierungen.

Es wirft ein Licht auf Catharina Elisabeth, welche Art Beziehung sie zu Bettina einging. Unbestritten ist die beiderseitige Intensität der Beziehung. Aber ganz im Gegensatz zur Deutung, die allgemein vertreten wird[106], trafen hier nicht die nüchtern Gesunde und die sentimentale Romantikerin aufeinander. Vielmehr waren die beiden Frauen einander auffallend ähnlich. Beide versicherten sich ihrer eigenen Produktivität, indem sie sich selbst in einer imaginären Beziehung vorstellten, der sie in ihrem Herzen einen Altar errichteten. Bettinas Ähnlichkeit mit Catharina ging aber noch weiter: Der Ehemann Arnim wurde für Bettina nicht anders »Tagesleben«, als Johann Caspar es für Catharina gewesen war – eine eher nüchterne Beziehung, dem Ehemann blieb die Idealisierung vorenthalten, er war vor allem schützender Bruder, Vertrauter, und auch das nur halb. So ist die Anmerkung zu verstehen, die Bettinas Bruder Clemens in einem Brief an Bettina zu ihrem Buch *Goethes Briefwechsel mit einem Kinde* machte: Clemens wirft Bettina vor, in der Imagination gelebt zu haben:

»[...] Du mußt mir glauben, wenn ich Dir sage, daß ich nichts Schöneres Wahrscheinenderes im zeitlichen Leben kenne, als was Du alles für den Geliebten [Goethe, U.P.] geschrieben und gefühlt, und gedacht, gedichtet, geträumt hast, und auch für ihn gestohlen, Gott und Dir und vielen lieben Seelen. Du hast ihm eine gewaltig schöne Herde geschlachtet [...] Du hast alles was Dir Gott an Natur und Gnade gegeben mit Fantasie und Leidenschaft vermischt zu einer Art Hexenbrühe verkochen und über alle bereits abgestandenen Zauber Göthes gießen müssen, um sie neu lebendig zu machen. Ich kenne ganz dieses Leiden, sich einen Götzen schaffen zu müssen, und mit allen Kräften der Seele und der Natur liebend ihn zu beleben und anzubeten ...«[107]

Die Idealisierung Goethes war die Verbindungslinie der beiden Frauen. Mit Freud gesprochen: Beide hatten ihn in ihr »Ichideal« eingesetzt, dieses »Erbe des ursprünglichen Narzismus«[108]. Der Kern ihrer Gemeinsamkeit war die »gemeinsame zärtliche Bindung« an Goethe als dem gemeinsamen Dritten. Analog zu dem, was Freud über die »Massenbildung« sagte, gilt: »Mit dieser ›Hingabe‹ des Ichs an das Objekt, die sich von der sublimierten Hingabe an eine abstrakte Idee schon nicht mehr unterscheidet, versagen die dem Ichideal zugewiesenen Funktionen gänzlich. Es schweigt die Kritik, die von dieser Instanz ausgeübt wird; alles, was das Objekt tut und fordert, ist recht und untadelhaft. Das Gewissen findet keine Anwendung auf alles, was zugunsten des Objektes geschieht; in der Liebesverblendung wird man reuelos zum Verbrecher. Die ganze Situation läßt sich restlos in eine Form zusammenfassen: Das Objekt hat sich an die Stelle des Ichideals gesetzt.«[109]
Diese Darstellung kennzeichnet die mystische Erfahrung vor allem Catharina Elisabeths. Im Moment interessiert uns aber der »massenbildende« Effekt in der Begeisterung der beiden Frauen. Er erklärt jene, den Kritikern so rätselhafte Verschmelzung der beiden und wirft ein Licht auf die »Einfühlsamkeit« Bettinas und damit auch auf die Verläßlichkeit ihrer Überlieferung. Die Freudsche Feststellung über Verliebte trifft hier das Verhältnis der beiden Frauen: »Eine andere Ahnung kann uns sagen, daß wir weit davon entfernt sind, das Problem der Identifizierung erschöpft zu haben [...] [und daß wir] vor dem Vorgang stehen, den die Psychologie Einfühlung heisst, und der den größten Anteil an unserem Verständnis für das Ichfremde anderer Personen hat.«[110]
Es ist kein Zweifel, daß Bettina Brentano überaus geeignet war, Catharina Elisabeth zu verstehen. Sie vollzog sie durch Identifikation sozusagen nach, vor allem in den Aspekten, die uns hier interessieren. Nur zu Bettina kann Catharina Elisabeth so über ihre Mutterschaft sprechen, daß der Preis noch sichtbar bleibt. Bettina Brentano beschreibt Catharina Elisabeth, wie sie erzählte:

»Ihr Auge ruhte dabei auf dem Knopf des Katharinen Turms, der das letzte Ziel der Aussicht war, die sie vom Sitz an ihrem Fenster hatte, die Lippen bewegten sich herb, die sie am End immer schmerzlich herb schloß, während ihr Blick in die Ferne verloren glühte, es war, als ob ihre Jugendsinne wieder anschwellen, dann drückte sie mir wohl die Hand und überraschte mich mit den Worten: ›Du verstehst den Wolfgang und liebst ihn.‹«[111]

Die Erinnerungen der Catharina Elisabeth Goethe

Wenn wir uns die von Bettina berichteten Erinnerungen der Catharina Elisabeth Goethe ansehen, dann fällt auf, daß es drei dramatische Ereignisse sind, drei eigentümlich auffallende Ereigniszusammenhänge, die alle drei nach dem Muster: der Auserwähltheit, der Jenseitigkeit mitten im Leben und der innigen Verbundenheit in einem geheimen Bündnis gestaltet sind.

Es ist zunächst die Beziehung zum Vater, die sich so darbietet. Catharina Elisabeth erzählte Bettina von ihrem Vater. Bettina Brentano schrieb darüber an Goethe am 14. November 1810[112]:

»Dein Großvater war ein Träumer, ein Traumdeuter, es ward ihm vieles über seine Familie durch Träume offenbar, er sagte einmal einen großen Brand, dann die unvermuthete Ankunft des Kaisers voraus. Daß er Stadtsyndicus werde, hat ihm ein ganzes Jahr vorher geträumt. es wurde aber nicht beachtet, er selbst hatte es wieder vergessen / bis der Tag der Wahl herankam. nur Deine Mutter hatte einen festen Glauben dran / jedoch im Stillschweigen / an demselben Tag nun da der Vater aufs Rathaus gegangen war, steckte sie sich nach ihrer eignen Aussage in einen unmenschlichen Staat, und frisierte sich bis an den Himmel / in dieser Pracht setzte sie sich mit einem Buch in der Hand in einen Lehnsessel. die Schwestern und Mutter glaubten / die Schwester Prinzeß (so wurde sie wegen ihrem Abscheu vor häußlicher Arbeit, und Liebe zur Kleiderpracht und Lesen, genent) sey närrisch, sie aber versicherte Ihnen / sie würden bald hinter die Bettvorhänge kriegen / wenn alle Rathsherrn kämen / Ihnen wegen dem Vater / der heute zum Syndicus gewählt würde / zu gratulieren; da nun die Schwestern sie noch mit einer ziemlichen Anzahl Schimpfnahmen, die damals wohl Mode seyn mogten, wegen ihrer dummen Leichtgläubigkeit beehrten, kam der Vater zum höchsten Erstaunen im Gefolge aller Rathsherrn zurück, als Syndicus.«

Versuchen wir, diesen Bericht zu deuten: Wir finden bei Catharina Elisabeth keine Krise der Adoleszenz, keinen Aufruhr gegen den Vater, aber eine sehr besondere Vaterbindung. Es zeigt sich, daß sie, die Tochter, die einzige ist, die die Weissagung des Vaters richtig einschätzt. Das heißt, daß zwischen dem Vater und der Tochter eine innigere Beziehung besteht als zwischen dem Vater und den übrigen Mitgliedern der Familie.

Catharina Elisabeth hat die Phantasie des Vaters geteilt; Tatsache ist jedenfalls, daß diese Tochter ihm glaubte und seine Worte bewahrte. Auffallend ist das Moment der Einzigartigkeit, mit dem sich Catharina Elisabeth von den anderen Frauen der Familie abgrenzt – in ihrem innigen Einverständnis mit dem Vater. Niemand glaubt daran, daß er der Gewählte sein wird – nur sie. Sie sieht nicht die Zukunft, sondern sie ist eine Gläubige oder, anders ausgedrückt, eine idealisierend Liebende.

Der stumme innere Bund des großen Auserwählten mit ihr wiederholt sich bei Catharina Elisabeth in einer weiteren Phantasie. Bettina im selben Brief an Johann Wolfgang Goethe[113]:

> »Ihr Gedächtniß war nicht allein merkwürdig, sondern sehr herrlich, nie hat sich das Gefühl eines Eindrucks bei Ihr verlohren: so sagte sie mir, in dem sich ein Posthorn auf der Straße hören ließ, daß ihr dieser Ton immer mehr oder weniger eine schneidende Emfindung errege, die sie in ihrem 15ten Jahr ganz durchdrungen habe. Damals war Carl der 7te, mit dem Zunahmen der Unglückliche, in Frankfurth; an einem Charfreitag begegnete sie ihm, wie er mit der Kaiserinn Hand in Hand in langem schwarzem Mantel die Kirchen besuchte; beide hatten Lichter in der Hand, die sie gesenkt trugen, die Schleppen der Mäntel wurden von schwarzgekleideten Pagen nachgetragen. ›Himmel, was hatte der Mann für Augen! sehr melancholisch, etwas gesenkte Augenwimpern; ich verließ ihn nicht, folgte ihm in alle Kirchen: über all kniete er auf der lezten Bank unter den Bettlern und legte sein Haupt eine Weile in die Hände; wenn er wieder empor sah, war mirs allemal wie ein Donnerschlag in der Brust. da ich nach Haußkam, war meine alte Lebensweiße weg: ich dachte nicht so wohl an die Begebenheit, aber es war mir, als sey etwas großes vorgegangen; wenn man von ihm sprach, ward ich blaß und zitterte wie ein Espenlaub; ich legte mich am Abend auf die Knie und

hielt meinen Kopf in den Händen wie er, ohne etwas anders dabei zu emfinden als nur: wie wenn ein großes Thor in meiner Brust geöfnet wäre. – da er einmal offne Tafel hielt, drängte ich mich durch die Wachen und kam in den Saal, anstadt auf die Gallerie; es wurde in die Trompeten gestoßen, bei dem 3ten Stoß erschien er, in einem rothen Mantel, den ihm zwei Kammerherrn abnahmen – er ging langsam, mit gebeugtem Haupt. ich war ihm ganz nah, und dachte an nichts, daß ich auf dem unrechten Plaz wäre; seine Gesundheit wurde von allen anwesenden großen Herrn getrunken und die Trompeten schmetterten dazu: da jauchzte ich laut mit, der Kaiser sah mich an und nickte mir. am andern Tag reißte er ab; ich lag früh morgens um 4 Uhr in meinem Bett, da hörte ich 5 Posthörner blasen, das war er, und so höre ich jezt nie das Posthorn / ohne mich daran zu erinnern.‹ Sie sagte mir / daß sie's zum erstenmal in ihrem Leben erzähle; das war ihre erste rechte Leidenschaft und auch ihre lezte, sie hatte später noch Neigungen / aber nie eine / die sich ihr so mächtig angekündigt hätte, und gleich wie diese bei dem ersten Schritt ihr so ganz verschiedne Himmelsgegenden gezeigt hätte / Viel hatte sie einer Tante zu verdanken / die ihr über das bornierte Wesen ihres Häuslichen Lebens hinweg half / in dem sie sonst gewiß erstickt wäre / sagte sie. Dein Vater war ein schöner Mann, sie heurathete ihn ohne viel nachzudenken, sie wußte ihn auf mancherlei Art zum Vortheil der Kinder zu lenken.«

Es gibt eine strukturelle Übereinstimmung zwischen der Beziehung zum Vater und der Beziehung zum Kaiser. Sie besteht darin, daß der Vater und die Tochter sich gegenseitig lieben und daß der Kaiser und Catharina Elisabeth sich gegenseitig lieben. Daß der Kaiser der Stadtschultheißen Tochter zugewinkt habe, daß das geheimnisvolle Einverständnis auch von seiner Seite (real) bestanden hat, liegt wohl außerhalb jeder Wahrscheinlichkeit. Es war das Bild der Phantasie und zugleich Abbild der tieferen Beziehung, die hier das Modell abgab, der Beziehung zum Vater. Über Catharina sagt diese Bemerkung manches aus. Es ist die gleiche stille Übereinkunft, die die Vaterbeziehung auszeichnet. Die schlichte Vorstellung davon, was sich normalerweise im Leben abspielt, wird von beiden Geschichten überfordert. Daß Vater und Tochter das zweite Gesicht hatten (»ihr war manches vorbedeutet«), daß der unglückliche Wittelsbacher der Schultheißentochter zugewinkt

habe, beides ist zu phantastisch. Beidemale ist die Beziehung im Irrationalen angesiedelt und beidemale mit einer strukturellen Übereinstimmung: Sie liebt und sie wird geliebt: »er mußte mich doch lieben, denn er mußte die Begeisterung in meinen Augen lesen.«[114]
Für Johann Caspar bleibt keine Bedeutung übrig, allenfalls freundschaftliche Gleichgültigkeit. Über ihn gibt es nichts zu sagen. Betrachten wir noch einmal Bettinas Mitteilung vom 14. 11.: »Dein Vater war ein schöner Mann: sie heurathete ihn, ohne viel nachzudenken; sie wußte ihn auf mancherlei Art zum Vortheil der Kinder zu lenken.« Der Bericht fährt fort:

> »eine große Leidenschaft hatte er [J. C. Goethe] fürs Reißen: sein Zimmer war mit Landkarten behängt, in müssigen Stunden spazierte er mit den Fingern drauf herum und erzehlte dabei alle Merkwürdigkeiten; alle Abentheuer, die andern Reißebeschreibern begegnet waren; dieß war der Mutter eine angenehme Unterhaltung. als ihn späterhin der Schlag rührte, suchte sie sich in seine Geschäfte herein zu arbeiten; sie besorgte nach seiner Weisung das Meiste. zum zweitenmal rührte ihn der Schlag, er konnte nicht mehr selbst essen und nur sehr schwehr sprechen: Sie übernahm alles. bis zu dieser Zeit war sie immer sehr bürgerlich und einfach gekleidet gewesen: einmal, bei Gelegenheit daß sie sich sehr puzte, äuserte Dein Vater große Freude darüber, er lachte und befand sich viel wohler als sonst; seitdem nahm sie die Gewohnheit an, sich von frühem Morgen schon den Kopf zu puzen. das wurde denn von vielen Menschen mißverstanden [...]. auf ihrem rechten Knie hatte sie einen weisen Stern abgebildet, so groß wie man die Sterne am Himmel sieht; ich sah das Maal bei Gelegenheit daß ihr Bein eingerieben wurde, sie hatte es verengt.
> Was sagst Du nun dazu, daß die Mutter in den Kaiser verliebt war? was sagst Du dazu, daß ich alles so wohl behalten, ihre Reden sogar behalten?«[115]

Selbst wenn man die harmonisierend-verbindliche Redeweise über Goethes Vater und das Verhältnis der Goethe-Eltern zueinander so gelten läßt, wie es dasteht, wird doch der Unterschied dieser glanzlosen Eherealität zum Zauber der phantasierten Paar-Beziehung deutlich. Charakteristisch für Catharina Elisabeth ist, daß ihre Phantasien um

Paare kreisen und um die erwiderte Liebe. Zugleich sind diese Phantasien auf imaginäre Paare bezogen, nicht auf ein reales Miteinander-Umgehen, sondern auf ein geheimnisvolles Einssein – unkörperlich wie der Blick des Kaisers, der ihr zutrinkt, märchenhaft unsichtbar, stumm auch die Verbindung zum Vater. Es ist ein Wissen von seinem Triumph, so wie er selbst es wußte. Es war ja *sein* Traum, für sie war es so, als sei es der *ihre*.

Jesus gehört für Catharina durchaus in diese Reihe hinein, wie auch das Gedicht zeigt, das sie zitiert:

> »Ich seh im Geiste Gottes Sohn /
> holdselig ihr entgegen eilen
> um seinen höchst glorreichen Thron /
> mit ihr als seiner Braut zu teilen.«[116]

Doch betrachten wir das Verhältnis zum Kaiser genauer in seiner Lebensentrücktheit. In ihrer späteren Ausgestaltung der Kaiserphantasie (so jedenfalls verstehe ich die zweite Erzählung der Bettina) wird der Abschiedseindruck weiter ausgestaltet:

> »es war am 17. April, da hörte ich fünf Posthörner blasen, das war er, ich sprang aus dem Bett, vor übergroßer Eile fiel ich in die Mitte der Stube und tat mir weh, ich achtete es nicht und sprang ans Fenster, in dem Augenblick fuhr der Kaiser vorbei, er sah schon nach meinem Fenster, noch eh ich es aufgerissen hatte, er warf mir Kußhände zu und winkte mir mit dem Schnupftuch, bis er die Gasse hinaus war. Von der Zeit an habe ich kein Posthorn blasen hören, ohne dieses Abschieds zu gedenken, und bis auf den heutigen Tag, wo ich den Lebensstrom seiner ganzen Länge nach durchschifft habe und eben im Begriff bin, zu landen, greift mich sein weitschallender Ton noch schmerzlich an, und wo so vieles, worauf die Menschen Wert legen, rund um mich versunken ist, ohne daß ich Kummer darum habe. Soll man da nicht wunderliche Glossen machen, wenn man erleben muß, daß eine Leidenschaft, die gleich im Entstehen eine Chimäre war, alles Wirkliche überdauert und sich in einem Herzen behauptet, dem längst solche Ansprüche als Narrheit verpönt sind? Ich hab auch nie Lust gehabt, davon zu sprechen, es ist heute das erstemal. Bei dem Fall, den ich damals vor übergroßer Eile tat, hatte ich mir das Knie verwundet, an einem großen Brettna-

gel, der etwas hoch aus den Dielen hervorstand, hatte ich mir eine tiefe Wunde über dem rechten Knie geschlagen, der scharfgeschlagne Kopf des Nagels bildete die Narbe als einen sehr feinen regelmäßigen Stern, den ich oft darauf ansah während den vier Wochen, in denen bald darauf der Tod des Kaisers mit allen Glocken jeden Nachmittag eine ganze Stunde eingeläutet wurde, ach, was hab ich da für schmerzliche Stunden gehabt, wenn der Dom anfing zu läuten mit der großen Glocke, es kamen erst so einzelne mächtige Schläge, als wanke er trostlos hin und her, nach und nach klang das Geläut der kleinen Glocke und der ferneren Kirchen mit, es war, als ob alle über den Trauerfall seufzten und weinten; und die Luft war so schauerlich, es war gleich bei Sonnenuntergang, da hörte es wieder auf zu läuten, eine Glocke nach der andern schwieg, bis der Dom, so wie er angefangen hatte zu klagen, auch die allerletzten Töne in die Nachtdämmerung seufzte; damals war die Narbe über meinem Knie noch ganz frisch, ich betrachtete sie jeden Tag und erinnerte mich dabei an alles.« Deine Mutter zeigte mir ihr Knie, über dem das Mal in Form eines sehr deutlichen regelmäßigen Sternes ausgebildet war.«[117]

Hier finden wir die Gesten gegenseitiger Vertrautheit nochmals und noch stärker der Wirklichkeit enthoben. (Konnte sie überhaupt von ihrem Zimmer die Friedberger Gasse überblicken? Die Zeichnungen vom Textorschen Anwesen und die Berichte davon zeigen es verborgen in einem Innenhof hinter den Häusern an der Straße.) Und die Form eines Sternes! In Bettinas Phantasie war dies ein Zeichen der wahren Bestimmung, nicht mit Johann Caspar, sondern mit dem Kaiser ein Paar zu bilden.
Der Stern spielt in der religiösen Symbolik im späten 18. Jahrhundert eine große Rolle. Der flammende Stern: Modell des »Universal- und Zentralfeuers«, welches »alles belebet, erhält und auch zerstöret«. Symbolisiert wurden damit sowohl Gott wie das »Leben«, wie auch der individuelle Lebensfunken.[118] Beachten wir auch: Der Tod kündigt sich Catharina in der Erzählung Bettinas durch das Schmerzen der Sternen-Narbe an.
Auch andere Aspekte der Kaiser-Phantasie sind in der späteren Erzählung Bettinas mit verstärkenden Akzenten versehen. So betont sie die mystische Verbindung noch stärker. Während es im ersten Bericht die

Das Textorsche Haus (in der Bildmitte um den Brunnen gelagert) verbunden mit der Friedberger Gasse durch einen langen, schmalen Gang, der zur Gasse hin abgeschlossen war durch ein großes Tor mit Zinnen, welches zu beiden Seiten an zwei Nachbarhäuser stieß

Kaiserin gibt, hat Bettina sie nun weggelassen. Und sie betont die Gegenseitigkeit in der Beziehung zwischen Catharina Elisabeth und dem Kaiser[119]:

> »der Kaiser sah mich an, er nahm den Becher, um Bescheid zu tun und nickte mir, ja, da kam mir's vor, als hätte er den Becher mir bringen wollen, und ich muß noch heute daran glauben, es würde mir zuviel kosten, wenn ich diesen Gedanken, dem ich so viel Glückstränen geweint habe, aufgeben müßte.«

Waren es nun Phantasien Bettinas, die im Bericht dominieren? Oder waren es die Phantasien Catharina Elisabeths? Für zahlreiche Kommentare mag hier der von Elisabeth Mentzel stehen: »Wer den Kaiser damals gesehen, vergaß ihn nicht. Weshalb hätte ein lebhaft empfindendes Kind wie Elisabeth Textor sein Bild nicht auch immer im Gedächtnis behalten sollen! Zudem hörte sie ja auch im Vaterhause mit hoher Verehrung von Karl VII. reden, der dem Schöffen Textor für verschiedene Dienste sehr gewogen war und ihm auch mehrere Beweise seiner Huld zuteil werden ließ. Diese schwärmerisch kindliche Begeisterung für den Kaiser hat nun Bettina, verschiedene der Wahrheit und Wirklichkeit entsprechende Tatsachen geschickt benutzend, in eine unglückliche Liebe Elisabeths zu dem Reichsoberhaupt umgewandelt. Man hat bei der ganzen Erzählung den Eindruck, als ob sie viel älter und nicht die älteste, sondern die zweite Tochter ihrer Eltern sei. Und doch war das Mädchen noch nicht ganz elf und die jüngere, in die romantische Geschichte gleichfalls verwickelte Schwester noch nicht neun Jahre alt. Gewiß mag Frau Rat im späteren Leben beim Klange eines Posthorns oft an die damalige Abreise des unglücklichen Kaisers gedacht haben, allein gewiß nicht mit den ihr angedichteten, in einem langen Leben nicht verwundenen Empfindungen. Wie hätten zwei so schlicht und züchtig erzogene Kinder bereits mit elf und neun Jahren in derartigen Gefühlen schwelgen sollen! – Die Erzählung [Bettinas, U. P.], auch sonst an Ungenauigkeiten reich, schweift weit über die Grenzen der Wirklichkeit hinaus.«[120]
Einmal abgesehen von ihrem Unvermögen, sich die Phantasien »züchtig erzogener Kinder« vorstellen zu können, stürzt sich Elisabeth Mentzel begierig auf die von Goethe eingebrachte Verschiebung des Erlebnisses auf die jüngere Schwester. Doch recht hat sie gewiß darin, daß die Geschichte »über die Grenzen der Wirklichkeit« hinausweist.
Was sollten die Biographen mit der Vorstellung anfangen, diese »vorbildliche deutsche Hausfrau und Mutter« habe vom Kaiser geträumt?

Und wie hat Goethe auf die »Geschichte vom Kaiser« reagiert, auf die Frage, die Bettina ihm stellte: »Was sagst Du nun dazu, daß die Mutter in den Kaiser verliebt war? Was sagst Du dazu, daß ich alles so wohl behalten, ihre Reden sogar behalten?« (Bettina an Goethe) Wir erhalten keine Antwort. Aber zweierlei fällt auf: Ursprünglich hatte Goethe vor, seine Autobiographie mit der Krönung Karls VII. beginnen zu lassen (der ja auch Johann Caspar Goethe den Titel eines Kaiserlichen Rats verliehen hatte). Ernst Beutler schreibt: »Das erste war nun, daß Goethe sich Jahr auf Jahr in Stichworten einen Überblick über sein Leben niederschrieb. Er nahm dazu ein Oktavbändchen in Goldschnitt mit 76 Blättern. Es ist erhalten und beginnt: ›1742 Carl VII. gekrönt 24. Januar, residirt zu Franckfurt.‹«[121]

Doch dann verschwindet die Krönung aus der Autobiographie, und es bleiben auch die Erlebnisse der Mutter außer Betracht. Statt dessen rückt er ein ähnliches Erlebnis ein, das Catharina Elisabeths jüngerer Schwester Anna Maria (die, die sich verwahrloster Kinder annahm) zugeschrieben worden war, die wir auch in anderen Zusammenhängen als Vertreterin der Mutter vermuten dürfen. In *Dichtung und Wahrheit* heißt es von Anna Maria[122]:

> »Zur Zeit öffentlicher Feierlichkeiten, wie bei Krönungen, war sie nicht zu Hause zu halten. Als kleines Kind schon hatte sie nach dem bei solchen Gelegenheiten ausgeworfenen Gelde gehascht, und man erzählte sich: wie sie einmal eine gute Partie beisammen gehabt und solches vergnüglich in der flachen Hand beschaut, habe ihr einer dagegengeschlagen, wodurch denn die wohlerworbene Beute auf einmal verlorengegangen. Nicht weniger wußte sie sich viel damit, daß sie dem vorbeifahrenden Kaiser Karl dem Siebenten, während eines Augenblicks, da alles Volks schwieg, auf einem Prallsteine stehend, ein heftiges Vivat in die Kutsche gerufen und ihn veranlaßt habe, den Hut vor ihr abzuziehen und für diese kecke Aufmerksamkeit gar gnädig zu danken.«

Das war alles, was von der Kaiserthematik übrigblieb. Sie wurde auf eine andere Person verschoben. Daß Goethe den Faden nicht aufnahm, muß keineswegs bedeuten, daß er den Bericht für unwahr hielt; er war ja bereit, ihn als »Chronik einer Hausfreundin« zu publizieren. Den Einwänden der Biographen geben wir zu: konkret biographisch ist Catharina Elisabeths Erzählung irritierend. Aber wir deuten die Geschichte anders als im Sinne der äußeren Lebensrealität, nämlich als

Ausdruck des illusionär-grandiosen Lebensentwurfs. Catharina schuf in dieser Erzählung ein Symbol, eine Chiffre, um zum Ausdruck zu bringen, was für sie Liebe war: die unkörperliche, phantastische Verbindung mit einem idealisierten, ins Großartige erhobenen Anderen.
Und das dritte Ereignis: Der erstgeborene Sohn wird in diese Phantasie verborgener Größe einbezogen. Die Korrespondenz zwischen mütterlicher Größenphantasie im mystischen Gewand und dem Selbstbewußtsein des Sohnes bestimmt die Eröffnung von *Dichtung und Wahrheit*:

> »Am 28sten August 1749, mittags mit dem Glockenschlag zwölf, kam ich in Frankfurt am Main auf die Welt. Die Konstellation war glücklich: die Sonne stand im Zeichen der Jungfrau und kulminierte für den Tag; Jupiter und Venus blickten sie freundlich an. Merkur nicht widerwärtig; Saturn und Mars verhielten sich gleichgültig; nur der Mond, der soeben voll ward, übte die Kraft seines Gegenscheins um so mehr, als zugleich seine Planetenstunde eingetreten war. Er widersetzte sich daher meiner Geburt, die nicht eher erfolgen konnte, als bis diese Stunde vorübergegangen.«[123]

Der Sohn beschreibt sich hier in den inneren Bildern der Mutter, die ihn prägten. Catharina schilderte die Geburt ihres ersten Sohnes als von den Sternen ausgezeichnetes Ereignis, als quasi sakrales Geschehen:

> »Sie war damals 18 Jahre alt und 1 Jahr verheirathet. 3 Tage bedachtest Du Dich, eh Du ans Weltlicht kamst, und machtest der Mutter schwehre Stunden; aus Zorn, daß Dich die Noth aus dem eingebohrnen Wohnort trieb, und durch die Mißhandlung der Amme kamst Du ganz schwarz und ohne Lebenszeigen. sie legten Dich in einen so genannten Fleischarden mit Wein und bäheten Dir die Herzgrube, ganz an Deinem Leben verzweiflend. Deine Großmutter stand hinter dem Bett; als Du zuerst die Augen aufschlugst, rief sie hervor: *Räthin! er lebt!* ›da erwachte mein mütterliches Herz und lebte seit dem in fortwährender Begeistrung bis zu dieser Stunde‹, sagte sie mir in ihrem 75ten Jahr.«[124]

Fassen wir zusammen. Die magische Zahl drei: drei Tage lag sie in Wehen; das Kind kam als Totes zur Welt, wird aber wiedererweckt; der Ruf »er lebt« enthält ebenfalls eine sakrale Doppeldeutigkeit – er ist auferstanden; und das Erweckungserlebnis: »da erwachte mein mütterliches Herz und lebte seitdem in fortwährender Begeisterung bis zu dieser Stunde.«

Wir können auch sagen, Catharina verleiht ihrer Mutterschaft magisch-mystische Bedeutung – so ihre Phantasie –; sie war bestimmt, ein schöpferisches Genie, den gottähnlichen Menschen hervorzubringen. (Daß diese Marienphantasie keine Erfindung Bettinas ist, zeigte uns schon der letzte Brief Catharinas mit dem sakralen Gastmahl vom 28. August 1808.) Wann die Marienphantasie in Catharina Elisabeth entstanden ist – später gewiß gefestigt durch den triumphalen Erfolg des Sohnes –, wissen wir nicht. Es deuten jedoch alle Szenen, die Bettina berichtet, ebenso wie *Dichtung und Wahrheit* darauf hin, daß sie schon früh bestand.

Kehren wir zum Bericht Bettinas zurück. Die Geschichte von der Geburt wird wie folgt fortgesetzt:

> »Dein Großvater, der der Stadt ein herrlicher Bürger und damals Syndicus war, wendete stets Zufall und Unfall zum Wohl der Stadt an, und so wurde auch Deine schwehre Geburt die Veranlaßung, daß die Stadt einen *Accoucheur* für die Armen einsezte. ›schon in der Wiege war er den Menschen eine Wohlthat‹, sagte die Mutter. sie legte Dich an ihre Brust; allein Du warst nicht zum Saugen zu bringen. Da wurde Dir eine Amme gegeben: ›an dieser hat er mit rechtem Appetit und Behaagen getrunken; da es sich nun fand‹, sagte sie, ›daß ich keine Milch hatte, so merkten wir bald, daß er gescheuter gewesen war wie wir alle, da er nicht an mir trinken wollte.‹«[125]

So erscheint es der Mutter – dieses Kind wirkt Gutes vom ersten Atemzug an: eine Hebamme für die Armen. Dieses Kind erscheint ihr als das klügste; es ist weise, denn es verstand, daß sie keine Milch hatte. Das zentrale Moment in Catharinas Darstellung der frühen Mutterliebe ist freilich die Schönheit des Kindes, von der immer wieder die Rede ist. Die Schönheit, das Außerordentliche, ist das Thema. Die Mutter hat etwas Vollkommenes geboren, den schönsten Knaben:

> »Er war so schön, daß ihn seine Wärterin nicht wohl durch eine Volkreiche Straße tragen konnte, weil alle Menschen sich heran drängten, ihn zu sehen; auch begehrten Frauen, die geseegnetes Leibes waren, ihn zu sehen; jedoch ist in seiner Vaterstadt keine Spuhr von Ähnlichkeit mit ihm zu bemerken.«[126]

In dieser Sequenz ist beides verbunden: die Schönheit und die Jesusphantasie. Und je mehr sich die Begabung des Sohnes entwickelte, desto besser taugte er als Objekt der mütterlichen Größenphantasie. Auf ihn übertrug sie ihr eigenes produktives Vermögen, das Erzählen. Vielleicht war es sogar so, daß dieser Sohn erst dann für sie der Besondere und Auserwählte wurde, als zu seiner besonderen Schönheit seine Fähigkeit hinzutrat, ihr ihre eigenste, geliebteste und höchst besetzte Kompetenz zu spiegeln: zum Mitspieler in ihrer Erzählkunst zu werden. Ein Spiel, das für Catharina nun wirklich kein Mutter-Kind-Spiel war, sondern ihre Weise der Selbstdarstellung. In ihrem Kind schuf sie sich also einen hochbegabten Mitspieler. Betrachten wir noch einmal die Erzählung Bettinas über das Geschichtenerzählen, das Spiel zwischen Mutter und Sohn:

> »Die Mutter glaubte auch sich einen Anteil an seiner Darstellungsgabe zuschreiben zu dürfen, ›denn einmal‹, sagte sie, ›konnte ich nicht ermüden zu erzählen, so wie er nicht ermüdete zuzuhören; Luft, Feuer, Wasser und Erde stellte ich ihm unter schönen Prinzessinnen vor, und alles, was in der ganzen Natur vorging, dem ergab sich eine Bedeutung, an die ich bald selbst fester glaubte als meine Zuhörer, und da wir uns erst zwischen den Gestirnen Straßen dachten, und daß wir einst Sterne bewohnen würden, und welchen großen Geistern wir da oben begegnen würden, da war kein Mensch so eifrig auf die Stunde des Erzählens mit den Kindern wie ich, ja, ich war im höchsten Grad begierig, unsere kleinen eingebildeten Erzählungen weiterzuführen, und eine Einladung, die mich um einen solchen Abend brachte, war mir immer verdrießlich. Da saß ich, und da verschlang er mich bald mit seinen großen schwarzen Augen, und wenn das Schicksal irgendeines Lieblings nicht recht nach seinem Sinn ging, da sah ich, wie die Zornader an der Stirn schwoll, und wie er die Tränen verbiß. Manchmal griff er ein und sagte, noch eh ich meine Wendung genommen hatte: ›Nicht wahr, Mutter, die Prinzessin heiratet nicht den verdammten Schneider, wenn er auch den Riesen totschlägt‹, wenn ich nun Halt machte und die Katastrophe auf den nächsten Abend verschob, so konnte ich sicher sein, daß er bis dahin alles zurechtgerückt hatte, und so ward mir denn meine Einbildungskraft, wo sie nicht mehr zureichte, häufig durch die seine ersetzt; wenn ich denn am nächsten

Abend die Schicksalsfäden nach seiner Angabe weiter lenkte und sagte: ›Du hast's geraten, so ist's gekommen‹, da war er Feuer und Flamme, und man konnte sein Herzchen unter der Halskrause schlagen sehen. Der Großmutter, die im Hinterhause wohnte, und deren Liebling er war, vertraute er nun allemal seine Ansichten, wie es mit der Erzählung wohl noch werde, und von dieser erfuhr ich, wie ich seinen Wünschen gemäß weiter im Text kommen solle, und so war ein geheimes diplomatisches Treiben zwischen uns, das keiner an den andern verriet; so hatte ich die Satisfaktion, zum Genuß und Erstaunen der Zuhörenden, meine Märchen vorzutragen, und der *Wolfgang*, ohne je sich als den Urheber aller merkwürdigen Ereignisse zu bekennen, sah mit glühenden Augen der Erfüllung seiner kühn angelegten Pläne entgegen und begrüßte das Ausmalen derselben mit enthusiastischem Beifall. Diese schönen Abende, durch die sich der Ruhm meiner Erzählungskunst bald verbreitete, so daß endlich alt und jung daran teilnahm, sind mir eine sehr erquickliche Erinnerung.‹«[127]

Da Bettina diese Episode Goethe nicht überlieferte, spricht viel dafür, daß sie eines von Bettinas Bildern war, das nicht das Faktum, sondern die Struktur abbildet. Wahrscheinlich entsprach es dem, was sie selbst in der Erzählsituation mit Catharina erlebte. Aus diesem Grund halte ich K. Eisslers Deutung für zu konkretistisch, was die Situation, aber für zutreffend, was die Struktur angeht: »Hier handelte es sich um die geistige Besitznahme seiner Mutter. Seine Impulse, Phantasien und Erwartungen drangen in sie ein und kehrten als wohlgeformte, klare Erzählungen wieder, die noch dadurch aufgewertet wurden, daß seine Mutter sie einem Publikum vortrug. Trotz ihrer starken Beteiligung und des direkten Ausdrucks ihrer Gefühle während des Geschichtenerzählens könnte man dennoch sagen, daß der Junge wahrscheinlich die Umformung seines eigenen Primärvorgangs in den Sekundärvorgang erfuhr, nicht durch seine eigenen Anstrengungen, sondern – für ihn jedenfalls – durch die wundersame Wirkung, welche seine eigenen Phantasien auf die Geschichten seiner Mutter hatten. In diesem Raum waren die Grenzen des Jungen offen, und es gab eine partielle Verschmelzung zwischen seinem eigenen und dem mütterlichen Ich in einer Weise, die keine Schuldgefühle erzeugte. Es muß wirklich für den Jungen eine ganz außergewöhnliche Situation gewesen sein, seine Mutter wiederholt seine Geschichten mit eben demselben Interesse und Vergnügen erzählen zu hören, als wären es ihre eigenen, und die aufmerksame Zuhörerschaft zu beobachten, die sich ihrer Erfindungskraft unterwarf und dann applaudierte. Hier wurden alle Wünsche Realität – durch Magie. Was für ein Gefühl unglaublicher Macht muß in ihm gewachsen sein; welch eine Entlastung von Schuldgefühlen, daß die Gruppe seine Tagträume annahm; welche Illusion von Gewalt über seine Mutter, die jeden Abend das Instrument der Launen seiner Einbildungskraft wurde.«[128]

Auch Eissler konstatiert die Verschmelzung von Mutter und Sohn im Medium der kulturellen Symbole. Allerdings fällt auf, daß seine Deutung einseitig die Allmachtsphantasie des Sohnes ins Zentrum stellt und die Mutter nur insoweit beachtet, als sie sich zum Objekt des kindlichen In-Besitz-Nehmens macht. Eissler übersieht die andere Seite: daß der mütterliche Narzißmus das Kind ebenso funktionalisiert, frustriert und bedroht. Eisslers Konkretismus, die Annahme, daß die Mutter jeden Abend das Instrument der Laune der kindlichen Einbildungskraft wurde, ist einerseits naiv, andererseits völlig einseitig. Diese »selbstlose Mutter«, von der hier der Psychoanalytiker Eissler träumt, ist eine Wunschphantasie. Wir können Freuds Annahmen nicht zustimmen und noch weniger Eisslers Behauptung einer ambivalenzfreien Beziehung zwischen Mutter und Sohn.

Wenn wir Catharina Elisabeth als narzißtischen Charakter bezeichnen, so versteht es sich von selbst, daß wir nicht eine durchgängige, totale Bestimmung meinen, sozusagen eine Pathologisierung der Mutter. Jedoch handelt es sich um ein Verhaltensprofil. In der starken Idealisierung gibt es ein breites Spektrum befriedigender Interaktionsformen. Aber sobald das Kind ihren Größenphantasien nicht entspricht, hört alles Verständnis auf. Das ist die eine Beeinträchtigung. Die andere ist: Die narzißtische Identifikation der Mutter bedeutet, daß sie dem Kind die Abgrenzung nicht gestattet. Es wird immer wieder von der mütterlichen Verschmelzung eingeholt. Je älter das Kind wird, je deutlicher es individuelle Züge ausbildet, um so größer wird die Differenz zwischen dem, was ist, und dem, was die Mutter wahrnimmt und aufgreift. Sie idealisiert, aber sie verkennt zugleich. Das heißt, in der Idealisierung liegt neben der Verführung auch die Kränkung im Sinne des Nicht-Erkannt-Werdens. Das erklärt die Fixierung auf die Mutter, diese ungeheuer befriedigende Verschmelzung mit der Mutter, aber auch Angst vor ihr, die Angst vor der Kränkung.[129] Sie idealisierte ihn zunehmend. Sie begann, durch ihren Sohn zu leben. Das verraten die Geschichten, die sie Bettina erzählte, nicht zuletzt deren erotische Tönung:

»Einmal zur Herbstlese, wo denn in Frankfurth am Abend in allen Gärten Feuerwerke abbrennen und von allen Seiten Raquerten aufsteigen, bemerkte man in den entferntesten Feldern, wo sich die Festlichkeit nicht hin erstreckt hatte, viele Irrlichter, die hin und herhüpften, bald auseinander bald wieder eng zusammen, endlich fingen sie gar an, figurierte Tänze auf zu führen; wenn man nun näher drauf loß kam, verlosch ein Irrlicht nach dem andern, manche thaten noch große Säzze und verschwanden, andere sezten sich auf Hecken und Bäume – weg waren sie; die Leute fanden nichts, gingen wieder zurück: gleich fing der Tanz von vorne an, ein Lichtlein nach dem andern stellte sich wieder ein und tanzte um die halbe Stadt herum. was wars? – Goethe, der mit vielen Cameraden, die sich Lichter auf die Hüte gesteckt hatten, da draußen herum tanzte.
Das war Deiner Mutter eine der liebsten Anektoden; sie konnte noch manches dazu erzehlen: wie Du nach solchen Streichen immer lustig nach Hauße kamst und hundert Ebentheuer gehabt pp – Deiner Mutter war gut zuhören! –
›In seiner Kleidung war er nun ganz entsezlich eigen – ich mußte ihm täglich 3 Toiletten besorgen: auf einen Stuhl hing ich einen Überrock lange Beinkleider ordinäre Weste, stellte ein paar Stiefel dazu, auf den 2ten einen Frack, seidne Strümpf die er schon angehabt hatte, Schuhe pp, auf den dritten kam alles vom feinsten nebst Degen und Haarbeutel; das erste zog er im Hauße an, das zweite wenn er zu täglichen Bekannten ging, das dritte zum Galla. kam ich nun am andern Tag hinein, da hatte ich Ordnung zu stiften: da standen die Stiefel auf den feinen Manschetten und Halskrausen, die Schue standen gegen Osten und Westen, ein Stück lag da das andre dort; da schüttelte ich den Staub aus den Kleidern, legte frische Wäsche hin, brachte alles wieder ins Geleis; wie ich nun so eine Weste nehme und sie am offnen Fenster recht herzhaft in die Luft schwinge, fahren mir plözlich eine menge kleiner Steine ins Gesicht; darüber fing ich an zu fluchen, er kam hinzu, ich zanke ihn aus: die Steine hätten mir ja ein Aug aus dem Kopf schlagen können; – nun es hat Ihr ja kein Aug ausgeschlagen! wo sind dann die Steine? ich muß sie wiederhaben, helf sie mir

sie wieder suchen! sagte er. nun, muß er sie wohl von seinem Schaz bekommen haben, denn er bekümmerte sich gar nur um die Steine: es waren ordinäre Kisselsteingen und Sand; daß er den nicht mehr zusammen lesen konnte, war ihm ärgerlich; alles, was noch da war, wickelte er sorgfältig in ein Papier und trugs fort. den Tag vorher war er in Offenbach gewesen: da war ein Wirtshauß zur Rose, die Tochter hieß das schöne Gretgen, er hatte sie sehr gern; das war die erste, von der ich weiß, daß er sie lieb hatte.‹

Alter, bist Du böß, daß die Mutter mir dieß alles erzehlt hat? Diese Geschichte habe ich nun ganz ungemein lieb, Deine Mutter hat sie mir wohl zwanzig mal erzehlt; manchmal sezte sie hinzu, daß die Sonne ins Fenster geschienen habe, daß Du roth geworden seyst, daß Du die aufgesammelten Steingen fest ans Herz gehalten und damit fortmarschiert, ohne auch nur eine Entschuldigung gemacht zu haben, daß sie ihr ins Gesicht geflogen. Siehst Du, was die alles gemerkt hat! was Die die Mutterfreuden herzig und herzhaft genossen hat! Denn so klein die Begebenheit schien, war es ihr doch eine Quelle freudiger Betrachtung über Deine Raschheit, funklende Augen, pochend Herz, rothe Wangen pp – es ergözte sie ja noch in ihrer späthen Zeit. – diese und die folgende Geschichte haben mir den lebhaftesten Eindruck gemacht; ich seh Dich in beiden vor mir, in vollem Glanz Deiner Jugend. an einem hellen Wintertag, an dem Deine Mutter Gäste hatte, machtest Du ihr den Vorschlag, mit den Fremden an den Mein zu fahren: ›Mutter, sie hat mich ja doch noch nicht Schlittschue laufen sehen, und das Wetter ist heut so schön pp – Ich zog meinen karmesinrothen Pelz an, der einen langen Schlepp hatte und vorn herunter mit goldnen Spangen zugemacht war, und so fahren wir denn hinaus: da schleift mein Sohn herum wie ein Pfeil zwischen den andern durch, die Luft hatte ihm die Backen roht gemacht und der Puder war aus seinen braunen Haaren geflogen; wie er nun den karmesinrothen Pelz sieht, kommt er herbei an die Kutsch und lacht mich ganz freundlich an. – nun was willst Du? sag ich. Ey Mutter, Sie hat ja doch nicht kalt im Wagen, geb Sie mir ihren Sammetrock! – Du wirst ihn doch nit gar anziehen wollen? – freilich will ich ihn anziehen. ich zieh halt meinen prächtig warmen Rock aus, er zieht ihn an, schlägt die Schleppe über den Arm, und da fährt er hin, wie ein Göttersohn auf dem Eiß. *Bettine*, wenn Du ihn gesehen hättest!! – So was schönes giebts nicht mehr. – ich klatschte in die Hände vor Lust!«[130]

Es sind Geschichten einer übermäßigen Nähe und Erotisierung. Als er vierzehn war, war es so weit, daß sie alles schön fand, was er tat, daß sie allein mit ihm im Bunde war. Sie verschaffte ihm den Hausschlüssel und verbarg alle Heimlichkeiten vor dem Vater, während sich die Familiensituation stetig verschlechterte. Doch die Abgrenzung des Sohnes wird zusehends deutlicher. Das Verhältnis ist von seiner Seite durch Vermeidungsrituale gekennzeichnet.

Die Mutter-Sohn-Beziehung in der Sicht des Sohnes

Aus Leipzig, während der Studienzeit, schrieb Johann Wolfgang der Mutter niemals. Er legte aber Briefen an Cornelia zwei Gedichte bei. Vor allem das Gedicht vom 11. Mai zeigt eine für den 17jährigen Goethe auffallende Schwere des Rhythmus. Die Bilder, die hier für die Erinnerung an die Mutter und die Schuld gegen sie stehen, sind der Fels, der Fluß, die Flut, der Lebensstrom, die Welle und das Spiegeln der Sonnenstrahlen. Das Gedicht vom 11. Mai 1767 lautet:

»An meine Mutter.

Obgleich kein Gruß, obgleich kein Brief von mir
So lang Dir kömmt, laß keinen Zweifel doch
Ins Herz, als wär' die Zärtlichkeit des Sohns,
Die ich Dir schuldig bin, aus meiner Brust
Entwichen. Nein, so wenig als der Fels,
Der tief im Fluß vor ew'gem Anker liegt,
Aus seiner Stätte weicht, obgleich die Flut
Mit stürm'schen Wellen bald, mit sanften bald
Darüber fließt und ihn dem Aug' entreißt, –
So wenig weicht die Zärtlichkeit für Dich
Aus meiner Brust, obgleich des Lebens Strom,
Vom Schmerz gepeitscht, bald stürmend drüber fließt,
Und von der Freude bald gestreichelt, still
Sie deckt und sie verhindert, daß sie nicht

Ihr Haupt der Sonne zeigt, und rings umher
Zurückgeworfene Strahlen trägt und Dir
Bei jedem Blicke zeigt, wie Dich Dein Sohn verehrt.«[131]

Schon in diesen Versen des Siebzehnjährigen geht es um das Schweigen, die unsichtbare Nähe. Das Unverlierbare, in die Tiefe versenkte Unbewegliche: der Fels auf dem Boden des Flusses. Aber bereits damals ist es eine Beziehung, die nicht hervortreten, die nicht gelebt werden kann. Das erste Gedicht aus Leipzig ist weitaus formeller, handelt jedoch ebenfalls von stummer Nähe und Schuld:

»Grüß mir die Mutter, sprich, sie soll verzeihn,
Daß ich sie niemals grüßen ließ, sag ihr
Das, was sie weiß, – daß ich sie ehre. Sag's,
Daß nie mein kindlich Herz von Liebe voll
Die Schuldigkeit vergißt. Und ehe soll
Die Liebe nicht erkalten, eh' ich selbst
Erkalte.«[132]

Goethes knapper nüchterner Ton in seinen Briefen an die Mutter korrespondiert der Rollenhaftigkeit *ihrer* Briefe – Zeichen einer riskanten Beziehung, die mit Zäunen der Sachlichkeit umstellt wurde. Das Gedicht, das er als 58jähriger Bettina widmete, zeigt jedenfalls eine eigenartige Verwandtschaft mit den Motiven und dem schweren Rhythmus des Leipziger Jugendgedichts an die Mutter. Es ist ein Gedicht über die Erinnerung. Darin beschreibt Goethe, was Bettina in ihm auslöste. Sie war *sein* Medium zur Mutter. Auch ihm ruft sie die Erinnerung zurück. Und wieder die Bilder vom Strom und den Wellen, vom Felsen und dem spiegelnden Wasser. Die Nymphe Oreas ist das Bild für Bettinas Eingreifen:

I

Ein Strom entrauscht umwölcktem Felsensaale
Dem Ocean sich eilig zu verbinden,
Was auch sich spiegeln mag von Grund zu Gründen
Er wandelt unaufhaltsam fort zu Thale.

Doch stürzt sich Oreas mit einem Male,
Ihr folgen Berg und Wald in Wirbelwinden,
Herab zur Flut, Behagen dort zu finden,
Vnd hemmt den Lauf, begränzt die weite Schaale.

Die Welle sprüht vnd staunt zurück vnd weichet
Vnd schwillt bergan, sich immer selbst zu trincken,
Gehemmt ist nun zum Vater hin das Streben.

Sie schwanckt und ruht, zum See zurückgedeichet.
Gestirne, spiegelnd sich, beschaun das Blincken
Des Wellenschlags am Fels ein neues Leben.

II

War unersättlich nach viel tausend Küssen
Vnd mußt' mit Einem Kuß am Ende scheiden.
Bey solcher Trennung herbempfundnem Leiden
War mir das Vfer, dem ich mich entrissen,

Mit Wohnungen, mit Bergen, Hügeln, Flüssen
Solang' ich's deutlich sah, ein Schatz der Freuden,
Zuletzt im Blauen blieb ein Augenweiden
An fern entwichnen lichten Finsternißen.

Vnd endlich als das Meer den Blick vmgränzte
Fiel mir's zurück in's Herz mein heiß Verlangen,
Ich suchte mein Verlornes gar verdroßen.

Da war es gleich als ob der Himmel glänzte;
Mir schien als wäre nichts mir, nichts entgangen,
Als hätt' ich alles was ich je genossen.[133]

Der Dichter verwendet das Bild jetzt anders als in der Leipziger Zeit. Er ist jetzt der Strom, nicht der Fels – und er ist mit der Bewegung des Stroms, dem Fluß der Zeit, einverstanden. Der Weg zum Vater Ozean ist mit Gewalt unterbrochen, einer Gewalt, die zugleich Spiel ist – Oreas hemmt den Lauf –, das andere Element, die Erde, Berg und Wald – das Feste – zieht dem Strom eine Grenze und verwandelt ihn zum See, zwingt ihn zum Stillstand – ein neues Leben: Spiegeln, Beschauen, Erinnern.

Die Interpretation des Bildes erscheint im Gedicht selbst, im zweiten Teil. Nichts ist verloren, nichts ist vergessen – denn alles ist eingegangen in das Ich, das entstanden ist. Das Vergangene ist anwesend nicht als konkrete Erinnerung (»Ich suchte mein Verlorenes gar verdrossen«), sondern im Dasein dieses Ich. Es ist dieses Ich selbst, das nun aus sich Erinnerung hervorbringen kann, die ihrem Wesen nach unendliche Erinnerung ist, unendlich wie die Veränderung des Lebens selbst. Der

Dichter hat also den Verlust hinter sich gelassen (»einen Kuß statt der Vieltausend«), den Mangel und den Vorwurf. Beides trieb ihn weg vom Ufer der Kindheit. Statt der Küsse hat er nun »alles was ich je genossen«. Statt der Küsse der Mutter: Selbstbewußtsein. Zwischen Trotz, Trost und Heroismus changieren die letzten Zeilen. Es ist alles darin: Ich brauche die Küsse nicht; ich habe Besseres. Ich habe die Küsse auf immer verloren, aber ich weiß, wie Küsse sind. Ich bin allein und habe meine Geschichte, die ich beschreiben kann, die das Reservoir bildet, aus dem ich erzeugen kann.
Das Gedicht handelt von der Mutterbindung und der Überwindung des Trennungsschmerzes – in dem Wissen, daß die Sehnsucht einem Bild im eigenen Innern gilt, wird die reale Mutter davon abgetrennt. Es ist nicht sie, worauf die Sehnsucht sich richtet, sondern eine Struktur der eigenen Vergangenheit und Erfahrung.
Trotzdem bleibt die reale Mutter mächtig, ist sie wie ein Beweis dafür, daß doch nicht alles »innen« ist.«[134]
Eissler hat auf die bedrohliche Verbundenheit mit der Mutter hingewiesen. Er deutete das folgende Gedicht, das der Sechzehnjährige seiner Mutter beim Abschied von Leipzig widmete, als Ausdruck einer masochistischen Unterwerfung[135]:

»Das ist mein Leib, nehmt hin und esset
das ist mein Blut, nehmt hin und trinkt.
Auf daß ihr meiner nicht vergesset,
auf daß nicht euer Glaube sinkt.
Bei diesem Wein, bei diesem Brot
erinnert euch an meinen Tod.

Zum Zeichen der Hochachtung und Ehrfurcht
setzte dieses seiner geliebten Mutter
Johann Wolfgang Goethe.«

Geht man davon aus, daß das Gedicht die Abendmahlszene thematisiert, dann deutet sich eine andere, nicht weniger irritierende Möglichkeit an: die Darstellung der mystischen Einheit zwischen ihm und der Mutter. Dann wäre dies – den Stil der Klettenbergperiode aufnehmend – eine der wenigen Stellen, an denen sich der Sohn auf die Symbiosewünsche der Mutter einläßt. Dann stünde das Gedicht in aufschlußreichem Gegensatz zu dem sonstigen Verhalten des Sohnes.
Goethes äußerer Rückzug von seiner Mutter ist unübersehbar. Eine Zeitlang suchten die Biographen diesen Aspekt zu verleugnen und mühten sich, das Schweigen zwischen beiden aufzuhellen wie zum Bei-

spiel Geiger: »sie mußte, um den gefühlsspröden Vater nicht zu kränken, vielleicht aber auch, um seine Eifersucht nicht zu erregen, in den Äußerungen ihrer Empfindung zurückhaltend sein. Darum durfte auch der Sohn, so lange der Vater lebte, die überquellende Innigkeit nicht zeigen. Daraus erklärt sich, daß er, als er aus Leipzig, dem Ort seiner ersten längeren Entfernung vom Vaterhause, an den Vater vermutlich genaue Berichte schickte – sie sind freilich nicht erhalten, – und an die Schwester Briefe sandte, die mehr Exerzitien als Herzensergüssen gleichen, der Mutter gegenüber stumm war. Aus den sehr wenigen Briefen Goethes an seine Mutter, die erhalten sind und die in unserer Ausgabe als Anhang folgen, läßt sich das Verhältnis des Sohnes zur Mutter nicht recht bestimmen. Man muß die fünfzigbändige Ausgabe der Briefe Goethes durchsehen, um manches über dieses Verhältnis zu erfahren. So geht z. B. aus den Briefen an Johanna Fahlmer hervor, daß die an sie gerichteten Briefe auch für die Mutter bestimmt sind. Um ihr immer nahe zu bleiben, sendet er gern Weimaraner an sie, z. B. den Oberstallmeister v. Stein und dessen Gattin Charlotte.«[136]

Es gab ja immer eine ganze Reihe von »Zwischen-Korrespondenten«[137]: »Auch Lotte Kestner hatte auf Anregung Goethes 1787 die Frau Rat besucht und war ihr sehr lieb geworden. Die seinem Herzen eine Zeitlang so nahe stehende Marquise Branconi war gleichfalls auf Bitten Goethes bei Frau Rat, ›die gute Frau schreibt auch eine Epoche von dem Tage ihrer Bekanntschaft‹, wußte Goethe zu melden. Seit dem Anfang der neunziger Jahre wurde dann Christiane die eigentliche Weimarer Korrespondentin. Dies gute Wesen, das, wie oben gezeigt, von Frau Rat nach ihrem vollen Werte gewürdigt worden war, trat für Goethe ein und meldete alles, was in Weimar vorging, an die treusorgende Mutter.«

Heinemann merkt zu den Leipziger Briefen an[138]: »Uns interessiert natürlich der schriftliche Verkehr zwischen Mutter und Sohn bei weitem mehr. Leider ist uns aber gar keine Nachricht darüber erhalten – während doch eine Korrespondenz mit der jungen Schwester der Frau Rat, Anna Christina, Jungfer Tante oder Miß Aunt genannt, erwähnt wird – ja in den Briefen wird die Mutter überhaupt nur zweimal berührt.«

Als Johann Wolfgang nach Weimar ging, machte er sich zunehmend unerreichbar. Geiger schreibt[139]: »Bei dieser Innigkeit des Verhältnisses ist es nun überaus merkwürdig, daß Goethe weder besonderen Eifer zeigte, die Mutter in Frankfurt zu besuchen, noch sich sonderlich bemühte, sie nach dem Tode des Herrn Rat nach Weimar zu locken, daß er nicht ernstlich darauf drang, sie solle ihren Wohnsitz in Weimar aufschlagen, oder daß er nicht wenigstens eine einmalige Reise nach der

thüringischen Residenz mit großem Ernste betrieb. Als er im Jahre 1781 mit Fritz v. Stein in Kassel war, trug er diesem zwar auf, nach Frankfurt zu gehen, er aber tat es trotz der Nähe nicht. Im Jahre 1784 schreibt er einmal aus Eisenach: ›Man sagt mir, ich könnte in 31 Stunden in Frankfurt sein und ich kann nicht den flüchtigsten Gedanken haben, dahin zu gehen.‹ Auf der Reise von Italien hatte er sich ganz bestimmt vorgenommen, sich in Frankfurt längere Zeit aufzuhalten, um zu arbeiten – er unterließ es. Nur zweimal war er längere Zeit in Frankfurt, 1792 und 1797. Als er das zweitemal von Frankfurt nach der Schweiz ging, gebrauchte er das sehr auffallende Wort: ›Ich nahm von der guten Mutter Abschied nicht ohne Rührung, denn es war das erstemal nach so langer Zeit, daß wir uns ein wenig aneinander gewöhnt hatten.‹ Man darf diese Worte nicht so auffassen, als wenn etwa vorher irgendeine Entfremdung eingetreten wäre, sondern nur im wörtlichen Sinne, daß eben eine so lange Zeit vergangen war, in der ein persönlich herzliches Einvernehmen sich hätte bilden können.«
Wie Catharina Elisabeth versuchte, Nachrichten aus Weimar zu erlangen, hatte oft etwas Verzweifeltes. Zuerst ist es der Diener Philipp Seidel, der aus Frankfurt dem Sohn mitgegeben worden ist, von dem Catharina Berichte zu erhalten sucht.[140] Louise von Göchhausen war eine andere Informationsquelle. An den 12jährigen Fritz, den Sohn der Charlotte von Stein, schrieb Catharina:

»Frankfurt, den 9. Jenner 1784.

Lieber Sohn!
Vielen Dank vor Ihren lieben Brief, er hat mir große Freude gemacht, – es geht Ihnen also recht gut bei meinem Sohne, – o, das kann ich mir gar wohl vorstellen. Goethe war von jeher ein Freund von braven jungen Leuten und es vergnügt mich ungemein, daß Sie sein Umgang glücklich macht. Aber je lieber Sie ihn haben, und also gewiß ihn nicht gern entbehren, je zuverläßiger werden Sie mir glauben, wenn ich Ihnen sage, daß die Abwesenheit von ihm mir ofte trübe Stunden macht. Sie, mein kleiner Freund, könnten nun da ein großes gutes Werk thun, – zumahl da Sie mich lieb haben, so wird es Ihnen gewiß nicht sauer ankommen, hören Sie, lieber Freund, meinen Vorschlag, – da Sie beständig um meinen Sohn sind, also mehr von ihm wissen, als Jeder andere, wie wäre es, wenn Sie so ein kleines Tagebuch hielten, und schickten es mir alle Monath, – viele Arbeit soll das Ihnen gerade nicht machen, nur ohnge-

fähr auf diese Weise: ›Gestern war Goethe im Schauspiel, Abends zu Gaste, – Heut hatten wir Gesellschaft‹, u.s.w. Auf diese Weise lebte ich gleichsam mitten unter Euch, – freute mich eurer Freuden, – und die Abwesenheit verlöre viel von ihrer Unbehaglichkeit, – eine kleine Zeile Morgens oder Abends geschrieben, – macht Ihnen wenig Mühe, mir aber würde es unbeschreiblich wohl thun, – überlegen Sie die Sache einmahl, ich glaube, es geht.
Wenn mein Sohn einmahl nach Frankfurt kommt, müssen Sie mitkommen, an Vergnügen soll es dann nicht fehlen, wenigstens wollte ich Alles zur Freude stimmen. Nun, das kann ja wohl einmahl geschehn, – Inzwischen behalten Sie mich lieb, ich verspreche Ihnen desgleichen, Grüßen Sie meinen Sohn, und seyn versichert, daß ich ewig bin

Ihre wahre Freundin und treue Mutter
Elisabeth Goethe.«[141]

Oder sie schreibt an Fritz von Stein:

»Fr. den 12. Februar 1784.

Lieber Sohn!
Das ist ja recht brav, daß Sie so Wort gehalten haben – das Tagebuch ist so ganz recht, und hat mich außerordentlich gefreut, – machen Sie mir das Vergnügen und schicken alle Monath so eine Beschreibung Ihres Lebens und Ihrer Beschäftigungen – die Entfernung von meinem Sohne wird mir dadurch unendlich leichter, weil ich im Geiste Alles das mitgenieße, was in Weimar gethan und gemacht wird, – ich bitte, fahren Sie so fort, und Sie sollen mein lieber, lieber Sohn seyn. Die Zeichnung von Ihrer Stube hat sich recht gut conservirt, – sie liegt auf meinem Arbeitstisch und in Gedanken bin ich gar öfters bei Ihnen. Hier giebts nicht viel Neues, das interessant wäre, wir haben diesen Winter nur alle Dienstage Schauspiel. Die Schauspieler sind in Maynz und Schnee und Eis machen die Wege überaus schlimm, – grüßen Sie meinen Sohn vielmahls, und glauben, daß ich ewig bin

Ihre treue Mutter
E. Goethe.«[141a]

Catharina Elisabeth hat Weimar nie gesehen. Im Alter, als Frankfurt in den Französischen Kriegen belagert wurde, weigerte sie sich, dort Zuflucht zu suchen. Wie sie mit Konflikten umging, läßt sich an einer eher rachsüchtigen Episode feststellen. Sie verschwor sich mit den Weimaranern –, dem Sohn und der Schwiegertochter Christiane zu dem Zweck, Sophie von La Roche daran zu hindern, an den Musenhof zu flüchten. Diebisch freut sich Catharina Elisabeth, mit einer wahren Kinderfreude nimmt sie an Sophie von LaRoche Rache, die sie einigermaßen verabscheute:

»den 1ten Aprill 1794

Lieber Sohn!

Die Bürgerkrone wäre nun verdient! Mama la Roche kommt nicht zu Euch – ich könte um meinen Ruhm zu vergrößern Euch rathen laßen wie ich die Sache betrieben doch kan vor dißmahl die Verheimlichung meiner Talente /:aus Gründen die Ihr gleich hören solt:/ nicht statt finden. Gestern fuhr ich nach Offenbach – zum Glück oder Unglück das kan ich noch nicht bestimmen war die l. R. [La Roche] nach Hanau gefahren aber ihre Tochter die Hoffräthin Möhn war bey der Hand – ich will die Geschichte dialogisiren es klingt beßer, als das ewige sagte ich, sagte Sie. *Frau Aja* [C. E. Goethe] – Ey Ey die Mama reißt doch auch immer im Lande herum ich habe gehört sie will auch nach Weimar – *Möhnin* ja es ist so etwas im Werck – *Aja* – ja über diese Reiße hätte ich doch etwas mit Mama zu reden – doch da sie nicht da ist kan ichs ihnen auch vertrauen – aber versprechen sie mir daß Wieland in seinem gantzen Leben nichts von alledem was ich jetzt sagen werde erfahren soll – *Möhnin* in das verspreche ich. *Aja.* Wieland ist mit Arbeiten so überhäuft daß er die Nächte zu Hülfe nehmen muß – weil es eine absulute Nothwendigkeit ist, daß die Sachen fertig werden – darunter leidet sein ohnehin nicht starkker Körpper – nehmen sie nun noch Zerstreuung dazu! sein Geist würde durch das Daseyn seiner Freundin gantz auf andre Gegenstände geleitet werden – Demohngeachtet müßte seine angefangne Arbeit vollendet seyn, da könte warlich eine gantze Zerrüttung der Maschine bewürckt werden u. d. m. legen sie das der Mama an Hertz und sie wird mir vor meine ihr gegebene Wincke dancken – Damit aber Wieland von unserm

Plann /:der doch in Wahrheit bloß zu seinem besten angelegt ist:/ nicht ahndet; so muß die Mama einen Brief an ihn Schreiben, worinn sie mit großem Bedauren Umstände angibt /:die bey jetzigen Zeiten leicht zu erfinden sind:/ die sie verhindern zu kommen. *Möhnin*. Das alles soll befolgt werden – das verspreche ich ihnen. Nun könt Ihr gantz ruhig seyn den zum Überfluß will sie Morgen nach Franckfurth und kommt zuverläßig zu mir – und da will ich so empfindsam Salbatern als wenn mann sagte Baal Samen daß mann es könte vor Balsam nehmen.«[142]

Bemerkenswert ist, wie Catharina Passivität in Aktivität verwandelt. Wenn ihr Sohn im Spiel ist, gibt sie sich gern und restlos auf, nicht ohne auch andere von ihren Zielen fernzuhalten. Auffallend ist auch, wie dankbar sie ist, daß sie dazugehört, daß sie sich mitverschwören darf. Ihrem Sohn gegenüber war sie unkränkbar. Und gerade das – in Verbindung mit dem Verzicht auf Wechselseitigkeit – enthält das Bedrohliche für den Sohn. Es läßt sich ebenso wohl sagen: er bedeutete ihr alles, als auch: was immer er tat, es blieb für sie gleich. Zwischen ihm und ihr gab es von Catharina Elisabeth aus keine Grenze. Das bedeutete nicht, daß sie ihn an ihren Lebensalltag hätte binden wollen. Das Band war anderer Natur. Es war die phantastische Gewißheit der Einheit.

Es gab nicht nur die räumliche Trennung, sondern auch die Mechanismen der Verdrängung und Verleugnung. Über seine Mutter vermochte Johann Wolfgang sich noch weniger zu äußern als über die Schwester Cornelia. In der Vorrede zur *Aristeia der Mutter* vergleicht Goethe diese mit den *Bekenntnissen einer schönen Seele*. Der Vergleich ist irreführend, denn hier schildert er in einem minutiösen, analytischen Text den Werdegang, die innere Welt der Susanna von Klettenberg, und er kommt auch zu einer eindeutigen Zuweisung. Susanna wird in seine Weltsicht an klar umrissener Stelle eingefügt – die Religiöse, an der Schwelle zur wirklichen Freiheit des Geistes. Für seine Mutter hatte er keine Gestalt. In *Dichtung und Wahrheit* verfließt sie mit den Lebensumständen, ein Element seiner Jugend wie das Haus, die ersten Lehrer, das Mobiliar und die Stadt. Sie ist Teil einer Atmosphäre, nicht Person. Ihre Person ist auch nicht zu rekonstruieren. Nur Bruchstücke werden sichtbar: Catharina, die mit den Kindern heimlich Klopstock liest, Catharina, die mit den Kindern heimlich mit der französischen Besatzung fraternisiert, Catharina, die dem Sohn heimlich den Hausschlüssel gegeben hat – so taucht sie in der Mutter-Kinder-Koalition auf. Alle anderen Beziehungen bleiben verborgen.

Goethes Tabuierungen beeinträchtigten die Erinnerung. Das wird deutlich an einer sehr charakteristischen Täuschung des Dichters. Wie seine Mutter zu dem Namen »Frau Aja« kam, wird im 18. Buch von *Dichtung und Wahrheit* berichtet:

> »Meine Mutter wußte in ihrer tüchtigen geraden Art sich gleich ins Mittelalter zurückzuversetzen, um als Aja bei irgendeiner lombardischen oder byzantinischen Prinzessin angestellt zu sein.
> Nicht anders als Frau Aja wurde sie genannt und sie gefiel sich in dem Scherze und ging so eher in die Phantastereien der Jugend mit ein, als sie schon in Götz von Berlichingens Hausfrau ihr Ebenbild zu erblicken glaubte.«[143]

Als erster hat Heinrich Düntzer (1894) gesehen, daß diese Erklärung, die Aja im Sinne von »Hofmeisterin« auf das italienische »Ajo« zurückführt, offenkundig falsch ist, denn der Name geht auf die »Historie von den vier Haimonskindern« zurück. Daß der Name dieser Geschichte entnommen war, war allen geläufig, auch Wieland, der sich als den »Geringsten von den Haimonskindern« bezeichnet. Und auch die Szene in *Dichtung und Wahrheit*, in der der Name erscheint, verweist auf jene Erzählung. In dieser Szene wird geschildert, daß Catharina in den Keller ging, um »den poetischen Tyrannenhaß« der Gesellschaft ins Heitere zu wenden. Die Verbindung zur Geschichte von den vier Haimonskindern ist unübersehbar, denn das zentrale Stück der Fabel handelt davon, wie Frau Aja, die Schwester Karls des Großen, ihre Söhne bewirtet, die unerkannt als Pilger zu ihr gekommen waren, aus Sehnsucht nach der Mutter. In der Erzählung des Volksbuches heißt es: »Da aßen sie und tranken sie und machten sich lustig; zuletzt ging sie (Frau Aja) in den Keller, und holte vom besten Wein, goß eine silberne Schale voll, und gab sie dem Reinold, und sagte zu ihm, er sollte trinken. Wie er nun getrunken hatte, sagte er zu der Frauen: ›Ach, liebe Frau, wer des Weins noch mehr hätte! Dieser Trank ist so gut, daß ich dergleichen noch nicht auf der ganzen Reise getrunken habe.‹ Die Frau sprach zu Reinold: ›Freund, so euch der Wein schmeckt, so trinket frei! ich will euch genug geben.‹ Da trank Reinold so lange, bis er ganz trunken war, worüber sich die Frau sehr verwunderte, daß Reinold des Weins so viel getrunken hatte; denn sie meinte, es hätten wohl zehn Männer daran genug gehabt.«[144]
Es ist bekannt, daß das Volksbuch von den vier Haimonskindern in Wetzlar Johann Wolfgangs Lieblingsbuch war, das bei der Tischgesellschaft der poetischen Freunde »als ein kanonisches Buch galt, aus wel-

chem bei Zeremonien gewisse Abschnitte gelesen wurden. Goethe selbst hatte die Perikopen daraus zuerst in Ordnung gebracht, und wußte sie mit großer Emphase vorzutragen.«[145]

Heinemann interpretiert, man müsse »hier Düntzer recht geben und nicht Goethe. Als der Dichter in hohem Alter an ›Dichtung und Wahrheit‹ schrieb, wird er der Haimonskinder und ihrer Mutter, Frau Aja, nicht gedacht haben. Damals aber und noch später in Wetzlar war es sein Lieblingsbuch, in dessen einfache schlichte Erzählungen mit ihren zwar rauh, gewalttätigen, aber auch tiefempfindenden Menschen er sich mit Vorliebe versenkte. Wie von selbst bot sich ihm da die herrliche Gestalt der Frau Aja, das Urbild aufopfernder Mutterliebe zum Vergleiche dar, wie von selbst mußte er bei diesem hohen Liede der Mutter- und Kindesliebe der eigenen Mutter gedenken.«[146]

Wir deuten dieses »Vergessen« als Ausdruck der Verdrängung der mütterlichen Macht und der eigenen Abhängigkeit. Die Einverleibung ins Größenselbst der Mutter ist für den Sohn eben nicht die Grundlage seiner »Stärke«, eines »Erobergefühls«, wie Freud annahm. Denn der Sohn erobert ja nicht ungehindert. Er wird festgehalten und zum Erröten gebracht, sobald er aus dem mütterlichen Besitz ausbricht, wie in jener Szene, in der die Mutter seine Taschen leert und seine Verliebtheit zu Gretchen entdeckt und beobachtet. Sie kontrolliert ihn in seinen Lebensregungen. Bei aller Anbetungshaltung funktionalisiert sie ihn. Bettina, deren mimetisches Einfühlungsvermögen wir schon mehrfach bewundern konnten, fügt an der entsprechenden Stelle nicht ohne Grund ein: »Alter, bist du bös, daß die Mutter mir das alles erzählt hat?« Sie ahnte, daß ein halbes Jahrhundert später noch etwas Peinliches an dieser Szene war. Goethe verdrängte mit der Mutter aus den vier Haimonskindern gerade jenes Moment des Mutter-Bildes, welches der problematischen Struktur am nächsten kam: die geheimnisvolle Anziehung und Verbundenheit. Und vergessen wir nicht, daß diese Kinder ihre Mutter nicht erkannten.

Wir haben eine Reihe von Verhaltensweisen des Kindes, des Jugendlichen, des jungen und des alten Goethe kennengelernt, aus denen die Reaktion auf frühe Verletzungen sichtbar wird. Nehmen wir noch eine weitere Mitteilung hinzu. Lassen wir zunächst als Kommentator der Familiendarstellung in *Wilhelm Meisters theatralische Sendung* Ludwig Geiger sprechen: »In dem neugefundenen ›Ur-Meister‹, der ursprünglichen Fassung des Romans Wilhelm Meister, der der Dichter die bezeichnende Überschrift ›Wilhelm Meisters theatralische Sendung‹ gegeben hat, erhält man wichtige Beiträge zu Goethes eigener Lebensbeschreibung. Nicht als wenn alles in dem Roman Erzählte auf das Leben des Dichters paßte, denn Goethe stammt nicht wie Wilhelm aus einem

Kaufmannshause, er war auch nicht wie jener zum Kaufmann bestimmt und machte niemals gleich dem Helden des Romans, Anstrengungen, auf das Theater zu gehen, bemühte sich noch weniger, bei demselben zu bleiben. Aber der Held des Romans hat viele äußere und innere Eigenschaften von dem Dichter, die Umgebung, die er schildert, ist die seiner Kindheit und Jugendjahre und die Personen, die er vorführt, zeigen im wesentlichen dieselben Charakterzüge, die wir bei den Menschen in des Dichters nächster Umgebung finden. Besonders der Vater in seiner Tüchtigkeit, aber auch in seiner pedantischen Nüchternheit, die Schwester, die schon durch ihren Namen Amélie an Goethes Schwester Cornelie erinnert und deren Gatte Werner, der das Wesen des soliden, etwas hausbackenen, aber für Literatur und höhere geistige Interessen empfänglichen Schlosser, Corneliens Gatten zeigt. Um so auffallender ist, wie Wilhelms Mutter geschildert wird. In dem später ausgeführten, in Druck gegebenen Roman ›Wilhelm Meisters Lehrjahre‹ kommt sie gar nicht oder nur nebenbei vor; in der ersten Fassung spielt sie eine seltsame Rolle. Wo sie vorkommt, wird sie übel behandelt, wenn nicht geradezu mit Schmähungen bedacht. Gleich zu Anfang ist von den vier Wänden des ehrsamen Benedikt Meister die Rede, ›die ihm seine Frau eben nicht zum Paradiese machte‹. Und einmal heißt es Buch I, Kap. 3: ›Es ist mir leid, daß ich es sagen muß, indes ist es wahr, daß diese Frau, die von ihrem Manne fünf Kinder hatte, zwei Söhne und drei Töchter, wovon Wilhelm der älteste war, noch in ihren älteren Jahren eine Leidenschaft für einen abgeschmackten Menschen kriegte, die ihr Mann gewahr wurde, nicht ausstehen konnte und worüber Nachlässigkeit, Verdruß und Hader sich in den Haushalt einschlich; daß, wäre der Mann nicht ein redlicher, treuer Bürger und seine Mutter eine gutdenkende, billige Frau gewesen, schimpflicher Ehe und Scheidungsprozeß die Familie entehrt hätte. Die armen Kinder waren am übelsten dran, denn wie sonst so ein hilfloses Geschöpf, wenn der Vater unfreundlich ist, sich zu der Mutter flüchtet, so kamen sie hier von der anderen Seite doppelt übel an, denn die Mutter hatte in ihrer Unbefriedigung meistens auch üble Launen und wenn sie die nicht hatte, so schimpfte sie doch wenigstens auf den Alten und freute sich, eine Gelegenheit zu finden, wo sie seine Härte, seine Rauhigkeit, sein übles Betragen heraussetzen konnte.‹ Man liest diese große Ausführung nicht ohne ein höchst peinliches Gefühl, und wenn man auch sofort sagen muß, nicht ein Wort davon paßt auf Goethes Mutter, so kann man sich diese Darstellung nicht recht erklären. Sollte etwa wirklich in der Zeit, da Goethe die erste Fassung des Romans niederschrieb, eine Verstimmung gegen seine Mutter aufgekommen sein? Oder sollte Goethe die Absicht gehabt haben, um den Gedanken gar nicht aufkommen zu lassen, daß er von seiner eigenen Kindheit spräche, die Mutter in einer Weise zu schildern, die den vollen Gegensatz zu Frau Rat bildete? Jedenfalls darf man nicht einen einzigen Zug der Mutter Wilhelms auf die wunderbare Frau übertragen, die in den nachfolgenden Blättern das Wort ergreift. Sie war vielmehr eine ausgezeichnete Gattin, eine vortreffliche Mutter, eine Frau von sonniger Heiterkeit, die das Leben im Hause zu einem harmonischen gestaltete, ein Muster ehelicher Treue, geliebt und geehrt von allen Bekannten und Verwandten, bis sie schließlich als eine Patriarchin auch von den Höchsten dieser Erde Huldigungen empfing.«[147]

In dem Text *Wilhelm Meisters theatralische Sendung*, unmittelbar nach dem Tod des Vaters begonnen (1782), nimmt Johann Wolfgang die Perspektive seines Vaters ein und beschreibt aus dieser Sicht die Familie – seine eigene Vergangenheit. (Er nennt den Wilhelm des Romans in einer Mitteilung an Charlotte von Stein »mein geliebtes dramatisches Ebenbild«.) Die Irritation Geigers ist nur allzu verständlich. Denn aus der Perspektive des Vaters gesehen stellt Johann Wolfgang die Familie vom Standpunkt eines Ausgeschlossenen dar. Da heißt es in dem einleitenden Abschnitt:

> »Es hatte sich wider die Gewohnheit die Tarock-Partie früher geendigt, und es war ihm nicht ganz gelegen, daß er so zeitig in seine vier Wände zurückkehren sollte, die ihm seine Frau eben nicht zum Paradiese machte. Es war noch Zeit bis zum Nachtessen, und so einen Zwischenraum pflegte sie ihm nicht mit Annehmlichkeiten auszufüllen, deswegen er lieber nicht eher zu Tische kam, als wenn die Suppe schon etwas überkocht hatte.«[148]

Es ist eine Perspektive, die in *Wilhelm Meisters Lehrjahren* getilgt ist und die in *Dichtung und Wahrheit* nicht vorkommt, allenfalls als Bestreben des Autors, gelegentlich eine verstehende Erläuterung einzufügen (»Mein Vater, der innerlich ein sehr zartes Gemüt hegte«). Es geht weniger um die Details der Realität des Goetheschen Familienlebens als um die Nachbildung der inneren Familienrealität. In der Perspektive des Vaters erscheint die Mutter feindselig und unerreichbar, ebenso aus der des Erzählers Wilhelm. Und: Sie zieht einen anderen vor; nur die Konvention hindert, daß die Familie auseinanderfällt. (Im Klatschsystem von Frankfurt wäre eine Affaire Catharina Elisabeths schwerlich unbekannt geblieben. Sie steht hier für die innere Abwendung):

»[Der alte Meister war] durch das anhaltende üble Betragen seiner Frau in die unangenehmste Gemütsverfassung versetzt. Die ganze Sorge des Handels lag auf ihm, und sein Weib, anstatt das zu erkennen und wieder auf eine andre Weise förderlich zu sein, war sie die erste, ihn im Unglück aufzureiben, seine Handlungen zu mißdeuten, seine Fehler zu vergrößern und sein Gutes nicht zu erkennen; das gab bei seiner angebornen bürgerlichen Tätigkeit ein trauriges Mittelgefühl von vergebenem Streben und Arbeiten, wie es die Verdammten in der Hölle haben sollen. Und wenn er seine Kinder nicht gehabt hätte, auf die ein Blick ihm nicht manchmal wieder Mut und Überzeugung, daß er doch für etwas in der Welt arbeite, gegeben hätte, so wäre ihm nicht möglich gewesen, es auszuhalten. In solcher Stimmung verliert der Mensch ganz allen Sinn für die Kinderfreuden, die auch eigentlich zu erfinden und anzuwenden nicht des Vaters, sondern der Mutter Sache ist, und ist dann diese ein Unhold, so bleibt der armen Familie in ihren seligsten Jahren gar wenig Trost. Dieser Trost war ihnen hier die Großmutter.«[149]

In der Perspektive des mit dem Vater identifizierten Sohnes ist die Mutter die Schuldige. Es ist ein Strindbergsches Panorama, das Goethe hier entwirft, mit einem Vater, der sich nicht nach Hause traut, weil er zwar Machtworte sprechen kann, aber diese ins Leere fallen:

»[Wilhelm] bat seine Mutter, sie möchte [ihn] doch wieder spielen lassen, von der er eine harte Antwort bekam, weil sie keine Freude an dem Spaße, den die Großmutter ihren Enkeln machte, haben konnte, da dieses ihr einen Vorwurf ihrer Unmütterlichkeit zu machen schien. Es ist mir leid, daß ich es sagen muß, indes ist es wahr, daß diese Frau, die von ihrem Manne fünf Kinder hatte, zwei Söhne und drei Töchter, wovon Wilhelm der älteste war, noch in ihren ältern Jahren eine Leidenschaft für einen abgeschmackten Menschen kriegte, die ihr Mann gewahr wurde, nicht ausstehen konnte, und worüber Nachlässigkeit, Verdruß und Hader sich in den Haushalt einschlich; daß, wäre der Mann nicht ein redlicher treuer Bürger und seine Mutter eine gutdenkende billige Frau gewesen, schimpflicher Ehe- und Scheidungsprozeß die Familie entehrt

> hätte. Die armen Kinder waren am übelsten dran; denn wie sonst so ein hülfloses Geschöpf, wenn der Vater unfreundlich ist, sich zu der Mutter flüchtet, so kamen sie hier von der andern Seite doppelt übel an, denn die Mutter hatte in ihrer Unbefriedigung meistens auch üble Launen, und wenn sie die nicht hatte, so schimpfte sie doch wenigstens auf den Alten und freute sich eine Gelegenheit zu finden, wo sie seine Härte, seine Rauhigkeit, sein übles Betragen heraussetzen konnte. Wilhelmen schmerzte das etlichemal, er verlangte nur Schutz gegen seinen Vater und Trost, wenn er ihm übel begegnet war; aber daß man ihn verkleinerte, konnte er nicht leiden, daß man seine Klagen als Zeugnisse gegen einen Mann mißdeutete, den er im Grunde des Herzens recht lieb hatte. Er kriegte dadurch eine Entfremdung gegen seine Mutter und war daher recht übel dran, weil sein Vater auch ein harter Mann war; daß ihm also nichts übrig blieb, als sich in sich selbst zu verkriechen, ein Schicksal, das bei Kindern und Alten von großen Folgen ist.«[150]

Wir sind gewahr geworden, mit welchem leidenschaftlichen Eifer Geiger den Gedanken abwehrt, das Bild der Mutter Wilhelms sei auf Catharina Elisabeth bezogen, die »ausgezeichnete Gattin, [...] Frau von sonniger Heiterkeit«. Nun, wir haben mehrfach beobachtet, wie die Biographen vor jeder »Trübung« im Bild der Frau Rath zurückschrekken. Auch Eissler reinigt das Bild der Goethe-Mutter von jedem Schatten. So schreibt er: »Die Abwesenheit von Ambivalenz im Verhältnis von Goethes Mutter zu ihm fällt in die Augen. Die folgende Aussage Freuds trifft in toto auf Goethes Mutter zu: ›Nur das Verhältnis zum Sohn bringt der Mutter uneingeschränkte Befriedigung; es ist überhaupt die vollkommenste, am ehesten ambivalenzfreie aller menschlichen Beziehungen.‹ Abgesehen von allen anderen Faktoren, welche die Abwesenheit von Ambivalenz bestimmt haben mögen, sind die Einzelheiten des allgemeinen Hintergrundes zu berücksichtigen, der geringere Altersunterschied zwischen Mutter und Sohn als der zwischen Mutter und Vater und die Tatsache, daß er lebend zur Welt kam, eine große Leistung, durch die sie die Überlegenheit über ihre eigene Mutter gewann.«[151]

Trifft die »Abwesenheit von Ambivalenz« zu? Wie verträgt sich diese vollkommene Beziehung mit den Schwierigkeiten zu stillen, von der wir hörten? Sind wir hier nicht bei der Kehrseite des mütterlichen Stolzes, der »Selbstlosigkeit« angelangt? Bei der Kehrseite der Begeisterung über des Sohnes Schönheit? *Dichtung und Wahrheit* gibt einen eigentümlich verhaltenen Bericht von der Verletzlichkeit des schönen Kindes – und von seiner Verletzung:

> »Das Übel betraf nun auch unser Haus und überfiel mich mit ganz besonderer Heftigkeit. Der ganze Körper war mit Blattern übersäet, das Gesicht zugedeckt, und ich lag mehrere Tage blind und in großen Leiden. Man suchte die möglichste Linderung und versprach mir goldene Berge, wenn ich mich ruhig verhalten und das Übel nicht durch Reiben und Kratzen vermehren wollte. Ich gewann es über mich; indessen hielt man uns, nach herrschendem Vorurteil, so warm als möglich und schärfte dadurch nur das Übel. Endlich, nach traurig verflossener Zeit, fiel es mir wie eine Maske vom Gesicht, ohne daß die Blattern eine sichtbare Spur auf der Haut zurückgelassen; aber die Bildung war merklich verändert. Ich selbst war zufrieden, nur wieder das Tageslicht zu sehen und nach und nach die fleckige Haut zu verlieren; aber andere waren unbarmherzig genug, mich öfters an den vorigen Zustand zu erinnern; besonders eine sehr lebhafte Tante, die früher Abgötterei mit mir getrieben hatte, konnte mich, selbst noch in spätern Jahren, selten ansehen, ohne auszurufen: Pfui Teufel! Vetter, wie garstig ist Er geworden! Dann erzählte sie mir umständlich, wie sie sich sonst an mir ergetzt, welches Aufsehen sie erregt, wenn sie mich umhergetragen; und so erfuhr ich frühzeitig, daß uns die Menschen für das Vergnügen, das wir ihnen gewährt haben, sehr oft empfindlich büßen lassen.«[152]

Wieder taucht hier an entscheidender Stelle die Tante Anna Maria auf. (Wir haben schon bemerkt, daß ihr in der Erinnerung Züge der Mutter zugeschrieben werden.) Das schöne Kind wird geliebt, weil es und solange es die mütterlichen Phantasien erfüllt. Wird das aber gestört, so wird das Kind fallen gelassen – wie der arme Kleine, der zu seinen überstandenen Leiden nun noch die grausame Deklassierung ertragen muß.

Plötzlich gewinnt die Auszeichnung, das Herausgehobensein, einen dramatischen Hintergrund: die Angst vor dem Verlust der Schönheit, die Angst vor der Enttäuschung, vor dem Rückzug der anderen. Zugleich zeigt die Reaktion der Anna Maria, wie fetischistisch diese

Schönheit aufgefaßt wurde, in welch hohem Maße es also eine narzißtische Befriedigung war, die im Grunde schon aberkannte, was durch Häßlichkeit besiegelt wurde: Das Kind hat seine Funktion nur in der Erfüllung der Phantasien der Pflegerinnen. In der Abneigung und Angst vor dem Häßlichen scheint dieser Hintergrund durch. Was als ein Stück Vollkommenheit vorgeführt wird, verweist in der begleitenden Angst auf eine durch den Narzißmus der anderen ausgelöste tiefe Unsicherheit des Kindes.

Vielleicht begriff das Kind schon früh, daß »nicht Schöne« deklassiert waren, nicht bedeutend, nicht geliebt, nicht die Kinder mächtiger Eltern und im Bunde mit den Eltern. Catharina berichtet (von Bettina überliefert):

> »Er spielte nicht gern mit kleinen Kindern, sie musten denn sehr schön seyn. in einer Gesellschaft fing er plözlich an zu weinen; da man ihn nach der Ursache fragte, schrie er: das schwarze Kind kann ich nicht leiden, das soll hinaus; er hörte auch nicht auf, bis er nach Hauße kam, wo ihn die Mutter befragte über die Unart: er konnte sich nicht trösten über des Kindes Häßlichkeit. damals war er 3 Jahr.«[153]

Wie also reagierte der »Auserwählte«? Voller Angst. Im 3. Buch von *Dichtung und Wahrheit* gibt es eine Episode, die für die Frage, die wir hier behandeln, von Bedeutung ist:

> »Ein andres Abenteuer, das mir auch im Schauspielhause, obgleich später, begegnet, will ich bei dieser Gelegenheit erzählen. Ich saß nämlich mit einem meiner Gespielen ganz ruhig im Parterre, und wir sahen mit Vergnügen einem Solotanze zu, den ein hübscher Knabe, ungefähr von unserm Alter, der Sohn eines durchreisenden französischen Tanzmeisters, mit vieler Gewandtheit und Anmut aufführte. Nach Art der Tänzer war er mit einem knappen Wämschen von roter Seide bekleidet, welches, in einen kurzen Reifrock ausgehend, gleich den Lauferschürzen, bis über die Knie schwebte. Wir hatten diesem angehenden Künstler mit dem ganzen Publikum unsern Beifall gezollt, als mir, ich weiß nicht wie, einfiel, eine moralische Reflexion zu machen. Ich sagte zu meinem Begleiter: Wie schön war dieser Knabe geputzt, und wie gut nahm er sich aus; wer weiß, in was für einem zerrissenen Jäckchen er heute nacht schlafen mag! – Alles war schon aufgestanden, nur

> ließ uns die Menge noch nicht vorwärts. Eine Frau, die neben mir gesessen hatte und nun hart an mir stand, war zufälligerweise die Mutter dieses jungen Künstlers, die sich durch meine Reflexion sehr beleidigt fühlte. Zu meinem Unglück konnte sie Deutsch genug, um mich verstanden zu haben, und sprach es gerade so viel, als nötig war, um schelten zu können. Sie machte mich gewaltig herunter: wer ich denn sei, meinte sie, daß ich Ursache hätte, an der Familie und an der Wohlhabenheit dieses jungen Menschen zu zweifeln. Auf alle Fälle dürfe sie ihn für so gut halten als mich, und seine Talente könnten ihm wohl ein Glück bereiten, wovon ich mir nicht würde träumen lassen. Diese Strafpredigt hielt sie mir im Gedränge und machte die Umstehenden aufmerksam, welche wunder dachten, was ich für eine Unart müßte begangen haben. Da ich mich weder entschuldigen noch von ihr entfernen konnte, so war ich wirklich verlegen, und als sie einen Augenblick innehielt, sagte ich, ohne etwas dabei zu denken: Nun, wozu der Lärm? heute rot, morgen tot! – Auf diese Worte schien die Frau zu verstummen. Sie sah mich an und entfernte sich von mir, sobald es nur einigermaßen möglich war. Ich dachte nicht weiter an meine Worte. Nur einige Zeit hernach fielen sie mir auf, als der Knabe, anstatt sich nochmals sehen zu lassen, krank ward, und zwar sehr gefährlich. Ob er gestorben ist, weiß ich nicht zu sagen.«[154]

Die Vorstellung, aus dem Mittelpunkt verstoßen zu werden, löste in dem Knaben Johann Wolfgang mörderische Impulse aus. Die ganze Szene wird verschoben auf eine Realität im nicht-familialen, jedoch später zentralen Raum, auf das Theater. Doch die Szene darf wohl als synonym für den Grundkonflikt, für die narzißtische Problematik und die Mutterbeziehung gelten. Die Verbindung zur Mutter lief ja auch durchaus über das Theater. »Der Zufall« setzte die Mutter des Künstlers neben ihn. Vielleicht waren seine Worte schon für diese Mutter bestimmt – keineswegs »moralische Reflexion«, sondern tödliche Eifersucht. Auf der Bühne ein Knabe, im Röckchen wie ein Mädchen, von allen bewundert – da fällt ihm nichts ein, als den kleinen Privilegierten hervorzukehren, um den Neid loszuwerden (daß ein anderer seine Stelle einnahm). Und noch der alte Johann Wolfgang spielt mit der Kinderphantasie, daß Gedanken töten. »Ob er gestorben ist, weiß ich nicht zu sagen.« Das Präsens verweist auf die fortwirkende Bedeutung, die

Geschichte ist ja sonst in der Vergangenheit erzählt. Die magische Macht und Schuld gehörten für den Dichter zur Emotionalität dieser Erinnerung.

Die Szene ist vieldeutig: Neben der Rivalität (»ein anderer im Zentrum des Beifalls«) gibt es das Thema »Wer im Zentrum steht, kann auch ein armes Kind sein«. Es gibt in der Erzählung ja nicht nur Distanz (der arme Knabe), sondern auch Nähe, Identifikation mit dem Alter ego (ein Knabe, ein Künstler im Mädchenrock; weiblich wie der kleine Wolfgang, der die Schwester als *sein* Baby betrachtete). Und – natürlich – noch mehr als Künstler ist dieser fremde Knabe, dem der Ruhm winkt, dem Dichter innerlich verwandt. Der Satz »Seine Talente könnten ihm wohl ein Glück bereiten, wovon ich mir nicht würde träumen lassen« ist zugleich ein Satz über ihn selbst – über seine Ängste, und die Entwicklung der Szene nimmt deshalb den Charakter einer Angstszene, eines Alptraums an. Der Inhalt des Alps: Er ist allein und von allen verlassen, die ihm helfen könnten. Er ist bedeutungslos. Neben ihm erhebt sich eine Frau, eine Mutter, aber nicht zu seinen Gunsten, sondern für einen anderen. Und das Publikum, die Menge (die, wie die zahlreichen Szenen in *Dichtung und Wahrheit* zeigen, sonst *sein* Fluidum ist, *sein* Publikum), die Menschen kreisen ihn ein – agitiert von der feindlichen Mutter.

> »Diese Strafpredigt hielt sie mir im Gedränge und machte die Umstehenden aufmerksam, welche Wunder dachten, was ich für eine Unart müßte begangen haben. Da ich mich weder entschuldigen noch vor ihr entfernen konnte.«

Das ist der Höhepunkt der Bedrohung: eine feindliche Mutter/Menschenmenge. In höchster Not rettet er sich mit einer ungeheuren Frechheit. Er findet das Wort, das die Mutter zum Verstummen und die Menschen zum Verschwinden bringt:

> »Da ich mich weder entschuldigen noch von ihr entfernen konnte, so war ich wirklich verlegen, und als sie einen Augenblick innehielt, sagte ich, ohne etwas dabei zu denken: Nun, wozu der Lärm, heute rot, morgen tot! – auf diese Worte schien die Frau zu verstummen. Sie sah mich an und entfernte sich von mir, sobald es nur einigermaßen möglich war. Ich dachte nicht weiter an meine Worte.«

Der Dichter richtet unser Augenmerk auf die Wortmagie: Der Knabe sei verschwunden, wohl krank geworden und gestorben. Aber sicher ist: Zuerst verstummte die Mutter. Warum? Da ist zunächst die Intensi-

tät seines Todeswunsches, der der Mutter als Drohung den Verlust ihres Lieblings ankündigte und sie plötzlich erkennen ließ, daß ihr ein Gott gegenüberstand. Es ist also eine Märchenfigur.
Wir können der Szene aber auch einen weiteren Sinn unterlegen: Könnte sein Ausruf nicht auch bedeuten, sie möge sich nicht als Mutter gebärden, denn in Wahrheit sei sie ohne Liebe? »Heute rot, morgen tot« wäre dann eine Feststellung über die Mütterlichkeit, über die innere Haltung der Mutter. Heute kann sie ihn brauchen, morgen nicht. Und morgen wird sie ihn vergessen. Gleichgültigkeit. Das würde bedeuten, daß die Mutter verstummt, weil er ihr die Wahrheit Märchenfigur sagte; sie verstummt und verschwindet, weil er die Rätsellösung und die Zauberformel fand.
Das Auffallende an den hier präsentierten Szenen ist Unsicherheit und Verletzbarkeit. Neben dem enormen Selbstbewußtsein wird die Angst sichtbar. Die Zuwendung zum Kind war eben nicht »bedingungslos«, sondern an die Großartigkeit und Besonderheit des Kindes geknüpft. In der Sicht des Kindes lauert die Kränkung im Hintergrund, dieses »Heute rot, morgen tot«, das den Dichter selbst so sehr beeindruckte, daß er es als magische Formel, die töten kann, festhielt – aber es war die Formel, die auch für ihn galt: die Angst, heute geliebt zu sein und morgen vergessen. Es ist die Macht der Sprache, die hier zur Waffe wird – und die die Erinnerung bewahrt.
Auch andere Szenen verraten die verletzliche, brüchige Sicherheit des bevorzugten Sohnes. Wiederum Bettina:

> »Schön wie ein Engel warst Du, bist Du und bleibst Du. so waren auch in Deiner frühesten Jugend aller Augen auf Dich gerichtet. einmal stand jemand am Fenster bei Deiner Mutter, da Du eben über die Straße herkamst mit mehreren andern Knaben; sie bemerkten, daß Du sehr gravitätisch einherschrittest, und hielten Dir vor, daß Du Dich mit Deinem Gradehalten sehr sonderbar vor den andern Knaben auszeignetest. – mit diesem mache ich den Anfang, sagtest Du, und späther werd ich mich mit noch allerlei auszeignen. und das ist auch wahr geworden! sagte die Mutter.«[155]

Im Zentrum zu stehen blieb eine der Hauptsorgen des Heranwachsenden, so wie er noch in Leipzig das »Stolzieren« nicht lassen konnte, jene aufgeblasene Gangart, in der er sich selbst als Medium der mütterlichen Phantasien agierte (psychoanalytisch eine »phallische Haltung«).
Catharina löste ihren eigenen lebensgeschichtlichen Konflikt durch Übertragung auf den Sohn als Delegierten ihrer Vollkommenheits-

und Selbständigkeitsbestrebungen. Ihre unentwickelten grandiosen Träume und Selbstbilder verlangten einen Spiegel im Außerordentlichen. Sie war bereit, den Sohn anzubeten – sofern er ihr diesen Spiegel lieferte. So war der Erstgeborene schon zu Beginn seines Lebens für sie ausgezeichnet durch die Umstände der Geburt, sodann durch seine Schönheit. Aber sein Status war nicht unangefochten. Die Geschwisterrivalität spielt jedenfalls eine aufschlußreiche Rolle in den Erzählungen. Wir erinnern uns: Nach der Geburt des ersten Sohnes Johann Wolfgang hatte Catharina bis 1760 sechs Kinder bekommen. Auch die Textstellen, die wir betrachtet haben (die Szene mit dem häßlichen Kind und die Szene mit dem schönen Knaben), verweisen auf Geschwisterrivalität. Denn die »häßlichen Kinder« – die Neugeborenen – möchte er wohl aus seiner Gesellschaft verbannen. Das häßliche Kind soll hinaus, »er konnte sich nicht trösten über des Kindes Häßlichkeit«. Es ist interessant, daß diese Geschichte sich nach der Geburt von Hermann Jakob abgespielt hat. Als dieser geboren wurde, am 27. 11. 1752, war Johann Wolfgang drei Jahre und drei Monate alt. Das könnte zu dem »Hinaus, Hinaus« passen. Die Empfindlichkeit des Kindes war von Anfang an gegeben. Es reagierte heftig auf jede Störung[156]:

> »er war überhaupt vielmehr zum Zürnen wie zum Weinen zu bringen. – Die Küche im Hauß ging auf die Straße; an einem Sonntag Morgen, da alles in der Kirche war, gerieth der kleine Wolfgang hinein, erwischte ein Geschirr und warfs zum Fenster hinaus; das Rappeln freute ihn gar sehr, die Nachbarn hatten auch ihre Freude dran: nun warf er in gröster Eil alles, was er langen konnte, hinaus; wie er bald fertig war, kam die Mutter dazu, und lachte mit. –
> Sonderbar fiel es der Mutter auf, daß er bei dem Tod seines jungen Bruders Jacob, der sein Spielkamerad war, keine Thräne vergoß, er schien viel mehr eine Art Aerger über die Klagen der Eltern und Geschwister zu haben; da die Mutter nun 8 Tage nachher den Trozigen fragte: ob er den Bruder nicht lieb gehabt habe, lief er in seine Kammer, brachte unter dem Bett hervor eine Menge Papier, die mit Lectionen und Geschichtgen beschrieben waren; er sagte ihr, daß er dieß alles gemacht habe, um es dem Bruder zu lehren. –«

Die Geschichten handeln alle von der Überwindung der Geschwisterrivalität durch den Sohn. Die kleine Cornelia wird von ihm halb gefüttert, halb erstickt; sie wird, wenn wir den Worten folgen, zum Schweigen gebracht, indem er ihr Brot in den Mund stopfte, wenn sie schrie. Der Sohn setzt sich an die Stelle der Mutter und verwandelt passives Leiden an der Konkurrenz in Aktivität: Er hat in Cornelia nun ein Kind wie eine lebendige Puppe. Mehr noch. Wie Eissler zu Recht bemerkt, übernahm er eine weiblich-mütterliche Position durch Identifikation. Eine ähnliche Haltung nimmt er gegenüber dem kleinen Bruder ein, an dem er Vater- und Erzieherrechte ausübt; aber weinen mochte er nicht, als der Rivale verschwand. Freud meinte lakonisch: »Auch der kleine Goethe hat ein Brüderchen nicht ungern sterben gesehen.«[157] Bekanntlich lautet die Deutung Freuds für das Selbstbewußtsein des Kindes Johann Wolfgang so: »Ich bin ein Glückskind gewesen, das Schicksal hat mich am Leben erhalten, obwohl ich wie tot zur Welt gekommen bin. Meinen Bruder aber hat es beseitigt, so daß ich die Liebe der Mutter nicht mit ihm zu teilen brauchte.«[158]

Wie selbstverständlich geht Freud in seiner Deutung davon aus, daß das Mädchen Cornelia keine echte Rivalin ist. Er führt als Grund dafür an, daß dieses Kind im Alter dem erstgeborenen Sohn so nahe war, daß es hier aus entwicklungspsychologischen Gründen nicht zur Eifersucht kommen konnte. Die Szene mit Cornelia, die Catharina berichtet und die Freud unbekannt war, spricht eher dagegen. Denn wie wir später zeigen werden, lauert in diesem Geschwisterbündnis von Anfang an die Rivalität, sie wird aber überdeckt durch eine spezifische Symbiose. Diese Symbiose taucht in der Erzählung Catharina Elisabeths modellhaft auf. Cornelia wird das Objekt des Bruders und seiner Identifikationen mit der Mutter (er hat sie gemacht, er bildet ihren Geist) wie mit dem Vater, er beherrscht sie, und sie muß ihm gehorchen. Auf diesen Aspekt werden wir später ausführlich eingehen.

Bleiben wir noch beim Thema der Geschwisterrivalität. In Bettinas Bericht gibt es die Szene, in der der kleine Johann Wolfgang Geschirr aus dem Fenster wirft, übrigens die einzige von Bettinas Mitteilungen, die der Autor (mit charakteristischen Abwandlungen) für *Dichtung und Wahrheit* bearbeitet hat:

> »Die Küche im Haus ging auf die Straße; an einem Sonntag Morgen, da alles in der Kirche war, geriet der kleine Wolfgang hinein, erwischte ein Geschirr und warfs zum Fenster hinaus; das Rappeln freute ihn gar sehr, die Nachbarn hatten auch ihre Freude dran: nun warf er in größter Eile alles, was er erlangen konnte, hinaus; wie er bald fertig war, kam die Mutter dazu, und lachte mit –«[159]

Soweit die Erzählung, die Bettina überliefert. Es ist typisch, daß sie in Bettinas Bericht an der richtigen Stelle steht – als Teil der Erzählung über die Geschwister. Bekanntlich wurde die Sequenz von Freud als »symbolischer Hinauswurf« der Geschwister gedeutet. Doch bevor wir darauf eingehen, betrachten wir kurz, wie diese Szene in *Dichtung und Wahrheit* wiederkehrt:

»[Für uns Kinder,] eine jüngere Schwester und mich, war die untere weitläufige Hausflur der liebste Raum, welche neben der Türe ein großes hölzernes Gitterwerk hatte, wodurch man unmittelbar mit der Straße und der freien Luft in Verbindung kam. Einen solchen Vogelbauer, mit dem viele Häuser versehen waren, nannte man ein Geräms. Die Frauen saßen darin, um zu nähen und zu stricken; die Köchin las ihren Salat; die Nachbarinnen besprachen sich von daher miteinander, und die Straßen gewannen dadurch in der guten Jahreszeit ein südliches Ansehen. Man fühlte sich frei, indem man mit dem Öffentlichen vertraut war. So kamen auch durch diese Gerämse die Kinder mit den Nachbarn in Verbindung, und mich gewannen drei gegenüber wohnende Brüder von Ochsenstein, hinterlassene Söhne des verstorbenen Schultheißen, gar lieb und beschäftigten und neckten sich mit mir auf mancherlei Weise.

Die Meinigen erzählten gern allerlei Eulenspiegeleien, zu denen mich jene sonst ernsten und einsamen Männer angereizt. Ich führe nur einen von diesen Streichen an. Es war eben Topfmarkt gewesen, und man hatte nicht allein die Küche für die nächste Zeit mit solchen Waren versorgt, sondern auch uns Kindern dergleichen Geschirr im kleinen zu spielender Beschäftigung eingekauft. An einem schönen Nachmittag, da alles ruhig im Hause war, trieb ich im Geräms mit meinen Schüsseln und Töpfen mein Wesen, und da weiter nichts dabei herauskommen wollte, warf ich ein Geschirr auf die Straße und freute mich, daß es so lustig zerbrach. Die von Ochsenstein, welche sahen, wie ich mich daran ergetzte, daß ich so fröhlich in die Händchen patschte, riefen: Noch mehr! Ich säumte nicht, sogleich einen Topf und, auf immer fortwährendes Rufen: Noch mehr! nach und nach sämtliche Schüsselchen, Tiegelchen, Kännchen gegen das Pflaster zu schleudern.

Meine Nachbarn fuhren fort, ihren Beifall zu bezeigen, und ich war höchlich froh, ihnen Vergnügen zu machen. Mein Vorrat aber war aufgezehrt, und sie riefen immer: Noch mehr! Ich eilte daher stracks in die Küche und holte die irdenen Teller, welche nun freilich im Zerbrechen noch ein lustigeres Schauspiel gaben; und so lief ich hin und wider, brachte einen Teller nach dem andern, wie ich sie auf dem Topfbrett der Reihe nach erreichen konnte, und weil sich jene gar nicht zufriedengaben, so stürzte ich alles, was ich von Geschirr erschleppen konnte, in gleiches Verderben. Nur später erschien jemand, zu hindern und zu wehren. Das Unglück war geschehen, und man hatte für so viel zerbrochene Töpferware wenigstens eine lustige Geschichte, an der sich besonders die schalkischen Urheber bis an ihr Lebensende ergetzten.«[160]

In dieser Szene ist eine interessante Umwandlung gegenüber Bettinas Bericht geschehen: Die Mutter fehlt. Diese war in Bettinas Bericht – wie in allen Szenen, die von ihr überliefert wurden – von einer unmittelbaren freudigen Zustimmung. So auch hier. Während er das Geschirr hinauswirft, er schreit und tobt, »kam die Mutter dazu und lachte mit«. Ähnlich reagierte sie, als er ihre Brust verweigerte: »er war gescheiter als wir alle.« Johann Wolfgang freilich ersetzt in seiner Autobiographie die Mutter durch eine Nicht-Person und durch das Gegenteil der von Bettina berichteten Zustimmung: »Nur spät erschien jemand zu hindern und zu wehren.« Die Mutter scheint aufgelöst in eine »Atmosphäre«. In *Dichtung und Wahrheit* erscheint die Geschichte in einem besonderen Umfeld, eingebettet in die Welt des Hauses, genauer: die Welt der Frauen. Das Haus und die Frauen bilden in der Sequenz eine Einheit. In der atmosphärischen Beschreibung wird das Kind sichtbar, das bei den Frauen aufgehoben ist, die zugleich mit sich beschäftigt sind. Man glaubt das Murmeln der Stimmen, die gleichmütigen Haltungen, »das südliche Leben« zu erkennen. Gleichzeitig heißt es: »Man fühlte sich frei, indem man mit dem Öffentlichen vertraut war.« Die Geschichte handelt davon, wie Johann Wolfgang in dieser Welt eine eigene Position gewinnt und vom passiv bestimmten Teil der weiblichen Welt zum »Täter« wird. *Dichtung und Wahrheit* berichtet, wie er erst *sein* Geschirr nahm, das man ihm als Kind gegeben hatte, und dann, unter dem begeisterten Beifall seiner Männer-Freunde, das Geschirr der Küche, der Frauen, um es zu zertrümmern. Die Geschichte erfährt also eine charakteristische Umdeutung. Sie wird zum ersten Auftritt des zukünftigen Künstlers und beschreibt den magischen Kreis zwischen Künstler und Publikum, der sich zu einem von Begeisterung getragenen exhibitionistischen Akt öffnet. In Bettinas Bericht ist nur von Nachbarschaft die Rede; hier aber wird ein Publikum etabliert, ein Bündnis zwischen den drei Männern und dem Kind, wobei die Männer, vom Kind verführt, selber wie Kinder werden. Denn es ist tatsächlich einigermaßen absurd, sich die drei würdigen Ochsenstein vorzustellen (»drei gegenüber wohnende Brüder von Ochsenstein, hinterlassene Söhne des verstorbenen Schultheissen«), wie sie den kleinen Goethe fortwährend animieren, das Küchengeschirr zu zertrümmern. Statt der Mutter haben wir eine Männergesellschaft, die den Kleinen mit ihrem Beifall zu ungeahnten Vernichtungsfeldzügen gegen den Hausrat verlockt. Das Publikum macht den Künstler, und dieser findet seine Lust in der Macht, Lust zu erzeugen. Daß dabei reale Werte zu Bruch gehen, so erzählt uns die Geschichte, darf für nichts gerechnet werden, denn man hatte etwas viel Besseres gewonnen als Geschirr: eine Geschichte. Aber warum hat er die Mutter durch ein Publikum ersetzt? Warum zudem durch ein Männerpublikum? Freud kannte nur die Darstellung in *Dichtung und Wahrheit*. Er interpretierte die Geschichte ganz im Hinblick auf die Geschwisterrivalität:

> »Wir könnten uns also die Meinung bilden, das Geschirrhinauswerfen sei eine symbolische, oder sagen wir es richtiger: eine *magische* Handlung, durch welche das Kind seinen Wunsch nach Beseitigung des störenden Eindringlings zu kräftigem Ausdruck bringt. Wir brauchen das Vergnügen des Kindes beim Zerschellen der Gegenstände nicht zu bestreiten; wenn eine Handlung bereits an sich lustbringend ist, so ist dies keine Abhaltung, sondern eher eine Verlockung, sie auch im Dienste anderer Absichten zu wiederholen. Aber wir glauben nicht, daß es die Lust am Klirren und Brechen war, welche solchen Kinderstreichen einen dauernden Platz in der Erinnerung des Erwachsenen sichern konnte. Wir sträuben uns auch nicht, die Motivierung der Handlung um einen weiteren Beitrag zu komplizieren. Das Kind, welches das Geschirr zerschlägt, weiß wohl, daß es etwas Schlechtes tut, worüber die Erwachsenen schelten werden, und wenn es sich durch dieses Wissen nicht zurückhalten läßt, so hat es wahrscheinlich einen Groll gegen die Eltern zu befriedigen; es will sich schlimm zeigen.
>
> Der Lust am Zerbrechen und am Zerbrochenen wäre auch

Catharina E. Goethe,
Pastell von G. Oswald May. 1776

Genüge getan, wenn das Kind die gebrechlichen Gegenstände einfach auf den Boden würfe. Die Hinausbeförderung durch das Fenster auf die Straße bliebe dabei ohne Erklärung. Dies ›*Hinaus*‹ scheint aber ein wesentliches Stück der magischen Handlung zu sein und dem verborgenen Sinn derselben zu entstammen. Das neue Kind soll *fortgeschafft* werden, durchs Fenster möglicherweise darum, weil es durchs Fenster gekommen ist. Die ganze Handlung wäre dann gleichwertig jener uns bekannt gewordenen wörtlichen Reaktion eines Kindes, als man ihm mitteilte, daß der Storch ein Geschwisterchen gebracht. ›Er soll es wieder mitnehmen‹, lautete sein Bescheid.«[161]

Freuds Deutung hätte viel besser zu Bettinas Bericht gepaßt als zu Goethes eigener Darstellung in *Dichtung und Wahrheit*. Das gilt auch für die Schlußfolgerung, in der Freud seinen Gesamteindruck zusammenfaßt:

»Wenn wir nun zur Kindheitserinnerung *Goethes* zurückkehren und an ihrer Stelle in ›Dichtung und Wahrheit‹ einsetzen, was wir aus der Beobachtung anderer Kinder erraten zu haben glauben, so stellt sich ein tadelloser Zusammenhang her, den wir sonst nicht entdeckt hätten. Es heißt dann: Ich bin ein Glückskind gewesen; das Schicksal hat mich am Leben erhalten, obwohl ich für tot zur Welt gekommen bin. Meinen Bruder aber hat es beseitigt, so daß ich die Liebe der Mutter nicht mit ihm zu teilen brauchte. (Und dann geht der Gedankenweg weiter, zu einer anderen in jener Frühzeit Verstorbenen, der Großmutter, die wie ein freundlicher, stiller Geist in einem anderen Wohnraum hauste.)
Ich habe es aber schon an anderer Stelle ausgesprochen: Wenn man der unbestrittene Liebling der Mutter gewesen ist, so behält man fürs Leben jenes Erobergefühl, jene Zuversicht des Erfolges, welche nicht selten wirklich den Erfolg nach sich zieht. Und eine Bemerkung solcher Art wie: Meine Stärke wurzelt in meinem Verhältnis zur Mutter, hätte *Goethe* seiner Lebensgeschichte mit Recht voranstellen dürfen.«[162]

Die Bemerkung ist interessant, denn Freud ignoriert, was im Text unübersehbar ist: Der Dichter verfährt in der Geschichte gerade umgekehrt; er brachte die Mutter zum Verschwinden. Freud übertrug hier unbesehen seine eigene Vorstellung der Mutter-Sohn-Beziehung auf den Text. An anderer Stelle nennt er diese Beziehung die »vollkommenste aller menschlichen Beziehungen«. Die Selbstlosigkeit der mütterlichen Liebe zum Sohn war eine Illusion, der auch Freud anhing. Die Geschichte in *Dichtung und Wahrheit* aber zeigt ganz im Gegenteil den Kampf gegen die Mutter, die »Selbst-Zeugung«, den Aufstand gegen die mütterliche Macht.

Das Verschwinden der Mutter in *Dichtung und Wahrheit*, die Abgrenzung von ihr ist auch Ernst Beutler aufgefallen: »Fragen wir nun nach dem, wovon sein Werk schweigt. Da ist am auffallendsten, daß unter den vielen Charakteristiken die der Mutter fehlt. Vater und Schwester werden eingehend gezeichnet, der früh verstorbenen Geschwister wird gedacht, soweit die Erinnerung zureicht, von Freunden, Fremden werden scharf konturierte Portraits entworfen, die Mutter aber, die unter allen dem Dichter immer am nächsten gestanden, in vielem sein ander Selbst, oft erwähnt, aber nie im ganzen geschildert, sie huscht gleichsam nur durch die Erzählung, aber immer wie ein freundlicher Schein, vermittelnd, begütigend, heiter, wie es ihre Art war. Goethe hat die Lücke selbst empfunden, und so diktierte er seinem Schreiber John einige Blätter [...] [später] legte Eckermann die Blätter endgültig beiseite. Sie sind in der Artemis-Ausgabe im Anschluß an den 4. Teil abgedruckt unter dem Titel, den Goethe ihnen gegeben, nach dem Vorbild der Heldenschilderungen bei Homer als *Aristeia der Mutter*.«[163]

Zu Recht sieht Beutler hier nicht eine geringe, sondern eine übermächtige Bedeutung der Mutter. Bezeichnen wir Catharina Elisabeths Beziehung zu ihrem Sohn als narzißtisch, so meinen wir damit ein Verhaltensprofil, das durch folgende Momente gekennzeichnet ist: die hohe Idealisierung, die in der Art der Fernliebe niemals die Adaption an den, der real da ist, vollziehen kann. Catharina hat eine Reihe solcher Idealisierungen durchlaufen: der Vater, der Kaiser, der Gott, der Sohn. In ihren Erinnerungen (und in den Erinnerungen des Sohnes) wird die Inanspruchnahme des Sohnes als narzißtisches Objekt kenntlich. Solange er als Objekt der Idealisierung funktioniert, ist er das überschätzte Kleinkind, der idealisierte Heranwachsende.

Wir haben schon darauf hingewiesen, daß die anderen Kinder in den Erzählungen der Mutter niemals erwähnt werden, ausgenommen Cornelia, aber sie nur als Spielzeug des Bruders, um eine Eigenschaft des Sohnes hervorzuheben: daß er sich der Schwester bemächtigt hat und daß er überhaupt sehr heftig in seinen Willensbekundungen war:

»Zu der kleinen Schwester Cornelie hatte er, da sie noch in der Wiege lag, schon die zärtlichste Zuneigung; er steckte heimlich Brod in die Tasche, und stopfte es dem Kind in den Mund, wenn es schrie. Wollte man es wieder nehmen, so ward er gewaltig zornig, kletterte an den Leuten hinauf und raufte ihnen die Haare aus; er war überhaupt vielmehr zum Zürnen wie zum Weinen zu bringen.«[164]

Außer Johann Wolfgang überlebt einzig Cornelia das Kindesalter. Das Verhältnis zwischen Mutter und Tochter ist nur als Nichtverhältnis zu charakterisieren. Da Dokumente Catharina Elisabeths fehlen, kann die Beziehung zur Tochter am ehesten aus der Selbstdarstellung Cornelias erschlossen werden.[165] Es war offenbar ein Verhältnis, das aus der Perspektive der Tochter traumatisierende Züge aufwies. Cornelia starb mit 26 Jahren an Depression. In der Sicht Catharina Elisabeths ist der Sohn Teil des mütterlichen Größenselbst, die Tochter ist »das Kind Johann Caspars«. Die Tochter ist ihr aus vielen Gründen unangenehm; sie spiegelt in ihrem Heranwachsen die Realität der Weiblichkeit, und in ihrem Unglück und Ungeschick macht sie der Mutter ein schlechtes Gewissen. Sie ist ein wandelnder Vorwurf und stört auch die Größenphantasien. Sie ist wie ein negatives Spiegelbild. Zugleich ist sie Rivalin. Cornelia wird vollgestopft mit Wissen, das Catharina Elisabeth vorenthalten wurde; aber die Selbständigkeit, die man dem Sohn gewährt, wird ihr verweigert. Und wie entwickelt sich die Tochter? Wir sehen sie sich bald von der Mutter abwenden und ihrerseits den Bruder idealisieren, mit anderen Worten, das männlich Schöpferische idealisieren, das weiblich Mütterliche (Versagende) verachten.[166]
Das Drama, das sich hier abspielt, ist paradigmatisch. Es bedeutet, daß die Wendung zur Subjektivität, zum machtvollen Einzelnen, die Zerstörung einer anderen Identifikationslinie ist, der zwischen Frauen. Die Frauen, die die Idee lieben, opfern ihre Töchter. Erst jetzt wird das Große Paar zur Erfüllung des weiblichen Selbst. Verschmelzung mit dem Mann wird in historisch neuer Weise erzeugt. Für ihre Töchter sind diese Frauen, die der imaginären Erhöhung des eigenen Selbst (und der Rettung ihrer Größenphantasien) durch Idealisierung und Partizipation an der Männlichkeit nachjagen, wahre Rabenmütter. Die Töchter verlieren doppelt: Es wird ihnen der Beistand, der kulturelle Zusammenhang vorenthalten, den diese Mütter an sich selbst noch erfahren hatten, und die Verarmung weiblicher Solidarität verbindet sich mit dem Bewußtsein der Zweitrangigkeit gegenüber den Brüdern, den Männern.

Schritte der Selbst-Mythisierung
Die Rolle der »Mutter Aja«

Die Zugehörigkeit zum Klettenberg-Kreis verschaffte Catharina Eigenständigkeit und Aktivität, Austausch mit anderen. Zugleich lebte sie sich in mystische Bilder ein, sie fand einen Ausdruck für ihre Sehnsucht nach dem Außerordentlichen, und sie fand Trost in den Ängsten der Krisenzeit von 1765 bis 1772, als sie nicht wußte, ob ihr Sohn versagen oder sogar sterben würde. Die Religiosität Catharinas veränderte sich nicht nur durch den Tod Susannas 1774, sondern noch mehr durch die Situation ab 1776. Nun bekam sie, was sie immer gewollt hatte: Teilhabe am geistigen Leben. Die Religionsausübung trat zurück. Ihre Aktivität richtete sich auf das Theater, mit dem sie durch ihren Sohn in vielfältiger Weise in Berührung kam – als Gastgeberin, Mäzenin und »Dichter-Mutter«. Catharina erlangte eine »Position«.
Über den Sohn partizipiert sie an der Bewegung der jungen Intelligenz, und sie schafft sich alsbald eine eigene Rolle, in der sie für die anderen präsent ist. Sie nennt sich »Mutter Aja«. In dieser Rolle ist sie für Lenz, Klinger, Schlosser, für Merck, Zimmermann, für Lavater eine eigenständige Person. Merck schrieb nach einem Besuch im Jahr 1778 an Wieland:

> »Indessen hat mich mein Weg über Frankfurt geworfen und habe nun so 2 Tage in casa santa zugebracht. Alles mit Frau Aja recapituliert und was voriges Jahr in dieser Stube uns allen begegnete. Gestern waren wieder alle die Mädchen, die Euretwegen vorm Jahr so häufig sich hier im Hause einfanden, beisammen und Mad. Brentano spielte wieder den Gickel auf dem Clavier. Dabei gedachten wir Abends bei dem herrlichen Wein deiner, fluchten wieder auf Jacobi'n und seines Gleichen und mir flossen die Thränen herab, daß nun das alles so verging ...«[167]

Der westfälische Dichter Sprickmann in Frankfurt, ein Freund der Schauspieltruppe von Seyler, schrieb am 7. Mai an Boie über Catharina:

> »Nun begreife ich recht gut, wie Goethe Goethe ward. So war Tusnelda! Ein Geschöpf von bestem Zuschnitt zu einem herrlichen Mann, das, Gott weiß durch welchen eigensinnigen Vergriff der Natur, ein Weib ward.«[168]

Ist die Sohnes-Position olympisch angesiedelt im Kreis der auserwählten Symbolbildner, so ist auch die Mutter als Mutter des Dichters in eigener Ausgezeichnetheit erhoben über die gewöhnlichen Sterblichen. Wiewohl die Besucher von Johann Wolfgang ins Haus gebracht wurden, es war nicht er allein, der den eigenartigen Glanz erzeugte. Es kamen Höpfner, Basedow, Klopstock, die Gebrüder Jakobi, die Grafen Stolberg, Lenz und Wagner und viele andere.[169]

Der Kammermusikant Kranz schrieb an Catharina einen Dankesbrief nach einem Besuch, den er ihr gemeinsam mit Wieland im Jahre 1778 abgestattet hatte:

»Liebe Frau Räthin! Erlauben Sie immer einmal, daß ich an Ihnen schreiben darf. Es geschiehet nicht aus Prahlerei, nicht daß ich sagen wollte: ›Hört, ihr Leute! ich schreibe an die Frau Rath Goethe!‹ Nein, gewiß nicht, sondern bloß um mir Luft zu machen; denn noch will in Weimar mir weder Luft, noch Menschen behagen. Ganz natürlich! denn erstlich war ich so glücklich, mit Wieland ganze sechs Wochen zu existiren, und dann die Tage bei Ihnen zugebracht zu haben, nenne ich ohne Anstand die glücklichsten meines ganzen Lebens. Wie mir an Ihrem runden Tische zu Muthe war, kann ich unmöglich beschreiben ... Nächst den lieben Eltern Goethe's Wieland und Merck – welche Reinheit der Seelen! O wie lieb ist mir seitdem die Menschheit worden! Noch nie habe ich mich meines Daseins so sehr gefreut. Ich war so selig, daß ich ganz vergaß, wo und was ich war. Sie müssen es auch oft an mir wahrgenommen haben – wie könnte Ihnen so etwas entgangen sein! – Ich saß da und lachte oft bis zur Unanständigkeit, so wie mich denn auch hinwiederum viele Gespräche sehr ernsthaft, nachdenkend und beinah zum Weinen gebracht haben. Meine Seele war in einer ganz wunderbaren Verfassung! Mir war manchmal, als wenn ich den ganzen Himmel aufgeschlossen und alle seine unendlichen Herrlichkeiten vor mir liegen sähe; ich sah einen Abstand von Ihnen allesammt gegen die übrigen Menschen. Meine Seele seufzte, nicht nachkommen zu können. Der Herr Rath war immer stille, doch, wie ich glaube, innerlich vergnügt, nur daß es nicht zum Ausbruche kam, sagte aber doch einigemal: ›O, das ist gut! O, das ist gar gut!‹ Sie saßen mir gegenüber als die Großmächtigste. So viel Sie

auch in dem Gespräch interessirt sein mochten, so entschlüpfte Ihnen doch nichts, was außerdem im Zimmer vorging. Unter währenden Reden einen tiefen Blick auf den Herrn Rath, und immer wieder fortgesprochen. Ihre *Servante* mochte ein paarmal im Auftragen was versehen haben, schnups! – kriegte die einen Hieb, und immer wieder fortgesprochen. Ich saß dann immer wieder da, und sog nur ein. Der Kriegsrath Merck ist doch ein göttlicher Mann! alles, was er sagt, ist so rein wie Gold ... Unser Abschied war mir so empfindlich, als merkwürdig. Der Herr Rath gab uns seinen Segen mit wärmster und wahrer Liebe. An Ihnen bemerkte ich mir ganz etwas Unbekanntes: Sie gaben mir auf eine herzliche Art die Hand, und drückten die meinige freundschaftlich. Ihre natürliche Munter- und Lebhaftigkeit verließ Sie nicht; Sie lächelten, und doch rollten Thränen über Ihre Wangen. Von Merck habe ich mich losgewunden; er umfaßte mich, drückte mich an seine Brust und küßte mich herzlich; dies fuhr mir durch alle Adern. Empfehlen Sie mich doch dem lieben Herrn Rath auf's beste. Ein Orden oder Gnadenzeichen kann nicht so hoch, als die Gedächtnißmünze, welche er mir geschenkt, von mir verehrt werden. *O casa, o casa santa!*
[...]
Von dem neuen Stücke (›der Triumph der Empfindsamkeit‹), welches Ihr lieber Doktor und unser geheimer Legationsrath Goethe am 30. Januar und hernach am 10. Februar hier aufgeführt, würde ich Ihnen viel schreiben, wenn nicht der glückliche Ph(ilipp) Ihr Korrespondent wäre. Doch eins muß ich wegen der großen Aehnlichkeit zwischen Ihnen und ihm doch melden. – O wenn Sie ihn nur da hätten sehn sollen! Augen, Gebärden, Ton, Gestikulation, alles in allem, sage ich Ihnen. Ich war gar nicht mehr im Orchester, ganz in der Atmosphäre von *casa santa*.«[170]

Auch hier meldet sich, obwohl heiter gebrochen, ein mystischer Ton – casa santa. Der Mythos von der Mutter Aja wird inhaltlich ausgefüllt – die auszeichnenden Eigenschaften werden beim Namen genannt: die »Großmächtigste« (während von Johann Caspar gilt: »der Herr Rat war immer stille, doch wie ich glaube, innerlich vergnügt« – damals war Johann Caspar allerdings schon krank), »Augen, Gebärden, Ton, Ge-

Goethe seiner Mutter vorlesend.
Ölbild von Mayntz 1779

stikulation, alles in allem sage ich Ihnen«. Ein besonderes Merkmal, das hervorgehoben wird: die »natürliche Munterkeit und Lebhaftigkeit«. Aussagen wie die folgende gibt es viele: »Von Goethe's Mutter weiß ich nichts zu sagen. Sie ist über alle Beschreibung erhaben und du kennst sie selbst.« Das schreibt von Einsiedel am 30. Juni von Düsseldorf an Knebel.[171]

Catharina Elisabeth machte zu ihrer Selbstdefinition, »Mutter des Dichters« zu sein. Auffallend ist, wie sie das Wort erweitert, nicht nur auf ihre »Tochter Bettina«, auf den »Sohn« Rat Crespel, auf die melancholische Tochter des Arztes Zimmermann und auf viele andere, »Mutter Aja« nannte sie sich im Umgang mit den Freundinnen und Freunden des Sohnes. So betonte sie durch die Anrede den Generationenunterschied und schloß schwierige Situationen aus. Als »Mutter« ist sie in der Lage, über Dinge in einer Art zu sprechen, die sie als »Frau« nicht in Anspruch nehmen könnte. Solange sie »Geschlechtswesen« ist, muß sie und müssen die Männer auf der anderen Seite das erotische Spiel spielen. Vor der Mutter können die Söhne reden, als seien sie unter sich. Ähnlich nannte sich Sophie von LaRoche im Umgang mit den jungen Autoren »Mama LaRoche«.

Für Catharina Elisabeth bedeutete diese erweiterte Mutterschaft noch mehr: Ihre Lieblinge waren immer Künstler, Dichter und Schauspieler, also Produzenten. Es ist bekannt, daß sie half, wo sie konnte, dem unglücklichen Lenz, Klinger, später den Schauspielern Großmann und Unzelmann. 1771 begann die Bekanntschaft mit Merck, Frau Rat redet Merck ebenso wie Lavater, Wieland und andere mit dem Titel »Lieber Sohn« an. Catharina Elisabeth sammelt Söhne um sich – eine bestimmte Art von Söhnen: Dichter, junge Männer, die an dem Prozeß der Veränderung der Weltdeutung teilnehmen.

Catharina hatte eine Vorliebe für kreative und chaotische Männer. Unverkennbar ist ihre Begeisterung, wenn sie im Dezember 1777 an Caroline Großmann, eine Schauspielerin der in Frankfurt gastierenden Seylerschen Truppe, schreibt:

> »Liebe Freundin!
> Das Vertrauen so Sie zu mir haben freut mich ungemein, ich würde es Ihnen in einer langen Epistel noch deutlicher vorlegen, wann nicht mein Hauß von oben biß unten mit schönen Geistern vollgepfropft wäre. Wielandt ist schon einige Tage da, auch Freund Merck. Herr Docter Wagner wirds Ihnen sagen, daß von Morgens biß in die liebe Nacht alles drunter und drüber geht, denn liebe Frau Gevatterin da Sie selbst ei-

nen Poeten zum Mann haben, und also aus Erfahrung wissen daß die Gattung Menschen in einem Tag mehr unfug anrichtet, als wir andern arme Erden-würmer in einem Jahr; so können Sie Sich leicht meine dermahlige Häußliche Unordnung und Verwirrung vorstellen. Dieses schreibe ich Ihnen früh Morgens um 6 Uhr da alles noch in tieffen Schlaf begraben liegt.«[172]

Und an Wieland:

»Lieber Sohn! Merck war 3 Tage bey uns, da Er fort ist suche ich im Zimmer nach, räume auf, wie das bey Poeten ein sehr nöthiges werck ist, wie Ihr aus vorgehendem Brief zu gnüge ersehen könt. Den der arme Brief hätte gewiß gelegen und wäre niemahls an Ort und stelle gekommen, hätte Frau Aja weniger Einsicht in das Poeten wesen. Aber die ist Gott sey Danck noch nicht aus der Übung obgleich Herr Wolfgang Goethe schon 3 Jahr Ihr Hauß nicht mehr erfreut, sondern sein Licht in Weimar leuchten läßt. Lieber Sohn! Habt die Güte und bestelt innliegende Briefe auf beste – bey dem Anti-Pope ist auch alles besorgt, jeder hat so seine Art und Kunst. Bald wünsche ich gute neue Mähr von Eurem lieben Weib u Euch zu hören. Ich bin, wiewohl in großer Eil

Eure wahre Freundin.
C. E. Goethe«[173]

den 24ten November
1770 [1778]

Für den unglücklichen Lenz setzte sie sich ein, als er nach einer provozierenden Ungeschicklichkeit Weimar verlassen mußte. Er kam zuerst zu ihr und verbrachte die folgenden Monate in Emmendingen bei Cornelia und Johann G. Schlosser, die ihn aufnahmen. Catharina schrieb ihm zum neuen Jahr 1777 folgenden Gruß:

»Ich wünsch' Euch Wein und Mädchenkuß
Und Eurem Klepper Pegasus
Die Krippe stets voll Futter.
Wer nicht liebt Wein, Weib und Gesang
Der bleibt ein Narr sein Leben lang,
Sagt Dr. Martin Luther.«[174]

Lenz war in finanziell bedrängter Situation und psychisch extrem labil.[175] 1777 begannen Anfälle von geistiger Umnachtung. Lenz' Vater, obgleich in hoher Stellung, wollte mit seinem Sohn nichts mehr zu tun haben. Er hatte ihn verstoßen. Catharina bat Wieland in Weimar um Hilfe für den armen Lenz. (Ihren Sohn wollte sie nicht in Verlegenheit setzen und die Peinlichkeiten erneuern, die Lenz in Weimar hervorgerufen hatte, weil er gegen sämtliche Hof-Tabus verstieß.)

[November 1777?]

»Eben da ich meinen Brief zusieglen wolte, erhalte inliegendes von Schlosser nebst einem schreiben an mich, weil nun verschiednes in meinem Brief Lentzen betrift und von Ihm handelt das im pro memoia nicht steht; so wills hir beyfügen. 1.) ob die weimarer gegen Neu Jahr etwas geben wollen? 2.) daß Lentz wöchentlich 3 f also das Jahr 156 f kostet, doch daß darunter 3.) keine Kleider begriffen sind.
Es ist sehr unverantwortlich von Lentzens Vater seinen Sohn so zu verlassen und dessen Freunden mit Moralischen Brühen [?] und Chrien aufzuwarten. Auch ists schlecht von Lentz daß Er lieber Faulentzt und seinen Freunden beschwerlich wird, als daß Er zu seinem Vater nach Hauß ginge. Mit dem allen ists aber doch ein armer Teufel und es ist doch auch so eine sache Ihn gantz zu verlaßen: Merck und ich wollen hertzlich gern auch was beytragen. In der Eil fält mir nur nachfolgendes ein, wißt Ihr was bessers so thut als hätte ich nichts gesagt. Die woche 3 gulden N. B. schlecht Geld thut alle ¼ Jahr oder alle 13 wochen 39 gulden rechnet daß das in 6 Persohnen getheilt wird trägt jedem alle ¼ Jahr 2 f: 10 xr. finden sich mehere so verstehts sichs von selbst daß es noch weniger macht. Wie gesagt Merck und ich sind dabey – überlegts und sagt mir Eure meinung nur mit ein paar Zeilen, damit ich Schlossern Nachricht geben kan.«[176]

Catharina liebte die riskanten Leben, keineswegs die bürgerliche Kontinuität und Seßhaftigkeit. Bei Frauen fand sie das vor allem bei den Schauspielerinnen – sie mußten allerdings sehr schön sein.
Sie fand sich in einem ungeheuren Ausmaß durch die Realität bestätigt und im Zentrum der Welt, die sie faszinierte. Die soziale Erhöhung kam hinzu. Als der Sohn ihr seinen Besuch in Begleitung des Herzogs ankündigt, ist selbst bei ihm die Stimmung des Triumphs über die Stan-

desgrenze und eine kleine Aufgeregtheit spürbar, ob die Bürgerwelt wohl einen guten Eindruck machen werde. Catharina erledigte alles äußerst erfolgreich. Sie war ein Sozialgenie, nicht anders als ihr Sohn. Erinnern wir uns an die Frankfurter Ständeordnung und die kleinlichen Kämpfe um jedes Symbol sozialen Rangs, dann ermessen wir, was dieser Brief des Sohnes für die Mutter bedeutete:

> »Der Herzog hat Lust den schönen Herbst am Rhein zu geniesen, ich würde mit ihm gehen. Wir würden bey Euch einkehren, wenige Tage da bleiben, um den Meßfreuden auszuweichen, dann auf dem Wasser weiter gehn. Dann zurück kommen und bei euch unsre Stätte aufschlagen, um von da die Nachbaarschaft zu besuchen. Wenn Sie dieses prosaisch oder poetisch nimmt, so ist dieses eigentlich das Tüpfgen aufs i eures vergangnen Lebens, und ich käme das erstemal ganz wohl und vergnügt und so ehrenvoll als möglich in mein Vaterland zurück. Weil ich aber auch möchte, daß, da an den Bergen Samariä der Wein so schön gediehen ist, auch dazu gepfiffen würde, so wollt ich nichts, als daß Sie und der Vater offne und feine Herzen hätten uns zu empfangen und Gott zu dancken, der Euch euren Sohn im dreißigsten Jahr auf solche Weise wiedersehen läßt. Da ich aller Versuchung widerstanden habe, von hier wegzuwitschen und Euch zu überraschen, so wollt ich auch diese Reise recht nach Herzenslust genießen. Das Unmögliche erwart ich nicht. Gott hat nicht gewollt, daß der Vater die so sehnlich gewünschten Früchte, die nun reif sind, genießen solle; er hat ihm den Appetit verdorben, und so seis. Ich will gerne von der Seite nichts fordern, als was ihm der Humor des Augenblicks für ein Betragen eingibt. Aber Sie möcht ich recht fröhlich sehen und ihr einen guten Tag bieten wie noch keinen. Ich habe alles, was ein Mensch verlangen kan, ein Leben, in dem ich mich täglich übe und täglich wachse, und komme diesmal gesund, ohne Leidenschaft, ohne Verworrenheit, ohne dumpfes Treiben, sondern wie ein von Gott geliebter, der die Hälfte seines Lebens hingebracht hat und aus Vergangnem Leide manches Gute für die Zukunft hofft und auch für künftiges Leiden die Brust bewährt hat. Wenn ich euch vergnügt finde, werde ich mit Lust zurück kehren an die Arbeit und die Mühe des Tags, die mich erwartet.«[177]

Der zweite Brief regelt dann die Details:

> »Ohngefähr in der Hälfte September treffen wir ein und bleiben ganz still einige Tage bei Euch. Denn weil der Herzog seine Tanten und Vettern, die auf der Messe sein werden, nicht eben sehen möchte, wollen wir gleich weiter und auf dem Main und Rhein hinab schwimmen. Haben wir unsere Tour vollendet, so kommen wir zurück und schlagen in forma unser Quartier bei Ihr auf, ich werde alsdenn alle meine Freunde und Bekannte beherzigen, und der Herzog wird nach Darmstadt gehen und in der Nachbarschafft einigen Adel besuchen. Unser Quartier wird bestellt wie folgt. Für den Herzog wird im kleinen Stübchen ein Bette gemacht, und die Orgel, wenn sie noch da stünde, hinausgeschafft. Das große Zimmer bleibt für Zuspruch, und das Entrée zu seiner Wohnung. Er schläft auf einem saubern Strohsacke, worüber ein schön Leintuch gebreitet ist, unter einer leichten Decke. Das Caminstübchen wird für seine Bedienung zurecht gemacht, eine Matraze Bette hineingestellt.
> Für Herrn v. Wedel wird das hintere Graue Zimmer bereitet, auch ein Matraze Bette pp.
> Für mich oben in meiner alten Wohnung auch ein Strohsack pp, wie dem Herzog.«[178]

Der Besuch verlief so erfolgreich wie alle sozialen Ereignisse, die Catharina »mit Effekt« bewältigte. Sie besaß die Begabung, Menschen verschiedenen Standes, seien es Künstler oder Hofbeamte, zu begeistern. Dabei ist allerdings festzuhalten, daß die Orientierung an den neuen »bürgerlichen Werten« Teile des Adels und des leitenden Hofbeamtentums ebenso wie das gehobene Bürgertum erfaßt hatte. Das wurde ja schon in den Anweisungen für den Haushalt zum Besuch des Herzogs sichtbar. Ernst Beutler kommentiert das so: »Das war der Stil, wie Fürsten jetzt lebten, der Zug zur Bürgerlichkeit, ja mehr als das, zur Schlichtheit. Dem Diener und dem Kammerherrn ein Matratzenbett, dem Herzog einen Strohsack. Auch der große König in Sanssouci schlief nicht in seinem Prunkbett, sondern soldatisch auf seinem Feldlager, und ebenso hielt es, ihm nacheifernd, Josef II., der Kaiser in Wien. Und um es nicht besser zu haben als sein Herr, verschmäht auch der Dichter im eigenen alten Mansardzimmer das altvertraute Bett. Es sind die Räume des ersten Stockes, die Thoranczimmer, die für den Herzog gerichtet werden. Die Venezianischen Lustre müssen als barocker Prunk abgenommen werden.«[179]

Catharinas Rolle, »die unverbildete bürgerliche Natur«, paßte also durchaus in die kulturelle Atmosphäre, war keineswegs privatistisch abgeschottet. Hierauf beruhte der Erfolg – und natürlich auf Catharinas Darstellungskunst im sozialen Umgang. Erinnern wir uns an dieser Stelle der Bemerkung Bettinas: »Sie sagte mir morgens, was sie abends in Gesellschaft sagen würde.« Es geht dabei nicht um Verstellung, sondern um das Bewußtsein, daß sozialer Umgang eine Kunstform ist, die Catharina vorzüglich beherrschte – und von der sie dann »abspannen« mußte. Es waren ja öffentliche Rollen, in denen sie sich darstellte, Rollen, in denen sie nicht einfach »sie selbst« mit Befindlichkeiten, Wünschen usw. sein konnte. Es waren Bühnen, auf denen improvisiert werden mußte. Catharina erhob sich aus der Zweitrangigkeit als Frau, indem sie, die starke schöpferische Kräfte und »unweibliche« Neigungen hatte, als die »Nichtintellektuelle« auftrat, als »Volkes Stimme«, als »natural genius«, wie die Engländer gesagt hätten.

Diese Fähigkeit behielt sie. Noch als Siebzigjährige wird sie von Besuchern als eine Frau beschrieben, die einen Rausch zu erzeugen versteht. Ihr Schwiegerenkel Nicolovius meinte über die Zweiundsiebzigjährige: »Sie hat ein größeres Diner gegeben. [...] Ihre Manier, ihr sehr entschiedener Charakter in der Gesellschaft, ihre Sonderbarkeit, ihr aufbrausender Lebensstrom, alles reißt hin und gestattet nicht Muße, noch Kälte zum Urteilen. Wir können ihre Freundlichkeit nicht genug preisen. Ihr Alter ist weder an ihrem Gesicht, noch an ihrem Körper merklich.«

Besonders geeignet zum Zusammenspiel waren die Poeten. Verrücktheiten wie die folgende gefielen Catharina nicht nur wegen des Ruhms ihres Sohnes, sondern weil es Aktionen waren, die spielerisch inszeniert und genossen wurden: »Nachdem Lenzens Freund, der spätere Straßburger Pfarrer Johann Röderer die Ehre gehabt, ›der Frau Räthin Goethe aufzuwarten‹, erscheint auch Lenz selber auf der Reise von Straßburg nach Weimar, und wird von Klinger und Ernst Schleiermacher zu Pferde in der Werthertracht, – blaue Fräcke und gelbe Westen, weiße Hüte mit gelben Bändern, – in Langen eingeholt. Merck hatte Lenz von Darmstadt aus begleitet, beide sitzen im Wagen, dem die Reiter voraustrappen, was in Frankfurt großes Aufsehen machte. ›Jeder Kerl blieb stehen und gaft sie an.‹ Von Frau Rat wurde er im Goethehause gastfreundlich aufgenommen, Herr Rat mag freilich den Kopf geschüttelt haben, als er von dem sonderbaren Einzug Kunde bekam.«[180]

Ihr Bedürfnis nach bewegtem Leben, nach Lärm, Unordnung, Aufregungen und Dabeisein verrät sich später in der Wohnungswahl Catharinas, die unbedingt an der Hauptwache wohnen will, wo sie den ganzen Tag alles im Auge hat, und darüber begeisterte Briefe verfaßt, so als würde die Besatzung des eroberten Frankfurt ihr zuliebe eine Aufführung machen:

»Aber nun die Aussicht! Da ists ohne allen streit das erste Hauß in Frankfurth. Die Hauptwache gantz nahe. Die Zeil – da sehe ich biß an Darmstädter Hof. Alles, was der Catharinenporte hinein und heraus kommt, so mit der Bockenheimerstraße und so weiter! Und denn das jetzige Soldatenwesen! So eben werden die Anspacher auf dem Paradeplatz gestelt. Um 11 Uhr die Wachtparade mit treflicher kriegerischer Musick, alles an mir vorbey. Und Sontags, wenn die Catharinenkirche aus ist und die Wachtparade dazu kommt, so siehts auf dem großen Platz aus wie am Krönungstag. So gar an Regentagen ist es lustig; die vielen hundert Paraplü vormiren ein so buntes Tuch, das lustig anzuschauen ist.«

Und in einem anderen Brief an den Sohn vier Wochen später:

»Nur einen Augenblick wünschte ich dich jetzt her. Vor Getümmel konte ich beynahe nicht fortschreiben. Der gantze Roßmarkt steht voll Bauernwagen, die Stroh und Heu zu Marckte gebracht haben. Die Wachtparade der Preußen soll aufziehen. Es ist auf dem großen platz kein Raum. Die Bauern kriegen Prügel und so weiter. Von dem Bockenheimer Thor herein kommen Wagen mit Betten. Die Maintzer flüchten. Genug es ist ein Schari wari, das Curios anzuhören ist.«[181]

»Pele mele, alles durcheinander, in der schonsten Ordnung«, so erlebt sie die von Judengasse und Stadtmauer befreiten Einwohner 1795. Catharina verabscheute die Ruhe. Wir werden sehen, wie sich das mit ihrer stets beschworenen Ruhebedürftigkeit verträgt. Im Jahr 1783 jedenfalls ist das Chaos nur an ihrem Schreibtisch zugelassen.

Catharina Elisabeth, mit 17 Jahren verheiratet, war beim Tode Johann Caspars 51 Jahre alt (1782). Ein Jahr später starb die Mutter, Anna Margaretha Textor. Zu ihr hatte sich Catharina zur Zeit der schweren Krankheit Johann Caspars zweimal in der Woche geflüchtet. Jene Ereignisse bedeuten einen Einschnitt in der Biographie, nicht nur äußerlich. Also versuchte Catharina 1783 bis 1787, noch einmal ein eigenes Leben, eigene Beziehungen aufzubauen.

Die Leidenschaft für das Theater war keineswegs neu, aber nun trat Catharina in diesen Zusammenhang in einer neuen Rolle ein: halb auf der Konsumentinnen-, halb auf der Macherseite. In den Jahren 1770–1790 entstanden die wesentlichen Institutionen der bürgerlichen Öffentlichkeit – eine davon, neben den Leseinstituten, den Bibliotheken, den Konzertsälen, der kritischen Presse, war das Theater als moralische Anstalt. Zugleich war das Theater auf Einnahmen angewiesen; das Publikum mußte gewonnen werden. Catharina ergriff Partei für die jungen Autoren und für ihre bevorzugte Theatergruppe, zuerst die Seylersche, dann die Großmanns.

Will man Catharinas Tatkraft und Energie beschreiben, so wird man sich eher dem Theater als der Haushaltsführung zuwenden. Sie war davon besessen, als Kritikerin, als Publikum; doch ebenso interessierten sie die Macher. Sie vermochte alle Rollen dieses Metiers zu beurteilen. Hier war sie kompetent, selbstsicher. Sie korrespondierte ausgiebig über Fragen und Belange des Theaters.

Um die Briefe Catharinas an den Schauspieler Großmann zu verstehen, muß man die Theaterverhältnisse Frankfurts kennen. Vor 1782 besaß die Stadt kein festes Haus. Der Errichtung des Komödienhauses 1782 ging ein langer Streit mit der lutherischen Geistlichkeit voraus, die den Bau aus sittlichen Gründen ablehnte.

Der Einfluß der lutherischen Kirche lief in Frankfurt wie anderswo dem Theater streng entgegen. Frankfurter Bürgersöhnen war bei Strafe untersagt, in ihrer Vaterstadt als Schauspieler aufzutreten. »Als eine Vereinigung von jungen Bürgersöhnen und -töchtern im Jahr 1774 beim Rat um die Erlaubnis einkam, öffentliche Schauspielaufführungen zu veranstalten, wurde dies glatt abgeschlagen.« Dabei war das Theater in der Zeit der Wandertruppen nicht bloßer Klamauk. So schwer das Leben für die Wandertruppen war, für das Publikum bot sich die Gelegenheit, die bedeutendsten Stücke zu sehen. Catharina war von Kindheit an mit dem gesamten Repertoire des deutschen Theaters vertraut. Sie sah hervorragende Darsteller, darunter die Neuberin, die Ackermannsche Truppe und schließlich die Seylersche Truppe ab 1770, mit

der sie in besondere Beziehung trat. In dieser Truppe spielte Großmann. Leopold Wagner und Maximilian Klinger, Hausgäste im Hirschgraben, schrieben für die Seylersche Truppe.
Das Theater der Kinderzeit Catharinas unterschied sich erheblich von jener Aufführungsweise, der ihre Leidenschaft in der Mitte ihres Lebens gehörte. Die Veränderung zum Theater »als moralische Anstalt« war einschneidend, was die Dramaturgie der Stücke angeht. Weniger änderte sich zunächst beim Publikum:

»Der *Theaterbesucher* im 18. Jahrhundert stand eben der Kunst der Bühne im allgemeinen noch recht wenig ehrfurchtsvoll gegenüber. An den Höfen mochte es noch gehen, da dort die Anwesenheit Serenissimi die Zuschauer im Zaume hielt, aber in den Städten war es anders. Der Bürger glaubte durch Bezahlung seiner ›entrée‹ das Recht erworben zu haben, sich im Theater so aufzuführen, wie es ihm paßte, zumal man ja hauptsächlich hineinging, um sich zu unterhalten, und sich mit gleicher Begeisterung und gleichem Interesse auch an Zirkus- und Artistenvorstellungen erfreute. So dürfen wir uns also nicht verwundern, wenn die Haltung des Publikums heutigen Begriffen kaum entsprach. Verspätetes Kommen, Klappen mit den Sitzen, laute Unterhaltung sind noch das wenigste, was getadelt wird, aber *Seyfried* klagt in seiner ›*Dramaturgie*‹ darüber, daß in Frankfurt *während* des letzten Aktes von ›Emilia Galotti‹(!) Kinder im Orchester spielen und auf dem Klavier hämmern, die Orchestermitglieder heraus- und hereinlaufen, daß die Damen Haselnüsse aufklopfen und sich mit den Schalen werfen. Gewiß, auch von den Theatern anderer Städte hört man, daß, trotz des Verbotes, Hunde mitgebracht wurden, daß man ›kleine, schreyende Kinder‹ an den künstlerischen Genüssen teilnehmen läßt u. ä., aber in *Frankfurt* scheint es nach allem, was wir hören, besonders schlimm gewesen zu sein. Noch 1780 behauptet der Referent des ›Theaterjournal für Deutschland‹: ›das Frankfurter Publikum ist das unruhigste, das ich noch gesehen habe.‹
Man hätte nun meinen sollen, daß es im neuen Städtischen Komödienhaus besser geworden wäre, aber nicht einmal der Respekt vor den städtischen Behörden vermochte hier eine Änderung herbeizuführen.«[182]

Es ging um den Übergang vom festlich-dekorativen Theater zum Schauspielertheater. Das Theater bekam die Aufgabe, die Sitten zu bessern und zur allgemeinen Aufklärung beizutragen. Catharinas Kommentare über die Wirkung des *Hamlet* und der *Emilia Galotti* klingen nicht gerade ermutigend. Im Jahr 1779 schreibt sie:

> »Die güngstige aufnahme des Hamlets hatte mir beynahe unser Publicum ehrwürdiggemacht, aber beym Licht besehen, war es nichts gar nichts als neugirde – etliche wenige ausgenommen resoniren sie wie die Pferde. Vor einigen Tagen trafe ich in einer Gesellschafft eine Dame von der so genandten großen Welt an, die vom Hamlet das Urtheil fällte es wäre nichts als eine Farse – O!!! Gevatter! Gevatter! Hamlet eine Farse!!!!! Ich dachte ich kriegte auf der stelle eine Ohnmacht – Ein anderer behaubtete /:noch obendrauf mit dem ausdruck:/ Daß ihn der Teufel holen solte, wo er nicht eben so ein Ding voll Unsinn schreiben könte, und das war ein Dicker Vierschröderischer Weinhändler. Da ist nun als ein gekreische von unserm Jahrhundtert, von erleuchten Zeiten u. s. w. und doch ist, /:eine kleine Zahl ausgenommen die freylich das Saltz der Erden sind:/ bey denen Herrn und Damen alles so schal, so elend, so verschoben, so verschrumpft, daß sie kein stück Rindfleisch kauen und verdauen können – Milchbrey – gefrohrne sachen – Zuckerpletzger – hogout das ist ihr Labsahl, freylich verderben sie sich den Magen dadurch noch immer mehr, aber wer kan helfen.«[183]

Die Bemerkung über das Frankfurter Publikum zeigt, wie weit die Zeit noch von der sakralen Kunstfeier und der Innerlichkeit des stillen Kunsterlebnisses entfernt war:

> »So gut Wein und Früchte /:besonders in diesem Jahr:/ bei uns gedeihen, desto stupider werden die Menschen um mich herum – Ich habe diese Messe die deutlichsten Proben davon – Unsere vorigen Schauspieler konnten mit Hamlet, Emilie Galotti, Minna von Barnhelm u. s. w. auf keinen grünen Zweig kommen, und nur noch gestern trug dem jetzigen Namens Böhm, ein herzlich dummes Ballet über 1000 Gulden ein – Besonders applaudierten meine Landsleute die Teufel, die mit dem brennenden Werg so gut umzugehen wußten, daß kein

Unglück damit geschahe – Auch waren die Furien gar schön frisiert – und Satan und der Adamelech sahen auch gar nicht bitter aus – Mit einem Wort, es war eine Hölle, die sich gewaschen hatte.«[184]

Als es 1782 zur Eröffnung des Komödienhauses kam, pachtete Tabor, ein Hofrat, das Haus auf 10 Jahre und betrieb es, indem er verschiedene Schauspieltruppen engagierte, zuerst die Großmannsche Gesellschaft, später Böhm und Koberwein (erst nach 1792 wurde das Haus kontinuierlich bespielt und gab es ein Ensemble). Zuvor gab es ständig Auseinandersetzungen, welche Truppe den Zuschlag bekommen sollte. Die Truppen rivalisierten heftig. Und darum geht es in Catharinas Parteinahme für die Seylersche und später die Großmannsche Truppe gegen Böhm und andere. Den Intendanten Tabor bezeichnete sie immer nur als »das Organ«.
Tabor bediente den Publikumsgeschmack, fand Catharina. Doch zeigt der Frankfurter Spielplan, daß die neuen Arbeiten von Lessing und Goethe, von Wagner und Klinger sowie die Shakespeare-Dramen zur Aufführung gelangten. Catharina hatte sehr entschiedene Präferenzen. Und die Schauspielerinnen und Schauspieler, die sie schätzte, zählten zu den besten ihres Faches. An Großmann schreibt sie:

»Lieber Herr Gevatter! Längst hätte ich Ihren mir so angenehmen Brief beantwortet, wäre nicht beykommende Theater Zeitung /:die ich doch gern mittschicken wolte:/ bey Buchbinder geweßen. Ja lieber Herr Gevatter Ihr Brief hat mich recht gefreut! Das wird ja die Meße recht hübsch werden, da Sie so gute Leute mitbringen – vor mich wirds ein groß gaudium seyn, meine Leibstücker mir vortragiren und vor Comisieren zu laßen – Als da sind Heneriette, trau schau wem, die Schwiegermütter, der Schmuck, und wenn die Nobleße eine glatte Haut hätte – die 6 Schüßlen aber aber das Stück ist vor die art Menschen zu starker Taback – den Berlinern verdirbts den Magen nicht – das ist unerhört wie ofts Döbelin aufgeführt hat – und ich habe eine Berliner Dame gesprochen, die mich versicherte, das Hauß seye jedesmahl zum erdrücken voll geweßen. Emilia Galotti, Hammlet, Clavigo, Ariadne – und beynahe hätte ich meine Minna von Barnhelm vergeßen – wan ich noch an *das* Stück dencke, und wie alle rollen so gut besetzt waren; so ist mirs immer noch ein Jubel. Vorstehndes und was ihm ähnlich ist währe nun so ohngefähr mein geschmack – Was aber Franckfurth überhaubt betrieft, so mag der liebe Gott wißen was sie wollen – Schon vor 40 Jahren /: sagte mir mein alter Agend Schneider:/ hätte Madam Neuberin beynahne eben das gesagt und geklagt. Solte ich aber in Erfahrung bringen was dieser oder jener gern sähe und wollte; so will ichs Ihnen /:verlaßen Sie Sich drauf:/ redlich melden.«[185]

Natürlich stand die Theaterleidenschaft Catharinas im Zusammenhang mit dem Sohn. Es waren die anderen und es war sie selbst, die diesen Zusammenhang immer wieder herstellten. Doch war dabei nicht bloß mütterlicher Stolz im Spiel; gleich bedeutsam war die Anknüpfung an das Mitempfinden der »Mutter Aja« mit den »Söhnen« des Sturm und Drang. Das heißt, es ging um übereinstimmende Interessen. Das Theater wirkte, zumal in einer Stadt wie Frankfurt, in die Zentren der geistigen Auseinandersetzung. Die deutsche bürgerliche Öffentlichkeit um 1770 bis zum Ende des Jahrhunderts spiegelte weniger den Konflikt mit den politischen Mächten.[186] Was sich vollzog, war vielmehr eine kulturelle Revolution, die auf neue Werte setzte: auf die Idealisierung der schöpferischen Kraft des Menschen, auf moralische Selbstverantwortung, auf individuellen wirtschaftlichen Erfolg. Zum Maßstab wurde das Ideal des Menschen, der jenseits von nationalen und ständischen Schranken ein tugendhafter Bürger wäre. Aufklärung und christliche Tradition mischten sich im neuen Weltbild der Catharina Elisabeth ebenso wie der Susanna von Klettenberg. Catharinas Kritik an den Lebensverhältnissen war immer Kritik am Machtmißbrauch. Politische Einrichtungen betrachtete sie als Naturtatsachen, kriegerische Verwicklungen nicht minder. Mit dieser Auffassung bewegte sie sich in den Denkformen des fortschrittlichen deutschen Bürgertums. Die republikanischen Dramen, Lessings vor allem, liebte sie, weil sie sittlich schöne Handlungen bewunderte und weil sie sich zugleich solche Handlungen als Modell des Vernünftigen vorstellte. Ihr gefielen die Erzählungen von verbrecherischen Fürsten und verachtenswerten Höflingen, von angepaßten Weltmännern und ihren Intrigen. Zwar ist hervorgehoben worden, daß sie unpolitisch war[187], und es werden immer wieder Sätze aus ihren Briefen zitiert, als sei hier ein politisches Manifest erlassen worden. Wenn unter Politik die Haupt- und Staatsaktionen gemeint sind, so interessierte sie das nicht. Wenn darunter die deutsche Nationalstaatsidee gemeint war, so stand sie als Reichsstädterin der Idee eines einheitlichen kulturellen Deutschland im Sinne des Heiligen Römischen Reiches Deutscher Nation sympathisch gegenüber. Aber bei Catharina kam noch eine andere Dimension zum Vorschein – die alltägliche Erfahrung der Stadtbewohnerin mit der Politik:

> »und alle sind erstaunt über die Schönheit in Franckfurth besonders aber außer der Stadt – die alten Wälle sind abgetragen die alten Thore eingerißen um die gantze Stadt ein Parck man glaubt es sey Feerrey – man weiß gar nicht mehr wie es sonst ausgesehen hat – unsere alte Perücken hätten so was biß an Jüngsten Tag nicht zu wegen gebracht – bey dem kleinsten Sonnenblick sind die Menschen ohne Zahl vor den Thoren Christen – Juden – pele mele alles durcheinander in der schönsten Ordnung es ist der rührenste Anblick den man mit Augen sehen kan – und das ist und wird alles ohne Unkosten gemacht – die Plätze der alten Stadt Mauren – Wälle werden an hisige Bürger verkauft – da nimbt der eine viel der andre weniger jeder baut nach Hertzens Lust – einer macht einen Bleichgarten – der andre einen Garten u. s. d. das sieht den Schamant aus – und hirmit Basta!«[188]

Daß während des Napoleonischen Krieges die Franzosen die Wälle schliffen, gefiel ihr. Daß die Judenemanzipation sich dem *Code Napoléon* verdankte, also der Fremdherrschaft, beschäftigte sie wenig, so lange ihr die Sache selbst vernünftig erschien. Die große Politik betraf die Bevölkerung der Freien Reichsstadt Frankfurt nur in Gestalt von Besatzungen, Kriegskontributionen, Angst vor Brandschatzungen und Plünderung. Für Catharina blieb der Einzelne die letzte Instanz, und dieser Einzelne erlebte die Außenwelt als übermächtige Natur und mußte versuchen, dem Übermächtigen einen Sinn abzuzwingen.

Für Catharina galten Regeln, die bürgerlichen Anstand und christliches Mitleid geboten. Sie selbst kam ihren Pflichten nach, ohne viel Worte zu machen, wie das Haushaltsbuch oder die Fürsorge für das verlassene Kind der Schauspielerin Fritze bezeugt, das allein und elend an den Blattern zugrundeging. Die politische Haltung Catharinas ist die gleiche, wie sie sie in den Dramen und Romanen fand, die sie verschlang – Lessing war ein Geistesverwandter. Er teilte auch ihren Impuls gegen den adeligen Standesdünkel. In ihrer Theaterneigung spiegelte sich dieses bürgerlich-emanzipatorische Engagement, denn der Mann, mit dem sie sich am besten verstand, der Schauspieler und Autor Großmann, war ein unruhiger Geist, von demokratischen Ideen erfaßt, ein Anhänger der Französischen Revolution.

Catharinas Geschmack war fortschrittlich. Mit größtem Interesse las sie den *Rheinischen Merkur*. Ihre Lieblingsdichter sind zum Teil heute vergessene Autoren mit republikanischer Gesinnung, z. B. Kotzebue oder Großmann. Großmanns Drama *Nicht mehr als sechs Schüsseln* (1777) war ein Stück von aggressiver sozialrevolutionärer Tendenz – der Untertitel lautet »Ein Familiengemälde«. Gegenstand des Spiels ist eine Adelssippe, die versucht, einen ordentlichen Bürger auszuplündern, um sich finanziell zu sanieren. Der Titel entstand aus der Zentralszene des Dramas, in der der ehrenwerte Hofmeister einer geladenen vornehmen Gesellschaft nach bürgerlicher Sitte nicht mehr als sechs Gänge vorsetzen will, während die adlige Verwandtschaft zwölf, ja, achtzehn Gänge verlangt. Der Adel, die Kirche sind mit Bestechung und Entführung dabei. Goethe fand das Stück abscheulich, konnte aber seine Wirkung nicht leugnen, in *Dichtung und Wahrheit* heißt es dazu: »in sechs unappetitlichen Schüsseln alle Leckerbissen der Pöbelspeise dem schadenfrohen Publikum aufgetischt.« Ihn ärgerte vor allem, daß das Drama, in dem schließlich die Ordnung durch Eingreifen der obersten Instanz, des Landesfürsten Karl August, wiederhergestellt wurde, sozusagen in Weimar angesiedelt war. Catharina gefiel das Stück sehr. Sie räumte jedoch ein, daß es »für die Art Menschen« (damit meinte sie die Aristokraten) »zu starcker Tabak sei«.
Großmann und seine Truppe waren regelmäßig ihre Gäste, wenn sie in Frankfurt auftraten. Großmann war mit Lessing und Schiller befreundet. Seine Verdienste um die Theaterentwicklung dokumentieren sich nicht nur in seinem schauspielerischen Können, sondern auch in seinem sozialen Engagement.[189] Er war der erste, der in Deutschland einen Plan für eine Pensionskasse für alternde Schauspieler entwarf. Dieser begabte und engagierte Mann wurde, wie so viele, die Catharina kannte, ein Opfer der deutschen Zustände. 1795 ließ er sich in Gegenwart des Braunschweiger Hofes in freier Rede während einer Aufführung – er improvisierte – dazu hinreißen, eine Generalabrechnung mit den Verhältnissen vorzunehmen. Er attackierte Adel, Religion, Wissenschaft, die Regierung und die Fürsten, die Schriftsteller und die Gelehrten – und wurde verhaftet. Er war schwer krank, wurde deshalb aus der Haft entlassen, durfte aber das Theater nicht mehr betreten. Ein Jahr später starb er in Armut.
Wie elend die Lebensverhältnisse Großmanns zeitweilig waren, erhellt aus der Tatsache, daß er Schillers Hilfsangebot, ihm die Erstaufführung des *Don Carlos* für 12 Dukaten zu überlassen, nicht annehmen konnte, weil ihm das Geld fehlte:

»›Wir werden‹, schrieb er, ›wunderbar auf diesem Globus herumgeworfen. Wir sind zwei Taucher, die bald hier, bald dort aus dem großen Weltmeer den Kopf heraus strecken und wieder in die Tiefe sinken.‹ Er bot ihm die Erstaufführung seines ›Don Carlos‹ für zwölf Dukaten an. Aber selbst diese Summe konnte Großmann nicht aufbringen.«[190]

Großmann, Lenz, Merck, Wagner, Klinger – Catharina sah sie alle untergehen, mit dem Leben nicht fertig werden.
Dem Schauspieler Großmann dankte sie mit den folgenden Worten für sein Spiel:

»Nochmahls vielen Danck vor alle die Freuden und vergnügten Tage die Sie mir vier hübsche Wochen lang tag täglich verursacht und gemacht haben. Bey meiner Lage, bey der stille die um mich herum herscht ists nöthig, ists Wohlthat wenn mir was vor die Seele gestelt wird das sie aufzieht, in die höhe spant, daß sie ihre anziehende kraft nicht verliehrt. Doch da mir Gott die Gnade gethan, daß meine Seele von Jugend auf keine Schnürbrust angekriegt hat, sondern daß Sie nach Hertzens lust hat wachsen und gedeihen, Ihre Äste weit ausbreiten können u. s. w. und nicht wie die Bäume in den langweiligen Zier Gärten zum Sonnenfächer ist verschnitten und verstümmelt worden; so fühle ich *alles* was wahr gut und brav ist, mehr als villeicht Tausend andre meines Geschlechts – und wenn ich im Sturm und Drang meines Hertzens im Hamlet vor innerlichem Gefühl und Gewühl nach Luft und Odem schnappe, so kan eine andre die neben mir sitzt, mich angaffen, und sagen, es ist ja nicht wahr, sie spielens ja nur so – Nun eben dieses unverfälschte und starcke Nathur gefühl bewahrt meine Seele /:Gott sey ewig Danck:/ vor Rost und Fäulniß.«[191]

Der Dank an Großmann beschreibt eine wesentliche Funktion des Theaters für Catharina: Sie hat Angst, im Alltäglichen, in der Leere, in der Empfindungsarmut zu versinken. Mit der Äußerung »Bei meiner Lage« ist keineswegs gemeint, daß sie etwa einsam und ohne Unterhaltung war. Doch sie wollte sich nicht nur unterhalten, sich die Zeit vertreiben – da ist »die Stille«, die um sie herrscht, lebensgeschichtlich die Stille, weil die Kinder fort sind, die Rolle der Mutter und Gattin zu Ende ist. Kann sie lebendig sein, nachdem die Kultur keine Aufgabe mehr für sie vorsieht? Keinen Platz, sich zur Geltung zu bringen, einzugreifen, in gemeinsamen Praxiszusammenhängen sich zu bewegen? Vorgesehen war das Gnadenbrot bzw. die christliche Wendung zur Vorbereitung auf den Tod und die Ewigkeit. Dagegen stand ihr Bedürfnis nach heftigen Gefühlen. Catharinas Art, ein Paar zu bilden, war von besonderer Art. Sie liebte den, der etwas Vollkommenes zu realisieren vermochte. Sie liebte Männer als Schöpfer und sich selbst als »Mutter«, die an dieser Schöpfung beteiligt war.

Karl Wilhelm Ferdinand Unzelmann war Schauspieler, und sie sah ihn auf der Bühne. Dieses Anblicken und Sichversenken in den Geliebten als Darsteller, ihn in heroischen Bildern zu betrachten, so wie sie den Kaiser in ihrer Phantasie gesehen hatte, der unter allen, die ihn betrachteten, nur ihr allein Bedeutung zumaß – das entzündete ihre Zuneigung. Der Kommentar Heinemanns ist zurückhaltend; andere Biographien kehren das ihnen Anstößige dieser Verbindung deutlich hervor, so Düntzer, der es kaum glauben mag und von einem »Johannis-Trieb« redet. Schließlich war Catharina 52 Jahre alt und Unzelmann, 1753 geboren, 30 Jahre. Heinemann spielt die Beziehung herunter, was nicht mit den Briefen Catharinas in Einklang zu bringen ist: »Unter den Schauspielern der Großmannschen Truppe, von denen viele in den Briefen als befreundet erwähnt werden, nahm der geniale, später in Berlin zu großem Ruhme gelangte Komiker Karl Wilhelm Ferdinand Unzelmann bei Frau Rat eine Vertrauens- und Freundschaftsstellung ein, die uns nach den erhaltenen Briefen an ihn wie das Verhältnis eines Sohnes zur Mutter erscheint. So auffallend ist ihr Mitgefühl bei Freuden und Leiden des Mannes, so groß die Furcht bei ihm drohendem Unglück, so groß die Freude über sein Glück. Der Grund für diese Ehrenstellung Unzelmanns im Herzen von Goethes Mutter lag in seiner genialen Begabung, die die für schauspielerische Talente leicht entflammte Frau zu Bewunderung und hülfereicher Freundschaft hinriß. Unzelmann war 1753 in Braunschweig geboren, hatte sich 1784 der in Frankfurt spielenden Großmannschen Truppe angeschlossen und hier bald die Aufmerksamkeit der Frau Rat erregt. Ihre Beziehungen wurden auch dadurch inniger, daß Unzelmann die schon mehrfach erwähnte Stieftochter Großmanns, die hochbegabte, damals siebzehnjährige Schauspielerin Friederike Flittner, 1785 heiratete. Während der Jahre 1784–88 spielte er häufig in den Messen in der Taborschen Gesellschaft in Frankfurt, so daß Frau Rat in gewissem Sinne von einem vierjährigen Aufenthalte in Frankfurt sprechen kann. Vieles aus ihren späteren Briefen an ihm deutet auf freundschaftlichsten und vertrautesten Verkehr. Frau Rat nennt diese Jahre die glücklichste Zeit ihres Lebens.«[192]

Von 1784 bis 1788 blieb Unzelmann im Umkreis Frankfurts. Der eigentlich interessante Teil des Briefwechsels beginnt nach der fluchtartigen Abreise Unzelmanns 1788, von der Catharina Elisabeth völlig überrascht wurde. Unzelmann war nach übereinstimmender Einschätzung ein genialer Schauspieler. Ein Zeitgenosse beschreibt ihn als Franz Moor in Schillers *Räubern* 1788:

> »Franz von Moor«, heißt es dort, »gab Herr Unzelmann. Er spielte anfangs zu ruhig, zu überlegt, und machte eben dadurch diesen schwarzen Charakter noch schwärzer. Feuer und Empfindung hätten Gesinnungen und Handlungen mehr motiviert. [...] Wahr und erschütternd war sein Spiel im vierten Aufzuge, wo Gewissensangst den Verbrecher ergreift und er in Verzweiflung betend niederstürzt. Das Frankfurter Publikum gab hier einen Beweis seines – um das gelindert zu sagen – Mangels an Delikatesse und Gefühl – es lachte wiehernd auf bei einer Situation, wo kaltes Entsetzen mich packte! Herr Unzelmann fühlte sich angegriffen und trat einen Augenblick von der Bühne ab und der Vorhang mußte fallen. Es gereicht ihm indessen zur Ehre, daß er in dem darauf folgenden fünften Akt sein Spiel mit aller Anstrengung vollendete, und besonders die letzte Scene mit schaudernder Wahrheit ausfülrte. Und das Publikum – lachte beinahe wieder. Wenn noch derlei Geschöpfe, die taub sind für die Vergnügungen des Geistes und der reinen Sinne, wenigstens andern diese Quelle nicht trüben wollten!‹«[193]

Unzelmann war als Mitglied der Großmannschen Truppe in Kontakt mit Catharina Elisabeth gekommen. Auch Friederike kannte Catharina Elisabeth schon lange. Sie war als Stieftochter Großmanns häufig bei Catharina zu Gast.

Mit Unzelmann verband Catharina leidenschaftliche Zuneigung. Ihr Schmerz, als er Frankfurt verließ, ist der empfindlichste, der sich in ihren Briefen ausspricht. Hier versagten ihre Verleugnungs- und Verarbeitungsmechanismen, und sie geriet in eine tiefe Krise. Die Besonderheit der Beziehung drückt sich auch darin aus, daß Unzelmann der einzige Mann war, an den Catharina Briefe richtete, die sie mit ihrem Vornamen unterzeichnete: »Ihre Freundin Elisabeth.« Es sind, zwischen Januar 1788 und 1791, etwa 25 Briefe. Die Korrespondenz setzt ein mit einer eher kühlen Mitteilung am 13. Februar. Catharina berichtet von einem Diner für 40 Personen – für Freunde und Bekannte vom Theater:

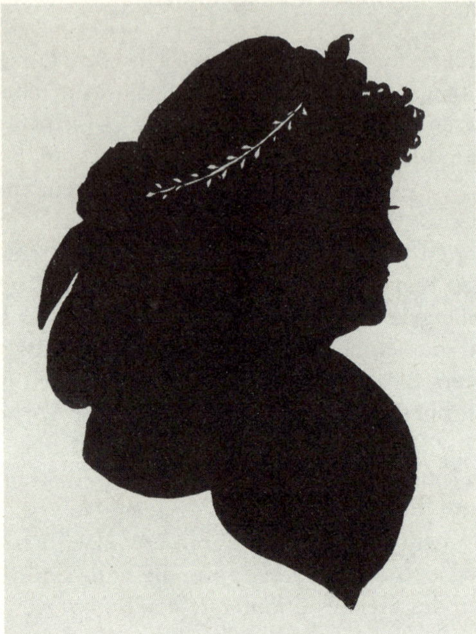

Catharina Elisabeth Goethe,
Schattenriß. 1805

»Lieber Freund!
Schließen Sie nicht aus diesen wenigen Zeilen – auf etwanigen mangel an meiner Freundschaft, sondern schreiben Sies dem wirr warr zu mit dem ich heute umgeben bin. Sie wißen daß alljährig es die Mode bey mir ist alle meine Freunde und Bekanten zu Regaliren dieses Festein ist heute – Dencken Sie Sich also die Geschäfftigkeit der Frau Aja, 40 Menschen mit Speiß u Tranck zu bewirthen! Leben Sie wohl! Amen. Es muß sich in Wichs setzen

Ihre Freundin
Elisabeth.«[194]

Der nächste Brief ist von ganz anderem Charakter. Sie fürchtet, daß Unzelmann die Taborsche Gruppe in Mainz verlassen wird. Der Brief ist einer besonderen Untersuchung wert, da er aufschlußreiche Wendungen enthält. Er ist von einer typischen Dreiteilung: zuerst die Intensität der Empfindungen, dann die Ironie und schließlich die Rolle der Gebenden. Der erste Abschnitt, die Eröffnung des Briefes, fällt auch stilistisch deutlich auf. Es ist die Sprache des »Sturm und Drang«:

»Den 16ten Mertz 1788
O! Täuschen Sie mich nicht wieder! O! Blasen Sie nicht den toden funcken wieder an – überlaßen Sie mich lieber meinem gram der eine solche höhe erstiegen hat wo schwerlich was drüber geht – Bey einem Gewitter verkündigt doch der Donner die annährerung des Blitzes – aber hir war Blitz und schlag so eins; daß michs ewig wundern wird – daß mich meine Lebens geister nicht den Augenblick alle verließen. Ich weiß warrlich nicht, ob ich nach so vielem vorhergegangenen Täuschungen, fehlgeschlagenen Erwartungen, mein Hertz der Hoffnung die mich so offte, so unendlich offte hintergangen hat, ob ich dieser Betrügerin es je wieder öffnen soll: oder ob es nicht beßer ist sie gantz zurück zu weißen, keinen strahl davon mehr in die Seele kommen laßen – und mein voriges Pflantzenleben wieder anzufangen – ich sage es noch einmahl – ich weiß es nicht. Die Quall die ich jetzt leide ist unaussprechlich – da begegnen mir auf allen Ecken von dem verwünschten Volck, und machen jede Rückerinnerung neu, reißen durch ihren Basilisken Blick jede Wunde auf – suchen und

> spähen ob in meinen Augen Traurigkeit wahrzunehmen ist – um vielleicht darann ein gaudium zu haben –«[195]

Zu dieser heroischen Passage gehören die Bilder von Blitz und Donner, der Funke des Lebens und das betrogene Herz, Ausrufe und Satzlänge – der erste Satz geht über 16 Zeilen. Ein langer Atem, eine dramatisierte Empfindung. Hier spricht Catharina davon, daß sie früher ein Pflanzenleben geführt habe. Sie gebrauchte dieses Wort schon einmal – ein »Pflanzenleben« führte der Herr Rat, als er vom Schlag gelähmt und ohne Bewußtsein war. Eine merkwürdige Assoziation Catharinas für ihr eigenes Leben – weniger merkwürdig, wenn wir uns an unsere Interpretation erinnern, daß Catharina sich zu verwirklichen sucht und dazu ein Ziel und einen Stellvertreter braucht. Es ist ihr heroisches Ich, ihr mit dem grandiosen Selbstentwurf verbundenes Ich, das diese Sprache spricht. Betrachten wir, was Catharina aus diesem Impuls macht. Wie führt sie den Ansatz weiter? Nun, sie läßt ihn fallen und nimmt eine Rolle an, in der sie sich selbst nicht ernst nimmt und sich distanziert neben sich stellt:

> »da begegnen mir auf allen Ecken von dem verwünschten Volck, und machen jede Rückerinnerung neu, reißen durch ihren Basilisken Blick jede Wunde auf – suchen und spähen ob in meinen Augen Traurigkeit wahrzunehmen ist – um vielleicht darann ein gaudium zu haben –«

Sequenz 2:

> »und wenn ich an die Meße dencke auf die ich mich sonst so kindisch freute, wie das großmaul die St. mit Schadenfreude auf mich blicken wird – und ich mich in dem punct so wenig verstellen kan; so weiß ich nicht was ich thun oder laßen soll – Aber eins weiß ich – das Otterngezüchte soll aus meinem Hauß verbant seyn, kein Tropfen Tyrannenblut soll über ihre Zungen kommen – keine Hand will ich ihnen zur Ehre, oder zur Ermunterung rühren – kurtz allen Schabernack den ich ihnen anthun kan – will ich mit Freuden thun – räsonieren will ich, Bürgers Frau Schnips soll ein Kind gegen mir seyn – denn Luft muß ich haben sonst ersticke ich.«[196]

Sinngemäß heißt das: Wenn ich an die Messe denke, wenn die Schauspielertruppe aus Mainz kommt, die (das hat Unzelmann ihr beigebracht) den guten ahnungslosen Unzelmann durch Intrigen aus Mainz vertrieben hat, dann wird Catharina ihren Schmerz so gut als möglich verbergen, aber streiten wird sie mit ihnen. Nicht zufällig hat diese Sequenz 2 eine aufsteigende Tendenz. Catharina macht das Angebot, sie nicht ganz ernst zu nehmen, und sie führt ihre Art der Selbstbeschwichtigung und Tröstung vor. Sie stellt sich dar als eine Frau im Konkurrenz- und Klatschsystem der Frauen (und wenn ihr das auch ohne Zweifel wichtig ist, so ist die Sprechweise doch verräterisch, denn sie macht es zum Unwichtigen). Sie beginnt, sich in Kinderworten zu beschreiben (Schabernack ... Bürgers Frau Schnips soll ein Kind gegen mich sein ...) Aber das Kind ist sie! Warum? Der Übergang zur Distanzierung vom Ernst und Schmerz verläuft nicht zufällig über den Blick der anderen (Reißen durch Basiliskenblick jede Wunde auf – suchen und spähen, ob in meinen Augen Traurigkeit wahrzunehmen ist). Im Blick der anderen als Verletzte dazustehen ist so schlimm, daß Catharina beginnt, ihren Schmerz zu verleugnen und zum Schwinden zu bringen. Und sie tut das in charakteristischer Weise, indem sie sich etwas vorspielt – in eine Phantasie abschwirrt, in der sie sich selbst vergnügt. Nichts anderes tut sie im 3. Abschnitt. Sequenz 3:

»– unterstehen Sie Sich nicht noch einmahl die F. [eine Schauspielerin, U. P.] meine Freundin zu nennen – das ist prostution vor mich – sie war es *nie* wird es *nie* werden – ich bin mit meiner Freundschaft nicht so freygebig es haben gantz andre Leute als solch *eine* darum gebuhlt und sind in gnaden fortgeschickt worden. Das mir so gütigst mitgetheilte Geheimnüß werde wie einen kostbahren anvertrauten Schatz bewahren – kein Mensch auch selbst der Töffel nicht soll es erfahren – vor mich soll es nicht sowohl Hoffnung /:den mit der bin ich entzweyt:/ sondern eine art von Luscher seyn. Vor Ihrem herkommen fürchte ich mich – Sie können leicht begreifen warum!!! Morgen laße ich Brandbriefe an all meine saumseelige Schuldner ergehen – und dann wird Ihrer gedencken

Ihre

Elisabeth.

N. S. An die Frau Gevatterin meinen freundlichen gruß.«[197]

Hier kommt die Sprachlust zum Zuge, eine Lust, ihrem Briefpartner etwas vorzuspielen, denn es handelt sich weniger um eine Rachephantasie gegenüber den intriganten Schauspielern, »dem Otterngezücht«, als um ein Spiel mit Unzelmann, dem sie sich in einer Rolle präsentiert, in der sie sich selbst gefällt. Und diese Rolle, so glänzend sie sie auszubauen versteht, ist äußerst prekär. Es ist diese »gesunde Volksnatur-Kinderrolle«, die sie immer annimmt, wenn sie gegenläufige Empfindungen aus dem Weg räumt: das »Frisch, Fromm, Fröhlich, Frei«, das unecht ist und eine Kompromißformel. Leicht hysterisch, abwehrend, den Schmerz beseitigend, unverletzt scheint sie dadurch. Als dieses Kind wird sie allgemein geliebt. Denn so ist sie unproblematisch, kommt mit sich selbst klar, fordert nichts und leidet nicht. Es ist auch eine asexuelle Rolle, ganz das Gegenteil der ersten Sequenz, die eine erwachsene Person zeigt, die von sich spricht. Hier dagegen Selbstironie und eine Pseudorolle.

Die dritte Sequenz zeigt uns Catharina in einer der für sie charakteristischen Rollen, sie verwandelt sich nämlich in die Gebende. Sie hat Freundschaft zu vergeben, ein Geheimnis zu bewahren, Geld zu beschaffen, und doch kommt plötzlich mit einer anrührenden Ernsthaftigkeit das Eingeständnis: »vor Ihrem Herkommen fürchte ich mich«. (Vom Kopf her hat sie durchaus verstanden, wie die Sache läuft, aber ihr Gefühl macht nicht mit.) »Das Geheimnis«, von dem hier die Rede ist, wohl die mögliche Rückkehr Unzelmanns, wird ihr nicht Hoffnung, sondern eine »Art von Luscher« sein, ein Luscher, ein Trost über den Schmerz, wie man ihn Kindern gibt, wenn sie allein sind.

Der Brief endet mit einer Wendung zur Aktivität, und praktische Eingriffe bestimmen auch die nächsten Briefe. Es geht um Unzelmanns Schulden und Catharina Elisabeth versucht, wider ihr untergründiges Wissen, daß alles sinnlos ist, zu helfen, läßt sich allerlei einfallen: »Rat und Tat«, wie Susanna von Klettenberg und Catharina in *Dichtung und Wahrheit* genannt werden (Catharinas Part ist die Tat).

Der nächste Brief Unzelmanns kam aus Berlin. Er war ohne Abschied abgereist. Catharina ist außer sich, sucht sich aber zu beherrschen, zumal sie zu ahnen beginnt, daß sie nicht die ganze Wahrheit von Unzelmanns Abreise kennt. Sie ist verletzt, denn auch zu ihr hat er geschwiegen. Sie schreibt:

»Den 29ten April 1788

Lieber Freund!

Ihren Brief aus Leipzig und den aus Berlin habe mit Vergnügen geleßen den aus beyden ist klahr zu ersehen, daß Sie unsere gute Stadt und Ihre Freunde noch nicht vergeßen haben – es würde aber auch ungerecht von Ihnen seyn, denn das Glück mag Ihnen in andern Zonen noch so freundlich lächeln; so werden Sie doch *nie* bereuen vier Jahre bey uns gelebt und geweßen zu seyn. Den Tag Ihrer Abreiße schickte ich die dicke Iris mit einem warmen prächtigen Kuchen, etwas Tyrannen Blut – einem sehr wohl stilisirten Abschiedsschreiben in Ihr logie – aber eine mitleidige Oreade rief aus der Betternen Wand – /: den es gab da keine Felsen :/ Er ist auf ewig dir entflohn! Was machte aber Ariadne? das sollen Sie gleich hören – So wild und ungeberdig stellte sie sich nun eben nicht – die Eumeniden – die Furien wurden nicht incomodirt – und die gantze Hölle erfuhr von der gantzen Geschichte kein Wort – hätte die arme Naxoser Ariadne in unserm aufgeklährten Zeitalter gelebt – wo alle Leiden und Freuden alles Gefühl von Schmertz und Lust in Sisteme gezwängt sind – wo die Leidenschaften wenn sie in honetter Commpanie erscheinen wollen steife Schnürbrüste anhaben müssen – wo Lachen und Weinen nur biß auf einen gewißen grad steigen darf – sie hätte zuverläßig ihre sachen anders eingerichtet. Freylich ist es etwas beschwerlich immer eine Masge zu tragen – und immer anders zu scheinen als mann ist – Doch Gott Lob bey Ihnen brauche ich das nun nicht – Ihnen kan ich sagen daß mir Ihr Weggehen leid sehr leid gethan hat, daß mein Steckenpferd total ruinirt ist – daß mir beym Eßen die Zeit unausstehlich lang wird mit einem Wort, daß mein Mährgen im Brunen liegt, und wohl schwerlich wieder heraus gezogen werden wird. Auch sey Ihnen ohnverholen daß ich öffters bitter böße auf Ihnen bin, daß Ihr Ehrgeitz, Ihre falsche Chimären Sie von hir weggetrieben haben da mann jetzt gantz das Gegentheil von allem sieht, sieht, daß Koch ein guter Mann ist – der alle so liebreich behandelt der so wenig Neid hat, daß wenn einer gut spielt er ihm um den Hals fält ihn küßt und vor aller Welt sagt, das war brav – der dem organ nichts zu gefallen thut wens den Schauspielern nicht recht ist z. B. das organ wolte die Leute wieder in seinen langen Wagen packen und nach Maintz spediren – Stegmann und Walters setzten sich darwieder – Koch gab Ihnen recht und das organ mußte Kuschen herbey schaffen. Gestern trat ein Subject nahmens Meyer im Clavigo als Beaumarchais auf machte aber seine Rolle so erbärmlich daß die Leute fortgingen ohne das Ende abzuwarten – Morgen tritt er als Lügner auf, O weh!!! [...]«[198]

In diesem Brief interpretiert Catharina sich selbst. Sie nimmt (nachdem das Unglück nicht mehr aufzuhalten ist) eine »offizielle« Haltung ein. Sie nimmt als Theaterfreundin Anteil an seiner Karriere – und als solche hat sie sich zu freuen, wenn er in Berlin reüssiert. Geradezu abschließend-formell möchte sie wirken: »denn das Glück mag ihnen in anderen Zonen noch so freundlich lächeln; so werden Sie doch *nie* bereuen, vier Jahre bey uns gelebt und geweßen zu seyn«.
Was dann folgt, ist die Darstellung einer peinlichen Situation und eine Deutung dieser Situation. Sie, die so sehr Anteil nimmt, war nicht unterrichtet von der Abreise, und deshalb stand die Magd Catharina, »die dicke Iris«, mit den (mütterlich-)pflegenden Geschenken vor verschlossenen Türen. Diese Szene interpretiert Catharina als Bühnenszene. »Aber eine mitleidige Ariadne rief aus der Bretternen Wand – /: Denn es gab da keine Felsen :/ er ist auf ewig dir entflohen! Was machte aber Ariadne?« Wieder ist es das Spiel, womit sie den Schmerz bekämpft. Am Beispiel der Ariadne kann sie sagen, was wahr ist: daß sie Leiden und Freuden unter Kontrolle halten will und muß. Eine Krankheit des Zeitalters? »In unserem aufgeklärten Zeitalter [...] wo alle Leiden und Freuden alles Gefühl von Schmerz und Lust in Systeme gezwängt ist [...] wo die Leidenschaften [...] steife Schnürbrüste anhaben müssen. Wo Lachen und Weinen nur bis auf einen gewissen Grad steigen darf.« Krankheit vielleicht, aber sie vermeidet Tragödien. Die echte Ariadne verzweifelte, die Frau des 18. Jahrhunderts trägt eine Maske. »Freilich ist es beschwerlich, immer eine Maske zu tragen.«
Catharinas Aggression nimmt in diesem Brief eine subtile Wendung. Es ist der Liebesbrief einer Frau, die zu begreifen beginnt, daß der andere weder ihre Gefühle teilt noch sich von ihr beeindrucken läßt, noch Rücksicht nimmt. Sie ist ohne Einfluß. Das Trauma Gleichgültigkeit ist es, das sie hier bewältigen muß. Wie? Mit einer unbewußt ironischen Wendung, denn wirklich bewußt ist es ihr noch nicht; »sie braucht vor ihm, dem Freund, keine Maske tragen« und anders zu scheinen, als sie ist – unter Freunden herrschen Offenheit und Vertrauen, nicht wahr? »Doch Gottlob bei Ihnen brauche ich das nicht. Ihnen kann ich sagen, daß mir Ihr Weggehen leid, sehr leid getan hat.« Und: »Ihnen kann ich sagen, daß mein Steckenpferd total ruiniert ist, – daß mir beim Essen die Zeit unausstehlich lang wird – mit einem Wort, daß mein Märchen im Brunnen liegt, und wohl schwerlich wieder herausgezogen wird.«
Hier trägt Catharina sehr wohl eine Maske – wie häufig nennt sie ihre Leidenschaft für das Theater ihr »Steckenpferd«, das ist die Bezeichnung für etwas Unernstes. Sie übernimmt die gesellschaftlichen Vorurteile, verkleinert sich selbst. Dahinter verbirgt sich das Elend einer tie-

fen Enttäuschung. Bisher sprach sie beim Essen mit Unzelmann über alles, was es an Interessantem gab, mit Unzelmann und anderen über das Theater, als ginge es sie etwas an, als gehörte sie dazu. Aber »das Märchen liegt im Brunnen« (in dem sonst wohl die Kinder liegen), ihr liebstes Kind, ihre eigene Lust, ihre eigene Aktivität ... Und der Freund hat sie hintergangen, ihr falsche Geschichten aufgetischt, der Theaterleiter Koch habe ihn verdrängen wollen usw. Dennoch ist fühlbar, daß sie Unzelmann nicht böse sein kann. Trotz allem ist das der Brief »einer Mutter« an ihren Sohn, den sie beim Lügen ertappt hat und dem sie gleichwohl milde gesonnen ist. Und dann wechselt sie über zu einem imaginären Gespräch mit dem Freund, so wie sie es sicher häufig geführt hatten: mit den kurzen Charakterisierungen der Schauspieler, der Kenntnis des Stückes, der Leistung der verschiedenen Truppen. Catharina zeigt, wie intensiv und mit welcher Lust sie teilhat, so daß sie über diesen Gedanken die Trennung fast vergessen kann. Diese Dimension des gemeinsamen Gesprächs, der gemeinsamen Arbeit spielte eine bedeutende Rolle; in ihren weiteren Briefen wird das sehr deutlich. Catharina liebte Unzelmann, aber als was? Vor allem als den Mann, dessen Karriere sie machen wollte. Er verwirklicht für sie ihre eigenen Pläne. Im nächsten Brief heißt es:

> »– Einen Freund den mann liebt und schätzt – an dem mann alles alles vor jetzt und in Zukunft gethann hat – um Ihm glückliche und frohe Tage zu machen – und dieser zerstöhrt um einer Grille wegen plane, Hoffnung und Glück – verspert sich selbst den Weg uns jemahls wieder zu sehen – Wer über gewiße Dinge seinen Verstand nicht verliehrt – der hat keinen zu verliehren.«[199]

Wiederum zitiert Catharina Elisabeth Lessing, dessen Sprechrhythmus sie auch häufig annimmt. »Wer über gewisse Dinge seinen Verstand nicht verlieret, der hat keinen zu verlieren.« Das ist ein Satz von Odoardo Galotti, mit dem sie sich gern identifiziert. Und noch einmal macht sie Unzelmann und sich klar, daß er sie hintergangen hat, als er seine Lage in Mainz als unerträglich darstellte. So wie er sie finanziell ausbeutete (was sie nicht besonders störte), so hat er sie auch sonst benutzt, wie es ihm paßte:

> »Koch war bei mir und mit Tränen in den Augen sagte er wie bestürzt ihn Ihre plötzliche Abreise gemacht hätte, Sie wären noch beisammen bei Tabor gewesen, hätten zusammen gespeist, er hätte Sie nach Hause begleitet usw.... Gott verzeihe

es den Verleumdern, die ihm [Unzelmann] Dinge von mir in den Kopf gesetzt haben woran keine Silbe wahr ist.«[200]

Catharina sieht plötzlich Intrigen auch von der anderen Seite, und die Unschuld ihres Freundes ist keineswegs erwiesen. Ihre Lust, ihn spielen zu sehen, zerstört ihr jetzt die Lust am Theater, diese imaginäre Form der Nähe mit dem Geliebten:

»Mein Schauspiel-schuß ist seinem Ende nahe – weder an meinem sonst so lieben Fenster im Schauspiel Hauß weder unter den Spielenden noch unter den Stummen sehe ich was ich sonst sahe und wenn mir einfält daß es auf immer und ewig so bleibt und wenig Wahrscheinlichkeit vors Gegentheil ist; so packts michs bey der Brust, daß ich denke der Odem bleibt mir aus und dann fält mir immer der Brief /: O! Elisabeth was habe ich gethan :/ aufs neue ein – Ja wohl hätten Sie doch ein klein bißgen Rücksicht auf Ihre Freundin und auf die Zukunft nehmen sollen. Mein einziger Trost ist noch, daß es Ihnen dort wohlgeht – – und daß Sie diejenige doch nie gantz vergeßen werden – die Ihnen so viele Proben gegeben hat – daß sie war, und ist, und bleibt

Ihre Freundin

Elisabeth.«[201]

Catharina gerät in ihre schwerste Krise – mit dem Schmerz um den Tod Cornelias, um den Tod Johann Caspars nicht zu vergleichen; beides ließ sich im Rahmen des »Normalen« verstehen und ertragen, trieb sie nicht an die Grenze. Hier aber gerät sie außer sich. Der nächste Brief:

»Geschrieben am 2ten Pfingstag [12. Mai]
krank an Leib u Seele.
fortgeschickt den 13ten May 1788

Lieber Freund!
Ich soll mich nicht beunruhigen – nicht ängstigen – soll auf die Zukunft bauen! Ich! die so klahr und deutlich sieht, daß alles darauf angelegt ist, Sie auf ewig von uns zu entfernnen – so offte mir eine Zeitung zu Gesichte kommt zittern mir alle Glieder Ihren Nahmen auf eine schimpfliche weiße drinnen zu finden – und ist nur die kleinste Drohung – der minsteste trotz in dem Schreiben der dortigen Commision enthalten; so ist das unglück gewiß, und Sie sind vor uns auf immer verloh-

ren – Ein Haußarest wäre Ihnen lange lange nicht so schimpflich geweßen – wie wenig Menschen hätten das erfahren – aber Zeitungen die in alle Welt laufen – vom großen und kleinen pöbel geleßen werden, in Gegenden wo Ihnen jedes Kind kent; so was geht über alles! und nun das gerede in allen Gesellschafften – und Ihre Freundin mitten drunter – was soll die nun machen oder welche Rolle soll sie spielen! Habe ich nicht schon genug um Ihrent willen gedultet – vergeben, getragen, gelitten, und nun noch dieses schreckliche alles schrecklichen – O! Schicksahl womit habe ich das verdient! Meine Meinung war so gut, so bieder – ich wolte das Glück eines Menschen machen – und that gerade das Gegentheil – hätte ich Ihn gelassen wie und wer Er war – Er wäre noch bey uns das bin so fest überzeugt als von meinem eigenen Daseyn – Verzeihen Sie Lieber Freund! daß meine Briefe keinens beßern und vergnügerns Inhalts sind, gegen Ihnen kan und mag ich mich nicht verstellen – Sie müßen mir vergönnen mein Hertz aus zuschütten – Diese Freundschafts probe verdiene ich doch – nicht wahr? – Drey Tage war ich Bettlägrig heute stunde ich mit dem Trost auf einen Brief von Ihnen zu erhalten – aber es kam keiner – Es ist zweyter Feyertag, alles fährt und läuft – ich sitze einsam in meiner Wohnstube – und weiß meine Zeit nicht beßer anzuwenden als an Ihnen zu schreiben – wären Sie hier so wüßte ich wohl, daß ein klein Bouteilligen Tyrannen Blut würde genoßen werden Aber die Zeiten sind vorbey! Diese berühmte Wohnstube hat Ihnen doch manchen gram von der Stirne gewischt – es war so ein Asilum wenn die Winde tobeten und der Donner in den Lüften rollte – Es war gar ein sicherer Haven wenn das Schifflein von den Wellen um und um getrieben wurde – Erinnern Sie Sich noch der Dose die ich Ihnen vor 3 Jahren nach Cassel schickte wo ein Mann mitten im Schiefbruch einen Fels ergliemte, und die Worte die ich dabey schrieb? nun sind Sie wieder zur See gegangen – Gott laße Ihnen immer einen sichern port finden wo Sie Anker werfen können Die Gesellschaft bleibt den gantzen Sommer hie!!! und wird die woche dreymal spielen – Koch hat den Fallstaf in Heinrich dem Virten recht brav gespiel – aber das Stück ist kein Gericht vor Franckfurth – Am Donnerstag war der doppelte Liebhaber der Vorhang hob sich und Koch erschiene und sagte Madam Fiala wäre plötzlich kranck geworden um aber das Stück doch geben zu können hätte Madam Stegmann die Rolle noch in der geschwindigkeit gelernt es wäre seine Schuldigkeit ein verungswürdiges publicum davon zu benachrichtigen – so treibt er es in den geringsten kleinigkeiten – und das stoltze publicum dem das kitzelt ist sehr mit ihm zufrieden – Er versteht wie mann Vögel fängt – Auch mit den Schauspielern macht Ers so neulich war Lilla – Er bate seine Colegen um Erlaubnüß keinen Statisten machen zu dürfen, weil er Lilla noch nie gesehen hätte und also das Stück gern gantz in Ruhe sehen mögte u. s. w.

Aber als ich meinen Jäger nicht sah! Da war mirs alleins was sie trillerten und wie sie trillerten – Doch muß ich zu steuer der Wahrheit sagen, daß die Cosa Rara keine grißmaßen schniede und das Duet mit Stegmann so vortreflich sang daß es 3 mahl wiederholt werden muße – terzet mit der Königin 2 mahl. Es ist sonderbahr daß ich Herrn Czike der jetzt meist Ihre Rollen spilt noch in keiner gesehen habe – Der Ring war an einem Montag Baldian war an einem ditto – Am Sonabend im Brandgen war ich krank – Aber schlecht macht ers das habe ich gehört – er spielt alles im gantz nidig Commischen Z. B. als Rath Brand hatte er schwartz Englichpflaster auf die obern Zähne geklebt! Es ist doch eine herrliche Sache um das schreiben – zumahl an einen Freund – nur ists ein unglück daß so ein brief siebentage braucht um an ort und stelle zu kommen – so weit haben Sie Sich noch nicht von mir verlaufen gehabt wie jetzt und Ihre Zurückkunft konte mann doch mit strichen ausrechnen – Lieber Freund! Nur eins mögte ich wißen – haben Sie denn gar nicht an mich gedacht – da Sie den Contrack von dort unterschrieben? auch gar nicht an die folgen und an die Wirkung die so was auf mich nothwendig machen müßte – Sie wußten doch bey Gott alles! das ist mir immer das unbegreiflichste bey der gantzen Sache geweßen und ist es noch – denn ich gestehe Ihnen, so ein Schritt, wäre mir nicht im Schlaf eingefallen – Stock und sein Weib grüßen Ihnen aufs beste – Deßgleichen Elise Bethmann ob Sie ihr schon zwey paar Strümpfe von Ihrem Mann mitgenommen haben auch Freund Thurneißen – Sagen Sie ja an Freund Heinrich nicht daß ich Ihnen von seinen Briefen schicke – Er mögte mir sonst nicht mehr schreiben – Grüßen Sie die Frau Gevatterin – von Ihrer

Freundin

Elisabeth.«[202]

Der Text ist eine dramatische Exposition (für eine Bühne und in einer Bühnensprache). Insbesondere die erste Sequenz bis »so ist das Unglück gewiß« und »Sie sind uns auf immer verloren ...« »Meine Meinung war so gut, so bieder« (das ist alles Odoardo Galotti); ich wollte das Glück eines Menschen machen und tat gerade das Gegenteil. Und dann verfällt sie in das Er: »Hätte ich Ihn gelassen wie und wer Er war – Er wäre noch bey uns, das bin so fest überzeugt als von meinem eigenen Daseyn.« Hier spricht eine Dame, die Unzelmann wie einen Dienstboten behandelt.

Was bedeutet es, daß Catharina in einer Rolle auftritt? Welche Rolle gibt sie sich? Hier: changierend zwischen starkem Mann und starker Freundin. Einerseits wohlwollend, bieder, enttäuscht, in der Ehre gekränkt (Lessingsche Figuren), andererseits »Sturm und Drang« im Tonfall (Ausrufe, Satzlänge, Bindestriche): Catharinas Ausdruck ist ein Bühnenauftritt.

War es das, was sie an Unzelmann liebte? Daß für sie, an ihrer Stelle, er auf der Bühne stand? War es die Identifikation? Jedenfalls hält sie ihm vor, was sie schon immer wußte: daß er Schulden macht und daß sein Bankrott nun öffentlich wird. Offensichtlich hat Unzelmann ihr geschrieben, sie zu beruhigen versucht, angedeutet, er könnte in vager Zukunft vielleicht zurückkehren. Eine Lüge – wenn schon Rückkehr, dann nicht ihretwegen –, und das weiß Catharina, aber sie will es noch nicht glauben und begreifen. Also bauscht sie auf, wie nah sie sich sind – sie die Freundin, die in der Ehre gekränkt wird. Catharina betont die Nähe, um Aggression und Wahrheit herauszulassen: »Ich wollte das Glück eines Menschen machen ... Hätt ich ihn gelassen, wie und wer er war ...« Mit anderen Worten, er verdankt ihr seinen Status, »sie hat ihn gemacht«. Und nun ist dieses Objekt verschwunden.

Es folgt eine Erinnerung: sie der Fels, der Hafen, ein Asylum, diejenige, zu der er flüchtet, der er alles erzählt; getröstet und mit klugen Ratschlägen versehen ging er. So erlebte sie es. Auf diese Weise war Catharina mittendrin, Mitspielerin in der Theaterszene, nicht Publikum oder Mäzenin, sondern eine Figur mit einem Verbündeten. Und sie war in Unzelmann verliebt. Aber was heißt das? In der Erinnerung verliebt sie sich erneut. »Aber als ich meinen Jäger nicht sah! Da war mir's all eins

was sie trillerten und wie sie trillerten –« Warum verliebte sie sich in diesen leichtfertigen Menschen, der sich so durchschaubar der Vorteile bediente, die sie ihm bot? Er realisierte ganz offensichtlich ihre Spiel- und Abenteuerphantasien.
Catharina versucht nun, sich von dem Schlag zu erholen. Sie zieht sich auf das zurück, was formell war. Was hat sie schon mit ihm zu tun? Sie wollte seinen Erfolg, und den hat er ja nun. So beginnt der nächste Brief:

»Dinstags den 27ten May 1788.

Lieber Freund!
Es ist ein großer Fehler an mir, daß ich mehr an die vergangene Zeit als an die gegenwärtige dencke, und daß ich mir die Ideen, Träume und Mährgen die ich mir mit Ihnen in Kopf gesetzt hatte, noch nicht gantz aus dem Gedächnüß tilgen kan – aus dieser trüben Quelle sind auch noch meine zwey Briefe geflossen – aber ich verspreche Ihnen hiemit feyerlich ins künftige alle Jeremiaden aus meinen Briefen zu verbannen zumahl da Ihnen Ihre Feinde anstatt bößes, gutes gethan, und Sie ins Glück hinein getrieben haben – Eine solche Ehre hätten Sie und die Frau Gevatterin hir nicht erlebt, und wenn ihr wie die Engel gespielt hättet – das Königliche Hauß ließe sich bedankken! Das hätte hir der Burgemeister nicht gethan – überhaupt scheint mirs daß Berlin der Ort ist wo Sie endlich einmahl glücklich seyn werden – Ich bitte Ihnen daher um alles was Sie lieben und Ihnen werth ist, stoßen Sie dießes Glück nicht wieder von sich – Das Schicksahl ist nicht immer so gut gelaunt, daß wenn eine Thür sich schließt, es gleich wieder eine aufthut – mein Trost wird dann doch immer seyn – daß ich doch den Grundstein gelegt habe – worauf nun andre, größre, und geschickterre Baumeister fortbauen mögen – Diese kleine Eitelkeit werden Sie mir nicht übel nehmen – denn sie macht mich glücklich.«[203]

Catharina war in ihren Gefühlen sehr weit gegangen. Nun will sie einen Schlußpunkt setzen und begibt sich in die Rolle der freundlich Interessierten, die unabhängig ist und nichts vom anderen braucht. (Abhängig sein ist ihr das Schwerste.) Die Kühle im Ton mag auch damit zusammenhängen, daß im letzten Brief Unzelmanns ein Thema – das Geld –

angesprochen wurde, das prekär ist, weil es erneut die Frage aufwirft: Was tut sie für ihn – was tut er für sie? Jedenfalls hat sie alles getan, den Skandal zu dämpfen, und mit einer geradezu ordentlichen Resignation schreibt sie ihm alles auf. Das kennt sie schon, daß er nicht weiß, warum er eigentlich Geld zahlen soll. Es stört sie nicht besonders, und sie schließt mit einer »mütterlichen Handlung«, die etwas Ordnung bringt (Bethmanns Strümpfe – »von der möchte ich nun gerade nichts geschenkt haben«). Solche mütterlichen Handlungen geschehen öfter, für die, denen sie zugesteht, den bürgerlichen Alltag zu vergessen.

»Mit den überschickten Rechnungen hat es diese Bewandnüß – den Tag nach Ihrer Abreiße schickte mir Ihr Haußherr Boot dieselben zu, mit Bitte sie Ihnen nach zu senden – In Ihrem Abschieds Schreiben ersuchten Sie mich einiges zu bezahlen – also schickte ich in die Engelapotecke 12 f. dem Schußter Brahant 11 f und ein paar Stiefel – Dem Schußter Lehr vor ein paar atlaßne Schu vor die Frau Gevatterin 2 f:24. Herrn Scheidel vor Band vor ebendieselbe 1 f:40 xr. Dieses habe nun bey den Rechnungen mit dem Ausdruck bezahlt sagen wollen – Die Handschrieft ist vermuthlich von Herrn Boot – Die Apotecker Rechnung ist deßwegen nicht angemerckt, weil ich sie schon früh Morgens bezahlen ließ – und er also nicht nöthig hatte in Ihr Quartier zuschicken. Lieber Freund! Sie haben vermuthlich vergeßen daß ich auf bitten und gleichsam auf Caution von Freund Heinrich meinen Credit verwendet habe um 76 Louidor zu Ihrer Reiße aufzutreiben, diese müßen im Julius bezahlt seyn – den meine Ehre und gegebenes Wort geht mir über alles – ich kan und werde mich also in nichts neues von der art einlaßen. Mit den Strümpfen der Bethmann war es spaß, ich habe sogleich zwey paar neue davor hingeschickt – von *der* möchte ich nun eben nichts geschenckt haben. Viermahl haben wir hier die Woche Schauspiel es geht wies kan – mir ists jetzt so gleichviel ob sie den Hanßwurst im Schlafrock oder den Don Carlos spielen – aber ich muß auch nicht unbillig seyn wenn mann 12 Jahr ein Steckpferd geritten hat so kan auch einmahl ein anders seinen platz einnehmen – in der Welt bleibt ja nichts ewig an seinem fleck. Wir sollen ja das Glück haben Ihren guten König zu sehen – den muß ich mir doch auch beschauen – das verdient doch eine Fahrt nach Hanau!

Grüßen Sie die Frau Gevatterin und sagen Ihr, Sie sey eine plitz Hexe im verdrängen – Die armen Theaterdamen! Doch können sie sich damit trösten – daß dieses Mißgeschick ihnen nicht allein wiederfahren ist, sondern daß sie Gesellschaft haben, an gewißen Persohnen, die das nehmliche erfahren und sich auch drein ergeben müßen. Leben Sie wohl, vergnügt und glücklich! Vergessen aber in Der Prächtigen Königs Stadt das arme Franckfurth nicht gantz und gar – sondern dencken zuweilen an Ihre Freunde besonders an diejenige die sich nent

Elisabeth.«[204]

Es deutet sich in diesem Brief eine Veränderung des Tons an. Es ist ein neuer Ton, der einer Verbitterung. Catharina zeigt die Haltung derjenigen, um die sich niemand kümmert und die das begriffen hat, die nichts mehr erwartet und die sich selber schlecht behandelt, die sich als ebenso unbedeutend ansieht wie die anderen sie sehen, eine Gekränktheit, die dem anderen die Kränkung vorführt, indem sie sich selbst so behandelt, wie er sie behandelt. Das erste Mal erscheint, am Schluß des Briefes, wirkliche Aggression. Es sind feine Nadelstiche, die sitzen: die Gevatterin, die eine »Plitzhex im Verdrängen ist«, d. h. die die anderen beiseite räumt, wenn sie ihr als Konkurrentinnen im Wege sind; und gegen Unzelmann: der prächtige König von Preußen gegen das arme Frankfurt. Frankfurt – das ist sie – wird verachtet, weil hier nicht genug zu holen war. Eine vielfache Kränkung spricht sich hier aus. Sie spricht es nicht aus, aber es hat sie tief getroffen, die Entwertung, nichts gewesen zu sein als nützlich, nicht geliebt und nicht mächtig – beides nicht.

»den 15ten Juli 1788

Lieber Freund!

Ist möglich daß ich so in kurtzer Zeit vergeßen bin, wie mann einen Todten vergießt! Ist möglich daß eine Abweßenheit von 3 Monathen mein Andencken so völlig ausgelöscht hat, als eine Schrieft in Sand geschrieben! Ist es denn wohlgetan seine *bewährten* Freunde im Glück so gantz hintenan zu setzen – die mann in Wiederwärtigkeitten doch so wohl erprüft hat! Dieses einzige hat noch gefehlt das bißen frohen Sinn – das Fünckgen guter Laune zu unterdrücken – und völlig auszulöschen. Verzeihen Sie daß Ihnen villeicht diese paar Zeilen beschwerlich sind – aber mann nimbts ja einem der ertrinken will nicht übel wen er sich an einem Strohhalm anhält – Ich könte Ihnen noch mancherley sagen – aber ich fürchte, daß da Sie die Correßpontens /: allem anschein nach :/ gern entübrigt seyn wollen, durch dießes schon zu viel gesagt zu haben – nur das noch! Ich bin nicht so wandelbahr – sondern /: thun Sie an Ihrer Seite – was Ihnen gut deucht :/ noch immer

Ihre Freundin. Elisabeth.«[205]

Wie ihre Briefe zeigen, war das »Nützlichsein« bis hin zum Benutztwerden ihr kein Problem. Das war das Wesen des Verhältnisses im Mäzenatentum und im Verhältnis zwischen reich und arm. Sie machte aber die Erfahrung, daß ihre Macht nicht ausreichte, dabeizusein. Was sie betrauert, ist der Verlust eines geliebten Freundes und zugleich der Verlust einer gemeinsamen Tätigkeit, eines Paares, das sie gebildet hatten – nicht sexuell, sondern als Verbündete (»vier Augen sehen mehr als zwei«, wobei sie befriedigt auf *ihn* als den *ihren* blicken wollte. Immer wieder heißt es darum: »andere ernten wo ich gesät«). Und:

»Aber Lieber Freund! Was kan eine Frau der in der Welt alles gleichgültig geworden ist – die keine Gefühle vor nichts mehr hat – die in *allen* ihren Hoffnungen auf das schrecklichste getäuscht worden ist – die den Glauben an Menschen verlohren hat – was soll die schreiben? soll ich andern mit meinem Kummer beschwerlich fallen – was nutzt das? soll ich immer noch Schlößer in die Luft bauen – dem Irlicht Hoffnung auf neue trauen um aufs neue betrogen zu werden? Nein Mein Trauter Freund! Vor mich ist alles vorbey – mit mir ist aus – daß es Ihnen wohl geht, daß Sie auch zu Ihren andern anerkandten Verdinsten noch in Commischen-Opern brilliren freut mich – den so tief bin ich noch nicht gefallen daß mich das Glück meines Freundes nicht vergnügen solte – aber es ist eine bitter süße Freude – andre die nicht gesät haben erndten – und die den Saamen ausstreute leidet Hunger – den Baum den ich pflantzte von dem eßen andre die nun reife Früchte – Aber ums Himels willen! wozu all das – laß gut seyn – es hat ja so viel ein Ende genommen – mit dir wirds doch auch nicht ewig werden.«[206]

In dieser Krise nun verlor Catharina, wie sie selbst sagt, »Ideen, Träume, Märchen«, noch einmal »Hoffnungen, Erwartungen, Märchen«. Können wir diese Wünsche näher bezeichnen? Da ist zuerst, ihrem »Liebling« zum Erfolg zu verhelfen und teilzunehmen an der

Produktion im Rahmen einer Gruppe, obwohl ihre Kompetenz zu mehr gereicht hätte als zur ›Frau im Hintergrund‹. Catharina Elisabeth hatte einen guten Blick für Schauspieler und Stücke. Der Sohn in Weimar erbat nicht selten ihr Urteil für die Weimarer Bühne, und Aloys Schreiber widmete ihr seine Dramaturgie. Aber das war etwas anderes als dieser Bereich hier, in dem sie als selbständige Macht aufzutreten gedacht hatte, wenn auch in der charakteristischen Zwischenrolle, die Frauen häufig spielen: ohne selbst deutlich hervorzutreten.
Ab dem 18. Juli, dem nächsten Brief, nimmt Catharina Elisabeth nach außen eine sachlichere Haltung ein. Die Verletzung, die Enttäuschung scheinen überwunden. An anderer Stelle sagt sie: »wer konnte Große Ihre Rolle spielen sehen und nicht verärgert das Gallenfieber kriegen.« Offensichtlich mußte sie die Aufführung verlassen, weil sie es nicht ertrug. »Freilich war es ein Skandal für das Organ, der nebst dem Mesias mutterseelenallein auf dem Parterre saß – daß die Frau Rat anstatt aufs Theater zu schauen – die paar Juden im dritten Rang lorgnierte – und dann mitten im Stück nach einem paar Hm, Hms auf und davon lief.«[207] Sie wird krank: »Mein Kopf war mir dumm und mein Mund voller Blasen – meine Zunge wie durchlöchert – welches alles große Schmerzen verursachte und mich zum Schreiben ganz unfähig machte ...«[208] Schließlich schreibt sie

»den 18ten Juli 1788

Lieber Freund!
Endlich nach Verlauf von 4 langen der Ewigkeit gleichen Wochen einmahl einen Brief – So wäre ich doch noch nicht gantz vergeßen – so wäre doch mein Andencken noch nicht gantz verlöscht – Ich will mich dann so viel als möglich zu beruhigen suchen – aber versprechen kan ichs nicht – auch würde das ein schlechtes Zeichen seyn – Den eine Freundschaft die sich so leicht in Ruhe versetzen kan – mit der ists so gut als – vorbey. Laßen Sie mich also nie wieder so unausstehlich lang auf Nachrichten von Ihnen warten – sondern bedencken, daß es ja das einzige ist – und daß alle meine ehemalige *Hoffnungen Erwartungen Mährgen u. s. w.* sich ja leider nur auf das kleinste und geringste auf – tode Buchstaben einschräncken müßen – und solche Brosämlein werden Sie doch einer an allem übrigen so verarmten Freundin nicht versagen. Sie bezeügten in einem Ihrer Briefe ein verlangen Nachrichten von der hiesigen Bühne zu erhalten – von mir würden sie sehr unvollständig

seyn – den ich gehe ofte in der mitte des Stücks auf und davon – so machte ich es vorige Woche in der glücklichen Jagt – den wer konte Große Ihre Rolle spielen sehn – und nicht vor ärger das Gallenfieber kriegen –«[209]

Und sie schließt:

»[...] – O! Lieber Freund! Specktackel über Specktackel könte ich Ihnen noch schreiben – der arme Franckenberg! war in der Wache – Alle Schauspieler besonders Stegmann stunden gegen das Organ auf – hätte Stegmann meine Wuth und Muth im Leibe gehabt; so wäre jetzt unsere Bühne geschloßen – und es konte kein einzig Stück gegeben werden – Ha! das wäre ein Triumpf vor Frau Elisabeth geweßen – Laßen Sies sichs von Franckenberg alles erzählen – den die Galle steigt mir wen ichs erzählen solte. Leben Sie wohl! Grüßen Sie die Frau Gevatterin – den kleine Carl – gratuliren dem Friederich zum gewinn von 8 f geben dem Plumpspiel einen Knochen in meinem Nahmen – und vergeßen nicht

Ihre

Freundin Elisabeth.«[210]

Catharina erlag einer Selbsttäuschung, als sie glaubte, dazuzugehören – zum Bund der Produzenten, ohne das wirkliche Risiko, so müssen wir hinzufügen, auf sich zu nehmen. Sie schrieb nichts, sie haßte die Kritik, die Rezensenten, ihre Hemmung untersagte ihr die literarische Artikulation, also blieb ihr nur die »soziale Mutterschaft«, Teilhabe durch Identifikation, als Helferin. So machte sie die Erfahrung, nicht wirklich zu zählen. Und sie begriff ihre Selbsttäuschung nur zu gut. Sie litt. Sie wurde krank, vernachlässigte ihre Pflichten, antwortete nicht einmal den Kestners auf das Ansinnen, Patin ihres Kindes zu sein. Es war die Krise, in der die »Träume und Märchen« eingeschmolzen wurden:

»Mein armes Steckenpferd! Es war so ein gutes wohltätiges niemand beleidigendes Thiergen – und wird nun aus mangel der nahrung so klapper dürr wie der Pabst im Baßler Toden tantz.«[211]

Catharina überwand den Schlag in der Krise einer Krankheit: »fast Gallenfieber«, aber bevor sie es wirklich bekam, begriff sie, woran es lag. Sie würde ihn nie wiedersehen. Sie unterstreicht diese Worte, die sie hier zum ersten Mal als Faktum benennt:

> »Ihr Brief vom 22ten Juli hat meinen Glauben wieder gestärckt – meine Hoffnung auf neue belebt – So weit Ihre Entfernung – so wenig Wahrscheinlichkeit bey der Sache ist daß ich Ihnen *je in meinem Leben wieder sehe;* so ist das einzige worann ich mich noch halte, daß das Andencken an Ihre Freundin doch nicht gäntzlich verlöschen wird – und wie mann ein Gemählde von Zeit zu Zeit durch Firnüß erfrischen muß, daß die Farben nicht ganzt verbleichen; so muß unser Briefwechsel der Firnüß seyn, daß die Freundschaft nicht verbleicht – oder gar erlöscht. Ich begreife gar wohl, daß Sie viel zu thun haben – und thue auf lange Briefe gern Verzicht – aber ein paar Zeilen – so einen kleinen Luscher – das können – das werden Sie gewiß Ihrer Freundin nicht versagen.«[212]

»Und wie man ein Gemälde von Zeit zu Zeit durch Firnis erfrischen muß, daß die Farben nicht ganz verbleichen, so muß unser Briefwechsel der Firnis sein, daß die Freundschaft nicht verbleicht – oder gar erlöscht.« Dies ist eine barocke Redeweise, der Rhythmus der Klettenberg. (Über die Tändelei heißt es: »Ob diese gern gehörte Betrügerin [die Phantasie, U. P.] alle guten Eigenschaften unserer über das Ziel geliebten Freunde mit einem falschen Flitergold überzieht, so hat sie es doch am besondersten mit der in sich so besonders edlen Zärtlichkeit zu tun...)« Sicher hat Catharina die Schrift über die Freundschaft gekannt, vielleicht darüber nachgedacht oder in ihrer bedrängten Lage wieder hineingesehen. Merkwürdig ist jedoch, wie bei Catharina Elisabeth die Satzkonstruktionen abbrechen. Die barocke Form geht über in eine umgangssprachliche Wendung: »Ich begreife gar wohl, daß Sie viel zu tun haben und tue auf lange Briefe gern Verzicht – aber ein paar Zeilen – so einen kleinen Luscher – das können – das werden Sie gewiß ihrer Freundin nicht versagen.« So endet das Ganze in der Bitte nach einem Lutscher. Schroff stehen sich die ideale Rolle, die Freundschaft als heroisches Bild, und das sehnsüchtige Gefühl gegenüber. Catharina weiß nun nicht nur mit dem Kopf, daß es vorbei ist. Das Bild, das sie dafür findet, ist das einer regressiven und oralen Sexualität: der Lutscher, Verschmelzung und Einverleibung.

Am 13. November 1788 abends 10 Uhr verfaßt Catharina jenen Brief, der die Abwendung kennzeichnet. Sie beginnt mit einem milden Zynismus:

> »Es ist ein gutes Zeichen der Freundschaft wenn man auf Briefe hoffet und harret – mir gings ebenso – hundert Mahl

bekuckte ich den Datum Ihres vorletzten Briefes – ists möglich! Den 3ten October! Und seit der Zeit keine Zeile – endlich erschiene am 13ten November Ihr Lieber mir so angenehmer Brief – und tröstete mich und erfreute mich gar sehr – nur die Nachricht von dem Tod Ihrer Lieben Frau Mutter dämpfte mein Vergnügen in etwas. Gott setze Ihnen die Jahre zu, die die Selige noch hätte leben können – und mache sie so glücklich in Ihrer noch zu laufenden Bahn – als Ihre Freundin es wünscht – dann werden sie ein Beneidungs Würdiger Sterblicher seyn und bleiben Amen.«[213]

Der erste Teil des Briefes besteht in einer Kondolenz. Dieser Teil ist zwar konventionell, aber die guten Wünsche für ihn weisen über das Konventionelle hinaus. Nachdem sie Unzelmann so selbstlos mit Güte bedacht hat und ihm sogar die Jahre wünscht, die seine Mutter früher sterben mußte, hat sie in der darauf folgenden Nacht einen Traum:

»träumte ich von Fetten Hämlen, großen Kufen mit alter Wein – Die dicke Iris als eine große Traum[deu]terin provezeiht großes Glück – vor der Hand ists gerade das Gegentheil – ich habe in dieser Nacht, ein so entsetzlich geschwollenes Gesicht gekriegt – und sehe so fürchterlich aus wie Atzor – Schlucke Arzeney die wie der Teufel und seine Großmutter schmeckt. Den 16. ich bin noch nicht so gantz wiederherstelt – sitze einsam in meiner Krankenstube – will versuchen ob das Schreiben an Ihnen mir wohlmacht.«[214]

Vermuten wir, Catharina, die so vieles selbstlos weggegeben hat, träumt in dieser Nacht, daß sie etwas bekommt: fette Hämlen, große Kufen mit altem Wein. So deutet es auch die Bediente Iris: als Sinnbild der Erfüllung. Die Assoziation Catharinas geht aber in eine andere Richtung, in die Richtung der Verwandlung zum Bösen. Sie sieht fürchterlich aus wie Azor, schluckt Arznei, die wie der Teufel und seine Großmutter schmeckt. Die guten Wünsche, die sie Unzelmann auf den Weg gab, noch dazu verknüpft mit dem Bild, daß der Sohn erhalten möge, was die Mutter verliert, entspricht nicht der Wahrheit ihres Gefühls. Das zeigt der Fortgang ihres Briefes. Es ist der erste und einzige Brief, in dem sie verletzend, bösartig aggressiv wird. Das bleibt bei oberflächlicher Lektüre fast verborgen. Der ganze Brief, der nun folgt, ist eine Serie von Nadelstichen. Zum Teil geht es um Theaterintrigen. Catharina hat Informationen. Sie spielt mit der Neugier des Gegenüber, denn sie rückt mit der Sache nicht heraus, »wen das Organ in seinem Briefe meint«. In Berlin sollte *Don Carlos* gegeben werden. Catharina: »Don Carlos ey ey aber die Rollen? Mein schöner Mandel [Mantel] spielt der auch mit??« Wer spielt was? Wer verdrängt wen? Und dann komplettiert sie ihren Schlag gegen die Fritze Unzelmann:

»Daß die Frau Gevatterin [Fritze, U. P.] bei der Königin so in gnaden steht freut mich – Ihro Majestät sollen auch eine große Freundin vom deutschen Theater sein – Hier gabs ehemahls auch so eine Frau die zwar freylich keine Monarchin aber doch sonst eine gute Art von Frau war – und die sich ergötzte wenn die Frau Gevatterin bey ihr am kleinen klimper kleinen Tisch saße und die trinne den Reißauflauf oder die Gelee Paßtete wohl und schmackhaft zubereitet hatte. Hier schicke ich des Organ seinen Brief zurück. Ihnen sage ich kein sterbens Wörtgen drüber – aber der Frau Gevatterin will ich meine Gedanken eröffnen – aber unterstehen Sie Sich nicht diese Epistel nur anzurühren – geschweige solche zu leßen – Wagen Sie so was nicht, bei meinem Zorn u. s. w. Doch den Anfang könne Sie hören: er fängt an wie die asiatische Banise – Blitz, Donner und der Hagel – Was aber hernach kommt – brauchen Sie nicht zu wissen – denn ich wills nicht haben, und damit punctum. Mein Steckenpferd wollen Sie wissen – Ey warum nicht gar! Es ist ein Braves Thier das bei einem bleibt, und nicht 60 meilen auf und davon läuft – Das man auch in Krankheit und übler Laune haben kann – Gestern hätte ich Ihnen /: voraus gesetzt Sie wären noch in Maintz geweßen :/ einen Eilboten geschickt, und Sie höfflichst ersucht mich heute in meinem jammer zu besuchen – ja es hat sich was zu schicken! Alle 4. 5. Wochen einen Brief – Das ist mir eine saubre Wirthschaft! Da sitze ich und trinke Wasser wie der Senecka und morgen steht mir eine Lacksirung zu Dinsten – Da kan mann sich ja freuen.«[215]

Hier spricht sich die tiefe Kränkung aus. Sie, Catharina, war ihm gut genug, solange sich keine wirkliche Monarchin am Horizont zeigte. Und die Vergnügen am »klimper kleinen Tisch« sind Vergangenheit. Der Brief »des Organs«, also von Tabor aus Mainz, über den heimlichen Abgang der beiden Schauspieler dürfte wenig Schmeichelhaftes enthalten haben. Darauf spielt Catharina an. Aber damit ist auch gesagt, daß sie ebenso getäuscht wurde wie Tabor. Und Unzelmann hatte noch die Kühnheit, sich bei Catharina zu erkundigen, was ihre Theaterleidenschaft mache. Er bekommt Antwort: »Mein Steckenpferd wollen Sie wissen – Ey warum nicht gar! Es ist ein braves Tier das bei einem bleibt und nicht 60 meilen auf und davon läuft – Das man auch in Krankheit und übler Laune haben kann.«

Dann geht es, wie in dem ganzen Brief, um Nehmen und Geben, um Öffnen und Verschließen bis ins Körperliche: der Traum vom Fressen und die Verstopfung, »und morgen steht mir eine Lacksierung zu Diensten«. Treuloser Verräter, das ist der Vorwurf und die Selbstqual der Schreiberin; die Mißachtung, die sie erfuhr, und die abgründige Wut. Die heitere Formulierung kann nicht darüber hinwegtäuschen, wie tief verletzt sie ist.

Nun folgt eine Sequenz über den Nachfolger Unzelmanns, den Schauspieler Cike (Chike). Schon in der Eröffnung des Briefes gab es eine Verschiebung: der Tod der Mutter Unzelmanns und die Identifikation Catharinas mit der Mutter, die nicht mehr bereit ist, ihr Leben für sein Leben zuzusetzen. Eine weitere Verschiebung findet sich hier: Cike ist hier nicht nur der, der Unzelmanns Rollen spielt; er steht für die Gefühle, die Catharina nun auch Unzelmann gegenüber hat. Auffallend ist der Ton, das Ausagieren der Wut. Sie richtet sich nicht direkt gegen Unzelmann, sondern gegen Cike als dessen Stellvertreter. Ihn will Catharina hinausjagen und loswerden:

> »einen spaß zu erzählen der dem Schauspieler Cike geariviert ist. Dieser Mensch hat nun einmahl das Unglück daß ihn beynahe kein Mensch mag – besonders wenden die Damen alle ihre holden Anglitzer weg, so bald er auftritt – warum *ich* nun einen gantz besondern pick auf ihn geworfen habe kommt daher weil er meist alle Ihre Rollen spielt – welches dann nun nicht wohl anzusehn ist.
> so bald er sich auf der Bühne blicken ließ, erthönten von oben unten in der mitte an die 20 pfeifen, die waren Euch so hell als wärens Canarien Vögel – nun mußte er eine arie singen – da gingen nun all die pfeifen mit und machten ein Concert zum erstaunen des gantzen Publikums. Gott mag mir meine Sünde vergeben! Jederandre sogar der geringste hätte mich gedauert, aber der gewiß nicht – das hat er am Wachtmeister am Brandgen – am kriebler und am Wolf im Otto verdient Ich hoffe wir sehn ihn hir nicht wieder – Die Kaufleuthe und die Gelehrten

sind so gegen ihn aufgebracht – daß er wohlthut wenn er geht. Die Gräffin von der Lippe drehte sich während dem Spektakel zu mir – und sagte ach unser Amour! daß Gott erbarm! Die Bethmann die den Koch schon um alles gebethen hat ihr den Menschen wegzuthun – lachte /: das sonst ihre Sache nicht viel ist :/ aus Leibeskräften. Ihnen kans nicht so viel Intereßiren weil Sie das Monstrum nicht kennen –«[216]

Zwar ist der Bericht vordergründig ein Kompliment an Unzelmann, sein Nachfolger wird schlecht gemacht. Aber es deutet sich hier bereits Catharinas Abwendung vom »Steckenpferd« an. Es wird nie mehr werden, wie es war. Deshalb ist der Bericht über den unglücklichen Auftritt Cikes ein Abgesang. Und nachdem sich Catharina ausagiert hat, geht es ihr besser. »Das ist wahrhaftig ein Brief nach dem alten stiel.« In Wirklichkeit weiß Catharina nun auch emotional, daß der Freund sie hintergangen und betrogen hat, daß hier dieses, dort jenes geredet wurde. Und so wie sie symbolisch den Cike hinausgeworfen hat, so hat sie Unzelmann hinausgeworfen, der durchaus spürte, daß es ernst wurde; er trug Catharina an, sie zu besuchen, aber sie wollte ihn nicht mehr sehen. Am 19. Dezember reagiert sie auf sein Angebot:

»Wenn man etwas vor verloren hält, und es findet sich unvermuthet wieder; so fühlt die Seele eine art von Behaglichkeit – die ihr unausssprechlich wohl macht – Nur das Ende ihres Briefs hat mich ordentlicher weiße erschreckt – Sie werden doch den sonderbahren Gedancken nicht wircklich ausführen – und in dieser entsetzlichen Jahres Zeit – 60 meilen reißen! Das würde vor Ihnen und vor mich keine guten Folgen haben … Und nun nicht einmahl zu gedencken was man alles auf meine Rechnung erzählen würde – glauben Sie dann daß so ein abermahliges Abschied nehmen Balsam vor mich seyn dürfte?? Nein Lieber Freund! So einen Auftritt mag ich nicht wieder!.. In der Angst meines Hertzens schicke ich diesen Brief mit Umlaufender Post – und bitte Ihnen inständig mich nur durch die zwey Worte: Ich bleibe wo ich bin: zu beruhigen.«[217]

Catharina bleibt dabei. Die Passion ist vorbei. Über Elisabeth von England, deren Lebensgeschichte ihr Unzelmann zum Geschenk gemacht hatte, äußert sie sich mit deutlicher Anspielung auf sich selbst:

»Den 27ten December 1789.

Lieber Freund!

Meinen besten Dank vor Ihr gütiges Andenken und vor das *mir* so angenehme Geschenk – Es war meine Feyertags Belustigung das Leben dieser großen Frau und ihren Carakter recht zu studiren. Die letzten Tage ihres Lebens waren schauderhaft schrecklich! Das Bild des blutenden Essexs verdrängte alles vom dem guten und großen was sie in dem Laufe ihres so glorreichen Lebens gethan hatte – sie sahe nichts als ihren ermordeten Liebling – Arme Elisabeth! Du kantest dein Hertz nicht! Ehrgeitz und Eitelkeit sind immer schlechte Rathgeber aber besonders fiel ihr Rath zu kurtz, bey einer Leidenschaft die übers Grab hinaus ging. Daß ich meinen Mercur wieder habe deß bin ich sehr froh –«[218]

Was Catharina Elisabeth hier besonders fasziniert, ist das Verhältnis der betrogenen Gönnerin zu ihrem Geliebten. Aber nüchtern setzt sie hinzu: »das ich meinen Mercur wieder habe deß bin ich sehr froh.« Oder wie sie an anderer Stelle sagt: »so wild und ungebärdig stellte sie sich nun eben nicht – die Eumeniden die Furien wurden nicht incomodirt –«[219] Es ist ja nur eine Phantasie gewesen, noch dazu eine unterdrückte (»mögen die Mütter leben und treulose Söhne sterben«). Zur Strafe bekam sie das Aussehen eines Teufels.

Nach dieser Erfahrung wandelte sich Catharinas Entwurf. Erst jetzt nahm sie die Familienrolle wirklich an, machte sie zu ihrer eigenen. Das spiegelt sich in ihren Briefen. Erst jetzt tritt die Wandlung ein, die dem Bild der »Familien-Mutter« nahekommt. Sie schreibt nur noch nach Weimar, an ihre Enkelinnen, die Töchter Cornelias. Mit anderen Worten, sie zog sich auf die Beziehungen zurück, in denen sie eine »natürliche Rolle« hatte. Sie vollzog die Abwendung:

»Ich bin ganz unwissend, was das hiesige neue Theaterwesen anbelangt. Ich bekümmere mich jetzt Gott sei Lob und Dank!!! um all das Zeug nicht mehr – denn Niemand weiß besser als Sie, wie ich vor meine Mühe, Sorge und Wohltaten hier bin belohnt worden. Ein gebranntes Kind scheut das Feuer. Da haben sie meine jetzige Gesinnung und Gelehrten ist gut predigen.«[220]

Versuchen wir, die Erfahrung zu begreifen, die Catharina machte. Sie hatte den umgrenzten Raum der sozialen Definition – Ehefrau, Mutter, Witwe – verlassen und begonnen sich einzumischen in einem Feld, in

dem sie eine Rolle zu spielen gedachte; ein Feld ihrer Kompetenz: das Theater. Hinzu kam natürlich, daß sie nicht als Unbekannte, sondern mit Status eintrat in dieses Feld: als die Mutter des berühmten Autors. Auch war sie in der Frankfurter Kulturszene eine Meinungsmacherin im Publikum oder bemühte sich, eine zu sein. Schließlich kannte sie das bürgerliche Publikum der Stadt. Und den Theaterleuten wandte sie sich zu als eine wohlhabende Frau. Obschon sie keine Reichtümer besaß, so reichte es für *Tyrannenblut* und die Gastmähler für 40 Personen und für kleine Hilfen in schwierigen Lagen.
So hielt sich Catharina in jenem Zwischenbereich auf, den Frauen nicht selten besetzen oder anstreben: dabei sein, wichtig sein, aber nicht produzieren, nichts selber machen. Sie verfaßte Briefe statt Kritiken und erzählte Märchen, statt wie ihr Freund Großmann »in drei Tagen leg ich's hin, ein Drama« zu schreiben. Sie begnügte sich damit, die Produzenten des Theaters um sich zu versammeln. Sie begnügte sich damit zuzuhören, zu trösten, ihre Meinung im kleinen Kreis mitzuteilen, wo ihr keiner widersprach. Ihr Interesse an der Sache personalisierte sie – relativ willkürlich erwählte sie sich ein Objekt, womit ich nicht sagen will, daß es nicht auch eine psychisch-tiefe Neigung gab, die sie an Unzelmann fesselte. Wonach wählte sie ihn aus? Ein Genie, denn das war er als Schauspieler (nicht weniger als die Fritze), der zugleich in ihren Augen Züge von Hilflosigkeit und Verwahrlosung zeigte, der also Ansätze für den mütterlichen Eingriff bot. Daß er nicht auf die Vernunft achtete, weder in Geldangelegenheiten, noch im Alltag, daß er wie ein Kind seinem Vorteil nachjagte, wie selbstverständlich jeden ausbeutete, gefiel ihr ebenfalls. Sie ließ sich nicht ungern ausbeuten, solange ihre Selbstachtung gewahrt blieb. In dem Augenblick, da die Beziehung umschlägt, hat sie entsprechend orale Träume. Sie will jetzt alles selber und nichts mehr hergeben.
Dazu kam, daß Catharina sich dieses Objekt wählte, so wie jemand eine Partei bei den Glücksspielen ergreift: weil es sonst zu wenig Spannung gibt. (Wie alle um sie herum war Catharina eine Spielerin; wie ihr Spielbüchlein von Gewinn und Verlust zeigt, war der Reiz des Spiels ihr besonders wichtig, wenn sie in Umbruchsituationen war. Sie spielte vor allem während der Zeit, als Johann Caspar schwer krank war und sich in ihrem Leben ein neuer Abschnitt abzeichnete. Das Spiel und die Erregung des Spielens unterhielten sie angesichts einer Zukunft ohne Ehemann, die sie fürchtete und mit Angst und Unruhe erwartete und von der sie nicht wußte, was sie bringen würde.)
Sie stieß in dieser Krise im Jahre 1789 an eine doppelte Grenze: Sie geriet in eine infantile Situation, als Manipulierte und Getäuschte, weil sie darauf verzichtet hatte, jenseits der Lust an der Personalisierung ein

Sachinteresse zu entwickeln, weil sie der Verführung nicht widerstehen konnte, mit einem Stellvertreter-Objekt zu agieren und als einzigen Inhalt die Grandiosität, den Erfolg, den Rausch des Gewinnens anzusetzen. (Man kann ebensowohl sagen, sie hatte ihre eigene Position als abgegrenztes, beurteilendes Gegenüber aufgegeben; sie hatte versucht, ihn zum Teil von sich zu machen.)

Aber ihre Situation war in einer Produzenten-Gruppe nicht zu halten, in der sie weder durch eigene Produktion noch durch Macht, Einfluß, Geld wirklich als Mäzenin oder Organisatorin im Spiel bleiben konnte.

Was hinderte Catharina, sich wirklich einzulassen auf »Produktion«? Mangelnde Einübung? Ein fehlendes Umfeld und, natürlich, die Angst, mit einer Grenze konfrontiert zu werden, die Angst vor der Lächerlichkeit.

Catharina blieb dem Theater nach der Trennung von Unzelmann verbunden, aber es war nicht mehr dasselbe. Es war nicht mehr das Feld einer imaginären Selbstverwirklichung, einer Lust an der eigenen Aktivität. Unzelmann war geschmacklos genug, sich an Catharina zu wenden, als die Stelle eines Direktors des neuen »National Theaters in Frankfurt« zu vergeben war. Im Antwortschreiben Catharinas (vom 21. Mai 1791) heißt es:

> »Daß man schon an Ihnen gedacht haben sollte, ist möglich. aber als Direktor – das ist ein bißchen unwahrscheinlich. Nehmen Sie sich in Acht, daß Sie das Gewisse nicht verlieren und nach dem Ungewissen greifen! [...] Zudem kann ich mir nicht vorstellen, daß Ihr jetziger Aufenthalt Ihnen nicht mehr behagte, wo Sie so viel Glück zurücklassen müßten, das Sie hier schwerlich finden würden; denn die Zeit hat viel, viel verändert; das können Sie mir auf mein Wort glauben!«[221]

Ihre Bitterkeit ist unverkennbar. Heinrich Düntzer meint dazu:

> »Der Ton ist hier offenbar ein etwas kalt abweisender. Die Frau Rath sah wohl ein, daß es im Grunde nur eine Laune sei, wenn Unzelmann sich von Berlin fortsehnte, und daß er sich in Frankfurt bald unglücklich fühlen werde, weshalb sie auch die leiseste Aeußerung des Wunsches, ihn wieder bei sich zu sehn, sorgfältig vermied. Auch fürchtete sie wohl seine Leidenschaftlichkeit.«[222]

Gewiß war ihr Ton ein »kalt abweisender«. Doch sie fürchtete seine Leidenschaft keineswegs, sondern die Kränkung war so tief, daß eine veränderte Catharina aus ihr hervorgegangen war, die an diesen Punkt nicht mehr rühren wollte. Das was ihre Art, mit Konflikten umzugehen: nicht daran rühren, vergessen, die Erinnerung beiseite schaffen, weil die Verzweiflung sinnlos und die Gefahr zu groß wäre, so wie sie diesen Abwehrmechanismus beschrieben hatte bei der Naxoser Ariadne, die sich ungebärdig stellt, während eine aufgeklärte Frau ihren Verstand zu gebrauchen weiß.

Ihre Theater-Kompetenz wurde weiterhin in Anspruch genommen. Für Weimar stellte sie dem Sohn ein Verzeichnis (1797) der früheren und damaligen Frankfurter Schauspieler und Sänger zusammen, versehen mit kritischen Anmerkungen, um die Bewerbungen für die Weimarer Bühne richtig einschätzen zu können:

»Wenn Demoiselle Bötticher, bei Eurem Theater auf dem Rollenfach der Frau Rosse in Armut und Edelsinn (von Kotzebue), Jungfer Schmalheim in der Aussteuer (von Iffland) – als Haushälterin im großen Los und dergleichen Charakter und Karikatur sich verbindlich macht, so kann sie, zumal wenn ihr noch hie und da aufgeholfen wird, in die Fußstapfen ihrer Mutter treten und in diesem Fach viel leisten – Aber sollte sie der Einbildung Teufel treiben, wie es ihr unglaublicherweise schon begegnet ist, daß sie Liebhaberinnen – im Trauer- – Lust- – und Schauspiel vorstellen will, so lasse Dich nicht ein – erbärmlicher läßt sich nicht denken – auch singen will sie können – es ist ebenso jämmerlich.«[223]

Doch obschon ihre Bemerkungen nach wie vor treffend blieben, dramaturgisches Talent und Schreiblust bezeugten, so war doch das Zentrum verändert – es war nicht mehr ihre Sache, sondern Gutmütigkeit:

»Fiala ist ›eine anerkannt gute Schauspielerin‹ – Königinnen – edle Mütter ist ihr Fach – Sie ist noch so schön – daß sie die Jüngsten verdunkelt – hat einen edlen Anstand – auch einen guten moralischen Charakter – ist friedliebend – fern von Kabalen mancherlei – mit einem Wort, ein brauchbares Subjekt. Bei uns sind leider ihre Rollen-Fächer besetzt – sonst würden wir sie mit Freuden wieder bei uns sehen.«[224]

»Wir haben hier ein junges Demoisellen, siebzehn Jahr alt, Namens Caspers, die gerne nach Weimar auf Theater möchte

– Sie war hier zu ersten Liebhaberinnen angenommen, gefiel auch als Friederike in den Jägern und als Cora in der Sonnenjungfrau – nachher wollte es nicht recht fort – die Ursache mag in einer gewissen Faulheit und Gemächlichkeit liegen – genug es wurde ihr aufgesagt – Sie ist von hübschen Eltern aus Mannheim, Demoiselle Jagemann kennt sie – sie will gern zweite Rollen übernehmen – hier hat sie 800 Gulden bekommen.«[225]

»Ein junger Mensch, sechzehn Jahre alt, Conrad Wenner, von hier gebürtig und von angesehenen Eltern, die Handelsleute sind – hat einen unwiderstehlichen Trieb Schauspieler zu werden – alle Vorstellungen dagegen helfen nichts – ich werde ein schlechter Kaufmann – aber ein großer Schauspieler, das fühle ich – nun haben die Eltern nachgegeben – nun ist die Frage, wo soll er sein Probestück machen? in Frankfurt geht's aus sehr begreiflichen Ursachen nicht wohl an – man hätte also Lust, ihn nach Weimar zu schicken und dort zu erproben – ob sein Gefühl Wahrheit oder Narrheit sei – [willst Du nun] erlauben – daß er komme und ihm einige kleine Rollen zur Probe geben; so wird die Verwandtschaft es mit Dank erkennen.«[226]

»Der Komedienteufel ist wieder in einen jungen Burschen – einen Enkel des ehemal berühmten Oehlmännchen Handelsmanns Strang gefahren – und die Kerls wollen immer ihre erste Ausflucht nach Weimar nehmen – ich werde ihm also ganz kurz sagen lassen, ich wüßte, daß Du der jungen Leute so viel hättest, daß Du niemand mehr brauchen könntest.«[227]

Die Antwort blieb mehrere Wochen aus. Schließlich fragte Catharina nach: »Lieber Himmel, es krabbeln ja so viele um den Parnas, laß ihn mitkrabbeln.« Was für Bettina das Schreiben bedeutete, Selbstvergewisserung und ein Stück »neutralen Boden« jenseits der bedrohlichen oder überwältigenden Beziehungen und Lebenserfahrungen, das war für Catharina die Religion und das Theater. Sie hatte versucht, die Passivität zu überwinden, war dabei an die Grenze gestoßen. Sie überschritt die Grenze nicht, die ihr bürgerlicher Lebenskreis ihr zog. Es gab letztlich also keine Position für sie, eine Position jenseits der Freundschaft und persönlichen Beziehungen, modern gesprochen: eine Arbeitsposition. Das war es durchaus, wonach es sie verlangte, ohne daß sie es wußte oder hätte aussprechen können. Sie wäre eine hervorragende Theater-Prinzipalin gewesen, kein Zweifel. So blieben ihr das Briefeschreiben, die Familienbeziehungen, die öffentliche Inszenierung als Dichter-Mutter. Und die Kontemplation (in der sie von Jugend an geübt war), die Tagträume, in denen sich Gott und der Sohn mischten und sie selbst sich betrachten konnte als aufgehoben, geliebt, von Gott beschenkt, als die, der nichts entgangen war. Die Ersatzfunktion dieser Lösung hat Bettina Brentano in ein geniales Bild gefaßt. In *Die Günderode* beschreibt Bettina die alte Catharina im Theater:

> »– Es war sehr leer wegen der Hitze, George war fortgegangen, die Frau Rath saß ganz allein auf meiner Seite, sie rief aufs Theater: »Herr Verdy, spielen Sie nur tüchtig, ich bin da«; es machte mich recht verlegen; hätte er geantwortet, so wär ein Gespräch draus geworden, in dem ich am Ende noch eine Rolle hätte übernehmen müssen. – Im Parterre saßen keine fünfzig Menschen, Verdy spielte recht gut, und die Rath klatschte bei jeder Szene, daß es widerhallte; Verdy verbeugte sich tief gegen sie; es war gar wunderlich, das leere Haus und die offnen Logentüren wegen der Hitze, durch die der Tag hereinschien; dann kam Zugwind und spielte mit den lumpichten Dekorationen, da rief die Goethe dem Verdy zu: ›Ah, das Windchen ist herrlich‹, und fächelte sich, es war doch grad, als spiele sie mit, und die zwei auf dem Theater so gut, als wären sie allein in vertraulich häuslichem Gespräch; dabei muß ich an den größten Dichter denken, der nicht verschmähte, so prunklos seine tiefe Natur auszusprechen. – Ja, Du magst recht haben, es ist was Großes darin, und es ist schauerlich und daher tragisch gewesen diese Leere, diese Stille, die offnen Türen, die einzige Mutter voll Ergötzen, als habe ihr der Sohn den Thron gebaut, auf dem sie weit erhaben über den Erdenstaub sich die Huldigung der Kunst gefallen läßt.«[228]

Bettina betont das Unheimliche und die Leere, die Einsamkeit und Abgegrenztheit, die Seltsamkeit.

Alles Wissen ist auf Handeln mit anderen aus. Die Vermittlung zwischen Tätigkeit, Reflexion und Rückkehr zur Tätigkeit auf dem Hintergrund der Reflexion gilt für alle Bereiche menschlicher Praxis – für den Umgang mit äußerer Natur nicht weniger als für die Debatte von Normen und Werten oder für die expressive Mitteilung der inneren Erfahrung im Prozeß der ästhetischen Symbolbildung.[229] Wer Bildung oder Wissen anhäuft, ohne Tätigkeit zu haben – und sei es vermittelt durch Beruf, künstlerische Kontroverse, Kritik oder moralische Diskurse –, ist zum Unglück verurteilt.[230] Unglück beziehe ich hier auf die Persönlichkeit, d. h. Verzweiflung, wie sie bei den von der Tätigkeit abgespaltenen Frauen des gebildeten Bürgertums entstand, weil ihr Wissen die Sehnsucht nach Machen und Zusammenwirken notwendig erzeugte, ohne daß sie über die Mittel verfügten, diesen Impuls zu realisieren. Ein Ausdruck solchen Unglücks sind die Fluchtwege in illusionäre Phantasmen, die in die Einsamkeit führen: Mystizismus, Selbstbespiegelung, kulturell erzwungener Masochismus.

Kultur-Konsum um 1790

Der Ausschluß der Frauen aus der Kultur-Produktion verlief über Ersatz-Angebote. Das läßt sich im weiteren Gang bei Catharina Elisabeth deutlich erkennen. Sie wurde zur Leserin, zum Mitglied der neuen bürgerlichen Öffentlichkeit – zur Konsumentin einer zunehmend professionellen Kultur und einer Männerkultur; sie wurde in die Passivität gedrängt. Lebensgeschichtlich setzt nach der Affäre mit Unzelmann die Regression ein. Fortan tritt der Trost-Charakter des Kulturkonsums in den Vordergrund. Zugleich nehmen Catharinas Lobpreisungen von Ruhe und Friedlichkeit Züge der Selbstbeschwörung an. Die Resignation nimmt zu. Ihr stellt sie die Formen geselligen Lebens und eine bewußte Vergegenwärtigung ihrer Privilegien entgegen. Erörterungen wie die folgenden sind immer als Selbstermahnung zu verstehen:

> »Ich kenne so viele Menschen, die gar nicht glücklich sind, die das arme Bißchen von Leben sich so blutsauer machen, und an allem diesem Unmuth und unmusterhaftem Wesen ist das Schicksal nicht im geringsten Schuld. In der Ungenügsamkeit, da steckt der ganze Fehler. – Seit einiger Zeit bin ich die Vertraute von verschiedenen Menschen geworden, die sich alle für unglücklich halten, und ist doch kein wahres Wort dran. Da thut mir denn das Kränken und Martern für die armen Seelen leid.«[231]

Kurze Zeit später heißt es:

»Ich befinde mich Gott sei Dank, gesund, vergnügt, und fröligen Herzens – suche mir mein bischen Leben noch so angenehm zu machen als möglich – Doch liebe ich keine Freude, die mit Unruhe, Wirrwar und Beschwerlichkeit verknüpft ist – denn die Ruhe liebte ich von jeher – und meinem Leichnam thue ich gar gern seine ihm gebührende Ehre.«[232]

Die Musik und das Lesen, Schachspielen, Kartenspielen, die Geselligkeit dienten bei Catharina oft einer fast gewaltsamen Ablenkung von dunklen Gedanken. Einzig das Theater war für sie eine elementare Form der Aneignung der Welt – und weit von allem Ersatz entfernt, wie er selbst dann durchschimmert, wenn sie Dramen in Gemeinschaft liest: »Was wir da treiben? Wir lesen – vorige Woche lasen wir Don Carlos – ich las den Posa.« Und sie fährt fort:

»Es gibt doch viele Freuden in unseres Lieben Herr Gotts seiner Welt! Nur muß man sich aufs Suchen verstehen – sie finden sich gewiß – und das Kleine ja nicht verschmähen – wie viele Freuden werden zertreten – weil die Menschen meist nur in die Höhe gucken – und was zu ihren Füßen liegt nicht achten. Das war einmal wieder eine Brühe von Frau Aja ihrer Köcherei.«[233]

Catharina war eine Leserin, doch wie ihre Briefe zeigen, wurde sie vorwiegend von Dramen beeindruckt, aus denen sie laufend zitiert. Sie las auch zeitgenössische Romane, die aber in ihren Mitteilungen keine Spuren hinterlassen. Auch in den Lesekreisen in der späteren Zeit, nach 1790, las man meist Dramen, mit verteilten Rollen. Es waren keine Gesellschaften mehr, in denen erzählt wurde.[234] Es ist aufschlußreich, daß sich Catharina Elisabeth mehr für das Drama interessiert als für den Roman, denn das Drama betont das zu Machende, das Herzustellende, die Aktivität. Das Endprodukt entsteht ja nicht im einsamen Verhältnis Leserin – Text, das Fertige ist erst das Spiel. In einem Drama ist die Aufforderung zur Auseinandersetzung und Verständigung mit anderen deutlicher als im Roman, der in der Lesesituation zu einem inneren Abschluß zu kommen scheint. Und gerade das Intime des Leseerlebnisses versperrt sich der Debatte. Aber Catharina war keine stille Leserin. Erzählen und Theater, Rede und Kooperation, Zusammenspiel mit anderen lag ihr näher. Ihr waren die empfindsamen Frauen-Figuren in Stücken wie in Romanen zugleich Spielvorlagen auf Bühnen; sie war nicht mit diesen Figuren identifiziert, sondern betrachtete sie unter der

Perspektive der Wirkung oder der schauspielerischen Vorlage. Sie suchte in Romanen keine Lebensmodelle, und die empfindsamen Gestalten in den Dramen fand sie zwar schön und bühnenwirksam, aber nicht nachahmenswert. (Wenn, dann identifizierte sie sich mit Odoardo oder der Orsina, der großen Mätresse.)
Wir sehen, wie Catharina Elisabeth Goethe gleichsam auf halber Strecke der Einweisung in die passive Leserinnenrolle stehenbleibt; sie will ihre eigene Gestaltung druntermischen, so wie sie sich das Fabulieren nicht nehmen läßt. Zu ihrer Zeit entstanden die wesentlichen Institutionen der bürgerlichen Kultur. Um die Lektüre (vor allem Romane und Zeitschriften), um Lesekreise und Bibliotheken organisierte sich das Publikum, dann um das Theater, die Konzerte und die Geselligkeit in den Häusern des wohlhabenden Bürgertums – Treffpunkte, die sich von denen in der Vergangenheit unterschieden.[235] In der Vergangenheit kannte man fromme Häuser und eher frivole. Nun fließt beides zusammen – im »Kunstgenuß«, einer Mischung aus Erhabenheit und Profanität, die es in der Vergangenheit nicht gegeben hatte – insbesondere nicht den Kult der Gefühle, der Ergriffenheit und der Rührung. Sehr charakteristisch dafür sind die Vorgänge im Hause Bethmann. Im Jahre 1770 hatte Elise Bethmann den Peter Heinrich Metzler geheiratet, der den Namen Bethmann annahm. Catharina Elisabeth verkehrte in der Familie, denn sie kannte Elise von Kindheit an. Eine Gesellschaft im Jahre 1795 beschreibt Catharina ihrem Sohn folgendermaßen:

> »Gestern warst du die Ursach eines sehr vergnügten Tages – die Elise Bethmann gab verschiedenen großen Musikkünstlern ein Diner, nach Tische setzt sich der eine an's Fortepiano und singt mit der herrlichsten Stimme: kennts du das Land, wo die Citronen blühn? das war was außerordentliches – der Ausdruck dahin dahin hat bei mir ein Gefühl zurückgelassen – das unbeschreiblich ist – die Sophie Bethmann solltest du diese Worte deklamieren hören – ich versprach es dir zu schreiben – und in aller Namen zu danken – und thue es hiemit. Gott! Segne dich im Neuen Jahr. Amen.«[236]

Das deutsche Bildungsbürgertum spielte nicht mehr wie zu den Jugendzeiten Catharinas Pfänderspiele um Küsse; man betrank sich seltener und griff weniger häufig zu den Karten.[237] Für eine Weile wurde die Kunst zu einem allgemeinen Interesse und zu einem Statussymbol. Im Hause Brentano, in den reichen Häusern Bethmann oder Stock ähnelten die Gesellschaften einander. Catharina deklamierte und sang selbst. Die Sängerin und Schauspielerin Eunicke berichtet:

»Vornehmlich sang sie gern das Lied aus dem Faust: »Es war einmal ein König«, indem sie am Schlusse jeder Strophe die Zuhörer aufforderte mitzusingen, und am Ende gewöhnlich die rechte Hand auf die Brust legend, sagte: den hab ich geboren.«[238]

Bei Schwarzkopfs wurde jeden Mittwoch ein Leseabend veranstaltet:

»Wir setzen uns«, so beschreibt Frau Rat »die gemeinsame Lesung«, »um einen runden Tisch, und dramatisieren wie folgt: Wallensteins Tod! Da wir nicht so viele Personen haben – so hat eins mehrere Rollen, z. E. ich habe noch den Seni und den Westhausen – das amüsirt uns nun königlich – Künftigen Mittwoch wird Tasso von dir gelesen – dann Iphigenie – dann Nathan der Weise – Don Carlos – die meisten deklamieren daß es eine Art und Schick hat – jedes freut sich auf den Mittwoch.«[239]

Wir stoßen immer wieder auf die eigentümliche Rollenspannung: Leserin und Spielerin – und immer wieder auf den Rückzug in jene auszeichnende Position, die mehr und mehr zum Zentrum ihres Selbstverständnisses wird: Mutter des Dichters.
Ihre inneren Widersprüche verarbeitete Catharina, indem sie ihren eigenen Mythos ausbaute. Sie bannte sich in die Geschichte der eigenen Größe, sie nahm sich selbst als Objekt ihrer Betrachtung und legte sich ihre Definitionen zurecht, die sie über die Stunden der Isolation hinwegretteten. Die Versenkung in das Bild des grandiosen Paares, das sie mit ihrem Sohn bildete, half ihr dabei. Im Alter erzählte Catharina nur noch *ein* Märchen: das von ihrer Mutterschaft. Mit einer gewissen Zwanghaftigkeit sprach sie davon und inszenierte sie sich unentwegt in dieser Rolle. Sie wollte im Mittelpunkt der Gesellschaften stehen, in denen sie von ihrem Sohn erzählte, alles bezog sich auf ihn – innerlich blieb für anderes kein Raum mehr. Ernestine Voß berichtet:

»Wir besuchten die Frau Rat Goethe, eine äußerst merkwürdige Frau. Im zweiundsiebzigsten Jahr, rot geschminkt, die Stirn voll dunkelbrauner Locken, kurze Ärmel bis eine Hand breit über den Ellbogen, aber weit gefehlt, daß man Lust hat, ihr das übel zu nehmen. Bei der vollen Lebhaftigkeit in Rede und Gang ist es einem, als ob es ganz so sein müsse. Die frohe offne Laune, mit der sie über sich selbst und alles, was ihr vorkommt, spricht, macht einen ihr Alter völlig vergessen. Es ist ganz wunderbar, wie Goethe seiner Mutter gleicht. Sie kam ganz in Entzücken über Papa seinen Besuch und hat uns in der Stunde, die wir da waren, so viel erzählt, daß manche den Inhalt dieses Gesprächs in einen ganzen Nachmittag gebracht hätten und einem doch nicht wenig gegeben hätten. Sie hat eine eigene Gabe, alles, was auf Erden zu genießen ist, zu genießen und das Unangenehme von sich weg zu schieben. Von dem jungen raschen Wolf (so nennt sie ihren Sohn) hat sie uns viel erzählt.«[240]

Im Rückblick erscheinen ihr alle Auflehnung, alle Wünsche, daß es anders sein möge, als Prüfung, die sie überstanden hat – durch Hinnahme. Sie hat ein Genie hervorgebracht – und darin gewinnt ihr Leben seine Rechtfertigung.
Die Selbstdeutung der Mutter Goethes als Mutter des Genius kam der bürgerlichen Biographik und literaturgeschichtlichen Forschung sehr gelegen. Sie verfestigte die Ignoranz. Statt um die Ausgrenzung von Frauen ging es um die idealisierte Mutterschaft. Als *Mutter* hatte sie Anteil an den Leistungen des Sohnes, und die Mutter hatte dies ebenso gesehen wie der Sohn. Wie so häufig stehen Bettina Brentanos Erzählungen quer zu dieser Sicht.
Bettina hat in einer Szene das Zusammentreffen der berühmten Mme de Staël mit Catharina Elisabeth dargestellt. Karl Heinemann gibt zu jener Begegnung folgenden Kommentar: »Hier die einfache, natürliche, in Worten und Benehmen oft etwas derbe, auf den Namen einer Mutter Goethes nicht wenig stolze, aber in allen geistigen Fragen bescheiden zurücktretende, deutsche Hausfrau; dort die geistreiche, gelehrte, französische Schriftstellerin, die in dem Bewußtsein, nicht bloß alle Frauen, sondern auch alle Männer geistig zu überragen, sich mit nie ruhender Beredsamkeit vor dem still lauschenden Gefolge über die schwierigsten Probleme, die höchsten Fragen der Menschheit verbreitet. Hier das Ideal der deutschen Hausfrau und Mutter, dort das Vorbild eitler, französischer Unweiblichkeit, was hatten die sich zu sagen?«[241]
Wir ahnen, daß diese Wahrnehmung einigermaßen verkürzt ist. Wie beschrieb Bettina Brentano jene Begegnung?

»die Entrevue war bei *Bethmann-Schaaf*, in den Zimmern des *Moritz Bethmann*. Die Mutter hatte sich – ob aus Ironie oder aus Übermut, wunderbar geschmückt, aber mit deutscher Laune, nicht mit französischem Geschmack, ich muß Dir sagen, daß, wenn ich die Mutter ansah, mit ihren drei Federn auf dem Kopf, die nach drei verschiedenen Seiten hinschwankten, eine rote, eine weiße und eine blaue – die französischen Nationalfarben, welche aus einem Feld von Sonnenblumen emporstiegen –, so klopfte mir das Herz vor Lust und Erwartung; sie war mit großer Kunst geschminkt, ihre großen schwarzen Augen feuerten einen Kanonendonner, um ihren Hals schlang sich der bekannte goldne Schmuck der Königin von Preußen, Spitzen von altherkömmlichem Ansehen und großer Pracht, ein wahrer Familienschatz, verhüllte ihren Busen, und so stand sie mit weißen Glacéhandschuhen, in der einen Hand einen künstlichen Fächer, mit dem sie die Luft in Bewegung setzte, die andre, welche entblößt war, ganz beringt mit blitzenden Steinen, dann und wann aus einer goldnen Tabatiere mit einer Miniatur von Dir [J. W. Goethe, U. P.], wo Du mit hängenden Locken, gepudert, nachdenklich den Kopf auf die Hand stützest, eine Prise nehmend. Die Gesellschaft der vornehmen älteren Damen bildete einen Halbkreis in dem Schlafzimmer des *Moritz Bethmann*; auf purpurrotem Teppich in der Mitte ein weißes Feld, worauf ein Leopard, – sah die Gesellschaft so stattlich aus, daß sie wohl imponieren konnte. An den Wänden standen schöne schlanke indische Gewächse, und das Zimmer war mit matten Glaskugeln erleuchtet; dem Halbkreis gegenüber stand das Bett auf einer zwei Stufen erhabenen Estrade, auch mit einem purpurnen Teppich verhüllt, an beiden Seiten Kandelaber. Ich sagte zur Mutter: ›Die Frau *Staël* wird meinen, sie wird hier vor Gericht des Minnehofs zitiert, denn dort das Bett sieht aus wie der verhüllte Thron der Venus.‹ Man meinte, da dürfte es manches zu verantworten geben. Endlich kam die Langerwartete durch eine Reihe von erleuchteten Zimmern, begleitet von *Benjamin Constant*, sie war als Corinna gekleidet, ein Turban von aurora- und orangefarbner Seide, ein ebensolches Gewand mit einer orangen Tunika, sehr hoch gegürtet, so daß ihr Herz wenig Platz hatte; ihre schwarzen Augenbrauen und Wimpern glänzten, ihre Lippen auch, von einem mystischen Rot; die Handschuh waren herabgestreift und bedeckten nur die Hand, in der sie das bekannte Lorbeerzweiglein hielt. Da das

Zimmer, worin sie erwartet war, so viel tiefer liegt, so mußte sie vier Treppen herabsteigen. Unglücklicherweise nahm sie das Gewand vorne in die Höhe, statt hinten, dies gab der Feierlichkeit ihres Empfangs einen gewaltigen Stoß, denn es sah wirklich einen Moment mehr als komisch aus, wie diese ganz im orientalischen Ton überschwankende Gestalt auf die steifen Damen der tugendverschwornen Frankfurter Gesellschaft losrückte. Die Mutter warf mir einige couragierte Blicke zu, da man sie einander präsentierte. Ich hatte mich in die Ferne gestellt, um die ganze Szene zu beobachten. Ich bemerkte das Erstaunen der *Staël* über den wunderbaren Putz und das Ansehen Deiner Mutter, bei der sich ein mächtiger Stolz entwikkelte. Sie breitete mit der linken Hand ihr Gewand aus, mit der rechten salutierte sie mit dem Fächer spielend, und indem sie das Haupt mehrmals sehr herablassend neigte, sagte sie mit erhabener Stimme, daß man es durchs ganze Zimmer hören konnte: ›*Je suis la mère de Goethe.*‹ ›*Ah, je suis charmée*‹, sagte die Schriftstellerin, und hier folgte eine feierliche Stille. Dann folgte die Präsentation ihres geistreichen Gefolges, welches eben auch begierig war, *Goethes* Mutter kennenzulernen. Die Mutter beantwortete ihre Höflichkeiten mit einem französischen Neujahrswunsch, welchen sie mit feierlichen Verbeugungen zwischen den Zähnen murmelte, – kurz, ich glaube, die Audienz war vollkommen.«[242]

Wie immer bei Bettina Brentanos Darstellung der Catharina Elisabeth handelt es sich auch hier um eine Interpretation, um die Bearbeitung einer Erfahrung, die die Autorin mit Catharina Elisabeth gemacht hatte. Das Auffallendste an Bettinas szenischem Aufbau ist, daß sie hier eine Art »Show down«, eine große Generalabrechnung zwischen den beiden Frauen inszeniert. Dabei ist für uns eine Irritation aufschlußreich: Bettina spürt die Faszination Catharinas und den Impuls, sich zu behaupten – nicht nur als Deutsche gegen die vornehme und berühmte Französin, die Frau aus dem Zentrum der Weltereignisse und Vertreterin der siegreichen Franzosen, sondern auch als Frau gegen die Schriftstellerin, die es riskiert hatte, die Konventionen zu brechen und auszuleben, was sie in sich trug.
Nicht zufällig geht es hier auch um den »Thron der Venus«, ins Zentrum des Raums rückt Bettina das Bett – ein Thema, von dem man »meinte, da dürfte es manches zu verantworten geben«. Wer hat recht –

die Innerlichkeit und die Mutterschaft oder die Dichterin und sexuell Emanzipierte? Obwohl Bettina die Französin komisch findet, erscheint ihr die andere Variante nicht weniger grotesk. »Die ganz im orientalischen Ton überschwankende Gestalt [der Staël, die] auf die steifen Damen der tugendverschworenen Frankfurter Gesellschaft losrückte.« Bettina empfand den Gegensatz. Sie, die Berichtende, ergreift zwar Partei für Catharina, aber beide Gestalten erscheinen ihr verkleidet, prachtvoll, doch obskur.

Die Realität hat Bettina in diesem Bericht in ihrem Sinne umgestaltet. Sie datiert die Begegnung in eine Zeit, als Catharina Elisabeth schon tot war, und sie läßt als Begleiter Benjamin Constant auftreten. Mit größter Wahrscheinlichkeit war Bettina bei keiner der Begegnungen der beiden Frauen anwesend. Denn 1804, als Catharina mit Mme de Staël zusammentraf, wahrscheinlich im Hause Bethmann, war Bettina noch nicht so eng mit Catharina verbunden. 1808, beim zweiten Aufenthalt der Mme de Staël, war Bettina selbst nicht in Frankfurt. Die wichtigste Änderung, die Bettina in der Interpretation vornahm, war die Versöhnung der beiden Frauen, von der sie im Fortgang des Berichts erzählt, die schließliche Aussöhnung der beiden Gegensätze. Real hat eine solche Aussöhnung nicht stattgefunden. Aber Bettina wünschte zu versöhnen, was ein scharfer Gegensatz war: Selbstverwirklichung im Schreiben und Selbstverwirklichung in der Mutterschaft.

Die Kommentare Catharinas in ihren Briefen über Mme de Staël zeigen zugleich Beunruhigung und schroffe Ablehnung. Karl Heinemann dokumentiert:

> »Im Dezember war Frau von Staël in Frankfurt, wo sie an das mit Frau Rat sehr befreundete Bethmannsche Haus empfohlen war. Diese berichtet darüber an den Sohn am 13. Januar 1804: ›Frau von Staël ist, wie ich höre, jetzt in Weimar – mich hat sie gedrückt, als wenn ich einen Mühlstein am Hals hangen hätte – ich ging ihr überall aus dem Wege, schlug alle Gesellschaften aus, wo sie war und atmete freier, da sie fort war. Was will die Frau mit mir?? Ich habe in meinem Leben kein Abcbuch geschrieben und auch in Zukunft wird mich mein Genius davor bewahren.‹«
>
> »Daß sie eine derartige Scene wirklich mitgemacht und in schrecklicher Erinnerung hat, dafür sprechen die Worte an den Sohn vom 9. März desselben Jahres. ›Was treibt Ihr denn in aller Welt, mit der Frau von Staël!! der ist ja Weimar das Paradies! Die wird Euch einmal loben und preisen – wer hier

von Damen nur ein wenig vom gelehrten Ton ist, z. E. Fräulein Lousia von Barckhauß – Frau Geheimte Rätin von Wießenhüten – Frau von Schwarzkopf u. s. w.! erzählten Wunderdinge – wie vergnügt die Dame dort ist – So was freut mich von Herzen – wenn ich davon wegbleiben kann.‹«

»Auf ihrer zweiten Reise nach Deutschland kam Frau von Staël während der Rückreise (Juni 1808) nach Frankfurt. Die kurze Notiz vom ersten Juli ›Frau von Staël, geborene Necker war hier‹, ist das einzige, was Frau Rat darüber an den Sohn berichtet.«[243]

Gegenüber schreibenden Frauen kehrte Catharina gern die Rolle der Dichtermutter heraus:

»Ich bin glücklicher, als die Frau von Reck (von der Recke)«, schreibt sie an den jungen von Stein, »die Dame muß reisen, um die gelehrten Männer Deutschlands zu sehen; bei mir kommen sie alle in's Haus; das war ungleich bequemer. Ja, ja, wem's Gott gönnt gibt er's im Schlaf.«[244]

Ein Leben lang verspottete Catharina Elisabeth die gleichaltrige Sophie La Roche. Mehrfach vermerkte sie kritisch die Diskrepanz zwischen Leben und Schreiben bei der Schriftstellerin. Sie betrachtete sie eifersüchtig. Catharina war »das Volkskind«, Sophie die »Empfindsame« Auch Sophie vermochte sich dem Anpassungsdruck auf Dauer nicht zu widersetzen – sie schrieb mit zunehmend verstelltem Blick über Liebe, Opfer, Mutterschaft.[245] Ein wenig verzweifelt notiert ein Gastgeber nach dem Besuch der beiden alten Damen:

»Die beiden Greisinnen sind total entgegengesetzten Sinnes, Charakters und Gebärden, daß man die eine für die Satire der anderen halten könnte; sie hemmten sich also gegenseitig. Das Haupt unserer großen Familie, die Urgroßmutter Goethe, ist das lebendigste, herzvollste Mitglied derselben. Ihre Originalität macht, daß man manche Eigentümlichkeit ihres Wesens vergißt; dagegen verlassen die La Roche [...] ihre Grazie und ihr schöner, ungemeiner Sinn nicht und erhöhen den Anteil der Art, den man ihr unmöglich versagen kann.«[246]

Catharina Elisabeth Goethe und Sophie La Roche waren zwei Facetten *einer* Struktur. Beide hatten zu hochstilisierten Selbstdarstellungen gegriffen. Teile ihres Wesens machten beide unkenntlich. Stellen wir uns die eine vor mit ihrem breiten Hessisch, betont forsch, übertrieben naiv, und die andere ziseliert, feinsinnig und »ganz Gefühl«. Doch ob es nun Sophie von La Roche war oder Elise von der Recke oder Mme de Staël, es ging in allen diesen Fällen um ein inneres Thema: die Selbstverwirklichung. Wir sehen, wie Catharina Elisabeth Goethe mit widerstreitenden Impulsen beschäftigt ist – sie muß sich behaupten, vor allem vor sich selbst, gegen diesen anderen Lebensentwurf. Der Wunsch nach Teilhabe an der öffentlichen Kultur bewegt sie und wird zugleich verleugnet.

Und an diese Verleugnung hielten sich ihre Biographen. Sie eskamotierten die Widersprüche, die unübersehbar sind.

Die Illusion vom Großen Paar
und die Zerstörung der weiblichen Kultur

Wir verstehen die großen Emanzipationsbewegungen des 18. Jahrhunderts als Anstrengungen der Menschen, sich aus »selbstverschuldeter Unmündigkeit« zu befreien. Wir kennen die innere Widersprüchlichkeit dieser Anstrengung unter dem Diktat bürgerlicher Eigentumsverhältnisse. Ich möchte hier auf eine andere Widersprüchlichkeit eingehen, darauf, wie die Frauen am Vorabend der Französischen Revolution in den Strom des bürgerlichen Emanzipationsprozesses hineingezogen wurden, einen Prozeß, der wahrhaft fortschrittlich die Menschen auf ihre eigenen Möglichkeiten und Utopien verwies, die Frauen, die teilnehmen wollten, aber auf *ein* Modell des Menschen und der Selbstbestimmung verpflichtete: auf das Vorbild einer von *männlicher* Subjektivität geprägten Vollkommenheit. Der Entwurf der bürgerlichen Emanzipation findet seinen höchsten Ausdruck im »schöpferischen Mann«, der seine Welt erzeugt. Der Künstler ist das idealische Bild für die Auffassung der Menschen als Wesen, die sich selbst hervorbringen. Für das Genie gibt es nur Materie, die zu formen ist. Das Modell der bürgerlichen Welteroberung ist die Werkstatt des Künstlers, die Beherrschung der Natur, des Stoffs, der verwandelt wird, bis er ganz Ausdruck der Individualität geworden ist.[1] Der Künstler, vor allem der Dichter, erscheint in dieser Phantasie als der Allmächtige, der alle Fremdbestimmtheit abstreifen kann, göttlich, so wie die Menschen beginnen, den Platz Gottes in der Geschichtsphilosophie einzunehmen. Der Dichter wird zum Inbegriff des sich selbst erzeugenden Wesens:

> »Was Vater / was Mutter? / Hast du nicht alles
> selbst vollendet heilig glühend Herz?«[2]

Der große Einzelne ist immer allein. Das ist in den bürgerlichen Selbstbildern Schmerz und Stolz zugleich. Die herausragende Darstellung dieser Struktur findet sich in Schillers *Die Räuber* (1782), dem Drama, welches das Verhältnis zwischen genial-einsamem Führer und Gruppe als deutsches Trauerspiel auf die Bühne brachte.[2a] Der große Einzelne grenzt sich ab von der Menge und vom Weiblichen, steht dieses Ideal doch in direktem Gegensatz zu den Prinzipien der weiblichen Kultur, die bis heute am Regulativ der Wechselseitigkeit und am Austausch von Geben und Nehmen orientiert bleiben. Anschaulich faßt Carol Gilligan diese weibliche Orientierung mit dem Begriff des »Netzes« oder des »Geflechts, als dessen Teil sich die Frauen sehen«, im Gegensatz zu dem hierarchischen Aufbau der Welt im Erleben der Männer. Sie schreibt:

»Die Vorstellungen der Hierarchie und des Netzes ziehen verschiedene Formen der Selbstbehauptung und Reaktion nach sich: Der Wunsch, allein an der Spitze zu sein [und die entsprechende Angst, daß einem andere zu nahe kommen könnten – die männliche Identität und ihre Furcht, U. P.]; der Wunsch im Mittelpunkt des Beziehungsnetzes zu sein [und die Sorge, zu weit an den Rand, in die Isolation zu geraten – die weibliche Identität und ihre Furcht, U. P.].«[3]

»In ihrer Schilderung von Beziehungen ersetzen die Frauen die männliche Neigung zur Abtrennung durch eine Darstellung der Wechselseitigkeit des Selbst und der anderen, sowohl in der Liebe als auch in der Arbeit.«[4]

Den Orientierungen weiblicher Kultur und Subjektivität treten im 18. Jahrhundert die männlichen Orientierungen zunehmend schroff entgegen. Weibliche Kultur wird in die Familie verbannt und für jeden nichtprivaten Lebensbereich als unbrauchbar erklärt. Weibliche Werte werden zudem zu Wesenszügen naturalisiert. Das bedeutet zugleich: Die weibliche Praxis wird abgetrennt von der Frage der Moral und den Zielen der Gesellschaft.

Der Zerfall der solidarischen Bindungen hängt nicht nur mit den ökonomischen Verhältnissen des Privateigentums zusammen; er hängt auch – vor allem auf der Ebene der Subjektstrukturen – mit der patriarchalischen Autorität und den daraus resultierenden Deformationen zusammen. Nur deshalb kann sich um 1800 unangefochten ein Bild des Menschen durchsetzen, welches die Werke schaffende und die Welt verändernde Produktivität ins Zentrum stellte; der gesamte Bereich einer anders strukturierten Lebens- und Produktionsweise wurde ausgeblendet. In das bürgerlich erfolgreiche Modell der Subjektivität findet nur das Moment des männlichen Produzierens Eingang. Es gilt das abgegrenzte Werk, das dem Einzelnen in Ausschließung aller anderen zugerechnet werden kann, das außerhalb des Einzelnen existiert, letztlich ein Objekt, das verkauft werden kann. Was zählt, ist das Produkt, nicht der Prozeß.[5]

Und was zählt, ist die Innovation, die als Ware ausgestellt werden kann. Die kulturelle Produktion sozialer Beziehungen, die kreative Reproduktion – die Produktion in der Familie, die hier stattfindende Anpassung des kulturellen Systems an die unmittelbaren Bedürfnisse (die Kultur des Alltags), die unmerklichen Innovationen in der Einübung der Heranwachsenden, die Innovationen des sozialen Umgangs, aber auch die reproduktive Erzeugung von Gütern der Alltagskultur, die über Jahrhunderte hin sich an Muster gehalten hatte, in immerwährender Wiederholung und Imitation alter Formen, mit einem Spielraum für unmerkliche Abweichungen – all dieses Können wird unterbewertet. Es verschwindet aus dem Entwurf des Menschen. Damit wird auch – als Teil der Volkskultur – der gesamte Bereich gesellschaftlicher Kreativität, der den Frauen zugewiesen ist, zweitrangig, es sind eben »keine einzigartigen originalen Schöpfungen«.[6]

Und die Frauen? Ihre Arbeit, ihre Subjektivität, wie ihre Kultur werden unsichtbar. An deren Stelle tritt ein Mythos von Feminität. Die Geschlechtsgruppe der Frauen wird kollektiv enteignet, sie verfügt als Gruppe nicht über die Instrumente, ihre Situation zu begreifen. Es gelingt nicht, weibliche Traditionen und damit die Kultur der vorbürgerlichen Welt gegen die männliche Ordnung mit ihrem Produktionsfetisch zu behaupten und ein Konzept zu artikulieren, das im Zentrum das Thema der solidarischen Beziehungen, der Intuition und Einfühlung, im eigentlichen Sinn »soziales Lernen«, die Respektierung von Grenzen des Eingriffs in Natur und Menschenwelt entfaltet hätte.

Können wir von Orientierungen und Werten weiblicher Kultur sprechen? Und von der Zerstörung dieser Kultur? Wie sollen wir uns diesen Prozeß vorstellen? Gibt es Inhalte, die aus der besonderen Praxis der Frauen hervorgehen? Blicken wir zurück auf die Vorgeschichte dieser Praxis. Die sozialwissenschaftlichen Untersuchungen zum Geschlechterverhältnis in Agrargesellschaften zeigen – wenigstens in großen Linien übereinstimmend – folgendes Bild: Offenkundig ist, daß die Fraugemeinschaften der Vergangenheit (vor der bürgerlichen Spaltung in familienzentrierte und marktorientierte Produktion) sich nicht als Alternative zur patriarchalischen Ordnung gewußt haben. Doch kommen die geschichtlichen Untersuchungen, so sehr sie sich in der Bewertung des Phänomens unterscheiden[7], zu dem Schluß, daß unterhalb der patriarchalen Verfaßtheit der traditionalen (vorindustriellen Gesellschaft) eine Spaltung der Lebenszusammenhänge von Männern und Frauen vorlag.[8] Dieser Spaltung entsprach das »Männerbündnis«, dem das »Frauenbündnis« gegenüberstand. Viele Arbeiten wurden in der Geschlechtergruppe verrichtet, in ländlichen Gebieten bis ins 20. Jahrhundert herein.[9] Dazu kam die soziale Funktion der Frauengemeinschaft. Sie zeigte sich in den überlieferten Formen gegenseitiger Hilfe, wechselseitiger Tröstung und Lebensgemeinschaft. Nur langsam setzte sich in Westeuropa die »biologische Familie« als wichtigste soziale Ordnung durch. Ihre Bedeutung wurde immer wieder durch die andere Linie der Geschlechtergruppe durchbrochen[10], vor allem bei zentralen Ereignissen des weiblichen Lebens wie der Geburt, dem großen Fest der überstandenen Geburt – der Taufe –, bei Krankheit und Tod.

Die geschlechtsspezifischen Kooperationsgemeinschaften in der Arbeit und das in diesen Gemeinschaften – sowohl bei den Frauen als auch bei den Männern – tradierte und eingeübte Wissen schufen faktisch zwei

Systeme, die aufeinander angewiesen waren. Die Verknüpfung der beiden Systeme besorgte die Familie, aber gerade nicht im modernen Sinn, sondern als Hausgemeinschaft, als Produktionsgruppe unter der Leitung des Hausherrn und der Hausfrau bei rechtlicher Dominanz der Männerkultur über die Frauenkultur. Die Familie hatte eine Doppelstruktur.[11] Trotz der ausgeprägten Hierarchie versammelt dieser »Familientypus« (der sich etwa im 12. Jahrhundert herausgebildet hatte) alle Mitglieder der Hausgemeinschaft zu einer alltäglichen Einheit. Innerhalb der Hausgemeinschaft spielte das einzelne Ehepaar mit seinen Kindern eine untergeordnete Rolle. Lebten verschiedene Paare mit Kindern zusammen, die nicht untereinander blutsverwandt waren, so galten sie gleichwohl – weil Mitglieder einer Hausgemeinschaft – als *eine* Familie. Michael Mitterauer schreibt:

»Ein eigener Terminus von Mann, Frau und Kindern fehlt im Deutschen vor dem 18. Jahrhundert. Wenn auf diese Konfiguration von Rollenträgern im Haus Bezug genommen wird, so steht dafür nur die biologische Umschreibung ›NN mit weib und kind‹ zur Verfügung. Die biologische ›Familie als Fortpflanzungsgemeinschaft‹ wird begrifflich gar nicht gesondert gefaßt. Sie ist als solche eben keine [...] Gruppe im Verständnis der Zeitgenossen. Das Wort Familie in unserer heutigen Bedeutung dringt erst im Laufe des 18. Jahrhunderts in die deutsche Umgangssprache ein. Gleichzeitig beginnt auch die alte Bezeichnung ›Haus‹ ihren sozialen Wortsinn zu verlieren.«[12]

Es ist interessant, wie noch im Jahre 1777 die Definition für die Volkszählung in Österreich diese alte Struktur wiedergibt:

»Zu einer Familie sollen alle diejenigen gerechnet und folglich auf dem nämlichen Familienbogen eingeschrieben werden, welche nicht für sich selbst kochen, sondern unter einem und dem nämlichen Hausvater oder Mutter am gemeinschaftlichen Tisch und Brot genährt werden, sie seien verheiratet oder nicht; mithin wird jeder, der andere bei sich zu nähren hat, als ein Familienoberhaupt angesehen.«[13]

Die Dienstboten, Lehrlinge und Gesellen wurden in jener Volkszählung immer noch, falls sie im Haushalt ihres Dienstherrn lebten, zu dessen Familie gezählt. D. h. die Familie war von der Haushaltsgemeinschaft, nicht von Verwandtschaftsbindungen bestimmt. Wer im Haus lebte, erhielt eine Familienrolle – ob blutsverwandt oder nicht.

Zugleich waren die Familienrollen Autoritätsrollen. Sie hatten einen vorwiegend sachlichen Charakter. Deshalb wurden in der Ära der geschlossenen Hauswirtschaft bis ins 18. Jahrhundert auch Kinder und Dienstboten juristisch gleichgestellt. Nicht der Einzelne war wichtig, sondern der Lebenszusammenhang, dessen Teil das Individuum war. Die Verzweigungen der Verwandtschaft und der Nachbarschaft, der ständischen Organisation und die Kette der Generationen der Blutsverwandten, als deren Teil alle sich begriffen – das machte die soziale Definition aus, prägte das Selbstbewußtsein und die Lebenschancen. Es gab keine Alternative, solange die Gesellschaft agrarisch und immobil blieb. Die Menschen, die Männer und Frauen begriffen sich in ihrem Selbstbewußtsein als Teil des Familiensystems und als Teil der die Verwandtschaft umschließenden Kollektive von Nachbarschaft und Standesorganisationen. In ihrer Identität bestimmte sie wesentlich die eigene Geschlechtsgruppe, als deren Teil sie sich definierten – also als Teil der Frauen- oder der Männerwelt.

Das Ehepaar bildete in der alten Ordnung der agrarischen Kultur keine abgegrenzte Gefühlsinsel; auch in die Ehe regierte die Gruppe hinein.[14] Intimität, Liebe, Auszeichnung des Einzelnen, all das setzt Abgrenzung von anderen Menschen voraus, und einen Raum, diese Abgrenzung leben zu können. Selbst die räumliche Grenze fehlte in der agrarischen Welt. Die Menschen, auch das Ehepaar, waren fast nie allein. Wie Flandrin feststellt, reichte die Kontrolle bis ins Ehebett. Wer sich ein anschauliches Bild von den traditionellen Vorformen des bürgerlichen Familienlebens machen will, sehe sich die Familienbilder Molières an – etwa den *Tartuffe*. In Molières Spiel ist Mme Orgon Herrin des Hauses und gleichzeitig im Bund mit der Dienerin Dorine. Sie teilen Lebensauffassung und Interessen trotz der Klassendifferenz. Dieses Verhalten bezeichnet einen wesentlichen Aspekt der Lebensverhältnisse vor dem Zeitalter der Familienintimität: Madame Orgon ist eine sexuelle *und* eine geistige Macht. Unschuld ist nicht verlangt, wohl aber Bewußtsein von Würde und Rang.

Frau sein hieß in der alten Ordnung der agrarischen Gesellschaft, nicht nur Ehefrau, sondern auch Teil der Frauenwelt zu sein, Teil einer Kultur, ausgestattet mit dem Selbstbewußtsein der Geschlechterkultur. Es hieß, eine Identität zu haben, die sich nicht an der Anerkennung durch den Mann, durch den Ehepartner gemessen hat. Vielmehr waren beide Eheleute Teile geschlechtsspezifischer Ordnungen. Die weibliche Identität war eigenständig. Sie wurde von der Liebe berührt, aber nicht davon bestimmt, »daß er mich liebt«. Die Frau war Frau, weil sie tat, was Frauen taten und wie Frauen es taten. Ihre inneren Ordnungsmodelle gründeten jenseits der Anordnungen des Ehemanns in Sitte und Herkommen. Das Patriarchat war eingeschränkt durch die Macht, die den Frauen zuwuchs aus ihrer Arbeit, aus ihren Beziehungen, die sich aus der Arbeit und dem nachbarschaftlichen Leben ergaben. Ihr Wissen und ihr Bündnis mit magischen Kräften unterwarfen die Frauen nicht anders als die Männer den gleichen Weltvorstellungen und Ängsten und verschafften ihnen gleichzeitig Macht – Realmacht durch die Frauentraditionen, die sich auf ihren Arbeitsbereich, aber auch auf die Heilkunde usw. bezogen; auch Phantasiemacht besaßen sie aufgrund der Magie, die von beiden Geschlechtern gefürchtet war.[15]

Die Gründe, die zum Wandel der Auffassung von der Ehe führten, sind zu vielschichtig, um darauf an dieser Stelle einzugehen.[16] Eindeutig und leicht bestimmen läßt sich dagegen die soziale Schicht, in der sich diese Veränderungen vorwiegend abspielten: die Gruppe der akademisch Gebildeten, der freien Berufe und des gehobenen Beamtentums. Hieraus gehen in Deutschland die Innovatoren hervor. Die Kaufmannschaft, das Geschäftsleben, die bürgerliche Ökonomie bewegen sich im 18. Jahrhundert noch in den engen Grenzen, welche die hergebrachten Ordnungen, die politische Zersplitterung und die Unterentwicklung der Märkte setzen. Deutschland ist 1770 immer noch ein Agrarland. Die Schicht, in der die neuen kulturellen Modelle entworfen und gelebt werden, ist schmal: das Bildungsbürgertum.

In dieser Schicht sind die Lebensverhältnisse oft schon seit Generationen andere als in der Vergangenheit. Die ständischen Gruppenbindungen haben sich gelockert. Auf die freien Berufe und die akademisch Gebildeten trifft das in besonderem Maße zu. Lothar Pikulik schreibt in seiner Arbeit über das bürgerliche Drama in Deutschland 1700–1750, »daß bei Gellert zum ersten Mal im deutschen Lustspiel Familie Gegenstand der Behandlung wird [im Jahre 1747, U. P.]. In der frühen Sächsischen Komödie [um 1730, U. P.] dagegen tritt Familie immer nur als Milieu (im weitesten Sinne), nicht als Thema in Erscheinung. Wohl spielen die meisten Stücke dieser Periode in bürgerlichen Häusern, auch erfahren wir eine Menge darüber, wie es in diesen Häusern zugeht, aber den familiären Beziehungen und Funktionen im engeren Sinne wird niemals ein spezifisches und primäres Interesse entgegengebracht. Väter werden also nicht als Väter, Mütter nicht als Mütter, Töchter nicht als Töchter usw. gekennzeichnet. Man könnte vermuten, daß dies wenigstens dort der Fall sei, wo es zu einem Familienkonflikt kommt, wo nämlich – gemäß einer uralten Lustspieltradition – die Heiratsabsichten der Kinder den Vorstellungen und Wünschen der Eltern zuwiderlaufen. Aber das trifft auch in solchen Fällen nicht zu. Die Kinder einerseits werden uns nicht primär als Söhne und Töchter, sondern als Liebhaber vorgestellt. Die Väter und Mütter andererseits sind meist komische Typen, das heißt sie verkörpern in erster Linie eine bestimmte Untugend, die der Autor anprangern möchte [...] Zwar gibt es in der frühen Sächsischen Komödie auch vernünftige Eltern, obwohl nur wenige, aber sie wiederum werden uns mehr als Vertreter des gesunden Menschenverstandes denn als Eltern vorgestellt.«[17]

Auch Pikulik sieht den Vorrang des Hauses vor den emotionalen Bindungen der Familienmitglieder im biologischen Sinn. Auch er beobachtet, daß sich seit der Mitte des Jahrhunderts der Wandel der Orientierungen in den Stücken, die er untersucht, spiegelt. Über viele Zwischenschritte werden das Ehepaar und seine Kinder zu einer seelischen Wirklichkeit.

Die Wortführer der neuen Zeit, was charakterisiert sie, was trennt sie von der alten Ordnung? Vor allem sind es Einzelne, die für ihre Dienste ein Geldeinkommen beziehen, die in den Dienst von Fürsten oder Städten treten, die sich als Ärzte oder Rechtsanwälte niederlassen. Immer noch spielt die Herkunft und die Familienverbindung eine wichtige Rolle, doch tritt die Profession, die Qualifikation als persönlich zurechenbare Eigenschaft gleichrangig neben die Familienherkunft. Die aufstrebenden absolutistischen Staaten bedürfen eines leistungsfähigen Beamtentums, die Verwaltung der entstehenden Zentralstaaten ist anspruchsvoll. So entsteht eine neue Lebensform, die das Individuum aus der konkreten Macht von Nachbarschaftsgruppen und Standesorganisationen herauslöst, so daß der Einzelne Vertragspartner und »seines Glückes Schmied« wird. Die Berufspositionen der Beamten und freien Berufe, vor allem der Juristen, aber auch der Universitätslehrer, der Gymnasiallehrer, der Bibliotheksleiter und Verwaltungsfachleute, der Pfarrer und der Ökonomen sind Positionen des Aufstiegs durch Bildung und Leistung für ehrgeizige Kinder des mittleren und gehobenen Bürgertums, ja manchmal über die Kirche sogar der begabten Söhne der armen Bauern.[18] Und die Frauen all dieser Aufsteiger? Sie folgen ihren Ehemännern an deren Arbeitsplatz. Sie verlieren ihre alten Bindungen an Familie und Nachbarschaft. Sie müssen im Haushalt arbeiten (wenn das Haus nicht sehr reich ist, sehr viel arbeiten), um eine geregelte, Versorgung zu gewährleisten. Nach wie vor ist dies eine Zeit, die den Haushalt als Verarbeitungsstätte von Rohstoffen, die in großen Mengen eingekauft werden müssen, zu einer Art Magazinverwaltung macht. Sie haben Vorratswirtschaft zu betreiben. Eingekauft wird auf den Märkten in großen Mengen und nur zu bestimmten Zeiten. Die Frauen müssen aufpassen, daß alles zur rechten Zeit versorgt wird: Das gekaufte Schwein läßt man schlachten und verarbeiten; der angekaufte Flachs wird gebrochen und gesponnen und zu Leinwand gewebt. All dies geschieht im Haus unter der Leitung der Hausfrau, zum Teil mit Lohnarbeiterinnen und Lohnarbeitern, die zu diesem Zweck ins Haus kommen, oft auch für die Zeit der Arbeit dort wohnen. Das Obst ist einzumachen, der Wein im Keller zu versorgen, die Konservierung der Nahrungsmittel, der Hausbedarf an Nahrung und Kleidung sind zu besorgen. Zweimal im Jahr ist das Leinen zu waschen, zweimal im Jahr wird Butter gemacht und gesalzen usw.[19] Dazu kommen im großbür-

gerlichen Haushalt die Pflichten der Repräsentation. Die häusliche Arbeit verrichten die Frauen der gehobenen Beamten, der Juristen, der Ärzte natürlich nicht mit eigenen Händen. Die Magd, die Köchin, die Amme treten zu den Lohnarbeitenden (der Stör-Arbeit) hinzu.
Die Frauen des Bildungsbürgertums leisteten notwendige Arbeit im Haushalt; aber ihre Arbeit galt im Vergleich zu der des Mannes als zweitrangig.[20] Sie konnten den Status und das Einkommen der Familie nicht verändern. Sie konnten auf der Basis des Geldeinkommens des Mannes Gewinne erwirtschaften durch qualifizierte und rationale Arbeitsweise; aber diese Gewinne waren unsichtbar, da sie ausschließlich die Lebensqualität *in* der Familie betrafen. Falls sie mit dem Haushaltsgeld Ersparnisse erzielen konnten, bemaßen sie sich an der Großzügigkeit der Zuteilung durch den Mann – und gesellschaftlich wie im Alltag kam der Hausökonomie gegenüber der über den Geldmechanismus geregelten Marktökonomie ein geringer Rang zu.[21] Für die persönlichen Beziehungen bedeutete das einen strukturellen Machtverlust der Frau gegenüber dem Mann.[22] Hinzu kam der Verlust an Praxisfeldern der Geschlechterkultur. Auch hier ist eine Auflösung der Machtbalance zwischen Mann und Frau festzustellen – zuungunsten der Frauen.[23]
Auch die modernisierte Welt des Bürgers des 18. Jahrhunderts organisiert sich geschlechtsspezifisch. Die soziale Macht funktioniert als Männerbund. Und obwohl das Männerkollektiv über Rivalität und Kampf definiert ist, wird hier doch auch Geschlechtsidentität erzeugt und bestätigt. Es werden Symbole und Lebensformen geschaffen, die das männliche Selbstbewußtsein über kollektive Lebensformen abstützen.[24] Und nicht zuletzt wird die männliche Lebenspraxis durch die neue Kleinfamilie ermöglicht und gestärkt. Der unabhängige Einzelne findet seinen emotionalen Rückhalt in dem auf seine Lebensweise zugeschnittenen Eheleben. Seine ›Identität‹ gewinnt der Mann draußen – im ›Männerbund‹.
Die junge Bürgerin des ausgehenden 17. und 18. Jahrhunderts dagegen kann immer weniger auf ein außerfamiliales Handlungsfeld und auf überfamiliale Kulturmuster zurückgreifen. Alles, was Macht heißt und Fortschritt und fortgeschrittenes Wissen, findet sich nun beim Mann.
Die Veränderung der Produktionsweise blieb nicht ohne Folgen für die Organisation der alltäglichen Lebensordnung, das Zusammenleben im Haus. In der alten Hausgemeinschaft hatte, wie wir erkennen konnten, die enge, die Blutsverwandten umgreifende Intimität gefehlt. Es fehlte ebenfalls der intensive Umgang von Eltern und Kindern. Es waren nicht die Eltern, die das heranwachsende Kind erzogen. Das Eltern-Kind-Verhältnis war im Alltag unpersönlich. Das galt selbst dort, wo das Haus bereits keine Produktionsgemeinschaft mehr darstellte:

»Im Sinne der Hausherrschaft des Hausvaters galten die Dienstboten als Kinder und wurden den natürlichen Kindern gleichgeachtet. Der Hausvater besaß gegenüber den Dienstboten das gleiche Züchtigungsrecht wie gegenüber seinen eigenen Kindern und durfte sie nach seinem hausväterlichen Ermessen ebenso schelten und zurechtweisen. Nach häuslichem Recht bildeten die Jugendlichen, die dem Alter nach Kinder waren, und die Dienstboten, die dem Recht und Beruf nach Kinder waren, *eine* Gruppe. Diese Zusammengehörigkeit bestätigte sich im täglichen Leben darin, daß die Kinder mehr mit den Dienstboten als mit ihren Eltern, den Erwachsenen, verkehrten. So berichtete der Mitarbeiter einer Moralischen Wochenschrift in Hamburg 1724, er kenne in der Stadt viele Häuser, in denen Söhne und Töchter bis in ihr zehntes Lebensjahr »unter dem Gesinde stecken müssen und kaum jede Woche einmal das Glück haben, vor ihre Eltern gelassen zu werden«.[25]
Die Tatsache, daß die Eheleute einander nicht aus Gründen der Anziehung wählten, ja, daß die Ehefrau bei der Eheschließung, wenn sie ein junges Mädchen war (anders die Witwe) – wenig mitzureden hatte, erschien unproblematisch, da eine intime, besondere Beziehung nicht erwartet wurde – vielmehr von beiden ein Leben in der Ordnung gefordert war. Eine »unverwechselbare Beziehung« der Ehepartner war nicht gefragt. Bei der Ehe sprach man von Pflichten, nicht von Neigung. Auch hier galt der Vorrang der Familie vor dem Einzelnen.[26] Die Familie ist zu Beginn des 18. Jahrhunderts noch der Ort der Arbeit. Die Liebe zwischen Eheleuten sollte zurücktreten hinter ihren Funktionen im Produktionsprozeß. Verliebtheit war mehr geduldet als sozial erwünscht.
Über viele Zwischenschritte wurden das Ehepaar und seine Kinder im 17. und 18. Jahrhundert zu einer seelischen Wirklichkeit.[27] Bis dahin hatte die Blutsverwandtschaft zwar Linien des Erbrechts, aber keine ausgegrenzten sozialen Beziehungen gestiftet. Das Paar mit Kindern mußte sich als Lebensform erst herausbilden, war also keineswegs selbstverständlich. Dies ist für unsere Frage nach den Veränderungen der weiblichen Selbstentwürfe – bis zu der Idee der weiblichen Vollkommenheit im »Großen Paar« – von Bedeutung. Das Selbstwertgefühl der Menschen der alten Ordnung hing nicht an der Innen-Beziehung der Ehe, sondern an der sozialen Zugehörigkeit, an der Teilhabe an der Ordnung des Standes und der Geschlechtergruppe – und die Ehe war ein Teil davon. Entsprechend erschienen die Liebe und die sexuelle Verliebtheit in der alten Ordnung als etwas Störendes, als Bedrohung der Ordnung, als etwas, das bekämpft werden mußte.
Die Liebesleidenschaft war ein Gefühl, von dem keine Dauer erwartet wurde. Dieses Gefühl hatte nichts mit der Ehe zu tun. Mehr noch, die

leidenschaftliche Liebe zwischen Eheleuten galt als ungehörig, als niedrig und triebhaft.[28] Selbst wenn die Leidenschaft zum kulturellen Spiel wurde, wie in der französischen Aristokratie des 18. Jahrhunderts, so galt sie nicht den Ehepartnern.[29] Der Historiker Jean Louis Flandrin resümiert in seinem aufschlußreichen Aufsatz »Das Geschlechtsleben der Eheleute in der ›alten Gesellschaft‹. Von der kirchlichen Lehre zum realen Verhalten«, daß die Kirche bis ins 17. Jahrhundert die Sinnenlust *in* der Ehe als Sünde ansah. Mit dieser Auffassung schloß sich die Kirche vorchristlichen Ideologien der antiken Gesellschaft an. Sinnliche Liebe in der Ehe wurde mit Mißbilligung betrachtet. Flandrin zitiert Autoren von Hieronymus bis zu Montaigne, die darin übereinstimmen, daß eine leidenschaftliche eheliche Liebe nachteilige Folgen für die sozialen Beziehungen und für die Pflichten gegen Gott habe. Flandrin erwähnt Benedicti aus dem Jahre 1584, der die Argumente sehr deutlich zusammenfaßte: »Der Mann, der sich von übermäßiger Liebe hinreißen läßt und seine Frau so leidenschaftlich bestürmt, um seine Begierde zu befriedigen, als wäre sie gar nicht seine Frau und er wollte dennoch Verkehr mit ihr haben, der sündigt. Das scheint der heilige Hieronymus zu bestätigen, wenn er dem Pytagoräer Sextus beipflichtet, der sagt, daß der Mann, der seiner Ehefrau in übermäßiger Liebe zugetan ist, Ehebruch begeht. [...] Darum soll der Mann sich seiner Frau nicht wie einer Dirne bedienen, und die Frau soll sich ihrem Mann nicht wie eine Geliebte nähern, denn es ziemt sich, von diesem heiligen Sakrament der Ehe mit aller Schicklichkeit und Ehrfurcht Gebrauch zu machen.«[30]

Wir sehen, die Ehe steht weder unter dem Zeichen des Sexus noch der Gattenliebe. Sie wurde eben nicht als geschlossene Zweierintimität erlebt. Flandrin faßt seine Recherchen folgendermaßen zusammen: Die alte Gesellschaft unterschied sich von der unseren ganz erheblich, insofern die Heirat dort in der Regel keine Liebesbeziehung absegnete, sondern eine Familienangelegenheit, einen Vertrag, den zwei Menschen nicht zu ihrem Vergnügen, sondern nach dem Ratschluß der beiden Familien und zu deren Nutzen geschlossen hatten. Wenn die Menschen, die auf diese Weise miteinander verbunden worden waren, ihr ganzes Leben sollten gemeinsam verbringen können, mußte es eine Regel für das Eheleben geben, nach der sich jeder von ihnen richten und auf deren Befolgung er beim anderen drängen konnte – bis ins Bett hinein, ja, vielleicht gerade im Bett. Immerhin gibt es zahlreiche Hinweise darauf, daß Mann und Frau im ehelichen Bett nicht frei von Scham voreinander waren; sie begaben sich – zumindest in bestimmten Kreisen – nicht ohne Hemmungen dorthin. Und genau dies war der Ansatzpunkt für die ›christliche Moral‹.«[31]

Der Status des weiblichen Wissens ändert sich seit dem 17. Jahrhundert. Die Aufklärung besorgt den Rest und erledigt, was nach der Hexenverfolgung an weiblicher Tradition noch übriggeblieben war.[32] Das alles verläuft um so rasanter, je mehr sich Kultur auf das geschriebene Wort konzentriert. Die Schriftkultur gehörte jedoch den Männern, und alles Ideale gehört ihnen nun ebenfalls: das Schöpferische, das Geniale. Die Frauen, deren Identität, Kultur, Geschichte so eng mit der Lebenspraxis verflochten waren, blieben abhängig von der mündlichen und sinnlich unmittelbaren Weitervermittlung; sie verloren ihren eigenständigen kulturellen Rückhalt. Die kulturelle Distanz zwischen den Geschlechtern wurde durch den Bildungsweg verfestigt. Das 18. Jahrhundert hatte im gehobenen Bürgertum eine neuartige Entfremdung der Geschlechter eingeleitet. Der Mann wurde an Lateinschulen erzogen und in klassifikatorischer Gelehrsamkeit geübt. Durch die Professionalisierung differenzierte sich das Wissen nach Geschlechtern und nach Klassen in neuer und verschärfter Weise.[33]
Das Produktionswissen der Vergangenheit kannte zwar geschlechtsspezifische Monopole von Kenntnissen, doch war die Struktur des Denkens bei beiden Geschlechtern gleich. Sie folgte dem magisch-animistischen Weltbild. Es gab in der Vergangenheit für beide Geschlechter Geheimnisse und Geheimwissen – in der Frauen- und in der Männergemeinschaft bestand jedoch keine Überlegenheit des einen Wissens über das andere.[34] Das änderte sich mit der Professionalisierung und Spezialisierung der Arbeit. Geistige Arbeit war in der Vergangenheit vor allem Studium der göttlichen Wahrheit. Seit der Renaissance verbindet sich geistige Arbeit zunehmend mit »Produktionswissen«, wenngleich zunächst im theologischen Gewand. Die Universitäten werden Ausbildungsstätten für Berufe, und sie produzieren akademische Spezialisten. Das verehrungswürdige heilige Wissen hatte seinen Platz im vom Alltag ausgegrenzten sakralen Bereich. Das neue akademische Professionswissen greift in das Gewebe der Alltagswelt ein.[35] Die Hierarchie der Werte ändert sich. Die Kopfarbeit steht nun organisiert als akademische Bildung und Berufs-Wissen, gegen die bloße »Praxis«, die Erfahrung, die »Handarbeit« der »Ungebildeten«. Weibliches Wissen wird »Handarbeiterinnen-Wissen«, also zweitrangig. (Auch wenn die Ärzte von den Hebammen lernten, und das taten sie gelegentlich, verwiesen sie diese auf einen niedrigen Rang.)[36] Den Frauen ist die akademische Laufbahn verschlossen. So beginnt schon in der Renaissance die Aufspaltung des Wissens zwischen den Geschlechtern. Elisabeth Ennen hebt in ihrer Darstellung der Frauen im Mittelalter hervor:
»Die Schulbildung der Kauffrauen reichte offenbar aus, die in einem

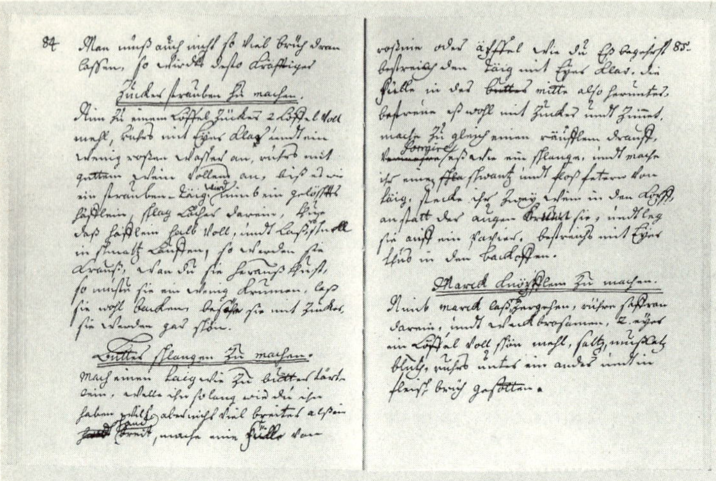

Das Kochbuch der Margaretha Justina Lindheimerin

Wie Eva Beck mitteilt, die das Kochbuch transkribiert und kommentiert hat: »Johann W. Textor widmete sich zunächst einmal einer gründlichen Durchsicht des Vorhandenen. Ihn, als studierten Mann, störten natürlich die augenfälligen und sinnentstellenden Rechtschreibefehler seiner Vorgängerin aus Wetzlar. Er machte sich die Mühe des Korrigierens wie auf der hier angedruckten Seite: ›Vielle‹ zu ›Fülle‹ … ›vermehre‹ zu ›formiere‹ … und was er sonst noch zu berichtigen fand. Von nun an war er verantwortlich für die Eintragungen.«

kaufmännischen Betrieb abfallenden schriftlichen Arbeiten zu erledigen. Seit dem 15. Jahrhundert kam es allerdings zu einem Bildungsgefälle zwischen Jungen und Mädchen; die jungen Bürgersöhne besuchen jetzt die Universitäten, die nun auch in Mitteleuropa verbreitet sind. Die Frauen tun das höchstens in romantisch-abenteuerlichen Ausnahmefällen [...] Die »Gelehrten« Männer eroberten sich immer neue Positionen. Sie drangen in die Stadträte ein wie in die landesherrlichen Kollegialbehörden. Ärzte, Notare, Lizentiaten, Prokuratoren hatten an einer Universität studiert [...] Wachendorf hat angemerkt, daß die Ärztinnen nach 1500 weitgehend aus den Urkunden verschwinden.«[37]

Erst jetzt, da sich das Wissen mit der Produktion verbindet und der männliche Arbeitsbereich ganz anderen Gesetzen der geistigen Arbeit und der Koordination von Tätigkeiten folgt als der weibliche von Hauswirtschaft und Kindererziehung, gibt es ein »überholtes« Wissen; von der Tradition der weiblichen Geschlechtergruppe bleibt nur das, was Aberglauben und Mythen, Ammenmärchen heißt, während sich auf der Seite der Männer naturwissenschaftlich orientiertes Verfügungswissen ausbreitet.[38]

Es sind die Familien der bürgerlichen Kopfarbeiter, in denen die Frauen zuerst mit diesen Strukturen konfrontiert werden. Es geht dabei um den Verlust der weiblichen Produktionsweise im Haus mit den die Kernfamilie übergreifenden Bereichen, und es geht um die gesellschaftliche Ausgrenzung der weiblichen Tradition als niedere Denkform. Beides bleibt nicht ohne Konsequenz für den Identifikationsprozeß der Frauen untereinander.

Der einzelne Mann, Familienvater, Hausherr regierte nun sein Haus, das ganz von seinem Geschäftssinn abhing. Die Identität des bürgerlichen Mannes gründete im 18. Jahrhundert in seinen persönlichen Fähigkeiten und Leistungen: in seinem Beruf. An die Stelle seines traditionellen Selbstverständnisses als Mitglied einer Generationenkette und als Teil der durch Geburt bestimmten Lebensordnung trat nun ein Selbstverständnis als vertragsschließendes, sich ökonomisch und geistig verwirklichendes Individuum. Die Frauen des Bürgertums verloren in dieser Lebensform die Macht, die sie in der alten Ordnung besessen hatten. Zwar gibt es reichlich Arbeit, aber sie ist sozial bedeutungslos oder zweitrangig. Sie ist kein Modell der Welt mehr. Betrachten wir die Verhältnisse am Beispiel des Stadtschultheißen Textor, Goethes Großvater. Was erwartet die 16jährige Anna Margaretha Lindheimer, die ihrem um 17 Jahre älteren Ehemann im Jahr 1726 nach Frankfurt folgte? Hausarbeit – und das hieß in dieser Klasse für die Frauen: Haushaltsführung. Hausarbeit in totaler Abhängigkeit, lebenslanger kindlicher Gehorsam gegen den Ehemann und gegen die Schwiegermutter, die mit im Hause lebte. Die Hausarbeit hatte keinerlei Züge einer dem männlichen Zugriff entzogenen Autonomie mehr. So wichtig und produktiv diese Arbeit auch war, Johann Wolfgang Textor konnte zur Not ohne Anna Margaretha leben, sie aber nicht ohne ihn. Das unterschied Anna Margaretha von der Handwerkersfrau und erst recht von der Bäuerin, deren tägliche Arbeit unersetzbar war. Deren weibliche Position konnte im Haushalt nicht unbesetzt bleiben, die Position der Hausfrau im bürgerlichen Haushalt aber sehr wohl.[39] Der Ehefrau des Juristen Textor bot die Arbeit – und das war ihr Problem, das uns hier beschäftigt – keinerlei Ansatz zur Machtbildung. Und dabei hatte sie – und die Frauen ihrer Schicht – diese Gegengewalt bitter nötig, denn ihr Mann lebte im Selbstbewußtsein des Herrn der Familie. Von ihm hing alles ab. Er konnte alles besser, er kontrollierte die Haushaltskasse; er verstand einiges von Medizin; er regierte ihr, wann immer er wollte, in ihren Bereich hinein, denn er war aufgeklärt und verachtete das Frauenwissen. So wundert es uns nicht, daß der alte Textor schließlich das einzige Buch, das Anna Margaretha in die Ehe mitgebracht hatte, in charakteristischer Manier entstellte. Es war ihr Kochbuch und enthielt mehr als Kochrezepte, nämlich Hinweise, wie man Pasteten färbt, wie man schöne Pflanzenfarben macht, wie man Attrappen für Tafelaufsätze baut, die wichtigsten Rezepte gegen die »Bleichsucht«, gegen das Phlegma und die Melancholie.[40] Das alles hatte ihr mit eigener Hand geschrieben »ihre Tante Anna Elisabeth Juliane Seib im Jahre 1724«. 1731 nahm sich der Ehemann Textor das Kochbuch vor. Er machte sich daran, die Orthographie zu verbessern, bis er offensichtlich vor dieser Aufgabe resignierte, und führte das Kochbuch höchstselbst fort, teilweise in Latein.[41]

Eine frühe Demokratisierung der Geschlechterbeziehungen? Keineswegs. Vielmehr das Symbol für den Zerfall der Frauenmacht und Frauenkultur in der Familie des gehobenen Bürgertums und ein Symbol für die problematische Identität der Frauen. Hier war der Mann nun mehr als Hausherr und Pater familias der traditionalen Gesellschaft. Hier war er durchgreifend, omnipotent. Die Wissenschaft, die akademische Bildung trugen das ihre dazu bei, ihm ein Selbstbewußtsein zu verleihen, das keine Grenzen mehr kannte. Im Bildungsbürgertum wurde die Frau zum Kind, wirklich unmündig, machtlos, unwissend. Kein Arbeits- und kein Wissensmonopol hielt das Patriarchat in Schach. Keine Frauengemeinschaft stützte sie. Ihre Mägde und Mädchen im Haus waren ja keine Verbündeten, mit denen sie kulturelle Machträume geteilt hätten, sie waren selbst Teil des kontrollierten Haushalts. Sie bildeten kein Frauenkollektiv mit einem eigenen Ort, wie es uns modellhaft in den Spinnstuben, den Waschplätzen und den dazugehörigen Kommunikationsstrukturen überliefert ist.[42] Hier waren die Frauen im Alltag eine Gruppe von Gleichrangigen, als Kollektiv dem Kollektiv der Männer kulturell gegenübergestellt gewesen.

Blicken wir nochmals zurück auf die alten Verhältnisse, auf die Lebensordnung der Frauen im Haus:

»Eine gesellschaftliche Zusammengehörigkeit der im Haushalt lebenden Menschen ergab sich teils daraus, daß die alten häuslichen Gewerbe – die Verarbeitung der landwirtschaftlichen Erzeugnisse für die Ernährung der Hausgenossen, die Spinnerei, die Weberei und die weitverbreitete Hausbrauerei – eine enge Zusammenarbeit von Herrschaft und Gesinde im nahen Zusammenleben beider Gruppen mit sich brachten, teils daraus, daß die traditionelle Hausgemeinschaft als christliche Gemeinschaft auch eine Bildungsgemeinschaft gewesen war... So streng auch Herrschaft und Dienerschaft rechtlich und sozial unterschieden wurden, so wenig unterschieden sich die Lebenskreise ihrer Alltage und Sonntage. Sie hatten für beide Teile ihren Mittelpunkt im Haus und in der Kirche und waren wechselseitig überschaubar. Herrschaft und Gesinde pflegten an derselben Stätte zusammen zu arbeiten, mochte auch der eine Teil dabei anordnen und genießen, der andere Teil ausführen und dienen. Wichtiger war, daß die Herrschaft innerhalb und außerhalb des Hauses keine andere Sprache, keine andere Lektüre, keine andere Unterhaltung und keine anderen Veranstaltungen und Veranstaltungsstätten hatte als die Dienerschaft.«[43]

Und Engelsing fährt fort:

»Dieses System wurde in der zweiten Hälfte des 18. Jahrhunderts durch die Neugestaltung der wirtschaftlichen Ordnung durch den absolutistischen Rationalismus, durch die Aufklärung, durch die Bildungsrevolution des Bürgertums und durch die Französische Revolution erschüttert.«[44]

Die soziale Beziehung zwischen Herrschaft und Gesinde war durchlässig gewesen, das Gesinde war nicht kulturell distanziert. Die Kultur im Hause war Teil einer Volkskultur, und damit war eine wesentliche Bedingung für Vertrauen und Gleichheit in der Kommunikation erfüllt. Insgesamt galt für die alte Struktur, daß es gesellschaftliche Zusammengehörigkeit der im Haushalt lebenden Menschen gab. Engelsing charakterisiert die Veränderung bürgerlichen Lebens:

»Den sozialen Fortschritt repräsentierte, im allgemeinen auf die mittleren und größeren Städte beschränkt, die Entstehung der gebildeten bürgerlichen Kleinfamilie, die – in den protestantischen Landschaften nördlich des Mains häufiger als in den katholischen südlich des Mains – die christlich-kirchliche Bildung nicht mehr als den Inbegriff ihrer Bil-

Anna Margaretha Justina Textor,
geb. Lindheimer (1711–1783) um 1770

dung verstand und damit der patriarchalischen Bildungsgemeinschaft mit dem Gesinde entsagte. Sie hob die Tisch- und Gebetsgemeinschaft mit dem Dienstboten auf und verschaffte sich einen exklusiven bürgerlichen Standard der Sprache, der Lektüre, der Unterhaltung und der Geselligkeit, von dem das Gesinde ausgeschlossen war und den es weder innerhalb des Hauses noch außerhalb in der Öffentlichkeit übersah und verstand. Betrieblich trennten sich Kontor, Laden, Lager, Fertigungsstätte, Garten- und Landwirtschaft vom Hause, das alte Gesinde teilte sich in Dienstboten, Angestellte, Arbeiter, die nun verschiedene Stellungen und Arbeitsplätze hatten.«[45]

Familien wie die Textor, Goethe und Klettenberg gehören zu diesem Typus: protestantisch, abgegrenzt von den Dienstboten durch Verhaltensstil und Bildung, herausgelöst aus traditionalen Bindungen. Im Verlauf des 18. Jahrhunderts ändern sich die Funktion des Gesindes und die Familienzusammenhänge zunehmend. Dienstboten werden kulturell und sozial distanziert. Dementsprechend geht die Bedeutung des Gesindes im alten Sinn – als dauerhaft im Haus lebende Mitglieder – und der damit verknüpften Kommunikations- und Arbeitsstruktur zurück. Diese Aufspaltung der Volkskultur in eine schichtspezifische Kultur, in der jede Schicht ihre eigene Sprache spricht und die Bildung zum Mittel der Ausgrenzung geworden ist, hat für die Frauen besondere Folgen. Nicht nur nimmt die Kooperation, die gemeinsame Produktion von Frauen – im Haus und hausübergreifend – ab zugunsten kleinerer Einheiten. Es ändert sich auch das Verhältnis der Frauen zueinander, sobald die Frauen der Herrschaft im gebildeten Bürgertum eine eigene Sprache zu sprechen beginnen, sobald sie ganz andere Interessen entwickeln als Magd, Dienerin und Köchin.[46] Das Wissen der Unterschicht-Frauen wird nun als untauglich zurückgewiesen. Es ist sehr aufschlußreich, daß Christian Felix Weiße, der das erste Beispiel für die moderne bürgerliche Jugendbildung mit der Zeitschrift *Der Kinderfreund* erfand, folgende Erfahrungen mitteilt:

»Er habe 1765 nach der Geburt seines eigenen Kindes die abgeschmackten Lieder gehört, die Amme und Kinderwärterin diesem vorsangen. Das habe ihn auf den Entschluß gebracht, kleine moralische Lieder für Kinder zu dichten. Der Entschluß gab ihm gleichzeitig die Idee zum Kinderfreund ein [...] Die Zeitschrift Der Kinderfreund (24 Bände, 1775–82) war das erste erfolgreiche und mehrfach nachgeahmte Beispiel für eine moderne periodische bürgerliche Jugendbildung [...].«[47]

An die Stelle weiblicher Überlieferung tritt von Männern angeleitete Pädagogik. Die Frau des gehobenen Bürgertums hatte mit ihresgleichen, das heißt mit gleichrangigen Frauen, nur noch in den Formen der männerdominierten Geselligkeit, beim eleganten Zeitvertreib und in der Kirche zu tun. Wo sie sich früher im eigenen Haus in der Geschlechtergruppe bewegte, wurde sie nun durch die Klassenschranke isoliert, die seit 1750 endgültig war, nämlich als Bildungsschranke. Was hatte die bücherlesende, sprachgewandte Frau noch mit dem inneren Leben ihrer Mägde gemeinsam?[48]

Doch hebt die Frauenbildung die Distanz zum Ehemann nicht auf. Die Frau unterliegt im Bildungsbürgertum also einer doppelten Isolierung

– aufgrund der ehelichen Bildungsdifferenz,
– in der Abgrenzung von den »ungebildeten Mägden«.

Dazu kommt noch eine dritte Ausgrenzung: die Ausgrenzung aus der »literarischen Öffentlichkeit«, die ihre Institutionen »in den Coffehouses, den Salons und den Tischgesellschaften« findet, wobei in Deutschland insbesondere die »Tischgesellschaften«, die aus den »alten Sprachgesellschaften des 17. Jahrhunderts hervorgingen«, bedeutsam sind.[49] Bemerkenswert ist, woher sich deren Publikum rekrutiert. Es bildet sich »wie in den Kaffee-Häusern aus Privatleuten, die produktive Arbeit tun: nämlich aus der städtischen Ehrbarkeit der fürstlichen Residenz, mit einem starken Übergewicht der akademisch gebildeten Bürgerlichen«.[50]

Es versteht sich, daß allein schon die Bildungsdifferenz den Ausschluß oder doch eine eindeutige Zurücksetzung der Frauen als Teilnehmerinnen am Gespräch mit sich brachte. Zumindest für die deutsche Form der »gelehrten Tischgesellschaft« ist dies eindeutig; daß die Konstitution der Tischgesellschaften auf dem Grundsatz beruhte: »gegen das Zeremoniell der Ränge setzt sich tendenziell der Takt der Ebenbürtigkeit durch«[51], setzt das akademische Ausschlußkriterium keineswegs außer Geltung. Auch der Umstand, daß die philosophischen und literarischen Werke, Kunstwerke überhaupt, zunehmend für den Markt hergestellt und durch ihn vermittelt werden – »als Waren werden sie im Prinzip allgemein zugänglich«[52] –, hebt den Ausschluß der Frauen aus dem, wie wir sehen werden, hochbedeutsamen Bildungswandel keineswegs auf. Es ergibt sich zwar aus der Offenheit des Kultur-Warenmarkts eine »prinzipielle Unabgeschlossenheit des Publikums«, aber wir sehen am Beispiel der Richardson-Rezeption, auch des Briefwechsels, den Richardson mit seinen Lesern und insbesondere mit seinen Leserinnen führte, sowie an den Leseanweisungen Herders an seine Braut Caroline Flachsland, daß hier zwei deutlich unterscheidbare Qualitäten von »Warenverteilung« und Kunst-Rezeption in Gang gesetzt werden. Den Frauen wird die Rolle einer passiv-rezipierenden Formaneignung des Textes zugewiesen, im Gegensatz zu den debattierenden Männern der bürgerlichen Öffentlichkeit. Die geschlechtsspezifische Organisierung des diskutierenden Publikums ist unübersehbar. Für die bürgerliche Öffentlichkeit gilt: sie »läßt sich vorerst als die Sphäre der zum Publikum versammelten Privatleute begreifen«.[53] Dieses Publikum sind die Besucher der Kaffeehäuser, der Salons, die Tischgesellschaften.

Politische und literarische Diskussion durchflechten sich, die »politische Öffentlichkeit geht aus der literarischen hervor«[54], »die zum Publikum zusammengetretenen Privatleute räsonnieren öffentlich über das Gelesene und bringen es in den gemeinsam betriebenen Prozeß der Aufklärung ein«.[55] Und »weil das Räsonnement der Privatleute in den Salons, Clubs und Lesegesellschaften im Kreislauf von Produktion und Konsum dem Diktat der Lebensnotdurft nicht unmittelbar unterworfen war: weil es vielmehr in diesem kritischen Sinn einer Emanzipation von dem Lebensnotwendigen ›politischen‹ Charakter auch in seiner bloß literarischen Form (der Selbstverständigung über die neuen Erfahrungen der Subjektivität) besaß, konnte sich hier die Idee, die dann zur Ideologie herabgesetzt wurde, überhaupt ausbilden – nämlich Humanität.«[56] Eine männlich erdachte Humanität, versteht sich. Allein schon deshalb, weil »die Identifikation des Eigentümers mit der natürlichen Person, dem Menschen schlechthin« die Grundlage der Humanität bildet.[57]

Die Dominanz des männlichen Denkens wird noch deutlicher, wenn man die folgende Entwicklung, die sich aus dem Kaffee-Haus-Leben herausbildete, mit berücksichtigt: das Erscheinen der kunst- und kulturkritischen Journale als Instrumente der institutionalisierten Kunstkritik. Habermas erwähnt den folgenden aufschlußreichen Zusammenhang:

»Als Steele und Addison 1709 die erste Nummer des ›Tatler‹ herausbrachten, waren die Kaffee-Häuser bereits so zahlreich, die Kreise der Kaffee-Haus-Besucher schon so weit gezogen, daß der Zusammenhang dieser tausendfachen Zirkel nur noch durch eine Zeitung gewahrt werden konnte. Gleichzeitig ist die neue Zeitschrift so eng mit dem Kaffee-Haus Leben verwoben, daß man es aus den einzelnen Nummern geradezu hat rekonstruieren können. Die Zeitungsartikel werden vom Kaffee-Haus-Publikum nicht nur zum Gegenstand ihrer Diskussion gemacht, sondern als deren Bestandteil begriffen. Das zeigt die Flut von Zuschriften, aus der die Herausgeber wöchentlich eine Auswahl abdruckten. Die Leserbriefe erhalten, als der ›Spectator‹ vom ›Guardian‹ abgelöst wird, eine eigene Institution: an der Westseite von Buttons Kaffee-Haus wird ein Löwenkopf angebracht, durch dessen Rachen der Leser seine Briefe einwirft.«[58]

Beachtenswert für die Frage nach der offensichtlich geschlechtsspezifi-

schen Zusammensetzung des Publikums ist eine Fußnote, die Habermas hinzufügt: »Der ›Tatler‹ wendet sich ausdrücklich an die ›worthy citizens who live more in a coffee-house than in their shops‹!«[59]
Für die richtige Einschätzung der Wirkungsbreite und Wirkungstiefe dieser öffentlichen Diskussion muß man sich klarmachen, daß in diesem Jahrhundert der Aufklärung der Einfluß künstlerischer, literarischer Entwürfe sowie der philosophischen Symbolsysteme auf die Lebensgestaltung eindrucksvoll zunimmt. Ein Jahrhundert wirksamer Ideen.
Von der Bildung dieser Ideen weitgehend ferngehalten – zumal in Deutschland –, waren die Frauen auch von der Diskussion ausgeschlossen, wurde der Ausschluß in den Idealen jener »Humanität«, von der die Rede war, legitimiert.
Erinnern wir an die Einsichten, die aus den Quellen zur Bildungsgeschichte der Frauen Susanna von Klettenberg und Catharina Elisabeth Goethe hervorgehen: Die Illusion vom Großen Paar, dem idealisierten Anderen, erhebt sich auf dem Hintergrund einer Umstrukturierung der Lebenserfahrung, die gekennzeichnet ist durch einen Zerfall der weiblichen Praxisgemeinschaft und der weiblichen Kultur, verbunden mit einer Ausgrenzung aus dem sich umschichtenden kollektiven Erfahrungsraum von Öffentlichkeit, die einem sich organisierenden Publikum die Möglichkeit zur Selbstbestimmung eröffnet. Diese Selbstbestimmung orientiert sich inhaltlich an männlichen Idealen, männlich-bürgerlichen Lebens- und Bewußtseinsformen, die zum Wertmaßstab des Erstrebenswerten werden: der kreativ-produktiven Persönlichkeit. An diesem Produktionsprozeß teilzuhaben wird zum Ausweis menschlicher Entfaltung – und für die Frauen zum Zwang, ein Alter ego, ein besseres ego in der Figur eines schöpferischen Anderen zu gewinnen. Die weibliche Subjektivität wird zum Anhängsel der männlichen. Identität können die Frauen nur noch als Teil eines Paares mit dem Mann ausbilden. Vor diesem Hintergrund spielt sich die Umerziehung der Frauen ab. Wir sehen im kulturellen Bereich die systematische Minderbewertung des Weiblichen, die Desymbolisierung ganzer Praxisdimensionen der Frau, ihrer Arbeit wie ihrer Sinnlichkeit. Mit anderen Worten, ihrer Selbstverfügung. Der Desymbolisierung entspricht die Remythisierung der Frau als Objekt.
In der dominanten Kultur kommt es zu einer Deklassierung der geistigen Produktion von Frauen, die wie die Kunst des Erzählens in der gesellschaftlichen Arbeitsteilung zwischen den Geschlechtern verwurzelt war. Dieser weiblichen Kultur wurde im Fortschreiten der Entwicklung die Möglichkeit der Integration in die sich herausbildenden neuen Strukturen genommen. Das Volkswissen ging nicht in die sich

professionalisierenden Berufe ein – das Frauenwissen erst recht nicht. Dafür ist die akademische Medizin ein gut belegtes Beispiel. Aber für die Literatur gilt das nicht weniger. Die geistige Kultur der Frauen wurde auf allen Ebenen ausgegrenzt. Als Klassenkultur verschwand die mündliche Tradition zugunsten der Schriftkultur, der bürgerlichen Schriftkultur. Die weibliche Geschlechterkultur wird doppelt abgedrängt – die Frauen wurden zu Rezipientinnen der offiziellen Kultur, sofern sie Leserinnen waren.
Weibliche Perspektiven auf die Welt waren in der offiziellen Kultur gar nicht oder nur noch in verschleierter, unbewußter Form enthalten.[60]
Catharina hat sich zur Lösung des Konflikts die Rolle der »natürlichen Volksfrau« gewählt, aber es war eine »Rollenidentifikation« im Sinne der Parinschen Definition – ein falsches Selbst, das es dem Individuum gestattet, die tödliche Angst vor der Ausgrenzung zu vermeiden. Catharina suchte den Kompromiß. Sie fand die kulturelle Nische des weiblichen Clowns – die »Narrenfreiheit der Natürlichen«. Die Närrin ist darauf vereidigt, mit der Sprache zu spielen, nicht ernst zu machen. So baut Catharina eine Rolle auf, die den Protest verhüllt. Sie macht sich zum Original, zur skurrilen Erscheinung. Paul Parin schreibt über einen solchen Mechanismus der Anpassung: »Auch die ›Privatrolle‹ ist gesellschaftlich vorgegeben [...] man hat sich die Rolle nicht gewählt; sie ist aufgezwungen worden. Um den Zwang nicht zu spüren, nimmt man ihn ins Ich herein; das falsche Ideal folgt nach, ergänzt das falsche Bewußtsein. Das Ich ist entlastet. Man ist nicht mehr allein, Ängsten ausgesetzt, und die Abwehr gegen frühkindliche Wünsche nach Geborgenheit und Zugehörigkeit ist entspannt. Man ist Rollenträger, nimmt teil an einer Institution, einer Gruppe. Was an Autonomie verlorenging, wird wettgemacht durch neue Arten von Befriedigung, die die Rolle bietet.«[61]
Catharina hielt ein Stück des ursprünglichen Wunsches fest – Abweichung und Protest bleiben sichtbar –, aber sie drängte den Konflikt mit der Männer-Ordnung und den Wunsch, »die Rechte der Männer in Anspruch zu nehmen«, aus dem Bewußtsein. Ihr sogenannter Humor, dieses Selbstironisch-Aggressive drückt Abwehr aus. »Diese Abwehr richtet sich gegen innere Impulse. Ihr geht es vor allem darum, ›daß ein bestimmter Inhalt, eine bestimmte Information insbesondere die dazugehörige gefühlsmäßige Reaktion entweder vom Bewußtsein ferngehalten oder im Hinblick auf ihre Bedeutsamkeit für die betreffende Person bagatellisiert werden. Hinzu kommt oft in einem zweiten Schritt die sozusagen gezielte Ablenkung der Aufmerksamkeit in eine ganz andere Richtung, wodurch die Verdrängung oder Verleugnung verstärkt und verfestigt werden‹.«[62]

Paul Parin und Mario Erdheim haben diesen Mechanismus am Beispiel gratifizierender Berufsrollen diskutiert, die es erlauben, Triebkonflikte aus dem Bewußtsein zu drängen. Daß Catharina sich eine solche Rolle gebaut hat, ist unverkennbar, und zwar eine, die eben nicht einfach privatistisch war, ganz im Gegenteil, es war durchaus etwas wie eine »Berufsrolle«, eine halböffentliche Rolle jedenfalls, die ihr höchste Gratifikation eintrug – die Rolle der Volksfrau und Mutter des Dichters.
Geschichten machte sie bis zum letzten Atemzug. »Über die letzten Stunden bewahrt das Frankfurter Goethemuseum einen handschriftlichen Bericht auf, den ihr Arzt und Neffe Johann Georg David Melber verfaßt hat:

»Als die alte Frau Rat merkte, daß es mit ihr bald zu Ende gehe, säumte sie nicht, ihr Haus zu bestellen und ihr Leichenbegängnis bis ins einzelne zu ordnen, so daß sie selbst die Handwerker namentlich bezeichnete, welche ihren Sarg zu Grabe tragen sollten. Kaum war dies ruchbar geworden, als einer der Metzger des Hauses herbeistürzte und auf dem Vorplatz mit Ungestüm Einlaß begehrte. Die Leidende, die den Lärm vernommen, ließ ihn auch wirklich an ihr Bett treten, und nun beklagte sich der Mann, wie er doch gar nicht wisse, warum er, ein so langjähriger Bekannter, die Zurücksetzung verdient, nicht unter den Trägern genannt zu sein. ›Beruhige Er sich, guter Freund‹, erwiderte darauf die Kranke, ›zum Lohn für seine Anhänglichkeit soll Er mir das Kreuz vortragen.‹ Die Kreuzträger wurden damals am besten bezahlt. –
Als ihr letzter Tag herangekommen, ließ die Sterbende spät abends ihren Neffen und Arzt, den sie sehr liebte, den Dr. Melber, noch einmal zu sich bescheiden und legte ihm die unumwundene Frage vor, wieviel Stunden sie noch zu leben habe. Auf eine ausweichende Antwort wurde sie fast ärgerlich. ›Mach Er mir nichts vor, Vetter, ich weiß doch, daß es aus mit mir ist. Sag Er's rund heraus, wieviel Stunden sind mir noch übrig?‹ Auf die Erwiderung, daß es noch bis gegen Morgen dauern könne, wurde sie ruhig und verlangte noch nach ihrem Lieblingsgetränk, einem Schälchen Schokolade, da ihr das jetzt ja nicht mehr schaden könne. Darauf händigte sie dem Neffen ihren Pultschlüssel ein, mit dem Auftrag, ihn am

Morgen einer andern Verwandten, der Frau Syndikus Schlosser, zuzustellen. ›Nun muß Er mir aber auch versprechen, mich nicht anderst, als bis ich erst tot bin, zu verlassen‹, bat sie noch. So blieb denn ihr Arzt ruhig still an ihrem Bette sitzen, bis sie gegen Morgen verschieden war.‹«[63]

Bei Catharina Elisabeth Goethe gab es zweifelsfrei einen Impuls zur schöpferischen Aktivität, zum Hervorbringen, aus Ungenügen an der Realität. Der Verlauf ihrer Beziehungen belegt das. Ihre Lebenskreise lassen sich begreifen als Zusammenhänge der Verständigung und zugleich als Zusammenhänge, in denen die Verständigung über ästhetische Symbole geschieht. Catharinas Grunderfahrung der Welt hatte Züge der ästhetischen Erfahrung. Die Welt bestand ihr aus Chiffren, in denen es Bedeutung zu erkennen gab.
Wir fanden bei Freud schon eine eindrucksvolle doppeldeutige Aussage; »die Hingabe des Ichs an das Objekt, die sich von der sublimierten Hingabe an eine abstrakte Idee schon nicht mehr unterscheidet«.[64] Das heißt für unsere Untersuchung: Es geht nicht um die Einverleibung eines Objekts im Dienste einer Regression auf eine infantil-narzißtische Position, die auf vollständige Verschmelzung, auf totale Passivität abzielt. Das »Ideal«, der Sohn-Bruder, soll nicht ausschließlich zur Quelle der Wunscherfüllung werden, sondern hat auch die zur Aktivität leitende Bedeutung einer »Idee«. Es ist »der Dichter«, der ins Ichideal eingesetzt wird – und das verweist auf zweierlei: Die »Illusion vom Großen Paar« hat Catharina Elisabeth Goethes eigene Selbstverwirklichung nie völlig absorbiert, – das haben wir ausführlich betrachtet. Die narzißtische Identifikation mit dem Sohn hat diesen auch niemals so in Beschlag genommen, wie wir das an den Fällen jener mütterlichen Narzißmus-Pathologien beobachten, die von M. Mahler und E. Jacobson beschrieben worden sind.[65] Catharina will den Sohn nicht zum Teil ihrer Lebensrealität machen. Aber: Bei der Begeisterung über das poetische Talent des Sohnes stoßen wir sofort auf die Charakteristik des Großen Paares – er wird eben doch »narzißtisch« als die Verwirklichung der eigenen, nicht zureichend zur Geltung kommenden »Ichbedürfnisse« geliebt, mit all den Konsequenzen des Festhalten-Wollens, vor dem Johann Wolfgang Goethe geflohen ist. Das Aufgehen der eigenen Bedürfnisse, Erwartungen und Lebensmöglichkeiten in der Bildung eines »großen Paares« – dieses Muster kennzeichnet die strukturellen Übereinstimmungen zwischen Catharina Elisabeth Goethe und Susanna von Klettenberg. Es ist eine tiefe Übereinstimmung in einem Tableau der Gleichartigkeiten:

Beide erfinden ihre Verwirklichung im Schreiben. Sie sind Briefschreiberinnen. Allerdings unterscheiden sich beide dadurch, daß die eine in ihren Briefen Gedichte und Gedanken vorträgt, während die andere ihre Briefe szenisch fabuliert, in Bildern anlegt.
Beide sind »Vaters Töchter«, allerdings ist Susanna von Klettenberg der »mißratene Sohn« des Vaters, erhält eine intellektuelle Ausbildung, während Catharina Elisabeth Goethe als »Schwester Prinzeß« die Phantasien des Vaters teilt, vielleicht also eine eher weiblich imaginierte Rolle spielt.
Beide finden kein Glück in der realen Liebe, wobei der Unterschied wiederum ist: Susanna von Klettenberg zieht sich von Ohlenschlager zurück, während Catharina Elisabeth den ungeliebten Mann heiratet, aber sich gleichfalls zurückzieht.
Beide leben in der Welt der Imagination: Susanna von Klettenberg eher im Sinne schöpferisch eigenständiger Gedankenführung als christlicher Freigeist, Catharina Elisabeth Goethe in ihrem eigenwillig schöpferischen Stil. Beide sind aktiv, wobei bei Susanna von Klettenberg die Aktivität in der Selbstdarstellung deutlicher ist.
Gerade im Vergleich wird deutlich, daß für beide Frauen in der Selbstverwirklichung die Imagination des Paares eine Rolle spielt: der Andere als derjenige, der die eigene Verwirklichungsmöglichkeit realisiert.

Anmerkungen

Selbstbehauptung, Einsamkeit und Traum – der Identitätskonflikt der Cornelia Goethe

1 Johann Wolfgang Goethe, *Dichtung und Wahrheit*, 7. Buch.
2 Ebd.
3 *Die Schlosser-Lavatersche Korrespondenz aus den Jahren 1771 und 1772*. Separatdruck aus dem Zürcher Taschenbuch 1893.
4 Johann Wolfgang Goethe, *Dichtung und Wahrheit*, 18. Buch.
5 Eberhard Gothein, *Schlosser als Badischer Beamter*, Heidelberg 1899, S. 8.
6 »Cornelias Briefe und Tagebuchblätter«, in: Georg Witkowski, *Cornelia, die Schwester Goethes*, Frankfurt 1903; diese Texte sind ebenfalls abgedruckt in: Wolfgang Pfeiffer-Belli (Hrsg.), *Briefe aus dem Elternhaus*, Zürich 1960; vgl. die Übersetzung der Briefe Cornelias in Bd. 2 der vorliegenden Studie.
7 Zitiert nach Ernst Beutler, *Am Großen Hirschgraben. Goethes Vater, Schwester und Mutter*, Zürich 1981, S. 233.
8 Der vollständige Brief ist abgedruckt in: Heinrich Düntzer. *Frauenbilder aus Goethes Jugendzeit*, Stuttgart 1852, S. 187f.
9 Witkowski, a.a.O., S. 3.
10 Beutler, a.a.O., S. 245.
11 Witkowski, a.a.O., S. 138.
12 Eberhard Gothein, in: *Frankfurter Zeitung*, 1899, Nr. 275, 276, 281.
13 Johann Georg Schlosser, *Eine Ehestandsszene* [1776], zitiert nach Witkowski, a.a.O., S. 104.
14 Otto Rank, »Goethes Schwesterliebe«, in: *Geschlecht und Gesellschaft*, 9, 1914, S. 438.
15 K. R. Eissler, *Goethe, A Psychoanalytic Study*, Detroit 1963, S. 125.
16 Da keine einheitliche Übersetzung vorliegt (immer nur Ausschnitte, soweit sie von Düntzer, Witkowski oder Beutler verwandt wurden) sind alle zitierten Teile von mir übersetzt worden.
17 Auf diesen Zusammenhang hat Ernst Beutler hingewiesen: »Es ist Literatur und will Literatur sein.« (Beutler, a.a.O., S. 216)
18 *Die Memoiren des Herzogs von Saint-Simon*, 1. Band, 1691–1704, Frankfurt 1977, S. 55 ff.
19 Johann Wolfgang Goethe, »Zum Shakespeare-Tag«, in: Otto F. Best, Hans-Jürgen Schmitt (Hrsg.), *Sturm und Drang und Empfindlichkeit*, Stuttgart 1976.
20 Friedrich Wilhelm Hegel, *Entwürfe über Religion und Liebe* [1797/98], *Werke*, Bd. 1, Frankfurt 1971.
21 Jürgen Habermas, *Strukturwandel der Öffentlichkeit*, Neuwied 1962, S. 64 ff.
22 Vgl. Ute Gerhard, *Verhältnisse und Verhinderungen. Frauenarbeit, Familie und Rechte der Frauen im 19. Jahrhundert*, Frankfurt 1978, S. 81 ff.
23 Friedrich Schiller, *Die Räuber*, IV. Akt, 5. Szene (Hervorheb. im Original).
24 Nehmen wir die Literatur als Modell: *Minna von Barnhelm* [1763], die ihrem

ausgerissenen Liebhaber nachreist und ihn in die Fallstricke ihres Dialogs lockt und *Die Leiden des jungen Werthers* [1774]: Lotte, die über intuitives Wissen verfügt und zu der das Schweigen gehört.

25 Cornelia Goethe, Brief vom 5. Februar 1768, in: Witkowski, a.a.O., S. 149.
26 Cornelia Goethe, Brief vom 6. November 1767, ebd., S. 114.
27 Johann W. Goethe, *Dichtung und Wahrheit*, 6. Buch.
28 Michel Foucault, *Sexualität und Wahrheit*, Frankfurt 1977, S. 27 ff.
29 Niklas Luhmann, *Liebe als Passion. Zur Codierung von Intimität*, Frankfurt 1982, S. 159 f.
30 Cornelia Goethe, Brief vom 23. Dezember 1769, in: Witkowski, a.a.O., S. 198.
31 Cornelia Goethe, Brief vom 21. Oktober 1768, ebd., S. 173.
32 Johann W. Goethe, *Dichtung und Wahrheit*, 18. und 6. Buch.
33 Cornelia Goethe, Brief vom 11. Dezember 1768, in: Witkowski, a.a.O., S. 193.
34 Cornelia Goethe, Brief vom 25. Oktober 1768, ebd., S. 174.
35 Johann W. Goethe, *Dichtung und Wahrheit*, 6. Buch.
36 Ebd., 6. Buch.
37 Ebd.
38 Ebd., 2. Buch.
39 Ebd., 6. Buch.
40 Ebd., 8. Buch.
41 *Goethes Briefe*, in Hermann Böhlau (Hrsg.), *Goethes Werke*, IV. Abteilung, 1. Band, Weimar 1887.
42 Ebd., S. 32.
43 Ebd., S. 54.
44 Ebd., S. 55.
45 Ebd., S. 70.
46 Ebd., S. 84.
47 Ebd., S. 108 f.
48 Ebd., S. 108.
49 Ebd., S. 99.
50 Ebd., S. 90.
51 Es ist hier nicht möglich, Schlosser näher zu charakterisieren. Er war der Typus des deutschen, protestantisch-pietistischen, autoritären und zugleich rebellischen Bürgers, ohne Einfühlungsvermögen, dabei sentimental und voller Selbstmitleid. Höchst aufschlußreich ist die Studie Gotheins, *Schlosser als badischer Beamter*, auch Witkowski.
52 Johann W. Goethe, *Dichtung und Wahrheit*, 8. Buch.
53 Ebd.

Das Produktionsprivileg der Männer

1 Jean-Jacques Rousseau, *Die Bekenntnisse*, München 1981, S. 9.
2 Nach Schätzungen Rudolf Schendas gelten im Jahr 1770 etwa 10%–15% der Erwachsenen als Leser, nach der Jahrhundertwende etwa 25%. Vgl. Rolf Engelsing, *Der Bürger als Leser*, Stuttgart 1974, S. 163 ff., Rudolf Schenda, *Volk ohne Buch. Studien zur Sozialgeschichte der populären Lesestoffe 1770–1910*, Frank-

furt 1970, Elisabeth Blochmann, *Das »Frauenzimmer« und die »Gelehrsamkeit«*, Heidelberg 1966, S. 28 ff. Zur Diskussion über die »Lesesucht« vgl. Helmut Kreuzer, »Gefährliche Lesesucht? Bemerkungen zu politischer Lektürekritik im ausgehenden 18. Jahrhundert«, in: Rainer Gruenter (Hrsg.), *Leser und Lesen im 18. Jahrhundert*, Heidelberg 1977, S. 62 f., und Gerhard Sauder, »Gefahren empfindsamer Vollkommenheit für Leserinnen und die Furcht vor Romanen in einer Damenbibliothek«, in: *Leser und Lesen*, a.a.O., S. 83 f.

3 Johann Gottfried Herder, *Journal meiner Reise im Jahre 1769*, Oxford, 1947, S. 1.

4 Johann Wolfgang Goethe, *Dichtung und Wahrheit*, 13. Buch.

5 Vgl. Ulrich Karthaus (Hrsg.), *Sturm und Drang und Empfindsamkeit*, Stuttgart 1976, S. 10 ff. Vgl. Christine Touaillon, *Der Deutsche Frauenroman des 18. Jahrhunderts*, Bern/Frankfurt 1976, S. 206 ff. Vgl. auch: Helga Meise, *Die Unschuld und die Schrift, Deutsche Frauenromane im 18. Jahrhundert*, Berlin/Marburg 1983. Helga Meise urteilt: »Die Indienstnahme des Schreibens bei den Frauen, seine Anpassung an seine Funktionen als Repräsentation der Weiblichkeit [das heißt in diesem Zusammenhang: festgelegter, angepaßter Weiblichkeitskonventionen, U. P.] legitimiert ihre Produktion als gängige weibliche Praxis [des erlaubten Schreibens von Frauen, U. P.], die sich sogar als Lust apostrophieren läßt.« A.a.O., S. 188.

6 *Herders Briefwechsel mit Caroline Flachsland*, hrsg. v. Hans Schauer, Weimar 1926, Bd. I, S. 17.

7 Vgl. Wolfgang Martens, »Leserezepte fürs Frauenzimmer. Die Frauenzimmerbibliotheken der deutschen Moralischen Wochenschriften«, in: *Archiv für die Geschichte des Buchwesens*, Bd. XV, 1975.

8 Max Rieger, *Klinger in der Sturm- und Drangperiode*, Darmstadt 1880, S. 10 ff.

9 Johann Wolfgang Goethe, *Dichtung und Wahrheit*, 5. Buch.

10 Vgl. hierzu die Briefwechsel, die autobiographische Literatur sowie die Literatur zu den Einzelbiographien für den Kreis der Darmstädter Empfindsamen und den Sturm und Drang. Einen guten unmittelbaren Einblick gibt der Briefwechsel zwischen Herder und Caroline Flachsland in den Jahren 1771–1773 (*Schriften der Goethe Gesellschaft* Bd. 39, Weimar 1926).

11 Literaturhinweise zu biographischen Informationen finden sich vor allem in den Arbeiten von Hermann Bräuning-Oktavio zum Kreis der Darmstädter Empfindsamkeit und des Sturm und Drang, insbesondere in: *Herausgeber und Mitarbeiter der Frankfurter Gelehrten Anzeigen 1772*, Tübingen 1966. Vgl. auch: Karl Schwartz, *Albertine von der Grün und ihre Freunde*, Leipzig 1872, sowie S. A. Tissot, *J. G. Zimmermanns Lebensgeschichte*, Zürich 1797, und Karl Schwartz, *Landgraf Friedrich von Hessen Homburg*, Homburg 1888, darin: S. 60–191 zu Louise von Ziegler und Henriette von Roussillon. Zu Sophie von La Roche und ihren Töchtern vgl. Werner Milch, *Sophie von La Roche*, Frankfurt 1935, S. 119 ff.; zu Sophiens Töchtern siehe auch den Kommentar der Catharina Elisabeth Goethe in ihren Briefen vom 11. und 30. April 1779 in: Wolfgang Pfeiffer-Belli (Hrsg.), *Johann Caspar Goethe, Cornelia Goethe, Catharina Elisabeth Goethe, Briefe aus dem Elternhaus*, Zürich/Stuttgart 1960; aufschlußreich sind auch die Biographien zu Johann Heinrich Merck von Hermann Bräuning-Oktavio und Helmut Prang, sowie Max Rieger, a.a.O., zu Klinger. Zu

Cornelia Goethe vgl. Georg Witkowski, *Cornelia. Die Schwester Goethes,* Frankfurt 1903.

12 Vgl. Christine Touaillon a.a.O., S. 160ff.

13 Cornelia Goethe, *Tagebuch für Katharina Fabricius,* 12. Juli 1769, vgl. Bd. 2 der vorliegenden Studie.

14 Der Roman der Frau von Kalb mit dem Titel *Cornelia* wurde von ihr als 25jährige begonnen, im Jahr 1785. Sie beendete ihn 1843. Von ihrer inneren Haltung her ist Charlotte von Kalb noch dem »Sturm und Drang« zuzurechnen. Über sie heißt es bei Christine Touaillon, a.a.O., S. 516: »Charlotte von Kalb kommt vom ›Sturm und Drang‹ her [...] Das beständige Hin- und Herwogen in ihrem Herzen, die übergroße Wertschätzung der Empfindung, die Hingabe an die Leidenschaften der Liebe und des Hasses, das ganze, wild idealistische Wesen Charlottens und das Elementare ihres Fühlens weist nach dieser Richtung. Diese Herkunft ist auch am Gestammel ihrer Dialoge und ihres Romans zu erkennen.«

15 Max Morris, *Der junge Goethe,* Bd. 1, Leipzig 1911, S. 290ff.

16 Zur Methode: Alfred Lorenzer, »Der Gegenstand psychoanalytischer Textinterpretation«, in: Sebastian Goeppert (Hrsg.), *Perspektiven psychoanalytischer Literaturkritik,* Freiburg 1978, und Alfred Lorenzer, »Die Funktion von Literatur und Literaturkritik – aus der Perspektive einer psychoanalytisch-tiefenhermeneutischen Interpretation«, in: Institutsgruppe Psychologie der Universität Salzburg (Hrsg.), *Jenseits der Couch, Psychoanalyse und Sozialkritik,* Frankfurt 1984, Alfred Lorenzer, »Tiefenhermeneutische Kulturanalyse«, in: Hans-Dieter König, Alfred Lorenzer et al., *Kultur-Analysen,* Frankfurt 1986.

17 Max Morris, a.a.O., S. 291 ff.

18 Das Buch Esther I.

19 Max Morris, a.a.O., S. 293.

20 Max Morris, a.a.O., S. 294.

21 Es ist auffallend, wie sehr die von M. Mitscherlich-Nielsen für die Gegenwart beschriebenen Identifikationsstörungen und Schwierigkeiten, ein autonomes Selbstbild aufzubauen, mit den hier beschriebenen Szenen übereinstimmen: Regression der idealisierten, machtvollen Männer in der Familie, Zweideutigkeit der mütterlichen Reaktion, die Verwirrung im Prozeß der Internalisierung bei den Mädchen. Vgl. Margarete Mitscherlich-Nielsen, »Zur Psychoanalyse der Weiblichkeit«, in: Psyche 8, 1978, S. 683 f.

22 Der widersprüchliche Charakter weiblicher Bildungsprozesse tritt in den Szenen deutlich hervor; die entwicklungspsychologischen Abläufe finden sich klar beschrieben bei Carol Hagemann-White, *Frauenbewegung und Psychoanalyse,* Frankfurt 1979, S. 29ff.; zum Zusammenhang von weiblicher Identitätsbildung und Mutterbeziehung: Nancy Chodorow, *Das Erbe der Mütter. Psychoanalyse und Soziologie der Geschlechter,* München 1985, S. 146–174, und Dorothy Dinnerstein, *Das Arrangement der Geschlechter,* Stuttgart 1979, passim; zur kulturellen Dimension vgl. insbesondere, Maya Nadig, »Weiblichkeit als Kulturbarriere«, in: Christa Köppel, *Frau – Realität und Utopie,* Zürich 1984, S. 47ff.

23 Eugen Wildenow, »Theodor Körners Leben und Werke«, in: *Theodor Körners Sämtliche Werke,* E. Wildenow (Hrsg.), Leipzig 1903, S. LIII.

24 *Herders Briefwechsel mit Caroline Flachsland,* a.a.O., Bd. 1, S. 46.
25 A.a.O., S. 46.
26 Vgl. Silvia Bovenschen, *Die imaginierte Weiblichkeit,* Frankfurt 1979.
27 *Goethes Briefe.* in: *Goethes Werke,* IV. Abteilung, 1. Bd. Weimar 1887, S. 84.
28 A.a.O., S. 70.
29 Vgl. hierzu die Darstellung bei K. R. Eissler, *Goethe. Eine psychoanalytische Studie,* Bd. 1, Frankfurt 1983, S. 117 und 125 f.
30 Johann Wolfgang Goethe, *Dichtung und Wahrheit.*
31 Jean-Jacques Rousseau, *Julie oder Die neue Héloïse, Briefe zweier Liebenden aus einer kleinen Stadt am Fuße der Alpen* (Amsterdam 1761); Rousseau beantwortet den Widerspruch mit einem Paradox: »Niemals hat ein keusches Mädchen Romane gelesen; und diesem hier habe ich einen so bestimmten Titel vorangestellt, damit man gleich beim Öffnen des Buchs wisse, woran man sich zu halten hat. Diejenige, die trotz dieses Titels eine einzige Seite zu lesen wagen wird, ist ein verlorenes Mädchen: Allein, dem Buche schreibe sie ihr Verderben nicht zu; das Übel war schon vorher geschehen. Weil sie aber einmal angefangen hat, so lese sie immerzu; sie hat nichts mehr zu verlieren.« (J. J. Rousseau, a.a.O., München o. J., S. 6).
32 Jean-Jacques Rousseau, *Emile oder Über die Erziehung,* 5. Buch (1762).
33 Daß in der Kultur des 18. Jahrhunderts auch andere Denkmöglichkeiten bereitlagen, zeigt die Opposition der Frühromantik. Der Jenaer Kreis, Frauen und Männer, Dichter, Philosophen, Kritiker und Beamte, entwickelten rebellische Gedanken. Nicht der abgegrenzte Einzelne, sondern die gemeinsame Produktion (Sym-Philosophieren), nicht das Werk, sondern das Leben wie ein Werk zu schaffen, sei wesentlich. Die Alternative heiße nicht Männer/Frauen oder Neutren – »geschlechtslose Amphibien«, wie Schlegel sich ausdrückte.
34 Vgl. Pierre Fauchery, *La déstiné féminine dans le Roman du dix-huitième siècle,* Paris 1972, S. 118 ff.
35 J.-J. Rousseau, *Die Bekenntnisse,* Frankfurt 1981, S. 108
36 A.a.O., S. 52 f.
37 Gillies (Hrsg.), Einleitung zu: Johann Gottfried Herder, *Journal Meiner Reise im Jahre 1769,* Oxford 1947.
38 *Herders Briefwechsel mit Caroline Flachsland,* a.a.O., Bd. 1, S. 86 ff.
39 Christine Touaillon, a.a.O., S. 508 f.
40 Vgl. die Darstellung bei Eissler, der die Beziehung zwischen Goethe und Frau von Stein als ein für Goethe lebensnotwendiges Bündnis versteht, Eissler, a.a.O., S. 224 ff.
41 Friedrich Burschell, *Schiller,* Reinbek 1958, S. 61.

Weiblicher Lebensentwurf der älteren Generation: das imaginäre Paar mit Jesus – Susanna von Klettenberg

1 *Die schöne Seele, Bekenntnisse, Schriften und Briefe der Susanna Katharina von Klettenberg,* hrsg. v. Heinrich Funcke, Leipzig 1912.
2 Susanna von Klettenberg, a.a.O., S. 255.

3 Susanna von Klettenberg, a.a.O., S. 253.
4 »Karl von Moser«, in: *Der Christ in der Freundschaft*, Frankfurt 1754, S. 8.
5 Susanna von Klettenberg, a.a.O., S. 11.
6 Über den Zusammenhang von Empfindsamkeit und Freundschaft vgl. Paul Kluckhohn, *Die Auffassung der Liebe in der Literatur des 18. Jahrhunderts und in der deutschen Romantik*, S. 64 f.; Wolfdietrich Rasch, *Freundschaftskult und Freundschaftsdichtung im deutschen Schrifttum des 18. Jahrhunderts vom Ausgang des Barock bis zu Klopstock*, Halle 1936. Luhmann kommentiert: »Die Freundschaft allein kann soziale Reflexion auf dem jetzt notwendigen Individualitätsniveau realisieren, während Liebe bei steigenden Ansprüchen an Individualität um so mehr ins Unglück führen muß.« In: Niklas Luhmann, *Liebe als Passion. Zur Codierung von Intimität*, Frankfurt 1982.
7 Susanna von Klettenberg, a.a.O., S. 221.
8 Susanna von Klettenberg, a.a.O., S. 223.
9 Johann Wolfgang Goethe, *Dichtung und Wahrheit*, 8. Buch.
10 Johann Wolfgang Goethe, a.a.O., 15. Buch.
11 Johann Wolfgang Goethe, a.a.O., 15. Buch.
12 Vgl. hierzu die Ambivalenz des Humors der Catharina Elisabeth Goethe. Elisabeth Lenk bezeichnet den Hang zur Karikatur als den fremden Blick der Ausgeschlossenen, in: »Paria Bewußtsein und Gesellschaftskritik bei einigen Schriftstellerinnen seit der Romantik«, in: Elisabeth Lenk, *Kritische Phantasie*, München 1986.
13 Susanna von Klettenberg, a.a.O., S. 243.
14 Ich fasse den Begriff Pietismus hier als Oberbegriff für eine Anzahl religiöser Bewegungen im deutschen Protestantismus. Die Einzelheiten der theologischen Überzeugungen sind unterschiedlich, wie in meiner Darstellung auch sichtbar wird, etwa zwischen Halleschem Pietismus und der Herrnhuter Brüdergemeine. Dennoch halte ich es für angebracht, von einer Gesamtbewegung zu sprechen, die in Deutschland den bürgerlichen Individualismus vorbereitet. Ich folge der Definition von Martin Schmidt, der die Polarität zur protestantischen Orthodoxie wie folgt kennzeichnet: »Leben« gegen »Lehre«, »Geist« gegen »Amt«, »Kraft« gegen »Schein«. Zum Zusammenhang von Pietismus und Säkularisierung: Martin Schmidt, *Wiedergeburt und neuer Mensch. Gesammelte Studien zur Geschichte des Pietismus*, Witten 1969; ders., *Pietismus*, Stuttgart, Mainz 1972, Friedrich Wilhelm Kantzenbach, *Orthodoxie und Pietismus*, Gütersloh 1966, und Albrecht Ritschl, *Geschichte des Pietismus*, 3 Bde. Bonn 1880–86; zum Zusammenhang von Pietismus der Konstitution des bürgerlichen Publikums: Rolf Engelsing, *Der Bürger als Leser*, Stuttgart 1974, S. 56 ff. Gerhard Sauder macht vor allem auf die Wirkung der Erbauungsliteratur und der Biographik der Erweckten für die Entwicklung der Empfindsamkeit aufmerksam: Gerhard Sauder, *Empfindsamkeit*, Bd. 1, *Voraussetzungen und Elemente*, Stuttgart, 1974. Der Zusammenhang von Pietismus und »Sturm und Drang« ist das Thema der Goethe-Studie von Rolf Christian Zimmermann: *Das Weltbild des jungen Goethe*, München 1969, und ders., *Die mystisch-pietistischen Vorstellungen des jungen Goethe*, Heidelberg 1958 (Diss. masch.). Zur Geschichte des Pietismus in Hessen-Nassau und in Frankfurt: Heinrich Steitz, *Geschichte der Evangelischen Kirche in Hessen und Nassau*, Marburg 1962,

Herman Dechent, *Kirchengeschichte von Frankfurt am Main seit der Reformation,* Bd. 1/2, Leipzig 1913; Friedrich Bothe, *Geschichte Frankfurts,* Frankfurt 1913.

15 Die biographischen Daten wurden zuerst von J. M. Lappenberg zusammengetragen. Sie erschienen 1849 als Festgabe zu Goethes hundertstem Geburtstag. Das Interesse war vor allem eine Überprüfung der in Goethes *Bekenntnisse einer schönen Seele* vorgestellten Bildungsgeschichte. In der gleichen Auseinandersetzung steht auch Hermann Dechents Biographie der Susanna von Klettenberg. Beide Autoren gehen von einem ursprünglichen Bekenntnis der Susanna aus, das Goethe gekannt oder im Besitz hatte. Dem widerspricht Heinrich Funck unter Hinweis auf Goethesche Mitteilungen. J. M. Lappenberg, *Reliquien der Fräulein von Klettenberg nebst Erläuterungen zu den Bekenntnissen einer Schönen Seele,* Hamburg 1849. Hermann Dechent, *Goethes Schöne Seele. Susanna Katharina von Klettenberg. Ein Lebensbild,*Gotha 1896, Heinrich Funck, a.a.O., Einleitung.

16 Johann Wolfgang Goethe, *Bekenntnisse einer Schönen Seele, Wilhelm Meisters Lehrjahre,* 6. Buch.

17 Vgl. Norbert Elias »Über Mittelstand und höfischen Adel in Deutschland«, in: *Über den Prozeß der Zivilisation,* Bd. 1, S. 177 ff., Frankfurt 1977; vgl. auch in Bd. 2 die Darstellung der Persönlichkeitsentwicklung in der Oberschicht im Zusammenhang mit der Herausbildung des Territorialstaates, S. 409 ff.; Max Weber, »Asketischer Protestantismus und kapitalistischer Geist«, in: Max Weber, *Soziologie, Weltgeschichtliche Analysen, Politik,* Stuttgart 1964, S. 357 ff. Zur Entwicklung der Berufsethik vgl. Max Weber, *Die protestantische Ethik,* München und Hamburg 1965, S. 115 ff. Vgl. auch Wolfram Fischer, »Kaufmännische Selbstbiographien. Eine Sammlung des 18. Jahrhunderts«, in: *Festschrift für Hermann Aubin,* Wiesbaden 1965; Jürgen Habermas, »Zur Genese der bürgerlichen Öffentlichkeit«, in: *Strukturwandel der Öffentlichkeit,* Neuwied 1982, S. 28–41. Zur besonderen Lage der bürgerlichen Intelligenz vgl. Hans Gerth, *Die sozialgeschichtliche Lage der deutschen Intelligenz und die Wende des 18. Jahrhunderts. Ein Beitrag zur Soziologie des deutschen Frühliberalismus.* Diss. Berlin 1935; den neueren Forschungsstand siehe bei Wolfgang Ruppert, *Bürgerlicher Wandel, Die Geburt der modernen deutschen Gesellschaft,* Frankfurt 1983.

18 Leider fehlt für Deutschland eine Untersuchung der Alltagswirklichkeit, wie sie für die französische Oberschicht in der Arbeit von E. und J. de Goncourt, *Die Frau im 18. Jahrhundert,* Bern 1963, vorliegt; Ansätze, die sich auf Teilaspekte konzentrieren, finden sich bei Helga Möbius, *Die Frau im Barock,* Stuttgart 1982, Heidi Rosenbaum, *Formen der Familie,* Frankfurt 1982, S. 251 ff., Alwin Schultz, *Das Alltagsleben einer deutschen Frau zu Anfang des 18. Jahrhunderts,* Leipzig 1890, Margarethe Freudenthal, *Gestaltwandel der städtischen, bürgerlichen und proletarischen Hauswirtschaft unter besonderer Berücksichtigung des Typenwandels von Frau und Familie, vornehmlich in Südwest-Deutschland, zwischen 1760 und 1933,* Würzburg 1934, Eduard Fuchs, *Illustrierte Sittengeschichte vom Mittelalter bis zur Gegenwart,* München 1912, Ute Gerhard, *Verhältnisse und Verhinderungen. Familie und Rechte der Frauen im 19. Jahrhundert,* Frankfurt 1978.

19 Bettina Brentano, an Goethe am 14. November 1810, in: *Bettinas Leben und Briefwechsel mit Goethe*, auf Grund des von Reinhold Steig bearbeiteten Nachlasses neu herausgegeben von Fritz Bergemann, Leipzig, S. 325.

20 Susanna von Klettenberg, a.a.O., S. 268.

21 A. Riese, »Erklärungen einer Goethischen Erzählung nach den Akten«, *Berichte des Freien Deutschen Hochstifts*, 1892, S. 248 f.

22 Johann Wolfgang Goethe, *Bekenntnisse einer Schönen Seele.*

23 Susanna von Klettenberg, a.a.O., S. 252.

24 Johann Wolfgang Goethe, *Bekenntnisse*, a.a.O.

25 Varnhagen von Ense, *Denkwürdige und vermischte Schriften* I, 1837, S. 458; Heinrich Funck weist auf eine Bemerkung Johann Christian Senckenbergs hin (1748): »Gestern hat Hofrat von Ohlenschlager bei des Orth ältester Tochter das Jawort geholt, Ist ut frater senator refert, voriges Jahr 4mal wegen Hurerei auf dem Konsistorium förmlich gestraft worden«, Susanna von Klettenberg, a.a.O., S. 317.

26 Johann Wolfgang Goethe, *Bekenntnisse*, a.a.O.

27 Johann Wolfgang Goethe, *Bekenntnisse*, a.a.O.

28 Johann Wolfgang Goethe, *Bekenntnisse*, a.a.O.

29 Johann Wolfgang Goethe, *Bekenntnisse*, a.a.O.

30 Vgl. Rolf Christian Zimmermann. Unter dem Titel »Die Vermittlung der pietistischen Vorstellungswelt an den jungen Goethe« unternimmt Zimmermann eine Rekonstruktion der theologischen Entwicklung anhand des Nachlaßverzeichnisses der Bibliothek der Susanna von Klettenberg, in: *Die mystisch-pietistischen Vervollkommnungsvorstellungen des jungen Goethe*, a.a.O., S. 45–72.

31 Mitteilung durch Funck, der die Beziehungen der Schwestern Mariane und Susanna von Klettenberg zum Stolberg-Wernigerodeschen Hof rekonstruierte, in: Susanna von Klettenberg, a.a.O., S. 318.

32 A.a.O., S. 319.

33 Johann Caspar Lavater, *Emser Reisejournal* 27, VI. 1774, *Schriften der Goethe-Gesellschaft* XVI 1901, S. 277 ff.

34 Johann Wolfgang Goethe, *Dichtung und Wahrheit*, 15. Buch.

35 Zitiert nach J. M. Lappenberg, *Reliquien der Fräulein von Klettenberg*, a.a.O., S. 297.

36 Vgl. Rolf Christian Zimmermann, *Das Weltbild des jungen Goethe*, München 1969, sowie ders., »Goethes Polaritätsdenken im geistigen Kontext des 18. Jahrhunderts«, in: *Jahrbuch der Deutschen Schiller-Gesellschaft*, Bd. XVIII, 1974.

37 Catharina Elisabeth Goethe, 9. Juli 1807, an Goethe, in: *Briefe aus dem Elternhaus*, hrsg. v. Wolfgang Pfeiffer-Belli, Zürich 1960, S. 859.

38 Hermann Dechent, *Goethes Schöne Seele*, a.a.O., S. 70.

39 Goethe an Schiller am 18. März 1795. Deutlich heben sich in der Goetheschen Darstellung die romanhaften Elemente, die Einbindung in das Konzept des *Wilhelm Meister* von der Darstellung der Lebensgeschichte, den sozialrealistisch beschreibenden Elementen ab. Schleiermacher faßte diese Tatsache in die Worte: »Er mache sich anheischig, Goethes Zusätze von dem vorliegenden Original zu scheiden.« Schleiermacher ging also ebenfalls von einer vorliegenden Selbstdarstellung Susannas aus. Zu dem Romanheft gehören nicht nur die Kommentare im letzten Teil der Erzählung, Erzählfiguren wie der Naturwissen-

schaftler und Ästhet – sie werden zur Abhebung der Position Susannas eingeführt –; dazu gehört auch die Verschiebung von Orten, von Pseudonymen, der persönlich eindeutigen Zurechenbarkeit der Erzählung. Die Geschichte spielt auch nicht in Frankfurt, sondern am Hof einer kleinen Residenz; auch andere Details weichen ab, so hatte Susanna in Wirklichkeit zwei Nichten, die sie sehr liebte und denen sie ihr Vermögen vermachte – bei Goethe sind es fünf Neffen und Nichten. Im Roman sieht die »schöne Seele« diese heranwachsen und erkennt sich in dem lieblichsten und freundlichsten Mädchen wieder: in Natalie, jener Frau, die Goethe seinem Helden Wilhelm als das Zentrum aller Rätsel seines Lebensgangs zugedacht hat.

40 Goethe deutet Susannas Religiosität als einen Entwurf, der auf der Schwelle zu der Position verharrt, die er selbst und sein Dialogpartner Schiller einnehmen. Wie Susanna verlangen sie die Ganzheit der Erfahrung und das Streben nach einem Leben, das mit sich eins sein kann. Wollen, Handeln und Sollen müssen zu einer Einheit verschmelzen – wenigstens als Grenzwert der Selbstverwirklichung. Das Bild dieser Einheit ist ihnen im Ästhetischen gegeben, als der Versöhnung von Sollen und Triebwunsch. Der ästhetische Schein ist die Utopie der Wirklichkeit. In ihm ist jene Versöhnung und Übereinstimmung aufgehoben, die vordem Gott verbürgt hatte. Die Schönheit bezeichnet das angemessene Abbild von der wahren Ordnung der menschlichen und außermenschlichen Natur.

41 Hermann Dechent, *Kirchengeschichte von Frankfurt am Main seit der Reformation,* a.a.O., S. 94 ff.

42 Hermann Dechent, a.a.O., S. 95.

43 Hermann Dechent, a.a.O., S. 96.

44 Der Pietismus konnte sich nicht von den Grenzen des protestantischen Geistes befreien: weder von der Tabuierung der Sinnlichkeit noch von der Glorifizierung der bürgerlichen Arbeitsmoral. Das wird ganz deutlich bei Speners Reform des Bettel- und Waisenwesens. Das Waisenhaus wurde von Anfang an mit einem Arbeitshaus verbunden, auch die Bettler wurden durch Spener mit der Errichtung eines Zucht- und Arbeitshauses beglückt. (Beachtenswert ist die Tatsache, daß viele Bettler damals erklärten, lieber die Stadt zu verlassen, als in das Armenhaus zu gehen. Sie erhielten einen Zehrpfennig und zogen dann ab.) Die armen Waisenkinder mußten in der Tuchfabrik arbeiten, die sich in der Anstalt befand. Vgl. Dechent, *Kirchengeschichte von Frankfurt am Main,* a.a.O., S. 85 f.

45 Für uns ist in diesem Zusammenhang wichtig, daß im Rahmen des Pietismus eine Frau wie die Merlau eigenständige Beziehungen aufbauen kann. Sie findet dort auch ihren Geliebten, mit dem sie ihre Ideen teilt. Die Radikalität der Merlau ist bemerkenswert, mit ihrer Vorstellung des Chiliasmus steht sie den revolutionären Traditionen Münzers nahe. Vgl. H. Dechent, *Kirchengeschichte,* a.a.O., S. 80.

Die Kreise der Frankfurter Pietistinnen beschreibt Lappenberg in *Reliquien des Fräulein von Klettenberg.* Einen allgemeinen Einblick gibt Engelsing in: ders., *Der Bürger als Leser,* in den Kapiteln ›Die Epoche des Pietismus‹ und ›Die Bildung der Frau‹. Er weist vor allem auf den widersprüchlichen Charakter des Pietismus hin, auf die Ablehnung des Gelehrtenwissens, dem auch die humanistische Tradition als weltlich, verwerflich galt. Andererseits wird die Entwicklung eines neuen Publikums durch die Schule des Pietismus hervorgehoben – insbesondere die Möglichkeit für Frauen, an dieser Kultur teilzuhaben. Viele Beispiele finden sich auch bei Möller, *Die kleinbürgerliche Familie im 18. Jahrhundert*, Berlin 1969, in den Auszügen, die er aus Biographien machte im Kapitel ›Glaube‹, S. 214 ff.

46 Rigidität der Gegenreformation: Dechent ist hier ganz Partei und begeistert sich an den Versittlichungsprozessen und der Ausbildung scharfer Kontrollen des Volkslebens. Trotzdem bringt er wichtiges Material. »Der Einfluß der Reformation auf die Sittlichkeit«, in ders., *Kirchengeschichte von Frankfurt am Main*, Bd. 1, a.a.O., S. 194. Die Engherzigkeit beschreibt auch – wider Willen – Steitz, *Geschichte der evangelischen Kirche . . .*, a.a.O., S. 133.

47 Hermann Dechent, a.a.O., S. 204.

48 A.a.O., S. 55; vgl. auch Heinrich Steitz, *Geschichte der Evangelischen Kirche in Hessen und Nassau*, a.a.O., S. 185 ff.

49 Hermann Dechent, a.a.O., S. 80 ff.

50 Zitiert bei Heinrich Funck im Kommentar zu Susanna von Klettenbergs Wendung zu den Herrnhutern, a.a.O., S. 29.

51 Walter Niess, *Hexenprozesse in der Grafschaft Büdingen, Protokolle, Ursachen, Hintergründe*, Büdingen 1982.

52 Heinrich Steitz, a.a.O., S. 233.

53 A.a.O., S. 235.

54 Vgl. Hermann Dechent, *Kirchengeschichte von Frankfurt am Main*, a.a.O., S. 150 ff.

55 Das Bild der gerechten Ordnung, das Gesetz göttlicher Harmonie, das im menschlichen Zusammenleben zu verwirklichen ist, und das gemeinsame Eintreten für die Zukunft zieht die Frauen schon im Mittelalter auffallend stark an. Klöster, Stifte, die weibliche Frömmigkeitsbewegung mit ihren Lebensformen, der hohe Prozentsatz Frauen in den Ketzerbewegungen zeigen ein auffallendes Engagement der Frauen. Edith Ennen schreibt: »Eine bürgerliche Freiheitsbewegung, die politische Ziele verfolgte, gab es unter den Frauen der mittelalterlichen Städte nicht. Aber wir konstatieren im Hochmittelalter eine breite und starke weibliche Frömmigkeitsbewegung. Sie trägt alle Züge einer ›Bewegung‹; sie ist emotional und engagiert, oft nur ein unstetes Suchen nach einem ›apostolischen Leben [. . .] sie ist oft eine Gratwanderung zwischen Ketzerei – Ordensleben – freier religiöser Gemeinschaftsform. Sie entfaltet sich in einer Zeit, in der die Kirchenreform gelegentlich revolutionäre Züge annimmt . . .« Edith Ennen, *Frauen im Mittelalter*, München 1984, S. 180 ff. Auf den Briefwechsel Speners mit zahlreichen Frankfurter Frauen sowie auf deren aktive Beteiligung bei den ersten Collegia pietatis weist H. Dechent ausdrücklich hin. A.a.O., Bd. 2, S. 210 ff.

56 Zur Rolle der Frau in der Mystik: Theresa von Avila, Hildegard von Bingen. Vgl. Margret Bäurle, Luzia Braun, »Ich bin heiser in der Kehle meiner Keuschheit. Über das Schreiben der Mystikerinnen«, in: Hiltrud Gnüg, Renate Möhrmann (Hrsg.), *Frauen, Literatur, Geschichte. Schreibende Frauen vom Mittelalter bis zur Gegenwart*, Stuttgart 1985.

57 Aufschlußreich ist für Frankfurt die Geschichte des St. Katharinen- und Weiß-

frauenstifts mit einer zunehmenden Abhängigkeit von der städtischen Obrigkeit. Friedrich Bothe stellt seine Darstellung unter den Untertitel: »Ein Beitrag zur Geschichte der freien Wohlfahrtspflege.« Die Dimension eines selbstbestimmten gläubigen Lebens von Frauen war ganz in den Hintergrund getreten. Friedrich Bothe, *Geschichte des St. Katharinen- und Weißfrauenstifts zu Frankfurt am Main*, Frankfurt 1950, passim.

58 Dorothee Sölle, »Gott und ihre Freunde. Zur feministischen Theologie«, in: Luise F. Pusch (Hrsg.), *Feminismus – Inspektion der Herrenkultur. Ein Handbuch*, Frankfurt 1983; Rosemary R. Ruether, Catharina Halkes, »Feministische Theologie. Eine Zwischenbilanz«, in: *Concilium* 16, 1980/82; Dorothee Sölle«; »Anfragen feministischer Theologie«, in: *Das Argument* 129, Oktober 1981; Heide Göttner-Abendroth, *Die Göttin und ihr Heros. Die matriarchalen Religionen*, München 1980; Robert von Ranke-Graves, *Die weiße Göttin. Sprache des Mythos*, Berlin 1981.

59 Edith Ennen, *Frauen im Mittelalter*, München 1984, S. 117. Vgl. die gegenwärtige Diskussion.

60 Das Bücherverzeichnis wurde nach dem Tod der Susanna von Klettenberg gerichtlich angefertigt. (Veröffentlicht 1891, von R. Jung im 7. Band der *Berichte des Freien Deutschen Hochstifts*.) Ein Kommentar findet sich bei Hans Christian Zimmermann, »Die mystisch-pietistischen Vorstellungen des jungen Goethe«, a.a.O., S. 46 f.

61 Susanna von Klettenberg, a.a.O., S. 252 ff., in diesem Brief ist die sprachliche Übereinstimmung mit den *Bekenntnissen einer schönen Seele* besonders auffallend.

62 Susanna von Klettenberg, a.a.O., S. 253.

63 »Der Christ in der Freundschaft«, in: Susanna von Klettenberg, a.a.O., S. 176.

64 A.a.O., S. 176.

65 A.a.O., S. 177.

66 Johann Wolfgang Goethe, *Bekenntnisse einer schönen Seele*, a.a.O.

67 Johann Wolfgang Goethe, *Dichtung und Wahrheit*, 15. Buch.

68 Susanna von Klettenberg, a.a.O., S. 207.

69 A.a.O., S. 251.

70 A.a.O., S. 199.

71 A.a.O., S. 209.

72 A.a.O., S. 215.

73 A.a.O., S. 203.

74 A.a.O., S. 211.

75 Johann Wolfgang Goethe, *Wilhelm Meisters Wanderjahre.*

76 Susanna von Klettenberg, a.a.O., S. 218.

77 Heinrich Steitz, *Kirchengeschichte der Evangelischen Kirche in Hessen und Nassau*, a.a.O., S. 243.

78 Adalbert von Hahnstein, *Die Frauen in der Geschichte des deutschen Geisteslebens des 18. und 19. Jahrhunderts*, Leipzig 1899, Bd. 1, S. 243 ff.

79 Oskar Pfister, *Die Frömmigkeit des Grafen Ludwig von Zinzendorf*, Leipzig/Wien 1925, S. VII.

80 Oskar Pfister, a.a.O., S. XXIX.

81 Oskar Pfister, a.a.O., S. 60.

82 A.a.O., S. 58.
83 A.a.O., S. 60 f.
84 Matthias Meyer, »Die Trinitätslehre Zinzendorfs«, in: *Evangelische Theologie*, Heft 5/1983; Rosemary R. Ruether, Catharina Halkes, »Gott-Vater?«, in: *Concilium*, Heft 3/1981.
85 Susanna von Klettenberg, a.a.O., S. 269.
86 Dietrich Meyer, »Brüderunität/Brüdergemeinde«, in: *Theologische Realenzyklopädie*, Bd. 7, S. 230. Meyer ist selbst Herrnhuter, wie in der Definition sichtbar wird.
87 Johann Wolfgang Goethe, *Bekenntnisse einer schönen Seele*, a.a.O.
88 Manfred Schlosser, *Genossenschaften im 18. Jahrhundert*, Frankfurt 1954, passim.
89 Manfred Schlosser, a.a.O., Kapitel 1, und Marion Przybilla, *Sozialstruktur und alternative Lebensformen am Beispiel der Siedlung Herrnhag*, unveröffentlichte Diplomarbeit, Frankfurt 1987.
90 Manfred Schlosser, a.a.O., S. 140.
91 Marion Przybilla, a.a.O., S. 9.
92 Heinrich Steitz, *Kirchengeschichte von Hessen und Nassau*, a.a.O., S. 241.
93 A.a.O., S. 242.
94 Hermann Dechent, *Kirchengeschichte von Frankfurt am Main seit der Reformation*, Bd. 2, S. 154.
95 Hermann Dechent, *Goethes schöne Seele Susanna Katharina von Klettenberg*, a.a.O., S. 130.
96 Heinrich Steitz, a.a.O., S. 243 f.
97 A.a.O., S. 244.
98 A.a.O., S. 244.
99 J. M. Lappenberg, *Reliquien der Fräulein von Klettenberg*, a.a.O., S. 235.
100 Vgl. hierzu Wilhelm Bettermann, Theologie und Sprache bei Zinzendorf, Gotha 1935, insbes. Kap. 9, Das barocke Spielen als Höhepunkt und als Gegenspiel lutherischer Frömmigkeit, Max Weber orientiert sich in seiner Darstellung Zinzendorfs einseitig an der negativen Einschätzung durch Ritschl. »Jenes, der calvinistischen Frömmigkeit im ganzen ursprünglich fremde, dagegen gewissen Formen mittelalterlicher Religiosität innerlich verwandte Gefühlsmoment lenkte die praktische Religiosität in die Bahn diesseitigen Genusses der Seeligkeit statt des asketischen Kampfes um ihre Sicherung für die jenseitige Zukunft.« In Max Weber: »Die protestantische Ethik«; München und Hamburg 1965, S. 145.
101 Heinrich Steitz, *Kirchengeschichte von Hessen und Nassau*, a.a.O., S. 232.
102 Heinrich Steitz, a.a.O.
103 Anna Nitschmann (1725–1760) hatte offensichtlich auch Susanna fasziniert. Sie war die Verfasserin zahlreicher Lieder, die meist Zinzendorf zugeschrieben wurden. Diese Frau, die als 15jährige der Gruppe zugelaufen war, ergriff die Chancen, die dieses Feld ihr bot. Sie verbrachte Jahre als Begleiterin Zinzendorfs auf den Reisen zu den Missionen. Karl von Moser schrieb nach dem Bruch mit Susanna im Zorn: »sie wird keine regierende Ännerl werden wie sie sich einbildet« – womit er sagen wollte, daß sie nicht einen solchen Einfluß auf die Frankfurter Gemeinde gewinnen würde wie Anna Nitschmann. Vgl. die Mittei-

lungen bei H. Funck zu Mosers Brief, in: H. Funck, Einleitung zu Susanna von Klettenberg, *Die Schöne Seele,* a.a.O., S. 36.

105 Marion Przybylla, a.a.O., Kapitel C: »Organisationsstruktur in Herrnhuter Gemeinden«, Otto Uttendörfer, *Wirtschaftsgeist und Wirtschaftsorganisation Herrnhuts und der Brüdergemeine von 1743 bis zum Ende des Jahrhunderts.*

106 Beschreibung eines Brüderfestes am 21. Mai 1748, in: Jannasch, Christian Renatus, *Graf von Zinzendorf,* S. 73.

107 *Aus der Wundenlitanei,* in: Spangenberg, a.a.O., S. 173.

108 A.a.O., S. 175.

109 A.a.O., S. 172.

110 A.a.O., S. 173.

111 A.a.O., S. 173 f.

112 A.a.O., S. 172.

113 A.a.O., S. 174.

114 A.a.O., S. 172.

115 A.a.O., S. 175.

116 A.a.O., S. 176.

117 Susanna von Klettenberg, a.a.O., an Lavater, a3.VII.1774, S. 272.

118 Johann Wolfgang Goethe, *Dichtung und Wahrheit,* 8. Buch.

119 A.a.O., 8. Buch.

120 Rolf Christian Zimmermann, »Goethes Verhältnis zur Naturmystik. Am Beispiel seiner Farbenlehre«, in: Antoine Faivre, Rolf Christian Zimmermann, *Epochen der Naturmystik, Hermetische Tradition im wissenschaftlichen Fortschritt,* Berlin 1979, S. 343.

121 Rolf Christian Zimmermann, *Das Weltbild des jungen Goethe. Studien zur hermetischen Tradition des deutschen 18. Jahrhunderts,* o. O., 1969 (Fink Verlag), S. 30.

122 Michel Foucault, *Die Ordnung der Dinge,* Frankfurt 1974, S. 46.

123 A.a.O., S. 47.

124 Giambattista della Porta, *Des vortrefflichen Herren Johann Baptista Portae von Naepolis Magia Naturalis oder Haus-, Kunst- und Wunderbuch,* 2 Bde., Nürnberg 1680, Bd. I, S. 47, zitiert nach Foucault, a.a.O., S. 48.

125 Foucault, a.a.O., S. 52.

126 A.a.O., S. 52.

127 A.a.O., S. 54.

128 A.a.O., S. 55.

129 Michel Foucault, a.a.O., S. 54

130 Theophrastus Paracelsus, »Die Bücher der Natura rerum«, in: ders., *Sämtliche Werke,* Bd. 11, S. 393, zitiert nach Foucault, a.a.O., S. 57.

131 Rolf Christian Zimmermann, *Goethes Verhältnis zur Naturmystik,* a.a.O., S. 344.

132 Rolf Christian Zimmermann, *Das Weltbild,* a.a.O., S. 30.

133 Rolf Christian Zimmermann, *Goethes Verhältnis zur Naturmystik,* a.a.O., S. 343.

134 Rolf Christian Zimmermann, *Das Weltbild,* a.a.O., S. 176.

135 Rolf Christian Zimmermann, *Goethes Verhältnis zur Naturmystik,* a.a.O., S. 343.

136 Rolf Christian Zimmermann, *Das Weltbild des jungen Goethe,* a.a.O., S. 175 f.
137 A.a.O., S. 176, vgl. auch Johann Wolfgang Goethe, Dichtung und Wahrheit, 8. Buch.
138 J. M. Lappenberg, *Reliquien,* a.a.O., S. 169 f.
139 Ernst Benz, »Die Naturtheologie Friedrich Christoph Oetingers«, in: A. Faivre, R. Ch. Zimmermann, *Epochen der Naturmystik*, a.a.O., S. 272.
140 Susanna von Klettenberg, a.a.O., S. 259 (An Lavater 1774).
141 Oetinger, *Biblisch-emblematisches Wörterbuch,* zitiert bei Benz, a.a.O., S. 274.
142 A.a.O., S. 260.
143 »Aspekte der Naturmystik«, in: Antoine Faivre, Rolf Christian Zimmermann, *Epochen der Naturmystik,* a.a.O.
144 A.a.O.
145 Susanna von Klettenberg, a.a.O., S. 260.
146 A.a.O.
147 A.a.O., S. 282.
148 Alfred Schmidt, Goethes herrliche leuchtende Natur, München 1984, S. 88.
149 A.a.O., S. 51.
150 Catharina Elisabeth Goethe, Brief vom 26. Oktober 1774 an den Lavaterkreis, in: Johann Caspar Goethe, Cornelia Goethe, Catharina Elisabeth Goethe, *Briefe aus dem Elternhaus*, Wolfgang Pfeiffer-Belli (Hrsg.), Zürich 1960, S. 395 f.
Zur veränderten Bedeutung des Todes in der bürgerlichen Gesellschaft: Groethuysen a.a.O., S. 93–143; Philippe Ariès, *Geschichte des Todes*, insbes. ›Die volkstümlichen Andachtsformen des guten Todes‹, München 1985, S. 380 ff.; Möller, »Hochzeit, Geburt und Tod«, in: ders., *Die kleinbürgerliche Familie im 18. Jahrhundert*, a.a.O., S. 170 f.
151 Vgl. Heinrich Funck, a.a.O., S. 60 f.; Funck ist es so unbehaglich, daß er bestreitet, das Bild sei ein Ebenbild der Susanna, obgleich alles dafür spricht. Dechent erfand sich die Fabel: »Sie hat nämlich das Aquarell für eine Freundin gemalt, und zwar beabsichtigte sie dabei den Scherz, zu beobachten, ob die Freundin sie auch in dieser Tracht ähnlich finden werde«, in: H. Dechent, *Goethes schöne Seele*, a.a.O., S. 135. Beide Autoren begreifen nicht, daß es hier um ein religiöses Thema geht, daß vielmehr die Situation der Frau hier zur Debatte steht.
152 Susanna von Klettenberg, a.a.O., S. 242 (an Neißer, Dez. 1768).
153 Catharina Elisabeth Goethe, An die Herzogin Anna Amalia, 4. Januar 1779, in: Pfeiffer-Belli (Hrsg.), *Briefe*, a.a.O., S. 433.
154 Meta Klopstock, Brief an ihre Schwester Dimpfel, 5. 8. 1755, in: *Meta Klopstocks Briefwechsel 1751–1758*, Franziska und Hermann Tiemann (Hrsg.), München, S. 334.
155 Zitiert nach Hermann Dechent, *Goethes schöne Seele*, a.a.O., S. 170.
156 Hermann Dechent, *Kirchengeschichte von Frankfurt am Main*, Bd. 2, a.a.O., S. 215.

Weiblicher Lebensentwurf der älteren Generation: das Paar Mutter und Sohn – Catharina Elisabeth Goethe

1 Heinrich Düntzer, *Goethes Stammbäume. Eine genealogische Darstellung*, Gotha 1894; auch: Robert Hering, »Das Elternhaus Goethes und das Leben in der Familie«, in: H. Voelcker, a.a.O., S. 384. In der Darstellung Robert Herings ist das totgeborene Kind (1756) nicht verzeichnet.

2 Das Haushaltsbuch ist im Nachdruck erschienen: Johann Caspar Goethe, *Liber Domesticus*, Bern/Frankfurt 1972.

3 *Bettinas Briefwechsel mit Goethe*, Leipzig 1922, Brief vom 14. Nov. 1810, S. 324.

4 Ein »vestimentum coccineum«, das am 23. November 1758 gekauft wurde, ein scharlachfarbenes Kleid, kostete 95 fl 12 kr. Cornelia erhielt eine mit Pelz besetzte Tunika für 48 fl., 80 fl. kostete 1767 das »Richten der Winterkleider«. »Den Dichter dürfen wir uns als Kind mit roten Hosen (rubrae braccae) und einer ungarischen, wohlverschnürten Jacke vorstellen«, heißt es bei Robert Hering, a.a.O., S. 399. Ernst Beutler skizziert die Ausgabenposten des Haushalts wie folgt in Ernst Beutler, *Essays um Goethe*, Zürich/München 1980, S. 39 ff.: »Wir ersehen, daß die Frau Rat 700 Gulden jährlich Haushaltsgeld für die Küche erhielt außer den gelegentlichen Zulagen; das Jahreseinkommen des Kaiserlichen Rates lag bei 2400 Gulden. Die Köchin, *reginam culinae*, bezahlte der Vater mit 24 Gulden, die beiden anderen Mägde erhielten 20 und 15 Gulden Lohn, der Diener etwa 30 Gulden. Am 11. November 1763 aß der Herr Rat seine Martinsgans für 1 Gulden 12 Kreuzer; Göttinger Würste stehen als *›farcimina Göttingensia‹* zu Buch, und auch die Ausgaben für Brezeln und Schokolade bei den Kindergesellschaften lassen sich nachrechnen. Am 26. April 1779 wurden für 25 Pfund Java-Kaffee 12 fl. 55 Kr. bezahlt. Die Teepreise waren sehr schwankend. Am 17. September 1766 ward eine kupferne Teemaschine *(machina theana cuprea)* für 8 fl. 30 Kr. angeschafft. Bei der Geburt der kleinen Katharina Elisabeth im September 1754, die freilich schon nach anderthalb Jahren wieder starb, erhielt der Arzt (*hominum piscator*, d. h. der Menschenfischer) 10 fl. 15 Kr., Wartefrau und Hebamme 6, bzw. 1 fl. 4 Kr. Die Ausgaben für die Beerdigung der Großmutter Cornelia Goethe betrugen 514 fl. 35 Kr. Das war mehr als das Jahresgehalt eines Stadtpredigers, das sich auf 500 fl belief. Kostspielig war die Kleidung. Das 18. Jahrhundert liebte vornehme Stoffe, Seide und Brokat, dazu leuchtende und empfindliche Farben. Um nur eine Probe zu geben, so steht unter dem 17. Oktober 1758 gebucht: *Pallium Polon, holosericum pellicum* 104 fl. 30 Kr., d. h. ein Kleid aus reiner Seide und pelzbesetzt, für Goethes Mutter. Zuweilen hebt der Hausherr durch den Zusatz: *›novissima forma‹* hervor, daß alles vom neuesten Schnitt ist. Wirtschaftsgeschichtlich ist das Buch eine Quelle ersten Ranges.«

5 Vgl. neben den Auswertungen durch Ernst Beutler und Robert Hering die Haushaltsanalyse durch Margarethe Freudenthal, *Gestaltwandel der städtischen bürgerlichen und proletarischen Hauswirtschaft unter besonderer Berücksichtigung des Typenwandels von Frau und Familie, vornehmlich in Südwest-Deutschland von 1760–1933*, Frankfurt 1933, zum Goetheschen Haushalt S. 5–93, 39–45, 91–93.

6 Mit diesen Versen beschließt Catharina Elisabeth Goethe ihren Brief über das

Sterben der Susanna von Klettenberg vom 26. 10. 1774; vgl. W. Pfeiffer-Belli (Hrsg.), *Briefe,* a.a.O., S. 396.

6a Karl Georg Jacobi, »Goethes Mutter«, in: *Historisches Taschenbuch* N.F. 5 (1844), S. 391–480; Heinrich Düntzer, »Catharina Elisabeth Goethe, geborene Textor, Goethe's Mutter«, in: H.D., *Frauenbilder aus Goethes Jugendzeit,* Frankfurt 1852, S. 406–592; Karl Heinemann, *Goethes Mutter. Ein Lebensbild nach den Quellen,* Leipzig 1891; Elisabeth Mentzel, *Frau Rat Goethe. Ein Lebensbild,* Frankfurt 1908; Alfons Paquet, *Frau Rat Goethe und ihre Welt. Eine Farbenskizze,* Frankfurt 1931; Gertrud Bäumer, *Frau Rath Goethe. Die Mutter der Weisheit,* Tübingen 1949; Ernst Beutler, »Catharina Elisabeth Goethe«, in: Pfeiffer-Belli (Hrsg.), *Briefe,* a.a.O., S. 247–300. Deutlich ist die zunehmende Glättung des Bildes. Während bei Düntzer und Jacobi lebensgeschichtliche Konflikte der Catharina Elisabeth Goethe sichtbar bleiben und auch mit Quellen belegt werden, so die Episode mit Unzelmann und die Ehe mit einer problematischen Beziehungsstruktur, erscheint bereits in der großen Darstellung Heinemanns die idealisierte Mutterschaft als gradlinige Bestimmung. Allerdings hat Heinemann so reiches Material gesammelt, daß er nicht selten Widersprüche sichtbar macht, besonders was die Bereiche der eigenen Produktivität als Schreibende bei der Mutter Goethes betrifft, findet sich vieles. Anders Elisabeth Mentzel, die eine ideologische Figur aufbaut – sowohl was die Frankfurter Lebensverhältnisse als auch was Catharina Elisabeths Konflikte betrifft. Die Vollkommenheit der weiblichen Entwicklung in der Rolle einer »Mutter des Genius« und die dienende Funktion sind Elisabeth Mentzels Thema. Neue Quellen finden sich hier nicht. (Die Arbeit ist im Gegensatz zu der großartigen Studie »Wolfgangs und Cornelias Lehrer« von Selbstbeschränkung auf Klischees geprägt.) Bei Gertrud Bäumer verwundert die ideologische Haltung nicht. Sie verfolgt die Absicht, deutsche Tradition nach dem Faschismus unkritisch als deutsches Erbe »in schwerer Zeit« wieder aufzugreifen.

Auch Ernst Beutlers Entwurf trägt restaurative Züge. Die große Einfühlsamkeit der Einzelinterpretationen läßt im Gegensatz zu Elisabeth Mentzel und Gertrud Bäumer aber immer wieder einzelne Facetten sichtbar werden, die vom Autor selbst jedoch nicht in einen weiteren Zusammenhang gestellt werden – etwa die Zerstörung der Sammlungen nach dem Tod des Gatten durch Catharina Elisabeth oder die Zweideutigkeit ihres Humors; auch die Verweigerung der Berufsarbeit durch Johann Caspar wird von Beutler deutlich als Entscheidung, nicht als Schicksal herausgearbeitet. Dennoch bleibt das Gesamtbild von dem Bild des Glücks in einer behäbigen Bürgerlichkeit bestimmt, die als Quelle der Genialität etabliert wird. Diese Position wurde explizit von Staiger formuliert: »Jeder Mann, dem eine glückliche, richtige Jugend beschieden war, wird irgendwie hier [im Paris des Knabenmärchens] die Gefühle seiner eigenen Knabenzeit wiedererkennen [...] Gehen wir nun vom Märchen zur Biographie, so verdient gerade der Umstand Bedeutung, daß eigentlich wenig Besonderes in der Jugend des Dichters zu Tage tritt.« Emil Staiger, *Goethe,* Bd. 1; 1749–1786, S. 11. So schließen die Fragen, bevor sie gestellt werden, und es wundert nicht, daß es dort heißt: »Frau Rat Goethe war durchdrungen davon, zur Mutter bestimmt zu sein, zur Mutter des größten Menschen der Neuzeit und zur Mutter überhaupt.« (Ebd., S. 23)

7 Johann Wolfgang Goethe, *Dichtung und Wahrheit*, 1. Buch.

8 Catharina Elisabeth Goethe, Brief vom 14. Dezember 1807, in: Wolfgang Pfeiffer-Belli (Hrsg.), *Briefe*, a.a.O., S. 827 f. Ich zitiere im folgenden die Briefe der Catharina Elisabeth Goethe sowie die von Johann Caspar Goethe und von Cornelia Goethe nach dieser Ausgabe, dem ersten Ergänzungsband der Goethe-Gedenkausgabe. Pfeiffer-Bellis Ausgabe sind die Ausgaben durch Bernhard Suphan *Briefe von Goethes Mutter an ihren Sohn, Christiane und August von Goethe* (Weimar 1889) sowie die zweibändige Ausgabe durch Albert Köster *Briefe von Goethes Mutter* (Leipzig 1907) vorausgegangen. Suphans stillschweigende Textveränderungen wurden in den beiden späteren Ausgaben rückgängig gemacht. Beide bieten einen ausführlichen Kommentar. Verwiesen sei noch auf die von Jürgen Fackert besorgte Ausgabe: *Catharina Elisabeth Goethe. Briefe an ihren Sohn Johann Wolfgang an Christiane und August von Goethe*, Stuttgart 1982, mit einer aufschlußreichen Einleitung.

9 Karl Heinemann, *Goethes Mutter. Ein Lebensbild nach den Quellen*, S. 274.

10 Ludwig Geiger in der Einleitung zu *Frau Rat Goethe. Gesammelte Briefe*. Anhang: Goethes Briefe an seine Mutter, Leipzig 1911.

11 A.a.O., S. X.

12 A.a.O., S. XII.

13 Diese Tatsache hebt Ernst Beutler hervor in: Ernst Beutler, *Essays*, a.a.O., S. 693: »Die Mutter [...] huscht gleichsam nur durch die Erzählung, aber immer wie ein freundlicher Schein, vermittelnd, begütigend, heiter wie es ihre Art war.«

14 Vgl. die Darstellung bei Jürgen Fackert, a.a.O., S. 297.

15 Ernst Beutler, »Catharina Elisabeth Goethe«, in Pfeiffer-Belli, *Briefe*, a.a.O., S. 297.

16 Vgl. insbesondere 1781–1783; Ernst Beutler nahm an, die einzig erhaltenen Briefe vor 1792 seien von Goethe bewußt ausgewählt worden. Das trifft so nicht zu, wie Jürgen Fackert nachweist. Als der Dichter 1797 zum Autodafé schritt, befanden sich die erhaltenen Schreiben beim Herzog Carl August. Sie fanden sich später im herzoglichen Hausarchiv. Vgl. Beutler, »Catharina Elisabeth«, a.a.O., S. 296, und Jürgen Fackert, a.a.O., S. 297 f. Dennoch hat Ernst Beutler richtig erkannt, daß die Auswahl Goethes einen bewußten Stilisierungswillen zeigt.

17 Vgl. die Reflexion bei Ernst Beutler zum Thema des Humors, in: »Catharina Elisabeth Goethe an ihre Enkelin Luise Schlosser«, a.a.O., S. 280 f.

18 Catharina Elisabeth Goethe an ihre Enkelin Luise Schlosser, 24. März 1794, in: Pfeiffer-Belli, *Briefe* a.a.O., S. 656.

19 An die Herzogin Anna Amalia, in: a.a.O., S. 519.

19a A.a.O., S. 520.

20 A.a.O., S. 521.

21 A.a.O., S. 549.

22 Karl Heinemann, a.a.O., S. 36.

23 Bettina Brentano an Goethe.

24 An Bettina Brentano, in: *Briefe*, a.a.O., S. 856.

25 Catharina Elisabeth Goethe, *Briefe*, a.a.O., S. 658.

26 An Fritz von Stein, in: *Briefe*, a.a.O., S. 535.

27 Karl Heinemann, *Goethes Mutter,* a.a.O., S. 299.
28 A.a.O., S. 330.
29 Catharina Elisabeth Goethe, *Briefe,* a.a.O., S. 852.
30 An Christiane von Goethe, Dezember 1807, a.a.O., S. 872.
31 Ludwig Geiger, a.a.O., S. XV.
32 Ludwig Geiger, a.a.O., S. XVI.
33 Karl Heinemann, a.a.O., S. 306.
34 Helmut Möller betont den Vorrang »des gesprochenen Wortes im Alltags- und Arbeitsleben [...] all das ist nicht spezifisch kleinbürgerlich, aber im Gegensatz zu den oberen Schichten des Bürgertums zeigt sich hier nicht nur eine weit stärkere Kontinuität hinsichtlich der Erzählinhalte, sondern vor allem der Erzählsituation vom Kindesalter bis ins Erwachsenendasein [...] Gerücht und Klatsch spielten dabei natürlich eine große Rolle«. Helmut Möller, *Die kleinbürgerliche Familie,* a.a.O., S. 252; vgl. auch G. Kant, *Hessische Sagen, Sitten und Gebräuche,* Frankfurt 1846; Philipp Hoffmeister, *Hessische Volksdichtung,* Frankfurt 1869; K. Enslin, *Frankfurter Sagenbuch,* Frankfurt 1883; C. Bertling, *Frankfurter Sagen und Geschichten;* Ludwig Müller, *Gebräuche, Aberglauben und Sagen aus Hessen,* Marburg 1875.
35 Bettina Brentano an Goethe in: Bergemann (Hrsg.), *Bettinas Briefwechsel,* S. 320. Zur Verbreitung und Funktion des Aberglaubens vgl. Helmut Möller, a.a.O., S. 247. Möller hebt vor allem die Distanzierung des Volkswissens durch die Aufklärung hervor. Eine aufschlußreiche Analyse gilt Robert Muchembledt in: *Kultur des Volks – Kultur der Eliten,* Stuttgart 1982.
36 Elisabeth Mentzel, *Geschichte der Schauspielkunst,* Frankfurt 1882; Wilhelm Pfeiffer-Belli, »Theater- und Schauspielkunst«, in: Voelcker, a.a.O., S. 273 ff.
37 Vgl. Die Darstellung bei Herbert A. Frenzel, *Geschichte des Theaters. Daten und Dokumente, 1740–1890,* München 1984, S. 228 ff. Zu Beginn standen die Haupt- und Staatsaktionen im Vordergrund. Sie stammten noch aus dem 17. Jahrhundert. Vor allem wurden auf dem Roßmarkt und dem Paradeplatz, aber auch auf dem Liebfrauenberg kleine Bühnen aufgeschlagen. Bis 1759 kam es selten dazu, daß eine Saalbühne für Theatervorstellungen gebraucht wurde. Die Wandertruppen schlugen Hütten auf und versuchten, dem Publikumsgeschmack in der Innengestaltung entgegenzukommen: Neben dem Hanswurst spielten Zauberkomödien, Haupt- und Staatsaktionen eine große Rolle, das heißt etwa bei der Dramatisierung des Todes Karl XII. ein großes Feuerwerk oder die Verwendung von Flugmaschinen bei der Geschichte der ägyptischen Zauberin Jorinde. Die Franzosen requierierten 1759 kurz entschlossen einen Konzertsaal, der zu frommen Zwecken diente, als Fronttheater. Erst 1780 war man so weit, daß man, gegen den Einspruch des protestantischen Predigerministeriums, mit der Erbauung eines städtischen Komödienhauses beginnen konnte. 1782 wurde es eröffnet.
Erst Seyler brachte zum erstenmal in Frankfurt Shakespeares Dramen *Othello, Hamlet, Lear* in den Jahren 1777 bis 1779. Zuvor war 1767 Lessings *Sampson* und *Barnhelm* aufgeführt worden, sehr viel später *Emilia Galotti.* Zu Seylers Programm vgl. Voelcker, a.a.O., S. 281. Die Frankfurter Bühne: 1786 *Berlichingen,* 1789 *Egmont,* 1793 *Die Geschwister,* 1782 *Räuber.* Zum Repertoire der Bühne gehörten bis ins 19. Jahrhundert hinein Zauberer, Seiltänzer, Springer,

selbst Zirkusreiter. Zum Verhalten des Bürgers in der Theateraufführung vgl. Voelcker, a.a.O., S. 286 f.

38 Johann Wolfgang Goethe, *Dichtung und Wahrheit*, 4. Buch.

39 Wilhelm Pfeiffer-Belli, *Theater und Schauspielkunst* a.a.O., S. 279.

40 Elisabeth Mentzel, *Frau Rat Goethe. Ein Lebensbild*, Frankfurt 1908, S. 19 f.

41 A.a.O., S. 20; vgl. Catharina Elisabeths Zitatenreichtum etwa in den Briefen an den Schauspieler Unzelmann.

42 Johann Wolfgang Goethe, *Dichtung und Wahrheit*, 3. Buch.

43 Das Theater stellte zunächst einen Teil der Volkskultur dar. Rolf Engelsing schreibt: »Während die anderen öffentlichen Einrichtungen des geselligen, kulturellen und politischen Lebens [...] herrschaftliche Veranstaltungen waren [...] war der Besuch des Theaters ebensowenig auf Herrschaften beschränkt wie der literarische Konsum...« Engelsing zitiert die Hamburgische Gesellschaft zur Beförderung der Künste und nützlichen Gewerbe: »So geht der Pöbel wie der Geschäftsmann, die Zofe wie die Dame immer lieber zum Theater als zur Schule der ernsten Religions-Lehre.« Rolf Engelsing, »Dienstbotenlektüre«, in: ders., *Zur Sozialgeschichte deutscher Mittel- und Unterschichten*, Göttingen 1973, S. 222. Das ist kein Gegensatz zu unserer These, denn es bedeutet die Verwandlung der Erzählkultur und ihre Produktivität in die Rezeption einer zunehmend von mittelständischen Werten bestimmten Kulturproduktion. Vgl. die Reinigung zum aufklärenden bürgerlichen Kunstereignis in der Darstellung bei Wolfgang Promies, *Die Bürger und der Narr oder das Risiko der Phantasie*, München 1966, insbesondere S. 54 ff. zum Thema »Das Ärgernis des Lachens«. Die Verwandlung des Zusammenspiels von Publikum und Bühne beschreibt am Beispiel des französischen Theaters sehr anschaulich Richard Sennett, *Verfall und Ende des öffentlichen Lebens. Die Tyrannei der Intimität*, Frankfurt 1983, S. 176–223.

44 Elisabeth Mentzel, *Frau Rat Goethe*, a.a.O., S. 13 f.

45 Bettina Brentano an Goethe.

46 An August von Goethe am 21. 7. 1798, *Briefe* a.a.O., S. 746.

47 Karl Heinemann, a.a.O., S. 12.

48 Johann Wolfgang Goethe, *Dichtung und Wahrheit*, 2. Buch.

49 A.a.O., 1. Buch.

50 Elisabeth Mentzel, *Frau Rat Goethe*, a.a.O., S. 26.

51 Heinrich Düntzer, »Catharina Elisabeth Goethe, geborene Textor, Goethe's Mutter«, in: H. D., *Frauenbilder aus Goethes Jugendzeit*, Stuttgart 1852, S. 420.

52 Bettina Brentano an Goethe.

53 Johann Wolfgang Goethe, *Dichtung und Wahrheit*, 4. Buch.

54 Johann Wolfgang Goethe, *Dichtung und Wahrheit*, 1. Buch.

55 Ernst Beutler, »Johann Caspar Goethe«, in: W. Pfeiffer-Belli (Hrsg.), *Briefe aus dem Elternhaus*, a.a.O., S. 147 ff.

56 Das handschriftliche Kochbuch der Anna Margaretha Justina Lindheimerin, Nachdruck Frankfurt 1980, ist bei E. Beutler unter dem Titel »Das Handbuch des Großvaters Textor« beschrieben. Im Kommentar zum Nachdruck heißt es: »Und so wie er im Römer zum Wohle der Stadt Frankfurt tätig war, so wachte er im kleinen über seinen Hausstand.« (S. 20)

57 Karl Heinemann, a.a.O., S. 23.

58 Johann Wolfgang Goethe, *Wilhelm Meisters Theatralische Sendung*, 5. Capitel.

59 Vgl. die Darstellung bei Heidi Rosenbaum, *Formen der Familie. Untersuchungen zum Zusammenhang von Familienverhältnissen, Sozialstruktur und sozialem Wandel in der deutschen Gesellschaft des 19. Jahrhunderts*, Frankfurt 1982, insbesondere das Kapitel »Die Entstehung der bürgerlichen Familie in der zweiten Hälfte des 18. Jahrhunderts«, S. 251–283.

60 Vgl. dazu Kapitel III.

61 Margarete Freudenthal, a.a.O., S. 39 ff.

62 A.a.O., S. 43.

63 Es ist charakteristisch, daß Margarete Freudenthal der Hausfrau das Führen des Haushaltsbuches zuschreibt. Sie betont den produktiven Aspekt der weiblichen Arbeit und verringert dabei das Ausmaß der Unterordnung der Frau.

64 Margarete Freudenthal, a.a.O., S. 44.

65 In: Max Morris, *Der junge Goethe*, Bd. 5, S. 448.

66 Catharina hat zu ihren Mädchen noch eine besondere Beziehung. Jedenfalls findet sie im Laufe ihres Lebens eine, die ihr besonders lieb ist, das »Lieschen«, die mit vollem Namen Elisabeth Hoch hieß, und die sie bis zu ihrem Tod begleitete. Bei Karl Heinemann heißt es (a.a.O., S. 282): »Auch die dienstbaren Geister der Frau Rat erhielten Geschenke, das treue Mädchen ›Lieschen‹ unter anderem ein Exemplar von Hermann und Dorothea, worüber ›ein großer Jubel herrschte‹. Dieser biederen Seele sei hier mit einigen Worten gedacht. Elisabeth Hoch, ›das Lieschen‹, das im Königsbuch Bettinens so oft vorkommt, wird schon als Mädchen der Frau Rat in den Briefen an Unzelmann erwähnt; sie ist ihrer Herrin treu geblieben bis zu ihrem Tode. Ihre wiederholte Erwähnung zeigt, daß sie eine Art Vertrauensstellung genoß. Sie hat bis zum Jahre 1846 gelebt und konnte also als Ehrengast (1844) der Enthüllung des Frankfurter Denkmals Goethes, den sie sein Lebelang ›unser junger Herr‹ nannte, noch beiwohnen.«
Vgl. auch die Schreiben Catharina Elisabeths an den Diener Philipp Seidel nach Weimar in den Jahren 1777 und 1778.

67 Catharina Elisabeth an Goethe, 24. 8. 1795, in: *Briefe*, a.a.O., S. 688.

68 Bertha Merkel, *Die Sprache der Mutter Goethes. Ein Beitrag zur Geschichte der rheinischen Schriftsprache im 18. Jahrhundert*, Frankfurt 1938, S. 30.

69 Ernst Beutler, »Catharina Elisabeth Goethe«, a.a.O., S. 291.

70 Bertha Merkel, a.a.O., S. 122.

71 A.a.O., S. 122.

72 A.a.O., S. 124.

73 Catharina Elisabeth an Goethe, 12. März 1798, in: *Briefe*, a.a.O., S. 741.

74 An Christiane von Goethe, a.a.O., S. 874.

75 Von hier erklärt sich auch das Interesse, die Kinder den Ammen und Kinderwärterinnen zu entziehen. Die Orientierungen, die hier vermittelt wurden, widersprachen dem neuen Modell der selbst- und körperlosen Frau. Darüber belehrt ein Blick in Sagen und Lieder. Diese sind zu interpretieren als kollektive Leistungen der Geschlechterkultur – insbesondere der Frauen. Es sind Symbolisierungen von Erfahrungen und Konflikten, die eine Interpretation aktueller Lebensgeschichten erlaubten. Vgl. hierzu die Untersuchung von Birgit Althans »Halte dich fern von den klatschenden Weibern. Zur Phänomenologie des Klatsches«, in: *Feministische Studien*, Heft 2, 1985.

76 Maya Nadig, »Frauen in der Kultur – Macht und Ohnmacht. Zehn ethnopsychoanalytische Thesen«, in: *Konkursbuch* 12, 1984.
77 Maximilian Klinger, Brief an Kayser, mitgeteilt von Max Rieger in: *Klinger in der Sturm- und Drangperiode,* Darmstadt 1880.
78 Karl Heinemann, a.a.O., S. 307 (Leipzig 1892).
79 Catharina Elisabeth Goethe an Schönborn, in: *Briefe,* a.a.O., S. 315 f.
80 Bettina Brentano an Goethe, in: Bergemann (Hrsg.), a.a.O., S. 188.
81 A.a.O., ibid.
82 Bettina von Arnim, *Goethes Briefwechsel mit einem Kinde,* Köln 1960, S. 271.
83 Vgl. Die Darstellung bei Rolf Engelsing »Die neuen Leser«, in: *Der Bürger als Leser,* a.a.O., und: ders., »Die Perioden der Lesergeschichte in der Neuzeit«, in: *Zur Sozialgeschichte* ... a.a.O., S. 112–154.
84 Ein charakteristisches Beispiel ist die Richardson-Rezeption.
85 So wie wir es in der Deutung der christlichen Erzählungen durch Susanna von Klettenberg gesehen haben, vgl. Kapitel III.
86 Die kulturellen Institutionen, die die männliche Identität stützen: Sie fehlen auf der Seite der Frauen. Es ist nicht nur die Erziehung in der Kindheit, sondern die Felder des männlichen Jugendlichen und Erwachsenen fehlen. Einsames Wissen, selbst Unterstützung in der Familie, sollte sie im 18. Jahrhundert vorkommen, kann diese nachfamilialen Lebensformen und Kooperationen nicht ersetzen – das notwendige Teilhaben an einem Kollektiv von Erwachsenen, die die Welt gestalten. Vor diesem Hintergrund sind die Deformationen zu verstehen, die den Frauen aufgezwungen wurden; wenn sie Qualifikationen und Bedürfnisse entwickelten, die zu ihrer sozialen Wirklichkeit radikal in Gegensatz standen. Sie litten oder mußten ausgrenzen, verdrängen, umdefinieren, was sozial unbrauchbar und geächtet war. So war der empfindsame Mystizismus der Frauen in der Kulturkrise verwurzelt – nicht weniger als die bedrückende Gestalt der verbitterten Intelligenzlerin, die, eine Fremde in der Männerwelt, gezwungen war, alles Weibliche zu hassen, um sich abzugrenzen, oder die als ein Jahrhundertexemplar bestaunt wurde. Catharina wählte einen anderen Weg: Sie fand die kulturelle Nische des weiblichen Clowns – die »Narrenfreiheit der Natürlichkeit«.
87 Elisabeth Lenk, »Pariabewußtsein und Gesellschaftskritik bei einigen Schriftstellerinnen seit der Romantik«, in: dies., *Kritische Phantasie,* München 1986.
88 Catharina Elisabeth Goethe an Maximilian Klinger, in: *Briefe*, a.a.O., S. 402.
89 Elisabeth Mentzel, *Frau Rat Goethe,* Frankfurt 1908, S. 16.
90 Catharina Elisabeth Goethe an Bettina Brentano, in: *Briefe,* a.a.O., S. 886 ff.
91 *Bettina von Arnims Sämtliche Werke,* herausgegeben von Waldemar Oehlke, Berlin 1920, Bd. IV, S. 110.
92 Catharina Elisabeth Goethe, a.a.O., S. 887.
93 Mitgeteilt von Reinhold Steig im Vorwort zu ders., *Bettinas Briefwechsel mit Goethe,* Leipzig 1922, S. 8.
94 A.a.O., S. 27.
95 Bettina von Arnim, *Goethes Briefwechsel mit einem Kinde,* Köln 1960, S. 21.
96 Clemens Brentano, Einleitung zu *Gockel, Hinkel und Gackeleia.*
96a Bettina Brentano an Goethe am 14. November 1810, in: Fritz Bergemann (Hrsg.), *Bettinas Leben und Briefwechsel mit Goethe. Aufgrund des von Rein-*

hold Steig handschriftlich bearbeiteten Nachlasses neu herausgegeben, Leipzig 1927, S. 325.

97 Bettina an Goethe, a.a.O., S. 325.

97a Brief von Clemens Brentano vom 5. September 1806, mitgeteilt von Reinhold Steig, a.a.O., S. 9.

98 Bettina Brentano an Goethe am 30. Juli 1808, in: Bergemann (Hrsg.), *Briefwechsel,* a.a.O., S. 233.

99 *Bettina von Arnims Sämtliche Werke,* Berlin 1920, Bd. III, S. 86.

100 Hans A. Hajek, *Die Mythisierung der Frau Rath durch Bettina Brentano,* Wien 1937 (Diss. masch.), S. 48 f.

101 Catharina Elisabeth Goethe, *Briefe,* a.a.O., S. 825 f.

102 *Bettina von Arnims Sämtliche Werke,* a.a.O., Bd. III, S. 126.

103 Bettina von Arnim, *Goethes Briefwechsel mit einem Kinde,* a.a.O., S. 70.

104 Catharina Elisabeth Goethe an Johann Wolfgang am 6. 10. 1807, in: *Briefe,* a.a.O., S. 866 f.

105 Bettina von Arnim, *Goethes Briefwechsel mit einem Kinde,* a.a.O., S. 70, vgl. auch Hans Hajek, a.a.O., S. 50.

106 Vgl. etwa die Darstellung bei Heinemann, a.a.O., und bei E. Mentzel, a.a.O.

107 Clemens Brentano an Elisabeth: 1834 nach der Lektüre von *Goethes Briefwechsel mit einem Kinde,* in: Lujo Brentano, »Der jugendliche und der gealterte Goethe. Clemens Brentano über Bettina und Goethe«, in: *Jahrbuch des Freien Deutschen Hochstifts,* Frankfurt 1929.

108 Sigmund Freud, *Massenpsychologie und Ich-Analyse,* in: ders., *Das Unbewußte. Schriften zur Psychoanalyse,* Frankfurt 1960, S. 254.

109 S. Freud, a.a.O., S. 257.

110 S. Freud, a.a.O., S. 252.

111 Bettina Brentano, *Goethes Briefwechsel,* a.a.O., S. 279.

112 Bettina Brentano an Goethe, in: Bergemann (Hrsg.), a.a.O., S. 320.

113 Bettina Brentano, a.a.O., S. 323.

114 Bettina von Arnim, *Goethes Briefwechsel mit einem Kinde,* a.a.O., S. 280.

115 Bettina Brentano an Goethe, in: Bergemann, a.a.O., S. 324.

116 Catharina Elisabeth Goethe an Lavater am 26. 10. 1774, in: *Briefe,* a.a.O., S. 398.

117 Bettina von Arnim, *Goethes Briefwechsel mit einem Kinde,* a.a.O., S. 279.

118 An dieser Stelle erinnern wir uns an die mystische Überzeugung Johann Wolfgangs, die sich in den *Wahlverwandtschaften* ausdrückte. In der Erzählung lieben sich Eduard und Ottilie und Charlotte und der Hauptmann. Das Ehepaar Eduard und Charlotte verbringt die Nacht miteinander. Da heißt es (168): »In der Lampendämmerung sogleich behauptete die innere Neigung, behauptete die Einbildungskraft ihre Rechte über das Wirkliche. Eduard hielt nur Ottilien in seinen Armen; Charlotten schwebte der Hauptmann näher oder ferner vor der Seele, und so verwebten, wundersam genug, sich Abwesendes und Gegenwärtiges reizend und wonnevoll durcheinander.« Das Kind aber trägt die Züge der imaginären Vereinigung, nicht der realen: »Das Gebet war verrichtet, Ottilien das Kind auf die Arme gelegt, und als sie mit Neigung auf dasselbe heruntersah, erschrak sie nicht wenig an seinen offenen Augen: denn sie glaubte in ihre eigenen zu sehen, eine solche Übereinstimmung hätte jeden überraschen müssen. Mittler, der zunächst das Kind empfing, stutzte gleichfalls, indem er in der

Bildung desselben eine so auffallende Ähnlichkeit, und zwar mit dem Hauptmann erblickte, dergleichen ihm sonst noch nie vorgekommen war.«
Die Macht der inneren Welt war dem Autor vertraut. Das stumme Einverständnis, das nie das Tageslicht erblickt, erfuhr er in der Beziehung zur Mutter – und sie in der Beziehung zu ihm.

119 Bettina von Arnim, *Goethes ...*, a.a.O., S. 282.
120 Elisabeth Mentzel, *Frau Rat Goethe*, a.a.O., S. 21.
121 Ernst Beutler, »Dichtung und Wahrheit«, in: ders., *Essays um Goethe*, 1980, S. 637.
122 Johann Wolfgang Goethe, *Dichtung und Wahrheit*, 1. Buch.
123 Ebd.
124 Bettina Brentano an Goethe am 4. November 1810, in: Bergemann (Hrsg.), a.a.O., S. 312.
125 A.a.O., S. 313.
126 Bettina an Goethe am 12. 11. 1810, a.a.O., S. 315. Ob diese Gedanken die Mutter damals wirklich bewegten, als sie achtzehn Jahre alt war, in der Krise, die durch die Ehe ausgelöst wurde und in der überaus wahrscheinlichen Enttäuschung an ihrem Eheleben? Ihre zunehmende Religiosität verweist uns darauf, daß ein Prozeß der Abkehr von der Wirklichkeit stattgefunden hat – ein Prozeß fortschreitender Verinnerlichung ihrer Träume und Wünsche, der Rückzug in eine gespaltene Welt. Die Wiederherstellung der verletzten eigenen Erfüllung in der Phantasie der narzißtischen Erhöhung. Die Mutterschaft bot einen Ausweg aus der Enttäuschung – aber offensichtlich war diese Mutterschaft von Anfang an nicht ambivalenzfrei. Catharina konnte nicht stillen. Die körperliche Nähe taucht im Fortgang des Berichts als gestört auf – allerdings verschoben auf »eine Tante«, wohl auf Annemarie: »[...] als ihn einst die Tante auf dem Arm hatte, fiel der Knabe plötzlich auf ihr Gesicht mit dem seinigen, und gerieth dadurch so außer sich, daß ihm der Vater Luft einblasen mußte, damit er nur nicht ersticke.«
127 Bettina von Arnim, *Goethes Briefwechsel mit ...*, a.a.O., S. 271.
128 Eissler, a.a.O., Bd. I, S. 123.
129 In dem Moment, da das ehemals narzißtisch gebundene Objekt sich verselbständigt hat, wird es nicht mehr erkannt. Die Mutter erkennt ihn nicht. Sie nimmt Bezug auf einen Menschen, der er nicht ist. Darin liegt die Kränkung.
130 Bettina Brentano an Goethe am 28. 11. 1810, in: Bergemann (Hrsg.), a.a.O., S. 329.
131 Max Morris, *Der junge Goethe*, a.a.O., Bd. I, S. 161 f.
132 A.a.O., S. 111.
133 Goethe an Bettina Brentano im Dezember 1807, in: Bergemann (Hrsg.), S. 192.
135 Kurt R. Eissler, a.a.O., Bd. I, S. 111; Max Morris, a.a.O., S. 91.
136 Ludwig Geiger, a.a.O., S. XXX.
137 A.a.O., S. XXIII.
138 Karl Heinemann, *Die Mutter Goethes*, a.a.O., S. 51.
139 Ludwig Geiger, *Einleitung*, S. XXV.
140 Catharina Elisabeth Goethe, *Briefe*, a.a.O., S. 523.
141 A.a.O., S. 524.
141a A.a.O., S. 524.

142 A.a.O., S. 657.
143 Johann Wolfgang Goethe, *Dichtung und Wahrheit,* 18. Buch.
144 Heinrich Düntzer, *Frauenbilder in Goethes Jugendzeit,* a.a.O., S. 477.
145 A.a.O., S. 476.
146 Karl Heinemann, a.a.O., S. 20.
147 Ludwig Geiger, *Einleitung*, a.a.O., S. XX f.
148 Johann Wolfgang Goethe, *Wilhelm Meisters Theatralische Sendung,* 1. Kapitel.
149 A.a.O.
150 A.a.O.
151 Kurt R. Eissler, *Goethe. Eine psychoanalytische Studie,* Bd. I, S. 121.
152 Johann Wolfgang Goethe, *Dichtung und Wahrheit,* 1. Buch.
153 Bettina Brentano an Goethe am 12. November 1810, a.a.O., S. 315.
154 Johann Wolfgang Goethe, *Dichtung und Wahrheit,* 3. Buch.
155 Bettina Brentano an Goethe, am 12. November 1810, a.a.O., S. 315 f.
156 Bettina Brentano an Goethe am 28. 11. 1810, in: Bergemann (Hrsg.), a.a.O., S. 328.
157 Sigmund Freud. *Gesammelte Werke XII,* 1917–1920, *Eine Kindheitserinnerung aus ›Dichtung und Wahrheit‹,* S. 21.
158 A.a.O., S. 26.
159 Bettina Brentano an Goethe am 12. 11. 1810, in: Bergemann (Hrsg.), S. 316.
160 Johann Wolfgang Goethe, *Dichtung und Wahrheit,* 1. Buch.
161 Sigmund Freud, a.a.O., S. 21 f.
162 A.a.O., S. 26.
163 Ernst Beutler, »Dichtung und Wahrheit«, in: ders., *Essays* ..., a.a.O., S. 693.
164 Bettina Brentano an Goethe am 12. 11. 1810, in: Bergemann (Hrsg.), a.a.O., S. 316.
165 Siehe Cornelias Briefe und Tagebuchblätter in Bd. II.
166 Zu Cornelias Ambivalenz vgl. die Beschreibung im 6. Buch von *Dichtung und Wahrheit.*
167 Robert Hering, »Das Elternhaus Goethes und das Leben in der Familie«, in: Heinrich Voelcker, *Die Stadt Goethes. Frankfurt im 18. Jahrhundert,* Frankfurt 1982, S. 425.
168 Bericht bei R. Hering, a.a.O., S. 439.
169 A.a.O., S. 430–446. Vgl. auch die ausführlichen Darstellungen bei Karl Heinemann, *Goethes Mutter,* a.a.O., S. 93 ff., und bei Heinrich Düntzer, *Frauenbilder in Goethes Jugendzeit,* Frankfurt 1852, S. 440 ff.
170 Der Dankbrief von Kranz mitgeteilt von Heinrich Düntzer in: *Frauenbilder,* a.a.O., S. 408 ff.
171 A.a.O., S. 470.
172 Catharina Elisabeth Goethe an Caroline Großmann, in: *Briefe,* a.a.O., S. 417.
173 Catharina Elisabeth Goethe an Caroline Großmann, in: *Briefe,* a.a.O., S. 417.
174 Catharina Elisabeth Goethe an Lenz zum 1. Januar 1777, in: dies., *Briefe,* a.a.O., S. 889.
175 Heinemann berichtet: »Im November 1777 brach Lenzens Wahnsinn aus. Nach vergeblichen Heilversuchen brachte man ihn wieder zu Schlosser, dem er nun fast 1½ Jahre zur Last fiel. Hier traf ihn Klinger im Frühjahr 1778. Zeitweilig gab Schlosser den kindisch gewordenen Mann zu einem Schuster, dann zu ei-

nem Förster, doch wurde er immer wieder zurückgebracht. Lenzens Vater, obgleich in hoher Stellung (1779 wurde er Generalsuperintendent von Livland) wollte mit dem verlornen Sohne nichts mehr zu thun haben und antwortete auf Schlossers Brief gar nicht.« In: Karl Heinemann, a.a.O., S. 117.

176 Catharina Elisabeth Goethe, *Briefe*, a.a.O., S. 416.

177 Johann Wolfgang Goethe an seine Mutter, 10. August 1779. Robert Keil, *Briefwechsel. Nach den Originalen mitgeteilt*, Leipzig 1871, Nr. 66.

178 A.a.O., Nr. 66.

179 Ernst Beutler, »Das Haus«, in: ders., *Essays*, a.a.O., S. 50.

180 Robert Hering, *Das Familien- und gesellschaftliche Leben*, a.a.O., S. 434.

181 Catharina E. Goethe an J. W. G., 24. August 1795, in: *Briefe*, a.a.O., S. 688.

182 Wilhelm Pfeiffer-Belli, a.a.O., S. 286.

183 Catharina Elisabeth Goethe an Großmann, Februar 1779, in: *Briefe*, a.a.O., S. 439.

184 Catharina Elisabeth Goethe am 14. September 1781 in: *Briefe*, a.a.O., S. 502.

185 Catharina Elisabeth Goethe am 4. Februar 1781, in: *Briefe*, a.a.O., S. 489.

186 Vgl. Jürgen Habermas, *Strukturwandel der Öffentlichkeit*, a.a.O., S. 69–76, und Norbert Elias, *Über den Prozeß der Zivilisation*, Bd. I, »Über Mittelstand und höfischen Adel in Deutschland«, a.a.O., S. 12–42.

187 Insbesondere spielt das in der Argumentation gegen Bettina Brentano eine Rolle, der das Recht bestritten wird, Catharina Elisabeth für die Gedanken des Vormärz in Anspruch zu nehmen. Differenzierter äußert sich Jürgen Fackert, ohne einen solchen Politikbegriff allerdings in Zweifel zu ziehen, in der Einleitung zu den *Briefe(n) der Catharina Elisabeth Goethe an ihren Sohn Johann Wolfgang, an Christiane und August von Goethe*, a.a.O., S. 307 ff.: »Die Frau Rat war ›keine politica‹; aber in der für sie lebensnotwendigen Maxime des dégagements findet sich rudimentär dennoch ein eigentümlicher politischer Instinkt, der die Geschichte der Freien Reichsstadt Frankfurt durch Jahrhunderte bestimmte. In Frankfurt regierte von jeher die christliche Geldaristokratie. [...] Die Frau Rat besaß – mit Einschränkungen – einen gewissen demokratischen Impetus, der mit ihrer bürgerlichen Abneigung gegen alle ›Leute mit Stern und Bändern‹ gekoppelt war. [...] Die Ideen der Aufklärung waren der Frau Rat nicht fremd.«

188 Catharina Elisabeth Goethe an Goethe, 1. Juli 1808, in: *Briefe*, a.a.O., S. 883.

189 Vgl. die Darstellung bei Ernst Beutler, »Catharina Elisabeth Goethe«, Einleitung zu: Wolfgang Pfeiffer-Belli (Hrsg.), *Briefe aus dem Elternhaus*, a.a.O., S. 263.

190 Schiller an Großmann 1787, zitiert nach Ernst Beutler, a.a.O., S. 264.

191 Catharina Elisabeth Goethe an Großmann am 19. Mai 1780, in: *Briefe*, a.a.O., S. 475 f.

192 Karl Heinemann, a.a.O., S. 184.

193 Karl Heinemann zitiert diese Rezension von Aloys Schreiber, April 1788, in Karl Heinemann, a.a.O., S. 184.

194 Catharina Elisabeth Goethe an Unzelmann, a.a.O., S. 562.

195 A.a.O., S. 563 f.

196 A.a.O., S. 564.

197 A.a.O.

198 Catharina Elisabeth Goethe an Unzelmann, a.a.O., S. 568 f.
199 A.a.O., Briefe vom 9. Mai 1788, S. 572.
200 A.a.O., S. 572.
201 A.a.O., S. 573.
202 A.a.O., S. 573 ff.
203 A.a.O., S. 576 ff.
204 A.a.O., S. 577.
205 A.a.O., S. 580.
206 Catharina Elisabeth Goethe an Unzelmann, 12. Sept. 1788, a.a.O., S. 585 f.
207 A.a.O., Brief vom 18. Juli 1788, S. 581.
208 A.a.O., Brief vom 23. Oktober 1788, S. 587.
209 A.a.O., S. 581.
210 A.a.O., S. 583.
211 Catharina Elisabeth Goethe an Unzelmann, 1. August 1788, a.a.O., S. 584.
212 A.a.O.
213 A.a.O., S. 591.
214 A.a.O., S. 592.
215 A.a.O., S. 593.
216 A.a.O., S. 594.
217 A.a.O., S. 596.
218 A.a.O., S. 612.
219 Catharina Elisabeth Goethe an Unzelmann, 29. 4. 1788, a.a.O., S. 568.
220 A.a.O., 21. Mai 1791, S. 620.
221 Ebd.
222 Heinrich Düntzer, *Jugendbilder*, a.a.O., S. 535.
223 Catharina Elisabeth Goethe am 20. Juli 1804, a.a.O., S. 818.
224 A.a.O., Brief vom 9. März 1795, a.a.O., S. 678.
225 A.a.O., Brief vom 20. Juli 1799, S. 757.
226 A.a.O., Brief vom 26. August 1805, S. 835.
227 A.a.O., Brief vom 3. Juni 1806, S. 841.
228 Bettina Brentano, *Die Günderode*, Frankfurt 1983, S. 186 f.
229 Ich folge der Bestimmung des ästhetischen Erlebens durch Robert Jauss, *Ästhetische Erfahrung und literarische Hermeneutik*, Frankfurt 1984, S. 88 f. Ästhetisch genießendes Verhalten, das zugleich Freisetzung von und Freisetzung für etwas ist, kann sich in drei Funktionen vollziehen: für das produzierende Bewußtsein im Hervorbringen von Welt als seinem eigenen Werk (Poiesis), für das rezipierende Bewußtsein im Ergreifen der Möglichkeit, seine Wahrnehmung der äußeren wie der inneren Wirklichkeit zu erneuern (Aisthesis), und schließlich – damit öffnet sich die subjektive auf intersubjektive Erfahrung – in der Beipflichtung zu einem vom Werk geforderten Urteil oder in der Identifikation mit vorgezeichneten und weiterzubestimmenden Normen des Handelns (Katharsis).

Poiesis, Aisthesis und Katharsis als die drei Grundkategorien der ästhetischen Erfahrung sind nicht hierarchisch als ein Gefüge von Schichten, sondern als ein Zusammenhang von selbständigen Funktionen zu denken: sie lassen sich nicht aufeinander zurückführen, können aber wechselseitig in ein Folgeverhältnis treten.

230 So war der empfindsame Mystizismus, die Regression in die religiöse Illusion der Frauen ebenso in der Kulturkrise verwurzelt wie die »gelehrte Frau«, die – als eine Fremde in der Männergesellschaft – oft genug gezwungen war, alles Weibliche zu hassen, um sich abzugrenzen, oder die als Jahrmarktexemplar, als Sonderfall bestaunt wurde.

231 Catharina Elisabeth Goethe, Briefe, a.a.O., S. 516.

232 Catharina Elisabeth Goethe an Anna Amalia am 1. 3. 1783, in: a.a.O., S. 520.

233 Catharina Elisabeth Goethe an Johann Wolfgang am 28. 2. 1796, a.a.O., S. 697.

234 Vgl. die Darstellung der Treffen mit dem »Samstagsmädel« und Rat Crespel in den siebziger Jahren. Auch der folgende Brief, eine Danksagung an die Schwiegertochter, die ihr aus Weimar neue Romane geschickt hat, zeigt im ganzen Ton, daß Catharina von empfindsamen Stimmungen nichts hält. Sie antwortet nicht »seelenvoll«, und sie idealisiert weibliche Haltungen nicht, sondern ein Buch bleibt ihr »ein Produkt«, etwas Hergestelltes, eine »liebliche Sache«, etwas schön und kunstvoll Gemachtes. Sie schreibt an Christiane in Weimar am 13. Februar 1798: »Sie haben mir durch die überschickten Bücher eine große Freude gemacht, besonders war ich entzückt, Agnes von Lilien jetzt ganz zu besitzen, die ich mit so großer Begierde in den Horen suchte, aber immer nur stückweise fand – ich machte mir also ein rechtes Freudenfest und ruhte nicht, bis ich damit zu Ende war – so viel ich mich erinnere von meinem Sohn gehört zu haben, ist die Frau Verfasserin eine Schwägerin von Schiller – O! lassen Sie dieser vortrefflichen Frau meinen besten Dank vor dieses herrliche Produkt kund und zu wissen thun. Auch Julie hat mir sehr behagt, wer ist denn die Verfasserin davon? Ja, meine Liebe! Sie können kein besseres und verdienstlicheres Werk an Ihrer Sie liebenden Mutter thun, als daß Sie die Güte haben, wenn Ihnen solche liebliche Sachen zukommen, mich in meiner Geistesarmut Teil davon nehmen zu lassen. – Wir haben hier, das tierische Leben betreffend, an nichts Mangel – aber dem Geist geht es wie Adonia, dem Königssohn im Alten Testament – von dem geschrieben steht, wie wirst du so mager, du Königssohn.« *Briefe,* a.a.O., S. 739, hier zitiert nach K. Heinemann.

235 Heinrich Voelcker, »Das Familien- und das gesellschaftliche Leben«, in: a.a.O., S. 337 ff.

236 Catharina Elisabeth Goethe an Johann Wolfgang im Dezember 1795, a.a.O., S. 692.

237 Voelcker, a.a.O., S. 340. Vgl. auch die Darstellungen bei Bettina Brentano in ihren Briefen an Goethe. Am 23. Februar 1808 schreibt sie (in: *Bettinas Briefwechsel mit Goethe*, S. 203): »die Frau Mutter kam Mittags um 12 Uhr und blieb bis Nachts um 1 Uhr, fand sich auch den andern Tag ganz wohl darauf; bei der Tafel hatten wir große Musik von blasenden Instrumenten, zum Theil wurden auch *verse* zu Savignys Lob abgesungen, sie sang mit 24 Personen immer so laut, daß man sie allein durchhörte; da wir nun endlich mehrmal Deine Gesundheit und die ihrige tranken, wobei die Musik sich so wacker hören ließ, daß Mensch und Hund auf der Gasse stehen blieben, um den Jubel im Hauße zu vernehmen, so ward sie ganz feierlich vergnügt; nach Tisch erzählte Sie der ganzen Gesellschaft ein Märchen, wobei ich ganz gelind hinter ihrem Rücken einschlief, nicht weil es langweilig war, sondern weil ich es schon einmal gehört hatte und auch sehr schläfrig; endlich verwandelte sich die Fete in ein Concert, nach demselben

trat eine junge italienische Tänzerin auf, die mit *Castagnetten* sehr schön tanzte; beim *Souper* ward Deine Gesundheit abermals auf verschiedne Weise getrunken, nach Tisch ward getanzt; die Frau Rath hatte mich lieb wie den Joseph, ich hatte dazu auch einen rothen Rock an. Wenn Du also einen Überfluß an Gesundheit verspührst, so denk, daß er vom Haus Brentano herkömmt. Übrigens ist noch ein Gesez gemacht worden, daß nie ein Fest soll gegeben werden in der Familie, ohne die Mutter; ich hab mich gewundert, wie sie schnell die Herzen gewinnen kann, blos weil sie mit Kraft genießt, und gewißermaasen dadurch die ganze Umgebung auch zur Freude bewegt.«
Und Ende März (S. 208): »Die Frau Mutter kömmt oft zu uns, wir machen ihr Masqueraden und alle mögliche Ergötzlichkeit, die in einer zahlreichen Familie nur angeht. Sie hat uns alle in ihren Schutz genommen, ist frisch und gesund.«

238 Karl Heinemann, a.a.O., S. 317.

239 Catharina Elisabeth Goethe an Johann Wolfgang am 8. Dezember 1800, a.a.O., S. 773.

240 Ernestine Voß in Ludwig Geiger, Einleitung, a.a.O., S. IX. Vgl. auch die Bemerkung, die Heinemann berichtet (in K. Heinemann, a.a.O., S. 321): »Wir besitzen von der Enkelin ein Urteil über die Frau Rat aus jener Zeit (1803), das gerade wegen des Gegensatzes der Charaktere wichtig und interessant, doch nichts anders, als das derbe Aeußere an ihr zu tadeln weiß. ›Großmutter‹, schreibt sie an ihre Freundin Clärchen von Clermond, ›ist wie sie war. Tante Lene konnte ihr Aeußeres nicht schnell genug verdauen, um Lust und Freude am Innern zu finden, es war eine zu kurze Bekanntschaft, bei längerer und näherer Bekanntschaft muß man gewiß das meiste an ihr schätzen‹.«

241 Karl Heinemann, a.a.O., S. 272.

242 Bettina von Arnim, *Goethes Briefwechsel mit einem Kinde*, Köln 1960, S. 148 ff.

243 Karl Heinemann, a.a.O., S. 272.

244 Catharina Elisabeth Goethe an Fritz von Stein am 23. Dezember 1784, a.a.O., S. 539.

245 Vgl. die Darstellung bei Werner Milch, *Sophie La Roche. Die Großmutter der Brentanos,* Frankfurt 1935.

246 Diese Schilderung von Nicolovius bei Karl Heinemann, a.a.O., S. 326.

Die Illusion vom Großen Paar und die Zerstörung der weiblichen Kultur

1 Die künstlerische Produktion wird zum Modell der Aneignung der Natur in einer nicht entfremdeten Arbeit: »Das Tier formiert nur nach dem Maß und dem Bedürfnis der species, der es angehört während der Mensch nach dem Maß jeder species zu produzieren weiß und überall das inhärente Maß dem Gegenstand anzulegen weiß; der Mensch formiert daher auch nach den Gesetzen der Schönheit.« Karl Marx, *Nationalökonomie und Philosophie. Sammlung der Pariser Manuskripte,* Köln 1950, S. 150. Herbert Marcuse macht den Gedanken der Arbeit als Selbstverwirklichung zum Zentrum seiner Argumentation für

eine mögliche Utopie menschlicher Produktion. Arbeit als Spiel bedeutet die libidinöse Besetzung von Subjekt und Objekt im Vorgang des Herstellens, also die Überwindung des Gegensatzes zwischen totem Material und lustlosem Verfügen über das Material. Das Signum dieses Prozesses ist die ästhetische Gestalt. Herbert Marcuse, *Triebstruktur und Gesellschaft. Ein philosophischer Beitrag zu Sigmund Freud*, Frankfurt 1965, S. 129–195. Zum utopischen Produktionsbegriff des dialektischen Materialismus vgl. auch: Alfred Schmidt, *Der Begriff der Natur in der Lehre von Marx*, Frankfurt 1962, insbes. das Kapitel »Der Begriff des Stoffwechsels von Mensch und Natur und seine spekulativen Aspekte«, a.a.O., S. 63–79.

2 Johann Wolfgang Goethe, *Prometheus*, (1775). Zur Interpretation des Geniegedankens in dieser Ode: Carl Pietzcker, *Goethes Prometheus-Ode, Jean Paul, Brecht, zur Atomliteratur und zur literarischen Form*, Würzburg 1985.

2a In aller Schärfe ausgesprochen bei Ernst Wendt in der Dramaturgie-Studie für die *Räuber*-Inszenierung 1985 in Hamburg. Noch immer wird mit dieser Deutung ein Tabu berührt, wie die Reaktionen von Publikum und Kritik gleichermaßen zeigten: »Entsetzliche Freiheit, die er sich genommen hat, treibt ihn erbarmungslos in sich selbst hinein.« »Entsetzliche Freiheit, eine Rede über Schiller« und »Die Räuber. Ein Todestraum«, in: Ernst Wendt, *Wie es euch gefällt, geht nicht mehr. Meine Lehrstücke und Endspiele*, München 1985; vgl. auch Jochen Schmidt, *Der Genie-Gedanke in der deutschen Literatur, Philosophie und Politik 1750–1945*, Darmstadt 1985, Bd. 1, S. 150 ff.

3 Carol Gilligan, *Die andere Stimme. Lebenskonflikte und Moral der Frau*, München 1984, S. 81 f. und S. 207. Carol Gilligan hat in Auseinandersetzung mit Kohlbergs Arbeiten zur Entwicklung des moralischen Bewußtseins die geschlechtsspezifische Erfahrung der Frauen mit dem Begriff des Netzes umschrieben. Das Netz betont die emotionale Verbundenheit mit anderen im Selbsterleben der Frau. Die Aufrechterhaltung der Bindung bildet die zentrale moralische Orientierung. Die utopische Dimension ist eine Gerechtigkeit, die auf ältere historische Modelle zurückverweist. Seyla Benhabib ist dem weiter nachgegangen bis hin zu einer Kritik an einem »halbierten Universalismus« der modernen Gerechtigkeitstheorien. Die Abstraktion liegt in der Konstruktion des isolierten Einzelnen, einer Fiktion, die, wenn sie nicht regulativ verwendet wird, sondern naiv empirisch, zur Durchsetzung partikularer Interessen (der Stärkeren) beiträgt. Auf der Ebene der persönlichen Moral zeigt Gilligan sowohl die Stufen einer spezifisch weiblichen Moralentwicklung auf, die von der Verbundenheit und Verantwortung für andere zur Selbstverantwortung fortschreitet – die Identitätsbalance also anders angeht als die männliche (idealtypische) Subjektivität, deren Entfaltung die Überwindung der Abgrenzung bedeutet. Aufschlußreich ist bei Kohlberg die selbstverständliche Gleichsetzung des bürgerlichen-männlichen Persönlichkeitstypus mit dem Menschen schlechthin. Weibliche Identität erscheint immer als Devianz. Vgl. Carol Gilligan, a.a.O., S. 28 ff.

4 Carol Gilligan, a.a.O., S. 207.

5 Dieses Thema untersuchten Oskar Negt und Alexander Kluge als Gegensatz zwischen »bürgerlicher und proletarischer Öffentlichkeit«. Der Begriff der proletarischen Öffentlichkeit ist identisch mit dem des Lebenszusammenhangs und

bezeichnet die gesellschaftliche Form der Kooperation und im gleichen Vorgang der Aneignung der kulturellen Symbolik. Aneignung ist zugleich Re-Interpretation, Symbolbildung. Dem gegenüber verwertet die »bürgerliche Öffentlichkeit« nach dieser Interpretation lebendige Bedürfnisse und Interessen, fixiert sie im Interesse der Distribution von Waren. Vgl. *Öffentlichkeit und Erfahrung. Zur Organisationsanalyse von bürgerlicher und proletarischer Öffentlichkeit.* Heute erscheint die Frau auf diesen erweiterten Kultur-Märkten nicht mehr als »Leserin« wie im 18. Jahrhundert, sondern als »Königin des Konsums«, als Rezipientin des 20. Jahrhunderts. Die Konzeption macht eine der zentralen Thesen des kritischen Marxismus der Frankfurter Schule aus. Bei Habermas unter dem Titel »Entkoppelung von System und Lebenswelt« und »Die These der inneren Kolonisierung«, in: Jürgen Habermas, *Theorie des kommunikativen Handelns. Zur Kritik der funktionalistischen Vernunft,* Frankfurt 1981, Bd. 2, S. 171 ff. und 489 ff.

6 Auch in der marxistischen Tradition ist der Produktionsbegriff verengt. Die Ausblendung der Reproduktionsarbeit aus der Politischen Ökonomie führt zu einer Verzerrung. Die Auseinandersetzung mit einem ökonomistisch reduzierten Marxismus wurde vor allem in der französischen Diskussion vorangetrieben – sowohl die Frage der Reproduktionsarbeit als die Frage des »subjektiven Faktors« stellte Henri Lefebvre in seinem innovativen Werk *Das Alltagsleben in der modernen Welt* ins Zentrum. Zum Produktionsbegriff vergleiche Henri Lefebvre, *Critique de la vie quotidienne,* Paris 1958 (*Kritik des Alltagslebens,* Frankfurt 1970; ders., *Das Alltagsleben in der modernen Welt,* Frankfurt 1972).

Um einem auf den Prozeß der materiellen Gütererzeugung verengten Produktionsbegriff zu entgehen, unterscheidet Lefebvre in *Soziologie nach Marx* drei Ebenen der Praxis: »die Ebene der Wiederholung, die der Erneuerung und zwischen diesen beiden die mimetische Ebene. In der wiederholenden Praxis werden dieselben Gesten, dieselben Handlungen in bestimmten Intervallen immer wieder ausgeführt. Die Praxis auf der mimetischen Ebene folgt Modellen; hin und wieder ist sie schöpferisch, indem sie imitiert –, also ohne zu wissen wie und warum –, doch häufiger imitiert sie ohne schöpferisch zu sein. Auf der Ebene der Erfindung und Schöpfung erreicht die Praxis ihre höchste Stufe in der revolutionären Tätigkeit. Diese Tätigkeit kann sowohl im Bereich des Wissens und der Kultur (Ideologie) als auch im politischen Sektor ausgeübt werden.« (Henri Lefebvre, *Soziologie nach Marx,* S. 46.)

Vgl. zum Produktionsbegriff Hans-Jürgen Krahl, *Konstitution und Klassenkampf,* Frankfurt 1971, S. 392, und Ulrike Prokop, *Weiblicher Lebenszusammenhang,* a.a.O., S. 64 ff. und S. 162–179.

7 E. Shorter etwa sieht in der, auch von ihm nicht bestrittenen, Gemeinschaft der Frauen in der vorindustriellen Lebensform eine »Trostgemeinschaft« von Ohnmächtigen. Vor diesem Hintergrund wird die Auflösung des Frauenbündnisses positiv gesehen, da an seine Stelle die Anerkennung der Frau im Liebespaar trete. Vgl. E. Shorter, *Der weibliche Körper als Schicksal. Zur Sozialgeschichte der Frau,* München 1984, und E. Shorter, *Die Geburt der modernen Familie,* Reinbek 1983. Dagegen vertreten Susan Carol Rogers und M. Segalen die These von der Machtbalance zwischen den Geschlechtern in der traditionellen Gesell-

schaft. Vgl. hierzu etwa: Susan Carol Rogers, »Woman's place: A critical review of Anthropological Theory«, in: *Comparative Studies in Society and History* 20/1/1978, und dieselbe, »Female forms of power and the myth of male dominance: A model of female/male interaction« in: *Peasant Society in American Ethnologist*, 2, 1975; M. Segalen argumentiert ähnlich: *Mari et Femme dans la France rurale traditionelle*, Paris 1973.

8 Ich stimme zwar nicht mit Shorters Wertung überein (»der Mann wurde der beste Freund der Frau«), wohl aber mit seinem Urteil über die Auflösung der Frauenkultur: »Bereits Mitte des 19. Jahrhunderts hatte die Pflege von Familien- und Privatleben den Frauen weitgehend die Möglichkeit beschnitten, emotionale Bindungen zu Frauen außerhalb der Kernfamilie zu unterhalten. [...] Die alte Frauenkultur zerfiel und wurde durch die Vorstellung vom romantisch verbundenen Paar der modernen Welt ersetzt.« Das Spektrum, in dem patriarchalische Kulturen die Zweigeschlechtlichkeit interpretiert und symbolisiert haben, ist weit weniger vielfältig als die weibliche Praxis. Das ist das Kernelement aller patriarchalischen Weiblichkeitsdefinitionen. (Teils wird weibliche Praxis entwertet, teils ausgeblendet. Der Ertrag weiblicher Arbeit wird angeeignet. Es ist eine Tatsache, daß in allen dominierenden Kulturen die Weiblichkeit mit Einschränkungen verbunden war. Trotz der patriarchalen Dominanz – in der vorindustriellen Welt finden sich gegenläufige Tendenzen.

9 Die Ethnologie spricht von weiblicher Gegenmacht in agrarischen Kulturen. Vgl. Maya Nadig, »Frauen in der Kultur – Macht und Ohnmacht. Zehn ethnopsychoanalytische Thesen«, a.a.O. Vgl. auch Maya Nadig, *Die verborgene Kultur der Frau. Ethnopsychoanalytische Gespräche mit Bäuerinnen in Mexiko*, Frankfurt 1986.

10 Provozierend und anregend ist zu diesem Thema der Essay von Ivan Illich, *Genus. Zu einer historischen Kritik der Gleichheit*, Hamburg 1983. Er greift die scheinhafte Integration der Frauen in die Männergesellschaft der Gegenwart an und reflektiert über die Situation der Frau in einer vom männlichen Denken und von männlicher Erfahrung durchorganisierten Welt. Die Gedankenführung leidet an einem Kurzschluß zwischen Ökonomie und kulturellen Symbolen. Da eine Theorie der Vermittlung zwischen Prozessen der Herstellung von »innerer Natur« und der Auseinandersetzung mit »äußerer Natur« fehlt, gelangt Illich zur Idealisierung der agrarischen Welt als einer naturhaften Ordnung. Es fehlt in seinem Konzept die Analyse der Widersprüchlichkeit kultureller Traditionen. Auch Illich will keine konservative Rekonstruktion isolierter Geschlechterwelten. Sein Text bricht an dieser Stelle ab. Die Realität der Geschlechterwelten in Agrarkulturen scheint den forschenden Frauen eher zugänglich. Auffallend sind die Studien, die konkret sind – ohne der Tendenz zur Idealisierung zu verfallen. Vgl. Regina Schulte, »Kindsmörderinnen auf dem Lande«, und Vanessa Maher, »Mutterschaft und Mortalität«, beide in: Hans Medick, David Sabean, *Emotionen und materielle Interessen. Sozialanthropologische und historische Beiträge zur Familienforschung*, Göttingen 1984.
Vgl. auch Maya Nadig, a.a.O. und andere Forscherinnen, die die eigene Subjektivität in den Forschungsprozeß einbringen. Entscheidend ist in diesen Analysen die Wahrnehmung der Differenz und Eigenständigkeit der weiblichen Welt, die aber als Teil der dominanten Kultur und in Auseinandersetzung mit dieser

gezeigt wird. Das gilt auch für die ausgezeichnete Studie von Natalie Zemon Davis über die Frauenarbeit in den städtischen Hospitälern im Frankreich des 16. Jahrhunderts: »Skandal im Hôtel – Dieu. Die verkehrte Welt eines Hospitals in Lyon«, in: Natalie Zemon Davis, *Frauen und Gesellschaft am Beginn der Neuzeit*, Berlin 1986.

11 Zur Verschlechterung der Lage der Frau mit der Verringerung der Bedeutung der Verwandtschaftsbündnisse im 12. Jahrhundert vgl. Georges Duby, *Ritter, Frau und Priester. Die Ehe im feudalen Frankreich*, Frankfurt 1985, S. 219 ff. Die Herausbildung des Ehepaares und die persönliche Unterordnung der Frau unter den Ehemann beschreiben Jack Goody, J. Thirsk, E. P. Thompson, *Family and Inheritance Rural Society in Western Europe, 1200–1800*, Cambridge 1976. Die Veränderung der Identifikationslinien der Frau hin auf die Familie, in die sie eingeheiratet hat, beschreibt Natalie Zemon Davis: Die Geister der Verstorbenen. Verwandtschaftsgrade und die Sorge um die Nachkommen. Veränderungen des Familienlebens in der frühen Neuzeit, in: Davis, a.a.O., S. 19 ff. Trotz der Tendenz zur Ausbildung des Paares (statt der Verwandtschaft) blieben die Lebensbereiche der Ehegatten getrennt. Die Frau verfügte aus dem Arbeitsprozeß heraus über eine begrenzte Autonomie. Gerda Tornieporth formuliert: »Zwischen den Produktionsaufgaben des Hausvaters und denen der Hausmutter bestand ein qualitativer Unterschied im Hinblick auf die existentielle Bedeutung der Arbeiten nicht.« Vgl. auch Ilona Ostner, *Beruf und Hausarbeit*, Frankfurt 1968, S. 89 ff.
In seiner Untersuchung *Die Hausväterliteratur* Weinheim 1959, S. 115, schreibt Hoffmann: »Daß die geistige, sittliche und religiöse Abhängigkeit der Frau vom Mann in der Hausväterliteratur außerordentlich betont wurde. Auch andere Momente weisen auf die Möglichkeit einer Herrschaftsgefährdung hin – so die oben genannten Kriterien für die Wahl der Braut: die Braut soll möglichst nicht aus höherem Stand, von großer Schönheit, von größerem Reichtum sein und sie soll von ihrem Ehegatten nicht übermäßig geliebt werden.«

12 Michael Mitterauer, »Zur Problematik des Begriffs ›Familie‹ im 17. Jahrhundert«, in: Heidi Rosenbaum (Hrsg.), *Familie und Gesellschaftsstruktur*, a.a.O., S. 78 f.

13 A.a.O., S. 80.

14 Vgl. Jean-Louis Flandrin, *Familien. Soziologie – Ökonomie – Sexualität in der alten Gesellschaft*, Frankfurt 1978.

14a Molière, *Tartuffe*, Komödie (1664).

15 Vgl. Robert Muchambledt, »Die Frau und das Volkswissen«, in: ders., *Kultur des Volks – Kultur der Eliten. Die Geschichte einer erfolgreichen Verdrängung*, Stuttgart 1982, S. 68 ff.

16 Für mich waren besonders wichtig: Jean-Louis Flandrin, *Familien*, a.a.O.; Marie O. Metral, *Die Ehe. Analyse einer Institution*, Frankfurt 1981; Georges Duby, *Ritter, Frau und Priester. Die Ehe im feudalen Frankreich*, a.a.O.; Jack Goody et al., *Family and Inheritance: Rural Society in Western Europe 1200–1800*, a.a.O.; Michael Mitterauer, *Grundtypen alteuropäischer Sozialformen. Haus und Gemeinde in vorindustriellen Gesellschaften*, Stuttgart 1978; Heidi Rosenbaum, *Formen der Familie*, Frankfurt 1984.

17 Vgl. die ausführliche und kenntnisreiche Darstellung bei Lothar Pikulik, *Bür-*

gerliches Trauerspiel und Empfindsamkeit, Köln 1966, S. 11 ff. Leider folgt Pikuliks Arbeit der zu Recht von Sauder u. a. kritisierten These, das frühe bürgerliche Trauerspiel vertrete *keine* bürgerlichen Werte. Einer solchen Argumentation hat Jürgen Habermas durch die Präzisierung des Ideologiebegriffs den Boden entzogen. Vgl. Jürgen Habermas, *Strukturwandel der Öffentlichkeit,* Neuwied 1962, S. 64 ff.

18 Leo Balet/E. Gerhard, *Die Verbürgerlichung der deutschen Kunst, Literatur und Musik im 18. Jahrhundert,* S. 5 ff.; Rolf Engelsing, *Sozialgeschichte deutscher Mittel- und Unterschichten,* Göttingen 1973.

19 Margarete Freudenthal, a.a.O., S. 4–32; vgl. auch die Darstellung bei Heidi Rosenbaum, a.a.O., S. 271 ff.

20 Heidi Rosenbaum, a.a.O., S. 251 ff.; Annette Kuhn, »Das Geschlecht – eine historische Kategorie?«, in: Ilse Brehmer et al., *Frauen in der Geschichte* IV, Düsseldorf 1983, S. 29 ff.; Veronika Bennholdt-Thomsen, »Zur Bestimmung von Frauenarbeit im Kapitalismus«, in: *Autonomes Lesben- und Frauenreferat,* Dokumentation zum Frankfurter Frauenlehrstuhl, Frankfurt 1986, S. 105 ff.

21 Bettina Heintz, Claudia Honegger, »Zum Strukturwandel weiblicher Widerstandsformen im 19. Jahrhundert«, in: dies., *Listen der Ohnmacht. Zur Sozialgeschichte weiblicher Widerstandsformen,* Frankfurt 1981.

22 Die Verschiebung spiegelte sich in der zunehmenden Neurotisierung der Frauen. Der Typus der depressiven und der hysterischen Frau wurde am Ausgang des 18. Jahrhunderts eine weit verbreitete Erscheinung. Zwar stellt Manfred Schneider Ursache und Wirkung auf den Kopf, wenn er der Meinung ist, der bürgerliche Roman produziere nicht nur die Zeichen, sondern sei auch die Ursache der hysterischen Symptomatologie; aber die Historizität des Phänomens und seiner Erscheinungsformen stellt er zu Recht heraus. Manfred Schneider, »Hysterie als Gesamtkunstwerk«, in: *Merkur* 9/10, 1985. Vgl. auch: Esther Fischer-Homberger, *Krankheit Frau,* S. 92–145.

23 Bettina Heintz, Claudia Honegger, »Zum Strukturwandel weiblicher Widerstandsformen«, a.a.O., S. 40 ff.; Karin Hausen, »Die Polarisierung der ›Geschlechtscharaktere‹. Eine Spiegelung der Dissoziation von Erwerbs- und Familienleben«, in: Heidi Rosenbaum, *Familie und Gesellschaftsstruktur,* a.a.O., S. 163: »Seit dem ausgehenden 18. Jahrhundert treten an die Stelle der Standesdefinitionen Charakterdefinitionen. [...] Es liegt nahe, diesen Wechsel des Bezugssystems als historisch signifikantes Phänomen zu interpretieren.« Die entscheidende Wendung faßt Karin Hausen folgendermaßen: »Im Unterschied zu früher aber wird allein die Frau und nicht mehr der Mann durch die Familie definiert und ebenfalls anders als früher stecken jetzt die Prinzipien [...] den Rahmen ab, innerhalb dessen Weiblichkeit sich auszubilden und bei Strafe der Unnatur den Übergang beider Charaktere ineinander zu vermeiden hat.« (S. 167)

24 Lateinschulen, Akademien und Universitäten blieben den Frauen verschlossen. Bis auf Ausnahmen, die wir hier vernachlässigen können, entfällt für Frauen jede Berufslaufbahn in der zunehmend spezialisierten Produktions-, Distributions- und Verwaltungstätigkeit. Die Trennung des Geschäfts- und Familienbudgets seit dem 14. Jahrhundert leitet über zum Verlust der Geschäftsfähigkeit der Ehefrauen. (Obgleich in Kleinhandel und Gewerbe die weibliche Mitarbeit

praktisch unverzichtbar bleibt.) Die Identifikationsangebote für männliches Dominanzbewußtsein in Staat (als Abbild der Vaterautorität), Religion und Militär werden mit dem Anspruch auf Gleichheit in der Aufklärung durch den Begriff der Geschlechtscharaktere als Natur in Übereinstimmung gebracht. Dieser Zusammenhang wird ausführlich in den Beiträgen von Max Horkheimer und von Erich Fromm in *Studien über Autorität und Familie* beschrieben. Zur sozialpsychologischen Dimension der Männerbünde ist vor allem die Arbeit von Klaus Theweleit, *Männerphantasien*, 2 Bände, Frankfurt 1977, aufschlußreich.

25 Rolf Engelsing, »Dienstbotenlektüre«, in ders.: *Zur Sozialgeschichte* ..., a.a.O., S. 184.

26 Vgl. Peter Laslett, *Family Life and Illicit Love in Earlier Generations. Essays in Historical Sociology*, Cambridge 1977, sowie Lawrence Stone, *The Family, Sex, and Marriage*, London 1977, und Jean-Louis Flandrin, *Familien*, Frankfurt 1978.
Die Etablierung der Ehe als emotional bedeutsame, monogame Beziehung war ein langwieriger Prozeß, in dem die Kirche eine wichtige Rolle spielte. Ihr ging es vor allem darum, die Vorherrschaft der geistlichen Macht über die weltlichen Eliten durchzusetzen. Die Kirche förderte die Neigungsehe – sowohl wegen der besseren Chancen für die Monogamie als im Sinne einer »geistigen Verbindung« der Ehepartner, die das Triebhafte im Zaum halten könnte. Vgl. die Darstellung bei Georges Duby, »Zur Stellung der Frau innerhalb der Familie im Frankreich des 12. Jahrhunderts«, in: Anneliese Mannzmann (Hrsg.), *Geschichte der Familie oder Familiengeschichte?*, Königstein/Ts., 1981, S. 92 ff.

27 Wichtige Veränderung im 18. Jahrhundert: Die Emotionalisierung der innerfamilialen Autoritätsverhältnisse. Anordnung und Befehl durch den Vater signalisieren in diesem neuen System den Konfliktfall, nicht die Regel. Als Voraussetzung einer solchen Emotionalisierung in der Ehe wird die Liebesheirat zum orientierenden Wert. Hier drückt sich der Funktionswandel der Familie deutlich aus: die Betonung der wechselseitigen Anerkennung als Basis der Intimität statt der Betonung von Stand, Vermögen und sexueller Potenz und Arbeitsfähigkeit. Wie schon gesagt, wird diese gesellschaftliche Transformation kontrovers diskutiert. Lassen wir zu diesem Thema den Skeptiker Philippe Ariès zu Wort kommen (*Geschichte der Kindheit*, S. 558): »Diese Familie hat jedoch in dem Maße Raum gegriffen, wie die Sozialität abnahm. Es sieht ganz so aus, als habe die moderne Familie nach dem Niedergang der alten gesellschaftlichen Beziehungen deren Platz eingenommen, um den Menschen eine unerträgliche moralische Einsamkeit zu ersparen. Seit dem 18. Jahrhundert hat man begonnen, sich gegen den unablässigen Kontakt mit der Gesellschaft zur Wehr zu setzen, der zuvor doch die Quelle der Erziehung, des Ansehens und des Vermögens gewesen war. Ein tiefgreifender Wandel sprengt nun die alten Beziehungen zwischen Herr und Diener, Groß und Klein, Freunden oder Kunden. Es ist dieser Wandel bisweilen durch Hemmnisse der geographischen oder gesellschaftlichen Isolierung verzögert worden. So wird er sich in Paris schneller vollziehen als in anderen Städten, das Bürgertum rascher ergriffen haben als die unteren Schichten des Volkes ... Überall wird er die Intimität des Privatlebens auf Kosten der nachbarschaftlichen oder freundschaftlichen oder auch traditio-

nalen Beziehungen befestigen. Die Geschichte unserer Sitten reduziert sich teilweise auf diese langanhaltende Anstrengung, sich von den anderen zu trennen, sich von einer Gesellschaft abzusondern, deren Druck man nicht mehr ertragen will. Das Haus hat den Charakter eines öffentlichen Versammlungsortes eingebüßt, den es in bestimmten Fällen im 17. Jahrhundert besessen hatte, und dies zugunsten des Zirkels oder des Kaffeehauses, die dann ihrerseits zunehmend weniger besucht werden. Beruf und Familienleben haben jene andere Aktivität erstickt, die einst das gesamte Leben durchdrungen hatte, die Pflege gesellschaftlicher Beziehungen. Man ist versucht, den Schluß zu ziehen, daß Familiensinn und Sozialität nicht vereinbar waren und eines sich jeweils nur auf Kosten des anderen entwickeln konnte.«

28 Marie Métral, *Die Ehe. Analyse einer Institution,* a.a.O., S. 109 ff.

29 Edmond und Jules De Goncourt, *Die Frau im 18. Jahrhundert,* Bern 1963/ München 1986, S. 188 ff.; zur Ehe im Umkreis des französischen Hofes des 17. Jahrhunderts vgl. Norbert Elias, *Die höfische Gesellschaft,* S. 320; für die deutschen Kleinstaaten ist vor allem die Studie von Reif aufschlußreich: *Westfälischer Adel 1770–1860. Vom Herrschaftsstand zur regionalen Elite,* Göttingen 1979, S. 122 ff. In Deutschland tritt das Mätressenwesen als öffentliche Zurschaustellung aristokratischer Macht um die Mitte des Jahrhunderts deutlich zurück. Der Siebenjährige Krieg und die Militarisierung in Preußen leiten über zur Betonung militärischer Effizienz. Die Maitresse en titre wird zur Konkubine. Vgl. die Literatur zum sächsischen Mätressenwesen. Das Ideal der Verbindung von Liebe und Ehe wird nach der Periode der deutschen Klassik als Wertvorstellung auch für die Aristokratie verbindlich – wie auch immer ihr reales Verhalten differierte.

30 Jean-Louis Flandrin, »Das Geschlechtsleben der Eheleute in der alten Gesellschaft. Von der kirchlichen Lehre zum realen Verhalten«, in: Ariès Béjin, Foucault u. a., *Die Masken des Begehrens und die Metamorphosen der Sinnlichkeit. Zur Geschichte der Sexualität im Abendland,* Frankfurt 1984, S. 155.

31 A.a.O., S. 159.

32 Insbesondere geht es um das Wissen der Volksmedizin; von besonderer Bedeutung waren Verhütungswissen und Geburtsmedizin. Jedoch lassen diese Kenntnisse sich nicht isoliert von übergreifenden Sinnzusammenhängen, von Deutungen weiblicher Existenz, von Bräuchen, die diese Deutungen symbolisierten, betrachten. Vgl. Ines Brenner/Giesela Morgenthal, »Sinnlicher Widerstand während der Ketzer- und Hexenverfolgung. Materialien und Interpretationen«, in: G. Becker, S. Bovenschen, u. a., *Aus der Zeit der Verzweiflung. Zur Genese und Aktualität des Hexenbildes,* Frankfurt 1977, S. 188 ff.; Claudia Honegger, »Die Hexen der Neuzeit. Analysen zur Anderen Seite der akzidentalen Rationalisierung«, in: dies. (Hrsg.), *Die Hexen der Neuzeit. Studien zur Sozialgeschichte eines kulturellen Deutungsmusters,* Frankfurt 1978, S. 118 ff. Zum Wissen von der Geburtenkontrolle: Esther Fischer-Homberger, *Krankheit Frau. Zur Geschichte der Einbildungen,* a.a.O., S. 71 ff. Naiv fortschrittsgläubig interpretiert E. Shorter die Materialien zur Geschichte von Geburtshilfe und Hebammenwesen in: ders., *Der weibliche Körper als Schicksal. Zur Sozialgeschichte der Frau,* München 1984, S. 51–161. Abgesehen von der rationalistischen Gesellschaftskonstruktion, durch die die Hexenverfolgung auf zweck-

rationale Bevölkerungspolitik reduziert wird, bringen wichtige Ergebnisse: Gunnar Heinsohn und Otto Steiger, *Die Vernichtung der weisen Frauen*, Frankfurt 1985, S. 41–86 und S. 229–245. Vgl. auch Peter A. Bochnik, *Die mächtigen Diener. Die Medizin und die Entwicklung von Frauenfeindlichkeit und Antisemitismus in der europäischen Geschichte*, Reinbek 1985.

33 Der Verfall der weiblichen Bildung seit der Renaissance (wie der Rückgang weiblicher Arbeit im Rahmen der Zünfte) seit dem 14. Jahrhundert ist in der Literatur unbestritten. Vgl. Edith Ennen, *Frauen im Mittelalter*, München 1984, S. 134 ff.; Peter Ketsch, *Frauen im Mittelalter*, Bd. 2, Düsseldorf 1984, S. 209 ff.; Karl Bücher, *Die Frauenfrage im Mittelalter*, Tübingen 1910; Claudia Honegger, *Die Hexen der Neuzeit*, a.a.O., S. 117 ff.

34 Robert Muchembledt, *Die Kultur des Volks – Kultur der Eliten*, Stuttgart 1982, S. 46–108 und S. 179–186; Carlo Ginzburg, *Die Benandanti. Feldkulte und Hexenwesen im 16. und 17. Jahrhundert*, Frankfurt 1980; E. W. Monter, (Hrsg.), *The Witch-Cult in Western Europe*, London 1921; Alan D. J. Mac Farlane, »Anthropologische Interpretationen des Hexenwesens«, Keith Thomas, »Die Hexen und ihre soziale Umwelt«, beide in: Claudia Honegger (Hrsg.), *Die Hexen der Neuzeit*, a.a.O.

35 J. D. Bernal, *Die Wissenschaft in der Geschichte*, Darmstadt 1961, S. 314–393; Otto Ulrich, *Technik und Herrschaft. Vom Handwerk zur verdinglichten Blockstruktur industrieller Produktion*, Frankfurt 1979, S. 49–116. Die Veränderung der Lebensführung im Prozeß der Rationalisierung untersucht am Beispiel von Max Webers Darstellung der Phänomene kultureller Rationalisierung Jürgen Habermas in: *Theorie des kommunikativen Handelns*, unter dem Titel »Okzidentaler Rationalismus«, Bd. 1, S. 225 ff. Die Differenz zwischen der männlichen Sphäre der Berufsarbeit und der »ganzheitlichen« Arbeit in der Sphäre der Reproduktion untersucht Ilona Ostner in: *Beruf und Hausarbeit*, Frankfurt 1968.

36 Vgl. die angeführte Literatur zur Geschichte der Volksmedizin und insbesondere die Auseinandersetzungen um die Hebammen und ihre Konkurrenz zu den Ärzten.

37 Edith Ennen, *Die Frau im Mittelalter*, a.a.O., S. 240.

38 Die Darstellung »weiblicher Logik« beschäftigte die Philosophen seit der Antike, besonders rätselhaft erschien sie den deutschen Idealisten. Vgl. die anregende Sprüchesammlung bei Annegret Stopczyk (Hrsg.), *Was Philosophen über Frauen denken*, München 1980. Die Frauen wurden Gegenstand männlicher Erziehungsakte, vgl. Bd. 2 der vorliegenden Arbeit. Zu den Differenzen zwischen weiblicher und männlicher Erfahrung vgl. Ilona Ostner, *Beruf und Hausarbeit. Zur Kategorie des Erfahrungswissens*, a.a.O., S. 121 ff. Ich habe diesen Aspekt unter dem Titel der bedürfnisorientierten Produktion diskutiert in: *Weiblicher Lebenszusammenhang. Produktivkräfte und Produktionsverhältnisse im Weiblichen Lebenszusammenhang*, a.a.O., S. 64 ff. Den Zusammenhang zu der Diskussion um die Ausgrenzung weiblicher Erfahrung bei Luce Irigaray stellt Brigitte Nölleke heraus in: Brigitte Nölleke, *In alle Richtungen zugleich. Denkstrukturen von Frauen*, München 1985, insbesondere S. 105–228.

39 Vgl. die Darstellung bei Heide Rosenbaum zur bäuerlichen und zur Handwer-

ker-Familie des 18. Jahrhunderts in: H. Rosenbaum, *Formen der Familie*, a.a.O., S. 59–79 und S. 121–145.

40 *Das Hausbuch Textor*, Frankfurt 1980. (Es handelt sich um das handschriftliche Kochbuch der Anna Margaretha Justina Lindheimerin, der Großmutter Johann Wolfgang Goethes, Eintragungen 1724–1765, Nachdruck im Faksimile.)

41 A.a.O., vgl. Kommentar S. 21 f.

42 Vgl. Hans Medick, »Spinnstuben auf dem Dorf. Jugendliche Sexualkultur und Feierabendbrauch in der ländlichen Gesellschaft der frühen Neuzeit«, in: Gerhard Huck, *Sozialgeschichte der Freizeit*, Wuppertal 1980, S. 19–51. Die Funktion der sozialen Kontrolle durch die Geschlechtergruppe der Frauen – als Schutz oder als negativ sanktionierende Macht – beschreibt am Konfliktfall der unehelichen Schwangerschaft von Bauernmägden in bayrischen Landgemeinden Regina Schulte in: K. Hausen (Hrsg.), *Frauen suchen ihre Geschichte*, a.a.O., S. 110–128. Vgl. K. Hausen, »Frauenräume« und Regina Schulte, »Bevor das Gerede zum Tratsch wird. Das Sagen der Frauen in der bäuerlich dörflichen Welt Bayerns im 19. Jahrhundert«, beide in: *Journal für Geschichte* 2/1985; Birgit Althaus, »Halte dich fern von den klatschenden Weibern. Zur Phänomenologie des Klatsches«, in: *Feministische Studien* 2/85; Olwen Hufton, »Weiblicher Alltag. Die Schattenseite der Französischen Revolution«, in: Bettina Heintz, Claudia Honegger (Hrsg.), *Listen der Ohnmacht*, a.a.O., S. 138–159; Edward P. Thompson, »Rough Music« oder »englische Katzenmusik«, in: ders., *Plebeische Kultur und moralische Ökonomie. Aufsätze zur englischen Sozialgeschichte des 18. und 19. Jahrhunderts*, Frankfurt 1980, S. 130–168; Christina Vanja, »›Verkehrte Welt‹. Das Weibergericht zu Breitenbach«, in: *Journal für Geschichte* 9/10, 1986; Albert Becker, *Frauenrechtliches in Brauch und Sitte. Ein Beitrag zur vergleichenden Volkskunde*, Zweibrücken, 1913. Zur Kommunikation in den Quartiers der Städte vgl. Michelle Perrot, »Die Frau in der französischen Stadt des 19. Jahrhunderts«, in: Claudia Honegger und Bettina Heintz, *Listen der Ohnmacht*, a.a.O., S. 71 ff.

43 Rolf Engelsing, *Zur Sozialgeschichte deutscher Mittel- und Unterschichten*, a.a.O., S. 189.

44 A.a.O., S. 191.

45 A.a.O., S. 189.

46 A.a.O.

47 Sowohl die Geschichte der Lektüre wie die des Theaters zeigen eine hohe Übereinstimmung des Geschmacks und der Interessen noch im letzten Drittel des 18. Jahrhunderts. Das Werther-Fieber und die »Lese-Wut« waren keine Phänomene, die auf die gehobenen Stände begrenzt waren. Engelsing zitiert den Ausspruch über die Wiener Stubenmädchen (1871): »Hiermit noch nicht zufrieden, spielen sie auch die Rollen der Empfindsamen, machen Anspruch auf die Schöngeisterey, lesen fleißig Komödien, Romane, Gedichte, lernen ganze Scenen, Stellen, Strophen auswendig und räsonnieren sogar über die Leiden des jungen Werther.« (R. Engelsing, »Dienstbotenlektüre«, in: ders., *Zur Sozialgeschichte . . .*, a.a.O., S. 215). Catharina Elisabeth Goethe schenkte ihrer Bedienten Lieselotte noch *Hermann und Dorothea*, was wohl weniger ein unbrauchbares Repräsentationsgeschenk war als es uns erscheint, denn aus verschiedenen Briefen und Szenen kennen wir schon den Diener Philipp Seidel als Leser des

Götz und begeisterten Anhänger des *Werther*. Über die politischen Konsequenzen der Massenlektüre von Romanen seit dem letzten Drittel des 18. Jahrhunderts vgl. Rudolf Schenda, *Volk ohne Buch. Zur Sozialgeschichte der populären Lesestoffe 1770–1910*, Frankfurt 1970. Die Verbreitung des Lesens in der Provinz untersucht exemplarisch Günther Erning für Schwaben und er zeigt sehr differenziert die zeitgenössische Kritik an der Lesesucht in: Günter Erning, *Das Lesen und die Lesewut*, Heilbronn 1974; vgl. auch Rainer Gruenter (Hrsg.), *Leser und Lesen im 18. Jahrhundert*, a.a.O., insbesondere in diesem Band die Arbeiten von Helmut Kreutzer, »Gefährliche Lesesucht? Bemerkungen zu politischer Lektürekritik im ausgehenden 18. Jahrhundert« und von Gerhard Sauder, »Gefahren empfindsamer Vollkommenheit für Leserinnen und die Furcht vor Romanen in einer Damenbibliothek«.
Zur Verbreitung des Theaterbesuchs vgl. Rolf Engelsing, »Dienstbotenlektüre«, a.a.O., S. 221 f.: »Für die Masse des Bürgertums war das Theater am Ende des 18. Jahrhundert etwas ebenso Neues wie für die Abhängigen, und es gewann für sie die nämliche Bedeutung. Bürger und Dienstboten machten zuerst am Ende des 18. Jahrhunderts und in späteren Jahrzehnten immer wieder die Erfahrung, ›daß das Theater das einzige eigentlich Lebendige im bürgerlichen Leben ist‹, oder versetzten sich wenigstens in den Glauben, daß es so sei. Der Wirkung des Romans, die wir oben erörtert haben, entsprach die Wirkung des Theaters: ohne daß sich zwischen den sozialen Gruppen eine nennenswerte zeitliche Verschiebung der Rezeption beobachten läßt, gingen Bürger und Dienstboten am Ende des 18. Jahrhunderts gleichmäßig auf das neue Bildungs- und Unterhaltungsmittel ein.« Rolf Engelsing spricht bei den Umgangsweisen in der Familie von der Balance zwischen Integration und Distanzierung zwischen Herrschaft und Bedienten bzw. anderen Hausgenossen im 18. Jahrhundert. Er zeigt, wie sich diese Balance zunehmend zugunsten der Distanzierung durch die bürgerliche Elite, die sich abgrenzen will, verschiebt. Ein ähnlicher Vorgang spielt sich in der Publikumsstruktur ab. Mitte des 19. Jahrhunderts ist das Publikum der ›höheren‹ und der ›niederen‹ Kultur deutlich unterschieden.«

48 Rolf Engelsing, *Sozialgeschichte deutscher Mittel- und Unterschichten*, a.a.O., S. 188; vgl. auch die schöne Darstellung der Entwicklung der Kinder- und Jugendliteratur bei Rudolf Schenda, a.a.O., S. 73 ff.

49 Jürgen Habermas, *Strukturwandel der Öffentlichkeit*, a.a.O., S. 40. Die ausführlichste Beschreibung solcher Vorformen bürgerlicher Öffentlichkeit findet sich bei S. Richardson in seinem Gesellschaftsgemälde *Sir Charles Grandison* (1756), London 1972.

50 Habermas, a.a.O., S. 45; vgl. dazu auch Richard van Dülmen, *Die Gesellschaft der Aufklärer. Zur bürgerlichen Emanzipation und aufklärerischen Kultur in Deutschland*, Frankfurt 1986, insbesondere die Darstellung der Lesegesellschaften, der Geheimbünde und der Freimaurer (S. 55 ff.); des weiteren Helmut Reinalter (Hrsg.), *Freimaurer und Geheimbünde in Mitteleuropa*, Frankfurt 1986; Reinhart Koselleck, *Kritik und Krise. Eine Studie zur Pathogenese der bürgerlichen Welt*, Frankfurt 1973, S. 41–81. Die Kantsche Tischgesellschaft findet sich als Teil einer Psychopathologie des bürgerlichen Gelehrtenlebens beschrieben bei Hartmut und Gernot Böhme, *Das Andere der Vernunft. Zur Entwicklung von Rationalitätsstrukturen am Beispiel*

Kants, Frankfurt 1985. Für die Frankfurter Entwicklung vgl. Kapitel II im vorliegenden Band.

51 Habermas, a.a.O., S. 45.

52 A.a.O., S. 47.

53 A.a.O., S. 38.

54 A.a.O., S. 41.

55 A.a.O., S. 63.

56 A.a.O., S. 177.

57 A.a.O., S. 157.

58 A.a.O., S. 34f.

59 A.a.O., S. 54.

60 Virginia Woolf formuliert über das weibliche Schreiben in *Ein Zimmer für sich allein*, Frankfurt 1981, S. 100f.: »Und auch ohne Dr. Johnson oder Goethe oder Carlyle oder Voltaire zu sein kann man vielleicht, wenn auch sehr anders als diese großen Männer, die Natur dieser Kompliziertheit und die Kraft dieser hochentwickelten schöpferischen Gabe in Frauen fühlen. Man geht ins Zimmer – aber die Quellen der englischen Sprache würden zu sehr strapaziert und ganze Wortfolgen müßten illegitimerweiser ihren Flug in die Existenz antreten, bevor eine Frau sagen könnte, was geschieht, wenn sie in ein Zimmer geht. Zimmer sind so verschieden voneinander; sie sind ruhig oder voller Donnergrollen; öffnen sich zum Meer oder auf einen Gefängnishof; sind mit Wäsche verhängt; oder von Opalen und Seide belebt; sind hart wie Pferdehaar oder weich wie Federn; man muß nur in irgendeiner Straße in ein Zimmer gehen, um die ganze außerordentlich komplexe Kraft der Feminität sich ins Gesicht wehen zu lassen. Wie sollte es auch anders sein? Denn Frauen sitzen seit Millionen von Jahren zu Haus, so daß im Laufe der Zeit die Wände getränkt sind von ihrer schöpferischer Kraft, die, in der Tat, die Fassungskraft der Ziegeln und des Mörtels so überladen hat, daß sie sich jetzt Feder und Pinsel und Business und Politik zuwenden muß. Aber diese schöpferische Kraft unterscheidet sich sehr von der schöpferischen Kraft der Männer.«
Vgl. hierzu auch die Arbeiten von Luce Irigaray, insbesondere »Ein undeutlicher Zwischenraum. Die Spaltung zwischen Sinnlichem und Intelligiblem«, in: dies., *Speculum. Spiegel des anderen Geschlechts*, Frankfurt 1980, S. 432f.

61 Paul Parin und Parin-Matthey, *Der Widerspruch im Subjekt. Ethnopsychoanalytische Studien*, Frankfurt 1978, S. 117.

62 A.a.O., S. 119.

63 Ernst Beutler, »Catharina Elisabeth Goethe«, a.a.O., S. 300.

64 Sigmund Freud, *Massenpsychologie und Ich-Analyse*, in: *Das Unbewußte. Schriften zur Psychoanalyse*, Frankfurt 1960, S. 257.

65 Margaret S. Mahler, Fred Pine, Anni Bergmann, *Die psychische Geburt des Menschen. Symbiose und Individuation*, Frankfurt 1980, S. 55ff., und Edith Jacobson, *Das Selbst und die Welt der Objekte*, Frankfurt 1973, S. 13ff.

Zu den Abbildungen

Die Abbildungen in diesem Band hat das Freie Deutsche Hochstift, Frankfurter Goethe-Museum, zur Verfügung gestellt.
Die Briefe von Cornelia Goethe befinden sich im Besitz der Universitätsbibliothek Leipzig.
Die Photographien hat Ursula Edelmann, Frankfurt am Main, hergestellt.
Wir bedanken uns herzlich bei den Personen und Institutionen, die uns Bilder und Dokumente zum Gebrauch überlassen haben.

Fischer Wissenschaft
Eine Auswahl

Alfred Lorenzer
Das Konzil der Buchhalter
Die Zerstörung der Sinnlichkeit
Eine Religionsgeschichte
Band 7340

Bronislaw Malinowski
Magie, Wissenschaft und Religion / Und andere Schriften
Band 7335

Das Denken des Marquis de Sade
Mit Beiträgen von Roland Barthes, Hubert Damisch, Pierre Klossowski, Philippe Sollers, Michel Tort
Band 7413

Sergio Moravia
Beobachtende Vernunft
Philosophie und Anthropologie in der Aufklärung
Band 7410

Herfried Münkler
Machiavelli
Die Begründung des politischen Denkens der Neuzeit aus der Krise der Republik Florenz
Band 7342

Jean Piaget
Biologie und Erkenntnis
Über die Beziehungen zwischen organischen Regulationen und kognitiven Prozessen
Band 7333

Marthe Robert
Das Alte im Neuen
Von Don Quichotte zu Franz Kafka
Band 7346

Viktor Šklovskij
Theorie der Prosa
Band 7339

Jean Starobinski
Montaigne
Denken und Existenz
Band 7411

Fischer Wissenschaft

Eine Auswahl

Philippe Ariès /
André Béjin /
Michel Foucault u.a.
Die Masken des Begehrens und die Metamorphosen der Sinnlichkeit
Band 7357

Aleida Assmann /
Dietrich Harth (Hg.)
Mnemosyne. Formen und Funktionen der Kulturellen Erinnerung
Band 10724

Kultur als Lebenswelt und Monument
Band 10725

Gaston Bachelard
Poetik des Raumes
Band 7396

Maurice Blanchot
Der Gesang der Sirenen
Band 7402

Umberto Eco
Apokalyptiker und Integrierte
Band 7367

Moses I. Finley
Quellen und Modelle in der Alten Geschichte
Band 7373

Michel Foucault
Die Geburt der Klinik
Band 7400

Schriften zur Literatur
Band 7405

Von der Subversion des Wissens
Band 7398

François Furet / Denis Richet
Die Französische Revolution
Band 7371

Maurice Halbwachs
Das kollektive Gedächtnis
Band 7359

Kultur-Analysen
Beiträge von Hans-Dieter König, Alfred Lorenzer, Heinz Lüdde, Søren Nagbøl, Ulrike Prokop, Gunzelin Schmid Noerr, Annelind Eggert
Band 7334

Fischer Wissenschaft
Eine Auswahl

Ralf Konersmann
Lebendige Spiegel
Die Metapher des Subjekts
Band 10726

Dominick LaCapra
Geschichte und Kritik
Band 7395

Dominick LaCapra / Steven L. Kaplan (Hg.)
Geschichte denken
Band 7403

Charles William Morris
Grundlagen der Zeichentheorie
Ästhetik der Zeichentheorie
Band 7406

Lionel Trilling
Das Ende der Aufrichtigkeit
Band 7415

Stephen Toulmin / June Goodfield
Entdeckung der Zeit
Band 7360

Thorstein Veblen
Theorie der feinen Leute
Band 7362

Jean-Pierre Vernant
Tod in den Augen
Band 7401

Paul Veyne
Die Originalität des Unbekannten
Für eine andere Geschichtsschreibung
Band 7408

Bildersturm
Die Zerstörung des Kunstwerks
Herausgegeben von Martin Warnke
Band 7407

Lew Semjonowitsch Wygotski
Denken und Sprechen
Band 7368